현금흐름분석

제 17 판

김명철, 조익철 공저

여신 담당자 및 투자자는 물론,
기업 자금담당자를 비롯한
다른 재무제표이용자 입장에서도
현금흐름표를 이해하고 활용하는데 도움이
될 수 있도록 현금흐름표의 작성과정부터
현금흐름표를 재구성하여
분석하는 내용에 이르기까지
비교적 상세히 기술하였다.

한국금융연수원
KOREA BANKING INSTITUTE

제17판을 내면서

본서의 초판이 출간된 지 어느덧 30년이라는 세월이 흘렀습니다. 그동안 부족한 강의를 열심히 들어주었던 한국금융연수원 연수생 여러분께 우선 깊은 감사의 말씀을 드립니다. 그분들의 격려와 건의, 그리고 질책으로 인하여 본 책자의 내용이 조금씩 충실해져왔습니다. 아울러 꾸준히 본서를 신용분석 과정의 필독서로 채택하여주신 금융연수원장님을 비롯한 금융연수원 임직원 여러분께도 심심한 감사의 말씀을 드립니다.

본서는 금융기관의 여신 담당자 입장에서 기업의 현금흐름표를 이해하고 분석하는 것을 제1목표로 설정하고 내용을 기술하였습니다. 그러나 본서 대부분의 내용은 투자자는 물론, 기업 자금 담당자를 비롯한 다른 재무제표이용자 입장에서도 현금흐름표를 이해하고 활용하는 데 많은 도움이 될 수 있도록 현금흐름표의 작성 과정부터 현금흐름표를 재구성하여 분석하는 내용에 이르기까지 비교적 상세히 기술하였습니다.

손익계산서에 기재된 수치는 일정 기간 동안 기업이 고객으로부터 받아야 할 권리가 발생한 것(수익)과 동 기간 동안 종업원과 공급자를 비롯한 거래처에 지급하여야 할 의무가 발생한 것(비용)이 기재되어 있는 반면, 현금흐름표에는 일정 기간 동안 실제로 받은 현금과 실제로 지급한 현금이 기재되어 있습니다. 손익계산서를 마치 감정을 잘 나타내지 않고 절제하는 사람에 비유한다면, 현금흐름표는 자기의 솔직한 감정을 숨기지 않고 나타내는 사람에 비유할 수 있습니다. 그런데 현금흐름표를 통하여 기업의 솔직한 모습을 보는 것은 쉽지만, 앞으로 어떠한 행동을 보일지에 대한 예측은 더 어렵습니다. 현금흐름표에 기재된 수치는 변화의 폭이 손익계산서에 비하여 크기 때문입니다. 그러므로 현금흐름분석에 있어서는 큰 폭으로 변화하는 수치들을 읽으면서 그 변화의 중심과 방향을 파악하는 것이 중요합니다. 특히 분석 대상 기업이 영업활동에서 얼마만큼의 현금을 꾸준히 창출할 수 있는지를 파악하는 것이 중요합니다. 영업활동에서 일정 수준 이상의 현금을 지속 가능하게 창출할 수 있어야만이 계속 기업으로서 생존할 수 있기 때문입니다.

제17판의 내용은 기존 제16판에 현금흐름분석에 대한 동기부여 및 체계적인 학습을 위하여 전체적인 목차뿐만 아니라 구성 체계를 리뉴얼(Renewal)하고 통계 수치 및 사례 등을 보완하였는데, 그 내용은 다음과 같습니다.

1. 새롭게 제1장 '현금흐름표를 제대로 읽자'와 제2장 '현금흐름분석의 등장 배경을 이해하자'를 추가하여 본서의 목차를 아래와 같이 리뉴얼(Renewal)하였습니다.

제17판 현금흐름분석의 리뉴얼(Renewal) 목차

제 1 장 현금흐름표를 제대로 읽자
제 2 장 현금흐름분석의 등장 배경을 이해하자
제 3 장 현금흐름표의 작성 원리를 파악하자 (Ⅰ)
(현금흐름의 분류, 현금흐름표의 작성 원리, 영업활동 현금흐름)
제 4 장 현금흐름표의 작성 원리를 파악하자 (Ⅱ)
(투자활동 현금흐름, 재무활동 현금흐름, 현금흐름표의 작성)
제 5 장 현금흐름분석을 체계화하자
제 6 장 현금수지분석표를 신용분석 및 기업부실예측에 활용하자
제 7 장 재무제표의 분식과 현금흐름의 관계를 파악하자
제 8 장 미래 현금흐름을 추정하자

2. 제5장 제6절 '현금흐름의 개념 및 분류'에서 법인세·이자·감가상각비 차감 전 영업이익(EBITDA)의 실무적인 활용이 현금흐름분석의 한 축이라 판단하여, EBITDA의 활용(기업가치 평가 및 신용분석) 사례 및 EBITDA 관련 재무비율을 추가하여 체계적으로 기술하였습니다.

법인세·이자·감가상각비 차감 전 영업이익(EBITDA)의 세부 목차

2. 법인세·이자·감가상각비 차감 전 영업이익(EBITDA)
   1) EBITDA의 정의 및 등장 배경
   2) EBITDA의 산출 구조
   3) EBITDA의 활용 사례
      가. 기업가치 평가에 활용
      나. 신용분석에 활용
   4) EBITDA 관련 재무비율
      가. EBITDA 기준 수익성 : EBITDA 마진
      나. EBITDA 기준 이자 부담능력 : EBITDA 기준 이자보상배율
      다. EBITDA 기준 단기 상환능력 : EBITDA 기준 부채상환계수(DSCR)
      라. EBITDA 기준 장기 상환능력 : EBITDA 기준 총차입금상환계수
      마. EBITDA를 활용한 상환능력분석표
   5) EBITDA의 한계점

3. 제5장 제5절 '현금흐름표의 비율분석' 내용 중 '1. 한국은행 기업경영분석의 현금흐름분석지표 해설'에서 2014년부터 2023년까지 우리나라 기업들의 현금흐름보상비율과 현금흐름이자보상비율을 추가하여 장기간에 걸친 우리나라 대기업과 중소기업들의 현금흐름 관련 비율의 추이를 볼 수 있도록 하였습니다.

4. 본서에서 언급하고 있는 현금흐름표는 일반기업회계기준에서 규정하고 있는 현금흐름표이며, 참고 목적으로 한국채택국제회계기준(K-IFRS) 제1007호에서 규정하고 있는 현금흐름표와의 차이에 대하여는 제3장에 기술하고 있습니다.

초판부터 제8판까지 공동 저자였던 성균관대학교 김혁 명예교수님, 그리고 늘 곁에서 도움을 주는 삼덕회계법인 김준석, 장철수, 양학미 회계사에게도 심심한 사의를 표합니다. 새롭게 리뉴얼(Renewal)이 가능하도록 늘 도움을 주신 한국금융연수원의 백운수, 박두봉, 권성일 교수님의 관심과 보살핌이 있기에 이 책이 출간될 수 있었습니다.

2025년 12월

공동 저자 공인회계사 **김명철** • 공인회계사 **조익철**

Contents

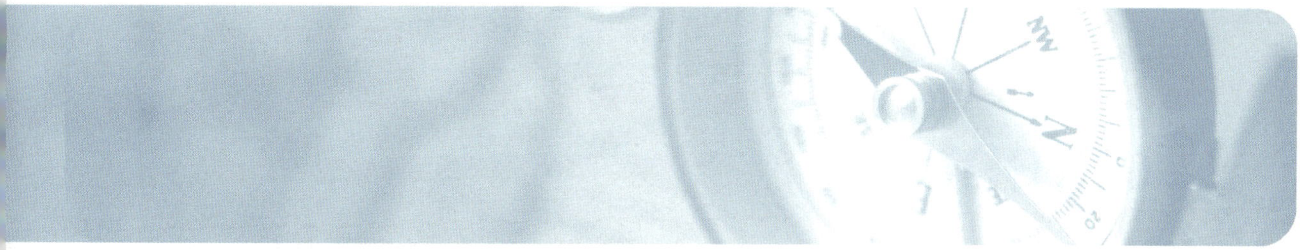

제 3 장 현금흐름표의 작성 원리를 파악하자 (Ⅰ)

제 4 장 현금흐름표의 작성 원리를 파악하자 (Ⅱ)

Contents

제 7 장 재무제표의 분식과 현금흐름의 관계를 파악하자

제 8 장 미래 현금흐름을 추정하자

Contents

제 *1* 장

현금흐름표를 제대로 읽자

제 01 절

현금흐름표의 이해

1 현금흐름표(Statement of Cash Flow)

기업은 경영활동(영업활동, 투자활동, 재무활동)을 통해 많은 거래가 발생하므로, 돈의 흐름을 기억하는 것이 불가능하기에, 회계장부를 작성하여 재무상태(재무상태표), 경영활동에서 발생하는 이익(손익계산서), 그리고 현금의 흐름(현금흐름표)을 기록하고 보고하는 것이 회계의 출발이다. 기업 내부 및 외부의 재무정보이용자들은 기업에 관한 경제적 의사결정을 하는 데 필요한 많은 정보를 재무제표로부터 얻고 있다. 기업의 재무제표로는 재무상태표와 손익계산서, 자본변동표, 그리고 현금흐름표가 있다.

손익계산서는 현금의 유입·유출과 관련되는 수많은 사건들과 거래들이 어떻게 발생하여 기업의 재무상태를 변화시키는지를 설명해주지는 못한다. 예를 들면 기업은 사채를 발행하거나 유상증자를 통하여 현금을 조달하고 이를 사용하여 토지나 건물을 취득할 수 있는데 손익계산서는 이와 같은 중요한 거래들을 나타낼 수 없다. 경영활동별로 현금의 움직임을 정확히 구분해 살펴보려면 현금흐름표가 필요하다. **현금흐름표는 다른 재무제표에서는 설명하기 어려운 현금의 유입 및 유출(현금흐름)을 보여준다는 측면에서 매우 유용한 재무제표이며, 기업의 현금흐름을 분석하는 데 기초가 되는 보고서이다. 나아가서는 현금 창출능력 평가에 대한 정보를 제공하는 기능을 담당한다.**

이러한 재무제표 간의 관련성을 그림으로 표시하면 [그림 1-1]과 같다.

그림 1-1 **재무제표 간의 관련성**

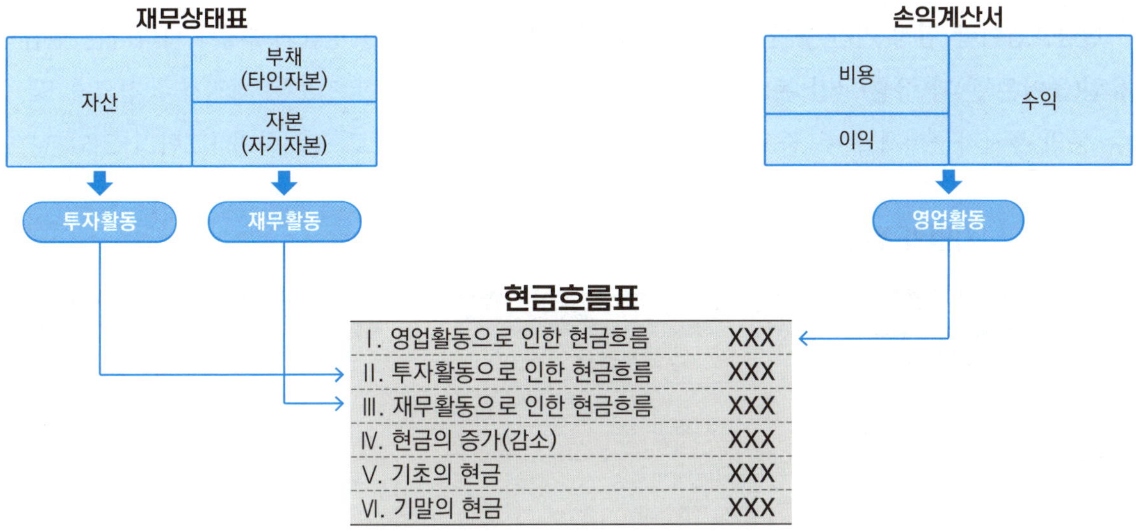

또한 **현금흐름표는 일정 기간 동안 발생한 회사의 모든 현금거래를 영업활동, 투자활동 및 재무활동으로 구분하고 각각의 활동별로 현금의 유입과 유출(현금흐름)에 대한 정보를 나타낸다.** 이는 채권자나 투자자 및 경영자 등 기업의 이해관계자들에게 기업의 재무(자금)상황과 성과 및 가치평가를 위한 유용한 정보이다. 일반적인 현금흐름표 양식 및 구성 내용은 다음과 같다.

현금흐름표

삼덕기업 (단위 : 백만 원)

과 목	금 액	
Ⅰ. 영업활동으로 인한 현금흐름		×××
Ⅱ. 투자활동으로 인한 현금흐름		×××
1. 투자활동으로 인한 현금유입액	×××	
2. 투자활동으로 인한 현금유출액	(×××)	
Ⅲ. 재무활동으로 인한 현금흐름		×××
1. 재무활동으로 인한 현금유입액	×××	
2. 재무활동으로 인한 현금유출액	(×××)	
Ⅳ. 현금의 증가(감소)(Ⅰ+Ⅱ+Ⅲ)		×××
Ⅴ. 기초의 현금		×××
Ⅵ. 기말의 현금		×××

2 현금흐름(Cash Flow)

1) 현금흐름의 정의

현금흐름이란 일정 기간 동안 기업의 경영활동 과정에서 발생한 현금거래에서 나타나는 현금의 유입(들어온 돈)과 유출(나간 돈)을 뜻한다. 기업의 현금흐름에 대한 정보는 채권자나 경영자 및 주주 등의 투자자들에게 모두 중요하다. 기업의 현금흐름을 그림으로 표시하면 [그림 1-2]와 같다.

그림 1-2 기업의 현금흐름

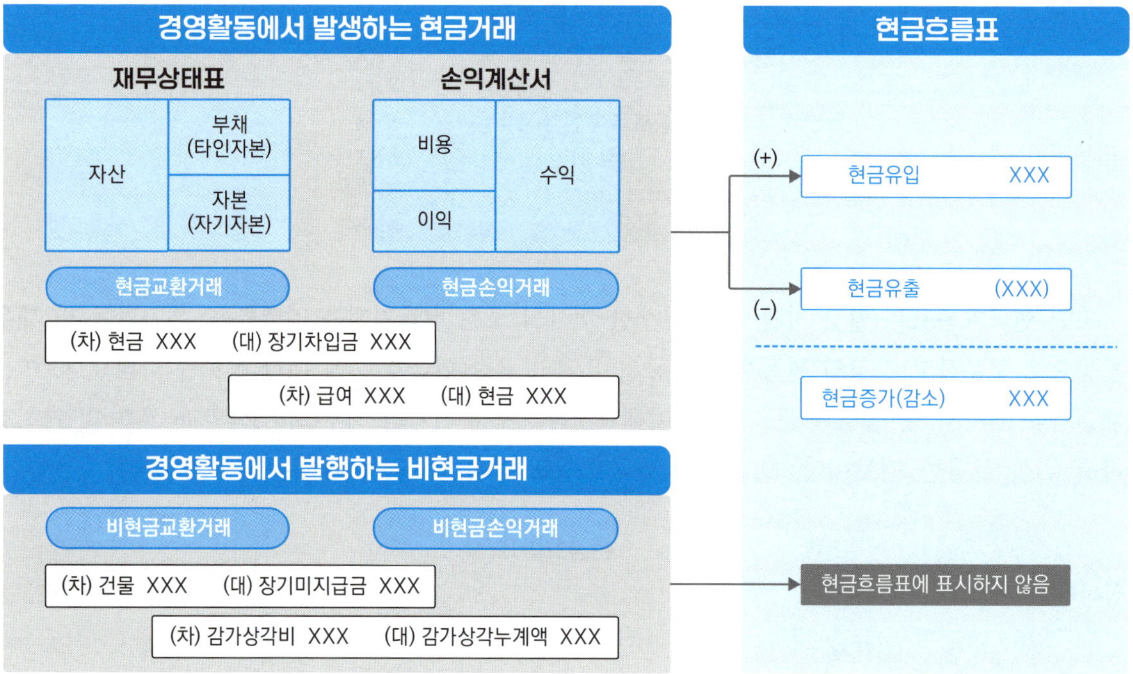

2) 현금흐름분석

현금흐름분석이란 일정 기간 기업이 어떠한 원천으로부터 현금을 조달하여 어떠한 용도에 현금을 운용하였는지를 검토하여 그 흐름의 건전성 여부를 분석하고 예측하는 것을 말한다. 채권자 입장에서는 채무기업의 원리금을 상환할 수 있는 현금흐름을 창출할 수 있는지 여부를 알아보기 위하여, 즉 신용위험(Credit Risk)을 평가하기 위하여 현금흐름분석을 실시한다. 전통적으로 채권자들은 재무상태표와 손익계산서에 기초한 신용분석을 실시해왔지만 재무상태표상 유동비율이 양호하며 손익계산서상 당기순이익이 충분한 회사가 갑자기 부도에 직면할 수도 있는 이유를 현금흐름분석을 통하여 보다 잘 이해할 수 있다.

경영자들에게는 투자계획이나 사업계획에 있어서 현재의 자금흐름을 감안하여 장래의 기간별로 추가적인 자금소요액이 얼마이며 영업활동에서 창출할 수 있는 자금의 규모와 외부에서 조달해야 할 자금의 규모 등을 파악하는 데 있어서 현금흐름분석 없이는 성공적인 계획을 작성할 수 없다. 현금흐름을 중시하는 경영방식은 요즈음 세계적인 추세가 되고 있으며, 경영혁신이나 고객만족 및 핵심역량중시 경영 등 기존의 주요 경영기법들도 현금흐름과 연결되지 않는다면 무의미한 것이 될 수밖에 없다는 사고가 경영자들에게 확산되고 있다.

최근에는 금융기관에서 신용 제공 목적으로 기업의 현금흐름에 관심을 가지는 것은 물론 정부기관에서 특정사업시행자 선정 시에도 해당 기업의 현금흐름이 평가기준에 제시되는 등 경영자들에게도 현금흐름이 점차 관심의 대상이 되고 있다.

주주 등의 투자자 입장에서는 현금흐름분석을 통하여 기업이 영업활동을 통하여 배당금을 지급할 수 있는 충분한 현금을 창출할 수 있는지 여부를 판단할 수 있다. 또한 대상 기업의 미래 현금흐름 창출능력을 예측하고 이를 토대로 그 기업의 가치를 평가하는 방법이 최근 널리 이용되고 있다. 이와 같은 현금흐름분석은 기업의 재무제표 중 하나인 현금흐름표 분석을 통하여 이루어진다.

3 현금흐름의 분류

기업의 경영활동은 업종에 따라 다소 차이가 있기는 하지만, 주된 영업활동인 구매·생산·판매활동이 주축을 이루며, 이러한 영업활동을 영위하기 위한 설비투자활동, 그리고 영업활동과 설비투자활동을 지원하기 위한 자금 조달활동으로 구성되어 있다. 앞에 **열거한 구매·생산·판매활동을 '영업활동', 설비투자활동을 '투자활동', 그리고 자금 조달활동을 '재무활동'이라고 크게 구분한다.** 경영활동별 현금흐름에 대한 구체적인 내용은 제3장 제1절에서 검토하기로 하고 여기서는 단순한 예를 들어 그 내용을 알아보기로 한다.

1) 영업활동(Operating Activities) 현금흐름

영업활동 현금흐름이란 현금흐름표 양식에서 '영업활동으로 인한 현금흐름'을 말한다. 영업활동이란 상품 및 제품 등의 매입·매출, 급여 지급, 법인세 지급 등의 기업의 주요 수익창출활동, 그리고 이자수익의 수취, 배당금 수입, 이자비용의 지급과 같은 투자활동이나 재무활동이 아닌 기타의 활동을 말한다. 이는 기업이 정상적인 영업활동을 영위하기 위한 일체의 활동으로 기업 경영활동에서 가장 기본적인 활동이다. 일반적으로 영업활동 현금흐름은 손익계산서의 당기순이익의 결정에 영향을 미치는 거래로 발생한다. 이러한 활동으로부터 발생하는 영업활동 현금흐름의 예는 다음과 같다.

- 재화의 판매와 용역 제공에 따른 현금유입
- 로열티, 수수료, 중개료 및 기타 수익에 따른 현금유입
- 재화와 용역의 구입에 따른 현금유출
- 종업원과 관련하여 직·간접으로 발생하는 현금유출
- 법인세의 납부 또는 환급(단, 재무활동과 투자활동에 명백히 관련되는 것은 제외)

2) 투자활동(Investing Activities) 현금흐름

투자활동 현금흐름이란 현금흐름표 양식에서 '투자활동으로 인한 현금흐름'을 말한다. 투자활동이란 현금의 대여와 회수활동, 투자자산 및 유·무형자산의 취득과 처분활동을 말한다. 이러한 활동으로부터 발생하는 투자활동 현금흐름의 예는 다음과 같다.

- 유형자산, 무형자산의 취득에 따른 현금유출
- 유형자산, 무형자산의 처분에 따른 현금유입
- 다른 기업의 지분상품이나 채무상품의 취득에 따른 현금유출
- 다른 기업의 지분상품이나 채무상품의 처분에 따른 현금유입
- 제3자에 대한 대여금에 따른 현금유출
- 제3자에 대한 대여금의 회수에 따른 현금유입

3) 재무활동(Financing Activities) 현금흐름

재무활동 현금흐름이란 현금흐름표 양식에서 '재무활동으로 인한 현금흐름'을 말한다. 재무활동이란 현금의 차입 및 상환, 신주 발행이나 배당금의 지급 등과 같이 부채 및 자본 계정에 영향을 미치는 활동을 말한다. 이러한 활동으로부터 발생하는 재무활동 현금흐름의 예는 다음과 같다.

- 주식 및 지분상품의 발행에 따른 현금유입
- 주식의 취득이나 상환에 따른 소유주에 대한 현금유출
- 장·단기 차입에 따른 현금유입
- 차입금의 상환에 따른 현금유출
- 리스이용자의 금융리스부채 상환에 따른 현금유출

영업활동 현금흐름, 투자활동 현금흐름 및 재무활동 현금흐름은 상호 긴밀하게 연결되어 현금의 유입과 유출이 반복적으로 일어나는데 [그림 1-3]은 이러한 상호 긴밀한 현금흐름을 보여 주고 있다.

그림 1-3 **경영활동과 현금흐름**

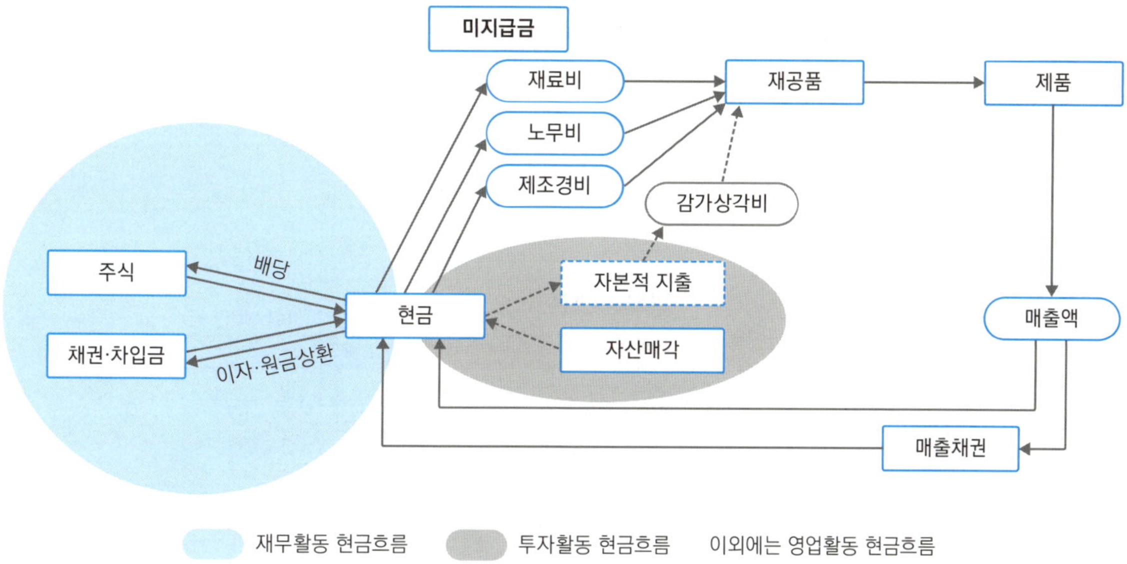

각 활동별 현금흐름은 분석의 편의상 위와 같이 구분되지만 실제의 현금흐름은 매우 밀접하게 연결되어 있다. 예를 들어 한 기업의 영업활동이 부진하여 제품의 매출액이 감소하거나 대금 회수가 지연되는 경우 자금 압박을 받게 되며, 원재료 가격이나 임금의 인상 폭이 높은 경우에도 자금 압박을 받게 된다. 이 경우에는 은행의 차입을 늘리거나 사채를 발행해서 자금을 확보하려고 할 것이며 신규 자금 조달이 어려우면 기존 차입금이나 부채의 상환을 연장하거나 보유하는 자산을 매각하고 영업활동을 축소하는 방향으로 나아갈 것을 예상할 수 있다. 이처럼 현금의 흐름은 영업활동, 투자활동, 재무활동이 서로 밀접하게 연결되어 있기 때문에 어떠한 경우에는 그 활동의 구분이 쉽지 않을 때가 있다.

4 현금흐름표의 구조

재무상태표의 현금및현금성자산(이하 '현금'이라 함)은 일정 시점에 보유하는 현금의 크기만을 알려줄 뿐 어떠한 활동을 통해 그 현금을 보유하게 되었는지 설명해주지 못한다. **현금흐름표는 재무상태표의 기초 현금이 어떠한 과정을 통해 기말 현금으로 변동하였는지, 즉 재무상태표의 현금및현금성자산의 변동 내역을 보여준다.** 현금흐름표는 이러한 현금 계정 과목의 증감을 영업활동, 투자활동 및 재무활동 현금흐름으로 구분하여 체계적으로 나타낸다. 현금흐름표의 구조를 그림으로 표시하면 [그림 1-4]와 같다.

그림 1-4 현금흐름표의 구조

재무상태표

L사 (단위 : 백만 원)

과목	7기		8기	
자산				
Ⅰ. 유동자산		45,176		74,457
1) 당좌자산		36,165		66,787
1. 현금및현금성자산	11,567		7,900	

현금의 변동

현 금 흐 름 표
제 8 기

L사 (단위 : 백만 원)

과목	8기
Ⅰ. 영업활동으로 인한 현금흐름	**4,928**
1. 당기순이익(손실)	20,528
2. 현금의 유출이 없는 비용 등의 가산	18,804
3. 현금의 유입이 없는 수익 등의 차감	-16,534
4. 영업활동으로 인한 자산·부채의 변동	-17,871
Ⅱ. 투자활동으로 인한 현금흐름	**-11,708**
1. 투자활동으로 인한 현금유입액	2,613
2. 투자활동으로 인한 현금유출액	-14,321
Ⅲ. 재무활동으로 인한 현금흐름	**3,113**
1. 재무활동으로 인한 현금유입액	9,466
2. 재무활동으로 인한 현금유출액	-6,353
Ⅳ. 현금의 증가(감소)	**-3,667**
Ⅴ. 기초의 현금	11,567
Ⅵ. 기말의 현금	7,900

기초의 현금 **11,567백만 원**

기말의 현금 **7,900백만 원**

제 02 절

자금(현금, 순운전자본 및 총재무적 자원)의 개념

앞에서 설명한 현금흐름표는 일정 기간에 있어서 기업의 자금이 어떤 원인에 의하여 어떻게 변화하였는가를 명확히 하기 위하여 작성된다. 현금흐름표를 작성하고 이를 올바르게 이해하기 위해서는 우선 '자금의 개념을 무엇으로 파악할 것인가'하는 점을 분명히 하지 않으면 안 된다. 오늘날 일반적으로 수용되고 있는 자금의 개념에는 다음과 같은 세 가지 개념이 있다.

1 현금(Cash)

현금은 가장 일반적인 자금의 개념이다. 현금에는 다음과 같은 세 가지 내용이 포함된다. 첫째로 기업이 대금의 지급수단으로 즉시 사용할 수 있는 통화와 타인발행수표, 배당증권, 송금환증서 등의 통화대용증권을 포함하며, 둘째로 당좌예금, 보통예금 등의 요구불예금이 포함된다. 셋째로 현금성자산을 포함한다. 이를 식으로 표현하면 다음과 같다.

현금(재무상태표상 현금및현금성자산)
= 통화 + 통화대용증권 + 요구불예금 + 현금성자산

현금성자산은 **'큰 거래비용 없이** 현금으로 전환이 용이하고 **이자율 변동에 따른 가치 변동의 위험**이 경미한 금융상품으로서 **취득 당시 만기일(또는 상환일)이 3개월 이내인 것'**을 말한다.

위의 정의에서 알 수 있듯이, 현금성자산은 현금의 단기적 운용을 목적으로 하는 유동성이 높은 금융상품으로서 다음의 두 가지 조건을 만족시키는 자산을 말한다.

첫째, **큰 거래비용 없이 현금으로 전환이 용이한 금융상품**이어야 한다. 이는 유통시장에서 즉시 현금으로 전환할 수 있는 유가증권 등을 의미한다. 현금으로 전환할 수 있는 유통 유가증권으로는 주식과 채권이 있지만 주식은 확정된 화폐금액으로 표시되지 않고 가격이 변동하며 상환조건이 없기 때문에 화폐성자산으로 분류하지 않는다. 따라서 일반적으로 채권만이 화폐성자산으로 분류되어 현금성자산에 포함된다.

둘째, **이자율 변동에 따른 가치 변동의 위험이 경미한 금융상품**이어야 한다. 만기가 장기인 채권인 경우 이자율 변동에 따른 가치 변동 위험이 높고 원리금 상환능력의 변동에 따른 투자 위험이 높기 때문에 현금성자산에 포함시키기에는 적합하지 않다. 따라서 일반적으로 단기(취득 당시의 만기가 3개월 이내)의 채권이 현금성자산에 포함되는 것이다.

현금성자산의 예를 들면 다음과 같은 것이 있다.

① 취득 당시의 만기가 3개월 이내에 도래하는 채권

② 취득 당시 상환일까지의 기간이 3개월 이내인 상환우선주

③ 3개월 이내의 환매 조건인 환매채

한편, 한국채택국제회계기준(이하 'K-IFRS'라 함) 제1007호를 적용하는 상장기업들은 현금의 구성요소에 '금융회사의 요구에 따라 즉시 상환하여야 하는 당좌차월'을 포함하도록 하고 있으므로 K-IFRS를 적용하는 경우에는 위의 현금및현금성자산에서 당좌차월을 차감한 금액이 '현금'이 된다.

현금흐름표는 자금 개념을 위의 '현금'으로 간주하여 작성된다.

2 순운전자본(Net Working Capital)

운전자본은 재무상태표의 유동자산을 말한다. 유동자산이란 1년 이내에 현금화할 수 있는 자산이기 때문에 영업활동에 사용되는 자금이라는 의미에서 운전자본 또는 운전자금이라고도 한다. 운전자금에 대응되는 용어로 시설자금을 사용하는 데서 알 수 있듯이 운전자금은 재료의 구입, 제품의 생산이나 판매에 소요되는 자금을 의미한다. 운전자본에 속하는 유동자산에는 현금과 현금성자산 이외에 단기매매증권, 매출채권, 재고자산 등이 포함된다.

순운전자본(광의의 개념)은 유동자산에서 유동부채를 차감한 잔액을 말하며, 다음과 같은 식으로 나타낼 수 있다.

순운전자본(광의의 개념) = 유동자산 - 유동부채

순운전자본은 유동부채를 지급하고 남은 잔액이므로 **영업활동에 추가적으로 사용되어 수익가치 창출에 기여하거나 단기차입금의 상환에 이용할 수 있는 자금의 성격**을 갖고 있다.

순운전자본은 전통적으로 기업의 단기 지급능력을 평가하는 측정치로 사용되어 왔다. 순운전자본의 크기와 변동을 분석함으로써 기업의 자금흐름을 평가하고 지급능력을 살펴본 것이다. 제2장 제1절에서 소개할 재무상태변동표는 순운전자본을 자금의 개념으로 작성한 것이다.

정상적인 영업활동을 통하여 원자재의 구매, 외상대금의 상환, 생산 및 판매과정까지에 묶여있는 자금을 1회전 소요(운전)자금이라고 하는데 1회전 소요(운전)자금은 순운전자본의 개념에 근거하고 있다. 이는 순운전자본이 현금보다 더 포괄적이며 회전자본으로서의 의미가 있기 때문이다. 사업계획이나 자금예측을 하는 경우에 매출 규모의 증가에 따르는 운전자본 추가 소요액을 계산하는 경우에도 순운전자본의 개념을 사용한다. 이처럼 **순운전자본은 영업활동과 매우 밀접한 자금 개념이지만 지급능력 평가에는 문제점이 있다.** 즉, **유동자산 중의 재고자산은 유동성이 낮을 수도 있으며** 이 중에는 팔지 못할 상품, 또는 장부가격대로 현금화가 어려운 진부한 상품이 포함되는 경우가 있으며 유동부채 중의 **선수금은 미래에 현금지급이 일어나지 않는 부채**이므로 진정한 지급능력을 평가하는 데 문제가 생긴다는 점이다. 또한 **순운전자본으로 자금흐름을 분석하면 매출채권이나 재고자산에 과다 투자하는 경우에도 유동성에 문제가 없는 것으로 나타나기 때문에 실질적인 지급능력 평가가 잘 이루어지지 않는다는 문제가 있다.**

그림 1-5 W.T. Grant사의 당기순이익과 순운전자본 흐름 및 영업활동 현금흐름의 비교

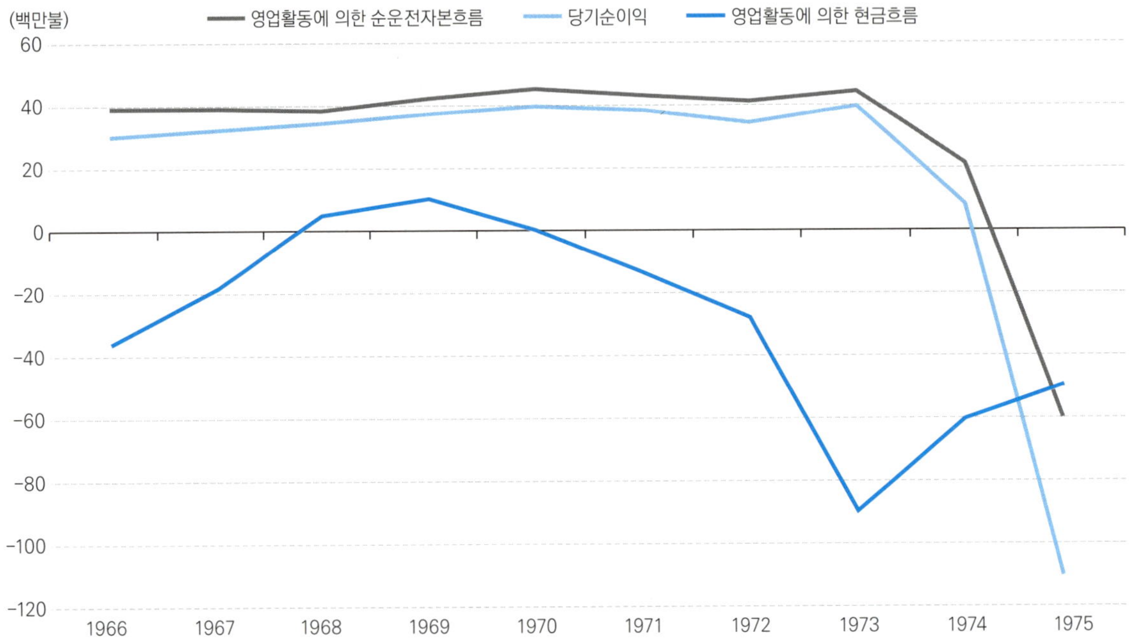

자금의 개념으로서 현금 개념이 순운전자본 개념보다 더 유용하다고 할 때 고전적으로 인용되는 사례가 [그림 1-5]에 제시된 W.T. Grant사의 예[1)]이다.

[그림 1-5]는 1975년에 도산한 W.T. Grant사의 과거 10년간 당기순이익과 영업활동에 의한 순운전자본흐름 및 영업활동에 의한 현금흐름을 비교한 것이다. 그림에서 보듯이 동사의 순이익과 영업활동에 의한 순운전자본흐름은 거의 동일한 패턴을 보이고 있지만 영업활동에 의한 현금흐름은 이미 도산하기 5년 전부터 나빠졌음을 보이며 도산 2년 전에는 급속도로 악화되고 있음을 보여주고 있다.

이 회사가 보여주는 자금흐름에서 알 수 있듯이, 영업상으로는 수익을 나타내고 있지만 불량채권과 불량재고자산의 누적과 같은 유동자산의 증가, 매입채무의 감소 등으로 인한 유동성 악화 사정을 영업활동에 의한 현금흐름이 잘 나타내고 있음을 알 수 있다.

1) 자료원 : 'Reporting Funds, Flows, Liquidity, and Financial Flexibility', FASB Discussion Memorandum(Stamford, Conn.: FASB, 1980), p.36

3 총재무적 자원(All Financial Resources)

총재무적 자원은 현금과 순운전자본뿐만 아니라 기업이 소유하는 모든 자산 또는 부채와 자본의 변동과 관련된 자금 개념이다. 즉, 모든 자산과 부채 및 자본의 변동을 자금의 변동으로 간주하는 개념이다. 기업의 재무상태는 재무상태표를 통해서 표시되는데 이 경우 재무상태표의 대변 항목인 부채와 자본의 합계는 자금의 조달상태를 표시하고 차변 항목인 자산은 자금의 운용상태를 표시하는 것이다. 이와 같은 총자산이나 총부채 및 자본의 개념으로서 자금을 정의하는 것이 총재무적 자원으로서의 자금 개념이다.

총재무적 자원으로서의 자금 개념은 신용분석이나 현금흐름분석에서는 별로 사용되지 않고 있다. 그러나 일반기업회계기준(이하 '일반기준'이라 함)에서는 사채를 발행하여 비유동자산을 구입하는 것과 같이 현금이나 순운전자본이 변화하지 않는 경우라도 총재무적 자원 개념에서 자금의 변동이 발생하였다고 보는 경우 중 중요하다고 판단되는 거래는 재무제표에 대한 주석사항으로서 표시하도록 요구하고 있다.

제 03 절

현금흐름표를 제대로 읽자

1 "현금흐름표 제대로 읽자"를 위한 L사의 재무제표

현금흐름분석에 대한 구체적인 내용은 제5장에서 다루기로 하고, 여기서는 현금흐름표의 기본적인 이해를 위하여 L사의 재무상태표, 손익계산서 및 이익잉여금처분계산서를 토대로 현금흐름표를 읽고 간략히 분석하고자 한다.

1) L사 재무상태표 (제6~8기)

재무상태표

L사 (단위 : 백만 원)

과 목	제6기	제7기	제8기
자산			
1. 유동자산	28,274	45,177	74,457
(1) 당좌자산	18,819	36,166	66,787
현금및현금성자산	5,324	11,567	7,900
단기금융상품	-	500	2,230
매출채권	5,485	14,343	45,373
기타 당좌자산	8,010	9,756	11,284
(2) 재고자산	9,456	9,011	7,670
상품	388	625	500
제품	4,043	3,613	3,221
기타 재고자산	5,025	4,773	3,949
2. 비유동자산	115,092	128,202	141,314
(1) 투자자산	64,383	78,794	89,752
장기투자자산	1,307	1,190	2,110
지분법적용투자주식	63,076	77,605	87,641

과 목	제6기	제7기	제8기
(2) 유형자산	40,371	37,107	36,443
토지 및 건물	26,546	26,455	29,859
기계장치	20,805	20,181	17,908
공구기구	10,664	11,728	12,559
구축물	1,702	1,529	1,549
기타 유형자산	8,702	8,729	6,341
감가상각누계액	(28,049)	(31,516)	(31,772)
(3) 무형자산	3,985	4,706	4,483
(4) 기타비유동자산	6,354	7,595	10,637
자산총계	143,366	173,379	215,772
부채			
1. 유동부채	45,877	59,416	80,132
매입채무	18,384	21,494	38,200
단기차입금	293	3,023	1,872
유동성장기부채	3,709	2,754	7,001
미지급금	10,513	12,864	13,130
선수금	1,494	2,631	3,103
기타	11,484	16,649	16,826
2. 비유동부채	25,394	29,895	34,042
사채	13,660	15,684	13,401
장기차입금	2,815	4,415	6,135
퇴직급여충당부채	2,450	2,290	1,827
기타	6,469	7,506	12,678
부채총계	71,271	89,311	114,174
자본			
1. 자본금	8,092	8,092	8,092
2. 자본잉여금	25,596	26,519	26,686
3. 자본조정	(449)	(449)	(449)
4. 기타 포괄손익누계액	990	8,734	6,615
5. 이익잉여금(결손금)	37,867	41,172	60,653
자본총계	72,095	84,068	101,598
부채와 자본총계	143,366	173,379	215,772

2) L사 이익잉여금처분계산서 (제6~8기)

이익잉여금 결손금 처리계산서

L사 (단위 : 백만 원)

과 목	제6기 (처분확정일 : 7기 3월 4일)	제7기 (처분확정일 : 8기 3월 13일)	제8기 (처분확정일 : 9기 3월 19일)
Ⅰ. 미처분이익잉여금	14,415	7,321	20,055
1. 전기이월 미처분이익잉여금	−446	2,638	1
2. 회계정책변경누적효과	2,637	264	
3. 지분법초과손실반영			−475
4. 기타포괄손익으로 대체		−409	
5. 당기순이익(손실)	12,224	4,828	20,528
Ⅱ. 임의적립금등의 이입액	22,263	32,525	39,493
1. 연구 및 인력개발준비금	22,263	32,525	39,216
2. 중소기업투자준비금			
3. 사업손실준비금			
4. 재무구조개선적립금			278
Ⅲ. 합계	36,678	39,846	59,548
Ⅳ. 이익잉여금처분액	34,040	39,845	59,547
1. 이익준비금	138	57	283
2. 기타법정적립금			
3. 연구 및 인력개발준비금	32,525	39,216	56,437
4. 현금배당금	1,378	572	2,827
Ⅴ. 차기이월미처분이익잉여금	2,638	1	1

3) L사 손익계산서 (제6~8기)

손익계산서

L사 (단위 : 백만 원)

과 목	제6기	제7기	제8기
매출액	235,019	276,385	305,134
매출원가	183,398	208,222	234,183
매출총이익(손실)	51,621	68,163	70,951
판매비와 관리비	45,975	55,894	54,803
급여	6,748	8,293	8,117
운반비	6,461	7,273	6,329
지급수수료	6,231	7,850	9,779
지급임차료	1,034	1,081	958
감가상각비	1,125	1,324	1,200
무형자산상각비	979	1,014	1,109
광고선전비	6,014	11,209	9,138
애프터서비스비	4,755	5,198	4,894
기타 판매비와 관리비	12,628	12,652	13,280
영업이익(손실)	5,646	12,269	16,148
영업외수익	18,632	26,705	34,924
이자수익	560	821	592
외환차익	2,202	11,827	16,759
지분법이익	14,136	9,834	13,773
기타 영업외수익	1,733	4,224	3,801
영업외비용	9,408	33,824	25,906
이자비용	1,191	1,074	1,078
외환차손	1,572	16,373	16,993
기타 영업외비용	6,646	16,376	7,835
법인세비용차감전순이익	14,869	5,150	25,166
법인세비용	2,645	322	4,638
당기순이익(손실)	12,224	4,828	20,528

4) L사 현금흐름표 (제6기~8기)

현금흐름표

L사 (단위 : 백만 원)

과 목	제6기	제7기	제8기
Ⅰ. 영업활동으로 인한 현금흐름	12,597	13,479	4,928
1. 당기순이익(손실)	12,224	4,828	20,528
2. 현금의 유출이 없는 비용 등의 가산	19,691	28,375	18,804
가. 감가상각비	5,717	5,587	4,931
나. 무형자산상각비	1,168	1,241	1,377
다. 판매보증충당부채전입	4,014	3,856	3,214
라. 기타	8,792	17,692	9,282
3. 현금의 유입이 없는 수익 등의 차감	−15,395	−13,463	−16,534
가. 지분법이익	14,136	9,834	13,773
나. 기타	1,259	3,629	2,761
4. 영업활동으로 인한 자산·부채의 변동	−3,923	−6,261	−17,871
가. 매출채권의 감소(증가)	1,492	−10,741	−32,131
나. 재고자산의 감소(증가)	1,521	136	1,341
다. 매입채무의 증가(감소)	559	4,358	16,695
라. 기타	−7,495	−14	−3,776
Ⅱ. 투자활동으로 인한 현금흐름	−6,653	−6,518	−11,708
1. 투자활동으로 인한 현금유입액	3,578	5,115	2,613
가. 장·단기 금융상품의 감소	579	303	384
나. 장·단기 대여금의 감소	208	578	307
다. 보증금의 감소	579	663	477
라. 투자자산의 처분	360	801	5
마. 유형자산의 처분 등	1,852	2,769	1,441
2. 투자활동으로 인한 현금유출액	−10,231	−11,633	−14,321
가. 장·단기 금융상품의 증가	248	905	2,093
나. 장·단기 대여금의 증가	125	426	628
다. 투자주식의 취득	2,227	658	3,354
라. 보증금의 증가	673	613	397
마. 유형자산의 취득	5,778	6,363	6,059
바. 무형자산의 취득	775	567	471
사. 파생상품의 취득	406	2,102	1,318
Ⅲ. 재무활동으로 인한 현금흐름	−5,524	−718	3,113
1. 재무활동으로 인한 현금유입액	10,090	5,768	9,466
가. 단기차입금의 차입	1,747	3,868	1,886
나. 사채의 발행	6,490	0	5,680
다. 장기차입금의 차입	1,853	1,900	1,900
2. 재무활동으로 인한 현금유출액	−15,614	−6,486	−6,353
가. 단기차입금의 상환	1,754	1,400	3,023
나. 장기차입금의 상환	4,781	-	-
다. 배당금의 지급	1,217	1,378	572
라. 유동성장기부채의 상환	7,862	3,709	2,758
Ⅳ. 현금의 증가(감소)	420	6,243	−3,667
Ⅴ. 기초의 현금	4,904	5,324	11,567
Ⅵ. 기말의 현금	5,324	11,567	7,900

2 L사의 현금흐름표를 제대로 읽자

1) 경영활동별 현금흐름 읽기

현금흐름표를 제대로 읽으려면, 재화 또는 용역을 판매하거나 제공함에 따라 발생하는 수익창출활동인 영업활동, 영업활동을 원활히 하기 위하여 필요한 자산을 취득하거나 처분하는 활동인 투자활동, 그리고 투자자나 채권자로부터 자금을 조달 또는 상환하는 활동인 재무활동의 각각 내역과 그 현금흐름에 표시되는 금액(이하 '현금흐름의 수치'라 함)이 플러스(+)인지 마이너스(-. (×××), △)인지를 정확하게 파악하여 이를 바탕으로 경영활동별 현금흐름의 의미를 해석해야 한다.

경영활동별 현금흐름		현금흐름 수치의 부호	부호별 의미
영업활동, 투자활동, 재무활동	현금유입(Inflow)	플러스(+)	들어온 돈
	현금유출(Outflow)	마이너스(-. (×××), △)	나간 돈

현금흐름표에서 '영업활동으로 인한 현금흐름'이 플러스(+, 유입)로 표시되면 영업활동을 통해 현금이 **창출**되었다는 의미이다. '투자활동으로 인한 현금흐름'이 마이너스(-, 유출)로 표시되면 자산의 취득과 같은 투자활동으로 현금이 **투자**되었다는 의미이다. '재무활동으로 인한 현금흐름'이 플러스(+, 유입)로 표시되면 재무활동으로 외부에서 현금(자금)을 **조달**하였다는 의미이다. 또한 상기 세 가지 경영활동의 결과로 나타나는 '현금의 증가(감소)'가 마이너스(-)로 표시되면 최종적으로 현금흐름이 **부족**한 상황이라는 의미이다. 반대인 경우를 살펴보면 '영업활동으로 인한 현금흐름'이 마이너스(-, 유출)로 표시되면 영업활동에서 현금수익보다 발생한 현금비용이 크다는 것이므로 영업손실로 인해 현금이 **유출**되었다는 의미이다. '투자활동으로 인한 현금흐름'이 플러스(+, 유입)로 표시되면 자산이 **처분**되었다는 의미이다. '재무활동으로 인한 현금흐름'이 마이너스(-, 유출)로 표시되면 기업이 차입금 등을 **상환**하였다는 의미이다. 그리고 상기 세 가지 경영활동의 결과로 나타나는 '현금의 증가(감소)'가 플러스(+)로 표시되면 최종적으로 **잉여(여유)**자금이 발생하는 상황이라는 의미이다. 이를 정리하면 다음과 같다.

경영활동별 현금흐름	수치	해석	수치	해석
Ⅰ. 영업활동으로 인한 현금흐름	+ (유입)	**창출**	- (유출)	**유출**
Ⅱ. 투자활동으로 인한 현금흐름	- (유출)	**투자**	+ (유입)	**처분**
Ⅲ. 재무활동으로 인한 현금흐름	+ (유입)	**조달**	- (유출)	**상환**
Ⅳ. 현금의 증가(감소) (Ⅰ+Ⅱ+Ⅲ)	- (유출)	**부족**	+ (유입)	**잉여(여유)**
Ⅴ. 기초의 현금	Ⅳ. 현금의 증가(감소) + Ⅴ. 기초의 현금 = Ⅵ. 기말의 현금			
Ⅵ. 기말의 현금 (=Ⅳ+Ⅴ)				

위 내용을 바탕으로 L사의 현금흐름표를 경영활동별 요약하고 그 의미를 해석해보면 [표 1-1]과 같다.

[표 1-1] L사의 3년간 경영활동별 현금흐름

(단위 : 백만 원)

과 목	제6기	제7기	제8기
Ⅰ. 영업활동으로 인한 현금흐름	12,597(유입)	13,479(유입)	4,928(유입)
(영업(매출, 매입)활동을 통하여)	**창출**	**창출**	**창출**
Ⅱ. 투자활동으로 인한 현금흐름	-6,653(유출)	-6,518(유출)	-11,708(유출)
(투자(취득, 처분)활동을 통하여)	**투자**	**투자**	**투자**
Ⅲ. 재무활동으로 인한 현금흐름	-5,524(유출)	-718(유출)	3,113(유입)
(재무(조달, 상환)활동을 통하여)	**상환**	**상환**	**조달**
Ⅳ. 현금의 증가(감소) (Ⅰ+Ⅱ+Ⅲ)	420	6,243	-3,667
(상기 세 가지 경영활동의 결과로)	**잉여**	**잉여**	**부족**
Ⅴ. 기초의 현금	4,904	5,324	11,567
Ⅵ. 기말의 현금 (=Ⅳ+Ⅴ)	5,324	11,567	7,900

6기와 7기에는 영업활동에서 각각 12,597백만 원, 13,479백만 원만큼 현금이 **창출**되었고, 투자활동에서는 유형자산의 취득 등으로 인해 각각 6,653백만 원, 6,518백만 원만큼 자금이 **투자**되었다. 전체적으로는 투자 후 현금이 남아돌아 차입금 등을 재무활동에서 **상환**하는데 사용하였다. 따라서 6기와 7기의 전반적인 현금흐름은 **잉여(여유)인 상태로 안정적인 모습**을 보였다.

8기에는 영업활동 현금흐름은 4,928백만 원으로서 전기와 비교해 크게 감소한 규모의 현금이 **창출**되었다. 또한 투자활동에서는 11,708백만 원만큼 자금이 **투자**되어 전기에 비해 크게 증가하였다. 이로 인해 6,780백만 원(4,928백만 원과 11,708백만 원의 차액)의 자금이 부족하여 외부에서 3,667백만 원을 **조달했으며** 나머지는 7기에서 이월된 현금으로 충당해 **부족**자금을 해결하였다. 따라서 8기 현금흐름은 외부에서 자금이 유입되었기 때문에 전반적으로 **불안정한 모습**을 보이고 있다. **L사의 최근 3년간 현금흐름을 종합하면 안정적으로 영업활동 현금흐름이 창출(+)되는 모습이 시현되고 있으나, 8기에는 공격적인 투자로 인하여 외부에서 자금을 조달하는 불안정한 모습으로 바뀌게 된다. 이런 경우 신용분석 측면에서 향후 현금흐름의 전망이 매우 중요하다.**

2) 현금흐름 추이 읽기

L사의 매출액과 경영활동별 현금흐름이 시간의 흐름에 따라 증가하고 있는지, 또는 감소하고 있는지를 파악하여 각각의 항목에 대한 연도별 추이와 그 변화의 내용을 살펴보면 [표 1-2]와 같다.

[표 1-2] L사의 3년간 현금흐름 추이

(단위 : 백만 원)

과 목	제6기	제7기	제8기
매출액	235,019	276,385	305,134
증감(%)	1.4%	17.6%	10.4%
Ⅰ. 영업활동으로 인한 현금흐름	12,597(유입)	13,479(유입)	4,928(유입)
증감(%)	-30.6%	7.0%	-63.4%(급감)
Ⅱ. 투자활동으로 인한 현금흐름	-6,653(유출)	-6,518(유출)	-11,708(유출)
증감(%)	-35.2%	-2.0%	79.6%(급증)
Ⅲ. 재무활동으로 인한 현금흐름	-5,524(유출)	-718(유출)	3,113(유입)
증감(%)	-37.1%	-87.0%	플러스(+)로 전환
기말의 현금	5,324	11,567	7,900
증감(%)	8.6%	117.2%	-31.7%

L사의 '영업활동 현금흐름'은 7기에는 전기 대비 증가하였지만 8기에는 큰 폭으로 감소하였다. 이는 전기 대비 매출액 10.4%의 증가보다 영업활동에 필요한 소요운전자금(영업활동으로 인한 자산·부채의 변동)이 큰 폭으로 증가했기 때문이다.

(단위 : 백만 원)

매출액(3년간 추이)	: 235,019 → 276,385 → 305,134(상승 추세)
영업활동 현금흐름	: 12,597 → 13,479 → 4,928(큰 폭으로 감소)
영업활동으로 인한 자산·부채의 변동(소요운전자금)	: -3,923 → -6,261 → -17,871(큰 폭으로 증가)

L사의 '투자활동 현금흐름'은 7기에는 소폭 감소하였지만 8기에는 큰 폭으로 증가하였다. 그 주된 이유는 투자 확대로 투자활동으로 인한 현금유출액이 6기와 7기보다 큰 폭으로 증가하였기 때문이다.

(단위 : 백만 원)

투자활동 현금흐름 (3년간 추이)	: -6,653 → -6,518 → -11,708(큰 폭으로 증가)
투자활동 현금유출액	: -10,231 → -11,633 → -14,321(큰 폭으로 증가)

L사의 '재무활동 현금흐름'은 7기에는 각각 5,524백만 원, 718백만 원만큼 마이너스(-)를 보였지만 8기에는 3,113백만 원만큼 플러스(+)로 전환되었다. 그 이유는 8기에 영업활동 현금흐름이 4,928백만 원으로서 전기 대비 크게 감소한 반면에 전기 대비 큰 폭으로 증가한 11,708백만 원의 자금이 투자되었기 때문이다. 만약 이러한 경우 보유현금이 부족할 경우 외부차입금이 증가할 가능성이 높아지고 나아가서는 재무구조가 악화될 가능성이 높아진다.

(단위 : 백만 원)

재무활동 현금흐름 (3년간 추이)	: -5,524 → -718 → 3,113(플러스(+)로 전환)

3) 현금흐름 유형 읽기

앞에서 우리는 기업의 활동을 영업활동과 투자활동 및 재무활동으로 구분하였다. 현금흐름표를 분석하는 한 가지 방법으로서, 기업의 현금흐름표에서 위의 세 가지 활동에 따른 현금흐름 수치가 플러스(+)인지 또는 마이너스(-)인지에 따라 여러 기업에서 나타날 수 있는 현금흐름의 유형을 다음과 같이 여덟 가지로 구분해볼 수 있다. 현금흐름의 유형에 대한 구체적인 내용은 제5장 제2절에서 검토하기로 하고, 여기서는 해당 현금흐름 유형의 개요 및 특징을 간략하게 알아보기로 한다.

현금흐름의 유형	제1유형	제2유형	제3유형	제4유형	제5유형	제6유형	제7유형	제8유형
영업활동 C/F*	+	+	+	+	−	−	−	−
투자활동 C/F	+	−	+	−	+	−	+	−
재무활동 C/F	+	−	−	+	+	+	−	−

* C/F는 Cash Flow의 약자로 현금흐름을 의미함.

위의 표에서 '+, -' 기호는 각 활동별 현금흐름의 수치가 나타내는 부호를 의미한다. 위의 각 유형별 현금흐름에 대한 개요는 다음과 같다.

유형	형태	개요
제1유형	현금보유형	영업활동에서도 현금을 창출하고 투자활동 관련 자산도 매각하여 현금을 마련하며, 재무활동을 통해서도 현금을 조달하여 현금을 쌓아두고 있는 유형으로 매우 유동성이 풍부한 기업이며 향후 다른 기업을 취득할 가능성이 있는 유형임.
제2유형	**우량·성숙 기업형**	**영업활동에서 현금을 조달하여 설비투자에 사용하고 또한 차입금상환이나 배당금 지급에 사용하고 있는 유형임.**
제3유형	부채축소형, 일부사업 구조조정형	영업활동에서 현금을 조달하고 유형자산의 매각을 통해서도 자금을 조달하여 차입금을 상환하거나 배당금을 지급하는 유형임.
제4유형	**성장형**	**영업활동에서 현금을 조달하고 차입금이나 증자를 통해서도 자금을 조달하여 설비확장에 나서는 유형임.**
제5유형	저수익사업 매각형	유형자산의 처분과 차입금 또는 증자를 통하여 조달한 현금으로 영업활동에서의 현금부족액을 메우는 유형임.
제6유형	신생기업, 급성장기업형	급성장하는 기업에서 나타나는 유형으로서 영업활동에서의 현금 부족액과 설비투자 현금 소요액을 장기차입금이나 증자로 조달하는 유형임.
제7유형	대규모 구조조정형	영업활동에서 부족한 현금과 차입금상환 또는 배당금 지급에 필요한 현금을 설비자산의 처분대금으로 메우는 유형임.
제8유형	보유현금소진형, 쇠퇴기업형	'보유현금으로 영업활동에서 부족한 현금과 설비투자 및 차입금 상환(또는 배당금 지급)에 필요한 자금을 충당하는 유형임.

위 내용을 토대로 L사의 연도별 현금흐름 유형과 그 변화를 살펴보면 [표 1-3]과 같다.

[표 1-3] L사의 3년간 현금흐름 유형

(단위 : 백만 원)

구 분		제6기	제7기	제8기
현금흐름	영업활동 C/F	12,597(유입)	13,479(유입)	4,928(유입)
	투자활동 C/F	-6,653(유출)	-6,518(유출)	-11,708(유출)
	재무활동 C/F	-5,524(유출)	-718(유출)	3,113(유입)
현금흐름유형	유형 분류	**제2유형 (우량·성숙기업형)**	**제2유형 (우량·성숙기업형)**	**제4유형 (성장형)**
	영업활동 C/F	+	+	+
	투자활동 C/F	-	-	-
	재무활동 C/F	-	-	+

L사의 6기와 7기 현금흐름의 유형은 제2유형(우량·성숙기업형)이다. 제2유형(우량·성숙기업형)은 영업활동에서 창출된 풍부한 현금(+)으로 투자자산이나 유형자산에 투자(-)하고 나머지 현금으로 차입금 상환과 주주에 대한 배당금 지급(-)까지 가능한 기업의 유형이다. 이 유형에서 가장 중요한 점은 회사의 영업활동 현금흐름이 지속적으로 양호한 상태를 유지할 수 있는지 여부이다. **L사의 경우 이러한 안정적인 현금흐름의 유형이 지속되지 않고 8기에는 현금흐름의 유형이 제4유형(성장형)으로 바뀌게 된다. 제4유형(성장형)은 영업활동에서 창출된 미미한 현금(+)으로는 설비투자에 필요한 자금을 충당할 수 없는 경우이다. 따라서 그 부족자금(-)을 외부차입이나 증자(+)로 보충하는 유형이다. 이 유형에서 가장 중요한 점은 투자로 인한 효과가 향후 어느 시점에 영업활동 현금흐름의 증가로 이어질지를 판단하는 것이다.**

4) 투자성향 읽기

영업활동으로 인한 현금흐름 대 투자활동 현금지출을 분석하여 기업의 투자성향을 파악하고자 한다. 영업활동으로 인한 현금흐름 대 투자활동 현금지출(투자활동으로 인한 현금흐름)의 산식은 아래와 같다.

$$\text{영업활동으로 인한 현금흐름 대 투자활동 현금지출} = \frac{\text{영업활동으로 인한 현금흐름}}{\text{투자활동 현금지출}} \times 100$$

이 비율은 영업활동을 통해 조달한 현금으로 투자활동에 대한 현금지출액을 어느 정도 충당할 수 있는가를 나타낸다. 영업활동으로부터 조달한 현금으로 투자금액을 충당하고 있다면 상기 비율이

100%를 초과할 것이다. 이 경우, 기업이 **안정적인 투자**를 하고 있다고 판단할 수 있다. 한편 이 비율이 100% 미만인 것은 기업이 영업활동으로부터 조달한 현금을 초과하여 유형자산 등에 투자하였다는 것을 의미한다. 이 경우, 기업이 **공격적인 투자**를 하고 있다고 판단할 수 있다. 영업활동으로 인한 현금흐름이 음수(-)이면서 상기 비율이 음수(-)인 경우 기업은 투자활동에 필요한 현금을 전적으로 **외부자금에 의존했음을** 의미한다. 위 내용을 토대로 L사의 투자성향을 분석해 보면 [표 1-4]와 같다.

[표 1-4] L사의 3년간 투자성향

(단위 : 백만 원)

과 목	제6기	제7기	제8기
Ⅰ. 영업활동으로 인한 현금흐름(A)	12,597	13,479	4,928
Ⅱ. 투자활동으로 인한 현금흐름(B)	6,653	6,518	11,708
영업활동으로 인한 현금흐름 대 투자활동 현금지출비율(A/B)	189.3%	206.8%	42.1%
투자성향 읽기	안정적 투자	안정적 투자	공격적 투자

6기와 7기에는 영업활동에서 창출된 현금으로 투자활동 현금지출금액을 충당하는 안정적인 투자성향이지만, 8기에는 영업활동에서 창출된 현금을 초과하여 투자를 확대하는 공격적인 투자성향으로 바뀌게 된다. **신용분석 차원에서 L사가 8기에 이러한 투자를 확대한 배경과 그 구체적인 내용에 대하여 파악할 필요가 있다.**

5) 영업활동 현금흐름 읽기

가. 영업활동 현금흐름의 의미

현금흐름표의 분석에서 가장 핵심이 되는 부분은 영업활동 현금흐름이다. 영업활동 현금흐름은 기업이 외부금융에 의존하지 않고 영업활동을 통하여 차입금 상환, 영업능력의 유지, 배당금 지급 및 신규투자 등에 필요한 현금흐름을 창출하는 정도에 대한 중요한 지표이므로 반드시 플러스(+), 즉 창출되는 모습을 보이는 것이 바람직하다. 그러나 현실적으로 매출액이 증가함에 따라 소요운전자금(순운전자본)도 증가하고 설비투자도 동시에 증가하는 경향을 보이기 때문에 영업에서 창출되는 현금흐름으로 투자에 필요한 자금을 충당하기가 어렵다. 그럼에도 불구하고 당기순이익의 급감과 소요운전자금(순운전자본)의 과다지출로 인하여 영업활동 현금흐름이 급감하여 거액의 마이너스(-) 상태를 보이거나 마이너스(-) 상태가 만성적으로 지속된다면 유동성 부족으로 도산할 가능성이 높아진다. 이러한 이유로 인해 채권자와 투자자들은 영업활동 현금흐름을 매우 중요한 정보로 보는 것이다.

나. 영업활동 현금흐름의 구조

현금흐름표에서 영업활동 현금흐름은 (1) 총영업활동 현금흐름(A=1-2+3)과 (2) 영업활동으로 인한 자산·부채의 변동(B=4.1+4.2)으로 구분된다. 영업활동 현금흐름의 구조를 그림으로 표시하면 [그림 1-6]과 같다.

그림 1-6 영업활동 현금흐름의 구조

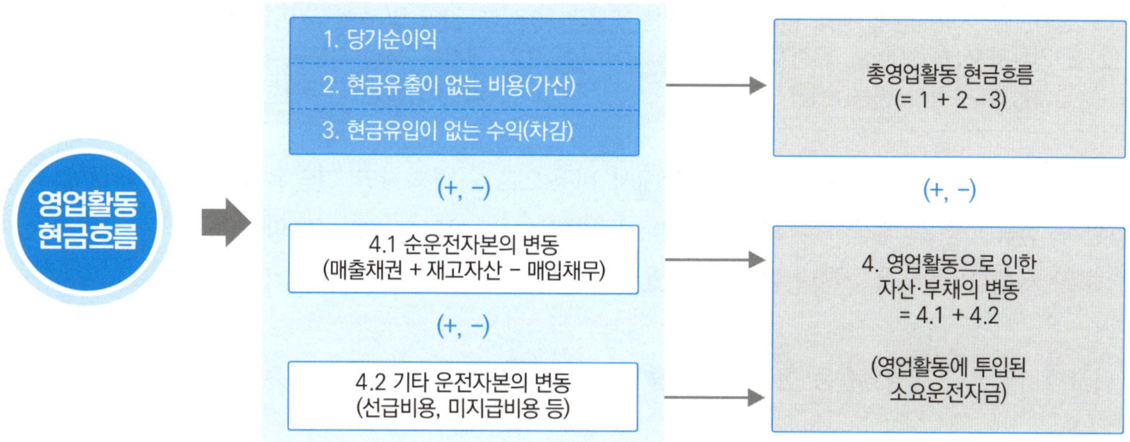

다. 총영업활동 현금흐름 (A=1+2-3)

'총영업활동 현금흐름'은 영업활동으로 인한 자산·부채의 변동에서 발생하는 현금의 유입과 유출(소요운전자금)을 배제하고 순수하게 영업활동에서 조달된 현금흐름이다. 따라서 **'총영업활동 현금흐름'**은 영업활동에서 기업의 현금 창출능력을 나타내는 중요한 지표이다. 이러한 **'총영업활동 현금흐름'**이 크게 감소하거나 마이너스(-)의 상태를 보인다면 부실이 심화되었다고 보아야 한다. **'총영업활동 현금흐름'**의 감소는 수익성이 악화되어 당기순이익이 크게 감소하거나 당기순손실이 발생한 경우이다. 또한 당기순이익의 주된 원인인 영업 외적인 비현금수익(단기매매증권평가이익, 지분법이익 등)이 증가한 경우에도 **'총영업활동 현금흐름'**은 감소한다. 즉, 당기순이익이 매출의 증가로 발생한 영업이익의 증가가 아닌 질적으로 불량한 비현금수익이기 때문이다. '총영업활동 현금흐름'을 산출하는 과정은 다음과 같다.

'총영업활동 현금흐름' (A = 1 + 2 - 3)
= 1. 당기순이익 + 2. 현금의 유출이 없는 비용 등의 가산 - 3. 현금의 유입이 없는 수익 등의 차감

'총영업활동 현금흐름'(A=1+2-3)은 손익계산서에서 매출액, 매출원가, 판매비와 관리비, 영업외수익, 영업외비용 및 법인세까지 영업활동으로 인해 발생하는 수익과 비용에 따른 현금의 유입과 유출을 의미하는데 손익계산서의 당기순이익에는 현금유입이 없거나 영업활동과 무관한 수익과 비용이 포함되어 있다. 이를 정리하면 다음과 같다.

2. 현금유출이 없는 비용 등의 가산 항목	3. 현금유입이 없는 수익 등의 차감 항목
(1) 감가상각비, 무형자산상각비, 퇴직급여, 단기투자자산평가손실, 지분법손실 등의 현금유출이 없는 비용과 (2) 단기투자자산처분손실, 유형자산처분손실 등의 영업활동과 무관한 비용(손실)	(1) 단기투자자산평가이익, 지분법이익 등의 현금유입이 없는 수익(이익)과 (2) 단기투자자산처분이익, 유형자산처분이익 등의 영업활동과 무관한 수익(이익)

현금유출이 없는 비용은 손익계산서상에서 비용으로 처리되지만 현금유출이 없기 때문에 총영업활동 현금흐름을 계산하는 과정에서 당기순이익에 가산하는 항목을 말한다.

다음 사례를 통하여 총영업활동 현금흐름을 산출하는 과정을 살펴보자.

[사례 1-1] 총영업활동 현금흐름 산출

1개월(1.1~1.31) 동안 개인택시 운전사의 매출액은 600만 원이며, 비용으로 가스비와 점심 식대로 각각 200만 원, 100만 원이 지출되었다. 또한 택시의 감가상각비로 월간 100만 원이 계상되었다. 단, 영업에 관련된 모든 수익(매출액) 및 비용(가스비 등)항목 중 감가상각비를 제외하고는 현금거래로 가정한다.

위의 사례에서 개인택시 운전사의 1개월간 손익계산서와 총영업활동 현금흐름은 다음과 같다.

(단위 : 만 원)

손익계산서		구분		구분	현금흐름
매 출 액	600	수익	➡	현금유입(+)	600
가 스 비	(200)	비용	➡	현금유출(-)	-200
점 심 식 대	(100)	비용	➡	현금유출(-)	-100
택시감가상각비	(100)	비용	➡	현금유출이 없는 비용	-
당기순이익(손실)	200	손익		총영업활동 현금흐름 (현금 유입과 유출의 합)	300

위와 같이 당기순이익 200만 원과 총영업활동 현금흐름 300만 원의 차이는 100만 원으로서 감가상각비와 일치한다. 따라서 총영업활동 현금흐름은 당기순이익에 감가상각비와 같은 현금유출이 없는 비용을 가산하여 산출된다. 이를 식으로 표현하면 다음과 같다.

총영업활동 현금흐름 = 당기순이익 + 감가상각비(현금유출이 없는 비용)
= 200만 원 + 100만 원 = 300만 원

현금유입이 없는 수익은 손익계산서상에서 수익(이익)으로 처리되지만, 현금유입이 없기 때문에 총영업활동 현금흐름을 계산하는 과정에서 당기순이익에 차감하는 항목을 말한다. [사례 1-1]에 추가적으로 개인택시 운전사가 단기차익 목적으로 S전자 주식(단기매매증권)을 취득하여 월말에 공정가치를 평가한 결과, 평가이익이 50만 원 발생하였다. 이를 반영한 개인택시 운전사의 1개월간 손익계산서와 총영업활동 현금흐름은 다음과 같다.

(단위 : 만 원)

손익계산서		구분		구분	현금흐름
매출액	600	수익	➡	현금 유입(+)	600
단기매매증권평가이익	50	수익	➡	현금 유입이 없는 수익(이익)	-
가스비	(200)	비용	➡	현금 유출(-)	-200
점심식대	(100)	비용	➡	현금 유출(-)	-100
택시감가상각비	(100)	비용	➡	현금 유출이 없는 비용	-
당기순이익(손실)	250	손익		총영업활동 현금흐름 (현금유입과 유출의 합)	300

위와 같이 당기순이익 250만 원과 총영업활동 현금흐름 300만 원의의 차이는 50만 원으로서 감가상각비(+100만 원)와 단기매매증권평가이익(-50만 원)의 합과 일치한다. 따라서 총영업활동 현금흐름은 당기순이익에 감가상각비와 같은 현금유출이 없는 비용을 가산하고 단기매매증권평가이익과 같은 현금유입이 없는 수익(이익)을 차감하여 산출된다. 이를 식으로 표현하면 다음과 같다.

총영업활동 현금흐름
= 당기순이익 + 감가상각비(현금유출이 없는 비용) - 단기매매증권평가이익(현금유입이 없는 수익(이익))
= 250만 원 + 100만 원 - 50만 원 = 300만 원

총영업활동 현금흐름은 우선 당기순이익에 손익계산서상 비용으로 처리하여 당기순이익에 반영한 감가상각비, 무형자산상각비, 단기투자자산평가손실, 지분법손실 등의 현금유출이 없는 비용(비현금비용)과 단기투자자산처분손실, 유형자산처분손실 등의 영업활동과 무관한 비용(손실)은 당기순이익에 가산하고, 손익계산서상 수익(이익)으로 처리하여 당기순이익에 반영한 단기매매증권평가이익, 지분법이익 등의 현금유입이 없는 수익(비현금수익)과 단기투자자산처분이익, 유형자산처분이익 등의 영업활동과 무관한 수익은 당기순이익에서 차감하여 산출한다.

라. 영업활동으로 인한 자산·부채의 변동(B = 4.1 + 4.2)

영업활동으로 인한 자산·부채의 변동은 정상적인 영업활동을 위해 원자재의 구매, 매입대금의 지급 등 생산 및 판매 과정에서 투입되는 소요운전자금을 의미한다. 영업활동과 관련하여 발생하는 자산·부채인 매출채권, 재고자산, 매입채무, 선급금, 선수금, 선급비용, 선수수익, 미지급비용, 미수수익 등의 증감(변동)으로 인한 현금의 유입과 유출의 크기를 의미한다. 영업활동으로 인한 자산·부채의 변동을 파악하는 것은 앞에서 산출한 총영업활동 현금흐름에 **영업활동으로 인한 자산·부채의 변동에 따른 현금의 유입과 유출의 크기를 반영(가감)해 영업활동 현금흐름을 산출하기 위함이다.** 이는 순운전자본(협의)의 변동과 기타 운전자본의 변동으로 구분된다.

영업활동으로 인한 자산·부채의 변동 (B = 4.1 + 4.2)
= 4.1 순운전자본(협의)의 변동 + 4.2 기타 운전자본의 변동

소요운전자금에 크게 영향을 미치는 매출채권, 재고자산, 매입채무만을 반영하여 산출하는 순운전자본 개념을 금융기관에서는 실무적으로 사용한다. 이러한 운전자산은 매출채권과 재고자산의 합계금액에서 매입채무를 차감한 잔액을 말하며, 다음과 같은 식으로 나타낼 수 있다.

순운전자본 (협의) = 매출채권 + 재고자산 - 매입채무

상기의 순운전자본(매출채권+재고자산-매입채무)의 변화는 영업활동 현금흐름의 변화에 밀접한 관계가 있다. 예를 들어 재고자산(또는 매출채권)의 증가는 운전자산의 증가에 해당되므로 영업활동 현금흐름에는 재고자산(또는 매출채권)의 증가액만큼 마이너스(-) 요인이 된다. 반면에 매입채무의 증가는 순운전자본의 감소에 해당되고 부채가 증가하였으므로 영업활동 현금흐름에는 매입채무의 증가액만큼 플러스(+) 요인이 된다.

일반적으로 매출액이 증가하면 순운전자본도 증가하는 것이 일반적인 현상이지만 순운전자본이 증가하게 되면 영업활동 현금흐름을 감소시키는 요인으로 작용하기 때문에 부정적이다. 이는 매출채권이나 재고자산의 증가가 주된 원인이며, 신용도 하락으로 구매처로부터 외상매입이 불가능하여 매입채무가 감소하는 경우이다. **이러한 이유로 인하여 비록 총영업활동 현금흐름이 플러스(+)이더라도 순운전자본에 대한 지출액 규모가 과다하거나 마이너스(-)의 상태가 지속되는 경우가 발생하면 영업활동 현금흐름이 마이너스(-)의 현상을 보이게 되는데 이는 부실의 징후이다. 그러나 매출액이 증가함에도 불구하고 순운전자본이 소폭 증가하거나 감소하는 것은 기업의 유동성 측면에서는 매우 바람직한 현상이다.** 그 이유는 순운전자본이 소폭 증가하거나 감소하면 영업활동 현

금흐름에 미미한 마이너스(-) 요인이거나 플러스(+) 요인이 되기 때문이다. 그리고 기타 운전자본의 변동은 순운전자본(매출채권, 재고자산, 매입채무)을 제외하고 영업활동과 관련하여 발생하는 선급비용의 증감, 미지급비용의 증감 등을 의미한다.

한편 영업활동으로 인한 자산·부채의 변동은 해당 자산·부채의 변동으로 인한 현금 유·출입 효과(마이너스(-) 요인 또는 플러스(+) 요인)를 계산하여 현금흐름표에 표시한다. [사례 1-1]에서 개인택시 운전사가 택시 영업을 수행하면서 순운전자본인 재고자산, 매출채권, 매입채무의 증감이 아래와 같이 발생하였다. 단, 기타 운전자본의 변동은 없는 것으로 가정한다. 개인택시 운전사의 영업활동으로 인한 자산·부채의 변동으로 표시하면 다음과 같다.

(단위 : 만 원)

과목	구분	월초	월말	증감 (변동)	현금 유·출입 효과 (+, -)	4. 영업활동으로 인한 자산·부채의 변동 (현금흐름표상)	
매출채권	영업활동 관련 자산·부채	40	30	감소	+10(유입)	가. 매출채권의 감소	+10
재고자산		10	40	증가	-30(유출)	나. 재고자산의 증가	-30
매입채무		15	25	증가	+10(유입)	다. 매입채무의 증가	+10

영업활동 관련 자산의 증가액과 부채의 감소액은 차감 조정하고, 영업활동 관련 자산의 감소액과 부채의 증가액은 가산 조정하여 영업활동 현금흐름을 산출하면 다음과 같다.

개인택시 운전사의 영업활동 현금흐름

(단위 : 만 원)

과 목	1.1~1.31
Ⅰ. 영업활동으로 인한 현금흐름 (A ± B)	290
(1) 총영업활동 현금흐름 (A = 1 + 2 - 3)	300
1. 당기순이익	250
2. 현금의 유출이 없는 비용 등의 가산(감가상각비)	100
3. 현금의 유입이 없는 수익 등의 차감(단기매매증권평가이익)	-50
(2) 영업활동으로 인한 자산·부채의 변동 (B = 4.1 + 4.2)	-10
4.1 순운전자본의 변동(증감)	-10
가. 매출채권의 감소(증가)	+10
나. 재고자산의 감소(증가)	-30
다. 매입채무의 증가(감소)	+10
4.2 기타 운전자본의 변동(증감)	-

위에서 학습한 내용을 토대로 L사의 현금흐름표에서 영업활동 현금흐름만을 요약하여 재구성하면 [표 1-5]와 같다.

[표 1-5] L사의 3년간 영업활동 현금흐름

(단위 : 백만 원)

과 목	제6기	제7기	제8기
Ⅰ. 영업활동으로 인한 현금흐름(A ± B)	12,597	13,479	4,928
(1) 총영업활동 현금흐름(A = 1 + 2 - 3)	16,520	19,740	22,799
1. 당기순이익	12,224	4,828	20,528
2. 현금의 유출이 없는 비용 등의 가산	19,691	28,375	18,804
3. 현금의 유입이 없는 수익 등의 차감	-15,395	-13,463	-16,534
(2) 영업활동으로 인한 자산·부채의 변동(B = 4.1 + 4.2)	-3,923	-6,261	-17,871
4.1 순운전자본의 변동(증감)	3,572	-6,247	-14,095
가. 매출채권의 감소(증가)	1,492	-10,741	-32,131
나. 재고자산의 감소(증가)	1,521	136	1,341
다. 매입채무의 증가(감소)	559	4,358	16,695
4.2 기타 운전자본의 변동(증감)	-7,495	-14	-3,776

위에서 정리한 내용을 바탕으로 L사의 8기 영업활동 현금흐름을 살펴보면 **수익성이 개선(7기 당기순이익 4,828백만 원 → 8기 당기순이익 20,528백만 원)되면서, 총영업활동 현금흐름(7기 19,740백만 원 → 8기 22,799백만 원)이 전기 대비 증가하였음에도 불구하고 영업활동으로 인한 자산·부채의 변동(순운전자본 + 기타 운전자본에 대한 유출)이 17,871백만 원만큼 증가하여 영업활동 현금흐름(7기 13,479백만 원 → 8기 4,928백만 원)이 전기 대비 큰 폭으로 감소하였다. 이는 매입채무가 전기 대비 16,695백만 원 증가하였음에도 불구하고, 특히 전기 대비 매출채권의 증가액이 32,131백만 원으로서 매입채무 증가액을 상회하였기 때문이다. 또한 영업활동으로 인한 자산·부채의 변동(순운전자본 + 기타 운전자본에 대한 유출)의 증가는 영업활동 현금흐름에는 마이너스(-) 요인으로 작용되기 때문이다.**

신용분석 차원에서 영업활동으로 인한 자산·부채의 변동(순운전자본 + 기타 운전자본에 대한 유출)이 증가한 원인을 구체적으로 파악할 필요가 있다.

6) 투자활동 현금흐름 읽기

기업은 성장성을 유지하기 위해서 지속적으로 투자를 하여야 한다. 기업의 투자활동에는 유가증권을 취득하는 경우도 있지만, 관계회사를 지배할 목적으로 지분법적용투자주식을 취득하기도 한다. 그리고 노후설비를 교체하거나 유지보수에도 자금이 투입된다. 때로는 생산량의 부족으로 인해 설비를 증설하기도 한다. **투자활동 현금흐름 읽기의 핵심은 기업의 다양한 투자 내용과 규모가 무엇인지를 세부적으로 분석하여 투자 내용의 적절성을 평가하는 것이다.** 왜냐하면 영업활동에서 현금흐름이 창출되지 않은 상황에서 차입금 등의 외부금융을 통하여 불필요한 자산을 취득하는 데 자금을 사용하게 되면 유동성 위험에 봉착할 수 있기 때문이다. 기업의 핵심역량을 위하여 생산능력을 확충하거나 생산설비의 고도화, 또는 설비의 자동화 등 주로 기업의 핵심자산인 유형자산에 자금이 투자되어야 한다는 의미가 투자 내용의 적절성이다. 이를 위하여 투자의 유입(처분)과 유출(투자)의 내용과 그 크기를 항목별로 비교하여 투자활동 현금흐름을 일목요연하게 파악할 필요가 있다. L사의 8기 투자활동 현금흐름을 재구성하면 다음과 같다.

(단위 : 백만 원)

투자활동 현금유출	금액	투자활동 현금유입	금액	순증감	구분
장·단기 금융상품의 증가	**-2,093**	장·단기 금융상품의 감소	**384**	**-1,709**	투자자산
장·단기 대여금의 증가	-628	장·단기 대여금의 감소	307	-321	
파생상품자산의 취득	-1,318	파생상품자산의 감소	455	-863	
투자주식의 취득	**-3,354**	투자자산의 처분	4	**-3,350**	
유형자산 취득	**-6,059**	유형자산 처분	**897**	**-5,162**	유·무형 자산
무형자산 취득	-471	무형자산 처분	85	-386	
보증금의 증가	-397	보증금의 감소	**477**	79	기타
기타	-	기타	4	4	
투자활동 현금유출액	**-14,321**	투자활동 현금유입액	**2,613**	**-11,708**	

투자활동으로 인한 현금유입액은 2,613백만 원으로, 그 주요 현금유입원은 유형자산의 처분(897백만 원), 보증금의 감소(477백만 원), 장·단기 금융상품의 감소(384백만 원)이다. 투자활동으로 인한 현금유출액은 14,321백만 원으로, 그 주요 현금유출원은 유형자산의 취득(6,059백만 원), 투자주식의 취득(3,354백만 원), 장·단기 금융상품의 증가(2,093백만 원)이다. 이를 항목별로 순증감을 파악하면 장·단기 금융상품의 순증가로 1,709백만 원이, 투자주식의 순증가(취득)로 3,350백만 원이, 그리고 유형자산의 순증가(취득)로 5,162백만 원이 각각 유출(사용)되었다. 위의 내용으로 L사의 현금흐름표에서 투자활동 현금흐름만을 요약하여 재구성하면 [표 1-6]과 같다.

[표 1-6] L사의 3년간 투자활동 현금흐름

(단위 : 백만 원)

과 목	제6기	제7기	제8기
Ⅰ. 영업활동으로 인한 현금흐름(A±B)	12,597	13,479	4,928
Ⅱ. 투자활동으로 인한 현금흐름	-6,653	-6,518	-11,708
장·단기 금융상품의 순증감	332	-602	-1,709
장·단기 대여금의 순증감	84	152	-321
파생상품의 순증감	9	-1,357	-863
투자주식의 순증감	-1,867	143	-3,350
유형자산의 순증감	-4,345	-4,970	-5,162
무형자산의 순증감	-771	-516	-386
기타(보증금의 순증감 포함)	-95	631	83

재구성한 투자활동 현금흐름을 살펴보면 유형자산 취득(순증가)에 3년간 각각 4,345백만 원, 4,970백만 원, 5,162백만 원을 지출하였다. L사가 생산능력 확충과 생산설비 고도화 등을 위해 지속적으로 유형자산에 지출한 점은 투자내용의 적절성 측면에서 긍정적으로 평가된다. 하지만 투자주식 취득에 6기에는 1,867백만 원, 8기에는 3,350백만 원을 각각 순지출하였다. **신용분석 차원에서 투자주식 취득의 목적과 내용을 구체적으로 파악하여 투자 내용의 적절성을 판단할 필요가 있다.**

7) 재무활동 현금흐름 읽기

가장 이상적인 현금흐름은 기업이 영업활동에서 창출한 현금으로 투자활동에 필요한 현금을 사용하고도 현금의 잉여(여유)가 발생하였다면 외부에서 굳이 자금을 조달하지 않는 상황이다. 이러한 경우를 일컬어 영업활동을 통하여 내부에서 자금을 조달하는 내부금융이라고 한다. 그러나 대부분의 기업은 영업활동에서의 현금창출이 여유롭지 못하여 투자활동에 필요한 자금을 자체적으로 충당할 수 없는 경우가 더 많다. 이러한 경우 외부에서 차입 및 유상증자를 통하여 자금을 조달하는데 이를 외부금융이라고 한다. **재무활동 현금흐름 읽기의 핵심은 영업 및 투자활동으로 인한 부족자금을 메꾸는 자금 조달방법의 적절성을 평가하는 것이다.**

자금 조달방법의 적절성을 판단하는 기준으로 그 첫 번째는 기업의 영업활동을 통하여 자금을 조달하는 내부금융과 기업 외부에서 차입 및 유상증자를 통하여 자금을 조달하는 외부금융의 균형 여부이다. 이는 내부금융(영업활동 현금흐름)보다 외부금융(재무활동 현금흐름)의 비중이 지나치게 높은지를 평가하기 위함이다. 왜냐하면 영업활동을 통하여 일정 수준의 현금을 조달하는 한편, 그러한 영업활동 현금흐름을 감당할 수 있을 정도의 외부 차입금과 유상증자자금을 회사가 조달한다면, 그 기업의 지속적인 성장을 예상할 수 있으나, 영업활동으로 인해 창출하지 못한 부족한 현금흐름 부분을 외부로부터 현금을 조달한다면 향후 이자 상환능력의 하락 등으로 경영성과에 악영향을 미칠 수 있기 때문이다.

자금 조달방법의 적절성을 판단하는 기준으로 두 번째는 장기와 단기 자금 조달의 균형 여부이다. 일반적으로, 기업은 영업활동에서 필요한 운전자금은 단기성 차입금으로 조달하고 투자활동에 필요한 자금은 시설자금 대출과 같은 장기성 차입금 및 유상증자자금으로 조달하여야 한다. 이러한 자금 조달방법을 제5장 제1절에서 소개할 **'헷징(hedging)'에 의한 자금 조달방법**이라고 한다. 단기차입금을 통해 유·무형자산이나 투자자산에 투자하는 것이 부적절한 이유는, 단기차입금이 정상적으로 연장되지 않으면 가까운 미래에 상환 부담이 가중될 뿐만 아니라 투자활동에 사용된 자금은 장기간 현금화하기 어려워 유동성 위기에 빠질 수 있기 때문이다.

자금 조달방법의 적절성을 판단하기 위하여 재무의 유입(조달)과 유출(상환)의 내용과 크기를 항목별로 비교하여 재무활동 현금흐름을 일목요연하게 파악할 필요가 있다. L사의 8기 재무활동 현금흐름을 재구성하면 다음과 같다.

(단위 : 백만 원)

재무활동 현금유출	금액	재무활동 현금유입	금액	순증감	구분
단기차입금 상환	**-3,023**	단기차입금의 차입	**1,886**	-1,137	단기차입금
유동성장기부채의 상환	**-2,758**	장기차입금의 차입	**1,900**	+4,822 (순차입)	장기차입금 및 사채
		사채의 발행	**5,680**		
배당금 지급	**-572**			-572	배당금
재무활동 현금유출계	**-6,353**	재무활동 현금유입계	**9,466**	3,113	

재무활동으로 인한 현금유입액은 9,466백만 원이며, 그 주요 현금유입원은 단기차입금의 증가(1,886백만 원), 장기차입금의 차입 및 사채 발행(7,580백만 원)이다. 재무활동으로 인한 현금유출액은 6,353백만 원이며, 그 주요 현금유출원은 단기차입금의 상환(3,023백만 원), 유동성장기부채의 상환(2,758백만 원) 및 배당금 지급(572백만 원)이다. 이를 항목별로 순증감을 파악하면 단기차입금의 순감소(상환)로 1,137백만 원이 유출, 장기차입금의 순증가(차입) 및 사채 발행으로 4,822백만 원이 유입, 그리고 배당금 지급으로 572백만 원이 유출되었다. 위의 내용으로 L사의 현금흐름표에서 재무활동 현금흐름만을 요약하여 재구성하면 [표 1-7]과 같다.

[표 1-7] L사의 3년간 재무활동 현금흐름

(단위 : 백만 원)

과 목	제6기	제7기	제8기
Ⅰ. 영업활동으로 인한 현금흐름	12,597	13,479	4,928
Ⅱ. 투자활동으로 인한 현금흐름	-6,653	-6,518	-11,708
Ⅲ. 재무활동으로 인한 현금흐름	-5,524	-718	3,113
단기차입금의 순증가(감소)	-7	2,468	-1,137
장기차입금의 순증가 및 사채 발행	-4,301	-1,809	4,822
배당금 지급	-1,217	-1,378	-572

6기와 7기에는 영업활동에서 창출한 현금으로 투자활동에 사용하고도 여유가 발생하여 굳이 자금을 외부에서 조달할 필요가 없는 상황이다. 8기 투자활동에 소요된 자금 11,708백만 원의 자금 조달내역을 살펴보면 일차적으로 영업활동 현금흐름(내부금융)으로 투자활동에 소요되는 자금의 42.1%를 조달하고 추가적으로 장기차입금 및 사채 발행(외부금융)으로 41.2%에 해당하는 4,822백만 원을 조달하였다. 한편, 이 조달된 자금의 일부로 단기차입금 1,137백만 원(9.7%)을 상환하였다. 나머지는 전기로부터 이월된 보유현금으로 투자활동에 소요되는 자금의 26.4%에 해당하는 3,095백만 원을 투자활동에 사용하였다. 이를 정리하면 다음과 같다.

(단위 : 백만 원)

자금 소요	내부금융 조달	외부금융 조달				보유 현금
투자활동 현금흐름	영업활동 현금흐름	유상증자	사채 및 장기차입금	단기차입금	합계	기초현금으로 조달
-11,708	4,928	-	4,822	-1,137	3,685	3,095
100%	42.1%	0%	41.2%	-9.7%	31.5%	26.4%

전기로부터 이월된 보유현금은 전년도 영업활동에서 창출된 자금으로서 내부금융과 같은 성격이라고 볼 수 있으므로 8기에 장기투자에 필요한 자금의 68.5% (42.1% + 26.4%)를 내부금융으로 조달하고 나머지 31.5%를 영업활동 현금흐름이 감당할 수 있을 정도의 차입금 규모를 외부금융에서 조달하였다. 따라서 자금 조달방법의 적절성 측면에서 내부금융과 외부금융의 균형이 이루고 있다고 판단된다.

또한 8기에 L사는 단기차입금을 상환하고 있는 상황이므로 장기투자에 필요한 자금을 모두 장기자금으로 조달하여 **'헷징(hedging)'에 의한 자금 조달**을 하였다고 할 수 있다. 이는 자금 조달방법의 적절성 측면에서 장기 및 단기 자금 조달의 균형을 이루고 있음을 의미한다.

8) T 계정을 활용한 현금 유·출입 분석

T 계정을 활용한 현금 유·출입 분석은 현금 T 계정의 차변과 대변에 정리된 현금의 유출액과 유입액의 내용과 크기를 서로 비교함으로써 일정 기간 발생한 현금의 유입과 유출 사항을 한눈에 파악하는 분석법이다. L사의 8기 현금흐름표를 T 계정을 활용하여 현금 유·출입을 총괄적으로 분석하면 다음과 같다.

(단위 : 백만 원)

현금유출	금액	현금유입	금액	순증감
A. 순운전자본의 증감(46.4%*)	-17,871	I. 총영업활동 현금흐름(65.4%*)	22,799	4,928
• 매출채권의 증가	-32,131	1. 당기순이익(손실)	20,528	
• 재고자산의 감소	1,341	2. 비현금 비용	18,804	
• 매입채무의 증가	16,695	3. 비현금 수익	-16,534	
• 기타 운전자산·부채의 변동	-3,776			
B. 투자활동 현금유출(37.2%*)	-14,321	II. 투자활동현금유입(7.5%*)	2,613	-11,708
• 장·단기 금융상품의 증가	-2,093	• 장·단기 금융상품의 감소	384	-1,709
• 장·단기 대여금의 증가	-628	• 장·단기 대여금의 감소	307	-321
• 파생상품자산의 취득	-1,318	• 파생상품자산의 감소	455	-863
• 투자자산의 취득	-3,354	• 투자자산의 처분	455	-3,350
• 유형자산의 취득	-6,059	• 유형자산의 처분	897	-5,162

현금유출	금액	현금유입	금액	순증감
• 무형자산의 취득	-471	• 무형자산의 처분	85	-386
• 보증금의 증가	-397	• 보증금의 감소	477	79
• 기타	-	• 기타	4	4
C. 재무활동 현금유출(16.5%*)	-6,353	Ⅲ. 재무활동현금유입(27.1%*)	9,466	3,113
• 단기차입금의 상환	-3,023	• 단기차입금의 차입	1,886	-1,137
• 유동성장기부채의 상환	-2,758	• 장기차입금의 증가	1,900	4,822
		• 사채의 발행	5,680	
• 배당금의 지급	-572			-572
D. 현금유출 합계(100%)	-38,545	Ⅳ. 현금유입 합계(100%)	34,878	-3,667

* 상기 비율은 현금유입 및 유출 총계에서 차지하는 비중을 말함.

3 L사의 현금흐름 관련 재무비율을 파악하자

1) 현금흐름 기준 수익성 : 영업활동으로 인한 현금흐름 대 매출액 비율

영업활동으로 인한 현금흐름 대 매출액 비율은 기업이 영업활동을 통해 얼마만큼의 현금을 창출할 수 있는가를 파악하기 위한 지표이다. 이는 매출채권이나 재고자산을 통한 분식 효과를 제거할 수 있는 장점이 있다.

$$\text{영업활동으로 인한 현금흐름 대 매출액 비율} = \frac{\text{영업활동으로 인한 현금흐름}}{\text{매출액}} \times 100$$

L사의 현금흐름표를 토대로 각 연도의 영업활동으로 인한 현금흐름 대 매출액 비율을 계산하면 다음과 같다.

(단위 : 백만 원)

과 목	제6기	제7기	제8기
영업활동으로 인한 현금흐름(A)	12,597	13,479	4,928
매출액(B)	235,019	276,385	305,134
영업활동 C/F 대 매출액 비율(A/B)	5.4%	4.9%	1.6%
C26(전자부품, 컴퓨터 등) 산업 평균	13.8%	11.1%	9.3%
현금흐름 기준 수익성	취약	취약	취약

L사의 영업활동으로 인한 현금흐름 대 매출액 비율은 3개년 모두 산업 평균 비율(C26 전자부품 등)보다 낮은 수준이고, 6기 5.4%에서 8기 1.6%로 하락 추세이므로 L사의 현금흐름 기준 수익성은 전반적으로 취약한 수준이다. 이는 영업활동으로 인한 현금흐름이 감소하고 있기 때문이다.

2) 현금흐름 기준 이자 부담능력 : 현금흐름이자보상비율

현금흐름이자보상비율은 영업활동 현금흐름 기준 이자보상배율을 의미한다. 이는 영업활동을 통해 창출한 현금수입액이 기업의 이자비용을 지불하는 데 충분한가를 판단하는 지표이

$$\text{현금흐름이자보상비율} = \frac{\text{영업활동으로 인한 현금흐름} + \text{이자비용}}{\text{이자비용}} \times 100$$

L사의 현금흐름표를 토대로 각 연도의 현금흐름이자보상비율을 계산하면 다음과 같다.

(단위 : 백만 원)

과 목	제6기	제7기	제8기
영업활동으로 인한 현금흐름(A)	12,597	13,479	4,928
이자비용(B)	1,191	1,074	1,078
현금흐름이자보상비율(A/B)	1,157.9%	1,354.7%	557.3%
C26(전자부품, 컴퓨터 등) 산업 평균	1,674.0%	1,482.8%	1,258.1%
현금흐름 기준 이자 부담능력	취약	취약	취약

L사의 3년간 현금흐름이자보상비율은 산업 평균 비율(C26 전자부품 등)보다 낮아 L사의 이자비용의 지급능력은 취약한 수준이다.

3) 단기 상환능력 : 현금흐름보상비율

현금흐름보상비율은 영업활동에서 창출된 현금으로 기업의 단기차입금, 유동성장기부채 상환액과 이자비용을 부담할 수 있는가를 알아보는 비율이다. 이 비율이 높을수록 회사의 단기 상환능력이 양호하다는 의미이다.

$$\text{현금흐름보상비율} = \frac{\text{영업활동으로 인한 현금흐름} + \text{이자비용}}{\text{기초단기차입금} + \text{유동성장기부채 상환액} + \text{이자비용}} \times 100$$

L사의 현금흐름표를 토대로 각 연도의 현금흐름보상비율을 계산하면 다음과 같다.

(단위 : 백만 원)

과 목	제6기	제7기	제8기
영업활동으로 인한 현금흐름(A)	12,597	13,479	4,928
이자비용(B)	1,191	1,074	1,078
기초 단기차입금(C)	292	3,023	1,872
유동성장기부채 상환액(D)	7,862	3,709	2,758
현금흐름보상비율((A+B)/(C+D+B))	147.5%	186.4%	105.2%
C26(전자부품, 컴퓨터 등) 산업 평균	253.4%	166.9%	132.1%
현금흐름 기준 단기 상환능력	취약	우량	취약

L사의 3년간 현금흐름보상비율은 100%를 초과하므로 유동성차입금의 만기 연장 없이도 영업활동에서 창출된 현금흐름으로 유동성차입금(기초단기차입금+유동성장기부채 상환액)과 이자비용을 충분히 상환 가능하다는 의미이다. 그러나 L사의 6기와 8기 현금흐름보상비율은 산업 평균비율(C26 전자부품 등)보다 낮아 L사의 단기 상환능력은 취약한 수준이다.

4) 장기 상환능력 : 영업활동으로 인한 현금흐름 대 차입금 비율

영업활동으로 인한 현금흐름 대 차입금은 장기적 관점에서의 차입금 상환능력 평가를 측정하기 위한 지표로서, 영업활동으로 인한 현금흐름으로 차입금을 어느 정도 상환할 수 있는가를 나타내는 비율이다. 총차입금은 유동성차입금과 장기차입금이나 사채 같은 비유동부채의 합계액이고, 이 비율이 높을수록 금융기관에 대한 상환능력이 더 좋다고 평가한다. 한편, 이를 통하여 연간 영업활동 현금흐름으로 총차입금을 상환하는 데 어느 정도의 기간이 소요되는지 파악하여 장기 상환능력을 평가한다.

$$\text{영업활동으로 인한 현금흐름 대 차입금 비율} = \frac{\text{영업활동으로 인한 현금흐름}}{\text{차입금}} \times 100$$

L사의 현금흐름표를 토대로 각 연도의 영업활동으로 인한 현금흐름 대 차입금 비율을 계산하면 다음과 같다.

(단위 : 백만 원)

과 목	제6기	제7기	제8기
영업활동으로 인한 현금흐름(A)	12,597	13,479	4,928
총차입금(B, 재무상태표에서 인용)	20,476	25,876	28,409
영업활동 현금흐름 대 차입금 비율(A/B)	61.5%	52.1%	17.3%
C26(전자부품, 컴퓨터 등) 산업 비율	99.9%	77.8%	71.5%
장기 상환능력	취약	취약	취약

L사의 3년간 영업활동 현금흐름 대 차입금 비율이 산업 평균 비율(C26 전자부품 등)보다 낮아 L사의 장기 상환능력은 취약한 수준이다.

제1장 연습문제 | Exercise

가. 본문 내용의 복습

01 현금흐름분석이 기업의 경영자에게 중요한 이유는 무엇인가?

02 현금흐름분석이 기업의 채권자에게 중요한 이유는 무엇인가?

03 재무상태변동표의 한계점은 무엇인가?

04 다음 중 일반적으로 기업의 도산위험을 가장 잘 나타내주는 지표는 어떤 것인가?

① 당기순이익 ② 영업활동에 의한 운전자본흐름
③ 영업활동으로 인한 현금흐름 ④ 총재무적 자원

05 다음과 같은 거래가 발생하였을 경우 각각의 거래가 현금과 순운전자본(유동자산-유동부채) 및 총재무적 자원에 변동을 가져왔는지 여부를 표시하시오. (변동 있으면 ○, 변동 없으면 ×를 표시할 것)

① 현금을 지급하고 비품을 취득하였다.
② 외상매출금을 현금으로 회수하였다.
③ 기계장치를 2년 만기 어음을 발행하여 취득하였다.
④ 결산기말에 장기차입금 중에서 향후 1년 이내에 상환할 금액을 유동성장기부채로 대체하였다.

문제 번호	현금	순운전자본	총재무적 자원
①			
②			
③			
④			

나. 진위형

01 보고 기간 종료일로부터 만기가 3개월 이내에 도래하는 채권은 모두 현금성자산으로 분류하여야 한다. ( )

02 현금출납부에 기록된 거래를 분류하여 각 거래를 영업활동, 투자활동 및 재무활동으로 구성하면 현금흐름표를 작성할 수 있다. ( )

03 광의의 순운전자본은 유동자산에서 유동부채를 차감한 잔액을 말한다. ( )

04 자금의 개념 중 '총재무적 자원 개념'이란 재무상태표상 어떠한 자산이나 부채 및 자본이 변동하였다 하더라도 자금이 변동되었다고 하는 개념이다. ( )

05 순운전자본(광의의 개념)을 유동자산에서 유동부채를 차감한 잔액으로 정의하면 외상매출금을 현금으로 회수한 경우 '순운전자본'에 변동을 초래한다. ( )

06 손익계산서의 '판매비와 관리비'란에 기재된 '퇴직급여'는 당기중 퇴직한 본사 관리직 사원에게 지급한 퇴직금을 의미한다. ( )

07 영업활동 현금흐름 대 차입금 비율(영업활동 현금흐름/차입금)이 20%라면 차입금의 상환에 최소한 5년이 걸린다는 의미이다. ( )

다. 선다형

01 다음 중 '현금성자산'에 해당되지 않을 수도 있는 것은? ( )

① 취득 당시의 만기가 3개월 이내에 도래하는 국민주택채권
② 취득 당시 상환일까지의 기간이 3개월 이내인 상환우선주
③ 보고 기간 종료일로부터 만기가 3개월 이내에 도래하는 도시철도공채
④ 취득 당시의 만기가 3개월 이내에 도래하는 양도성 정기예금

02 자금의 개념을 '순운전자본(유동자산-유동부채)'으로 정의하였을 경우, 다음 거래 결과 자금이 감소하였다고 판단되는 거래는 ? ( )

① 기계장치를 구입하고 2년 만기 약속어음(3,000,000원)으로 그 대금을 지불하였다.

② 기말에 장기차입금 중 향후 1년 이내에 상환하여야 할 부분(2,000,000원)을 유동성장기차입금으로 대체하였다.

③ 원재료(5,000,000원)를 외상으로 구입하였다.

④ 장부가액 3,000,000원의 비품을 3,500,000원에 매각하고 대금은 현금으로 받았다.

03 다음 중 현금흐름표에서 구분하는 기업의 활동이 아닌 것은? ( )

① 영업활동 ② 생산활동

③ 투자활동 ④ 재무활동

04 일반기준회계기준하에 제조업을 영위하는 ㈜AA의 다음 거래에 따른 결과를 현금흐름표상 영업활동, 투자활동 및 재무활동 현금흐름으로 나타낸 것이다. 가장 잘못 설명하고 있는 것은? ( )

① 유형자산의 취득에 따른 현금유출 - 투자활동 현금흐름

② 재고자산 구매에 따른 현금유출 - 영업활동 현금흐름

③ 이자비용에 따른 현금유출 - 투자활동 현금흐름

④ 지분상품의 발행에 따른 현금유입 - 재무활동 현금흐름

⑤ 차입금 상환에 따른 현금유출 - 재무활동 현금흐름

05 다음 중 투자활동으로 인한 현금흐름과 거리가 먼 것은? ( )

① 퇴직급여충당부채 증감 ② 정기예금 증감

③ 개발비 증감 ④ 유형자산 증감

⑤ 단기매매증권 증감

라. 사례 연구

01 다음은 제주주식회사의 2××9년 현금흐름표이다. 이 회사의 손익계산서상 당기순이익은 360,000천 원이다. 이를 토대로 동사의 현금흐름에 대한 문제점이라고 생각되는 것을 세 가지만 지적하시오. 단, 이 회사의 영업활동으로부터의 현금흐름이나 당기순이익은 2××8년에도 비슷한 금액이었다.

현금흐름표

제주주식회사 (2××9. 1. 1 ~ 2××9. 12. 31) (단위 : 천 원)

과 목	금 액	
영업활동으로 인한 현금흐름		(591,000)
당기순이익	360,000	
현금의 유출이 없는 비용	1,200,000	
현금의 유입이 없는 수익	(420,000)	
영업활동 관련 자산 및 부채의 변동	(1,731,000)	
투자활동으로 인한 현금흐름		(2,190,000)
유형자산의 처분	1,010,000	
유형자산의 취득	(3,200,000)	
재무활동으로 인한 현금흐름		2,334,000
단기차입금의 차입	1,360,000	
장기차입금의 차입	1,560,000	
단기차입금의 상환	(36,000)	
유동성장기부채의 상환	(290,000)	
배당금의 지급	(260,000)	
현금의 증가(감소)		(447,000)

02 다음은 서경제약주식회사의 현금흐름표를 요약한 것이다. 이 내용을 토대로 각 질문에 대하여 간단히 답하시오.

현금흐름표

서경제약주식회사 (2××5. 1. 1 ~ 2××5. 12. 31) (단위 : 백만 원)

과목	금액	
영업활동으로 인한 현금흐름		24,867
당기순이익	63,084	
감가상각비	8,155	
매출채권 증가	(16,421)	
재고자산 증가	(25,684)	
매입채무의 감소	(10,644)	
기타	6,377	
투자활동으로 인한 현금흐름		(71,308)
장기예금의 감소	38,991	
지분법적용투자주식의 취득	(33,000)	
유형자산의 취득	(73,430)	
기타	(3,869)	
재무활동으로 인한 현금흐름		32,229
사채 발행	29,872	
유상증자	10,630	
배당금 지급	(8,273)	
현금의 증가(감소)		(14,212)

질문 1 서경제약주식회사의 손익계산서에 기재된 이자비용은 3,321백만 원이며, 매출액은 391,985백만 원이다. 이 회사는 이자와 배당금 지급능력이 있는 회사인가?

질문 2 서경제약주식회사의 성장전략은?

질문 3 서경제약주식회사는 장기와 단기 자금 조달의 균형, 즉 헷징에 의한 자금 조달을 이루고 있는가?

03 다음은 남경텔레콤주식회사의 현금흐름표를 요약한 것이다. 이 내용을 토대로 각 질문에 대하여 간단히 답하시오.

현금흐름표

남경텔레콤주식회사 (2××6. 1. 1 ~ 2××6. 12. 31) (단위 : 백만 원)

과 목	금 액	
영업활동으로 인한 현금흐름		25,454
당기순이익	(128,331)	
감가상각비	31,840	
무형자산상각비	84,226	
개발비손상차손	52,377	
지분법손실	40,945	
매출채권 증가	(14,396)	
재고자산감소	15,104	
매입채무감소	(15,236)	
이연법인세자산의 증가	(59,751)	
기타	18,676	
투자활동으로 인한 현금흐름		(460,557)
유형자산취득	(42,801)	
개발비 지출	(119,625)	
지분법적용투자주식 취득	(296,442)	
기타	(1,689)	
재무활동으로 인한 현금흐름		363,832
단기차입금차입	74,492	
장기차입금차입	289,296	
기타	44	
현금의 증가(감소)		(71,271)

질문 1 남경텔레콤주식회사의 2××6회계연도 투자활동의 특징은 무엇인가?

질문 2 남경텔레콤주식회사는 2××6회계연도에 내부금융과 외부금융이 균형을 이루고 있는가?

제1장 연습문제 해설

가. 본문 내용의 복습

01 현금흐름분석이 기업의 경영자에게 중요한 이유 : 현금흐름분석은 기업의 경영자에게 현금흐름의 상태와 변동 원인을 알려줌으로써 자금관리를 할 수 있도록 하는 기능을 갖는다. 기업에서 자금은 인체의 혈액에 비유되는데, 자금의 몫이 부족하거나 흐름이 원활하지 않을 경우 기업 운영이 매우 어려워지고 심하면 도산에까지 이르는 것이다. 투자계획이나 사업계획에 있어서 현재의 자금흐름을 감안하여 장래의 기간별로 추가적인 자금소요액이 얼마이며 영업활동에서 창출할 수 있는 자금의 규모와 외부에서 조달해야 할 자금의 규모 등을 파악하는 데 있어서 현금흐름분석 없이는 성공적인 계획을 작성할 수 없는 것이다.

02 현금흐름분석이 기업의 채권자에게 중요한 이유 : 현금흐름분석은 채권자 입장에서 기업의 자금상태와 흐름이 어떠한가를 알게 해줌으로써 신용위험을 평가하는 데 중요하다. 특히 은행과 같은 금융기관에서는 대출금의 상환능력 평가가 여신에 있어서 무엇보다도 중요하므로 다양한 현금흐름 분석 기법을 사용하여 신용위험을 평가하고 있다.

03 재무상태변동표의 한계점 : 재무상태변동표는 순운전자본(=유동자산-유동부채)을 기업의 자금으로 간주하여 그 자금의 흐름을 나타낸 표이다. 재무상태변동표는 매출채권이나 재고자산이 바로 현금화될 수 있다는 가정하에서 자금흐름을 검토하는 것이지만 매출채권이나 재고자산의 현금화가 늦게 이루어지거나 불량채권이나 불량재고자산과 같이 현금화가 이루어질 수 없는 경우에는 유동비율이 지니고 있는 문제점을 그대로 가지고 있는 자금흐름표라고 할 수 있다.

04 일반적으로 기업의 도산 위험을 가장 잘 나타내주는 지표 : ③ 영업활동으로 인한 현금흐름

05

문제 번호	현금	순운전자본	총재무적 자원
(1)	O	O	O
(2)	O	×	O
(3)	×	×	O
(4)	×	O	O

나. 진위형

01 × 02 O 03 O 04 O 05 × 06 × 07 O

다. 선다형

01 ③ 02 ②

03 ② 현금흐름표의 활동은 영업, 투자, 재무활동 세 가지로 구분된다.

04 ③ 이자비용에 따른 현금 유출은 영업활동이다.

05 ① 퇴직급여충당부채는 영업활동으로 분류한다.

라. 사례 연구

01 제주주식회사 현금흐름표 읽기

① 제주주식회사의 2××9년 현금흐름에 대한 첫 번째 문제점은 영업활동에서 현금이 조달되지 않는다는 점이다. 당기순이익이 360,000천 원인데, 영업활동 현금흐름이 마이너스 591,000천 원이라는 것은 수익성에 문제가 없는데, 운전자산 관리에 문제점이 있다는 것을 의미한다. 즉, 매출채권의 회수 기간이 매입채무의 지급기간에 비하여 매우 장기간일 가능성이 높고, 재고자산의 회전 기간 역시 장기간일 가능성이 높다. 따라서 영업활동에서 현금을 조달하기 위해서는 무엇보다도 먼저 매출채권의 회수를 촉진하고 재고자산의 현금화에 중점을 두어야 한다.

② 제주주식회사의 2××9년 현금흐름에 대한 두 번째 문제점은 이 회사가 영업활동에서는 현금을 조달하지 못하면서도 순이익의 72%에 달하는 금액을 배당금으로 지급하고 있다는 점이다. 중간배당이 없다고 가정하면 2××9년도 현금흐름표에 기재된 배당금은 20×8년 결산 결과에 따른 배당금인데, 문제에서 2××8년도 당기순이익도 2××9년의 당기순이익과 유사하다고 하였으므로 이와 같은 설명이 가능하다. 상법상 배당가능이익은 손익계산서상 당기순이익을 근거로 산출되기 때문에 배당금의 지급이 가능하지만, 제주주식회사는 영업활동에서 현금을 조달하지 못하고 있으므로 실질적으로는 배당금 지급능력이 없다고 보아야 한다.

③ 제주주식회사의 2××9년 현금흐름에 대한 세 번째 문제점은 시설투자에 소요되는 자금 중 일부를 단기차입금으로 조달하였다는 점이다. 제주주식회사는 2××9년도에 시설투자에 소

요되는 자금 3,200,000천 원 중 1,010,000천 원은 설비매각대금으로 보충하고, 나머지 2,190,000천 원은 장·단기 차입금과 보유현금으로 조달하였음을 현금흐름표는 보여주고 있다. 이 금액 중 장기차입금으로 조달하였다고 추정되는 부분을 계산해보면 다음과 같다. 즉, 장기차입금 차입액 1,560,000천 원에서 유동성장기부채 상환액 290,000천 원을 차감하면, 장기차입금으로 조달된 금액은 1,270,000천 원으로 추정된다. 따라서 시설투자에 소요된 금액 중 영업활동에서 부족된 자금 591,000천 원을 보유현금 또는 단기차입금으로 조달하였다고 가정하면, 시설투자자금 중 상당 부분을 단기차입금으로 조달한 결과가 된다. 이는 헷징에 의한 자금 조달을 위반한 것이며 기업 실패의 위험이 가중될 수 있다.

02 서경제약주식회사 현금흐름표 읽기

질문 1 서경제약주식회사의 현금흐름표에서 영업활동 현금흐름액은 24,867백만 원이다. 이 금액은 이자비용을 차감하고 난 후의 금액이며, 만약 당기에도 전기와 동일한 배당금을 지급한다면 이 금액으로 배당금 지급액 8,273백만 원을 충분히 감당할 수 있으므로, 서경제약주식회사는 영업활동에서 조달한 현금으로 이자와 배당금 지급능력이 있는 회사이다.

질문 2 서경제약주식회사의 투자활동 현금흐름을 보면 유형자산 취득에 73,430백만 원, 지분법적용투자주식의 취득에 33,000백만 원을 각각 지출하였음을 알 수 있다. 당기 감가상각비(8,155백만 원)보다 훨씬 많은 금액을 유형자산 취득에 지출한 것을 보면 회사는 신제품 등의 제조를 위하여 대규모 시설투자를 단행하였고, 아울러 중요한 영향력을 행사할 수 있는 타 회사의 지분 취득에도 많은 금액을 투자하였다. 따라서 서경제약주식회사는 당기에 대규모 설비투자는 물론, 타 법인 주식의 취득을 통한 성장전략을 구사하고 있음을 알 수 있다.

질문 3 장기 및 단기 자금 조달의 균형 여부란 단기 운영자금은 단기차입금으로, 시설투자 등에 필요한 장기자금은 장기차입금으로 조달하는 것을 말한다. 서경제약주식회사의 경우, 일단은 장기 및 단기 자금 조달의 균형이 이루어지고 있다고 판단할 수 있다. 이 회사가 당기중 투자활동에 지출한 자금 71,308백만 원은 모두 장기 투자자금인데, 이 금액을 사채 발행과 유상증자 등 장기 조달 자금으로 40,502백만 원 조달하였고, 나머지는 영업활동과 보유현금에서 조달하였다. 영업활동에서 조달한 자금은 기업이 내부적으로 조달한 자금으로서 향후에도 지속적으로 창출할 수 있는 현금흐름으로 간주되는 바, 이 금액 역시 장기자금과 마찬가지의 성격이라고 볼 수 있다. 만약 보유현금이 직전 연도에 단기차입금으로 조달된 금액이라면, 동사는 장·단기 자금 조달의 불균형이 발생하였다고 말할 수 있지만, 보유현금이 영업활동에서 조달된 자금이거나 장기차입금으로 조달된 금액이라면, 서경제약주식회사는 장기투자에 필요한 자금으로 모두 장기자금으로 조달하여 헷징에 의한 자금조달을 하였다고 말할 수 있다.

03 남경텔레콤주식회사 현금흐름표 읽기

질문 1 남경텔레콤주식회사는 2××6 회계연도에 투자활동에 460,557백만 원을 지출하였다. 우선, 설비투자에 지출한 금액은 42,801백만 원으로서 감가상각비(31,840백만 원)를 크게 초과하지 않는 금액인 바, 대규모의 신규투자는 아닌 것으로 판단된다. 다음으로, 지분법적용투자주식의 취득에 가장 많은 296,442백만 원을 투자함으로써, 회사는 주로 타 법인 주식의 소유를 통하여 수익을 창출하고자 하는 성장전략을 구사하고 있음을 알 수 있다. 또한 개발비 투자에 119,625백만 원을 지출함으로써 회사의 업종이 치열한 기술개발을 하지 않을 수 없는 환경에 놓여 있음을 알 수 있으며, 영업활동 현금흐름 계산 과정에 표시된 개발비손상차손(52,377백만 원) 역시 이러한 상황을 나타내주고 있다. 결론적으로 남경텔레콤주식회사 투자활동의 특징은 성장 가능성이 있는 타 법인의 주식 취득을 통하여 회사가 성장전략을 펴고 있으며, 기술개발 투자에 거액을 지출하여 이로 인한 미래 매출액 증대를 꾀하고 있음을 알 수 있다.

질문 2 남경텔레콤주식회사는 2××6 회계연도에 투자활동에 필요한 460,557백만 원 중 외부차입금으로 363,788백만 원을 조달하고, 나머지는 영업활동 현금흐름(25,454백만 원)과 현금보유액으로 조달하였다. 이렇게 볼 때 남경텔레콤주식회사는 2××6 회계연도에 투자활동에 필요한 자금 중 79%를 외부에서 조달하였으므로 내부금융과 외부금융이 균형을 이루지 못하고 있으며, 지나치게 외부금융에 의존하고 있음을 알 수 있다.

제 2 장

현금흐름분석의 등장 배경을 이해하자

제 01 절

현금흐름분석의 등장 배경

1 지급능력 관련 재무비율 분석의 한계

'기업이 대출금을 만기일에 상환할 수 있는가' 하는 지급능력의 평가는 금융기관 신용평가의 가장 중요한 핵심사항이다. 전통적으로 기업의 지급능력 평가는 유동성분석을 중심으로 발전해왔다.

유동성이란 기업이 자산을 언제든지 사용할 수 있는 가용자금으로 단기간에 현금화시키는 능력을 말하며, 유동성은 기업의 계속성에 매우 중요하므로, 특히 **단기 지급능력을 평가하는 데 매우 유용한 지표**로 이용되고 있다.

유동성의 평가는 기업이 보유하는 유동자산과 유동부채를 비교하는 비율분석에서부터 시작되었다. **초기의 금융기관은 유동자산의 현금화 속도와 현금화의 확실성에 중점을 두고 유동비율, 당좌비율 및 총자산 대비 순운전자본비율 등을 분석하여 기업의 지급능력을 평가하였다.** 특히 보수적인 관점에서 유동자산의 청산 시의 가치하락을 재무제표 가격의 50% 정도로 간주하여 유동부채와의 비율을 2대1로 보고 유동성이 좋은지 아닌지를 판단해왔다.

유동비율은 유동자산을 구성하고 있는 매출채권 및 재고자산 등의 내역에 따라서 현금화 속도나 현금화의 확실성이 서로 다른데도 불구하고 단순하게 유동부채와 대비시켜서 이를 기업 간에 비교하거나 과거의 기간과 비교하기 때문에 많은 문제점을 내포하고 있다. 예를 들어 유동부채는 일정하고 매출채권이나 재고자산이 증가한 경우 유동비율은 높아지지만 만일 불량채권이나 불량재고자산의 증대가 있는 경우 사실상의 지급능력은 더욱 악화된다는 것을 알 수 있다.

유동비율의 큰 문제점은 재고자산의 현금화 속도와 현금화 확실성이 매우 다르기 때문에 일률적으로 이용하기에 한계가 있다는 점이다. 이를 보완하기 위해서 재고자산을 제외한 당좌자산과 유동부채를 대비하는 당좌비율이 사용되지만 이 역시 매출채권의 현금화 속도와 현금화 확실성 문제를 가지고 있으므로 유동비율과 당좌비율 비율분석은 기업의 지급능력 판단에 근본적인 한계를 갖는다고 하겠다. 왜냐하면 기업의 지급능력이 없다면, 아무리 수익성이 좋은 기업도 흑자 도산하게 되기 때문이다. 이를 정리하면 다음과 같다.

지급능력 관련 재무비율		문제점
유동비율	$\frac{\text{유동자산}}{\text{유동부채}} \times 100$	• 유동자산에 포함되어 있는 매출채권과 재고자산의 현금화 속도나 확실성에 대한 의문이 제기됨
당좌비율	$\frac{\text{당좌자산}}{\text{유동부채}} \times 100$	• 당좌자산에 포함되어 있는 매출채권의 현금화 가능성에 대한 의문이 제기됨

유동비율의 이와 같은 한계점을 극복하기 위해서 기업의 자금흐름을 직접 분석하게 되었는데, 이를 위해서 유동자산에서 유동부채를 차감한 순운전자본을 자금으로 규정한 재무상태변동표를 작성하게 되었다.

재무상태변동표에서 순운전자본을 자금으로 선정한 근거는 다음과 같다.

① 대부분의 유동자산은 현금화가 가능하므로 순운전자본은 현금과 밀접한 관련이 있다.

② 순운전자본은 매출채권과 매입채무의 상환 기간이 1년 미만이므로 매출채권의 회수 기간이나 매입채무의 상환 시기 변화에 의한 영향을 별로 받지 않는다.

재무상태변동표는 매출채권이나 재고자산이 바로 현금화될 수 있다는 가정하에서 자금 흐름을 검토하는 것이지만 매출채권이나 재고자산의 현금화가 늦게 이루어지거나 불량채권이나 불량재고자산과 같이 현금화가 이루어질 수 없는 경우에는 자금으로서의 기능을 갖지 못하는 문제가 발생되었다.

지급능력 분석과 관련하여 손익계산서에서 구할 수 있는 비율은 이자보상비율인데, 기업의 부채에 대한 이자 지급능력을 나타내는 비율이 이자보상비율이다. 이는 영업이익을 이자비용으로 나누어 구하는데, **손익계산서상 영업이익은 기본적으로 현금주의가 아닌 발생주의 회계제도에 근거하여 산출된다.** 발생주의 회계에서는, 수익으로 인식되어 영업이익을 구성하는 항목이라도 매출채권처럼 매출이 현금으로 이어지지 않는 경우가 있으며, 비용의 임의 배분과 추정이 불가피하여 영업이익이 많이 계상되었다고 해서 이자를 지급할 수 있는 충분한 현금이 확보되었다는 것을 의미하지 않는 문제점이 있다. **또한 특정한 상황하에서 손익계산서에 계상된 이자비용보다 훨씬 많은 이자가 지급된 경우에도 일부는 자산의 취득원가에 계상할 수 있도록 회계기준이 허용하고 있기 때문에 손익계산서에 기재된 이자보다 더 많은 금액이 이자로 지급되었을 가능성도 있다.** 회사는 이자의 지급을 현금으로 하는 것이지 영업이익으로 하는 것이 아니다. 즉, 지급능력 관련 재무비율 분석이 기업의 유동성 위기를 체계적으로 발견하지 못하는 함정이 있다는 것이다.

위에서 서술한 바와 같이 기업의 재무상태표와 손익계산서에서 기업의 부채 원리금 지급능력과 관련하여 산출되는 유익한 비율 등이 나름대로 문제점을 지니고 있기 때문에, **금융기관에서는 이러한 문제점을 보충할 수 있는 방안을 연구하였다. 그 결과, 기업이 부채의 원리금을 상환하는**

것은 결국 현금에 의한다는 점에 착안하여 기업의 현금흐름을 파악할 수 있는 현금흐름분석표를 독자적으로 개발하여 사용해왔으며, 지금까지도 기업이 작성하고 있는 현금흐름표와는 별도로 현금수지분석표 또는 현금순환분석표를 작성하여 기업의 지급능력 분석에 이용하고 있다. 현금수지분석표와 현금순환분석표는 제6장에 소개되어 있다.

2 흑자도산(Insolvency)의 속출

일반적으로 기업의 도산은 경영 부진으로 적자가 과도하게 발생할 때 일어난다. 도산의 원인으로는 원자재 가격과 근로자의 임금 상승으로 인한 수익 감소, 잘못된 경기예측으로 인한 투자 실패, 납품 기업인 대기업의 부도 여파, 자금 회수의 어려움 등을 들 수 있다. 하지만 일반적인 기업의 도산과는 달리, 흑자도산(Insolvency)은 얼핏 보기에는 기업의 재무제표에 이상이 없어 보이지만 어떤 이유로 인해 자금의 흐름이 어려워져 부도가 나서 도산하는 경우를 말한다. 다시 말해 장부상으로는 이익(흑자)일지라도 현재 융통할 수 있는 자금이 부족해 은행에 돌아오는 어음을 결제하지 못하면 부도를 맞을 수도 있다. 경기 침체 등의 이유로 판매는 이루어졌지만 거래 기업이 도산하여 자금을 회수하지 못하거나 자금의 흐름이 나빠지는 유동성의 문제로 흑자도산이 발생한다. 근본적인 원인은 아니지만 과도한 투자로 인한 무리한 차입 경영과 외형 성장 및 손익 위주 관리체계의 부작용도 흑자도산의 원인이다. 이익보다 현금흐름이 더 중요하다는 사실을 말해준다. 아래의 신문기사에서 언급될 W전자는 영업이익이 흑자였음에도 불구하고 최종 부도 처리된 흑자도산 사례이다. 다음은 W전자와 관련된 신문기사 내용이다.[2)]

• 재고·부채 쌓이는데 … 투자자들 '설마'하다 당했다.

매출의 85%를 S전자에 납품하고, 지난해 3분기까지 90억 원대의 영업이익을 기록했던 중소기업이 갑자기 부도를 냈다. 사상 최고 호황이라는 LCD(액정화면)의 핵심부품인 백라이트 유니트(BLU)를 만드는 'W전자'이다. W전자는 10년간 영업이익을 냈으며 최종부도 전까지 신용등급은 B등급으로 투자등급이 유지되고 있었다. 그런데 W전자는 지난달 29일 90여억 원의 어음을 막지 못해 부도처리됐다. W전자의 부도는 많은 이를 어리둥절하게 했다. 한때 3,200원까지 치솟던 주가는 10일 105원까지 곤두박질쳤다. 알고 보니, W전자는 영업실적은 양호했지만 재고 물량(1,200억 원)이 많았고, 무리한 차입 경영으로 재무구조가 심각했다. 그래도 투자자들은 'S전자 주요 협력사인데…', '영업이익을 남기는데…'라며 부도를 상상하지 못했다.

2) 2008년 3월 10일자 조선일보 기사

• 과도했던 재고와 부채

2003년 610억 원이었던 재고는 2005년(930억 원)과 2006년(1,150억 원)을 거치면서 급격히 늘었다. 경쟁사들은 100억 원대 재고에 불과했다. 부채비율 역시 2005년 401.75%를 비롯 2007년 상반기에도 357.28%로 높았다. 영업이익으로 회사의 이자비용을 감당하는 정도인 이자보상배율의 경우, 2005년 1.48배에서 2007년 상반기엔 0.99배로 뚝 떨어졌다. 게다가 연간 금융비용이 매출의 4%대로 영업이익(5% 안팎)을 상쇄할 수준이었다.

흑자부도(도산)의 사례인 W전자가 지난 20여 년간 비교적 건실한 기업 재무구조를 갖춰왔고 S전자라는 대형 고정납품처가 있었음에도 흑자도산한 것에 대해 업계는 충격을 금치 못하고 있다. W전자의 흑자도산을 계기로 국내 디스플레이 산업이 호황의 정점을 찍고 구조조정에 접어든 것이 아니냐는 우려마저 나오고 있다.

위에서 언급한 W전자의 주요 재무자료 [표 2-1]부터 [표 2-3]까지를 토대로 흑자도산 사례를 구체적으로 살펴보기로 한다.

[표 2-1] W전자 재무상태표

재무상태표

W전자 (단위 : 억 원)

과목	2004	2005	2006	2007.09
자산				
Ⅰ. 유동자산	1,465	1,761	1,908	2,008
(1) 당좌자산	770	831	757	790
현금및현금성자산	1	82	32	65
단기금융상품	373	297	275	207
단기매매증권	1	1	–	–
매출채권	295	341	237	261
기타당좌자산	101	111	213	257
(2) 재고자산	695	930	1,151	1,218
Ⅱ. 비유동자산	1,401	**1,220**	**1,157**	**1,169**
(1) 투자자산	472	**345**	**314**	**297**
(2) 유형자산	755	**655**	**619**	**615**
(3) 무형자산	174	**182**	**189**	**215**
(4) 기타비유동자산	–	**39**	**35**	**41**
자산총계	2,867	2,981	3,065	3,177

과목	2004	2005	2006	2007.09
부채				
Ⅰ. 유동부채	2,091	2,111	1,881	1,713
매입채무	44	463	523	390
단기차입금	560	1,054	842	810
기타유동부채	1,487	594	516	513
Ⅱ. 비유동부채	486	276	486	752
전환사채	-	76	105	514
장기차입금	215	149	330	163
기타비유동부채	271	51	51	75
부채총계	2,577	2,387	2,367	2,465
Ⅰ. 자본금	133	184	204	205
Ⅱ. 자본잉여금	114	278	327	331
Ⅲ. 기타자본요소	(42)	(26)	(31)	(31)
Ⅳ. 이익잉여금(결손금)	85	157	197	206
자본총계	290	594	698	712
부채와 자본총계	2,867	2,981	3,065	3,177

[표 2-2] W전자 손익계산서

손익계산서

W전자 (단위 : 억 원)

과목	2004	2005	2006	2007.09
매출액	3,699	2,947	3,622	2,623
매출원가	3,320	2,600	3,226	2,360
매출총이익(손실)	378	347	396	263
판매관리비	253	191	206	170
영업이익	126	157	190	93
영업외수익	135	103	42	60
이자수익	18	19	5	8
기타 영업외수익	117	84	37	52
영업외비용	175	224	216	147
이자비용	88	106	120	96
사채이자	52	36	28	10
기타 영업외비용	35	82	68	41
법인세비용차감전순손익	85	36	17	7
법인세비용	-	(36)	(23)	(2)
당기순이익(손실)	85	72	40	9

[표 2-3] W전자 현금흐름표

현금흐름표

W전자 (단위 : 억 원)

과목	2004	2005	2006	2007.09
Ⅰ. 영업활동으로 인한 현금흐름	344	104	51	(194)
1. 당기순이익	85	72	39	9
2. 현금의 유출이 없는 비용 등의 가산	345	330	257	190
3. 현금의 유입이 없는 수익 등의 차감	(75)	(56)	(23)	(42)
4. 영업활동으로 인한 자산부채의 변동	(10)	(242)	(222)	(351)
Ⅱ. 투자활동으로 인한 현금흐름	(292)	(25)	(150)	(117)
Ⅲ. 재무활동으로 인한 현금흐름	(53)	2	48	344
Ⅳ. 현금의 증가(감소)	2	81	(51)	33
Ⅴ. 기초의 현금	(1)	1	82	31
Ⅵ. 기말의 현금	1	82	32	64

W전자의 부도 직전까지 4년간 재무제표를 살펴보면 2004년부터 2006년까지 영업이익이 126억 원에서 190억 원으로 증가하였음에도 영업활동 현금흐름은 344억 원에서 51억 원으로 급감하였다. 이는 현금 창출능력이 매우 취약하다는 것이다. 심지어 2007년은 영업활동 현금흐름이 마이너스(-)를 나타낸다. 이는 재고자산 등의 소요운전자금(4. 영업활동으로 인한 자산·부채의 변동)이 급격하게 증가하였기 때문이다. 또한 영업활동 현금흐름의 급감으로 전환사채의 발행 등 외부자금에 의존하는 현금흐름이 발생하였다. W전자의 4년간 매출액, 영업이익, 당기순이익 및 영업활동 현금흐름의 추이를 살펴보면 다음과 같다.

매출액(추이) : 3,699 → 2,947 → 3,622 → 2,623 (소폭 등락이 발생하는 추세)
영업이익 : 126 → 15 → 190 → 93 (부도 직전까지 흑자 유지)
당기순이익 : 85 → 72 → 39 → 9 (부도 직전까지 흑자 유지)
영업활동 현금흐름 : 344 → 104 → 51 → (194) (큰 폭으로 감소, 마이너스(-)전환)
영업활동으로 인한 자산·부채의 변동
(소요운전자금) : (10) → (242) → (222) → (351) (큰 폭으로 증가)

현금흐름(Cash Flow)은 경영실적 악화의 조기경보라는 점에서도 중요하다. 손익계산서상 아무리 영업이익과 당기순이익이 흑자를 유지하더라도 현금흐름이 원활하지 않으면 '돈맥경화'가 발생하고 이는 흑자도산으로 이어진다. 즉, 현금흐름은 경영실적 악화를 예고하는 '빨간불'로 해석된다. 부도 발생 기업의 재무제표를 분석할 때 어느 회계정보보다도 영업활동으로 인한 현금흐름정보가 중요하다. 다음은 현금흐름의 중요성을 강조하는 표현이다.

현금흐름의 중요성
기업 경영활동의 모든 것은 현금흐름으로 귀착한다. 이익은 의견이고 현금흐름은 진실이다. ("Profit is an opinion, Cash is a fact.") 현금흐름은 거짓말이 통하지 않는다.

3 기존 손익계산서의 한계점

기존 손익계산서에서 기업의 판매(수요)량이 일정하다고 가정할 때 기업은 판매량만큼 생산하는 것보다 판매량을 초과하여 생산하는 것이 영업이익 측면에서 더 유리하다. 이는 생산량을 늘리면 단위당 고정제조비(감가상각비 등)가 하락하기 때문이다. 다음의 사례를 통하여 기존 손익계산서의 한계점을 살펴보자.

[사례 2-1] 기존 손익계산서의 한계점

한국볼트주식회사는 철강을 매입하여 볼트를 제조하여 판매하는 기업이다. 회사는 제품경쟁력으로 인하여 지금까지 영업이익과 당기순이익에서 흑자를 기록하였다. 그런데 최근 외산 저가 볼트제품이 대량으로 수입되면서 판매량의 감소와 제품가격 하락으로 회사의 당기 실적은 소폭의 적자를 기록할 것으로 예상된다. 회사 차원에서 예상되는 적자를 흑자로 전환시키기 위한 방법으로 현재의 가동률을 50%에서 80%로 상향하여 생산량을 늘리기로 하였다. 단, 생산량 증가를 제외한 나머지 가격과 비용 등의 다른 변수는 동일한 것으로 가정한다. 비용 중 철강 등의 재료비만 변동비이며 그 외는 최대생산능력 20,000개까지 고정비이다. 원재료를 생산량과 동일하게 구매하고 있으며, 외상으로 매입하고 있다. 현시점에서 판매량, 생산량, 판매가격 및 비용 관련 정보는 다음과 같다.

(단위 : 개, 원)

재무정보	현재 상황	생산량을 늘린 상황
판매량	10,000개	10,000개
단위당 판매가격	5,000	5,000
생산량(A)	10,000개	16,000개
가동률(최대생산능력 20,000개)	50%	80%
단위당 변동제조비(B)	2,000	2,000
고정제조비(C)(감가상각비 등)	20,000,000	20,000,000
단위당 고정제조비(D=C/A)	2,000	1,250
단위당 총제조원가(=B+D)	4,000	3,250
고정판매비와 관리비(광고선전비 등)	15,000,000	15,000,000

판매량(10,000개)이 동일하므로 현재 상황과 생산량을 늘린 상황의 매출액은 50,000,000원(@5,000원×10,000개)이다. 매출원가는 판매량에 단위당 총제조원가(단위당 변동제조비+단위당 고정제조비)를 반영하여 산출하는데 현재 상황과 생산량을 늘린 상황의 단위당 변동제조비는 2,000원으로 동일한 반면에 현재 상황의 단위당 고정제조비(20,000,000원/생산량 10,000개)는 @2,000원이며 생산량을 늘린 상황의 단위당 고정제조비(20,000,000원/생산량 16,000개)는 @1,250원이다. 이로 인하여 단위당 총제조원가가 @4,000원에서 @3,250원으로 낮아진다. 이는 생산량을 늘리면 단위당 고정제조비(감가상각비 등)가 하락하기 때문이다. 그리고 현재 상황의 경우는 생산량 10,000개가 모두 판매되었지만 생산량을 늘린 상황의 경우는 생산량 16,000개 중 10,000개가 판매되어 매출원가로 비용처리 되고 나머지 미판매분 6,000개는 재고자산(제품)으로 남게 된다. 이러한 비용 및 재고자산의 흐름을 그림으로 표시하면 [그림 2-1]과 같다.

그림 2-1 생산량을 늘린 상황의 비용 및 재고자산의 흐름

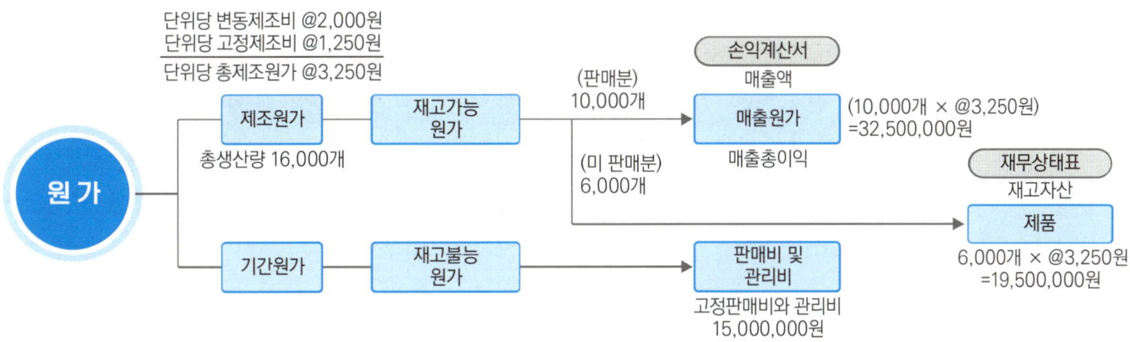

위에서 언급한 내용으로 현재 상황과 생산량을 늘린 상황의 손익계산서를 작성하면 다음과 같다. (단, 고정비는 변하지 않는다고 가정한다)

현재 상황의 손익계산서 (생산량 10,000개 : 가동률 50%)		
과 목	금 액	
I. 매출액		50,000,000
II. 매출원가	(@4,000 ×10,000개)	40,000,000
III. 매출총이익		10,000,000
IV. 판매비와 관리비		15,000,000
V. 영업이익(손실)		(5,000,000)

생산량을 늘린 상황의 손익계산서 (생산량 16,000개 : 가동률 80%)		
과 목	금 액	
I. 매출액		50,000,000
II. 매출원가	(@3,250 ×10,000개)	32,500,000
III. 매출총이익		17,500,000
IV. 판매비와 관리비		15,000,000
V. 영업이익(손실)		2,500,000

매출액이 동일한 상황에서, 현재 상황과 생산량을 늘린 상황의 영업손익을 비교하면, 영업손실(적자) 5,000,000원이 영업이익(흑자) 2,500,000원으로 바뀌게 된다. 이렇게 판매량의 증가와 같은 외부 변수의 변화 없이도 단지 생산량의 증가만으로 영업성과를 왜곡시키는 기존 손익계산서의 한계점으로 인하여 현금흐름분석의 필요성이 제기된다. 또한 생산량을 늘린 상황의 경우 재고자산(6,000개×@3,250원=19,500,000)이 증가한다. 이러한 재고자산의 증가는 순운전자본의 증가에 해당되므로 영업활동 현금흐름에는 재고자산의 증가액만큼 마이너스(-) 요인이 된다. 즉, **매출액이 동일한 상황에서 생산량을 늘린 경우 영업손익은 적자에서 흑자로 전환이 되지만 재고자산의 증가액만큼 영업활동 현금흐름이 감소하여 향후 기업 전체의 현금흐름이 취약하게 될 확률이 높다.**

4 자산건전성분류기준(FLC) 도입에 따른 금융시스템의 변화

금융기관의 여신은 채무 상환능력 기준, 연체 기간, 부도 여부 등 세 가지 기준에 따라 건전성 정도를 평가한다. 그리고 건전성은 정상, 요주의, 고정, 회수 의문, 추정 손실 등 5단계로 나뉘는데 이 5단계의 기준을 자산건전성분류기준(FLC: Forward Looking Criteria)이라고 한다. 국내 은행들은 1999년부터 기업여신제도로서 국제통화기금(IMF)의 요구에 따라 기존의 여신 관행에서 벗어난 자산건전성분류기준(FLC)에 입각한 채무 상환능력 위주의 여신 심사체계를 구축하였다. 이처럼 자산 건전성을 분류하는 목적은 보유자산 건전성 정도를 평가해 불건전 자산 발생을 예방하고 이미 발생된 불건전 자산을 조기 정상화해 자산운용 건전화를 도모하려는 것이다.

자산 건전성 분류는 과거 금융거래와 영업실적뿐만 아니라 해당 여신의 미래 상환 가능성에 초점을 맞춘 평가방식으로 변화하였다. 여신심사 목적의 채무 상환능력은 현재의 상환능력도 중요하지만 대출금 상환 시점(미래)의 현금흐름에 기초한 상환능력이 중요하다. 자산 건전성 단계별 현금흐름의 특성을 살펴보면 다음과 같다.

분류	현금흐름의 특성 예시
요주의 (precautionary)	• 현재로서는 현금흐름이 부채 상환에는 큰 문제가 없으나 향후 악화될 가능성이 있음 • 영업활동에 의한 현금흐름이 가까스로 부채 상환에 충당함
고정 (substandard)	• 영업현금흐름으로 원리금상환에는 불충분하여 원리금상환이 자산매각에 의존하고 있거나 이 또한 취약하거나 유동성 떨어짐 • 현금흐름이 고정비용을 충당하지 못함 • 유동성 부족 또는 채권자요구에 의한 배당금 지급 보류함.
회수 의문 (doubtful)	• 영업현금흐름으로 원리금 상환은 물론 일상적인 영업활동도 어려운 상태임 • 현금흐름이 재고자산을 보충할 수 있는 수준인 상황
추정 손실 (estimated loss)	• 상환 재원 상실

제 02 절

현금주의와 발생주의

오늘날 모든 기업의 회계장부는 복식부기에 의하여 기록되며, 발생주의 회계를 기본으로 하고 있다. 그러나 현금흐름표는 현금주의에 의하여 작성되기 때문에 현금주의를 이해할 필요가 있다. 발생주의와 현금주의는 수익과 비용을 어느 시점에 인식하는가를 구분하는 기준이 된다.

1 현금주의

현금주의란 기업이 현금을 수취하였을 때 수익으로 인식하고, 현금을 지급하였을 때 비용을 인식하는 방법을 말한다. 현금주의 회계는 손익의 측정을 현금의 유출·입이라는 사실에 두기 때문에 적용이 매우 간단하고 회계담당자의 임의적인 판단이 개입되지 않는 장점이 있지만, 인식된 수익과 그 수익을 창출하기 위하여 발생한 비용이 같은 회계 기간에 귀속되지 않을 수도 있기 때문에 일정 기간의 경영성과가 왜곡된다는 문제점을 지닌다.

다음 사례를 통하여 현금주의 회계를 살펴보자.

[사례 2-2] 현금주의

강남기업은 20×1년 중 상품 50,000원을 현금을 주고 매입하여 100,000원에 외상으로 판매하였으며, 그 대금은 20×2년 초에 현금으로 회수하였다. 또한 20×1년 중 판매비 10,000원을 현금으로 지급하였다.

위의 사례에서 현금주의에 의하여 손익을 기록하면 다음과 같다.

(단위 : 원)

구 분		20×1년	20×2년
현금유입	매출액	-	100,000
현금유출	매출원가	(50,000)	-
	판매비	(10,000)	-
순현금흐름	순이익(손실)	(60,000)	100,000

위와 같이 현금주의는 수익과 관련된 비용이 인식되는 기간이 달라 손익계산서에 보고되는 당기순이익이 당기의 적절한 경영성과를 반영하지 못한다. 그러나 현금주의 손익계산서에 보고되는 당기순손익은 실제로 그 기업이 영업활동 결과 당기에 현금으로 회수하거나 지출된 손익을 의미한다.

2 발생주의

발생주의란 기업이 수익과 비용의 인식에 있어서 현금의 수취나 지급(현금수지)과는 관계없이, 어떤 거래나 사건이 실제로 발생한 시점 또는 그 시점이 속하는 회계기간에 인식하는 방법이다.

발생주의 회계는 경제활동의 발전에 따라 진실한 기간손익, 즉 경영성과를 측정하기 위하여 채택된 회계의 방식이다.

발생주의하에서 수익은 수익의 창출 과정 중 결정적인 사건이 발생하였을 때 인식하는 실현주의가 적용되고, 비용은 관련된 수익이 인식되는 시점이나 그 시점이 속한 회계 기간에 인식한다는 대응의 원칙이 적용된다. 정상적인 영업활동 과정 중에서 결정적인 사건이란 일반적으로 판매활동을 의미하므로, 수익의 경우 인식 시점은 바로 판매 시점이 된다.

다음 사례를 통해서 발생주의의 의미를 알아보자.

[사례 2-3] 발생주의

위의 [사례 2-2]에서 발생주의에 의하여 손익을 기록하면 다음과 같다.

(단위 : 원)

구 분		20×1년	20×2년
수익	매출액	100,000	-
비용	매출원가	(50,000)	-
	판매비	(10,000)	-
순이익(손실)		40,000	-

위와 같이 발생주의는 실현된 수익과 관련된 비용을 적절하게 대응시켜 순이익을 산출하므로 현금주의에 비해 보다 진실한 경영성과를 보고할 수 있다.

발생주의를 적용하는 경우 수익과 비용에 영향을 미치는 거래나 사건이 실제로 어느 시점에 발생하였는지에 대한 판단 문제와 수익과 비용의 인식 시점과 현금의 수취나 지급이 동시에 이루어지지 않은 경우 수익과 비용을 얼마로 계상할 것인가의 판단 문제가 발생하게 된다. 그 결과 일반적으로 회계기말에 수정분개를 통하여 수익과 비용의 기간 귀속을 명확히 한다. 즉, 미수수익과 미지급비용, 선수수익 및 선지급비용의 기록, 감가상각비와 대손상각비 및 퇴직급여의 계상을 통하여 진실한 기간손익을 측정하게 된다.

발생주의에 근거한 당기순이익은 진실한 기간손익을 측정하려는 것이므로 현금의 흐름과는 일치하지 않는 문제점이 있다. 위의 [사례 2-3]에서 20×1년도 말에 회사는 손익계산서상 당기순이익이 40,000원이지만 실제로 회사는 영업활동에서 벌어들인 현금은 없고 오히려 현금으로 60,000원의 비용을 지출한 것이 전부이다. 20×1년도 당기순이익 40,000원은 20×1년도 말에 회사의 매출채권 속에 포함되어 있으며 20×2년도 중에 현금으로 회수되었을 때 비로소 현금으로 회수된 순이익인 것이다. 만약 어떠한 사유에 의하여 동 매출채권이 회수되지 않고 대손이 발생하게 된다면 20×1년도 말에 보고되었던 순이익은 그야말로 수치에 불과한 것이 되고 만다.

3 발생주의와 현금주의 비교

강남기업의 [사례 2-2]의 현금주의 회계처리와 [사례 2-3]의 발생주의 회계처리를 비교하면 아래의 [그림 2-2]와 같이 발생주의 회계손익과 현금주의 현금흐름이 기간별로 상이하게 나타난다.

그림 2-2 발생주의 회계처리와 현금주의 회계처리 비교

강남기업	20×1년 거래 내역	20×2년 거래 내역
	- 상품을 매입 50,000 - 외상으로 판매 100,000 - 판매비 지출 10,000	- 20×1년도 발생한 판매대금 회수 100,000

발생주의 회계처리 (약식 손익계산서) **회계손익**

과목		20×1년	과목		20×2년
수익	매출액	100,000	수익	매출액	-
비용	매출원가	(50,000)	비용	매출원가	-
	판매비	(10,000)		판매비	-
순이익(손실)		40,000	순이익(손실)		-

현금 회계처리 (약식 현금흐름표) **현금흐름**

과목		20×1년	과목		20×2년
현금유입	매출액	-	현금유입	매출액	100,000
현금유출	매출원가	(50,000)	현금유출	매출원가	-
	판매비	(10,000)		판매비	-
순현금흐름		(60,000)	순현금흐름		100,000

현금주의에 의한 현금흐름표는 손익계산서에 적용되는 발생주의 한계점을 보완할 수 있는 현금흐름에 관한 유용한 정보를 제공하고 있다. 따라서 신용분석 시 손익계산서뿐만 아니라 현금흐름표 분석도 반드시 필요하다. 또한 위의 내용을 바탕으로 발생주의와 현금주의의 장단점을 요약하면 다음과 같다.

구 분	발생주의 (손익계산서에 적용되는 회계방식)	현금주의 (현금흐름표에 적용되는 회계방식)
정의	• 발생주의는 현금의 유출·입과 관계없이 거래가 발생하는 시점에 수익(매출)은 실현주의, 비용은 수익에 대응하여 인식한다.	• 현금주의는 거래의 발생과는 관계없이 현금의 유출·입이 이루어진 시점에 현금 유출·입을 수반하는 수익(매출)과 비용만 인식한다.
장·단점	• 발생주의는 주관적인 판단이 필요한 이연, 발생, 배분 등을 반영함으로써 **기간별 정확한 손익 계산에 적합하다.**	• 현금주의는 발생주의의 이연, 발생, 배분 등과 같은 주관적 판단이 배제되어 기간별 정확한 회계손익 계산에는 부적합하나, **회계 투명성 측면에서는 적합하다.**
특징	• 회계손익(기간별)에 중심	• 현금흐름에 중심

제 03 절

현금거래와 비현금거래

발생주의에 의하여 작성된 손익계산서에는 일정 기간 동안 발생된 모든 거래가 기록되어 있고 그러한 활동의 결과가 재무상태표에 나타나 있다. 일정 기간 동안 발생된 모든 거래는 '현금요소간 거래'와 '현금거래', 그리고 '비현금거래' 등 세 가지로 구분되며, 비현금거래는 '비현금손익거래'와 '비현금교환거래'로 나누어진다. 이를 정리하면 다음 [그림 2-3]과 같다.

그림 2-3 **거래의 분류**

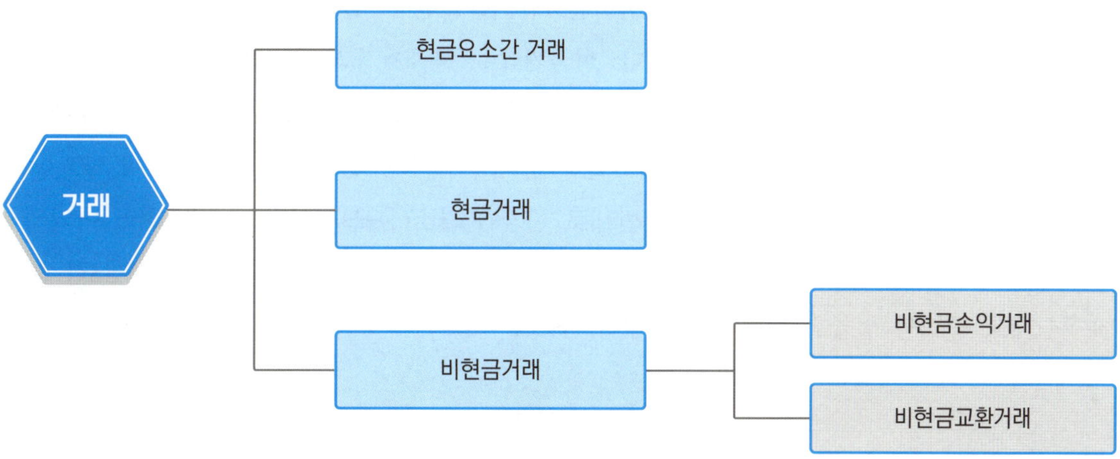

손익계산서에는 이와 같이 현금거래와 비현금거래가 모두 포함되어 있으며, 그 결과가 재무상태표에 누적되어 있는 반면, 현금흐름표에는 현금거래만이 기록된다. 기업에서 발생하는 모든 거래를 현금흐름 관점에서 정리하면 다음과 같다.

거래구분		거래 내역 예시						현금흐름표 표시
현금요소간 거래		(차)	현 금	×××	(대)	예 금	×××	×
교환거래	현금거래	(차)	현 금	×××	(대)	장기차입금	×××	현금유입 표시
	현금거래	(차)	기계장치	×××	(대)	현 금	×××	현금유출 표시
	비현금거래	(차)	기계장치	×××	(대)	장기미지급금	×××	×*)
손익거래	현금거래	(차)	현 금	×××	(대)	매 출	×××	현금유입 표시
	비현금거래	(차)	감가상각비	×××	(대)	감가상각누계액	×××	×

* 중요한 비현금교환거래는 재무제표에 대한 주석으로 표시함.

1 현금요소 간 거래

현금요소 간 거래는 현금(현금및현금성자산) 범위에 포함되는 구성요소 간의 거래로서 현금 상호 간의 증가 및 감소가 동시에 일어나지만 현금 자체 크기에는 변동이 없는 거래이다. 예를 들어 기업이 당좌수표를 발행하여 90일 만기 환매조건부채권(RP)을 구입하였다고 보자. 동 거래는 당좌예금도 현금흐름표상의 현금이며, 90일 만기의 환매채도 현금성자산으로 현금에 해당되어 현금의 총량에는 변동이 없으므로 현금흐름표에 표시되지 않는다.

2 현금거래

현금거래는 현금의 유입이나 유출을 동반하는 거래를 말한다. 현금흐름분석은 현금흐름표에 나타난 현금거래를 중심으로 하여 이루어진다. 현금거래는 현금계정과 비현금계정 간의 거래(예: 유상증자 등)로 현금을 증가(현금유입)시키는 거래와 현금을 감소(현금유출)시키는 거래로 구분된다. 현금을 증가시키는 거래는 현금 이외의 자산을 처분하거나 부채 및 자본을 증가시키며, 또는 수익으로 현금을 증가(유입)시키는 거래이다. 반대로 현금을 감소(유출)시키는 거래는 현금 이외의 자산을 취득하거나 부채 및 자본을 감소시키며, 또는 비용을 지급(유출)하는 거래이다. (제3장 제2절 '재무상태표 등식과 현금흐름표의 작성 원리' 참조)

3 비현금손익거래

현금이 변동하지 않는 거래를 비현금거래로 분류하는데 비현금거래는 다시 비현금손익거래와 비현금교환거래로 분류한다. **비현금손익거래는 비용이나 수익이 발생하였으나 현금의 변동이 없는 거래이다.** 예를 들어 유형자산에 대한 감가상각을 하는 경우, 감가상각비라는 비용 계정과 감가상각누계액이라는 자산의 차감 계정이 변동하지만 현금에는 변동이 없다. 이처럼 손익의 발생이 현금 이외의 자산이나 부채, 자본 계정의 변동을 가져오는 거래를 비현금손익거래라고 한다.

비현금손익거래의 예로는 **유형자산의 감가상각, 무형자산의 상각, 퇴직급여의 계상(퇴직급여충당부채의 전입), 단기매매증권평가손익의 계상, 지분법손익의 계상, 외화환산손익의 계상, 재해손실의 계상** 등을 들 수 있다.

4 비현금교환거래

비현금교환거래는 현금의 변동도 없고 손익 계정의 변동도 없는 거래이다. 예를 들어 비유동자산을 구입하면서 장기어음을 발행한 경우 현금의 변동도 없고 손익에도 영향을 주지 않으면서 자산과 부채 계정이 변동하게 된다. 이처럼 현금의 변동 없이 자산, 부채, 자본 계정의 변동을 가져오는 거래를 비현금교환거래라고 한다. 비현금교환거래는 현금흐름표에 기재되지 않으므로 기본적으로는 현금흐름분석의 대상이 아니다. 그렇지만 중요한 비현금교환거래는 현금의 증감은 없지만 총재무적 자원의 입장에서는 자금의 변동이 있는 것으로 분석하기 때문에 재무제표에 대한 주석으로 표시된다.

중요한 비현금교환거래의 예로는 현물출자로 인한 유형자산의 취득, 유형자산의 연불구입 및 연불매각, 무상증자, 무상감자, 주식배당액, 전환사채의 전환, 건설 중인 자산의 유형자산 계정 대체, 장기차입부채의 유동성 대체 등이 있다.

비현금손익거래와 비현금교환거래를 이해하여야 하는 이유는 제3장에서 공부하게 될 현금흐름표의 작성과 관련되어 있다. 일반적으로 현금흐름표는 기초와 기말의 재무상태표 및 당기의 손익계산서를 토대로 작성되는데, 당기의 손익거래 내용과 기초 및 기말 재무상태표 계정 간의 변동 내용에서 위의 비현금손익거래와 비현금교환거래를 제거하면 현금흐름표를 구성하는 현금거래만이 남기 때문이다.

비현금손익거래와 비현금교환거래를 요약하면 [표 2-4]와 같다.

[표 2-4] 비현금거래

구 분	현금의 변동	손익의 변동	거래의 예
비현금손익거래	없음	있음	감가상각, 무형자산상각, 퇴직급여의 계상, 각종 자산 및 부채에 대한 평가손익 계상
비현금교환거래	없음	없음	현물출자로 인한 유형자산의 취득, 유형자산의 연불구입 및 연불매각, 무상증자, 무상감자, 전환사채의 전환, 건설 중인 자산의 유형자산 계정 대체, 장기차입부채의 유동성 대체 등

제 04 절

현금흐름표의 유용성 및 변천 과정

1 현금흐름표의 유용성

발생주의는 경영성과를 측정하기 위한 목적으로 기간손익의 계산에는 상당히 유용하나, 손익이 반드시 현금흐름을 수반하지 않는다는 문제점이 제기된다. 따라서 발생주의 재무정보(재무상태표와 손익계산서)는 다음과 같은 한계가 존재한다.

① 손익계산서는 경영성과(이익 중심)에 중점을 둔 결과 현금흐름에 대한 정보가 부족하다.
② 재무상태표는 일정 시점의 재무상태만 나타낼 뿐 일정 기간 동안의 현금흐름 정보는 제공하지 못한다.
③ 손익계산서의 당기순이익과 현금흐름의 방향이 일치하지 않음을 설명하지 못한다.

현금흐름표는 발생주의 재무정보의 한계점을 보완하기 위한 재무제표이다. 현금흐름표의 유용성을 구체적으로 살펴보면 다음과 같다.

1) 당기순이익과 영업활동으로 인한 현금흐름(CFO: Cash Flows from Operation) 의 차이에 대한 평가정보를 통하여 손익계산서에서 산출된 당기순이익의 질(Quality of Earnings)을 평가할 수 있다.

당기순이익은 기업의 경영성과와 관련된 정보를 제공하는 매우 중요한 정보이다. 그러나 발생주의하에서 당기순이익을 계산하면 불가피하게 회계담당자의 추정이나 임의적인 원가 배분이 많이 이루어지기 때문에 당기순이익의 신뢰성에 대해 비판적인 견해가 많다. 흑자도산(Insolvency)이 발생한 기업은 대부분 손익계산서상 당기순이익이 계상되더라도 영업활동으로 인한 현금흐름은 마이너스(-)의 수치를 나타낸다. **영업활동으로 인한 현금흐름이 당기순이익보다 방향과 크기에서 큰 차이가 나타날 때 그 당기순이익의 질은 높다고 할 수 있다.** 그러므로 **정보이용자들은 당기**

순이익의 질을 평가하기 위하여 영업활동으로 인한 현금흐름과 당기순이익 간의 차이 및 그 차이가 발생하게 된 구체적인 이유를 알고자 한다. 당기순이익과 현금의 변동(증감)이 100억 원, 20억 원으로 동일한 두 기업(A 기업과 B 기업)의 사례를 통하여 당기순이익의 질(Quality of Earnings)을 살펴보면 다음과 같다.

(단위 : 억 원)

A기업		B기업	
당기순이익	100	당기순이익	100
Ⅰ. 영업활동 현금흐름	120	Ⅰ. 영업활동 현금흐름	30
Ⅱ. 투자활동 현금흐름	(60)	Ⅱ. 투자활동 현금흐름	(60)
Ⅲ. 재무활동 현금흐름	(40)	Ⅲ. 재무활동 현금흐름	50
현금의 증감	20	현금의 증감	20
• A기업은 당기순이익(100억 원)보다 영업활동에서 더 많은 현금(120억 원)이 창출되어 당기순이익의 질이 높다. • 이는 당기순이익보다 영업활동에서 더 많이 창출한 현금으로 투자자금 60억 원을 충당하고 재무활동에서 차입금조차 상환(40억 원)하게 되면 회사의 재무구조가 더 개선되어 향후 A 기업의 현금흐름이 양호하게 될 확률이 높기 때문이다.		• B기업은 당기순이익(100억 원)보다 영업활동에서 더 적은 현금(30억 원)이 창출되어 당기순이익의 질이 낮다. • 이는 당기순이익보다 영업활동에서 더 적게 창출한 현금으로 투자자금 60억 원이 충당되지 않아 재무활동에서 자금(50억 원)을 조달하게 되면 회사의 재무구조가 더 악화되어 향후 B 기업의 현금흐름이 취약하게 될 확률이 높기 때문이다.	

위의 사례처럼 영업활동 현금흐름이 당기순이익보다 적을 경우가 지속되면 향후 기업의 현금흐름이 취약할 확률이 높아지고, 이는 기업의 유동성 측면에서 흑자도산의 가능성이 높아진다. 또한 기업의 현금흐름이 취약해지면 미래 성장을 위한 투자재원의 부족할 수 있고, 아울러 기업의 원리금 상환 등이 불가능하게 나타난다.

흑자도산 기업의 경우 부도 직전년도로 갈수록 영업활동으로 인한 현금흐름과 당기순이익 간의 차이(Gap)가 커진다는 것은 당기순이익의 질이 취약하다는 것이다. 즉, 이익은 발생하지만 현금창출은 되지 않고 있다는 것이다. 이러한 내용을 좀 더 구체적으로 이해하기 위하여 17년 연속 흑자경영을 지속했지만 PF부동산개발사업의 부실로 44기(D-0)에 최종 부도 처리된 DY사의 사례를 살펴보자. 우선 DY사의 부도 직전년도((D-1)까지 매출액, 영업이익, 당기순이익 및 영업활동 현금흐름의 추이는 다음과 같다.[3]

3) DY사, '한방에' 무너진 17년 흑자경영(2011.04.13) 연합뉴스 참조

(단위 : 억 원)

구 분	37기	38기	39기	40기	41기	42기	43기
	D-7	D-6	D-5	D-4	D-3	D-2	D-1
매출액	6,458	5,333	4,257	5,204	7,603	9,957	10,366
영업이익	567	383	623	304	191	109	638
당기순이익	433	269	108	139	56	144	69
영업활동 현금흐름	128	(14)	(24)	(16)	(585)	(935)	(991)

대부분 부도기업은 당기순이익이 계상되더라도 영업활동으로 인한 현금흐름은 마이너스(-)의 수치를 나타내는데, DY사 또한 부도 직전년도((D-1)까지 당기순이익과 영업활동 현금흐름 간의 차이(Gap)가 확대되고 있다는 것을 확인할 수 있다. 이를 [그림 2-4]로 나타내면 다음과 같다.

그림 2-4 흑자도산 기업의 영업활동 현금흐름과 당기순이익의 차이(Gap)

(단위 : 억 원)

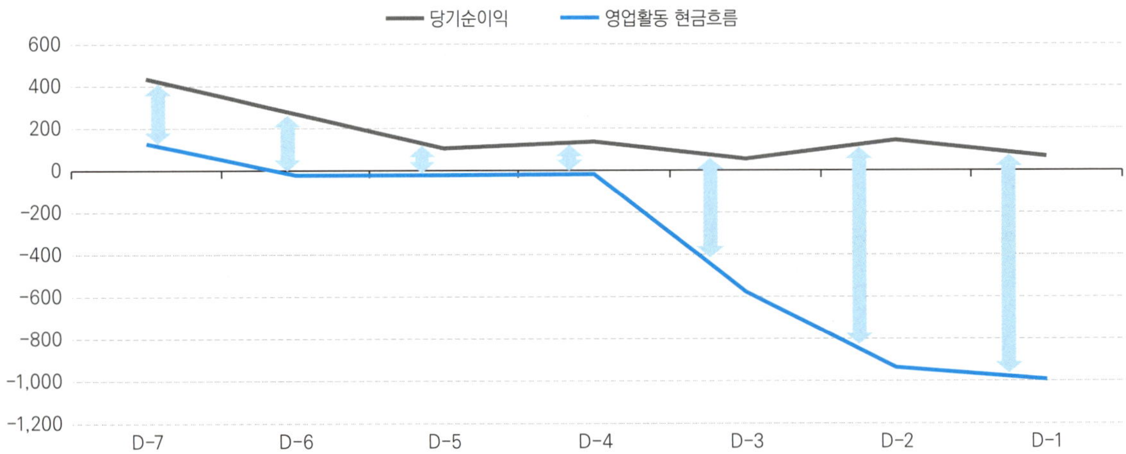

당기순이익의 질은 기업의 당기순이익을 '영업활동으로 인한 현금흐름'으로 나누고, 이를 백분율로 환산한 수치인 당기순이익 대 영업활동으로 인한 현금흐름 비율을 통하여 파악할 수 있다. (제5장 제5절 '현금흐름표의 비율분석' 참조)

$$\text{당기순이익 대 영업활동으로 인한 현금흐름 비율} = \frac{\text{당기순이익}}{\text{영업활동으로 인한 현금흐름}} \times 100$$

제1장 제3절의 L사 현금흐름표를 토대로 각 연도별 당기순이익 대 영업활동으로 인한 현금흐름 비율을 계산하여 당기순이익의 질을 평가하면 다음과 같다.

(단위 : 백만 원)

과 목	제6기	제7기	제8기
매출액	235,019	276,385	305,134
증감률(%)	1.4%	17.6%	10.4%
당기순이익(A)	12,224	4,828	20,528
영업활동으로 인한 현금흐름(B)	12,597	13,479	4,928
당기순이익/영업활동 현금흐름(A/B)	97.0%	35.8%	416.6%
당기순이익의 질(Quality of Earnings)	높음	높음	낮음

L사 당기순이익의 질을 살펴보면 6기와 7기에는 당기순이익보다 영업활동에서 더 많은 현금이 창출되어 당기순이익의 질이 높게 나타나고 있다.(당기순이익 대 영업활동으로 인한 현금흐름 비율은 100% 미만인 상황임) 반면에 8기에는 영업활동 현금흐름의 급감으로 당기순이익보다 영업활동에서 더 적은 현금이 창출되어 당기순이익의 질이 낮게 나타나고 있다. (당기순이익 대 영업활동으로 인한 현금흐름 비율은 100% 초과하는 상황임)

2) 영업활동으로 인한 현금흐름에 초점을 맞추어 기업의 미래 현금 창출능력에 대한 정보를 제공한다.

기업 외부의 이해관계자들은 자신들에게 지급되는 배당금이나 대출금의 원금 및 이자 등의 재원이 기업 본래의 주된 정상적인 영업활동으로부터 획득한 순이익이기를 기대한다. 그러므로 정보 이용자들은 현금흐름표를 검토함으로써 영업활동에서 조달된 순현금흐름과 매출액의 관계를 알 수 있으며, 과거의 영업활동 현금흐름의 분석을 토대로 미래의 영업활동에서 창출할 수 있는 현금흐름을 예측·평가할 수 있다. 이러한 예측 결과는 기업가치 평가의 기초가 된다.

3) 기업의 부실예측시 당기순이익보다 영업활동 현금흐름이 더 유용하다.

외환위기(IMF) 때인 1996년부터 1999년까지 도산한 부도기업 가운데 부도 직전년도에 영업이익과 당기순이익을 내고도 영업활동 현금흐름이 마이너스(-)인 기업이 절반 이상을 차지했다. 이는 영업활동을 활발히 펼쳤음에도 현금이 들어오지 않았다는 의미로 신용분석 및 부실기업 예측시 영업이익·당기순이익과 같은 회계이익보다 기업의 현금흐름, 특히 영업활동에 의한 현금흐름의 중요성이 강조되는 이유이다.

4) 기업의 배당금 지급능력 및 부채 상환능력과 외부자금 조달의 필요성에 관한 평가 정보를 파악할 수 있다.

기업이 영업활동으로부터 충분한 현금과 예금을 조달하여 보유하고 있지 않으면 배당금을 지급할 수도 없고 부채를 상환하거나 설비를 취득할 수도 없다. 따라서 이때에는 기업 외부로부터 자금을 조달할 필요가 있다. 정보이용자들(채권자 및 주주 등)은 영업활동 현금흐름의 크기와 배당금의 크기 및 부채 원리금의 크기를 비교하여 배당금 지급능력 및 부채의 상환능력을 평가할 수 있으며, 외부자금 조달 필요성에 관한 정보를 얻을 수 있다.

5) 일정 기간 현금 및 비현금 투자와 재무거래 결과 기업의 재무상태에 미치는 영향 평가 정보를 파악할 수 있다.

정보이용자들은 현금흐름표에 제시된 기업의 투자활동(유형자산이나 무형자산 또는 투자자산 등의 취득이나 매각거래)과 재무활동(자금의 차입이나 상환, 주주에 의한 출자나 주주에 대한 분배)을 검토함으로써 기중에 자산이나 부채가 증가(또는 감소)하게 된 이유를 보다 더 잘 이해할 수 있다. 예를 들어 현금흐름표를 검토하면 다음과 같은 사항을 이해할 수 있다.

① 당기순이익(손실)이 발생하였음에도 불구하고 현금과 예금이 감소(증가)하게 된 이유
② 당기순이익이 증가(감소)하였음에도 불구하고 배당금이 증가하지 않은(증가한) 이유

6) 현금흐름표는 회계분식에 영향을 받지 않는다.(이익은 추정의 결과치이지만 현금은 실질적인 결과물이다.)

기업회계기준은 발생주의 원칙을 채택하고 있으므로 손익계산서의 이익은 회계기준과 회사가 채택한 회계정책에 의한 주관적인 판단, 즉 추정치에 불과한 것이다. 기업의 영업활동 중 본업과 관련된 매출채권과 재고자산 등을 부풀려서 매출액을 높이거나 매출원가를 적게 표시하는 등의 분식이 가능하다. 이와 같은 분식을 통하여 유동자산과 당좌자산 보유액이 많아지므로 단기 지급능력을 표시하는 유동성의 중요 비율인 당좌비율과 유동비율을 높일 수 있을 뿐만 아니라 손익계산서상 이익도 좋게 분식할 수 있다. 그러나 이익은 계산상에서만 가능한 것이지만 실제로 현금의 흐름(유입과 유출)은 경영상의 최종 결과물이므로 이러한 회계분식에 영향을 받지 않는다.

현금흐름표가 위와 같은 유용성을 가지고 있는 반면 다음과 같은 한계점도 가지고 있다.

현금흐름표는 보통 기**업의 일정 기간 동안의 현금 유입과 유출에 관한 정보를 제공하지만 기간 간의 관계에 대한 정보는 없어 미래의 현금흐름에 대한 장기적인 전망을 평가하기에는 불완전하다.** 즉, 당해 기간의 많은 현금유입, 특히 영업활동으로 인한 현금유입은 과거 기간의 활동으로 인하여 유입된 것일 수도 있으며, 당해 기간의 많은 현금유출은 현재가 아닌 미래의 현금유입이 기대되거나 예상될 수도 있다. 따라서 현금흐름표는 단독으로보다는 재무상태표나 손익계산서 등과 함께 사용됨으로써 기업의 미래 현금흐름에 대한 전망이 보다 유용하게 평가될 수 있는 것이다.

2 현금흐름표의 변천 과정

미국에서 현금흐름표의 초기 양식인 자금운용표가 일반에게 크게 보급된 데에는 미국공인회계사회가 1963년에 발표한 회계원칙심의회(APB)의 '의견서' 제3호인 **'자금의 원천 및 운용표'**(The Statement of Source and Application of Funds)가 결정적인 역할을 한 것으로 볼 수 있다.[4] 즉, 동 의견서에서 자금운용표는 재무보고서의 보충적 정보로 제출되어야 하며, 이때 보고서는 총재무적 자원 개념(all financial resources concept)에 의해 작성하도록 권고하였던 것이다. 그 후 1971년에 새로이 발표된 AICPA의 APB '의견서' 제19호인 '재무상태 변동의 보고'(Reporting Changes in Financial Position)에서는 **재무상태변동표**를 기본적 재무제표의 하나로 규정하고, 1971년 9월 30일 이후부터 이의 보고를 의무화시킴으로써 그 유용성과 중요성이 한층 증대된 것이다. 또한 동 의견서에서는 다양한 명칭으로 사용하던 종래의 보고서를 '재무상태변동표'(Statement of Changes in Financial Position)로 통일할 것을 권고함에 따라 이후에는 이 명칭이 보편적으로 사용되었다. 즉, 이러한 재무상태변동표는 기업의 재무상태의 변동 내용을 명확히 보고하기 위하여 그 회계 기간에 속하는 운전자본의 원천과 사용 내용을 적정하게 표시하도록 하였으며, 재무제표에서의 지위도 종전보다는 한층 강화되어 손익계산서 및 대차대조표(현재무상태표)와 더불어 기본적 재무제표의 하나로서 그의 위치를 굳히게 되었다. 그러나 이러한 재무상태변동표에 대하여 많은 비판이 제기되었고, 이에 따라 1987년 12월 재무회계기준심의회(FASB)는 '재무회계기준서' 제95호(SFAS No. 95)로 **현금흐름표**(Statement of Cash Flows)를 발표함으로써 재무상태변동표 대신에 자금 개념을 현금으로 한 현금흐름표를 작성하도록 규정하였다.

우리나라에서는 1974년에 '상장법인 등의 회계처리에 관한 규정'에서 재무제표의 부속명세서로 자금운용표를 작성하도록 요구하였고, 1981년에 처음 개정된 기업회계기준에서 그 명칭이 재무상태변동표로 바뀌면서 기본 재무제표의 하나가 되었다. 1994년에는 국제적인 추세에 따라 순운전자본 기준 재무상태변동표를 현금 기준 재무상태변동표, 즉 현금흐름표로 대체하였다. 또한 국제회계기준위원회에서도 국제회계기준 제7호(1992)에 의해 현금흐름표를 기업의 주 재무제표로 작성하도록 요구하고 있다.

4) 이정호, 현금흐름표의 발달, 재무회계론(경문사, 2004), p.731

3 현금흐름표 양식

일반기준에서는 [표 2-5] 및 [표 2-6]과 같은 현금흐름표 양식을 제시하고 있으며, K-IFRS에서는 현금흐름표에 포함되어야 할 내용을 규정하고는 있지만, 통일된 양식을 제시하고 있지는 않다.

[표 2-5] 현금흐름표 양식 (직접법)

현금흐름표

제×기 20××년 월 ×일 ~ 20××년 ×월 ×일
제×기 20××년 ×월 ×일 ~ 20××년 ×월 ×일

기업명 : (단위 : 원)

과 목	제× (당)기	제× (전)기
	금액	금액
영업활동으로 인한 현금흐름		
매출 등 수익활동으로부터의 유입액	×××	×××
매입 및 종업원에 대한 유출액		
이자수익 유입액		
배당금수익 유입액		
이자비용 유출액		
법인세의 지급		
…………………………		
투자활동으로 인한 현금흐름		
투자활동으로 인한 현금유입액	×××	×××
단기투자자산의 처분		
유가증권의 처분		
토지의 처분		
…………………………		
투자활동으로 인한 현금유출액	×××	×××
현금의 단기 대여		
단기투자자산의 취득		
유가증권의 취득		
토지의 취득		
개발비의 지급		
…………………………		
재무활동으로 인한 현금흐름		
재무활동으로 인한 현금유입액	×××	×××
단기차입금의 차입		
사채의 발행		
보통주의 발행		
…………………………		
재무활동으로 인한 현금유출액	×××	×××
단기차입금의 상환		
사채의 상환		
유상감자		
…………………………		
현금의 증가(감소)	×××	×××
기초의 현금	×××	×××
기말의 현금	×××	×××

[표 2-6] 현금흐름표 양식 (간접법)

현금흐름표

제×기 20××년 ×월 ×일 ~ 20××년 ×월 ×일
제×기 20××년 ×월 ×일 ~ 20××년 ×월 ×일

기업명 : (단위 : 원)

과 목	제× (당)기		제× (전)기	
	금액		금액	
영업활동으로 인한 현금흐름		×××		×××
당기순이익(손실)				
현금의 유출이 없는 비용 등의 가산				
감가상각비				
퇴직급여				
…………………………………………				
현금의 유입이 없는 수익 등의 차감				
사채상환이익				
…………………………………………				
영업활동으로 인한 자산·부채의 변동				
재고자산의 감소(증가)				
매출채권의 감소(증가)				
이연법인세자산의 감소(증가)				
매입채무의 증가(감소)				
당기법인세부채의 증가(감소)				
이연법인세부채의 증가(감소)				
…………………………………………				
투자활동으로 인한 현금흐름		×××		×××
투자활동으로 인한 현금유입액				
단기투자자산의 처분				
유가증권의 처분				
토지의 처분				
…………………………………………				
투자활동으로 인한 현금유출액				
현금의 단기 대여				
단기투자자산의 취득				
유가증권의 취득				
토지의 취득				
개발비의 지급				
…………………………………………				
재무활동으로 인한 현금흐름		×××		×××
재무활동으로 인한 현금유입액				
단기차입금의 차입				
사채의 발행				
보통주의 발행				
…………………………………………				
재무활동으로 인한 현금유출액				
단기차입금의 상환				
사채의 상환				
유상감자				
…………………………………………				
현금의 증가(감소)		×××		×××
기초의 현금		×××		×××
기말의 현금		×××		×××

제2장 연습문제 | Exercise

가. 본문 내용의 복습

01 현금흐름표의 목적과 유용성에 대하여 설명하시오.

02 손익계산서상 당기순이익과 현금흐름표상 영업활동으로 인한 현금흐름을 비교할 경우, 어떤 경우에 그 이익의 질이 높다고 하는가?

03 유동비율을 이용하여 기업의 지급능력을 분석할 경우에 어떠한 문제점이 있을 수 있는가?

04 당좌비율을 이용하여 기업의 지급능력을 분석할 경우에 어떠한 문제점이 있을 수 있는가?

05 발생주의의 의의와 장점 및 단점을 설명하시오.

나. 진위형

01 손익계산서상 당기순이익을 나타내고 있는 회사가 자금부족으로 도산하는 경우를 흑자도산이라고 한다. ( )

02 발생주의 회계는 경제활동의 발전에 따라 진실한 기간이익을 측정하기 위하여 채택 된 회계 방식이다. ( )

03 유동비율과 당좌비율의 문제점은 재고자산과 매출채권의 현금화 가능성이 매우 낮을 수도 있다는 데 있다. ( )

04 전환사채의 전환거래는 비현금손익거래이다. ( )

다. 선다형

01 다음 중 현금흐름표의 작성 목적이라고 볼 수 없는 것은? ( )

① 손익계산서와 재무상태표를 보완하는 현금흐름에 관한 추가적인 재무정보를제공한다.

② 현금흐름표는 발생주의에 의거해서 작성된다.

③ 차입금의 상환, 배당금의 지급 등을 확인할 수 있다.

④ 당기순이익과 순현금흐름의 차이에 대한 원인을 평가하는데 도움이 되는 정보를 제공한다.

02 정동진주식회사의 20×1년도 손익계산서에는 당기순이익이 780백만 원으로 계상되어 있다. 이 당기순이익이 회사가 실제로 당기중 손에 쥔 '현금이익'과 마찬가지라고 주장하려면 다음 중 가장 만족스러운 조건은 어떤 것인가 ( )

① 동사의 20×1년 말 현재 재무상태표상 재고자산이 언제라도 회사가 마음 먹은 대로 현금화할 수 있어야 한다.

② 동사의 20×1년 말 현재 재무상태표상 매입채무가 재고자산보다 금액이 적어야 한다.

③ 동사의 20×1년 말 현재 재무상태표상 유동자산이 언제라도 회사가 마음 먹은 대로 현금화할 수 있어야 한다.

④ 동사의 20×1년 말 현재 재무상태표상 매입채무가 매출채권보다 금액이 적어야 한다.

03 다음 설명 중 가장 틀린 주장은? ( )

① 유동비율의 문제점은 재고자산이나 매출채권이 단기간 내에 현금화하기 어려울 수도 있다는 점이다.

② 결산기말에 장기차입금 중에서 향후 1년 이내에 상환할 금액을 유동성장기부채로 대체하더라도 그 기업의 현금과 순운전자본(유동자산-유동부채)에는 변화가 없다.

③ 현금성자산이라 함은 큰 거래비용 없이 현금으로 전환이 용이하고 이자율변동에 따른 가치변동의 위험이 중요하지 않은 금융상품으로서 취득 당시 만기일(또는 상환일)이 3개월 이내에 도래하는 것을 말한다.

④ 발생주의 회계는 경제활동의 발전에 따라 진실한 기간이익을 측정하기 위해서 채 택된 회계 방식이다.

04 신용(주)은 2020년 12월 환매채를 1,000,000원에 취득하였다. 이 환매채는 만기가 2021년 4월 15일이고, 큰 거래비용 없이 현금으로 전환 가능하고, 이자율의 변동이 거의 없다. 이 환매채의 취득은 현금흐름표의 영업활동, 투자활동, 재무활동 중 어디에 공시되는가? ( )

① 영업활동 ② 투자활동 ③ 재무활동
④ 영업활동과 투자활동 ⑤ 어느 활동에도 공시되지 않는다.

05 삼청주식회사의 자금담당인 김자금 씨는 회사의 당좌수표를 발행하여 90일 만기 환매조건부채권(RP)을 구입하였다. 동 거래는 현금흐름표에 어떻게 표시하여야 하는가? ( )

① 영업활동 현금흐름에 현금유출액으로 표시된다.
② 투자활동 현금흐름에 현금유출액으로 표시된다.
③ 재무활동 현금흐름에 현금유출액으로 표시된다.
④ 실제로 현금의 변동이 없으므로 비현금교환거래로 주석기재한다.
⑤ 자금의 변동이 없으므로 현금흐름표에는 표시되지 않는다.

06 다음 중 현금흐름표의 작성 목적이라고 볼 수 없는 것은? ( )

① 손익계산서와 재무상태표를 보완하는 현금흐름에 관한 추가적인 재무정보를 제공한다.
② 회계연도 중 기업의 자산 및 부채의 구성 변동에 관한 정보를 제공한다.
③ 미래 현금흐름 창출에 관한 기업의 능력을 평가하는 데 도움이 되는 정보를 제공한다.
④ 당기순이익과 영업활동 현금흐름의 차이에 대한 원인을 평가하는데 도움이 되는 정보를 제공한다.
⑤ 투자활동 및 재무활동이 기업의 재무상태에 미치는 영향의 평가에 관한 유용한 정보를 제공한다.

07 다음 중 현금의 유입과 유출이 있는 거래인 것은? ( )

① 주식배당
② 전환사채의 전환
③ 유형자산의 현물출자
④ 사채 할인발행
⑤ 장기차입금의 유동성 대체

라. 사례 연구

01 다음 사례는 현금주의와 발생주의에 대한 내용을 이해하기 위하여 마련된 것이다. [상황 1]과 [상황 2]에 대한 내용을 읽고 질문에 답하시오.

상황 1 중고 항공기를 판매하는 A사는 20×1년 10월 10일에 항공기를 80억 원에 현금 구매하고 20×2년 3월 3일에 동 항공기를 판매처에 100억 원에 외상 판매하였다. 20×3년 6월 6일에 판매처로부터 판매대금 100억 원을 현금 회수했다. A사의 3개년도 거래를 정리하면 다음과 같다.

20×1. 10. 10 :	20×2. 3. 3 :	20×3. 6. 6 :
- 항공기 80억 원에 현금 구매하다.	- 동 항공기를 100억 원에 외상 판매하다.	- 100억 원의 매출채권을 현금 회수하다
20×1년	20×2년	20×3년

위의 자료를 토대로 A사의 20×1년부터 20×3년까지의 수익과 비용의 거래를 분개하여 회계 처리한 다음, 발생주의에 의한 요약 손익계산서와 현금주의에 의한 요약 현금흐름표를 각각 아래와 같이 작성하시오.

발생주의(약식 손익계산서)

(단위 : 억 원)

과목		20×1년	20×2년	20×3년
수익	매출액			
비용	매출원가			
이익(손실)				

현금주의(약식 현금흐름표)

(단위 : 억 원)

과목		20×1년	20×2년	20×3년
현금유입	매출액			
현금유출	매출원가			
순현금흐름				

상황 2 중고 항공기를 판매하는 A사는 20×1년 10월 10일에 판매처와 100억 원에 항공기 판매계약을 하고 판매대금 전액을 선수금으로 현금 수령하고 매입처로부터 항공기를 80억 원에 외상 매입하였다. 그리고 20×2년 3월 3일에 동 항공기를 판매처에 납품하고 20×3년 6월 6일에 매입대금 80억 원을 현금으로 결제했다. A사의 3개년도 거래를 정리하면 다음과 같다.

20×1. 10. 10 :	20×2. 3. 3 :	20×3. 6. 6 :
- 항공기 판매 계약하고 선수금 100억을 수령하고 - 항공기 80억에 외상 매입하다.	- 항공기를 판매(납품)하다.	- 매입채무를 현금 결제하다.
20×1년	20×2년	20×3년

위의 자료를 토대로 A사의 20×1년부터 20×3년까지의 수익과 비용의 거래를 분개하여 회계 처리한 다음, 발생주의에 의한 요약 손익계산서와 현금주의에 의한 요약 현금흐름표를 각각 아래와 같이 작성하시오.

발생주의(약식 손익계산서)

(단위 : 억 원)

과목		20×1년	20×2년	20×3년
수익	매출액			
비용	매출원가			
이익(손실)				

현금주의(약식 현금흐름표)

(단위 : 억 원)

과목		20×1년	20×2년	20×3년
현금유입	매출액			
현금유출	매출원가			
순현금흐름				

02 다음 사례는 현금주의와 발생주의에 대한 내용을 이해하기 위하여 마련된 것이다. [상황 1]과 [상황 2]에 대한 내용을 읽고 질문에 답하시오.

상황 1 전백수 씨는 2023년 1월 1일 현금 1억 원을 가지고 PC방 사업을 시작하였다. 현금 1억 원으로 모두 PC(내용연수 2년)를 구입하여 자기 집 1층 빈 공간에 PC방을 차려놓고 1명의 종업원(월급 3백만 원)을 채용하여 영업을 한 후, 2023년 12월 31일 전백수 씨는 지난 1년 동안 다음과 같은 현금의 수입 및 지출이 있었음을 확인하였다.

① 1년 동안 현금 매출액 200,000,000원

② 1년 동안 종업원급여를 포함한 제비용 현금지출액 120,000,000원

③ 2023년 12월 31일 현재 보통예금 통장잔액 80,000,000원

위의 자료를 토대로 전백수 씨의 2023년 1월 1일과 12월 31일 현재의 재무상태표 및 2023년 1년 동안의 손익계산서 및 금전출납부를 작성한 다음, 전백수 씨가 2023년 12월 31일 현재 보유하고 있는 현금이 어떠한 요소로 구성되어 있는지 판단해보시오.

상황 2 전백수 씨는 이듬해 2024년 6월 말까지는 장사가 잘되었으나, 7월부터 주변에 PC방이 3개나 더 생기게 됨에 따라 경쟁이 심해지면서 고객들에게 외상거래를 허용하게 되었다. 또한 고객들에게 사은품을 수시로 제공하게 되었다.
2024년 1년 동안 현금의 수입 및 지출 내용과 기타 사항을 요약하면 다음과 같다.

① 2024년 1년 동안 매출액 현금수입(외상값 회수액 포함) 150,000,000원

② 2024년 1년 동안 종업원 급여와 사은품 구입비를 포함한 제비용 현금지출액 160,000,000원

③ 2024년 12월 31일 현재 보통예금 통장잔액 70,000,000원

④ 2024년 12월 31일 현재 외상값 미수액 50,000,000원

⑤ 2024년 12월 31일 현재 사은품 재고액 30,000,000원

위의 자료를 토대로 전백수 씨의 2024년 12월 31일 현재의 재무상태표 및 2024년 1년 동안의 손익계산서 및 금전출납부를 작성한 다음, 2024년도의 당기순이익이 현금으로 수령한 이익과 마찬가지의 의미가 있으려면 어떠한 요건이 필요한지 판단해보시오.

제2장 연습문제 해설

가. 본문 내용의 복습

01 현금흐름표의 목적과 유용성

(1) 현금흐름표의 목적 : 일정 기간 기업의 현금수입과 현금지출에 대한 정보를 제공하는 것과 현금 기준으로 기업의 영업활동과 투자활동 및 재무활동에 관한 정보를 제공하는 것

(2) 유용성

① 기업의 미래 현금흐름 창출능력에 대한 평가정보를 얻을 수 있다

② 기업의 배당금 지급능력 및 부채 상환능력과 외부자금 조달의 필요성에 대한 평가정보를 얻을 수 있다.

③ 당기순이익과 영업활동으로 인한 현금흐름의 차이에 대한 평가정보를 얻을 수 있다.

④ 일정 기간 현금 및 비현금투자와 재무거래 결과 기업의 재무상태에 미치는 영향에 대한 평가정보를 얻을 수 있다.

⑤ 기업의 부실 예측 시 당기순이익보다 영업활동 현금흐름이 더 유용하다.

⑥ 현금흐름표는 회계분식에 영향을 받지 않는다.

02 당기순이익과 영업활동으로 인한 현금흐름의 비교

당기순이익과 영업활동으로 인한 현금흐름의 방향과 크기가 서로 큰 차이가 나타나지 않을 때 그 당기순이익의 질은 높다고 할 수 있다. 예를 들어 손익계산서상 당기순이익은 50,000,000원인데, 현금흐름표상 '영업활동으로 인한 현금흐름'이 -10,000,000원이라면, 이때 당기순이익의 질은 매우 낮다고 한다.

03 유동비율을 이용하여 기업의 지급능력을 분석할 경우 문제점

유동비율은 전통적으로 기업의 단기 지급능력을 평가하는 데 유용한 지표로 사용되어왔다. 유동자산은 1년 이내에 현금화될 수 있는 자산이며, 유동부채는 1년 이내에 현금으로 상환하여야 할 부채이므로 유동자산이 유동부채에 비하여 월등히 많은 경우 그 기업은 단기 지급능력이 있다고 판단할 수 있다. 그러나 유동부채는 일정하고 매출채권이나 재고자산이 증가한 경우 유동비율은 높아져서 마치 지급능력이 상승한 것처럼 보이지만, 만약 불량채권이나 불량재고자산의 증대가 그 원인이라면 사실상의 지급능력은 더욱 악화된다는 문제점이 있다.

04 당좌비율을 이용하여 기업의 지급능력을 분석할 경우 문제점

당좌비율은 당좌자산을 유동부채로 나눈 비율을 말한다. 당좌자산이란 유동자산에서 재고자산을 제외한 자산을 말하는데, 유동비율의 문제점을 보완하기 위하여 산출되는 비율이다. 즉, 유동비율의 문제점 중 하나가 유동자산에 포함되어 있는 재고자산이 증가할 경우 유동비율이 높은 것처럼 보이지만, 만약 불량재고자산이 증가할 경우에는 오히려 지급능력이 악화된다는 문제점이 있으므로 유동자산에서 재고자산을 제외한 당좌자산과 유동부채를 비교하여 유동부채금액 이상으로 당좌자산을 보유하고 있다면, 그러한 기업은 단기 지급능력이 있는 것으로 판단하였던 것이다. 그러나 당좌비율 역시 매출채권에 얼마만큼의 불량채권이 포함되어 있는지 여부에 따라 사실상의 지급능력이 좌우되는 문제점을 지니고 있다.

05 발생주의의 의의와 장·단점:

의의 : 손익의 인식 기준을 현금의 유출·입에 두는 것이 아니라 기업의 순자산을 증가시키고 감소시키는 수익과 비용이 발생했느냐 하는 수익비용의 발생에 근거하고 있다. 따라서 현금의 유입이 없더라도 수익이 발생하면 수익으로 기록하고 현금의 유출이 없더라도 비용이 발생하면 비용으로 기록한다.

장점 : 발생주의 회계는 기간의 이익을 진실하게 측정할 수 있다.

단점 : 기간의 이익이 현금의 흐름과는 일치하지 않는다.

나. 진위형

01 ○ 02 ○ 03 ○ 04 ×

다. 선다형

01 ② 현금흐름표는 현금주의에 의거해서 작성된다.

02 ③ 03 ②

04 ② 단기금융상품으로 구분이 된다. 취득 당시 만기 및 상환일이 3개월 이상이므로 현금및현금성자산으로 분류하지 않고 단기금융상품으로 분류한다. 단기금융상품은 투자활동에 포함된다.

05 ⑤ 당좌예금도 현금흐름표상의 현금이며, 90일 만기의 환매채도 현금성자산으로 현금에 해당되어 자금 변동이 없다. 따라서 현금흐름표에는 표시되지 않는다.

06 ② 자산 및 부채의 구성 변동에 관한 정보는 비교 재무상태표로 얻을 수 있다.

07 ④ 사채를 할인 발행하면 발행가액만큼 현금이 유입된다.

라. 사례 연구

01 해답

상황 1

1) 수익과 비용의 회계처리

20×1. 10. 10 : 항공기 80억 원에 현금 구매의 분개
(차) 재고자산 80억 원　　(대) 현금 80억 원

20×2. 3. 3 : 동 항공기를 100억 원에 외상 판매의 분개
(차) 매출채권 100억 원　　(대) 매출 100억 원
(차) 매출원가 80억 원　　(대) 재고자산 80억 원

20×3. 6. 6 : 판매대금 100억 원의 매출채권을 현금 회수의 분개
(차) 현금 100억 원　　(대) 매출채권 100억 원

2) 발생주의에 의한 요약 손익계산서와 현금주의에 의한 요약 현금흐름표 작성

20×1. 10. 10 : - 비행기 80억에 현금구매하다.	20×2. 3. 3 : - 구매한 비행기 100억에 외상판매하다.	20×3. 6. 6 : - 100억 매출채권을 현금회수하다.
20×1년	20×2년	20×3년

발생주의(약식 손익계산서)

(단위 : 억 원)

과목		20×1년	20×2년	20×3년
수익	매출액	-	100	-
비용	매출원가	-	80	-
이익(손실)		-	20	-

현금주의(약식 현금흐름표)

(단위 : 억 원)

과목		20×1년	20×2년	20×3년
현금유입	매출액	-	-	100
현금유출	매출원가	(80)	-	-
순현금흐름		(80)	-	100

상황 2

1) 각 연도별 수익과 비용의 회계처리

20×1. 10. 10 : 선수금 100억 원 현금 수령하고 항공기 80억 원에 외상 구매의 분개

(차) 현금 100억 원 (대) 선수금 100억 원

(차) 재고자산 80억 원 (대) 매입채무 80억 원

20×2. 3. 3 : 동 항공기를 납품하여 판매의 분개

(차) 선수금 100억 원 (대) 매출 100억 원

(차) 매출원가 80억 원 (대) 재고자산 80억 원

20×3. 6. 6 : 매입대금 80억 원을 현금 결제의 분개

(차) 매입채무 80억 원 (대) 현금 80억 원

2) 발생주의에 의한 요약 손익계산서와 현금주의에 의한 요약 현금흐름표를 작성

20×1. 10. 10 : – 항공기 판매 계약으로 선수금 100억을 수령하고 – 항공기 80억에 외상 매입하다.	20×2. 3. 3 : – 항공기를 판매(납품)하다.	20×3. 6. 6 : – 매입채무를 현금 결제하다.
20×1년	20×2년	20×3년

발생주의(약식 손익계산서)

(단위 : 억 원)

과목		20×1년	20×2년	20×3년
수익	매출액	–	100	–
비용	매출원가	–	80	–
이익(손실)		–	20	–

현금주의(약식 현금흐름표)

(단위 : 억 원)

과목		20×1년	20×2년	20×3년
현금유입	매출액	100	–	–
현금유출	매출원가	–	–	(80)
순현금흐름		100	–	(80)

02

상황 1

재무상태표					
자 산	2023. 1. 1	2023. 12. 31	부채 및 자본	2023. 1. 1	2023. 12. 31
현금	100,000,000	80,000,000	자본금	100,000,000	100,000,000
유형자산		100,000,000	퇴직급여충당부채		3,000,000
(감가상각누계액)		(50,000,000)	이익잉여금		27,000,000
자산총계	100,000,000	130,000,000	부채와 자본총계	100,000,000	130,000,000

손익계산서 및 금전출납부

손익계산서		금전출납부	
과목	금액	과목	금액
매출액	200,000,000	출자	100,000,000
제비용		컴퓨터구입	(100,000,000)
현금지출	(120,000,000)	영업수입	200,000,000
감가상각비	(50,000,000)	영업비지출	(120,000,000)
퇴직급여	(3,000,000)	현금잔액	80,000,000
당기순이익	27,000,000		

※ 현금의 구성요소 : 감가상각누계액, 퇴직급여충당부채 및 이익잉여금

상황 2

재무상태표					
자 산	2023. 12. 31	2024. 12. 31	부채 및 자본	2023. 12. 31	2024. 12. 31
현금	80,000,000	70,000,000	자본금	100,000,000	100,000,000
유형자산	100,000,000	100,000,000	퇴직급여충당부채	3,000,000	6,000,000
(감가상각누계액)	(50,000,000)	(100,000,000)	이익잉여금	27,000,000	44,000,000
매출채권		50,000,000			
재고자산		30,000,000			
자산총계	130,000,000	150,000,000	부채와 자본총계	130,000,000	150,000,000

손익계산서 및 금전출납부

손익계산서		금전출납부	
과목	금액	과목	금액
매출액	200,000,000	전기이월	80,000,000
제비용		영업수입	150,000,000)
현금지출	(130,000,000)	영업비지출	(160,000,000)
감가상각비	(50,000,000)	현금잔액	70,000,000
퇴직급여	(3,000,000)		
당기순이익	17,000,000		

※ 재무상태표 대변의 자본금과 퇴직급여충당부채 및 이익잉여금으로 조달된 자금 총 150,000,000원은 현금 70,000,000원, 매출채권의 형태 50,000,000원, 그리고 재고자산의 형태 30,000,000원으로 구성되어 있다. 금전출납부에서 보듯이 회사는 영업활동에서 올해 10,000,000원의 현금이 감소하였다. 그럼에도 불구하고 손익계산서에서는 순이익이 17,000,000원 발생하였다고 보고하고 있는데, 순이익을 계상한 것은 매출채권이나 재고자산이 모두 현금화가 가능하다는 전제하에서 그렇게 한 것이다. 만약 이후에 매출채권이나 재고자산이 현금화되지 않을 경우에는 과거에 보고하였던 순이익은 그야말로 수치에 불과하게 된다. 따라서 2024년도의 당기순이익이 현금으로 수령한 이익과 마찬가지의 의미가 있으려면, 재무상태표상 매출채권이나 재고자산이 현금화하는 데 아무런 문제가 없어야 한다.

제 3 장

현금흐름표의 작성 원리를 파악하자 (Ⅰ)

제 01 절

현금흐름의 분류

경영활동별 현금흐름의 분류는 제1장 제1절에서 현금흐름표를 이해하기 위해 간략하게 검토되었다. 여기서는 경영활동의 순환 과정을 구체적으로 살펴보기로 한다.

경영활동의 순환 과정

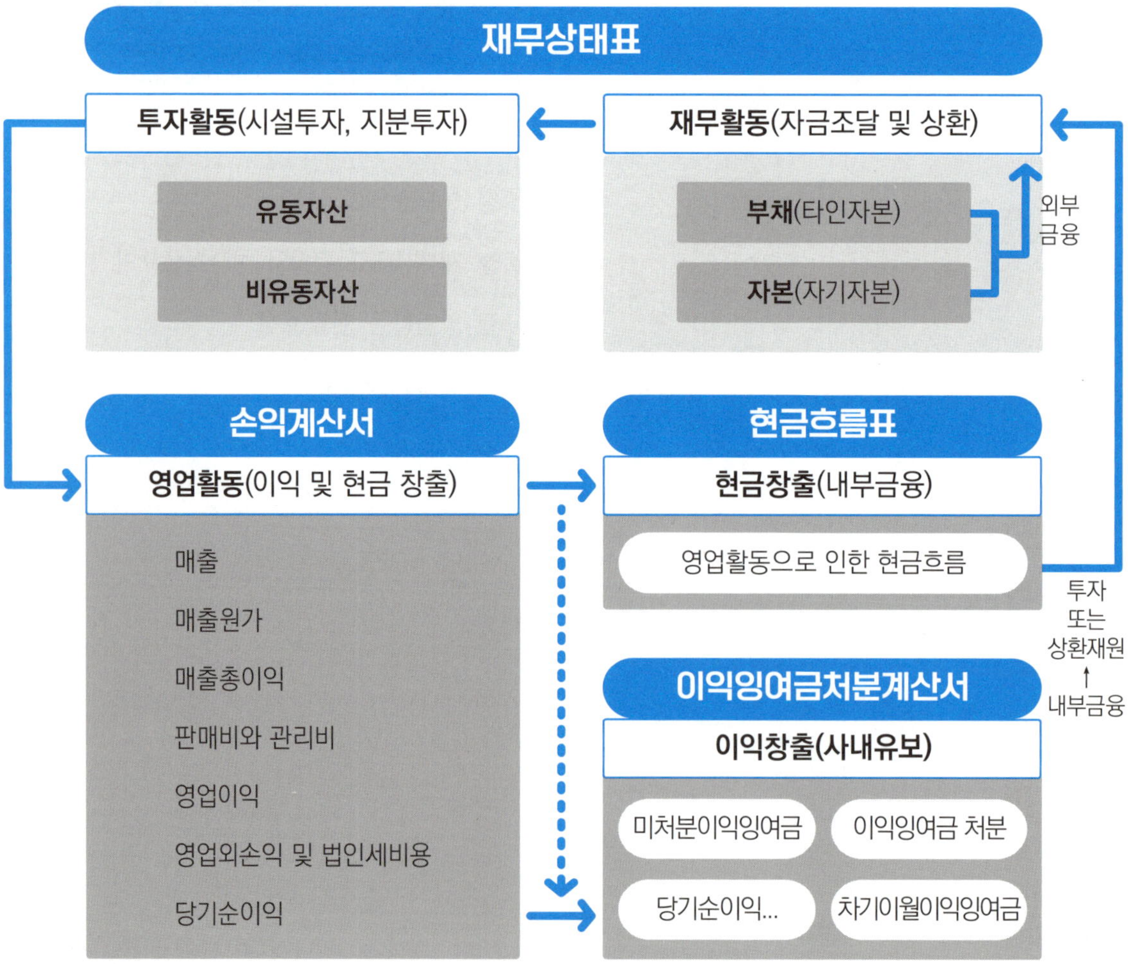

경영활동은 크게 영업활동, 투자활동, 그리고 재무활동으로 구분된다. **기업은 재무활동을 통해 자금(부채와 자본)을 조달하며, 이렇게 조달된 자금은 투자활동에 사용된다. 이러한 투자를 통해 생산과 판매가 이루어지며, 영업활동을 통해 이익 및 현금이 창출된다.** 창출된 이익의 일부는 유보되고, 내부금융을 통해 투자재원으로 활용된다. 이와 같은 경영활동의 순환 과정을 이해하는 것은 현금흐름분석에서 매우 중요하다.

위의 경영활동의 순환 과정에서 재무상태표의 자산은 투자활동을, 부채와 자본은 재무활동을, 손익계산서는 영업활동을 나타낸다. 현금흐름표는 이러한 세 가지 경영활동별로 현금의 유입과 유출을 명확히 보여준다.

1 영업활동으로 인한 현금흐름

1) 의의

일반기업회계기준 제2장 '재무제표의 작성과 표시 Ⅰ' 문단 2.60에 의하면 **'영업활동이라 함은 일반적으로 제품의 생산과 상품 및 용역의 구매·판매활동을 말하며 투자활동과 재무활동에 속하지 아니하는 거래를 모두 포함한다'**라고 명시되어 있다.

영업활동에서 발생하는 현금흐름의 금액은 **기업이 외부의 재무자원에 의존하지 않고 영업을 통하여 차입금 상환, 영업능력의 유지, 배당금 지급 및 신규투자 등에 필요한 현금흐름을 창출하는 정도에 대한 중요한 지표**가 된다.[5)]

영업활동으로 인한 현금흐름정보의 기초는 손익계산서에서 얻어지는데, 영업활동으로 인한 현금의 유입은 제품 등의 판매에 따른 현금유입(매출채권의 회수 포함), 이자수익, 배당금수익과 같은 영업외수입, 그리고 기타 투자활동과 재무활동에 속하지 아니하는 거래에서 발생된 현금유입으로 구성된다.

2) 영업활동 현금흐름 보고양식

한편, 영업활동으로 인한 현금유출에는 원재료·상품 등의 구입에 따른 현금유출(매입채무의 결제 포함), 기타 상품과 용역의 공급자와 종업원에 대한 현금지출, 법인세비용의 지급, 이자비용, 기타 투자활동과 재무활동에 속하지 아니하는 거래에서 발생된 현금유출 등이다.

따라서 영업활동으로 인한 현금흐름은 일부 예외가 있기는 하지만, '현금주의에 의한 부분손익계산서'라고 할 수가 있는데 영업활동으로 인한 현금흐름의 계산방법은 직접법과 간접법 두 가지가 있다. 두 방법에 의한 영업활동으로 인한 현금흐름의 보고양식을 요약하면 [표 3-1]과 같다.

---

5) K-IFRS 제1007호 현금흐름표 문단 13

[표 3-1] 영업활동 현금흐름 보고양식

직 접 법	간 접 법
I. 영업활동으로 인한 현금흐름 가. 매출 등 수익활동으로부터의 유입액 나. 매입 및 종업원에 대한 유출액 다. 이자수익 유입액 라. 배당금수익 유입액 마. 이자비용 유출액 바. 법인세 등 유출액 사. 기타 유출액	I. 영업활동으로 인한 현금흐름 가. 당기순이익 나. 현금의 유출이 없는 비용 등 가산 다. 현금의 유입이 없는 수익 등 차감 라. 영업활동으로 인한 자산·부채의 변동

직접법과 간접법에 대한 구체적인 내용은 제4절에서 검토하기로 하고 여기서는 단순한 예를 들어 그 내용을 알아보기로 한다.

[예제 3-1] 직접법과 간접법

다음은 서울회사의 2××1년도 요약 손익계산서이다. 2××1년의 영업활동으로 인한 현금흐름을 직접법과 간접법으로 계산하라. (회사는 당기중 현금으로 모든 거래를 하였다.)

손익계산서

서울회사 2××1.1.1 ~ 12.31 (단위 : 원)

과 목	금 액
매출액	100,000
매출원가	(70,000)
판매비	(10,000)
감가상각비	(3,000)
유형자산처분이익	2,000
순이익(손실)	19,000

풀이

위의 손익계산서 중에서 먼저 영업활동으로 인한 현금의 유입 및 유출이 있는 손익 항목과 기타의 항목으로 분류한다.

영업활동 현금유입이 있는 수익 : 매출 100,000
영업활동 현금유출이 있는 비용 : 매출원가 (70,000), 판매비 (10,000)
현금의 유출이 없는 비용 : 감가상각비 (3,000)
영업활동이 아닌 투자활동 손익 : 유형자산처분이익 2,000

〈직접법〉

이처럼 분류된 손익 항목을 이용하여 영업활동과 관련되어 현금의 유출입이 있는 손익 항목만을 정리하면 다음과 같은 현금흐름이 계산된다.

매　　출	100,000
매출원가	(70,000)
판 매 비	(10,000)
영업활동 현금흐름	20,000

〈간접법〉

당기순이익만큼 현금이 증가했다고 가정한 후 현금의 유출·입이 없는 항목과 영업활동으로 인한 현금 유출·입이 아닌 손익 항목을 조정하여 계산한다.

당기순이익	19,000	
감가상각비	3,000	: 현금의 유출이 없는 비용 가산(당기순이익에서 차감되어 있으므로)
유형자산처분이익	(2,000)	: 투자활동 현금유입이 당기순이익에 이미 포함되어 있으므로 차감
영업활동 현금흐름	20,000	

2 투자활동으로 인한 현금흐름

투자활동이라 함은 현금의 대여와 회수활동, 유가증권·투자자산·유형자산 및 무형자산의 취득과 처분활동 등을 말한다.

투자활동을 좀 더 구체적으로 세분하면 다음과 같다.

1) 현금의 단기대여 및 회수

기업은 영업활동의 결과 일시적인 여유자금이 생겼을 때 금융기관이나 다른 기업 또는 회사의 임직원에게 자금을 단기 대여하거나 회수하는 경우가 있다. 이러한 활동은 기업의 주된 영업활동이 아니기 때문에 투자활동으로 분류한다. 그러나 **단기대여금에 대한 이자수익 수취는 영업활동으로 분류하며**, 그 이유는 '4. 각 활동 구분에 대한 지침'에서 설명한다.

2) 단기금융상품과 단기투자자산의 취득 및 처분

기업은 영업활동의 결과 생긴 일시적인 여유자금으로 단기대여금뿐만 아니라 단기금융상품이나 단기투자자산(단기매매증권, 유동성매도가능증권, 유동성만기보유증권)에 투자할 수도 있다. 단기매매증권은 주로 단기간의 매매차익을 목적으로 취득한 유가증권으로서 매수와 매도가 적극적이고 빈번하게 이루어지는 것을 말한다. 단기금융상품이나 단기투자자산에의 투자와 회수는 영업활동의 부수적인 활동으로 보아 '영업활동'으로 분류하는 견해도 있으나 기업회계기준은 기업의 주된 영업활동과는 다른 것으로 보아 '투자활동'으로 분류하고 있다.

그러나 단기금융상품과 단기투자자산의 보유에 따라 얻게 되는 **이자수익이나 배당금수익의 수취는 영업활동으로 분류하며**, 그 이유는 '4. 각 활동 구분에 대한 지침'에서 설명한다.

3) 투자자산의 취득 및 처분

기업이 장기적으로 타 기업을 지배하고자 하거나 장기투자수익을 얻을 목적으로 장기투자증권(매도가능증권, 만기보유증권)과 지분법적용투자주식 및 장기대여금 등에 투자하거나 동 자산들을 처분(회수)하는 경우가 있다. 이와 같은 활동은 투자활동으로 분류한다. 단기매매증권에서와 마찬가지로 투자자산에 대한 투자로부터 얻게 되는 **이자수익이나 배당금수익은 영업활동으로 분류한다.**

4) 유형자산 및 무형자산의 취득 및 처분

기업이 재화와 서비스를 생산하기 위해 설비자산에 투자하거나 동 설비자산을 처분하는 것은 기업의 가장 핵심적인 투자활동이다. 무형자산의 취득과 처분 역시 투자활동으로 분류한다. 아울러 **유형자산의 처분대가를 미수금으로 계상한 후 회수하는 활동 역시 투자활동이며, 유형자산을 처분하는 경우 유형자산의 양도차익에 따라 별도의 법인세를 납부하는 경우(예: 토지 등 양도소득에 대한 법인세)도 투자활동**으로 분류한다.

3 재무활동으로 인한 현금흐름

재무활동이라 함은 현금의 차입 및 상환활동, 신주 발행이나 배당금의 지급활동 등과 같이 부채 및 자본 계정에 영향을 미치는 거래를 말한다.

재무활동을 구체적으로 세분하면 다음과 같다.

1) 단기차입금의 차입 및 상환활동

기업은 단기 운영자금 조달을 목적으로 당좌차월을 비롯하여 각종 금융기관으로부터 단기자금을 차입하고 상환하는 활동을 한다. 이러한 '자금 조달 및 상환활동'은 재무활동으로 분류한다. 그러나 이러한 재무활동에 수반하여 지출되는 **이자비용은 영업활동으로 분류**하며, 그 이유는 '4. 각 활동 구분에 대한 지침'에서 설명한다. 한편, **차입금은 아니지만 기업이 유형자산 구입 등의 경우에 발생하는 외상채무인 '미지급금'의 상환도 단기자금의 상환활동으로 간주하여 기업회계기준은 재무활동으로 분류**하도록 하고 있다.

2) 장기차입금의 차입 및 상환활동

기업은 시설투자 등을 목적으로 사채를 발행하거나 장기차입금을 금융기관 또는 관계회사로부터 조달하기도 한다. 이러한 장기차입금의 조달과 상환활동 역시 재무활동으로 분류하며, 단기차입금에 대한 이자와 마찬가지로 **장기차입금에 대한 이자지급도 영업활동으로 분류**한다.

3) 주식의 발행과 소각 및 배당금의 지급활동

기업의 자금 조달방법에는 장·단기 차입금 외에도 주식을 발행하여 자금을 조달하는 방법이 있다. 보통주나 우선주를 발행하여 자금을 조달하는 활동 역시 재무활동으로 분류되며, 때에 따라서 자본감소를 위하여 주식을 유상소각하는 경우도 있는데 이 활동도 재무활동으로 분류한다. 한편, 기업은 특정한 목적을 위하여 **자기주식을 취득하거나 처분하는 경우가 있는데 이러한 활동 또한 재무활동으로 구분하며, 주주에 대한 배당금을 지급하는 활동도 재무활동으로 분류**한다.

위에서 설명한 기업의 각 활동별 현금흐름의 분류를 요약하면 [표 3-2]와 같다.

[표 3-2] 현금흐름의 분류

구 분	현금 유입	현금 유출
영업활동	• 제품 등의 판매수입 • 이자수입(수취) • 배당금수입	• 재고자산의 구입 및 노무비와 제조경비의 지출 • 판매비와 관리비 지출 • 이자(비용) 지급 • 법인세 지급
투자활동	• 유·무형자산의 처분 • 투자자산의 처분 • 단기투자자산의 처분	• 유·무형자산의 취득 • 투자자산의 취득 • 단기투자자산의 취득
재무활동	• 장·단기 차입금의 차입 • 사채 발행 • 유상증자 • 자기주식의 처분	• 장·단기 차입금의 상환 • 사채 상환 • 배당금 지급 • 자기주식의 취득

4 각 활동구분에 대한 지침

일반기준에 의한 현금흐름 분류를 함에 있어서 영업활동과 투자활동 및 재무활동의 분류는 일반기준 문단 2.60, 2.66 및 2.69에 규정되어 있지만, 경우에 따라서는 활동 구분이 어려울 수가 있다. 일반기준에서는 회계정보의 이해 가능성과 중립성 및 중요성의 원칙에 따라 각 활동을 구분하고 있지만 기업의 활동을 넓게 보면, 모두가 영업활동이라고 할 수가 있기 때문에 각 활동을 명확히 구분한다는 것이 그만큼 어려운 것이다. 즉 일반기준의 입장은 여러 정보이용자들에게 중립적인 정보를 제공한다는 입장이기 때문에 각 정보이용자의 입장에 따라 활동의 구분은 다소 변화될 가능성이 있다.

각 활동의 구분에 있어서 가장 중요하고도 어려운 부분이 영업활동인데 일반기준 문단 2.60에 정의되어 있는 영업활동을 다른 말로 표현해보면 다음 두 가지 내용이 영업활동으로 구분되어 있음을 알 수 있다.

① 제품의 생산과 상품 및 용역의 구매·판매활동

② 투자와 재무활동이 아닌 거래

제품의 생산과 상품 및 용역의 구매·판매활동을 다른 말로 표현한다면 '손익계산서상 당기순이익을 결정하는 거래'라고도 할 수 있다.

즉, 영업활동 현금흐름은 일반적으로 당기순손익에 영향을 주는 거래와 사건의 결과로 발생한다. 왜냐하면, 그 이하의 문단 2.61이나 2.62에서 영업활동으로 인한 현금의 유출·입에 이자수익이나 배당금수익의 수령 및 이자비용이나 법인세의 지급을 영업활동에 포함 시키고 있기 때문이다.

이와 같이 일부 예외가 있기는 하지만 **'손익계산서상 당기순이익을 결정하는 거래'를 영업활동으로 구분하는 가장 큰 이유는 정보이용자들이 발생주의에 의한 '당기순이익'보다는 현금주의 순이익인 '영업활동으로 인한 현금흐름'을 알고 싶어 하기 때문**이다.

앞 장에서 언급하였듯이 흑자도산이 발생한 기업은 대부분 손익계산서상 당기순이익이 계상되더라도 영업활동으로 인한 현금흐름(현금주의 순이익)은 음(-)의 수치를 나타내기 때문이다. 따라서 **손익계산서에 기재된 활동을 대부분 '영업활동'으로 규정한 다음 각 활동의 금액을 현금주의로 전환해야 정보이용자들이 원하는 현금주의 순이익(영업활동으로 인한 현금흐름)**을 구할 수가 있다. 만약, 이자수익이나 이자비용을 투자활동이나 재무활동으로 구분하여 영업활동에서 제외한다면, 현금흐름표상 '영업활동으로 인한 현금흐름'은 '현금주의 순이익'과는 거리가 먼 수치가 될 것이다.

상기와 같은 논리로, 차입금에 대한 이자비용지급과 장·단기 투자자산으로부터 얻게 되는 이자수익 및 배당금수익의 수입은 당기순손익의 결정요소로 보아 영업활동으로 구분한다.

그러나 손익계산서에 계상되어 있는 거래 중에서도 유형자산처분손익이나 투자자산처분 손익 및 사채상환손익 등은 당기순손익을 결정하는 거래이긴 하지만 기업의 주된 영업활동(구매, 생산 및 판매 관련 활동)은 아니고 투자활동과 재무활동에 관련된 손익이기 때문에 영업활동에서는 제외시킨다.

주주에 대한 배당금 지급은 당기순이익을 결정하는 거래가 아니므로 재무활동으로 구분한다.

퇴직금의 지급이나 부가가치세예수금의 증감, 소득세예수금의 증감 및 예수보증금의 증감과 같은 거래는 당기순이익을 결정하는 거래는 아니지만 투자와 재무활동에 속하지 아니하므로 영업활동으로 분류한다.

그러나 현행 일반기준에서 규정하고 있는 현금흐름 활동 구분이 기업에서 발생하는 일부 활동에 대하여는 명확한 지침이 없는 경우가 있다. 그럴 경우에는 국제회계기준을 참고할 필요가 있다. 예를 들면 파생상품계약에 대하여 위험 회피 회계를 적용하는 경우 그 계약과 관련된 현금흐름은 위험 회피 대상 거래의 현금흐름과 동일하게 분류하여야 할 것이며, 종속기업과 기타 사업부문의 취득과 처분거래는 투자활동으로 구분하여야 할 것이다. 이상의 내용을 토대로 재무상태표의 계정 과목을 현금흐름 활동별로 대략 구분해보면 [표 3-3]과 같다.

[표 3-3] 계정 과목을 기준한 대체적인 활동 구분표

과 목	영업활동	투자활동	재무활동
자산			
단기금융상품		○	
단기매매증권		○	
매출채권	○		
단기대여금		○	
미수금		○	
미수수익·선급비용	○		
선급금	○		
재고자산	○		
선급금	○		
이연법인세자산(유동)	○		
투자자산		○	
유형자산		○	
무형자산		○	
기타비유동자산			
이연법인세자산(비유동)	○		
장기매출채권	○		
보증금 등		○	

과 목	영 업 활 동	투 자 활 동	재 무 활 동
부채			
매입채무	○		
단기차입금			○
미지급금			○
선수금	○		
당기법인세부채	○		
토지등 양도소득에 대한법인세		○	
이연법인세부채(유동성)	○		
미지급배당금			○
미지급비용·선수수익	○		
부가가치세예수금	○		
소득세 예수금	○		
유동성장기부채			○
예수보증금	○		
비유동부채			
장기성매입채무	○		
이연법인세부채	○		
퇴직급여충당부채	○		
퇴직연금미지급금	○		
장기제품보증충당부채	○		
사채·장기차입금			○
자본			○
자본금			○
자본 .잉여금			
자본조정			○
자기주식			○
주식할인발행차금			
기타포괄손익누적액			
매도가능증권평가손익*1	○		
해외사업환산손익			
현금흐름위험회피			
파생상품평가손익*2	○	○	○
이익잉여금*3	○		○

*1 매도가능증권평가손익, 법정적립금 및 임의적립금의 증감은 비현금거래로서 현금흐름표에 기재되지 않는다. 따라서 활동의 구분이 필요하지 않다.

*2 현금흐름 위험 회피 파생상품평가손익은 위험 회피 대상 거래의 현금흐름이 영업활동이나 투자활동 또는 재무활동으로 분류되면 파생상품거래와 관련된 현금흐름도 영업활동이나 투자활동 또는 재무활동으로 구분한다.

*3 이익잉여금의 변동 내용 중 배당금의 지급은 재무활동이며, 순이익을 발생시키는 활동은 영업활동인데, 손익계산서의 활동이 영업활동으로 기재되므로, 이익잉여금의 변동은 영업활동에 중복기재할 필요가 없다.

5 K-IFRS 제1007호를 적용하는 경우 기업활동 분류의 변동

K-IFRS에서 재무제표는 연결 재무제표를 의미하므로 현금흐름표 역시 연결 현금흐름표를 의미하는 것으로 이해하여야 한다. K-IFRS를 적용하는 경우 기업의 경영활동의 분류에 있어서 일반기준과 다른 점은 다음과 같다.

1) 단기매매 목적으로 보유하는 유가증권 및 대출채권

일반기준에서는 유가증권의 취득 및 처분에 따른 현금흐름을 투자활동으로 인한 현금흐름에 포함하고 있으나, K-IFRS에서는 단기매매 목적으로 보유하는 유가증권에서 발생하는 현금유입과 현금유출의 경우 이를 영업활동 현금흐름으로 분류하도록 하고 있다.

구 분	일반기준(K-GAAP)	국제회계기준(K-IFRS)
단기매매증권의 취득 및 처분	투자활동 현금흐름	영업활동 현금흐름

또한 일반기준에서는 금융회사의 대출채권 등의 분류에 대하여 규정한 바가 없으나 K-IFRS에서는 이를 영업활동 현금흐름으로 분류하도록 하고 있다. 위에서 설명한 회계기준별 현금흐름의 분류를 요약하면 다음과 같다.

2) 파생상품계약에 따른 현금흐름

일반기준에서는 파생상품계약에 따른 현금흐름에 대한 규정이 없으나, K-IFRS에서는 파생상품계약에 따른 현금흐름을 투자활동으로 분류하고, 파생상품계약에 대하여 위험 회피 회계를 적용하는 경우 그 계약과 관련된 현금흐름은 위험 회피 대상 거래의 현금흐름과 동일하게 분류하도록 하고 있다.

그러므로 K-IFRS에서는 일반적으로 파생상품계약에 따른 현금흐름은 투자활동으로 분류하지만, 만약 회사가 수출거래와 관련된 외화채권의 위험 회피를 목적으로 파생상품거래를 하는 경우에는 위험 회피 대상 거래가 수출거래, 즉 영업활동이므로 파생상품계약에 따른 현금흐름도 영업활동으로 분류한다. 또한 회사가 외화차입금의 환율 변동에 따른 위험 회피를 목적으로 파생상품거래를 하는 경우에는 위험 회피 대상 거래가 차입활동, 즉 재무활동이므로 파생상품계약에 따른 현금흐름도 재무활동으로 분류한다.

3) 이자와 배당금

일반기준에서는 이자수익, 배당금수익 및 이자비용은 영업활동으로 분류하고, 배당금의 지급은 재무활동으로 분류하도록 하고 있으나, K-IFRS에서는 이자지급, 이자수익 및 배당금수익을 당기순손익의 결정에 영향을 미치는 요소로 보아 영업활동으로 분류할 수 있으며, 대체적인 방법으로 이자지급을 재무활동(재무자원을 획득하는 원가로 간주)으로 분류할 수 있고, 이자수익이나 배당금수익은 투자활동(투자자산에 대한 수익으로 간주)으로 분류할 수도 있다. 배당금의 지급은 일반기준처럼 재무활동 현금흐름(재무자원을 획득하는 비용 간주)으로 분류할 수도 있고 재무제표이용자가 영업활동 현금흐름에서 배당금을 지급할 수 있는 기업의 능력을 판단하는 데 도움을 주기 위하여 영업활동 현금흐름으로 분류할 수도 있다. 이렇게 K-IFRS에서는 이자와 배당금의 수취 및 지급에 대한 활동을 기업이 선택할 수 있도록 하되, 매 기간 일관성 있게 각 현금흐름을 분류하도록 하고 있다.

그러므로 K-IFRS에 따를 경우, 금융회사는 일반적으로 이자지급, 이자 수취 및 배당금 수입은 영업활동으로 분류하지만, 제조업 회사는 이자와 배당금의 수취 및 지급에 따른 현금흐름의 분류를 일반기준과 같이 할 수도 있고, 또는 활동 분류를 일반기준과는 다르게 할 수도 있으므로, K-IFRS에 의하여 작성된 현금흐름표를 분석하고자 할 때는 우선적으로 이자와 배당금의 수취 및 지급을 어느 활동으로 분류하였는지를 검토할 필요가 있다.

또한 K-IFRS에서는 이자와 배당금의 수취 및 지급에 따른 현금흐름은 각각 별도로 공시한다. 일반기준의 경우 영업활동으로 인한 현금흐름을 직접법으로 표시할 때에 한해서 이자와 배당금의 수취가 별도로 공시되며 배당금의 지급은 재무활동에 별도 공시된다. 그러나 영업활동으로 인한 현금흐름을 간접법으로 표시할 경우에는 이자와 배당금의 수취 내용은 당기순이익에 포함되어 별도 공시되지 않는다. 위에서 설명한 회계기준별 현금흐름의 분류를 요약하면 다음과 같다.

구 분	일반기준(K-GAAP)	국제회계기준(K-IFRS)
이자 수취	영업활동 현금흐름	영업활동(또는 투자활동) 현금흐름
배당금 수입	영업활동 현금흐름	영업활동(또는 투자활동) 현금흐름
이자지급	영업활동 현금흐름	영업활동(또는 투자활동) 현금흐름
간접법 표시하는 경우	별도 구분 표시 없음	별도 구분 표시

국제회계기준(K-IFRS)으로 작성된 현금흐름표에서 이자지급을 재무활동 현금흐름으로 포함할 경우, 영업활동 현금흐름이 과대계상될 수 있다. 이러한 경우, 재무활동으로 분류된 이자지급을 영업활동으로 재분류하여 분석하는 것이 필요하다. T항공사의 현금흐름표를 토대로 재무활동으로 분류된 이자지급을 영업활동 현금흐름으로 재분류하여 [표 3-4]에서 분석한다.

[표 3-4] 재무활동으로 분류된 이자지급을 영업활동 현금흐름으로 재분류

(자료원 : 전자공시시스템, http://dart.fss.or.kr)

(단위 : 백만 원)

구분		제37기	제38기	제39기
조정 전	영업활동 현금흐름(A)	3,363	2,721	2,924
	재무활동 현금흐름으로 분류된 이자지급(B)	-3,733	-3,320	-3,625
조정 후	영업활동 현금흐름(A+B)	-370	-599	-701
당기순이익		143,573	115,757	137,134

[표 3-4]의 자료에 따르면 T항공사는 3년 연속 영업활동 현금흐름이 플러스(+)로 보이지만, 이는 이자지급을 재무활동으로 분류한 결과이다. 재무활동으로 분류된 이자지급을 영업활동으로 재분류한 결과, 3년 연속 영업활동 현금흐름은 마이너스(-)로 나타난다. 영업활동을 통한 현금 창출능력이 미흡하여, 영업활동 현금흐름과 당기순이익 간의 차이가 커져 당기순이익의 질이 매우 취약한 것으로 판단된다.

일반기준에 따르면 자본화된 이자비용은 투자활동 현금흐름의 유형자산 취득에 포함되고, 당기비용으로 처리된 이자비용만 영업활동 현금흐름에 포함된다. 그러나 K-IFRS에서는 자본화 여부와 관계없이 총 이자 지급액을 현금흐름표에 공시해야 하므로, 자본화된 이자비용도 당기비용과 합산되어 영업활동 또는 재무활동에 표시된다.

4) 법인세

일반기준에서는 법인세 현금흐름을 영업활동으로 분류하지만, 예외사항으로서 유형자산의 처분에 따른 법인세(법인세법에 의거, 법인이 부동산 또는 부동산의 권리를 양도하는 경우에 발생하는 양도차익을 과세 대상으로 하는 세금) 지급은 투자활동으로 분류한다.

K-IFRS에서도 법인세의 지급은 일반적으로 영업활동 현금흐름으로 분류한다. 그러나 투자활동이나 재무활동으로 분류한 현금흐름을 유발하는 개별 거래와 관련된 법인세 현금흐름을 실무적으로 식별할 수 있다면 그 법인세 현금흐름은 투자활동이나 재무활동으로 적절히 분류하도록 하여 예외사항을 보다 포괄적으로 규정하고 있다. K-IFRS에서는 법인세로 인한 현금흐름을 이자비용과 마찬가지로 별도로 공시하도록 요구하고 있다.

5) 종속기업과 기타 사업부문의 취득과 처분

K-IFRS에서는 종속기업과 기타 사업 부문의 취득과 처분에 따른 총 현금흐름을 별도로 표시하여 투자활동으로 분류하고, 총매수대가 또는 총처분대가 등 관련 사항을 주석으로 공시하도록 하고 있으나, 일반기준에서는 그러한 규정을 하고 있지 않다.

6) 현금및현금성자산의 환율변동 효과

일반기준에서는 외화로 표시된 현금및현금성자산의 환율 변동 효과를 어느 활동에 표시하라는 구체적인 규정이 없어서 기업들은 동 환율 변동 효과를 영업활동에 표시하거나, 아니면 별도로 구분 표시하기도 하였다. K-IFRS에서는 현금및현금성자산의 환율 변동 효과를 영업활동, 투자활동 및 재무활동 현금흐름과 구분하여 표시하도록 요구하고 있다.

참고로, K-IFRS를 적용하여 작성한 주요 상장기업인 S전자의 현금흐름표는 다음과 같다.

[표 3-5] S전자의 연결현금흐름표

(단위 : 백만 원)

과 목	제 55 기	제 54 기	제 53 기
영업활동 현금흐름	44,137,427	62,181,346	65,105,448
영업에서 창출된 현금흐름	46,547,889	71,728,568	72,676,199
당기순이익	15,487,100	55,654,077	39,907,450
조정	36,519,534	33,073,439	49,055,633
영업활동으로 인한 자산부채의 변동	(5,458,745)	(16,998,948)	(16,286,884)
이자의 수취	4,786,010	2,136,795	1,406,706
이자의 지급	(844,691)	(714,543)	(434,441)
배당금 수입	269,169	529,421	299,033
법인세 납부액	(6,620,950)	(11,498,895)	(8,842,049)
투자활동 현금흐름	(16,922,817)	(31,602,804)	(33,047,763)
단기금융상품의 순감소(증가)	39,421,565	15,214,321	10,917,128
장기금융상품의 처분	4,565,426	8,272,909	10,216,082
장기금융상품의 취득	(5,307,770)	(4,393,754)	(6,981,810)
기타포괄손익-공정가치측정금융자산의처분	6,521,568	496,090	2,919,888
기타포괄손익-공정가치측정금융자산의취득	(124,488)	(37,687)	(1,121,201)
유형자산의 처분	98,341	217,878	358,284
유형자산의 취득	(57,611,292)	(49,430,428)	(47,122,106)
무형자산의 처분	11,744	23,462	1,752
무형자산의 취득	(2,922,875)	(3,696,304)	(2,706,915)
재무활동 현금흐름	(8,593,059)	(19,390,049)	(23,991,033)
단기차입금의 순증가(감소)	2,145,400	(8,339,149)	(2,616,943)
장기차입금의 차입	354,712	271,997	58,279
사채 및 장기차입금의 상환	(1,219,579)	(1,508,465)	(894,749)
배당금의 지급	(9,864,474)	(9,814,426)	(20,510,350)
비지배지분의 증감	(9,118)	(6)	(27,270)
매각예정분류	(14,153)	0	139
외화환산으로 인한 현금의 변동	792,785	(539,198)	1,582,046
현금및현금성자산의 순증감	19,400,183	10,649,295	9,648,837
기초현금및현금성자산	49,680,710	39,031,415	29,382,578
기말현금및현금성자산	69,080,893	49,680,710	39,031,415

상기의 S전자의 현금흐름표와 더불어 K-IFRS를 적용하여 작성한 주요 상장기업들의 현금흐름표를 살펴보면 아래에 보이는 바와 같이 이자수익과 배당금수익, 이자비용 및 배당금 지급에 대한 활동 분류를 다양하게 하고 있음을 알 수 있다. 따라서 신용분석 목적으로 이러한 현금흐름표를 분석할 사람들은 그러한 목적에 맞도록 기업활동을 재분류할 필요가 있을 것이다. (현금흐름표의 재구성은 제5장 제4절 참조)

[표 3-6] 주요 상장기업의 현금흐름표상 활동구분

주요 상장회사명	이자수입	배당금수입	이자지급	배당금 지급
삼성전자	영업	영업	영업	재무
한국전력공사	영업	영업	영업	재무
GS칼텍스	영업	영업	영업	재무
SK에너지	영업	영업	영업	재무
현대자동차	영업	영업	영업	재무
에쓰-오일	영업	영업	영업	재무
포스코	영업	영업	영업	재무
LG전자	영업	영업	영업	재무
현대중공업	영업	영업	영업	재무
케이티	영업	영업	영업	재무
포스코인터내셔널	영업	영업	영업	재무
롯데쇼핑	투자	투자	재무	재무
삼성중공업	영업	영업	영업	재무
대우조선해양	영업	영업	영업	재무
대한항공	영업	영업	재무	재무
현대건설	영업	영업	영업	재무
효성	영업	영업	영업	재무
대림산업	영업	영업	영업	재무
두산중공업	영업	영업	영업	재무
아시아나항공	영업	영업	영업	재무
한화	투자	투자	재무	재무
씨제이	투자	영업	재무	재무
고려아연	영업	영업	영업	재무
동국제강	영업	영업	영업	재무
코오롱인더스트리	투자	투자	재무	재무
삼천리	영업	영업	영업	재무
케이티앤지	투자	투자	재무	재무
팬오션	투자	투자	영업	재무
풍산	영업	영업	영업	영업
OCI	영업	영업	영업	재무

제 02 절

재무상태표 등식과 현금흐름표의 작성 원리

기업의 경영활동 과정에서 발생한 현금거래를 건별로 파악한 후 현금거래를 활동별로 구분·집계하여 현금흐름표를 작성하는 방법이 있다. 이 방법은 실무적으로 발생하는 수많은 현금거래를 개별적으로 파악하는 것이 현실적으로 어렵다. 따라서 현금흐름을 효율적으로 파악하기 위해서는 재무제표를 분석하여 회계 기간 동안의 현금흐름을 전체적으로 파악해야 한다. 이를 위해 재무제표 간의 상호 연관성을 반드시 이해해야 한다. 왜냐하면 현금흐름표는 손익계산서의 결과와 비교 재무상태표의 자산, 부채 및 자본의 변동을 표시함으로써 현금 계정의 변동을 나타내는 보고서이기 때문이다.

재무상태표 등식은 복식부기의 원리에 의하여 재무상태표의 차변 합계인 자산 총계와 그 대변의 합계인 부채와 자본 총계가 항상 일치한다는 것을 의미한다.

자산 = 부채 + 자본 (식 1)

자산을 현금과 비현금자산으로 분류하여 (식 1)을 다시 쓰면 다음과 같다.

현금 + 비현금자산 = 부채 + 자본 (식 2)

(식 2)를 현금에 의하여 정리하면 다음과 같다.

현금 = −비현금자산 + 부채 + 자본 (식 3)

위의 (식 3)은 일정 시점의 등식관계를 나타내기 때문에, 일정 기간의 증감에 대해서도 성립한다. 즉

△ 현금 = − △ 비현금자산 + △ 부채 + △ 자본 (식 4)

여기서 △ 표시는 일정 기간의 증감을 의미한다. (식 4)의 왼쪽인 △현금은 일정 기간의 현금의 증감액을 나타내며, 이 증감의 원인내역은 (식 4)의 오른쪽 항목들의 변동을 가지고 설명한 것이다.

위의 (식 4)의 오른쪽 항목을 살펴보면 △비현금자산의 부호는 마이너스(-)이고, △부채와 △자본의 부호는 플러스(+)임을 유의해야 한다. 따라서 현금을 제외한 자산의 감소는 현금의 증가를 의미하며, 이들 자산의 증가는 거꾸로 현금의 감소를 의미한다. 예를 들어 매출채권(비현금자산)의 감소는 현금의 증가를 의미하며, 반대로 매출채권의 증가는 현금의 감소를 의미한다. 그 이유는 매출채권의 증가는 재화 등을 외상판매하고 그 대금을 현금으로 회수하지 못했기 때문에 현금이 감소한 것이나 마찬가지이기 때문이다. 그러나 매출채권의 감소는 매출채권의 회수를 의미하는 것으로 현금이 증가하게 되는 것이다.

한편, 매입채무의 증가는 현금의 지출 대신에 매입채무가 증가하는 것으로 현금흐름에는 증가(+) 효과를 가져오며, 매입채무의 감소는 매입채무의 결제를 뜻하므로 현금의 감소(-) 효과를 가져오게 된다. 이와 같이 부채와 자본의 증가는 현금의 증가 요인이며, 부채와 자본의 감소는 현금의 감소 요인이다. **위의 (식 4)는 자산, 부채 및 자본의 변동으로 인한 현금흐름을 파악하는 현금흐름표 작성의 기본 원리이므로 반드시 기억해두어야 할 공식이다.** 자산, 부채 및 자본의 변동으로 인한 현금흐름을 재무상태표에서 표시하면 [그림 3-2]와 같다.

그림 3-2 자산, 부채 및 자본의 변동으로 인한 현금흐름

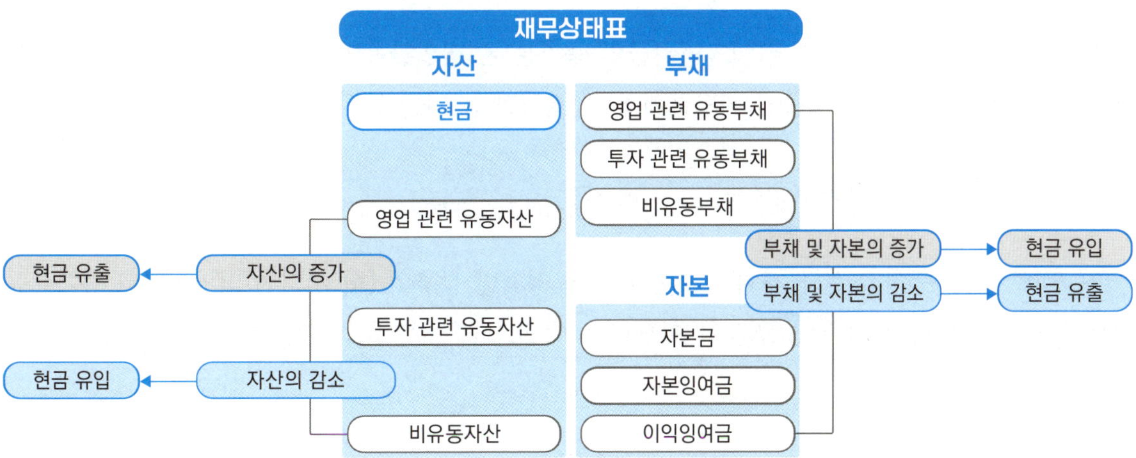

(식 4)에서 자산을 유동자산과 비유동자산으로, 부채를 유동부채와 비유동부채로, 그리고 자본을 자본금, 자본잉여금, 이익잉여금으로 분류하여 나타내면 다음과 같다.

△현금 = - △ 유동자산(현금제외) - △ 비유동자산 + △ 유동부채
+ △ 비유동부채 + △ 자본금 + △ 자본잉여금 + △ 이익잉여금 (식 5)

(식 5)에서 -△유동자산(현금 제외)과 유동부채는 그 성격에 따라 영업활동으로 인한 현금흐름과 투자활동으로 인한 현금흐름으로 구분된다. 예를 들어 매출채권의 증가분은 영업활동으로 인한 현금흐름이고, 단기대여금의 증가분은 투자활동으로 인한 현금흐름이다. 또한 매입채무의 증가는 영업활동으로 인한 현금흐름이고, 단기차입금 증가분은 재무활동으로 인한 현금흐름이다. 이를 정리하면 [표 3-7]과 같다.

[표 3-7] 경영활동별 유동자산(현금 제외)과 유동부채의 변동

구 분	유동자산의 변동	유동부채의 변동
영업활동에 속하는 항목	• 매출채권 • 재고자산 • 미수수익 • 선급비용 등	• 매입채무 • 미지급비용 • 선수수익 • 선수금 등
투자활동에 속하는 항목	• 단기대여금 • 단기매매증권 • 단기금융상품 등	-
재무활동에 속하는 항목	-	• 단기차입금 • 유동성장기부채 등

또한 (식 5)에서 △이익잉여금(이익잉여금의 증가분)은 영업활동의 원천인 당기순이익(배당 전)과 재무활동으로 인한 현금유출인 배당금에 의해 결정된다. 이를 등식으로 표현하면 (식 6)이 된다.

△ 이익잉여금 = 당기순이익(배당 전) - 배당금 (식 6)

(식 5)에 -△유동자산(현금 제외)과 유동부채의 성격별 분류와 (식 6)의 이익잉여금의 증가분을 세분화하면 현금흐름표의 작성 원리를 이해하는 데 도움을 주는 최종 관계식을 다음과 같이 도출할 수 있다.

△현금 = -△ 영업 관련 유동자산(현금제외) -△ 투자 관련 유동자산(현금제외)
-△ 비유동자산+ △ 영업 관련 유동부채 + △ 재무 관련 유동부채
+ △ 비유동부채 +△ 자본금+ △ 자본잉여금
+ 당기순이익(배당 전) - 배당금 (식 7)

다음의 [표 3-8]은 현금의 변동(△현금)을 영업활동으로 인한 현금흐름, 투자활동으로 인한 현금흐름, 재무활동으로 인한 현금흐름으로 분류한 것이다.

[표 3-8] 현금흐름표의 작성 원리

구분	재무상태표 항목의 변동
영업활동 현금흐름	당기순이익 - △ 영업 관련 유동자산 + △ 영업 관련 유동부채
투자활동 현금흐름	- △ 투자 관련 유동자산 - △ 비유동자산
재무활동 현금흐름	+ △ 재무 관련 유동부채 + △ 비유동부채 + △ 자본금 + △ 자본잉여금 - 배당금
합계	△현금

제 03 절

영업활동 현금흐름

일반기준이나 국제회계기준(K-IFRS) 모두 영업활동으로 인한 현금흐름을 계산함에 있어서 '직접법'과 '간접법' 중 회사가 선택하여 적용할 수 있도록 하고 있는데,[6] 이하에서는 먼저 직접법에 대해서 검토해보고 그다음에 간접법을 검토해보기로 한다.

1 직접법

1) 직접법이란

직접법이란 현금의 증감을 초래하는 수익 또는 비용 항목들을 직접 이용하여 영업활동으로 인한 현금흐름을 계산하는 방법이다. **현금을 수반하여 발생한 수익 또는 비용 항목을 총액으로 표시하되 현금유입액은 원천별로, 현금유출액은 용도별로 분류하여 표시하는 방법**을 말한다(일반기준 제2장 문단 2.64). 이를 요약하면 다음과 같다.

항목별	현금주의 수입(유입)액	매출 등 수익활동으로부터의 유입액 등
	(-)현금주의 지출(유출)액	매입 및 종업원에 대한 유출액 등
산출	= 영업활동으로 인한 현금흐름	

이는 발생주의로 작성된 손익계산서 대신에 현금주의에 의하여 작성된 손익계산서를 손익계산서 과목 순서대로 보여주는 것이나 같은 것이다. 따라서 **직접법은 영업활동에서 나타나는 현금의 수입액과 현금의 지출액을 각 항목별로 보여줄 수가 있어 기업의 신용평가나 기업이 현재 부담하고 있는 채무의 상환능력을 평가하는 데 유익하다.**

---

6) K-IFRS에서는 직접법과 간접법 중 직접법을 사용할 것을 권장하고 있다(K-IFRS 제1007호 문단 19).

직접법에 의한 현금흐름을 표시할 때에는 매출 등 수익활동으로부터의 유입액, 매입 및 종업원에 대한 유출액, 이자수익 유입액, 배당금수익 유입액, 이자비용 유출액, 법인세의 지급 및 기타 영업활동으로 인한 현금 유출·입으로 구분하여 표시한다.

이렇게 직접법에 의거하여 현금흐름표를 작성하는 경우에도 영업활동으로 인한 현금흐름액을 구하는 방법에는 두 가지가 있다.

제1방법은 해당 기업의 회계장부(현금예금출납장 등)로부터 직접 중요한 수익·비용 항목의 현금 유입액과 현금유출액을 구하는 방법이며, 제2방법은 손익계산서상의 매출액, 매출원가, 판매비와 관리비 등에 현금의 유출입이 없는 항목과 재고자산, 매출채권, 매입채무 등 손익계산서 항목과 관련이 있는 재무상태표 항목의 증감을 가감하여 계산하는 방법이다. 실무에서는 제2방법을 주로 사용하고 있기 때문에 본서에서는 제2방법을 설명하기로 한다. 두 가지 방법을 예시하면 [표 3-9]와 같다.

[표 3-9] 영업활동으로 인한 현금흐름 계산표

제1방법	제2방법
Ⅰ. 영업활동으로 인한 현금흐름	Ⅰ. 영업활동으로 인한 현금흐름
가. 매출 등 수익활동으로부터의 유입액	가. 매출 등 수익활동으로부터의 유입액 매출액(I/S상)
현금매출	- 매출채권의 증가(+감소)
매출채권 중 현금회수액	- 장기성매출채권의 증가(+감소)
장기성매출채권 중 회수액	+ 선수금의 증가(-감소)
선수금 수령액	
나. 매입 및 종업원에 대한 유출액	나. 매입 및 종업원에 대한 유출액
- 현금매입	(1) 매출원가(I/S상)
- 매입채무 중 현금지급액	- 재고자산의 증가(+감소)
- 급료 등 기타 현금지출비용	+ 매입채무의 증가(-감소)
	+ 미지급비용의 증가(-감소)
	+ 선급금 및 선급비용의 감소(-증가)
	+ 감가상각비 등 비현금비용(제조원가)
	(2) 판매비와 일반관리비(I/S상)
	+ 미지급비용의 증가(-감소)
	+ 선급비용의 감소(-증가)
	+ 비현금비용(감가상각비, 대손상각비 등)
다. 이자수익 유입액 이자수익 현금수령액	다. 이자수익 유입액
	이자수익(I/S상)
	+ 미수이자의 감소(-증가)
	+ 선수이자의 증가(-감소)
	- 장기성매출채권의 현재가치 할인차금 상각분
라. 배당금수익 유입액 배당금수익 현금수령액	라. 배당금수익 유입액
	배당금수익(I/S상)
	+ 미수배당금 감소(-증가)

제1 방 법	제 2 방법
마. 이자비용 지급액 - 이자비용 현금지급액	마. 이자비용 지급액 - 이자비용(I/S상) + 미지급이자의 증가(-감소) - 선급이자의 증가(+감소) + 사채할인발행차금상각분 + 장기성매입채무의 현재가치 할인차금 상각분
바. 법인세비용 유출액 - 법인세비용 지급액	바. 법인세의 지급액 - 법인세비용(I/S상) + 당기법인세 부채의 증가(-감소) + 이연법인세 부채의 증가(-감소) - 이연법인세 자산의 증가(+감소) + 전기분법인세 환급액(-추납액)
사. 기타	사. 기타

위의 계산표에서 현금유입액은 플러스(+) 부호로, 현금유출액은 마이너스(-) 부호로 표시하였다. 위의 계산표를 이해하기 위해서는 발생주의 손익계산서와 현금주의 손익계산서의 관계를 이해할 필요가 있다.

2) 항목별 현금 유출 및 유입액(직접법) 계산

발생주의 손익계산서상에서 당기의 수익과 비용에 포함된 거래를 현금 유입 및 유출에 미치는 영향을 고려하여 요소별로 정리하면 [표 3-10]과 같다.

[표 3-10] 발생주의 손익계산서

수 익 :	
〈발생요소 1〉 당기에 실현되고 회수된 수익	×××
〈발생요소 2〉 당기에 실현되었으나 회수되지 않은 수익	×××
〈발생요소 3〉 당기에 실현되었으나 당기 이전에 회수된 수익	×××
〈발생요소 4〉 현금에 영향을 미치지 않는 수익(비현금수익)	×××
발생주의 수익	×××
비 용 :	
〈발생요소 5〉 당기에 발생하고 지급된 비용	- ×××
〈발생요소 6〉 당기에 발생하였으나 지급되지 않은 비용	- ×××
〈발생요소 7〉 당기에 발생하였으나 당기 이전에 지급된 비용	- ×××
〈발생요소 8〉 현금에 영향을 미치지 않는 비용(비현금비용)	- ×××
발생주의 비용	- ×××
발생주의 순이익	×××

이에 비하여 현금주의 손익계산서에는 [표 3-11]의 요소들이 포함되어 있다.

[표 3-11] 현금주의 손익계산서

수 익 :	
〈현금요소 A〉 당기에 실현되고 회수된 수익	×××
〈현금요소 B〉 전기에 실현되었으나 당기에 회수된 수익	×××
〈현금요소 C〉 당기에 회수되었으나 당기 이후에 실현될 수익	×××
현금주의 수익	×××
비 용 :	
〈현금요소 D〉 당기에 발생하고 지급된 비용	- ×××
〈현금요소 E〉 전기에 발생하였으나 당기에 지급된 비용	- ×××
〈현금요소 F〉 당기에 지급하였으나 당기 이후에 발생될 비용	- ×××
현금주의 비용	- ×××
현금주의 순이익	×××

가. 매출에 의한 현금유입액(현금주의 매출액)

매출액의 경우에는 [표 3-10]의 〈발생요소 1〉, 〈발생요소 2〉 및 〈발생요소 3〉이 손익계산서상 당기매출액, 즉 발생주의 수익을 구성하고 있는데, 각 발생요소별로 예를 들어 보면 다음과 같다.

〈발생요소 1〉 당기에 현금매출하였거나 당기에 외상매출한 대금을 회수한 금액
〈발생요소 2〉 당기말 매출채권 잔액
〈발생요소 3〉 전기말 선수금 잔액

반면, [표 3-11]의 현금주의 매출액의 현금요소는 다음과 같다.

〈현금요소 A〉 앞의 〈발생요소 1〉과 같음
〈현금요소 B〉 전기말 매출채권 잔액
〈현금요소 C〉 당기말 선수금 잔액

따라서 발생주의 매출액을 현금주의 매출액으로 전환하기 위해서는 발생주의 매출액에서 〈발생요소 2〉와 〈발생요소 3〉은 차감하고 〈현금요소 B〉와 〈현금요소 C〉는 가산하여야 한다.

여기서 〈발생요소 2〉와 〈현금요소 B〉의 차액이 바로 기초와 기말의 매출채권 증감액이다. 매출채권이 증가하였다면 〈발생요소 2〉가 〈현금요소 B〉보다 크다는 결론이기 때문에 발생주의 매출액에서 차감하여야 하며, 그 반대의 경우에는 발생주의 매출액에 매출채권의 감소액을 가산하여야 한다. 또한 발생주의 매출액을 현금주의 매출액으로 전환하기 위해서는 〈발생요소 3〉을 차감하고

〈현금요소 C〉를 가산하여야 하는데, 그 차액이 바로 기초와 기말의 선수금의 증감액이다. 기초보다 기말의 선수금이 증가하였다면, 〈발생요소 3〉보다 〈현금요소 C〉가 크다는 결론이기 때문에 발생주의 매출액에 가산하여야 하며, 그 반대의 경우에는 발생주의 매출액에서 차감하여야 한다.

따라서 매출에 의한 현금유입액을 구하는 공식을 다음과 같이 정리할 수 있다.

매출에 의한 현금유입액 :		
당기손익계산서상 매출액	×××	
− 매출채권 증가액(+감소액)	×××	
+ 선수금 증가액(−감소액)	×××	×××

※ 손익계산서상 매출액은 순매출액을 말한다. 따라서 매출에누리와 매출할인이 차감된 후의 금액이다.

[예제 3-2] 매출에 의한 현금유입액

다음의 자료를 기초로 2××1년 매출에 의한 현금유입액을 계산해보자. 단, 모든 매출은 외상으로 이루어지며 선수금에 의한 매출, 매출에누리와 환입, 매출할인 등 다른 경우는 없다고 가정한다.

자료

• 재무상태표 (단위 : 원)

	2××1.1.1	2××1.12.31
매출채권	10,000	40,000

• 손익계산서(2××1.1.1~2××1.12.31)

매출액	100,000

풀이

매출 관련 거래를 살펴보면 일차적으로 전기 매출채권 10,000원이 회수되고 당기에 발생한 외상매출 100,000원 중 60,000원이 당기에 회수되었다. 그리고 기말에 미회수된 매출채권은 40,000원이다. 이를 발생주의 요소와 현금주의 요소로 구분하면 다음과 같다.

(단위 : 원)

발생주의		현금주의	
구성 요소	금액	구성 요소	금액
〈발생요소 1〉 당기 판매 당기 회수	60,000	〈현금요소 A〉 당기 판매 당기 회수	60,000
〈발생요소 2〉 당기말 매출채권 잔액	40,000	〈현금요소 B〉 전기말 매출채권 잔액 회수	10,000
발생주의 매출액(P/L)	100,000	매출에 의한 현금유입액	70,000

발생주의 매출액과 매출에 의한 현금유입액(현금주의 매출액)의 차이는 매출채권의 순증감액 30,000원(발생요소 2-현금요소 B)과 동일하다. 따라서 매출에 의한 현금유입액은 발생주의 매출액에 매출채권의 증가액을 차감하여 산출한다.

매출에 의한 현금유입액 :

당기손익계산서상 매출액	100,000	
- 매출채권 증가액(+감소액)	-30,000	70,000

위의 산출내역을 발생주의에서 현금주의로 전환하는 양식으로 표시하면 다음과 같다.

(단위 : 원)

발생주의(A)	매출 관련 자산·부채의 변동(B)	현금주의(A±B)
매출액(P/L) : 100,000	- 매출채권의 증가액 : -30,000	매출에 의한 현금유입액 : 70,000

[예제 3-3] 매출에 의한 현금유입액

삼청기업의 20×4년의 손익계산서상 매출액은 100원이다. 또한 동 기업의 재무상태표상 20×4년초 매출채권 잔액은 30원이며, 선수금 잔액은 15원이다. 20×4년말 매출채권 잔액이 36원이고 선수금 잔액이 10원이라면 당기중 매출에 의한 현금유입액(현금주의 매출액)은 얼마인가?

풀이

매출에 의한 현금유입액 :

당기손익계산서상 매출액	100	
- 매출채권 증가액	-6	
- 선수금 감소액	-5	89

위의 산출내역을 발생주의에서 현금주의로 전환하는 양식으로 표시하면 다음과 같다.

(단위 : 원)

발생주의(A)	매출 관련 자산·부채의 변동(B)	현금주의(A±B)
매출액(P/L) : 100	- 매출채권의 증가액 : -6 - 선수금의 감소액 : -5	매출에 의한 현금유입액 : 89

나. 매입에 의한 현금유출액

다음으로 발생주의 매출원가와 현금주의 매출원가(현금주의 매입액)를 비교해 보자. 먼저 손익계산서상의 발생주의 매출원가는 다음과 같이 산출된다.

발생주의 매출원가 = 기초재고자산 + 당기매입액 - 기말재고자산
= 당기매입액 - 당기재고자산 증가액

따라서 이 식을 정리하면 아래와 같다.

발생주의 당기매입액 = 매출원가 + 재고자산 증가액

여기서 '매입액'의 의미에는 제조활동이 포함되므로 순수한 재고자산 매입액 이외에도 노무비의 현금지급액과 제조경비의 현금지급액이 포함되어 있음을 유념하여야 하며, 현금흐름의 입장에서 '매입액'은 현금의 유출이기 때문에 현금흐름 계산표에서는 매출원가와 재고자산 증가액에 모두 마이너스(-) 부호가 붙는다.

이제 발생주의 당기매입액과 현금주의 당기매입액을 비교하기 위하여 다시 위의 [표 3-10]과 [표 3-11]을 살펴보자.

[표 3-10]에서 〈발생요소 5, 6, 7, 8〉을 매입액과 관련시켜보면 다음과 같다.

〈발생요소 5〉 당기에 재고자산 매입액이나 노무비 및 경비 지급액을 현금으로 지급한 금액
〈발생요소 6〉 당기말 매입채무와 미지급비용(노무비, 경비) 잔액
〈발생요소 7〉 전기말 선급금과 선급경비 잔액
〈발생요소 8〉 노무비에 포함된 퇴직급여나 제조경비에 포함된 감가상각비의 금액

한편, [표 3-11]에서 〈현금요소 D, E, F〉를 매입액과 관련시켜보면 다음과 같다.

〈현금요소 D〉 앞의 〈발생요소 5〉와 같다.
〈현금요소 E〉 전기말 매입채무와 미지급비용(노무비, 경비) 잔액
〈현금요소 F〉 당기말 선급금과 선급경비 잔액

발생주의 매입액을 현금주의 매입액으로 전환하기 위해서는 발생주의 매입액에서 〈발생요소 6, 7, 8〉을 차감하고 〈현금요소 E, F〉를 가산하여야 한다. 그런데 [표 3-10]과 [표 3-11]에서 비용은 마이너스(-) 부호이므로 현금흐름을 계산할 때에는 발생주의 매입액(마이너스(-) 부호)에 〈발생요소 6, 7, 8〉을 가산하고 〈현금요소 E, F〉를 차감하여야 한다. 〈발생요소 6〉과 〈현금요소 E〉의 차액이 바로 매입채무의 증감액과 노무비·경비의 미지급비용 증감액이다. 매입채무의 증가액 및 노무비·경비 미지급비용의 증가액을 발생주의 매입액(마이너스(-) 부호)에 가산하여야 하며, 반대로 매입채무와 노무비·경비 미지급비용의 감소액은 발생주의 매입액(마이너스(-) 부호)에서 차감한다.

그리고 〈발생요소 7〉과 〈현금요소 F〉의 차액은 재고자산 구입을 위한 선급금의 증감액과 제조경비 선지급액의 증감액을 뜻하는데, 선급금이나 선급비용의 증가액은 발생주의 매입액(마이너스(-) 부호)에서 차감하고 감소액은 가산한다. 마지막으로 발생주의 매입액(마이너스(-) 부호)에 〈발생요소 8〉을 가산하여야 하는데, 이 〈발생요소 8〉은 노무비에 포함된 퇴직급여나 제조경비에 포함된 감가상각비와 같은 비현금비용이다.

매입에 의한 현금유출액(현금주의 매출원가 또는 매입액)을 구하는 공식을 다음과 같이 정리할 수 있다.

매입에 의한 현금유출액 :

- 당기손익계산서상 매출원가	×××	} 발생주의 매입액
- 재고자산 증가액(+감소액)	×××	
+ 매입채무 증가액(-감소액)	×××	
+ 미지급비용 증가액(-감소액)	×××	
- 선급금(선급비용) 증가액(+감소액)	×××	
+ 비현금비용	×××	×××

※ 손익계산서상 매출원가는 매입에누리와 매입할인이 차감된 순매출원가를 말한다.

[예제 3-4] 매입에 의한 현금유출액

삼청기업의 손익계산서상 매출원가는 95원이며, 기초재고자산은 21원, 기말재고자산은 27원이다. 매입채무의 기초잔액은 32원, 기말 잔액은 30원이다. 또한 선급금의 기초잔액은 11원, 기말 잔액은 13원이다. 한편, 동 기업의 제조원가명세서를 살펴본 결과 노무비에는 퇴직급여 5원이 포함되어 있고, 제조경비에는 공장 감가상각비가 7원 포함되어 있다. 삼청기업의 당기중 매입에 의한 현금유출액(현금주의 매입액)은 얼마인가?

풀이

매입활동에 의한 현금유출액 :

- 손익계산서상 매출원가	-95	
- 재고자산 증가	-6	
- 매입채무의 감소	-2	
- 선급금의 증가	-2	
+ 퇴직급여	5	
+ 감가상각비	7	-93

위의 산출내역을 발생주의에서 현금주의로 전환하는 양식으로 표시하면 다음과 같다.

(단위 : 원)

발생주의(A)	매입 관련 자산·부채의 변동(B)	현금주의(A±B)
매출원가(P/L) : -95	- 재고자산 증가 : -6 - 매입채무의 감소 : -2 - 선급금의 증가 : -2 + 퇴직급여 : 5 + 감가상각비 : 7	매입에 의한 현금유출액: -93

다. 판매비와 관리비 현금유출액

[표 3-10]에서 〈발생요소 5, 6, 7, 8〉을 판매비와 관리비(이하 '판관비'라 함)에 적용시켜 보면 다음과 같다.

〈요소 5〉 당기에 발생한 판관비를 현금으로 지급한 금액
〈요소 6〉 당기말 미지급판관비
〈요소 7〉 전기말 선급판관비
〈요소 8〉 퇴직급여, 감가상각비 및 대손상각비와 같은 비현금비용

또한 [표 3-11]에서 〈현금요소 D, E, F〉를 판관비에 적용시켜보면 다음과 같다.

〈현금요소 D〉 〈발생요소 5〉와 같음
〈현금요소 E〉 전기말 미지급판관비
〈현금요소 F〉 당기말 선급판관비

따라서 발생주의 판관비를 현금주의 판관비로 전환하기 위해서는 발생주의 판관비에서 〈발생요소 6, 7, 8〉을 차감하고 〈현금요소 E, F〉를 가산하여야 하는데, 매출원가와 마찬가지로 [표 3-10]

과 [표 3-11]에서 비용은 마이너스(-) 부호이므로 현금흐름을 계산할 때에는 발생주의 판관비(마이너스(-) 부호)에 〈발생요소 6, 7, 8〉을 가산하고 〈현금요소 E, F〉를 차감하여야 한다. 〈발생요소 6〉이 〈현금요소 E〉보다 크면 미지급판관비가 기초보다 기말에 증가한 것이며 이 증가액은 발생주의 판관비(-부호)에 가산하여야 하며, 그 반대인 경우에는 발생주의 판관비(-부호)에서 차감하여야 한다.

〈발생요소 7〉이 〈현금요소 F〉보다 크면 선급판관비가 기초보다 기말에 감소한 것이며 이 감소액은 발생주의 판관비(-부호)에 가산하여야 하며, 그 반대인 경우에는 발생주의 판관비(-부호)에서 차감하여야 한다. 그리고 〈발생요소 8〉과 같은 비현금비용은 발생주의 판관비(-부호)에 가산하여야 한다.

판매비와 관리비의 현금유출액을 구하는 공식은 다음과 같이 정리할 수 있다.

판매비와 일반관리비 현금유출액 :		
- 당기손익계산서상 판매비와 일반관리비	×××	
+ 미지급판관비 증가액(-감소액)	×××	
- 선급판관비 증가액(+감소액)	×××	
+ 비현금비용	×××	×××

[예제 3-5] 판매비와 관리비의 현금유출액

삼청기업의 손익계산서상 판매비와 관리비는 30원이며, 기초 선급판매비와 관리비는 11원, 기말 선급판매비와 관리비는 15원이다. 또한 기초 미지급판매비와 관리비는 22원이고 기말 미지급판매비와 관리비는 25원이다. 그리고 손익계산서상 판매비와 관리비 속에는 퇴직급여와 감가상각비 및 대손상각비가 각각 3원, 4원 및 2원 포함되어 있다. 당기중 판매비와 관리비의 현금유출액은 얼마인가?

풀이

판매비와 일반관리비 현금유출액		
- 손익계산서상 판매비와 일반관리비	-30	
- 선급판관비의 증가	-4	
+ 미지급판관비의 증가	3	
+ 퇴직급여	3	
+ 감가상각비	4	
+ 대손상각비	2	-22

일반기업회계기준에서는 매입활동에 의한 현금유출액과 판매비와 관리비 현금유출액을 합쳐서 '매입 및 종업원에 대한 유출액'으로 표시하도록 규정하고 있다.

라. 이자수익 현금유입액

[표 3-10]에서 〈발생요소 1, 2, 3, 4〉를 이자수익과 관련시켜보면 다음과 같다.

〈발생요소 1〉 당기분 이자수익을 당기에 현금으로 회수한 금액
〈발생요소 2〉 당기말 미수이자
〈발생요소 3〉 전기말 선수이자
〈발생요소 4〉 장기성매출채권에 대한 현재가치 할인차금 상각액 등 비현금수익

또한 [표 3-11]에서 〈현금요소 A, B, C〉를 이자수익과 관련시켜보면 다음과 같다.

〈현금요소 A〉 〈발생요소 1〉과 같음
〈현금요소 B〉 전기말 미수이자
〈현금요소 C〉 당기말 선수이자

발생주의 이자수익을 현금주의 이자수익으로 전환하기 위해서는 발생주의 이자수익에서 〈발생요소 2, 3, 4〉를 차감하고 〈현금요소 B, C〉를 가산하여야 한다. 〈발생요소 2〉가 〈현금요소 B〉보다 크면 미수이자가 기초보다 기말에 증가한 것이며 이 증가액은 발생주의 이자수익에서 차감되어야 하고, 그 반대인 경우에는 발생주의 이자수익에 가산되어야 한다.

〈발생요소 3〉이 〈현금요소 C〉보다 크면 선수이자가 기초보다 기말에 감소한 것이며 이 감소액은 발생주의 이자수익에서 차감되어야 하고, 그 반대인 경우에는 발생주의 이자수익에 가산되어야 한다. 그리고 〈발생요소 4〉와 같은 비현금수익은 발생주의 이자수익에서 차감되어야 한다. 예를 들면 재화와 용역을 매출하고 장기성매출채권을 받은 경우에 동 매출채권의 액면가액과 동 어음의 미래 현금흐름의 현재가치와의 차액을 '현재가치할인차금'으로 계상하게 되는데 시간의 경과에 따라 동 차금상각액을 발생주의 이자수익으로 인식하도록 일반기업회계기준은 요구하고 있으므로 동 차금상각액은 현금주의 이자수익에는 포함되지 않는다. 또한 장기보유 목적의 국공채를 액면가액 이하로 취득한 경우 동 차액은 만기까지 유효이자율법 등의 방법에 의하여 만기보유증권의 가액을 평가증시켜주도록 일반기업회계기준(제6장 제2절 문단 6.29)이 규정하고 있는 바, 동 평가증금액을 이자수익 계정으로 처리하였다면 동 '평가이익' 역시 비현금수익이므로 이자수익의 현금유입액에 포함시켜서는 안 된다.

그러므로 이자수익의 현금유입액을 구하는 공식은 다음과 같이 정리할 수 있다.

이자수익 현금유입액 :		
당기손익계산서상 이자수익	×××	
- 미수이자 증가액(+감소액)	×××	
+ 선수이자 증가액(-감소액)	×××	
- 비현금수익	×××	×××

[예제 3-6] 이자수익 현금유입액

삼청기업의 손익계산서상 이자수익은 50원이며, 기초 미수이자는 10원, 기말 미수이자는 16원이다. 또한 기초 선수이자는 17원이고 기말 선수이자는 20원이다. 또한 손익계산서상 이자수익에는 장기성매출채권의 현재가치할인차금상각액 3원이 포함되어 있다. 당기중 이자수익의 현금유입액은 얼마인가?

이자수익 현금유입액 :		
손익계산서상 이자수익	50	
- 미수이자의 증가	-6	
+ 선수이자의 증가	3	
- 장기성매출채권 현재가치할인발행상각액	-3	44

마. 배당금수익 현금유입액

[표 3-10]에서 〈발생요소 1, 2, 3, 4〉를 배당금수익과 관련시켜보면 다음과 같다.

〈발생요소 1〉 당기에 배당금을 현금으로 회수한 금액
〈발생요소 2〉 당기말 미수배당금
〈발생요소 3〉 일반적으로 배당금과 관련 없음
〈발생요소 4〉 해당사항 없음

또한 [표 3-11]에서 〈현금요소 A, B, C〉를 배당금수익과 관련시켜보면 다음과 같다.

〈현금요소 A〉 〈발생요소 1〉과 같음
〈현금요소 B〉 전기말 미수배당금
〈현금요소 C〉 일반적으로 배당금과 관련 없음

발생주의 배당금수익을 현금주의 배당금수익으로 전환하기 위해서는 발생주의 배당금수익에서 〈발생요소 2〉를 차감하고 〈현금요소 B〉를 가산하여야 한다. 〈발생요소 2〉가 〈현금요소 B〉보다 크면 미수배당금이 기초보다 기말에 증가한 것이며 이 증가액은 발생주의 배당금수익에서 차감되어야 하고, 그 반대인 경우에는 발생주의 배당금수익에 가산되어야 한다.

배당금을 현금으로 수령하지 않고 주식으로 수령하는 경우에는 배당금수익으로 인식하지 않기 때문에 배당금수익의 현금유입액을 계산할 경우에는 고려할 필요가 없다.

〈발생요소 3〉과 〈현금요소 C〉는 일반적으로 배당금수익과 관련해서는 발생하지 않는다. 배당금수익의 현금유입액을 구하는 공식은 다음과 같이 정리할 수 있다.

배당금수익 현금유입액 :
　당기손익계산서상 배당금수익　　×××
　- 미수배당금 증가액(+감소액)　　×××　　×××

[예제 3-7]　배당금수익 현금유입액

삼청기업의 손익계산서상 배당금수익은 30원이며, 기초 미수배당금은 7원, 기말 미수배당금은 8원이다. 당기중 배당금수익의 현금유입액은 얼마인가?

풀이

배당금수익 현금유입액 :
　손익계산서상 배당금수익　　30
　- 미수배당금의 증가　　-1　　29

바. 이자비용 현금유출액

[표 3-10]에서 〈발생요소 5, 6, 7, 8〉을 이자비용(사채이자 포함)과 관련시켜보면 다음과 같다.

〈발생요소 5〉 당기분 이자비용을 당기에 현금으로 지급한 금액
〈발생요소 6〉 당기말 미지급이자
〈발생요소 7〉 전기말 선급이자
〈발생요소 8〉 장기성매입채무의 현재가치할인차금상각액이나 당기분 사채할인발행차금상각액 등 비현금비용

또한 [표 3-11]에서 〈현금요소 D, E, F〉를 이자비용과 관련시켜보면 다음과 같다.

〈현금요소 D〉 〈발생요소 5〉와 같음
〈현금요소 E〉 전기말 미지급이자
〈현금요소 F〉 당기말 선급이자

발생주의 이자비용을 현금주의 이자비용으로 전환하기 위해서는 발생주의 이자비용에서 〈발생요소 6, 7, 8〉을 차감하고 〈현금요소 E, F〉를 가산하여야 하는데 이자비용은 비용이므로 [표 3-10]과 [표 3-11]에서 그 부호가 마이너스이다. 그러므로 현금흐름을 계산할 때에는 마이너스(-) 부호인 발생주의 이자비용에 〈발생요소 6, 7, 8〉을 가산하고 〈현금요소 E, F〉를 차감한다.

〈발생요소 6〉이 〈현금요소 E〉보다 크면 미지급이자가 기초보다 기말에 증가한 것이며 이 증가액은 발생주의 이자비용(-부호)에 가산하여야 하고, 그 반대인 경우에는 발생주의 이자비용(-부호)에서 차감하여야 한다.

〈발생요소 7〉이 〈현금요소 F〉보다 크면 선급이자가 기초보다 기말에 감소한 것이며 이 감소액은 발생주의 이자비용(-부호)에 가산하여야 하고, 그 반대인 경우에는 발생주의 이자비용(-부호)에서 차감하여야 한다. 그리고 〈발생요소 8〉과 같은 비현금비용은 발생주의 이자비용(-부호)에 가산하여야 하는데, 예를 들면 재화와 용역을 취득하고 장기어음(매입채무)을 발행한 경우에 동 매입채무의 액면가액과 동 어음의 미래 현금흐름의 현재가치의 차액을 '현재가치할인차금'으로 계상하게 되는데 시간의 경과에 따라 동 차금상각액을 발생주의 이자비용으로 인식하도록 일반기준은 요구하고 있으므로 동 차금상각액은 현금주의 이자비용에는 포함되지 않는다. 또한 사채할인발행차금상각액 역시 현금주의 이자비용에는 포함되지 않는다.

이자비용의 현금유출액을 구하는 공식은 다음과 같이 정리할 수 있다.

이자비용 현금유출액 :

+ 당기손익계산서상 이자비용	×××	
+ 미지급이자 증가액(-감소액)	×××	
- 선급이자 증가액(+감소액)	×××	
+ 비현금비용	×××	×××

[예제 3-8] 이자비용 현금유출액

삼청기업의 손익계산서상 이자비용(사채이자 포함)은 60원이며, 기초 미지급이자는 11원, 기말 미지급이자는 10원이다. 또한 기초 선급이자는 17원이고 기말 선급이자는 18원이다. 또한 손익계산서상 사채이자에는 사채할인발행차금상각액 7원이 포함되어 있다. 당기중 이자비용의 현금유출액은 얼마인가?

풀이

이자비용 현금유출액 :

- 손익계산서상 이자비용	-60	
- 미지급이자의 감소	-1	
- 선급이자의 증가	-1	
+ 사채할인발행차금상각액	7	-55

사. 법인세의 지급액

[표 3-10]에서 〈발생요소 5, 6, 7, 8〉을 법인세비용과 관련시켜보면 다음과 같다.

〈발생요소 5〉 당기분 법인세비용을 당기에 현금으로 지급한 금액(법인세 중간예납액)
〈발생요소 6〉 당기말 당기법인세부채와 이연법인세부채
〈발생요소 7〉 전기말 선급법인세와 이연법인세자산
〈발생요소 8〉 해당사항 없음

또한 [표 3-11]에서 〈현금요소 D, E, F〉를 법인세비용과 관련시켜보면 다음과 같다.

〈현금요소 D〉 〈발생요소 5〉와 같음
〈현금요소 E〉 전기말 당기법인세부채와 이연법인세부채
〈현금요소 F〉 당기말 선급법인세와 이연법인세자산

법인세비용 금액에는 경우에 따라 '토지 등 양도소득에 따른 법인세'가 합산되어 있을 수 있다. '토지 등 양도소득에 따른 법인세'는 법인의 유형자산 매각에 따라 발생하므로 이 법인세의 지급은 투자활동으로 분류된다. 따라서 영업활동으로 인한 현금흐름 계산 시 법인세비용 현금유출액을 계산하고자 할 때는 '토지 등 양도소득에 따른 법인세'를 제외한 금액을 기준으로 삼아야 한다.

발생주의 법인세비용을 현금주의 법인세비용으로 전환하기 위해서는 발생주의 법인세비용에서 〈발생요소 6, 7, 8〉을 차감하고 〈현금요소 E, F〉를 가산하여야 하는데 법인세비용도 비용이므로 현금흐름을 계산하고자 할 때에는 발생주의 법인세비용(-부호)에 〈발생요소 6, 7, 8〉을 가산 하고 〈현금요소 E, F〉를 차감하여야 한다. 〈발생요소 6〉이 〈현금요소 E〉보다 크면 당기법인세부채와 이연법인세부채가 기초보다 기말에 증가한 것이며 이 증가액은 발생주의 법인세비용(-부호)에 가산하여야 하고, 그 반대인 경우에는 발생주의 법인세비용(-부호)에서 차감하여야 한다.

〈발생요소 7〉이 〈현금요소 F〉보다 크면 선급법인세와 이연법인세자산이 기초보다 기말에 감소한 것이며 이 감소액은 발생주의 법인세비용(-부호)에 가산하여야 하고, 그 반대인 경우에는 발생주의 법인세비용(-부호)에서 차감하여야 한다. 법인의 기말 재무상태표에 선급법인세 계정 잔액이 남아 있는 경우는 일반적으로 결손기업을 제외하고는 없다. 일반기준에서는 법인세 추납액과 법인세 환급액을 손익계산서상 영업외손익에 계상하도록 규정하고 있는데, 이와 같은 전기분 법인세 추납액과 환급액도 법인세비용 현금유출액 계산에 감안되어야 한다. 법인세의 지급액을 구하는 공식은 다음과 같이 정리할 수 있다.

법인세의 지급액 :		
- 당기손익계산서상 법인세비용	×××	
- 법인세 추납액	×××	
+ 법인세 환급액	×××	
+ 당기법인세부채와 이연법인세부채 증가액(-감소액)	×××	
- 선급법인세와 이연법인세자산 증가액(+감소액)	×××	
+ 토지 등 양도소득에 대한 법인세 납부액	×××	×××

[예제 3-9] 법인세의 지급액

삼청기업의 손익계산서상 법인세비용(토지 등 양도소득에 대한 법인세 5원 포함)은 30원이며, 기초 당기법인세부채는 11원(토지 등 양도소득에 대한 법인세 없음), 기말 당기법인세부채는 15원(토지 등 양도소득에 대한 법인세 2원 포함)이다. 또한 기초이연법인세부채 금액은 8원, 기말이연법인세부채 금액은 6원이다. 당기중 영업활동에 의한 법인세의 지급액은 얼마인가?

풀이

법인세의 지급액 :		
- 손익계산서상 법인세비용	-30	
+ 당기법인세부채의 증가	4	
- 이연법인세부채의 감소	-2	
+ 토지 등 양도소득에 대한 법인세 납부액	3	-25

* 토지 등 양도소득에 대한 법인세 납부액 = 5(발생금액) - 2(미지급양도소득에 대한 법인세증가액) = 3

아. 기타 항목

영업외수익이나 영업외비용 항목 중 위에서 언급한 이자수익, 배당금수익 및 이자비용 이외에도 임대료, 손해배상금수입·지출(영업 관련), 기부금 및 잡손익 등이 영업활동으로 인한 현금흐름에 속하므로 영업활동으로 인한 현금흐름 중 '기타'란에 포함시킨다. 한편, 영업외수익이나 영업외비용에는 현금 유출·입이 없는 수익과 비용, 즉 비현금수익이나 비현금비용이 많이 있다. 예를 들면 외화환산손익, 단기투자자산평가손익, 원가차손익, 지분법손익, 매도가능증권손상차손 및 손상차손환입, 재고자산감모손실 등이 있다. 이러한 비현금수익이나 비현금비용은 현금흐름에는 영향을 미치지 않기 때문에 영업활동으로 인한 현금흐름을 계산할 때에는 제외된다. 마찬가지로 영업외수익이나 영업외비용 속에는 투자활동과 재무활동에 관련된 손익도 있다. 예를 들면 유형자산처분손익, 투자자산처분손익, 사채상환손익, 외환차손익이나 단기투자자산처분손익을 들 수 있는데 이 역시 영업활동과 관련하여 나타난 손익이 아니기 때문에 영업활동으로 인한 현금흐름 계산에서 제외된다.

전기오류수정손익은 해당 손익의 성격에 따라 비현금거래일 경우에는 현금흐름 계산에서 제외하고 현금거래는 그 거래의 성격에 맞게 분류하여야 할 것이다. 예를 들어 전기의 감가상각비를 추가로 계상하는 경우에는 비현금거래이므로 영업활동 현금흐름 계산에서 제외하여야 하며, 전기 매출액을 누락시켰던 것을 수정하는 것이라면 그 금액을 '매출 등 수익활동으로 인한 현금유입액' 계산에 포함시켜야 할 것이다.

자산수증이익이나 채무면제이익은 대부분 비현금거래일 것이므로 현금흐름표에는 나타낼 필요가 없을 것이고, 보험차익 중 유형자산과 관련하여 발생한 보험차익은 투자활동으로 분류하여야 하기 때문에 영업활동 현금흐름 계산에서는 제외한다.

마지막으로 '기타'란에는 투자활동과 재무활동에 속하지 아니하는 거래에서 발생한 현금 유출·입이 포함되는데, 이러한 항목의 예를 들면 퇴직금의 지급이나 소득세 예수금 또는 부가가치세 예수금의 증감을 들 수 있다. 이러한 항목은 손익계산서에는 나타나지 않으므로 재무상태표의 관련 계정을 통하여 계산한다.

이상의 예에서 알 수 있듯이 발생주의 손익계산서를 현금주의 손익계산서로 전환하기 위해서는 손익계산서 수익·비용의 각 항목과 관련된 자산·부채 계정과 비현금수익·비용을 잘 파악할 필요가 있으며 제2절의 재무상태표 등식을 재인식할 필요가 있다.

[예제 3-10] 영업활동으로 인한 현금흐름(직접법)

삼청기업의 비교 재무상태표와 손익계산서를 토대로 당기중 '영업활동으로 인한 현금흐름'을 직접법으로 나타내보시오.

비교 재무상태표

(단위 : 천 원)

계정 과목	기말 잔액	기초잔액	증가(감소)
현금	67	66	1
매출채권	10	-	10
재고자산	62	48	14
유형자산	20	27	(7)
선급운반비	3	-	3
미수이자	1	-	1
자산총계	163	141	22
매입채무	9	-	9
차입금	50	50	-
미지급이자	2	1	1
당기법인세부채	7	5	2
자본금	50	50	-
잉여금	45	35	10
부채와 자본총계	163	141	22

당기손익계산서

(단위 : 천 원)

계정 과목	금 액	
매출액		100
매출원가		(50)
판매비와 관리비		(25)
급료	(8)	
운반비	(10)	
감가상각비	(7)	
영업외수익		3
이자수익	3	
영업외비용		(8)
이자비용	(8)	
법인세비용		(10)
당기순이익		10

풀이

‘영업활동으로 인한 현금흐름’은 ‘당기순이익을 결정하는 거래’이며, 영업활동으로 인한 현금흐름을 직접법으로 나타낸다고 하는 것은 ‘발생주의’ 손익계산서를 각 과목 순서에 입각하여 ‘현금주의’ 손익계산서로 바꿔주는 것이다. 앞에서 기술한 방법을 이용하여 영업활동으로 인한 현금흐름을 계산하면 다음과 같다.

영업활동으로 인한 현금흐름(직접법)

가. 매출 등 수익활동으로부터의 유입액		
매출액(I/S)	100	
- 매출채권 증가액	-10	90
나. 매입 및 종업원에 대한 유출액		
(1) - 매출원가(I/S)	-50	
- 재고자산의 증가	-14	
+ 매입채무의 증가		9
(2) - 판매비와 관리비(I/S)	-25	
- 선급운반비의 증가	-3	
+ 감가상각비	7	-76
다. 이자수익 유입액		
이자수익(I/S)	3	
- 미수이자의 증가	-1	2
라. 이자비용 지급액		
- 이자비용(I/S)	-8	
+ 미지급이자의 증가	1	-7
마. 법인세의 지급액		
- 법인세비용(I/S)	-10	
+ 당기법인세부채의 증가	2	-8
영업활동으로 인한 현금흐름		1

이렇게 발생주의 손익계산서를 현금주의 손익계산서로 전환해놓은 결과, 우리는 손익계산서상 당기순이익(10천 원)과 현금흐름표상 영업활동으로 인한 현금흐름(1천 원)을 비교해볼 수 있게 된다. 삼청기업이 현금으로 수령한 ‘순이익’(영업활동으로 인한 현금흐름) 1천 원이 손익계산서상 당기순이익 10천 원보다 적은 이유는 삼청기업의 현금이 매출채권 증가액으로 10천 원만큼 투입되어 있는 것이 그 주요 원인이다.

[예제 3-11] 영업활동으로 인한 현금흐름(직접법)

다음 삼덕기업의 비교 재무상태표와 손익계산서 및 추가자료를 토대로 동 기업의 당기중 '영업활동으로 인한 현금흐름'을 직접법으로 나타내보시오.

비교 재무상태표

삼덕기업 (단위 : 천 원)

계정 과목	기말 잔액	기초잔액	증가(감소)
현금	275	138	137
매출채권	190	160	30
대손충당금	(25)	(15)	(10)
미수이자	-	2	(2)
선급이자	10	-	10
재고자산	240	290	(50)
매도가능증권	120	90	30
토지	100	200	(100)
기계장치	840	700	140
(감가상각누계액)	(280)	(230)	(50)
자산총계	1,470	1,335	135
매입채무	277	335	(58)
차입금	350	320	30
미지급급료	30	40	(10)
당기법인세부채	10	-	10
장기미지급금	230	210	20
퇴직급여충당부채	155	100	55
자본금	250	200	50
이익잉여금	168	130	38
부채와 자본총계	1,470	1,335	135

당기손익계산서

삼덕기업 (단위 : 천 원)

계 정 과 목	금액	
매출액		1,100
매출원가		(733)
판매비와 관리비		(215)
급료	(50)	
지급수수료	(40)	
퇴직급여	(65)	
대손상각비	(10)	
감가상각비	(50)	
영업외수익		25
이자수익	7	
배당금수익	13	
매도가능증권처분익	5	
영업외비용		(87)
이자비용	(42)	
유형자산처분손실	(45)	
법인세비용		(12)
당기순이익		78

〈추가자료 : 당기중 발생한 거래 요약〉

① 당기중 유가증권(매도가능증권) 40천 원을 취득하였음. 또한 취득원가 10천 원의 유가증권을 15천 원에 현금 매각하였음.

② 취득원가 100천 원의 토지를 55천 원에 처분하였으며, 대금은 현금으로 수령하였음.

③ 신규로 기계장치 140천 원을 취득하였으며, 대금 중 100천 원은 현금으로 지급하고 잔액은 장기미지급금으로 처리하였음.

④ 퇴직금 10천 원을 지급하였음.

⑤ 50천 원의 유상증자를 실시하였음.

풀이

영업활동으로 인한 현금흐름(직접법)

(단위 : 천 원)

가. 매출 등 수익활동으로부터의 유입액		
매출액(I/S)	1,100	
− 매출채권 증가액	-30	1,070
나. 매입 및 종업원에 대한 유출액		
(1) − 매출원가(I/S)	-733	
+ 재고자산의 감소	50	
− 매입채무의 감소	-58	
(2) − 판매비와 관리비(I/S)	-215	
− 미지급급료 감소	-10	
+ 퇴직급여	65	
+ 대손상각비	10	
+ 감가상각비	50	841
다. 이자수익 유입액		
이자수익(I/S)	7	
+ 미수이자의 감소	2	9
라. 배당금수익 유입액		
배당급수익(I/S)	13	
마. 이자비용 지급액		
− 이자비용(I/S)	-42	
− 선급이자의 증가	-10	-52
바. 법인세의 지급액		
− 법인세비용(I/S)	-12	
+ 당기법인세부채의 증가	10	-2
사. 퇴직금 지급액		-10
영업활동으로 인한 현금흐름		187

* 당기손익계산서 과목 중 매도가능증권처분이익과 유형자산처분손실은 투자활동의 결과 나타난 손익이므로 영업활동으로 인한 현금흐름을 계산하는 데에는 제외된다.

2 간접법

1) 간접법이란

간접법이란 손익계산서상의 당기순이익에서 출발하여 이에 ① 현금에 영향을 미치지 않는 비용이나 수익(즉, 비현금비용이나 비현금수익)을 가감하고, ② 영업활동과 무관한 투자와 재무활동으로부터의 비용이나 수익을 가감하며, ③ 영업활동과 관련된 자산·부채 증감액을 가감함으로써 영업활동으로 인한 현금흐름을 계산하는 방법이다. 즉 발생주의 손익계산서를 현금주의 손익계산서로 전환하되, 직접법은 손익계산서 과목 순서대로 전환하는 것이라면, 간접법은 그 역순으로 당기순이익에서 비현금손익 및 투자활동과 재무활동에서 나타난 손익을 제거하고 손익 관련 자산·부채의 증감액을 가감함으로써 영업활동으로 인한 현금흐름을 간접적으로 보여주고자 하는 방법이다.

2) 간접법 계산구조

상기의 간접법 내용을 토대로 계산구조를 정리하면 다음과 같다.

출발	1.	당기순이익(손익계산서)	
조정	2.	현금유출이 없는 비용 등의 가산(+)	감가상가비 등
	3.	현금유입이 없는 수익 등의 차감(-)	단기매매증권평가이익 등
	4.	영업활동으로 인한 자산·부채의 변동(±)	매출채권 및 재고자산 증감 등
산출	Ⅰ.	영업활동으로 인한 현금흐름	

일반기업회계기준에서는 비현금비용과 투자·재무활동손실을 합쳐서 '현금의 유출이 없는 비용 등'으로 구분하고, 비현금수익과 투자·재무활동수익을 합쳐서 '현금의 유입이 없는 수익 등'으로 구분하도록 요구하고 있다. 따라서 일반기준에서는 영업활동으로 인한 현금흐름을 간접법으로 표시할 때는 ① 손익계산서상 당기순이익에 ② 현금유출이 없는 비용 등을 가산하고, ③ 현금의 유입이 없는 수익 등을 차감한 다음, ④ 영업활동으로 인한 자산·부채의 변동을 가감하도록 현금흐름표 양식을 제시하고 있다.

손익계산서의 손익 항목 중 비현금손익 항목과 영업활동이 아닌 '투자 및 재무활동과 관련된 손익(비영업활동손익)' 항목을 정리하면 [표 3-12]와 같다. 동 표에 있는 각 항목에 대해서는 다음의 현금유출이 없는 비용 등 가산 항목과 현금유입이 없는 수익 등 차감 항목에서 자세히 설명하기로 한다.

[표 3-12] 비현금손익 항목과 영업활동 이외의 손익 항목 예

1. 현금의 유출입이 없는 비현금손익 항목

비용항목	수익항목
• 감가상각비 • 무형자산상각비 • 퇴직급여 • 대손상각비 • 주식보상비용 • 사채할인발행차금상각 - 전환권 조정 상각 또는 신주인수권 조정 상각 • 단기투자자산평가손실 • 장기투자증권손상차손 • 지분법손실 • 재고자산평가손실 • 재고자산감모손실 • 유형자산 손상차손 • 외화환산손실 • 재해손실 • 공사손실충당부채 전입액 - 하자보수비(하자보수충당부채 전입액) • 복구부채 충당 전입액 • 제품보증비, 마일리지 비용, 반품비용	- 이자수익 중 만기보유증권의 현재가치 할인차 금상각액 또는 할인매입상각액 • 단기투자자산평가이익 • 지분법이익 • 장기투자증권 손상차손 환입 • 만기보유증권 손상차손 환입 • 유형자산 손상차손 환입 • 장기성매출채권의 현재가치 할인차금 상각액 • 사채할증 발행차금 환입액 • 외화환산이익 • 대손충당금환입 • 재고자산평가충당금 환입 • 자산수증이익 • 채무조정이익 • 공사손실충당부채 환입액 • 하자보수충당부채 환입액 • 제품보증충당부채 등 제충당부채 환입액

2. 비영업활동 손익항목

비용항목	수익항목
• 단기투자자산처분손실 • 유형자산처분손실 • 투자자산처분손실 • 사채상환손실 • 외환차손	• 단기투자자산처분이익 • 유형자산처분이익 • 투자자산처분이익 • 사채상환이익 • 외환차익

3) 현금의 유출이 없는 비용 등의 가산

가. 현금의 유출이 없는 비용(비현금비용)

이 항목들은 현금의 유출이 없음에도 불구하고 당기순이익 계산 시 차감되었으므로 당기순이익에 가산 조정되는 항목이다. 영업활동으로 인한 현금흐름을 직접법으로 계산할 때에는 이러한 항목들을 각각의 과목에서 제거해주었지만, 간접법으로 표시할 때에는 일단 당기순이익만큼 현금이 증가했다고 가정한 후 현금의 유출이 없는 비현금비용을 가산해주어야 영업활동으로 인한 현금흐름이 산출된다.

♣ 감가상각비

건물, 구축물, 기계장치, 차량운반구, 공구기구비품 등 유형자산의 감가상각비로서 제조원가명세서상 제조경비에 포함되어 있는 감가상각비와 손익계산서의 관리비에 계상된 감가상각비를 합쳐야 한다.

판매비·관리비에 포함된 감가상각비는 당기순이익에 직접적으로 영향을 미치기 때문에 현금흐름 계산 당기순이익에 가산해주는 것은 당연하지만, 제조경비에 포함된 감가상각비는 일단 재고자산의 일부를 구성하기 때문에, 즉 간접적으로 당기순이익에 영향을 미치기 때문에 제조원가명세서에 기재된 감가상각비 전액을 비현금비용으로 볼 수 있느냐 하는 문제 제기를 할 수가 있다. 그러나 재고자산의 증가분은 '영업활동으로 인한 자산·부채의 증감'란에서 당기순이익에서 차감되므로 제조원가명세서상 감가상각비는 전액을 당기순이익에 가산해주어야 올바른 현금흐름이 계산된다. 그러나 유형자산에 대한 감가상각비 중 개발비로 대체된 부분은 당기순이익에 영향을 미치지 않았기 때문에 당기순이익에 가산하지 않는다.

♣ 무형자산상각비

영업권, 산업재산권, 광업권, 어업권, 차지권, 개발비 등 무형자산의 상각비로서 일반적으로 손익계산서상 관리비에 계상되어 있다. 그러나 개발비에 대한 상각비가 제조활동과 직접 관련이 된 경우에는 제조원가명세서에 계상되어 있다.

♣ 퇴직급여

임원 및 종업원에 대한 퇴직급여충당부채 전입액으로서 퇴직급여는 제조원가명세서 상 노무비에 포함된 금액과 손익계산서의 판매비·관리비에 포함된 금액을 합산해야 한다.

2005년도에 신설된 근로자퇴직급여보장법의 규정에 의하면 우리나라 기업의 경우 기존의 퇴직금제도와 확정급여형 퇴직연금제도 및 확정기여형 퇴직연금제도 중 하나를 선택하여야만 한다. 기존의 퇴직금제도나 확정급여형 퇴직연금제도를 채택하는 경우 손익계산서나 제조원가명세서상 '퇴직급여' 과목은 위에서 설명한 임원 및 종업원에 대한 '퇴직급여충당부채 전입액'으로서 현금의 유출이 없는 비용에 해당되지만, 확정기여형 퇴직연금제도를 채택한 기업의 경우에는 '퇴직급여' 과목이 금융기관에 연금을 현금으로 납부한 금액이기 때문에 이 경우에는 손익계산서나 제조원가명세서에 '퇴직급여' 과목이 실제로 현금의 유출이 있는 비용에 해당되며 퇴직급여충당부채가 계상되지 않는다. 그러므로 확정기여형 퇴직연금제도를 채택하는 기업의 '퇴직급여'는 당기순이익에 가산하여서는 안 된다.

♣ 대손상각비

매출채권이나 기타 채권에 대한 대손충당금 전입액으로서 매출채권에 대한 대손상각비는 손익계산서상 판매비에, 기타 채권에 대한 대손상각비는 영업외비용에 포함되어 있으므로 이 두 가지 금액을 모두 합산하여야 한다.

♣ 주식보상비용

회사가 임원을 포함한 종업원이나 기타 거래 상대방으로부터 재화나 용역을 제공받는 대가로 주식이나 주식선택권을 부여하는 경우가 있다. 이러한 거래를 '주식기준보상거래'라고 하는데, 주식기준보상거래에는 '주식결제형 주식기준보상거래'와 '현금결제형 주식기준보상거래' 및 '선택형 주식기준보상거래'가 있다.

'주식결제형 주식기준보상거래'의 경우 제공받는 재화나 용역의 공정가치를 측정하고 그 금액을 '주식보상비용'과 '주식선택권' 계정에 기록한다. 주식보상비용은 그 성격에 따라 판매비와 관리비, 제조원가 또는 개발비로 처리하며, 주식선택권은 자본조정에 계상한다.

'현금결제형 주식기준보상거래'의 경우 제공받는 재화나 용역과 그 대가로 부담하는 부채를 부채의 공정가치로 측정하고 그 금액을 '주식보상비용'과 '장기미지급비용' 계정에 기록한다. 역시 주식보상비용은 그 성격에 따라 판매비와 관리비, 제조원가 또는 개발비로 처리한다.

'선택형 주식기준보상거래'의 경우 회사가 현금이나 기타 자산을 지급해야 하는 부채를 부담하는 부분은 현금결제형 주식기준보상거래로 회계처리하고 그러한 부채를 부담하지 않는 부분은 주식결제형 주식기준보상거래로 회계처리한다.

이렇게 주식기준보상거래에서 발생하는 '주식보상비' 중 개발비로 대체되는 부분은 비현금교환거래에 해당하기 때문에 순이익에 영향을 미치지 않으며, 제조원가와 판매비와 관리비로 처리되는 부분은 '현금의 유출이 없는 비용'에 해당한다.

♣ 사채할인발행차금상각

사채발행가액이 액면가액보다 낮은 경우 그 차액은 사채할인발행차금 계정으로 하여 사채의 액면가액에서 차감하는 형식으로 재무상태표에 기재하는데, 이러한 사채할인발행차금은 사채권자가 요구하는 수익률을 보장시켜주기 위하여 지급한 선지급이자와 유사한 것으로서 사채 발행 시부터 최종 상환 시까지의 기간에 유효이자율법을 적용하여 상각하고 동 상각액은 각 회계연도의 이자비용에 가산된다. 이때 사채발행가액이란 사채 발행으로 인하여 수령한 금액에서 사채발행비를 차감한 후의 가액을 의미한다. 사채할인발행차금상각액은 이자비용에 포함되어 있지만 현금으로 지출된 비용이 아니다.

♣ 전환권조정상각 또는 신주인수권조정상각

일반기준 제15장(자본)에 의하면 전환사채 또는 신주인수권부사채 발행 시 그 발행가액을 일반 사채에 해당하는 부분과 전환권(신주인수권)에 해당하는 자본 부분을 분리하여 회계처리하도록 요구하고 있으며, 이때 자본 부분의 가치를 전환권대가(신주인수권대가)로 인식한다. 따라서 전환사채 또는 신주인수권부사채의 발행으로 인하여 실제로 납입된 금액에서 부채에 해당하는 부분을 차감하고 난 후의 잔액을 전환권조정(신주인수권조정) 계정에 계상하게 되는데, 상환할증금이 없는 전환사채 및 신주인수권부사채의 경우에는 발행 당시 전환권대가(신주인수권대가) 금액과 일치하고, 상환할증금을 지급하는 조건이 있는 전환사채 또는 신주인수권부사채의 경우에는 상환할증금과 전환권대가(신주인수권대가)를 합친 금액이 전환권조정(신주인수권조정) 계정에 계산된다. 이 전환권조정(신주인수권조정) 계정은 사채할인발행차금 계정과 유사한 성격을 지닌 계정으로서 시간의 경과에 따라 상각된 금액은 이자비용으로 계상된다. 따라서 이자비용 속에 포함된 전환권조정상각(신주인수권조정상각) 금액은 현금의 유출이 없는 비용으로서 당기순이익에 가산되어야 한다.

♣ 단기투자자산평가손실

단기매매 목적 유가증권, 즉 단기매매증권 등의 장부가액이 동 유가증권의 시가에 미달하는 경우에 발생하는 평가손실로서 손익계산서의 영업외비용에 포함되어 있다.

♣ 장기투자증권손상차손

장기투자증권손상차손은 매도가능증권손상차손과 만기보유증권손상차손을 포함한다.

- 매도가능증권손상차손

회사가 보유하고 있는 지분증권이나 채권 중 단기매매 목적이 아니거나 만기 보유 목적이 아닌 증권을 매도가능증권이라 한다. 매도가능증권은 원칙적으로 공정가액으로 평가하게 되는데, 이때 발생하는 '매도가능증권평가손익'은 자본조정 항목으로서 당기순이익에 반영되지 않으므로(즉, 비현금교환거래이므로) '매도가능증권평가손익'은 당기순이익에 가감할 필요가 없다. 그러나 매도가능증권 중 지분증권을 취득원가로 평가하든 공정가액으로 평가하든 동 지분증권으로부터 회수할 수 있을 것으로 추정되는 금액(이하 '회수가능가액'이라 한다)이 그 증권의 취득원가 또는 장부가액보다 작은 경우에는 보고 기간 종료일마다 감액 대상인지 여부를 판단하여야 한다. 손상차손이 발생한 객관적인 증거가 있는 경우에는 회수가능가액과 장부가액의 차액을 손상차손으로 인식한다. 이러한 '매도가능증권손상차손'은 아래의 '만기보유증권손상차손'과 합하여 '장기투자증권손상차손'의 과목으로 손익계산서 영업외비용에 반영되는데, 이는 현금의 유출이 없는 비용이기 때문에 당기순이익에 가산하여야 한다. 일반기준 제6장 문단 6.A8에 의하면 당좌거래 정지 처분을 받은 경우이거나, 청산 중에 있는 경우, 1년 이상 휴업 중인 경우, 또는 완전 자본잠식 상태에 있는 경우와 같이 유가증권 발행자의 재무상태가 심각하게 악화된 경우 등에 손상차손을 인식하도록 요구하고 있다. 또한 매도가능증권 중 채무증권에 대하여도 그 증권의 회수가능가액이 장부가액(상각 후 취득원가)에 미달할 경우에는 손상차손을 인식하여야 하며, 이 경우에 발생하는 '매도가능증권손상차손'도 그 회계처리는 지분증권손상차손과 동일하다.

- **만기보유증권손상차손**

  채권 중 만기가 확정된 채권으로서 상환금액이 확정되었거나 확정이 가능한 동 채권을 회사가 만기까지 보유할 적극적인 의도와 능력이 있는 경우에는 만기보유증권으로 분류한다. 만기보유증권에 대하여도 그 채권으로부터 회수할 수 있을 것으로 추정되는 금액(유가증권의 취득 당시의 유효이자율로 할인한 기대 현금흐름의 현재가치)이 장부가액에 미달하는 경우(만기보유증권의 원리금을 계약상의 조건대로 회수하지 못할 가능성이 매우 높다는 객관적인 증거가 있는 경우) 손상차손을 인식하여야 한다. 만기보유증권손상차손도 매도가능증권손상차손과 마찬가지로 현금유출이 없는 비용으로서 영업외비용에 계상된다.

♣ 지분법손실

다른 법인이 발행한 주식 총수의 100분의 20 이상의 주식을 소유하고 있는 경우 특별한 예외가 없는 한 동 주식은 지분법을 적용하여 평가하여야 한다. 이러한 주식을 '지분법적용투자주식'이라고 하는데, 지분법을 적용함에 있어서 피투자회사의 재무상태표상 순자산가치가 주식 소유 법인의 지분법적용투자주식의 장부가액에 미달한다면 그 주식 소유 법인은 지분법손실을 계상하게 되는데, 이 손실은 현금의 유출이 없는 비용에 해당하며 손익계산서의 영업외비용에 포함되어 있다.

♣ 재고자산평가손실

재고자산의 취득원가보다 순실현가능가액이 하락한 경우에 발생하는 손실로서 손익계산서의 매출원가에 포함되어 있다. 회사가 재고자산에 대한 평가손실을 계상하였다 하더라도 일반적으로 손익계산서의 매출원가란에 '재고자산평가손실' 과목을 별도로 기재하지 않기 때문에 회사가 재고자산에 대한 평가손실을 계상하였는지 여부를 알아보기 위해서는 재무상태표상 재고자산에 대한 평가충당금이 계상되었는지 파악하여야 한다.

♣ 재고자산감모손실

재고자산의 장부상 수량과 실제 수량의 차이에서 발생하는 손실로서 정상적으로 발생한 감모손실은 손익계산서 매출원가에 포함되어 있고, 비정상적으로 발생한 감 모손실은 영업외비용에 포함되어 있다. 이러한 감모손실은 현금의 유출이 없는 비용에 해당된다.

♣ 유형자산손상차손

기업은 유형자산의 진부화 또는 시장가치의 급격한 하락 등으로 인하여 유형자산의 미래 경제적 효익이 장부가액에 현저하게 미달할 가능성이 있을 경우에는 손상차손의 인식 여부를 검토하여야 한다. 만약 유형자산의 손상 가능성이 있다고 판단되고, 당해 유형자산의 사용 및 처분으로부터 기대되는 미래의 현금흐름 총액의 추정액이 장부가액에 미달하는 경우에는 장부가액을 회수가능가액으로 조정하고 그 차액을 손상차손으로 하여 영업외비용에 계상하고 상대 과목은 '손상차손누계액'으로 처리한다. '유형자산손상차손'은 유형자산에 대한 특별상각비의 성격을 지닌 것으로서 '현금의 유출이 없는 비용'에 해당된다

♣ 외화자산·부채(현금성자산 제외)환산손실

외화매출채권이나 외화차입금 등 외화 표시 자산·부채를 기말 결산 시의 환율로 환산한 결과 나타난 손실로서 손익계산서의 영업외비용에 포함되어 있다. 그러나 외화 당좌예금과 같이 현금및현금성자산에 포함되는 외화자산을 환산한 결과 나타나는 환산손익은 현금 유출·입이 있는 손실이므로 당기순손익에 가산하지 않는다.그러나 K-IFRS를 적용하여 현금흐름표를 작성하는 경우에는 제2장 제2절 말미에서 언급한 바와 같이 현금및현금성자산에 해당하는 외화자산에 대한 환산손실은 기타 자산·부채의 환산손실과 마찬가지로 당기순손익에 가산한 다음 현금및현금성자산에 대한 환율 변동 효과는 영업활동, 투자활동 및 재무활동 현금흐름과 구분하여 별도로 표시하여야 한다.

♣ 재해손실

화재나 수해 등 재해손실로서 현금및현금성자산을 제외한 유동자산이나 비유동자 산에 대한 손실이며 손익계산서의 영업외비용에 포함되어 있다.

♣ 공사손실충당부채 전입액

건설업의 경우, 공사와 관련하여 향후 공사손실의 발생이 예상되는 경우에는 예상손실을 공사손실충당부채로 인식하여야 한다. 이때 당기에 계상하는 공사손실충당부채 전입액(추정공사손실)은 잔여 공사 기간 중에 발생이 예상되는 공사원가의 합계액이 동 기간 중 인식될 공사수익의 합계액을 초과하는 금액이며, 공사 전 기간에 걸쳐 예상되는 총공사손실액에 과

거 기간 중에 인식한 공사이익이 있을 경우 이를 합계한 금액과 같다. 공사손실충당부채 전입액은 당기의 공사원가에 포함되어 있으며, 이는 현금의 유출이 없는 비용이다.

♣ 하자보수비(하자보수충당부채 전입액)

건설업의 경우, 공사 종료 후에 하자보수 의무가 있는 경우에는 합리적이고 객관적인 기준에 따라 추정된 금액을 하자보수비로 하여 그 전액을 공사가 종료되는 회계연도의 공사원가에 포함하고, 동액을 하자보수충당부채로 계상한다. 따라서 이와 같은 하자보수비(하자보수충당부채 전입액)는 현금의 유출이 없는 비용이다.

♣ 복구충당부채 전입액

기업이 토양, 수질, 대기, 방사능 오염 등을 유발할 가능성이 있는 시설물을 취득한 시점에서 해당 유형자산의 경제적 사용이 종료된 후에 원상회복을 위하여 그 자산을 제거/해체하거나 또는 부지를 복원하는 데 소요될 것으로 추정되는 비용이 충당부채의 인식 요건을 충족하는 경우 그 지출의 현재가치를 '복구비용'이라고 한다. 일반기준 제10장(유형자산) 문단 10.9에 의하면 이러한 시설물을 취득한 기업은 자산의 취득 시 관련 복구비용을 신뢰성 있게 추정할 수 있는 경우 취득원가에 가산하여야 한다. 취득 시에는 복구비용의 현재가치를 취득원가에 가산하였기 때문에 이후 매 결산 시마다 복구충당부채에 유효이자율법을 적용한 금액을 '복구충당부채 전입액' 계정과 '복구충당부채' 계정에 계상한다. 따라서 기간비용(판매비와 관리비 또는 제조원가)으로 계상되는 '복구충당부채 전입액'은 '현금의 유출이 없는 비용'이며 실제 현금유출은 유형자산의 경제적 사용이 종료된 후에 원상회복 시점에 발생한다.

♣ 제품보증비, 마일리지비용, 반품비용(제충당부채 전입액)

'충당부채'란 '과거의 사건이나 거래의 결과로 인한 현재 의무'로서, 지출의 시기 또는 금액이 불확실하지만 그 의무를 이행하기 위하여 자원이 유출될 가능성이 매우 높고, 또한 당해 금액을 신뢰성 있게 추정할 수 있는 의무를 말한다.

앞에서 서술한 '공사손실충당부채'와 '하자보수충당부채' 및 '복구충당부채'도 충당부채에 해당되며, 그 외에도 제품보증충당부채, 마일리지충당부채 및 반품보증충당부채 등이 모두 충당부채에 해당된다.

이러한 충당부채를 재무제표에 인식할 때는 '제품보증비', '마일리지비용' 및 '반품비용'을 각각 판매비와 관리비로 인식하게 되는데 이러한 비용들이 모두 '충당부채 전입액'에 해당되며 '현금의 유출이 없는 비용'이다. 이러한 비용들은 모두 현금의 유출을 수반하지 않으면서 당기순이익을 감소시키기 때문에 현금흐름표를 간접법으로 작성할 경우에는 모두 당기순손익에 가산하여야 한다.

나. 비영업활동손실(영업활동과 무관한 투자활동과 재무활동으로 인한 손실)

이 항목들은 투자활동과 재무활동으로 인한 손실로서 당기순이익에 이미 반영(차감)되어 있다. 그러므로 영업활동에서 벌어들인 현금을 계산하기 위해서는 당기순이익에서 이러한 항목들을 제거(당기순이익에 가산)하여야 한다.

♣ 단기투자자산처분손실

단기매매증권이나 유동자산에 속하는 매도가능증권 및 만기보유증권의 처분은 투자활동에 속하므로 투자활동 결과 나타난 단기투자자산처분손실은 당기순이익에 가산해준다. 단기투자자산처분손실은 손익계산서 영업외비용에 포함되어 있다.

♣ 유형자산처분손실

유형자산 처분 시 동 유형자산의 장부가액(취득원가-감가상각누계액) 이하로 처분함으로써 발생하는 차손이다. 이러한 차손은 투자활동 결과 발생된 차손인데 그 결과 당기순이익이 감소하였으므로, 순수 영업활동으로 인한 현금순이익을 산출하기 위해서는 동 손실을 당기순이익에 가산하여야 한다(투자활동으로 인한 효과를 제거하는 의미임). 유형자산 처분손실은 손익계산서상 영업외비용에 포함되어 있다.

♣ 투자자산처분손실

장기투자증권(매도가능증권, 만기보유증권)이나 지분법적용투자주식 등 투자자산을 처분함에 있어서 동 투자자산의 장부가액 이하로 처분한 경우 발생하는 손실로서 손익계산서의 영업외비용에 포함되어 있다.

투자활동 결과 발생된 차손 때문에 당기순이익이 감소되었으므로 영업활동으로 인한 현금흐름을 계산하기 위해서는 당기순이익에 가산해준다.

♣ 사채상환손실

사채를 상환함에 있어서 사채의 장부가액(사채액면가액-사채할인발행차금잔액 또 는 사채액면가액+사채할증발행차금잔액) 이상으로 대금을 지급하고 사채 또는 전환사채를 상환한 경우 사채상환손실이 나타나게 된다. 이러한 차손은 재무활동 결과 나타난 차손으로서 이러한 차손 때문에 당기순이익이 감소되었으므로 순수 영업활동에 의한 현금흐름을 계산하고자 할 때에는 당기순이익에 가산해주어야 한다(재무활동으로 인한 효과를 제거하는 의미임). 사채상환손실은 손익계산서의 영업외비용에 포함되어 있다.

♣ 외환차손

외화장기차입금을 상환한 경우 상환 직전 동 부채의 장부상 환산 환율과 동 부채의 상환 당시 환율의 차이 때문에 발생하는 손실로서 역시 재무활동으로 인한 손실이므로 당기순이익에 가산해준다. 외환차손은 손익계산서 영업외비용에 포함되어 있다. 그러나 외화매출채권이나 외화매입채무의 회수 및 상환 과정에서 발생하는 외환차손은 영업활동으로 인한 손실이기 때문에 당기순이익에 가산할 필요가 없다. 한편, 외화부채의 상환에 따른 외환차손도 금융비용으로 간주하여 재무활동손익이 아닌 영업활동손익으로 구분하자는 주장이 있다. 이렇게 외환차손을 금융비용으로 간주할 경우에는 당연히 당기순이익에 가산할 필요가 없게 된다.

4) 현금의 유입이 없는 수익 등의 차감

가. 현금의 유입이 없는 수익(비현금수익)

아래 항목들은 현금의 유입이 없으면서도 당기순이익에 포함되어 있는 항목들로서 영업활동으로 인한 현금흐름을 계산하기 위해서는 당기순이익에서 차감해주어야 한다.

♣ 이자수익 중 만기보유증권의 현재가치 할인차금상각액 또는 할인매입상각액

일반기준 제6장 문단 6.29에 의하면 만기보유증권은 상각후원가로 평가하여 재무상태표에 표시하도록 요구하고 있고, 동 증권의 장부금액과 만기액면가액의 차이를 상환 기간에 걸쳐 유효이자율법에 의하여 상각하여 취득원가와 이자수익에 가감하도록 규정하고 있다. 따라서 회사가 만기보유증권을 액면가액으로 취득하였을 경우라도 액면가액을 취득원가로 기록하지 않고, 동 채권으로부터 기대되는 미래 현금흐름의 현재가치(유효이자율법에 의한 공정가치)를 취득원가로 기록하며, 향후 보유 기간에 걸쳐 유효이자율에 의한 이자수익을 인식하기 때문에 이자수익 속에는 현금의 유입이 없는 '만기보유증권 현재가치할인차금상각액'이 포함되어 있다. 또한 만기보유증권을 할인매입한 경우에도 동 차액을 향후 그 채권의 보유 기간에 걸쳐 유효이자율법에 의해 이자수익으로 인식하여야 하기 때문에 이 경우에도 역시 이자수익 속에는 현금의 유입이 없는 '만기보유증권 할인매입상각액'이 포함되어 있다. 이러한 할인차금상각액 또는 할인매입상각액은 현금의 유입이 없는 수익이기 때문에 당기순이익에서 차감되어야 한다.

♣ 단기투자자산평가이익

단기매매 목적의 유가증권(단기매매증권) 등을 기말에 시가로 평가한 결과 발생된 평가이익으로서 손익계산서 영업외수익에 계상된다. 이 단기투자자산평가이익은 현금의 유입이 없는 비현금수익이다.

♣ 지분법이익

다른 법인이 발행한 주식 총수의 100분의 20 이상의 주식(특수관계회사주식)을 소유하고 있는 경우 동 주식은 특별한 예외가 없는 한 지분법을 적용하여 평가하여야 한다. 지분법을 적용함에 있어서 피투자회사의 재무상태표상 순자산가치가 주식 소유 법인의 지분법적용투자주식의 장부가액을 초과하는 경우 그 차이가 피투자회사의 당기순이익으로 인하여 발생하였다면 그 주식 소유 법인은 지분법이익을 계상하게 되는데, 이 이익은 비현금수익이며 손익계산서상 영업외수익에 계상된다.

♣ 장기투자증권손상차손환입

장기투자증권손상차손환입은 매도가능증권손상차손환입과 만기보유증권손상차손 환입을 포함한다.

- **매도가능증권손상차손환입**

  매도가능증권 중 공정가액으로 평가하는 지분증권에 대하여는 동 지분증권으로부터 회수할 수 있을 것으로 추정되는 금액(이하 '회수가능가액'이라 한다)이 그 증권의 장부가액보다 작은 경우에는 보고 기간 종료일마다 손상 대상인지의 여부를 판단하여야 하며, 손상차손이 발생한 객관적인 증거가 있는 경우에는 회수가능가액과 장부가액의 차액을 매도가능증권손상차손으로 인식한다. 또한 매도가능증권 중 채무증권에 대하여도 그 증권의 회수가능가액이 장부가액(상각 후 취득원가)에 미달할 경우에는 매도가능증권손상차손을 인식하여야 한다. 그러나 손상차손 인식 후 매도가능증권에 대한 손상차손의 회복이 손상차손을 인식한 기간 이후에 발생한 사건과 객관적으로 관련된 경우에는 이전에 인식하였던 손상차손금액을 한도로 하여 회복된 금액을 당기이익으로 인식한다. 매도가능증권손상차손 환입액은 영업외수익에 계상된다.

- **만기보유증권손상차손환입**

  만기보유증권으로부터 회수할 수 있을 것으로 추정되는 금액(유가증권의 취득 당시의 유효이자율로 할인한 기대 현금흐름의 현재가치)이 장부가액에 미달하는 경우 (만기보유증권의 원리금을 계약상의 조건대로 회수하지 못할 가능성이 매우 높다는 객관적인 증거가 있는 경우) 손상차손을 인식하여야 한다. 그러나 손상차손을 인식한 후, 만기보유증권에 대한 손상차손의 회복이 손상차손 인식 후에 발생한 사건과 객관적으로 관련된 경우에는, 회복된 금액을 당기이익으로 인식하되, 회복 후 장부가액이 당초에 손상차손을 인식하지 않았다면 회복일 현재의 상각 후 취득원가가 되었을 금액을 초과하지 않도록 한다. 만기보유증권손상차손 환입액은 영업외수익에 계상된다.

♣ 유형자산손상차손환입

기업이 소유한 유형자산의 손상 가능성이 있다고 판단되고, 당해 유형자산의 사용 및 처분으로부터 기대되는 미래의 현금흐름 총액의 추정액이 장부금액에 미달하는 경우에는 장부금액을 회수가능가액으로 조정하고 그 차액을 손상차손으로 하여 처리하였으나, 그 이후의 회계연도에 손상된 자산의 회수가능가액이 장부금액을 초과하는 경우에는 그 자산이 손상되기 전의 장부금액의 감가상각 후 잔액을 한도로 하여 그 초과액을 손상차손환입으로 처리한다(유형자산손상차손 누계액이 감소함). 유형자산손상차손 환입액은 영업외수익으로 계상되어 당기순이익을 증가시키지만 '현금의 유입이 없는 수익'이므로 현금흐름 계산 시에는 당기순이익에서 차감하여야 한다.

♣ 장기성매출채권의 현재가치할인차금상각액

재화와 용역을 매출하고 장기어음을 수령한 경우 동 어음의 현재가치와 액면금액의 차액을 현재가치할인차금으로 계상하여야 한다. 이 현재가치할인차금은 장기성 매출채권의 평가 계정으로서 시간의 경과에 따라 상각되어야 하는데, 동 상각액은 비현금수익으로서 이자수익에 포함되므로 이자수익이 포함된 당기순이익에서 차감되어야 영업활동으로 인한 현금흐름을 계산할 수 있게 된다.

♣ 사채할증발행차금 환입액

사채를 할증발행하는 경우 액면금액을 초과하여 발행회사에 납입된 금액(사채발행대금에서 사채발행비를 차감한 금액)은 사채할증발행차금 계정에 계상된다. 동 차금은 사채의 상환 기간에 걸쳐 유효이자율법 등으로 환입되는데, 환입되는 금액만큼 실제 현금 지급되는 사채이자 계정에서 차감된다. 따라서 당기순이익에는 실제 현금 지출한 사채이자보다 적은 금액이 계산되어 있으므로 현금주의 순이익을 계산하기 위해서는 사채할증발행차금 환입액을 당기순이익에서 차감하여야 한다.

♣ 외화자산·부채(현금성자산 제외)환산이익

외화표시자산·부채의 환산손실과 마찬가지로 환산이익도 환율의 변동에 의한 이익이지 실제로 현금이 유입된 이익이 아니다. 따라서 동 환산이익은 당기순이익에서 차감되어야 한다. 그러나 외화당좌예금에 대한 환산이익처럼 현금유입이 있는 수익은 당기순이익에서 차감하지 아니한다.

이 경우에도 K-IFRS를 적용하여 현금흐름표를 작성하는 경우에는 제2장 제2절 말미에서 언급한 바와 같이 현금및현금성자산에 해당하는 외화자산에 대한 환산이익은 기타 자산·부채의 환산이익과 마찬가지로 당기순손익에서 차감한 다음, 현금및현금성자산에 대한 환율 변동 효과는 영업활동, 투자활동 및 재무활동 현금흐름과 구분하여 별도로 표시하여야 한다.

♣ 대손충당금환입

매출채권이나 기타채권에 대한 대손충당금 환입액으로서 손익계산서 판매비와 일반관리비의 대손상각비가 음수(-)로 표시되어 있다. 이는 현금의 유입이 없는 수익에 해당된다.

♣ 재고자산평가충당금환입

재고자산을 저가법에 의하여 평가한 경우, 평가손실금액은 재고자산평가충당금 계정에 계상된다. 그 이후 동 평가손실을 초래했던 상황이 해소되어 재고자산의 새로운 시가가 장부금액보다 상승한 경우에는 최초의 장부금액을 초과하지 않는 범위 내에서 평가손실을 환입한다. 이러한 재고자산평가충당금 환입액은 손익계산서 매출원가에서 차감되어 있다.

♣ 자산수증이익

결손이 누적되어 있거나 또는 기타의 이유로 회사의 대주주 등으로부터 자산을 증여받는 경우 이를 자산수증이익이라 하고 동 이익을 손익계산서 영업외수익에 계상한다. 이때 현금및현금성자산을 증여받는 경우를 제외하고는 현금으로 유입된 수익이 아니므로 당기순이익에서 차감하여야 현금주의 순이익이 산출된다.

♣ 채무조정이익

채무자의 입장에서 채무를 변제하기 위하여 채권자에게 각종 자산을 이전하거나 지분증권을 발행, 또는 차입 조건의 변경이 발생할 수 있다. 이러한 경우, 변제되는 채무의 장부가액과 이전되는 자산의 공정가액 또는 발행되는 지분증권의 공정가액이나 채권채무조정에 따른 미래 현금흐름의 현재가치와의 차액을 채무조정이익이라 한다. 이 이익은 현금으로 유입된 이익이 아니기 때문에 당기순이익에서 차감하여야 현금주의 순이익이 산출된다.

♣ 공사손실충당부채환입액

건설업의 경우, 공사와 관련하여 향후 공사손실의 발생이 예상되는 경우에는 예상손실을 공사손실충당부채로 인식하는데, 차기 이후의 공사에서 실제로 손실이 발생한 경우 동 손실에 상당하는 금액을 공사손실충당부채잔액의 범위 내에서 환입하고 동 환입액을 해당 회계연도의 공사원가에서 차감하여 보고된다. 이 환입액은 현금의 유입이 없는 수익이다.

♣ 하자보수충당부채환입액

건설업의 경우, 공사 종료 후에 하자보수 의무가 있는 경우에는 합리적이고 객관적인 기준에 따라 추정된 금액을 하자보수비로 하여 그 전액을 공사가 종료되는 회계연도의 공사원가에 포함시키고 동액을 하자보수충당부채로 계상하는데, 동 충당부채는 이후 실제로 발생한 하자보수비와 상계하고, 그 잔액이 있는 경우에는 실질적으로 하자보수의 의무가 종료한 회계연도에 환입한다. 동 환입액은 현금의 유입이 없는 수익이다.

♣ 제품보증충당부채 등 제충당부채 환입액

기업이 제품보증충당부채나 마일리지충당부채 또는 반품보증충당부채와 같은 충당부채를 인식해왔으나 상황 변동으로 인하여 더 이상 충당부채의 인식 요건을 충족하지 아니하게 되거나 실제 충당부채의 이행으로 인한 자원의 유출액이 회사의 장부상 실제 충당부채액보다 적은 경우 동 부채를 환입하게 된다. 이러한 환입액은 영업외수익에 계상되어 당기순손익을 증가시키지만 현금의 유입이 없는 수익이므로 현금흐름 계산 시에는 당기순손익에서 차감하여야 한다.

나. 비영업활동수익(영업활동과 무관한 투자활동과 재무활동으로 인한 수익)

이 항목들은 투자활동과 재무활동으로 인한 수익으로서 당기순이익에 이미 반영(가산)되어 있다. 그러므로 영업활동에서 벌어들인 현금을 계산하기 위해서는 당기순이익에서 이러한 항목들을 제거(차감)하여야 한다.

♣ 단기투자자산처분이익

단기매매 목적의 유가증권(단기매매증권)이나 유동자산으로 분류된 매도가능증권 및 만기보유증권 등 단기투자자산의 처분활동은 투자활동으로 구분하고 있으므로 단기투자자산처분이익도 당기순이익에서 차감한다.

♣ 유형자산처분이익

유형자산 처분 시 동 유형자산의 장부가액보다 처분대가를 더 많이 수령한 경우에 발생하는 차액으로서 이는 투자활동 결과 발생한 이익이기 때문에 당기순이익에서 차감한다.

♣ 투자자산처분이익

장기투자증권(매도가능증권, 만기보유증권)이나 지분법적용투자주식 등 투자자산을 처분한 경우 동 투자자산의 장부가액보다 처분대가를 더 많이 수령한 경우에 발생하는 차액으로서 이 역시 투자활동의 결과로 발생된 이익이기 때문에 당기순이익에서 차감한다.

♣ 사채상환이익

사채를 상환함에 있어서 사채의 장부가액 이하로 대금을 지급하고 사채 또는 전환사채를 상환할 경우, 사채상환이익이 나타나게 된다. 이러한 이익은 재무활동 결과 나타난 이익으로서 이러한 이익 때문에 당기순이익이 증가되었으므로 영업활동에 의한 현금흐름을 계산하고자 할 때에는 당기순이익에서 차감해주어야 한다. 사채상환이익은 손익계산서의 영업외수익에 포함되어 있다.

♣ 외환차익

외화장기차입금을 상환한 경우 상환 직전 동 부채의 장부상 환산환율과 동 부채의 상환 당시 환율의 차이 때문에 발생하는 이익으로서 역시 재무활동으로 인한 이익이므로 당기순이익에서 차감한다. 외환차익은 손익계산서 영업외수익에 포함되어 있다. 그러나 외화매출채권이나 외화매입채무의 회수 및 상환 과정에서 발생하는 외환차익은 영업활동으로 인한 이익이기 때문에 당기순이익에서 차감할 필요가 없다. 한편, 외화부채의 상환에 따른 외환차익도 금융수익으로 간주하여 재무활동손익이 아닌 영업활동손익으로 구분하자는 주장이 있다. 이렇게 외환차익을 금융수익으로 간주할 경우에는 당연히 당기순이익에서 차감할 필요가 없게 된다.

5) 영업활동으로 인한 자산·부채의 변동

직접법에서는 손익계산서 각 항목과 관련된 재무상태표 자산 및 부채의 증감액을 손익계산서 각 항목에 가감시켜주었으나, 간접법의 경우에는 손익계산서 각 항목이 당기순이익이라는 하나의 수치에 집합되어 있으므로 영업활동과 관련된 자산·부채의 증감을 당기순이익에 가감시켜주어야 한다. 앞의 제2절 '재무상태표 등식과 현금흐름표의 작성 원리'에서 살펴본 바와 같이 현금을 제외한 제자산의 증가는 현금을 감소시키며, 현금을 제외한 제자산의 감소는 현금을 증가시키기 때문에 제자산의 증가액은 당기순이익에서 차감하고 제자산의 감소액은 당기순이익에 가산한다. 반대로 제부채의 증가는 현금을 증가시키며, 제부채의 감소는 현금을 감소시키므로 간접법에서는 영업활동과 관련된 제부채의 증가액은 당기순이익에 가산하고, 영업활동 관련 제부채의 감소액은 당기순이익에서 차감한다.

다음 사례를 통하여 영업활동으로 인한 자산·부채의 변동을 살펴보자.

[예제 3-12] 영업활동으로 인한 자산·부채의 변동 계산

강남상사의 20×1년 손익계산서상 매출액은 40,000원, 매출원가는 20,000원이며, 나머지 손익 항목은 없는 것으로 가정한다. 그리고 20×1년 중 영업활동을 수행하면서 순운전자본인 재고자산, 매출채권, 매입채무의 증감이 아래와 같이 발생하였다. 단, 기타 운전자본의 변동은 없는 것으로 가정한다.

(단위 : 원)

구 분	20×1.1.1(기초)	20×1.12.31(기말)	변동(증감)
매출채권	4,000	3,000	(1,000)
상품(재고자산)	1,000	4,000	3,000
매입채무	1,500	2,000	500

위의 자료를 토대로 강남상사의 영업활동으로 인한 자산·부채의 변동과 영업활동 현금흐름은 얼마인가?

풀이

영업활동으로 인한 자산·부채의 변동으로 인한 현금 유·출·입 효과(마이너스(-) 요인 또는 플러스(+) 요인)를 계산하면 다음과 같다.

(단위 : 원)

영업활동 자산·부채	기초	기말	증감 (변동)	현금 유·출·입 효과 (+. -)	4. 영업활동으로 인한 자산·부채의 변동 (현금흐름표상)	
매출채권	4,000	3,000	감소	+1,000(유입)	가. 매출채권의 감소	+1,000
재고자산	1,000	4,000	증가	-3,000(유출)	나. 재고자산의 증가	-3,000
매입채무	1,500	2,000	증가	+500(유입)	다. 매입채무의 증가	+500

사례에서 현금의 유출이 없는 비용 등의 가산과 현금의 유입이 없는 수익 등의 차감 항목이 없으므로 매출에서 매출원가를 차감한 20,000원의 당기순이익에 영업활동 관련 자산의 증가액과 부채의 감소액은 차감 조정하고, 영업활동 관련 자산의 감소액과 부채의 증가액은 가산 조정하여 간접법에 의한 영업활동 현금흐름을 산출하면 다음과 같다.

(단위 : 원)

과 목	20×1년
Ⅰ. 영업활동으로 인한 현금흐름(A±B)	18,500
(1) 총영업활동 현금흐름(A=1+2-3)	20,000
1. 당기순이익	20,000
2. 현금의 유출이 없는 비용 등의 가산	-
3. 현금의 유입이 없는 수익 등의 차감	-
(2) 영업활동으로 인한 자산·부채의 변동(B=4.1+4.2)	-1,500
4.1 순운전자본의 변동(증감)	-1,500
가. 매출채권의 감소(증가)	+1,000
나. 재고자산의 감소(증가)	-3,000
다. 매입채무의 증가(감소)	+ 500
4.2 기타 운전자본의 변동(증감)	-

강남상사의 영업활동 현금흐름을 직접법으로 계산하여도 상기의 간접법과 동일한 결과이다.

(단위 : 원)

당기 손익계산서상 매출액	40,000	당기 손익계산서상 매출원가	-20,000
+ 매출채권 감소액	+1,000	- 재고자산의 증가액 + 매입채무의 증가액	-3,000 + 500
매출에 의한 현금유입액(A)	41,000	매입에 의한 현금유출액(B)	-22,500
영업활동 현금흐름(A+B)			18,500

또한 영업활동과 관련된 자산·부채 항목들의 예를 들면 다음과 같다.

♣ 매출채권의 증감액

기업의 주된 영업활동 대상인 제품·상품·용역의 외상매출금과 받을 어음의 증감액으로서, 단기매출채권 및 장기성매출채권의 증감액을 뜻한다. 업종이 건설업인 경우에는 공사미수금, 분양미수금도 매출채권에 포함된다. 직접법에서는 매출에 의한 현금유입 계산 시 손익계산서상 매출액에 가감하였지만, 간접법에서는 당기순이익에 가감한다.

♣ 재고자산의 증감액

기업의 주된 영업활동 대상인 제품·상품·재공품·원재료·저장품 등의 증감액으로서, 직접법에서는 매입에 의한 현금유출액 계산 시 손익계산서상 매출원가에 가감하였지만, 간접법에서는 당기순이익에 가감한다.

♣ 선급비용의 증감액

직접법에서는 판매비와 관리비 또는 이자비용의 현금유출액 계산 시 손익계산서상 판매비와 관리비나 이자비용에 가감하였지만, 간접법에서는 당기순이익에 가감한다.

♣ 선급금의 증감액

재고자산을 구입하기 위한 선지급금의 증감액으로서, 직접법에서는 매입에 의한 현금유출액 계산 시 손익계산서상 매출원가에 가감하였지만, 간접법에서는 당기순이익에 가감한다.

♣ 미수수익의 증감액

직접법에서는 이자수익이나 배당금수익의 현금유입액 계산 시 손익계산서상 이자수 익이나 배당금수익에 가감하였지만, 간접법에서는 당기순이익에 가감한다.

♣ 이연법인세자산 증감액

기업회계와 세법의 일시적인 차이에 따라 법인세법에 의하여 납부하여야 할 법인세가 법인세비용을 초과하는 경우, 회사는 그 초과금액을 장기 또는 단기 선급비용의 성격을 지닌 이연법인세자산 계정에 계상한다. 이연법인세자산 계정의 증감액을 직접법에서는 법인세비용 현금유출액 계산 시 손익계산서상 법인세비용에 가감하였지만, 간접법에서는 당기순이익에 가감한다.

♣ 매입채무의 증감액

원재료·상품·용역 등 기업의 일반적 상거래에서 발생한 외상매입금과 지급어음의 증감액으로서, 단기매입채무와 장기성매입채무의 증감액을 뜻한다. 직접법의 경우에는 매입에 의한 현금유출 계산 시 손익계산서상 매출원가에 가감하였지만, 간접법의 경우에는 당기순이익에 가감한다.

♣ 선수금의 증감액

수주공사·수주품 및 기타 일반적 상거래에서 발생한 선수액으로서, 직접법의 경우에는 매출에 의한 현금유입 계산 시 손익계산서상 매출액에 가감하였지만, 간접법의 경우에는 당기순이익에 가감한다.

♣ 선수수익 증감액

직접법의 경우에는 이자수익, 임대료 등의 현금유입 계산 시 손익계산서상 이자수익이나 임대료 등에 가감하였지만, 간접법에서는 당기순이익에 가감한다.

♣ 미지급비용 증감액

직접법의 경우에는 판매비와 관리비 또는 이자비용 등의 현금유출액 계산 시 손익계산서상 해당 비용 과목에 가감하였지만, 간접법의 경우에는 당기순이익에 가감한다.

♣ 당기법인세부채 증감액

직접법에서는 법인세의 지급액 계산 시 손익계산서상 법인세비용금액에 가감하였지만, 간접법의 경우에는 당기순이익에 가감한다. 단, 당기법인세부채 안에 토지 등 양도소득에 대한 법인세가 포함되어 있는 경우에는 동 양도소득에 대한 법인세는 투자활동으로 분류하기 때문에 동 양도소득에 대한 법인세는 제외한다.

♣ 이연법인세부채 증감액

기업회계와 세법의 일시적인 차이에 따라 법인세비용이 법인세법에 의하여 납부하여야 할 법인세를 초과하는 경우, 회사는 그 초과금액을 장기 또는 단기 미지급비용의 성격을 지닌 이연법인세부채 계정에 계상한다. 직접법에서는 법인세비용 현금유출액 계산 시 손익계산서상 법인세비용에 가감하였지만, 간접법에서는 당기순이익에 가감한다.

♣ 퇴직금의 지급 등

퇴직금의 지급은 비유동부채인 퇴직급여충당부채의 감소액이며, 당기순이익의 결정요소는 아니지만, 회사의 임직원에 대한 인건비의 추가적인 지급의 성격이므로 영업활동으로 인한 현금흐름에 포함된다. 소득세 예수금이나 부가가치세 예수금 등의 증감액도 마찬가지로 당기순이익의 계산에는 영향을 미치지 아니하나 영업활동과 관련된 부채의 증감액이므로 영업활동과 관련된 자산·부채의 증감 부분에 기재한다.

[예제 3-13] 영업활동으로 인한 현금흐름(간접법)

[예제 3-10]의 기초자료를 토대로 삼청기업의 '영업활동으로 인한 현금흐름'을 간접법으로 표시하시오.

풀이

영업활동으로 인한 현금흐름(간접법)

과 목	금액	
1. 당기순이익		10
2. 현금유출이 없는 비용 등의 가산		7
감가상각비	7	
3. 현금유입이 없는 수익 등의 차감		
4. 영업활동으로 인한 자산·부채 변동		-16
- 매출채권의 증가	-10	
- 재고자산의 증가	-14	
- 선급운반비의 증가	-3	
- 미수이자의 증가	-1	
매입채무의 증가	9	
미지급이자의 증가	1	
당기법인세부채의 증가	2	
I. 영업활동으로 인한 현금흐름		1

손익계산서상의 1. 당기순이익에서 출발하여 2. 현금에 영향을 미치지 않는 비용(비현금비용)인 감가상각비를 가산하고, 3. 현금에 영향을 미치지 않는 수익(비현금수익)이 손익계산서에 없음을 확인하며, 4. 영업활동과 관련된 자산· 네 가지와 부채 세 가지를 확인하고 그 증감액을 가감함으로써 영업활동으로 인한 현금흐름을 계산한다.

[예제 3-14] 영업활동으로 인한 현금흐름(간접법)

[예제 3-11]의 자료를 토대로 삼덕기업의 영업활동으로 인한 현금흐름을 간접법으로 나타내어 보시오.

풀이

영업활동으로 인한 현금흐름(간접법)

(단위 : 천 원)

과 목	금 액	
1. 당기순이익		78
2. 현금유출이 없는 비용 등의 가산		170
퇴직급여	65	
대손상각비	10	
감가상각비	50	
유형자산 처분손실	45	
3. 현금유입이 없는 수익 등의 차감		-5
매도가능증권처분익	5	
4. 영업활동으로 인한 자산·부채의 변동		-56
- 매출채권의 증가	-30	
- 선급이자의 증가	-10	
미수이자의 감소	2	
재고자산의 감소	50	
- 매입채무의 감소	-58	
- 미지급급료의 감소	-10	
당기법인세부채의 증가	10	
- 퇴직금의 지급	-10	
Ⅰ. 영업활동으로 인한 현금흐름		187

3 영업활동으로 인한 현금흐름표시에 관련된 기타사항

1) 대손충당금의 변동

대손충당금 계정은 당기 대손상각비(대손충당금 전입액)로 인하여 증가하고 실제 채권의 대손 발생 시 감소하게 된다. 여기서는 대손충당금의 변동을 현금흐름표에 나타내는 방법에 대해 다음 예제를 통하여 검토하고자 한다.

[예제 3-15] 대손충당금의 변동

다음 자료를 토대로 오덕기업의 영업활동으로 인한 현금흐름을 직접법과 간접법으로 나타내보시오.

(1) 오덕기업의 매출채권과 대손충당금의 기초 및 기말 잔액은 다음과 같다.

(단위 : 천 원)

	기말 잔액	기초잔액	증감
매출채권	190	160	30
대손충당금	(25)	(15)	(10)
차감잔액	165	145	20

(2) 오덕기업의 손익계산서상 대손상각비는 17천 원이며, 기중 매출채권의 회수불능으로 인하여 매출채권 7천 원을 대손처리하였다.

풀이

〈직접법〉

영업활동 현금흐름을 직접법으로 나타낼 때에는 매출에 의한 현금유입 계산 시 손익계산서 매출액에 매출채권의 증가액을 차감해주고, 판매비와 관리비 현금유출액 계산 시 손익계산서상 판매비와 관리비에서 비현금비용인 대손상각비를 가산해주어야 한다. 따라서 부분 현금흐름표를 작성하면 다음과 같다.

① 매출 등 수익활동으로부터의 현금유입액

매출액(I/S)	×××	
- 매출채권 증가액	-37	×××

② 판매비와 관리비 현금유출액		
- 판매비와 관리비(I/S)	-×××	
대손상각비	17	×××

위에서 재무상태표상 매출채권의 증가액이 30천 원임에도 불구하고 현금흐름표상 그 증가액이 37천 원인 것은 당기에 회수 불능으로 대손충당금과 상계처리된 금액이 7천 원이었기 때문이다.

그러나 대손상각비나 기중 대손발생액이 중요하지 않을 경우에는 매출채권에서 대손충당금을 차감한 순액(이 방법을 편의상 '순액법'이라 한다)을 기준으로 매출채권 증감액을 현금흐름표에 기재하여도 영업활동으로 인한 현금흐름에 미치는 영향은 -20천 원으로 동일하다.

(단위 : 천 원)

① 매출 등 수익활동으로부터의 현금유입액		
매출액(I/S)	×××	
- 매출채권 증가액	-20	×××
② 판매비와 관리비 현금유출액		
- 판매비와 관리비(I/S)	-×××	-×××

〈간접법〉

영업활동 현금흐름을 간접법으로 나타낼 때에는 손익계산서상 당기순이익에 비현금비용인 대손상각비액을 가산해주고 매출채권의 증가액은 차감해주므로 다음과 같이 나타나게 된다.

(단위 : 천 원)

영업활동으로 인한 현금흐름 :	
당기순이익	×××
현금지출이 없는 비용 가산	
대손상각비	17
영업활동 관련 자산·부채 증감	
매출채권의 증가	-37

그러나 대손상각비나 기중 대손발생액이 중요하지 않을 경우에는 매출채권에서 대손충당금을 차감한 순액법으로 매출채권 증감액을 현금흐름표에 기재하여도 영업활동으로 인한 현금흐름에 미치는 영향은 -20천 원으로 동일하다.

(단위 : 천 원)

영업활동으로 인한 현금흐름 :	
당기순이익	×××
매출채권의 증가	-20

이상에서 살펴본 바와 같이 대손상각비나 기중 대손발생액이 중요하지 않을 경우에는 매출채권 증감액을 순액법으로 기재하여도 영업활동으로 인한 현금흐름의 결과치는 동일하다. 그러나 대손상각비나 기중 대손발생액이 중요할 경우에 순액법을 사용하게 되면, 직접법의 경우 매출로 인한 현금유입액과 판매비·관리비 현금유출액이 정확하게 기록되지 않으며, 간접법의 경우 현금지출이 없는 비용과 영업활동 관련 자산·부채의 증감액이 정확하게 기록되지 않는다는 단점이 있다.

2) 영업활동 자산·부채와 관련된 비현금손익의 처리

위에서 매출채권의 증감액과 대손상각비의 변동을 차감하여 순액으로 현금흐름표에 기재하여도 각각의 금액을 총액으로 기재한 경우에 비하여 영업활동으로 인한 현금흐름의 결과치는 동일하다는 것을 알 수 있었다. 이와 같은 결론은 영업활동으로 인한 현금흐름을 계산할 때 영업활동과 관련된 자산·부채의 증감액과 동 자산·부채에서 발생하는 비현금손익 항목을 각각 총액으로 계산하지 않고 순액으로 계산하는 경우에도 마찬가지이다.

앞에서 제시한 비현금손익 항목 중에서 재고자산평가손실은 간접법의 경우 평가손실금액만큼 당기순이익에 가산되고, 동시에 재고자산 증감액 계산에서는 재무상태표상 증감액보다 평가손실금액만큼 더 차감된다. 직접법의 경우에는 매입으로 인한 현금유출액 계산 시 매출원가(-표시)에서 차감되는 재고자산 증가액이 재무상태표상 증가액보다 평가손실금액만큼 더 차감되며, 기타 수입 또는 지출금액 계산 시 손익계산서상 매출원가에 가산된다. 결국 영업활동으로 인한 현금흐름의 결과치에는 변함이 없으나 앞의 1) 대손충당금의 변동과 마찬가지로 재고자산평가손실금액이 중요하지 않다면 이를 무시하고 재무상태표상 순증감액만으로 영업활동 현금흐름을 계산하여도 무방할 것이다.

외화매출채권이나 외화매입채무에서 발생한 외화환산손익의 경우에도 동일한 설명이 가능하다. 다음 예제를 통하여 이를 확인해보자.

[예제 3-16] 영업활동 관련 자산·부채에 관련된 비현금손익의 처리

다음 자료를 토대로 청계기업의 영업활동 현금흐름을 직접법 및 간접법으로 나타내 보시오.

(1) 청계기업의 재고자산과 매출채권의 기초 및 기말 잔액은 다음과 같다.

(단위 : 천 원)

	기말 잔액	기초잔액	증감
재고자산(순)	500	350	150
매출채권	1,200	1,100	100

(2) 청계기업의 손익계산서상 매출원가에 반영된 재고자산평가손실과 매출채권에서 발생 한 외화환산이익은 각각 50천 원 및 16천 원이다.

풀이

〈직접법〉

(단위 : 천 원)

① 매출 등 수익활동으로부터의 현금유입액		
매출액(I/S)	×××	
− 매출채권 증가액	−84	×××
② 매입 및 종업원에 대한 유출액		
− 매출원가(I/S)	−×××	
− 재고자산 증가	−200	
매입채무증가	×××	
재고자산평가손실	50	×××
③ 기타 수입·지출액		
기타 영업외비용 및 영업외수익(I/S)	×××	
외화환산이익	−16	×××

〈간접법〉

① 당기순이익	×××
② 현금지출이 없는 비용 등 가산	
재고자산평가손실	50
③ 현금유입이 없는 수익 등 차감	
외화환산이익	−16
④ 영업활동 관련 자산·부채의 증감	
매출채권 증가액	−84
재고자산 증가액	−200

만약 재고자산평가손실이나 외화환산이익이 중요하지 않다면 다음과 같이 재무상태표상 재고자산이나 매출채권의 순증감액만으로 현금흐름표를 작성할 수 있다.

〈직접법〉

(단위 : 천 원)

① 매출 등 수익활동으로부터의 현금유입액		
매출액(I/S)	×××	
− 매출채권 증가액	−100	×××

② 매입 및 종업원에 대한 유출액		
- 매출원가(I/S)	-×××	
- 재고자산 증가	-150	
매입채무증가	×××	×××
③ 기타 수입·지출액		
기타 영업외비용 및 영업외수익(I/S)	×××	×××

〈간접법〉

① 당기순이익	×××
④ 영업활동 관련 자산·부채의 증감	
매출채권 증가액	-100
재고자산 증가액	-150

위에서 본 바와 같이 외화환산손익이나 재고자산평가손실을 별도로 구별하지 않더라도 영업활동으로 인한 현금흐름의 결과 수치에는 변동이 없다.

이러한 예는 퇴직급여충당부채의 증가(퇴직급여)와 감소(퇴직금의 지급)를 각각 기록하거나 순액으로 기재하는 경우에도 마찬가지이다. 그러나 영업활동 자산·부채와 관련된 비현금손익의 금액이 중요한 경우에는 그러한 금액을 별도로 구분하여 총액으로 현금흐름표에 기재하여야 하는데, 그 이유는 다음과 같다.

첫째, 직접법의 경우 매출로 인한 현금유입액이나 매입으로 인한 현금유출액 등을 정확히 계산하려면 영업활동 관련 자산·부채에 관련된 비현금수익이나 비용도 빠짐없이 구분하여야 한다.

둘째, 간접법의 경우 ① 당기순이익에 ② 비현금비용을 가산하고 ③ 비현금수익을 차감한 금액은 기업의 운전자본 증감이 없었다고 가정할 경우 기업이 수취할 수 있는 금액을 나타내주는 것으로서 이것을 '총영업활동 현금흐름' 또는 '영업활동에서 조달된 현금'으로 부른다. 이에 비하여 ④ 영업활동 관련 자산·부채의 변동액을 달리 표현하면 '운전자본 등 투자액' 또는 '영업활동에 사용된 현금(소요운전자금)'이 되는 것이다. '총영업활동 현금흐름액'은 앞으로 제6장에서 설명이 되겠지만, 나름대로 의미가 있는 수치이므로, 그 수치의 정확한 계산을 위해서는 영업활동 관련 자산·부채에 관련된 비현금수익·비용도 정확히 구분하여 계산에 고려하여야 한다.

3) 선급금과 선수금, 미수금과 미지급금

일반기준 제2장(재무제표의 작성과 표시)에서는 선급금과 선수금, 그리고 미수금과 미지급금에 대하여 정확한 정의를 하고 있지 않지만, 이러한 과목에 대한 정의는 과거 기업회계기준에 의한 정의를 그대로 인용하여도 무방할 것이다. 과거의 기업회계기준에서는 선급금 등에 대하여 다음과 같이 정의하고 있다.

선급금 : 상품·원재료 등의 매입을 위하여 선급한 금액으로 한다.
선수금 : 수주공사·수주품 및 기타 일반적 상거래에서 발생한 선수액으로 한다.
미수금 : 일반적 상거래 이외에서 발생한 미수채권으로 한다.
미지급금 : 일반적 상거래 이외에서 발생한 채무(미지급비용을 제외한다)로 한다.

여기서 '일반적 상거래'라 함은 당해 회사의 사업 목적을 위한 경상적 영업활동에서 발생하는 거래로 정의한다. 그러므로 '일반적 상거래'와 '영업활동'이 정확히 일치하는 것은 아니지만 거의 동일한 의미로 간주할 수 있다. 이렇게 볼 때 선급금이나 선수금은 '일반적 상거래', 즉 기업의 영업활동과 관련하여 발생하는 과목이며, 미수금이나 미지급금은 '일반적 상거래'가 아닌, 즉 투자활동과 재무활동과 관련하여 발생하는 과목이라고 할 수 있다. 앞의 제1절 '현금흐름의 분류'에서 기술한 각 활동의 구분도 이러한 분류와 일치한다.

그런데 실제로 기업에서 작성하여 공표하는 재무제표를 살펴보면 상기 정의에 부합되지 않게 과목을 분류하는 경우를 종종 접하게 된다. 예를 들면 어느 기업이 유형자산(토지, 건물, 기계장치, 차량운반구 등)을 구입하기 위하여 계약금과 중도금을 지급한 경우에 이 금액을 '선급금'으로 유동자산에 표시하는 경우가 많다. 이 경우'선급금'은 위에서 정의한 대로 '상품·원재료 등의 매입을 위하여 선급한 금액'이 아니므로 비유동자산에 적절한 과목으로 분류 표시하여야 이를 토대로 영업활동 현금흐름과 투자활동 현금흐름이 적정하게 표시될 것이다. 또 하나의 예를 들면 광고선전비나 외주비 등 각종 판매비와 관리비 및 제조경비를 결산기말 현재 미지급한 경우 이를 '미지급금'에 계상하는 경우가 있다. 이와 같은 미지급금은 모두 '일반적 상거래'와 관련이 있는 것이기 때문에 '미지급비용' 또는 '매입채무'로 계상하여야 한다. 만약 미지급금으로 계상하였다 하더라도 그 증감은 '영업활동'으로 구분하여야 할 것이다. 그러므로 기업의 현금흐름표 작성자는 선급금이나 선수금, 미수금이나 미지급금의 증감액이 중요한 경우, 그 과목의 분류 및 활동 구분에 보다 세심한 주의를 기울여야 할 것이다.

4) 직접법과 간접법의 주장근거

이제까지 영업활동 현금흐름을 직접법과 간접법으로 표시해보았다. 우리나라 일반기준은 기업이 현금흐름표를 작성함에 있어서 직접법과 간접법 중 임의로 선택할 수 있도록 규정하고 있는데 **거의 대부분의 기업이 간접법을 선택하고 있다. 현금흐름표 이전에 작성되어오던 재무상태변동표에서 기업의 회계담당자들은 이미 간접법으로 작성해왔기 때문에** 이 방법에 익숙해져 있는 것이 가장 주된 이유이며, **두 번째 이유는 회사가 간접법으로 현금흐름표를 작성하는 경우에는 직접법의 내용을 재무제표에 대한 주석으로 기재할 것을 요구하지 않는 데 비하여, 직접법으로 현금흐름표를 작성하는 경우 간접법의 내용을 재무제표에 대한 주석에 기재할 것을 일반기준(제2장 문단**

2.73)이 요구하고 있기 때문에 기업의 담당자들로서는 간접법이 시간을 절약할 수 있다고 보기 때문이다.

직접법을 주장하는 사람들은 영업활동 현금흐름을 직접법으로 나타내게 되면 **첫째로, 영업활동에서 나타나는 수입액과 지출액을 각 항목별로 보여줄 수가 있는데**, 이러한 형식이 현금흐름표 작성의 기본 목적에 부합하는 목적적합한 정보를 제공하며 이해하기 쉽다고 주장한다. 즉, 영업활동 현금흐름을 투자활동과 재무활동의 보고방식과 일관성 있는 방식으로 제시하고 있다는 것이다. 그러므로 **재무제표이용자들은 영업활동에서 나타난 수입액과 지출액 각 항목의 추세를 분석할 수 있고, 다른 기업의 수치와 비교해볼 수 있다.**[7)]

둘째로, 영업활동 현금흐름을 직접법으로 표시하게 되면 영업활동으로 인한 현금의 수입과 지출 항목을 자세히 나타냄으로써 영업활동으로 인한 현금흐름의 총액 중 경상적인 부분과 비경상적인 부분(화재손실, 소송으로 인한 우발손실 등)을 구분할 수 있는 장점이 있다. 이러한 방식은 기업의 신용평가나 기업이 현재 부담하고 있는 채무의 상환능력을 평가하는 데 더 도움이 된다고 주장한다.

직접법으로 영업활동 현금흐름을 표시할 경우 매출로 인한 현금유입액에서 매입으로 인한 현금유출액을 차감하면 현금매출총이익을 산출할 수 있고, 여기서 현금지출 판매비와 관리비를 차감하면 현금영업이익을 계산할 수 있다. 또한 현금영업이익에서 이자 현금지출액과 이자 현금수입액 및 배당금 현금수입액을 가감하면 현금경상이익을 계산할 수 있으며, 현금경상이익에서 법인세 현금지출액과 기타 영업활동 관련 수입·지출(비경상적인 부분)을 가감하면 영업활동으로 인한 순현금흐름액이 산출된다. 나아가서 직접법은 영업활동으로 인한 현금흐름을 평가함에 있어서 각 단계별 평가가 가능하다. 예를 들면 A, B 두 기업 모두 영업활동으로 인한 현금흐름이 마이너스(-)인데 직접법에 의하여 현금흐름표를 작성해본 결과 다음의 내용을 알 수 있게 되었다. 즉, A 기업은 현금영업이익까지는 플러스(+)이지만, 현금경상이익이 마이너스(-)이다. 또한 B 기업은 현금경상이익은 플러스(+)이지만, 영업활동으로 인한 현금흐름이 마이너스(-)이다. 그렇다면 A 기업은 영업에서 조달된 현금으로 금융비용의 부담이 어려운 회사이며, B 기업은 영업에서 조달된 현금으로 금융비용까지는 부담이 가능하나, 기타의 원인에 의하여 영업활동 현금흐름이 마이너스(-)를 나타내게 된 것이다. 현금흐름표를 간접법으로 작성할 경우에는 위의 A, B 기업 모두 영업활동 현금흐름이 마이너스(-)로 나타나겠지만, 회사가 금융비용을 부담할 수 있는지의 여부는 별도 계산을 해보아야 알 수 있다.

셋째로, 분기별 또는 월별로 현금흐름을 추정하거나 자금계획을 작성할 경우 직접법의 양식이 유용하다. 직접법 양식은 실제 현금의 유입과 유출만을 고려하면 되는데, 간접법 양식으로 분기별 또는 월별 현금흐름을 추정하거나 자금계획을 작성할 경우 분기별 또는 월별로 비현금비용이나

---

7) O. Whitfield Broome, 'Statement of Cash Flows : Time for change!', Financial Analysts Journal, March·April(2004), p.18

비현금수익을 배분하는 절차가 따르기 때문에 분기별 또는 월별 결산에 익숙하지 않은 기업은 그 작성이 쉽지가 않다.

한편, 간접법을 주장하는 사람들은 **간접법의 장점으로서 '당기순이익'과 '영업활동으로 인한 현금흐름액'의 차이를 간접법이 잘 보여준다고 주장한다.** 즉, 당기순이익(또는 당기순손실)이 많은 회사가 왜 영업활동 현금흐름은 불량(또는 양호)한지 그 원인을 간단히 보여줄 수 있다. 아울러 현금흐름표와 손익계산서가 어떻게 연결되는지, 그리고 재무상태표와 손익계산서가 또한 어떻게 연결되는지 그 내용을 간접법이 잘 보여줄 수 있다는 것이다.

간접법을 주장하는 사람들은 또한 **간접법에 나타난 자료를 이용하여 직접법으로 전환하는 것은 큰 비용이 들지 않으며,**[8] **직접법에서 영업수익과 영업비용을 현금 기준으로 나타내줌으로써 재무정보이용자들이 마치 현금주의 순이익, 즉 영업활동으로 인한 현금흐름액을 당기간의 영업 성적으로 오해할 우려가 있다고도 주장한다.** 그러나 현금흐름을 간접법으로 나타내는 경우 영업활동 현금흐름의 총액 중 경상적인 부분과 비경상적인 부분을 구별하기 쉽지 않으며 감가상각비와 같은 비현금손익 항목이 당기순이익에 가산 또는 차감되어 나타남으로써 회계에 대한 전문적인 지식이 없는 이용자가 이해하기 어려운 단점이 있다.

상기에 기술된 직접법과 간접법의 주장 근거를 바탕으로 장·단점을 요약하면 [표 3 - 13]과 같다.

[표 3-13] 직접법과 간접법의 장·단점 비교

구 분		내용
목적적합한 정보 제공	직접법	직접법은 현금유입과 현금유출을 각 항목별로 보여주기 때문에 향후 기업의 원리금 상환능력을 판단하기 위하여 동 기업의 현금흐름을 추정하고자 할 때 **간접법보다 목적적합한 정보를 제공한다.**
	간접법	간접법은 상대적으로 직접법에 비해 목적적합한 정보 제공은 다소 떨어진다는 단점이 있다.
현금흐름표 작성의 용이성	직접법	직접법은 현금유입과 현금유출을 각 항목별로 산출이 필요하기 때문에 작성이 어려운 단점이 있다.
	간접법	**간접법은 손익계산서상 당기순이익에 현금유출이 없는 비용과 수익을 가감하고, 영업활동으로 인한 자산·부채의 변동을 가감하여 산출하기 때문에 작성이 용이하다는 장점이 있다.**
재무제표 연계성	직접법	직접법은 현금유입과 현금유출을 각 항목별로 보여주기 때문에 다른 재무제표와의 연계성이 부족한 단점이 있다. 또한 직접법은 당기순이익과 영업활동으로 인한 현금흐름의 차이를 설명하지 못하는 단점이 있다.
	간접법	간접법은 당기순이익과 영업활동으로 인한 현금흐름과의 차이를 잘 설명할 수 있다는 장점이 있다. 또한 **간접법은 현금흐름표와 손익계산서가 어떻게 연결되는지, 그리고 재무상태표와 현금흐름표가 어떻게 연결되는지 그 내용을 잘 보여주기 때문에 다른 재무제표와의 연계성이 있다는 장점이 있다.**

8) 간접법 현금흐름표를 직접법으로 전환하는 방법은 제5장 제3절 참조

5) 중단사업이 있는 경우 영업활동 현금흐름의 표시

일반기준 제2장(재무제표의 작성과 표시) 및 제28장(중단사업)에 의하여 기업은 손익계산서에 중단사업손익을 구분 표시하여야 한다. 이 경우 현금흐름표의 영업활동 현금흐름도 계속사업과 중단사업을 구분하여 보고할 것인가? 상기 기준 제28장 문단 28.12에 의하면 '영업활동, 투자활동 및 재무활동으로부터 발생한 순현금흐름 중 중단사업에 귀속되는 금액'을 재무제표에 대한 주석으로 기재하도록 요구하고 있음에 비추어 현금흐름표의 영업활동 현금흐름은 계속사업 부문과 중단사업 부문 모두를 합쳐서 기재하고 그중 중단사업 부문에 귀속되는 금액은 별도 주석으로 기재하도록 요구하고 있다고 판단된다.

이와 관련하여 다음 예제를 살펴보자.

[예제 3-17] 중단사업이 있는 기업의 영업활동 현금흐름의 표시

다음 자료 1, 2, 3을 토대로 천왕산업의 2××7년 영업활동 현금흐름을 표시하시오.

자료 1 천왕산업의 2××7년 손익계산서는 다음과 같다.

손익계산서

천왕산업 2××7.1.1~2××7.12.31 (단원 : 백만 원)

과 목	금 액
영업수익	8,000
영업비용(감가상각비 600백만 원 포함)	4,600
법인세비용차감전계속사업이익	3,400
계속사업손익법인세비용(30%)	1,020
중단사업손익(법인세효과 180백만 원)	420
당기순이익	2,800

자료 2 천왕산업의 2××7년 중단사업손익의 내역은 다음과 같다.

과 목	금 액
영업수익	2,000
영업비용(감가상각비 100백만 원 포함)	1,100
중단사업자산손상차손	300
법인세비용차감전중단사업이익	600
중단사업손익법인세비용(30%)	180
중단사업손익	420

자료 3 천왕산업의 영업활동과 관련된 자산·부채의 증감내역은 다음과 같다.

과 목	금 액
매출채권 증가	3,000
미지급비용 증가	2,500
미지급법인세 증가	1,200

풀이

〈직접법〉

가. 영업수익 현금유입액		
영업수익(I/S)	10,000	
매출채권 증가	(3,000)	7,000
나. 영업비용 현금유출액		
영업비용(I/S)	(5,700)	
미지급비용 증가	2,500	
감가상각비	700	(2,500)
다. 법인세비용 현금유출액		
법인세비용(I/S)	(1,200)	
당기법인세부채의 증가	1,200	0
영업활동 현금흐름		4,500

〈간접법〉

가. 당기순이익	
나. 현금지출이 없는 비용등의 가산	2,800
감가상각비	700
중단사업자산손상차손[9]	300
다. 영업활동 관련 자산·부채의 증감	
매출채권의 증가	(3,000)
미지급비용의 증가	2,500
당기법인세부채의 증가	1,200
영업활동 현금흐름	4,500

9) 중단사업과 관련하여 발생하는 현금유출이 없는 비용 등으로는 상기 중단사업자산손상차손 외에도 사업중단비용(사업중단비용충당부채 전입액), 중단사업처분손실 등이 있다.

위의 풀이에 기재된 수익·비용 금액은 모두 계속사업과 중단사업의 수익·비용 금액을 합한 금액이다. 만약 현금흐름표의 영업활동 현금흐름란에 손익계산서 양식처럼 계속사업 부문에 의한 현금흐름을 먼저 기재하고 중단사업 부문에서 창출한 현금흐름액을 별도로 기재하고자 할 경우, 자료 3에 제시된 영업활동 관련 자산·부채의 증감액 역시 계속사업 부문과 중단사업 부문으로 구분하면 그 산출과 기재가 가능하다. 그것은 마치 한 기업이 두 개의 기업 또는 사업 부문으로 구성되어 있다고 가정하여 현금흐름표를 비롯한 재무제표를 작성하는 것과 같은 이치이다.

제3장 연습문제 | Exercise

※ 본 연습문제의 질문에서 특별히 'K-IFRS'를 언급하지 않은 경우에는 일반기준(일반기업회계기준)에 의거하여 답변하시오

가. 본문 내용의 복습

01 '영업활동으로 인한 현금흐름'에서 '영업활동'이란 어떠한 활동을 의미하는가?

02 '영업활동으로 인한 현금흐름'에서 '직접법'이란 무엇이고 '간접법'이란 무엇인가?

03 다음 자료를 토대로 (주)삼덕의 현금흐름표 중 '영업활동에 의한 현금흐름'을 직접법으로 작성해 보시오.

자료 1 (주)삼덕의 현금흐름표(간접법)

과 목	금 액	
Ⅰ. 영업활동에 의한 현금흐름		250
1. 당기순이익		150
2. 현금유출이 없는 비용등의 가산		160
감가상각비	60	
퇴직급여	65	
유형자산처분손실	35	
3. 현금유입이 없는 수익 등의 차감		(10)
매도가능증권처분이익	(10)	
4. 영업활동으로 인한 자산·부채의 변동		(50)
매출채권의 증가	(50)	
선급이자의 증가	(20)	
미수이자의 감소	5	
재고자산의 감소	60	
매입채무의 감소	(30)	
미지급수수료의 감소	(10)	
당기법인세부채의 증가	25	
퇴직금의 지급	(30)	

자료 2 (주)삼덕의 손익계산서

과 목	금 액	
매출액		1,600
매출원가		(950)
판매비와 관리비		(310)
급료	(150)	
지급수수료	(35)	
감가상각비	(60)	
퇴직급여	(65)	
영업외수익		30
이자수익	20	
매도가능증권처분이익	10	
영업외비용		(100)
이자비용	(65)	
유형자산처분손실	(35)	
법인세 등		(120)
당기순이익		150

04 법인세비용의 현금유출액을 계산하고자 할 경우 고려하여야 할 요소에는 어떠한 것이 있는가?

05 영업활동으로 인한 현금흐름을 간접법으로 계산할 경우 당기순이익에 가산되는 '현금의 유출이 없는 비용 등'에는 어떠한 항목들이 있으며, 각각의 항목은 어떠한 경우에 발생하는가?

06 영업활동으로 인한 현금흐름을 간접법으로 계산할 경우 당기순이익에서 차감되는 '현금의 유입이 없는 수익 등'에는 어떠한 항목들이 있으며, 각각의 항목은 어떠한 경우에 발생하는가?

07 대손상각비나 재고자산평가손실 및 매출채권이나 매입채무에서 발생된 외화환산손익 등을 구분 표시하지 않고 각각 관련된 자산·부채에서 차감(또는 가산)하여 현금흐름을 계산할 경우 영업활동으로 인한 현금흐름에 어떠한 영향을 미치는가?

08 영업활동으로 인한 현금흐름을 직접법과 간접법으로 표시할 경우, 각각의 장단점을 설명하시오.

나. 진위형

01 영업활동 현금흐름을 직접법으로 표시할 경우, 이연법인세자산의 증감액은 현금흐름과 관계없으므로 법인세비용 유출액 계산 시 감안할 필요가 없다. (　　　)

02 현금흐름표를 간접법으로 작성 시 유형자산처분이익을 당기순이익에서 차감하는 이유는 유형자산처분이익이 현금의 유입이 없는 수익이기 때문이다. (　　　)

03 재무상태표 등식을 감안할 때, 현금의 증감 방향과 자본의 증감 방향은 서로 다르다. (　　　)

04 주식보상비용은 '영업활동으로 인한 현금흐름'을 간접법으로 표시할 경우 당기순이익에서 차감되는 항목이다. (　　　)

다. 선다형

01 다음에 제시된 기업의 활동을 영업활동(O), 투자활동(I), 재무활동(F) 및 비현금거래(E)로 구분하시오.

(1) 유형자산을 취득하고 그 대금을 5개월 후에 지급하기로 하다. (　　　)
(2) 거래 기업에 현금을 단기대여하다. (　　　)
(3) 보통주식을 할증발행하여 유상증자하다. (　　　)
(4) 종업원에게 퇴직금을 지급하다. (　　　)
(5) 매출채권을 회수하다. (　　　)
(6) 은행차입금에 대한 이자를 지급하다. (　　　)
(7) 법인세비용을 지급하다. (　　　)
(8) 은행으로부터 외화차입금으로 자금을 조달하다. (　　　)
(9) 유형자산 취득대금을 취득 후 3개월이 되는 날에 지급하다. (　　　)
(10) 만기보유증권으로부터 이자를 수령하다. (　　　)
(11) 유형자산을 처분하고 그 대금을 현금을 받다. (　　　)
(이 거래에서 처분손실이 발생하였다)
(12) 무상감자하다. (　　　)
(13) 매도가능증권에 대한 투자로 인하여 배당금을 수령하다. (　　　)

(14) 당사 주주들에게 배당금을 지급하다. ( )
(15) 사채를 중도상환하다.(이 거래에서 사채상환이익이 발생하다. ( )
(16) 투자자산 처분 후 3개월 후에 그 대금을 현금으로 받다. ( )
(17) 매출처에 제품을 매출하고 부가가치세예수금을 현금으로 받다. ( )
(18) 매입채무를 지급하다. ( )
(19) 자기주식을 취득하다. ( )
(20) 지분법적용투자주식을 취득하다. ( )

02 다음 항목 중 영업활동으로 인한 현금흐름을 간접법으로 표시할 경우, 당기순이익에 가산되는 항목은 (P), 당기순이익에서 차감되는 항목은 (M), 당기순이익에 가산되지도 않고 차감되지도 않는 항목은 (N)을 각각 괄호 안에 표시하시오.

(1) 주식보상비용 ( )
(2) 신주인수권 조정상각액 ( )
(3) 매도가능증권평가손실 ( )
(4) 자산수증이익 ( )
(5) 감자차익 ( )
(6) 외화장기차입금에 대한 외화환산이익 ( )
(7) 유형자산 처분손실 ( )
(8) 매도가능증권손상차손 환입 ( )
(9) 대손상각비 ( )
(10) 사채할인발행차금상각 ( )
(11) 채무조정이익 ( )
(12) 전환권조정상각액 ( )
(13) 매도가능증권 손상차손 ( )
(14) 퇴직급여 ( )
(15) 장기성매출채권의 현재가치 할인차금 상각액 ( )
(16) 사채상환이익 ( )
(17) 재해손실 ( )
(18) 지분법평가이익 ( )
(19) 감가상각비 ( )
(20) 외화당좌예금에 대한 외화환산손실 ( )
(21) 자산 재평가이익 ( )

03 만복상사의 판매비와 관리비 관련 계정 내용은 다음 표와 같다.

(단위 : 원)

재무상태표 자료		
계정 과목	기초잔액	기말 잔액
선급비용(선급광고선전비)	0	20
미지급비용(미지급급료)	12	16
대손충당금	52	65
감가상각 충당금	100	120
퇴직급여충당부채	250	266

손익계산서 자료		
계정 과목	금	액
판매비와 관리비		765
급료	300	
운반비	120	
통신비	180	
광고선전비	100	
퇴직급여	30	
대손상각비	15	
감가상각비	20	

이 내용을 토대로 한 아래의 설명 중 틀린 것은? (　　　)

① 당기 운반비 현금지출액은 120원이다.

② 당기 급료 현금지출액은 296원이다.

③ 당기 광고선전비 현금지출액은 120원이다.

④ 당기에 판매비관리비 총 현금유출액은 785원이다.

04 다음 내용 중 옳다고 볼 수 없는 것은? (　　　)

① 사채할인발행차금상각액은 손익계산서만 보고는 그 금액을 알 수 없다.

② 영업활동 현금흐름을 직접법으로 나타내면 영업활동에서 나타나는 수입액과 지출액을 항목별로 보여줄 수 있다.

③ 영업활동 현금흐름을 간접법으로 나타내면 당기순이익과 영업활동으로 인한 현금흐름액의 차이 원인을 잘 보여줄 수 있다.

④ 직접법의 경우 투자활동 현금흐름에 대한 당기순이익의 기여도를 확인할 수 있다.

05 제조원가명세서의 노무비에 표시되는 '퇴직급여' 계정과 금액은 무슨 내용을 담고 있는가? (　　　)

① 당기중 공장 임직원에게 현금지급한 퇴직금
② 당기중 본사 관리부서 임직원에게 지급한 퇴직금
③ 공장 임직원에게 지급할 퇴직급여충당부채의 당기 전입(증가)액
④ 본사 관리부서 임직원에게 지급할 퇴직급여충당부채의 당기 전입(증가)액

06 일반기준에 의한 현금흐름표를 간접법으로 작성할 경우 다음 중 '현금의 유출이 없는 비용 등의 가산 항목'에 해당되는 것은? (　　　)

① 선급비용 감소액
② 시장성 있는 장기 투자주식(매도가능증권)의 평가손실
③ 주식보상비용
④ 채무조정이익

07 다음 과목들은 '현금의 유출이 없는 비용'이거나 '현금의 유입이 없는 수익' 항목들이다. 이중 손익계산서에서 그 금액을 즉시 확인할 수 있는 것은? (　　　)

① 사채할인발행차금상각액
② 매도가능증권손상차손 환입액
③ 전환사채상환할증금 이자 미지급 계상액
④ 이자수익 중 장기보유채권의 할인매입상각액

08 다음에 제시된 기업의 활동 중 일반기준에 의할 경우 '영업활동'이 아닌 것은? (　　　)

① 매출채권을 회수하다.
② 유가증권(단기매매증권)에 대한 투자로 인하여 배당금을 수령하다.
③ 장기차입금에 대한 이자비용을 지급하다.
④ 유형자산을 처분하다.

09 경주상사의 20×1년도 손익계산서상 매출원가와 동 연도 기초와 기말의 재무상태표상 재고자산 및 매입채무 계정의 잔액은 다음과 같다.

20×1년도 손익계산서상 매출원가 : 55,000원

20×1년 기초 재고자산 잔액 : 5,300원, 기말 재고자산 잔액 : 5,700원

20×1년 기초 매입채무 잔액 : 1,500원, 기말 매입채무 잔액 : 1,200원

위의 자료를 토대로 할 때 경주상사의 20×1년도 현금주의 매출원가는 얼마인가? ( )

① 54,300원 ② 55,100원

③ 54,900원 ④ 55,700원

10 영월상사의 20×1년도 손익계산서상 법인세비용과 동 연도 기초와 기말의 재무상태 표상 당기법인세부채 및 이연법인세자산계정의 잔액은 다음과 같다.

20×1년도 손익계산서상 법인세비용 : 27,000원

20×1년 기초 당기법인세부채 잔액 : 12,000원, 기말 당기법인세부채 잔액 : 14,000원

20×1년 기초 이연법인세자산 잔액 : 1,200원, 기말 이연법인세자산 잔액 : 1,500원

위의 자료를 토대로 할 때 영월상사의 20×1년도 법인세 현금납부액은 얼마인가? ( )

① 29,300원 ② 25,300원

③ 24,700원 ④ 28,700원

11 다음 과목 중 '영업활동으로 인한 현금흐름'을 간접법으로 표시할 경우 당기순이익에 가산되는 항목이 아닌 것은? ( )

① 감가상각비 ② 법인세 추납액

③ 퇴직급여 ④ 사채상환손실

12 다음 과목 중 '영업활동으로 인한 현금흐름'을 간접법으로 표시할 경우 당기순이익에서 차감하는 항목이 아닌 것은? ( )

① 지분법이익 ② 유형자산처분이익

③ 매도가능증권손상차손 환입 ④ 주식보상비용

13 강릉상회의 손익계산서상 당기매출원가는 7,000원으로 계상되어 있고 재무상태표상 기초재고자산은 1,000원, 기말재고자산은 800원으로 계상되어 있다. 매출원가 7,000원과 당기재고자산 감소액 200원을 비교하여 우리는 어떠한 금액을 산출할 수 있는가?(　　　)

① 당기 발생주의에 의한 상품매입액은 6,800원이다.
② 당기 발생주의에 의한 상품매입액은 7,200원이다.
③ 당기 현금주의에 의한 상품매입액은 6,800원이다.
④ 당기 현금주의에 의한 상품매입액은 7,200원이다.

14 K-IFRS에 의할 경우, 다음 중 영업활동으로 분류할 수 없는 활동은? (　　　)

① 단기매매 목적으로 보유하는 유가증권에서 발생하는 현금의 유입과 유출
② 배당금의 수취와 지급
③ 법인세의 납부 또는 환급
④ 종업원과 관련하여 직·간접으로 발생하는 현금유출
⑤ 제3자에 대한 선급금 및 대여금

15 K-IFRS 에 의할 경우, 현금흐름표에 대한 다음 설명 중 맞는 것은? (　　　)

① 이자의 지급은 재무자원을 획득하기 위한 원가이므로 반드시 재무활동으로 분류하여야 한다.
② 영업활동 현금흐름은 직접법 또는 간접법으로 보고한다.
③ 배당금 지급에 따른 현금흐름은 별도로 공시하여야 하지만, 배당금의 수취에 따른 현금흐름은 별도로 공시할 필요가 없다.
④ 외화로 표시된 현금및현금성자산의 환율 변동 효과는 영업활동에 보고한다.
⑤ 금융리스를 통하여 자산을 취득하는 경우 현금흐름표 투자활동에 보고한다.

16 현금흐름표의 작성방법에는 직접법과 간접법이 있다. 다음 중 작성방법에 관한 설명으로 가장 올바르지 않은 것은? (　　　)

① 직접법은 현금흐름을 개별 항목별로 파악할 수 있기 때문에 거래유형별 현금흐름의 내용을 쉽게 파악할 수 있다.
② 간접법은 당기순이익과 영업활동으로 인한 현금흐름의 차이를 명확하게 보여준다.
③ 간접법으로 영업활동 현금흐름을 작성하더라도 이자 및 배당금 수취, 이자지급 및 법인세 납부는 직접법을 적용한 것처럼 별도로 표시해야 한다.
④ 직접법과 간접법은 영업활동뿐만 아니라 투자활동 및 재무활동도 현금흐름표상의 표시방법이 다르다.
⑤ 직접법에서는 당기순이익이 표시되지 않는다.

17 다음은 ㈜삼청의 20×1년 영업활동에 관련된 자료이다.

항 목	금 액
당 기 순 이 익	10,000,000원
매출채권의 증가	5,000,000원
선수금의 감소	3,000,000원
감 가 상 각 비	2,000,000원
매입채무의 감소	1,500,000원

상기 자료를 기초로 20×1년 12월 31일로 종료되는 회계연도에 ㈜삼청의 현금흐름표에 보고되어야 할 영업활동 현금흐름은 얼마인가(단, 상기 자료 이외에 간접법으로 현금흐름표 작성 시 고려할 사항은 없다고 가정함)? ( )

① 2,500,000원

② 3,000,000원

③ 4,500,000원

④ 5,500,000원

⑤ 7,000,000원

18 다음 자료를 이용하여 영업활동으로 인한 현금흐름을 계산하시오. ( )

당기순이익	3,500,000원	선급비용의 증가	300,000원
감가상각비	200,000원	재고자산의 감소	100,000원
유형자산처분손실	50,000원	매입채무의 증가	250,000원

① 2,000,000원

② 2,800,000원

③ 3,000,000원

④ 3,500,000원

⑤ 3,800,000원

19 현금흐름표 작성 시 영업에서 창출된 현금흐름을 계산하기 위하여 간접법을 사용할 경우 당기순이익에 가산할 항목이 아닌 것은? ( )

① 감가상각비

② 유가증권 처분손실

③ 매출채권 증가

④ 미지급비용의 증가

⑤ 재고자산의 감소

20 다음 중 현금흐름분석에 대한 설명으로 옳지 않은 것은? (　　　)

① 매입채무가 증가하면 현금은 증가한다.
② 재고자산이 감소하면 현금은 증가한다.
③ 차입금이 감소하면 현금은 감소한다.
④ 매출채권이 증가하면 현금은 증가한다.
⑤ 요구불예금에 투자하면 현금의 변화는 없다.

다음은 도매업을 영위하는 ㈜서울의 20×1 회계연도의 영업활동과 관련한 재무제표상의 자료이다. 다음 자료에 근거하여 물음에 답하시오(자료 이외의 사항은 없는 것으로 가정한다).

(1) 재무상태표

과 목	20×1년말(기말)	20×0년말(기초)
상 품	100,000원	200,000원
매출채권	800,000원	700,000원

(2) 손익계산서
- 매출총이익 : 2,000,000원

(3) 현금흐름표(직접법)
- 매출로 인한 현금유입액 : 6,000,000원

21 ㈜서울의 20×1년 매출액은 얼마인가(단, 매출은 모두 외상매출로 이루어지며 당기중 대손은 발생하지 않았다)? (　　　)

① 6,000,000원　　② 6,100,000원
③ 6,300,000원　　④ 6,500,000원

22 ㈜서울의 20×1년 당기중 매입에 의한 현금유출액(상품매입액)은 얼마인가(상품의 타 계정 대체 등은 없다)? (　　　)

① 3,900,000원　　② 4,000,000원
③ 4,400,000원　　④ 4,500,000원

23 다음은 부산상사의 제8기(당기) 재무제표에서 추출한 자료이다. 이 자료를 토대로 동사의 당기 '매입활동 현금유출액', 즉 '현금주의 매입액'을 계산하면 얼마인가? ( )

(단위 : 원)

구 분	금액	구	금액
당기매출원가(손익계산서)	6,700	매입채무 증가액	800
선급금 감소액	250	매출채권 감소액	900
선수금 증가액	150	재고자산 증가액	110

① 5,240원 ② 6,760원 ③ 5,560원 ④ 5,760원 ⑤ 6,700원

24 다음 중 현금흐름표에서 간접법으로 영업활동으로 인한 현금흐름을 작성하는 것과 관련하여 틀린 내용은? ( )

① 매출채권의 증가는 당기순이익에 가산한다.
② 지분법평가손실은 당기순이익에 가산한다.
③ 무형자산상각비는 당기순이익에 가산한다.
④ 매입채무의 증가는 당기순이익에 가산한다.

25 다음 자료에 의해 당기의 영업활동으로 인한 현금흐름액을 계산하면? ( )

당기순이익	100,000원	감가상각비	20,000원
매입채무 감소액	30,000원	매출채권 증가액	50,000원
재고자산 증가액	40,000원		

① 0원 ② 100,000원 ③ 140,000원 ④ 200,000원

26 현금흐름표 작성 시 영업활동으로 인한 현금흐름의 표시방법으로 직접법과 간접법이 있다. 이에 대한 설명으로 적절하지 않는 것은? ( )

① 직접법은 현금흐름을 개별 항목으로 파악할 수 있기 때문에 전문회계지식이 없더라도 그 내용을 쉽게 파악할 수 있다.
② 간접법은 발생주의에 의해 계산된 당기순이익과 영업현금흐름의 차이를 분명하게 보여주는 장점이 있다.
③ 직접법은 추가적 자료의 수집과 별도의 회계 시스템이 필요 없이 기존 재무정보만으로도 쉽게 현금흐름표를 작성할 수 있는 이점이 있다.
④ 간접법은 현금의 유입액 및 유출액을 매출거래나 매입거래 등과 같은 영업활동의 세부거래를 중심으로 파악할 수 없다는 한계점이 있다.
⑤ 순운전자본 기준보다는 현금흐름을 중요시하는 관점에서 보면 이론적으로는 간접법보다 직접법이 더 유용한 정보를 제공할 수 있다.

라. 단답형 (계산 문제)

01 A 회사의 매출액 관련 재무자료는 다음과 같다.

(단위 : 원)

재무상태표 자료			손익계산서 자료	
계정 과목	기초잔액	기말 잔액	계정 과목	당기발생액
매출채권	5,000	5,800	매출액	60,000
대손충당금	600	800	대손상각비	380
선수금	700	750		

위의 손익계산서에 계상된 대손상각비는 매출채권에 대한 당기 대손충당금 전입액이다. 위의 자료를 토대로 A 회사의 당기 매출활동으로 인한 현금유입액(현금주의 매출액)을 계산하면 얼마인가?

02 B 회사의 매입활동과 관련된 계정의 내용은 다음과 같다.

(단위 : 원)

재무상태표 자료			손익계산서 자료	
계정 과목	기초잔액	기말 잔액	계정 과목	당기발생액
재고자산	2,100	2,700		
매입채무	3,200	3,000	매출원가	11,000
선급금	1,100	1,300		

위의 자료를 토대로 B 회사의 당기 매입활동으로 인한 현금유출액(현금주의 매입액)을 계산하면 얼마인가?

03 C 회사의 판매비와 관리비 관련 계정 내용은 다음과 같다.

(단위 : 원)

재무상태표 자료			손익계산서 자료	
계정 과목	기초잔액	기말 잔액	계정 과목	당기발생액
선급판관비	1,100	1,500	판매비와 관리비	30,000
미지급판관비	2,200	2,500	판매비와 관리비에 포함된 비현금비용 퇴직급여 감가상각비 대손상각비	 3,000 4,000 2,000

위의 자료를 토대로 C 회사의 당기 판매비와 관리비 현금유출액(현금주의 판매비와 관리비)을 계산하면 얼마인가?

04 D 회사의 이자수익과 관련된 계정의 내용은 다음과 같다.

(단위 : 원)

재무상태표 자료			손익계산서 자료	
계정 과목	기초잔액	기말 잔액	계정 과목	당기발생액
미수이자	1,000	1,600	이자수익	5,000
선수이자	1,700	2,000		

위의 자료를 토대로 D 회사의 이자수익 현금유입액을 계산하면 얼마인가?

05 E 회사의 이자비용과 관련된 계정의 내용은 다음과 같다.

(단위 : 원)

재무상태표 자료			현금흐름표 자료	
계정 과목	기초잔액	기말 잔액	계정 과목	금 액
선급이자	1,700	1,800	이자비용 현금유출액	7,000
미지급이자	1,100	1,000		

위의 자료를 토대로 할 때 E 회사의 당기 손익계산서에 기재된 이자비용은 얼마인가?

06 F 회사의 법인세비용과 관련된 계정의 내용은 다음과 같다.

(단위 : 원)

재무상태표 자료			현금흐름표 자료	
계정 과목	기초잔액	기말 잔액	계정 과목	금 액
당기법인세부채	1,100	1,500	법인세비용 현금유출액	3,000
이연법인세자산	800	600		

위의 자료를 토대로 할 때 F 회사의 당기 손익계산서에 기재된 법인세비용은 얼마인가?

07 다음은 (주)국민의 비교 재무상태표와 손익계산서 및 현금흐름표의 일부이다. 각 재무제표의 빈칸 금액을 추정하여 동 금액을 괄호 안에 기재하시오. ('?' 표시 금액은 답변 불필요)

① (주)국민의 비교 재무상태표

과 목	2××1.12.31 (기말)	2××0.12.31 (기초)
현금 및 현금등가물	320	270
매도가능증권	120	80
매출채권	566	450
(대손충당금)	-31	-22
미수이자	8	(　　)

② (주)국민의 손익계산서

과 목	2××1.1.1~ 2××1.12.31
매출액	(　　)
매출원가	2,360
판매비와 관리비	(　　)
급료	300
지급수수료	?

과 목	2××1. 12. 31 (기말)	2××0.12.31 (기초)
선급이자	6	9
재고자산	350	325
토지	300	200
기계장치	1,010	950
(감가상가누계액)	-280	-230
자산총계	?	2,037
매입채무	195	172
단기차입금	870	850
미지급급료	60	50
당기법인세부채	39	21
미지급금	40	30
장기미지급금	?	222
퇴직급여충당부채	221	151
자본금	360	300
이익잉여금	309	241
부채와 자본총계	?	2,307

과 목	2××1.1.1~ 2××1.12.31
퇴직급여	95
대손상각비	9
감가상각비	72
영업외수익	88
이자수익	51
배당금수익	29
매도가능증권처분이익	8
영업외비용	?
이자비용	( )
유형자산처분손실	213
법인세비용	72
당기순이익	108

③ (주)국민의 영업활동으로 인한 현금흐름

과 목	금 액
매출로 인한 현금유입액	3,254
매입으로 인한 현금유출액	( )
판매비관리비 현금유출액	-409
이자수익 현금유입액	48
배당금수익 현금유입액	29
이자비용 현금유출액	-107
법인세비용 현금유출액	-54
퇴직금 지급액	( )
영업활동으로 인한 현금흐름	374

08 다음은 (주)정밀의 손익계산서와 직접법 및 간접법 현금흐름표의 일부이다. 각 재무제표의 빈 칸 금액을 추정하여 동 금액을 괄호 안에 기재하시오. ('?' 표시 금액은 답변 불필요)

① (주)정밀의 영업활동 현금흐름(간접법)

과 목	금 액	
당기순이익		235
현금유출이 없는 비용등 가산		375
감가상각비	105	
퇴직급여	190	
대손상각비	5	
사채상환손실	75	
현금유입이 없는 수익 등 차감		-15
유형자산처분이익	-15	
영업활동 관련 자산·부채의 증감		?
매출채권의 증가	-10	
재고자산의 증가	( )	
미수이자의 감소	10	
선급이자의 감소	5	
매입채무의 증가	120	
미지급급료의 증가	( )	
당기법인세부채의 증가	3	
퇴직금의 지급	-75	
영업활동으로 인한 현금흐름		630

② (주)정밀의 손익계산서

과 목	금 액
매출액	( )
매출원가	2,320
판매비와 관리비	690
급료	270
지급수수료	120
퇴직급여	190
대손상각비	5
감가상각비	105
영업외수익	70
이자수익	( )
배당금수익	25
유형자산처분이익	15
영업외비용	505
이자비용	430
사채상환손실	75
법인세비용	210
당기순이익	235

③ (주)정밀의 영업활동으로 인한 현금흐름(직접법)

과 목	금 액
매출로 인한 현금유입액	3,880
매입으로 인한 현금유출액	-2,240
판매비관리비 현금유출액	-368
이자수익 현금유입액	40
배당금수익 현금유입액	25
이자비용 현금유출액	( )
법인세비용 현금유출액	( )
퇴직금 지급액	-75
영업활동으로 인한 현금흐름	?

09 다음은 도소매업을 영위하는 유천상사(주)의 20×1년 현금흐름표상 영업활동으로 인한 현금흐름과 재무상태표의 일부이다. 이를 토대로 동사의 20×1년 손익계산서를 완성하시오.(단, 동사는 당기 손익계산서상 판매비와 관리비에는 감가상각비 7,000과 퇴직급여 3,000을 포함한 금액을 기재하여야 한다.)

(단위 : 원)

자료 1 영업활동으로 인한 현금흐름

과 목	금 액
매출로 인한 현금유입액	500,000
매입으로 인한 현금유출액	(280,000)
판매비관리비 현금유출액	(90,000)
이자수익 현금유입액	10,000
이자비용 현금유출액	(30,000)
법인세비용 현금유출액	(50,000)
영업활동으로 인한 현금흐름	60,000

자료 2 재무상태표 (일부)

과 목	20×1.12.31(기말)	20×0.12.31(기초)
현금및현금성자산	35,000	30,000
매출채권	60,000	70,000
재고자산	37,000	35,000
미수이자	1,500	2,000
선급이자	5,700	4,500
매입채무	20,000	15,000
미지급관리비	800	1,000
당기법인세 부채	30,000	20,000
단기차입금	450,000	250,000

답 손익계산서

과 목	금 액
매출액	
매출원가	
판매비와 관리비	
이자수익	
이자비용	
법인세비용	
당기순이익	

제3장 연습문제 해설

가. 본문 내용의 복습

01 '영업활동'의 의미 : 영업활동이라 함은 일반적으로 제품의 생산과 상품 및 용역의 구매 및 판매활동을 말하며 투자활동과 재무활동에 속하지 아니하는 거래를 모두 포함한다. 영업활동 현금흐름은 사업활동의 지속, 차입금 상환, 배당금 지급 및 신규투자에 필요한 현금을 외부로부터 조달하지 않고 자체적인 영업활동으로부터 얼마나 창출하였는지에 대한 정보를 제공한다. 영업활동으로 인한 현금의 유입에는 제품 등의 판매에 따른 현금유입, 이자수익·배당금수익으로 인한 현금유입 등이 있으며, 영업활동으로 인한 현금의 유출에는 원재료·상품 등의 구입에 따른 현금유출, 기타 상품과 용역의 공급자와 종업원에 대한 지출, 이자비용과 법인세비용의 지급 등이 있다.

02 (1) 직접법 : 현금을 수반하여 발생한 수익 또는 비용 항목을 총액으로 표시하되, 현금유입액은 원천별로, 현금유출액은 용도별로 분류하여 표시하는 방법을 말한다. 이 경우 현금을 수반하여 발생하는 수익비용 항목을 원천별로 구분하여 직접 계산하는 방법 또는 매출과 매출원가에 현금의 유출·입이 없는 항목과 재고자산, 매출채권 및 매입채무의 증감을 가감하여 계산하는 방법으로 한다.

(2) 간접법 : 당기순이익(또는 당기순손실)에 현금의 유입이 없는 비용 등을 가산하고 현금의 유입이 없는 수익 등을 차감하며, 영업활동으로 인한 자산·부채의 변동을 가감하여 표시하는 방법을 말한다.

03 (주)삼덕의 영업활동으로 인한 현금흐름(직접법)

과 목	금 액	
가. 매출로 인한 현금유입액		1,550
매출액	1,600	
매출채권의 증가	(50)	
나. 매입으로 인한 현금유출액		(920)
매출원가	(950)	
재고자산의 감소	60	
매입채무의 증가	(30)	
다. 판매비관리비 현금유출액		(195)
판매비와 관리비	(310)	
미지급급료의 감소	(10)	
감가상각비	60	
퇴직급여	65	

과 목	금 액	
라. 이자수익 현금유입액		25
이자수익	20	
미수이자의 감소	5	
마. 이자비용 현금유출액		(85)
이자비용	(65)	
선급이자의 증가	(20)	
바. 법인세비용 현금유출액		(95)
법인세비용	(120)	
당기법인세부채의 증가	25	
사. 퇴직금 지급액		(30)
영업활동으로 인한 현금흐름		250

04 법인세비용의 현금유출액을 계산하고자 할 경우 고려하여야 할 요소는 다음과 같다.

- 당기손익계산서상 법인세비용
- 법인세 추납액
+ 법인세 환급액
+ 당기법인세부채와 이연법인세부채 증가액(- 감소액)
- 이연법인세자산 증가액(+ 감소액)

05 영업활동으로 인한 현금흐름을 간접법으로 표시할 경우 당기순이익에 가산되는 '현금의 유출이 없는 비용 등'에 해당되는 항목 : 제3절 '2. 간접법'의 '3) 현금의 유출이 없는 비용 등의 가산' 참조

06 영업활동으로 인한 현금흐름을 간접법으로 표시할 경우 당기순이익에서 차감되는 '현금의 유입이 없는 수익 등'에 해당되는 항목 : 제3절 '2. 간접법'의 '4) 현금의 유입이 없는 수익 등의 차감' 참조

07 대손상각비나 재고자산평가손실을 현금흐름표에 별도로 구분 표시하지 않고 매출채권이나 재고자산에서 차감하여 순액으로 현금흐름표에 기재하여도 각각의 금액을 총액으로 기재한 경우에 비하여 영업활동으로 인한 현금흐름의 결과치는 동일하다. 그러나 대손상각비나 재고자산손실평가금액이 중요한 경우에는 각각의 금액을 총액으로 기재하여야 영업활동으로 인한 현금흐름에 대한 정보를 보다 정확히 표시할 수 있게 된다. 제3절 '2. 간접법'의 '5) 영업활동으로 인한 자산·부채의 변동' 참조)

08 직접법의 장점 : 영업활동에서 나타나는 수입액은 그 원천별로, 지출액은 그 용도별로 보여줄 수가 있는데, 이러한 형식이 현금흐름표 작성의 기본 목적에 부합되는 것이며, 향후 기업의 부채 상환능력이나 배당금 지급능력을 판단하기 위하여 동 기업의 현금흐름을 추정하고자 할 때 간접법보다 유용한 기초자료를 제공한다. 또한 직접법은 두 기업의 영업활동 현금흐름이 다 같이 마이너스(-)의 현금흐름을 나타낼 경우에도 비교 평가가 가능할 수 있다.
간접법의 장점 : '당기순이익'과 '영업활동현금흐름액'의 차이 원인을 잘 보여 준다. 즉, 당기순이익(또는 당기순손실)이 많은 회사가 왜 영업활동 현금흐름은 불량(또 는 양호)한지 그 원인을 간단히 보여줄 수 있다. 아울러 현금흐름표와 손익계산서가 어떻게 연결되는지, 그리고 재무상태표와 손익계산서가 또한 어떻게 연결되는지 그 내용을 간접법이 잘 보여줄 수 있다.

나. 진위형

01 × 02 × 03 × 04 ×

다. 선다형

01 (1) E (2) I (3) F (4) O (5) O (6) O (7) O (8) F (9) F (10) O (11) I (12) E (13) O (14) F (15) F (16) I (17) O (18) O (19) F (20) I

02 (1) P (2) P (3) N (4) M (5) N (6) M (7) P (8) M (9) P (10) P (11) M (12) P (13) P (14) P (15) M (16) M (17) P (18) M (19) P (20) N (21) N

03 ④ 판매비·관리비 총 현금유출액 = -765 − 20(선급비용 증가) + 4(미지급비용 증가) + 30(퇴직급여) + 15(대손상각비) + 20(감가상각비) = -716

04 ④ 05 ③ 06 ③ 07 ② 08 ④

09 ④ 현금주의 매출원가 = -55,000(매출원가) - 400(재고자산 증가) - 300(매입채무 감소) = -55,700

10 ② 법인세 납부액 = -27,000(법인세비용) + 2,000(당기법인세부채 증가) - 300(이연법인세자산 증가) = -25,300

11 ②　　12 ④　　13 ①　　14 ⑤ '제3자에 대한 선급금 및 대여금'은 투자활동이다.

15 ② K-IFRS에서도 영업활동 현금흐름은 일반기준과 마찬가지로, 직접법 또는 간접법으로 보고한다.
①의 경우, 이자의 지급은 영업활동으로 분류할 수도 있다.
③의 경우, 배당금 수취에 따른 현금흐름도 별도로 공시하여야 한다.
④의 경우, 외화로 표시된 현금및현금성자산의 환율변동효과는 영업활동, 투자활동, 재무활동 현금흐름과 구분하여 별도로 표시하여야 한다.
⑤의 경우, 금융리스를 통하여 자산을 취득하는 거래는 비현금거래이므로 현금흐름표에 기재되지 아니하고, 재무제표 주석에 기재된다.

16 ④ 투자활동 및 재무활동은 직접법과 간접법 둘 다 직접법으로 동일하게 작성한다.

17 ① 10,000,000 − 5,000,000 − 3,000,000 + 2,000,000 − 1,500,000 = 2,500,000원

18 ⑤ 3,500,000 + 200,000 + 50,000 − 300,000 + 100,000 + 250,000 = 3,800,000원

19 ③

20 ④ 매출채권이 증가하면 현금의 회수가 안 되는 것이므로 현금이 감소한다.

21 ② 발생주의 매출액 + (현금의 증감) = 현금주의 매출액
발생주의 매출액 + (700,000 − 800,000) = 6,000,000
발생주의 매출액 = 6,100,000

22 ② 발생주의 매출원가 = -(6,100,000 − 2,000,000) = -4,1000,000
매입에 의한 현금유출액(상품매입액) = -4,1000,000 + (200,000 − 100,000)
= -4,000,000

23 ④ 현금주의 매입액 = (-)매출원가 + (-)재고자산 증가액 + 매입채무 증가액 + 선급금 감소액
= -6,700 - 110 + 800 + 250 = -5,760
(* (-)는 현금의 유출을 의미함)

24 ① 매출채권의 증가는 당기순이익에 차감한다.

25 ① 영업활동으로 인한 현금흐름
= 100,000 + 20,000 − 50,000 − 40,000 − 30,000 = 0원

26 ③ 추가적 자료의 수집 없이 기존 재무정보만으로도 쉽게 작성할 수 있는 것은 간접법이다.

라. 단답형 (계산 문제)

01 매출활동으로 인한 현금유입액
= 매출액 − 매출채권 증가액 + 선수금 증가액
= 60,000 - 980 + 50
= 59,070(원)
* 매출채권 증가액 = 기말 잔액 - 기초잔액 + 당기대손처리액
= 5,800 - 5,000 + 180 = 980
* 매출채권당기대손처리액 = 대손상각비 - (대손충당금 기말 잔액 - 기초잔액)
= 380 - (800 - 600) = 180

02 매입활동으로 인한 현금유출액
= - 매출원가 − 재고자산 증가액 + 매입채무 증가액 − 선급금 증가액
= -11,000 - 600 + (-200) - 200
= -12,000(원)
(* 답에 마이너스 부호는 붙이지 않아도 됨.)

03 판매비와 관리비 현금유출액
= - 판매비와 관리비 − 선급판관비 증가액 + 미지급판관비 증가액 + 비현금비용
= -30,000 - 400 + 300 + (3,000 + 4,000 + 2,000)
= -21,100(원)
(* 답에 마이너스 부호는 붙이지 않아도 됨.)

04 이자수익 현금유입액
= 이자수익 − 미수이자 증가액 + 선수이자 증가액
= 5,000 - 600 + 300
= 4,700(원)

05 이자비용현금유출액 = - 이자비용 - 선급이자 증가액 + 미지급이자 증가액
-7,000 = - 이자비용 - 100 + (-100)
-이자비용 = -7,000 + 100 - (-100)
= -6,800(원)

(* 답에 마이너스 부호는 붙이지 않아도 됨.)

06 법인세비용현금유출액 = - 법인세비용 + 당기법인세부채 증가 - 이연법인세차 증가
-3,000 = - 법인세비용 + 400 - (-200)
- 법인세비용 = -3,000 - 400 + (-200)
= -3,600(원)

(* 답에 마이너스 부호는 붙이지 않아도 됨.)

07 기초미수이자 : 5, 매출액 : 3,370, 이자비용 : 110, 판매비와 관리비 : 595
매입으로 인한 현금유출액 : 2,362, 퇴직금 지급액 : 25

이자수익현금유입액(48) = 이자수익(51) - 미수이자증가액(3)
기초미수이자 = 기말미수이자(8) - 미수이자증가액(3) = 5

매출로 인한 현금유입액(3,254) = 매출액 - 매출채권 증가액(116)
매출액 = 3,370

이자비용 현금유출액(-107) = - 이자비용 + 선급이자 감소액(3)
이자비용 = -110

판매비와 관리비 = 매출액(3,370) - 매출원가(2,360) + 영업외수익(88)
- 영업외비용(323) - 법인세비용(72) - 순이익(108) = 595
매입으로 인한 현금유출액 = - 매출원가(2,360) - 재고 증가액(25) + 매입채무 증가액(23)
= -2,362

퇴직금 지급액 = 퇴직급여충당부채 증가액(70) - 퇴직급여(95) = -25

08 재고자산의 증가 : 40 미지급급료의 증가 : 22
매출액 : 3,890 이자수익 : 30
이자비용 현금유출액 : 425 법인세비용 현금유출액 : 207

매입으로 인한 현금유출액(-2,240)
= - 매출원가(2,320) - 재고자산의 증가(×) + 매입채무의 증가(120)

재고자산의 증가 = -2,320 + 2,240 + 120 = 40

판매비·관리비 현금유출액(-368)
= - 판매비·관리비(690) + 미지급급료 증가(×) + 퇴직급여(190)
+ 무형자산상각비(5) + 감가상각비(105)

미지급급료 증가 = -368 + 690 - 190 - 5 - 105 = 22

매출로 인한 현금유입액(3,880) = 매출액(×) - 매출채권 증가(10)
매출액 = 3,880 + 10 = 3,890

이자수익 현금유입액(40) = 이자수익(×) + 미수이자 감소(10)
이자수익 = 40 - 10 = 30

이자비용 현금유출액 = - 이자비용(430) + 선급이자 감소(5) = -425

법인세비용 현금유출액 = - 법인세비용(210) + 당기법인세부채 증가(3) = -207

09 매출액 : 490,000 매출원가 : 283,000
판매비와 관리비 : 99,800 이자수익 : 9,500,
이자비용 : 28,800 법인세비용: 60,000, 당기순이익 : 27,900

매출로 인한 현금유입액(500,000) = 매출액(×) + 매출채권 감소(10,000)
매출액 = 500,000 - 10,000 = 490,000

매입으로 인한 현금유출액(-280,000)
= - 매출원가(×) - 재고 증가액(2,000) + 매입채무 증가액(5,000)
매출원가 = 280,000 - 2,000 + 5,000 = 283,000

판매비·관리비 현금유출액(-90,000)
= - 판매비·관리비(×) - 미지급관리비 감소액(200) + 비현금비용(10,000)
판매비와 관리비(×) = 90,000 - 200 + 10,000 = 99,800

이자수익 현금유입액(10,000) = 이자수익(×) + 미수이자 감소액(500)
이자수익(×) = 10,000 - 500 = 9,500

이자비용 현금유출액(-30,000) = - 이자비용(×) - 선급이자 증가액(1,200)
이자비용(×) = 30,000 - 1,200 = 28,800

법인세비용 현금유출액(-50,000) = - 법인세비용(×) + 당기법인세부채 증가액(10,000)
법인세비용(×) = 50,000 + 10,000 = 60,000

제 4 장

현금흐름표의 작성 원리를 파악하자 (II)

제 01 절

투자활동 현금흐름

'투자활동'이란 현금의 대여와 투자자산 및 유형·무형자산의 취득과 처분활동을 말한다. **영업활동과는 달리 투자활동은 직접법과 간접법의 구분이 없으며 항상 직접법으로 표시된다.** 현금흐름표상 투자활동에 기록되는 거래는 현금을 수반하는 거래에 한정되기 때문에 건설중인자산의 유형자산 대체나, 유형자산의 연불구입 및 연불매각 등의 비현금거래는 현금흐름표상에 기재되지 않는다. 그리고 이러한 투자활동의 결과를 나타내는 손익(예: 유형자산처분손익, 투자자산처분손익 등)은 당기순이익에 포함되어 있으므로 영업활동으로 인한 현금흐름 계산 시 당기순이익에서 제거해 주어야 한다. 그러나 투자자산으로부터 획득하는 배당금수익이나 이자수익은 영업활동으로 분류되므로 당기순이익에서 제거하지 않는다. 또한 기타 비유동자산 중 장기성매출채권이나 이연법인세자산의 증감액은 투자활동으로 분류하는 것이 아니고 영업활동으로 구분한다.

K-IFRS에 의하여 현금흐름표를 작성하는 경우에는 단기매매증권의 취득과 처분을 영업활동으로 분류하며, 이자 수취이나 배당금 수입을 일반기준처럼 영업활동으로 분류할 수도 있고 투자활동으로 분류할 수도 있다. 이하에서는 일반기준을 토대로 투자활동 현금흐름을 공부하기로 한다.

1 단기투자자산 등의 변동

[예제 4-1] 단기투자자산 등의 변동과 현금흐름

다음은 여의도상사의 비교 재무상태표상 단기투자자산(단기금융상품, 단기매매증권, 단기대여금) 등의 투자활동과 관련된 자산의 기초 및 기말 잔액과 추가자료이다. 이를 토대로 여의도상사의 당기 부분 현금흐름표를 작성하시오.

부분 비교 재무상태표

(단위 : 백만 원)

계정 과목	기말 잔액	기초잔액	증가(감소)
단기금융상품	250	300	(50)
단기매매증권	620	580	40
단기대여금	350	270	80
(대손충당금)	(10)	(5)	(5)
미수금	20	190	(170)

〈추가자료〉

① 단기금융상품의 당기 증가는 150백만 원, 감소는 200백만 원이다.
② 단기매매증권은 단기적 자금 운용 목적의 시장성 있는 주식 및 채권으로서 당기중 70백만 원을 취득하고, 장부금액 45백만 원의 유가증권을 38백만 원의 현금을 받고 처분하다.
③ 기말에 단기매매증권의 장부금액과 시가를 비교한 결과 15백만 원만큼의 평가이익을 계상하다.
④ 단기대여금의 당기대여액은 200백만 원, 회수액은 120백만 원이다.
⑤ 기말에 단기대여금에 대한 대손상각비 5백만 원을 계상하다.
⑥ 미수금은 유형자산처분대금의 미수액으로서 당기중 170백만 원을 회수하다.

풀이

위의 추가자료는 여의도상사의 유동자산 중 투자활동과 관련된 제자산 각 계정의 당기중 변화를 설명한 것이다. 각각의 자료와 관련된 거래가 발생하였을 때 회사가 어떠한 회계처리를 하였겠는지 추정해보자. (단위 : 백만 원)

①번 거래의 분개

(차) 단기예금	150	(대) 현　　금	150
현　　금	200	단기금융상품	200

단기금융상품은 금융기관이 취급하는 정기예금, 정기적금 및 기타 금융상품으로서 기업이 단기자금 운용을 목적으로 보유하고 있는 자산이다. 단기금융상품은 그 만기일이 보고 기간 종료일로부터 1년 이내에 도래하는 것으로서 현금성자산을 제외한 것을 말한다. 이러한 단기금융상품의 취득과 처분에 따른 현금의 유입과 유출은 투자활동으로 인한 현금흐름에 해당한다. 그러나 단기금융상품의 보유와 처분에 따라 얻게 되는 수익은 이자수익에 계상되며 이 수익은 일반기준에서는 영업활동으로 인한 현금흐름으로 분류하고 있다(제3장 제1절 참조).

②번 거래의 분개

ⓐ (차) 단기매매증권	70	(대) 현　　금	70
ⓑ (차) 현　　금	38	(대) 단기매매증권	45
단기투자자산처분손실	7		

ⓐ 거래의 결과 단기매매증권의 취득으로 현금이 유출되었다. 이는 투자활동으로 인한 현금유출에 해당한다.

ⓑ 거래의 결과 단기매매증권의 처분으로 현금이 유입되었으므로 현금흐름표에는 투자활동으로 인한 현금의 유입으로서 38백만 원이 기록된다. 이 거래에서 발생된 단기매매증권처분손실 7백만 원은 투자활동에서 발생한 손실로서 동 금액이 당기순이익 계산 시 차감되었으므로, 영업활동으로 인한 현금흐름을 간접법으로 계산할 경우에는 당기순이익에 동 처분손실을 가산한다.

③번 거래의 분개

(차) 단기매매증권	15	(대) 단기투자자산평가이익	15

시장성 있는 단기 보유 목적의 단기매매증권은 주식이나 채권을 막론하고 공정가치로 평가한다. 여의도상사의 경우 공정가치가 장부금액보다 상승하였으므로 단기매매증권평가이익(단기투자자산평가이익)을 계상하였다. 단기투자자산평가이익은 현금의 유입이 없는 수익으로서 당기순이익에 포함되어 있기 때문에 영업활동으로 인한 현금흐름을 간접법으로 계산할 경우 당기순이익에서 차감한다.

④번 거래의 분개

(차) 단기대여금	200	(대) 현　　금	200
현　　금	120	단기대여금	120

단기대여금의 대여와 회수는 모두 현금의 유입과 유출을 수반하는 거래이며, 두 거래 모두 투자활동으로 인한 현금의 유입과 유출에 해당된다.

⑤번 거래의 분개

(차) 기타의 대손상각비 5 (대) 대손충당금 5

단기대여금에 대한 대손충당금 증가(전입)액은 기타의 대손상각비로서 영업외비용에 계상된다. 기타의 대손상각비는 현금의 유출이 없는 비용으로서 당기순이익 계산 시 차감되었으므로 간접법에 의한 영업활동 현금흐름 계산 시 당기순이익에 가산한다.

⑥번 거래의 분개

(차) 현 금 170 (대) 미 수 금 170

유형자산처분대금의 미수액을 회수하는 활동은 투자활동으로 인한 현금의 유입으로 분류한다.

이제 여의도상사의 투자활동과 관련된 유동자산 각 계정의 모습을 위의 분개에 기초하여 T 계정으로 나타내보면 다음과 같다.

단기예금			
기초잔액	300	① 당기처분	200
① 당기취득	150	기말 잔액	250
	450		450

단기매매증권			
기초잔액	580	② 당기처분 (처분대가 38)	45
② 당기취득	70		
③ 평가이익	15	기말 잔액	620
	665		665

단기대여금			
기초잔액	270	④ 당기회수	120
④ 당기대여	200	기말 잔액	350
	470		470

대손충당금			
		기초잔액	5
기말 잔액	10	⑤ 대손상각	5
	10		10

미 수 금			
기초잔액	190	⑥ 당기회수	170
		기말 잔액	20
	190		190

위의 분개 과정에서 현금흐름표에 계상될 내용을 발췌하여 부분 현금흐름표를 작성해보면 다음과 같다.

부분 현금흐름표

여의도상사 (단위 : 백만 원)

과 목	금 액	
I. 영업활동으로 인한 현금흐름		×××
1. 당기순이익	×××	
2. 현금의 유출이 없는 비용 등의 가산		
기타의 대손상각비	5	
단기투자자산처분손실	7	
3. 현금의 유입이 없는 수익 등의 차감		
단기투자자산평가이익	(15)	
II. 투자활동으로 인한 현금흐름		108
1. 투자활동으로 인한 현금유입액	528	
가. 단기금융상품의 처분*	200	
나. 단기매매증권의 처분*	38	
다. 단기대여금의 회수*	120	
라. 미수금의 회수	170	
2. 투자활동으로 인한 현금유출액	(420)	
가. 단기예금의 취득*	(150)	
나. 단기매매증권의 취득*	(70)	
다. 현금의 단기대여*	(200)	

* 일반기준에서는 단기금융상품과 단기매매증권 및 단기대여금을 모두 합쳐서 '단기투자자산' 과목으로 표시한다. 따라서 위의 1. 투자활동으로 인한 현금유입액 중 가, 나, 다를 합쳐서 '단기투자자산의 처분 (358)'으로 기록하고, 2. 투자활동으로 인한 현금유출액도 가, 나, 다를 합쳐서 '단기투자자산의 취득 (420)'으로 기재하는 것이 일반적이다.

2 투자자산 등의 변동

[예제 4-2] 투자자산의 변동과 현금흐름

다음은 여의도상사의 비교 재무상태표상 투자자산과 기타 비유동자산의 기초 및 기말 잔액과 추가자료이다. 이를 토대로 여의도상사의 당기 부분 현금흐름표를 작성하시오.

부분 비교 재무상태표

(단위 : 백만 원)

계 정 과 목	기 말 잔 액	기 초 잔 액	증 가(감소)
투자자산			
장기금융상품	580	520	60
장기투자증권			
매도가능증권(상장)	1,930	1,500	430
매도가능증권(비상장)	1,350	1,900	(550)
만기보유증권	985	920	65
지분법적용투자주식	1,770	1,650	120
장기대여금	600	1,600	(1,000)
(대손충당금)	(6)	(16)	10
기타비유동자산			
임차보증금	300	200	100

〈추가자료〉

① 장기금융상품의 당기중 증가액은 100백만 원, 감소액은 40백만 원이다.

② 매도가능증권(상장)은 시장성 있는 주식으로서 당기중 600백만 원을 취득하였고, 200백만 원을 처분하였으며, 처분으로 인한 현금유입액은 160백만 원이다. 당기말에 장부금액과 공정가액를 비교한 결과 평가이익을 30백만 원만큼 계상하였다.

③ 매도가능증권(비상장)은 시장성이 없는 주식으로서 공정가액으로 평가해왔으나, 당기말에 동 주식의 회수가능가액이 장부금액보다 하락하여 감액손실(손상차손)을 550백만 원만큼 인식하였다.

④ 만기보유증권은 전액 만기보유 목적으로 보유하고 있는 것이며, 당초 액면가 이하로 취득하였다. 당기중 유효이자율법을 적용하여 취득원가와 액면금액의 차액 중 65백만 원만큼 투자채권의 장부금액을 증가시켰다.

⑤ 지분법적용투자주식은 지분법으로 평가하고 있으며 당기중 피투자회사의 순자산가액이 600백만 원만큼 증가하여 이에 대한 당사의 지분(20%) 해당액만큼 장부금액을 증가시켰다. 피투자회사의 순자산 증가 원인 중 90%는 그 회사의 당기순이익 증가이며 나머지 10%는 순이익을 제외한 이익잉여금의 증가이다.

⑥ 장기대여금의 당기 증가액은 200백만 원, 감소액은 1,200백만 원이다.

⑦ 기말에 장기대여금에 대한 대손충당금을 10백만 원만큼 환입하였다.

⑧ 임차보증금의 당기 증가액은 200백만 원, 감소액은 100백만 원이다.

풀이

위의 추가자료는 여의도상사의 투자자산 각 계정의 당기중 변화를 설명한 것이다. 각 자료 하나하나에 대해서 회사가 어떠한 회계처리를 하였겠는지 추정해보자. (단위 : 백만 원)

①번 거래의 분개

	차변	금액	대변	금액
	(차) 장기금융상품	100	(대) 현 금	100
	현 금	40	장기금융상품	40

장기금융상품의 예입과 인출 거래로서 모두 현금의 유입과 유출을 수반한 거래이므로 위의 거래는 투자활동으로 인한 현금 유입 및 유출에 기록된다.

②번 거래의 분개

	차변	금액	대변	금액
ⓐ	(차) 매도가능증권	600	(대) 현 금	600
ⓑ	현 금	160	매도가능증권	200
	투자자산처분손실	40		
ⓒ	매도가능증권	30	매도가능증권평가이익	30

ⓐ 거래의 결과 투자주식의 취득으로 현금이 유출되었으므로 투자활동에 의한 현금의 유출로서 현금흐름표에 기록된다.

ⓑ 거래의 결과 투자주식의 처분으로 160백만 원의 현금이 유입되었으므로 투자활동으로 인한 현금의 유입으로서 160백만 원이 현금흐름표에 기록된다. 이 거래에서 발생된 투자자산처분손실 40백만 원은 투자활동에서 발생한 차손으로서 동 금액이 당기순이익 계산 시 차감되어 있으므로 영업활동으로 인한 현금흐름을 간접법으로 계산할 경우에는 당기순이익에 동 처분손실을 가산한다.

ⓒ 시장성 있는 투자주식은 공정가액을 재무상태표가액으로 한다. 여의도상사의 경우 공정가액이 장부금액보다 상승하였으므로 매도가능증권 평가이익을 계상하였다. 매도가능증권평가이익은 손익계산서에 계상하지 않고 재무상태표의 자본(기타 포괄손익누계액)에 기재한다. 그렇기 때문에 이 거래는 비현금교환거래이며 현금흐름표에 나타나지 않고 중요한 경우 재무제표에 대한 주석사항으로 기재된다. 따라서 영업활동으로 인한 현금흐름을 간접법으로 나타낼 경우에도 매도가능증권평가이익은 당기순이익에서 차감하지 않는다.

③번 거래의 분개

차변	금액	대변	금액
(차) 장기투자증권손상차손	550	(대) 매도가능증권	550

시장성이 없는 투자주식도 가능한 한 공정가액으로 평가하여야 한다. 그런데 장기투자증권은 시장성 유무에 불구하고 그 유가증권으로부터 회수할 수 있을 것으로 추정되는 금액이 장부가액보다 적고 그러한 사실에 대한 객관적인 증거가 있는 경우에는 감액손실, 즉 손상차손을 인식하여야 한다. 장기투자증권손상차손은 현금의 유출이 없는 비용으로서 손익계산서의 당기순이익을 감소시켰으므로 영업활동 현금흐름을 간접법으로 나타낼 경우에는 당기순이익에 가산한다.

④번 거래의 분개

(차) 만기보유증권	65	(대) 이자수익(할인매입상각액)	65

투자채권을 만기보유 목적으로 취득하고 이를 실질적으로 만기까지 보유할 수 있는 경우에는 취득원가를 재무상태표가액으로 한다. 다만, 취득원가와 액면금액이 다른 것은 그 차액을 상환 기간에 걸쳐 유효이자율법을 적용하여 가감한 가액을 재무상태표가액으로 한다. 위의 거래의 경우 액면금액 이하로 취득하였기 때문에 취득원가와 액면금액의 차액을 그 상환기간에 걸쳐 유효이자율법을 적용하여 투자채권가액을 증가시키고 동시에 이자수익을 계상하여야 한다. 이 수익은 현금의 유입이 없는 수익으로서 당기순이익을 증가시켰기 때문에 영업활동으로 인한 현금흐름 계산시 당기순이익에서 차감한다.

⑤번 거래의 분개

(차) 지분법적용투자주식	120	(대) 지분법이익	108
미처분이익잉여금	12		

투자주식 중 유의적 영향력을 행사할 수 있는 주식은 지분법을 적용하여 평가한 가액을 재무상태표가액으로 하고 장부금액과 재무상태표가액의 차이가 피투자회사의 당기순이익으로 인하여 발생한 경우는 지분법이익의 과목으로 하여 영업외수익으로 계상하고, 이익잉여금의 증가로 인한 경우에는 투자회사의 이익잉여금을 증가시킨다. 지분법이익은 현금의 유입이 없는 수익으로서 당기순이익을 증가시켰으므로 영업활동 현금흐름을 간접법으로 나타낼 경우에는 당기순이익에서 차감한다.

⑥번 거래의 분개

(차) 장기대여금	200	(대) 현금	200
현　　금	1,200	장기대여금	1,200

장기대여금의 증감 결과 현금의 유출 및 유입이 발생하였으므로 위의 거래는 현금거래이며 투자활동으로 인한 현금 유입 및 유출로서 현금흐름표에 기재된다.

⑦번 거래의 분개

(차) 대손충당금	10	(대) 대손충당금환입	10

여의도상사는 장기대여금잔액이 감소함에 따라 동 장기대여금에 대한 회수 불능 위험도 감소하여 동 채권에 대한 대손충당금을 환입하였다. 이와 같은 거래는 회사의 현금흐름과는 관계가 없는 거래로서 현금흐름표에는 기재되지 않는다. 다만, 영업활동으로 인한 현금흐름을 간접법으로 표시할 때에는 현금유입이 없는 수익, 즉 대손충당금환입이 당기순이익에 포함되어 있으므로 이 금액을 당기순이익에서 차감한다.

⑧번 거래의 분개

(차) 임차보증금	200	(대) 현　　금	200
현　　금	100	임차보증금	100

기타 비유동자산 중 임차보증금을 증가 및 감소시킴에 따라 현금의 유출과 유입이 수반되었으므로 이 거래는 현금흐름표에서 투자활동으로 인한 현금의 유출과 유입란에 기재되어야 한다.

이제 여의도상사의 투자자산과 기타 비유동자산 각 계정의 모습을 위의 분개에 기초하여 T 계정으로 나타내 보면 다음과 같다. (단위 : 백만 원)

위의 분개 과정에서 현금흐름표에 계상될 내용을 발췌하여 부분 현금흐름표를 작성해보면 다음과 같다.

장기금융상품			
기초잔액	520	② 당기감소	40
② 당기증가	100	기말 잔액	580
	620		620

매도가능증권(상장)			
기초잔액	1,500	② 당기처분	200
② 당기취득	600	(대가 160)	
② 평가이익	30	기말 잔액	1,930
	2,130		2,130

매도가능증권(비상장)			
기초잔액	1,900	③ 손상차손	550
		기말 잔액	1,350
	1,900		1,900

만기보유증권			
기초잔액	920		
④ 이자수익	65	기말 잔액	985
	985		985

지분법적용투자주식			
기초잔액	1,650		
⑤ 지분법이익	108		
⑤ 지분법이익 (이익잉여금)	12	기말 잔액	1,770
	1,770		1,770

장기대여금			
기초잔액	1,600	⑥ 당기감소	1,200
⑥ 당기증가	200	기말 잔액	600
	1,800		1,800

대손충당금			
① 대손충당금 환입	10	기초잔액	16
기말 잔액	6		
	16		16

만기보유증권			
기초잔액	200	⑧ 당기감소	100
⑧ 당기증가	200	기말 잔액	300
	400		400

부분 현금흐름표

여의도상사 (단위 : 백만 원)

과 목	금 액	
Ⅰ. 영업활동으로 인한 현금흐름		×××
1. 당기순이익	×××	
2. 현금의 유출이 없는 비용 등의 가산		
투자자산처분손실	40	
장기투자증권손상차손	550	
3. 현금의 유입이 없는 수익 등의 차감		
대손충당금환입	(10)	
지분법이익	(108)	
이자수익(만기보유증권 할인매입상각액)	(65)	
Ⅱ. 투자활동으로 인한 현금흐름		400
1. 투자활동으로 인한 현금유입액	1,500	
가. 장기금융상품의 감소	40	
나. 장기투자증권의 처분	160	
다. 장기대여금의 감소	1,200	
라. 보증금의 감소	100	
2. 투자활동으로 인한 현금유출액	(1,100)	
가. 장기금융상품의 증가	(100)	
나. 장기투자증권의 취득	(600)	
다. 장기대여금의 증가	(200)	
라. 보증금의 증가	(200)	

3 유형자산의 변동

[예제 4-3] 유형자산의 변동과 현금흐름

다음은 여의도상사의 비교 재무상태표상 유형자산의 기초 및 기말 잔액과 추가자료이다. 이를 토대로 여의도상사의 당기중 부분 현금흐름표를 작성하시오.

부분 비교 재무상태표

(단위 : 백만 원)

계 정 과 목	기 말 잔 액	기 초 잔 액	증 가 (감 소)
토지	4,890	3,250	1,640
건물	1,900	1,450	450
(감가상각누계액)	(450)	(270)	(180)
기계장치	3,030	2,930	100
(감가상각누계액)	(1,167)	(785)	(382)
공·기구·비품	622	568	54
(감가상각누계액)	(241)	(133)	(108)
건설중인자산	84	184	(100)

〈추가자료〉

① 당기중 보통주 100,000주(주당 액면가 10천 원)를 발행하여 토지(공정한 평가액 1,640백만 원)를 현물출자받다.

② 당기중 건물의 증가는 800백만 원인데, 증가분 800백만 원 중 700백만 원은 현금으로 취득하였으며 100백만 원은 건설중인자산에서 대체되었다.

③ 취득원가 250백만 원의 건물을 300백만 원에 현금으로 처분하였는데 처분 당시 동 건물의 감가상각누계액은 100백만 원이었다.

④ 당기중 홍수로 인해 당기에 취득한 건물(감가상각누계액 없음) 중 100백만 원이 멸실되었다.

⑤ 당기중 기계장치를 100백만 원에 장기 연불로 구입하였다.

⑥ 당기중 공·기구·비품을 80백만 원에 현금으로 취득하였다.

⑦ 취득원가 26백만 원(감가상각누계액 10백만 원)의 공·기구·비품을 5백만 원에 현금으로 처분하였다.

⑧ 당기중 유형자산의 감가상각비는 다음과 같다.
건물감가상각비 280백만 원, 기계장치감가상각비 382백만 원, 공·기구·비품감가상각비 118백만 원

풀이

위의 추가자료는 여의도상사의 유형자산 각 계정의 당기중 변화를 설명한 것이다. 각 자료 하나하나에 대해서 회사가 어떠한 회계처리를 하였겠는지 추정해보자. (단위 : 백만 원)

①번 거래의 분개

(차)	토 지	1,640	(대) 자 본 금	1,000
			주식발행초과금	640

현물출자에 의하여 토지를 취득하는 경우, 토지의 공정가액을 토지의 취득원가로 계상한다. 위의 분개에서 볼 수 있듯이 유형자산이 현물출자에 의하여 취득되는 경우에는 현금흐름이 수반되지 않는다. 즉 비현금거래이다. 따라서 위의 ①번 거래는 현금흐름표에는 기재되지 않고 단지 재무제표 주석사항으로 표시된다.

②번 거래의 분개

(차)	건 물	700	(대) 현 금	700
	건 물	100	건설중인자산	100

건물증가액 중 현금으로 취득한 700백만 원은 현금의 유출을 수반하였으므로 현금흐름표에 기재되어야 할 내용이다. 그러나 건설중인자산에서 대체된 100백만 원은 현금흐름이 수반되지 않은 거래이므로 비현금거래로서 현금흐름표상에는 나타내지 않고 재무제표 주석사항으로 표시된다.

③번 거래의 분개

(차)	현 금	300	(대) 건 물	250
	건물감가상각누계액	100	유형자산처분이익	150

여의도상사는 장부금액 150백만 원(취득원가 250백만 원, 감가상각누계액 100백만 원)의 건물을 300백만 원에 처분하여 150백만 원만큼의 처분이익을 실현하였다. 따라서 유형자산 처분으로 인하여 유입된 현금 300백만 원은 현금흐름표상 투자활동으로 인한 현금유입에 기재되며, 이 활동으로 인하여 발생한 처분이익(투자활동이익) 150백만 원이 당기순이익에 포함되어 있으므로 영업활동으로 인한 현금흐름 계산 시(간접법) 유형자산처분이익은 당기순이익에서 차감되어야 한다.

④번 거래의 분개

(차)	재해손실	100	(대) 건 물	100

재해손실로 인한 100백만 원은 현금유출이 없는 손실이므로 영업활동으로 인한 현금흐름 계산 시(간접법) 재해손실은 당기순이익의 가산 항목으로 기재된다.

⑤번 거래의 분개

(차) 기계장치	100	(대) 장기미지급금	100

기계장치를 장기연불로 구입함으로써 현금의 유출이 수반되지 않았다. 이 역시 비현금거래로서 이 거래는 현금흐름표상에는 기재되지 않고 재무제표 주석사항에 표시된다. 향후에 장기미지급금이 현금으로 지급되는 경우에는 재무활동으로 인한 현금유출로 기록된다.

⑥번 거래의 분개

(차) 공·기구·비품	80	(대) 현 금	80

공·기구·비품을 현금으로 취득하였으므로 현금의 유출이 수반되었다. 따라서 위의 거래는 투자활동으로 인한 현금유출란에 기재된다.

⑦번 거래의 분개

(차) 현 금	5	(대) 공·기구·비품	26
공·기구·비품 감가상각누계액	10		
유형자산처분손실	11		

공·기구·비품을 처분하고 현금 5백만 원을 수령하였으므로 현금흐름표에는 투자활동으로 인한 현금의 유입란에 공·기구·비품의 처분으로 인한 현금유입으로 5백만 원을 기록하고, 이러한 투자활동으로 인한 손실(유형자산처분손실)이 11백만 원 발생하여 당기순이익을 감소시켰으므로 동 처분손실 11백만 원은 영업활동에 의한 현금흐름 계산 시(간접법) 당기순이익에 가산한다.

⑧번 거래의 분개

(차) 감가상각비	780	(대) 건물감가상각누계액	280
		기계장치감가상각누계액	382
		공·기구·비품감가상각누계액	118

유형자산의 감가상각비 역시 유형자산의 취득원가를 각 유형자산의 내용연수에 걸쳐 체계적이고 합리적인 방법으로 배분하는 금액으로서 각 연도별 수익에 대응되는 금액일 뿐 현금의 유출은 수반하지 않는다. 그러나 이 감가상각비 역시 당기순이익을 감소시켰으므로 영업활동으로 인한 현금흐름을 간접법으로 계산할 때에는 당기순이익에 가산하여야 한다.

위의 분개를 토대로 여의도상사의 유형자산 각 계정의 모습을 T 계정으로 나타내 보면 다음과 같다. (단위 : 백만 원)

토지			
기초잔액	3,250	기말 잔액	4,890
① 현물출자	1,640		
	4,890		4,890

건물			
기초잔액	1,450	③ 당기처분 (처분가액 300)	250
② 당기취득	700	③ 재해손실	100
② 건설중인 자산에서 대체	100	기말 잔액	1,900
	2,250		2,250

건물감가상각누계액			
③ 건물처분	100	기초잔액	270
기말 잔액	450	⑦ 감가상각	280
	550		550

기계장치			
기초잔액	2,930	기말 잔액	3,030
④ 연불구입	100		
	3,030		3,030

기계장치감가상각누계액			
기말 잔액	1,167	기초잔액	785
		⑦ 감가상각	382
	1,167		1,167

공·기구·비품			
기초잔액	568	⑥ 당기처분 (처분대가 5)	26
⑤ 당기취득	80	기말 잔액	622
	648		648

공·기구·비품 감가상각누계액			
⑥ 비품처분	10	기초잔액	133
기말 잔액	241	⑦ 감가상각	118
	251		251

건설중인자산			
기초잔액	184	② 건물 계정으로 대체	100
		기말 잔액	84
	184		184

위의 분개 과정에서 현금흐름표에 계상될 내용을 발췌하여 부분 현금흐름표를 작성해보면 다음과 같다.

부분 현금흐름표

여의도상사 (단위 : 백만 원)

과목	금액	
Ⅰ. 영업활동으로 인한 현금흐름		×××
1. 당기순이익	×××	
2. 현금의 유출이 없는 비용 등의 가산	780	
유형자산감가상각비 유형자산처분손실	11	
재해손실	100	

과 목	금 액	
3. 현금의 유입이 없는 수익 등의 차감		
유형자산처분이익	(150)	
Ⅱ. 투자활동으로 인한 현금흐름		(475)
1. 투자활동으로 인한 현금유입액	305	
가. 건물의 처분*1	300	
나. 공·기구·비품의 처분*1	5	
2. 투자활동으로 인한 현금유출액	(780)	
가. 건물의 취득*2	(700)	
나. 공·기구·비품의 취득*2	(80)	

*1 : 일반기준에서는 토지를 제외한 감가상각 대상 자산을 재무상태표에 '설비자산'의 과목으로 표시하므로 현금흐름표에도 건물과 공·기구·비품의 처분을 합쳐서 '설비자산의 처분 (305)'으로 기재할 수 있다.

*2 : 위 *1과 같은 이유로 건물과 공·기구·비품의 취득을 합쳐서 '설비자산의 취득 (780)'으로 기재할 수 있다.

*3 : 재무제표 주석사항

토지의 현물출자	1,640
건설중인 자산에서 설비자산(건물) 계정으로 대체	100
설비자산(기계장치)의 연불구입	100

4 무형자산의 변동

[예제 4-4] 무형자산의 변동과 현금흐름

다음은 여의도상사의 비교 재무상태표상 무형자산의 기초 및 기말 잔액과 추가자료이다. 이를 토대로 여의도상사의 당기중 부분 현금흐름표를 작성하시오.

부분 비교 재무상태표

여의도상사 (단위 : 백만 원)

계 정 과 목	기 말 잔 액	기 초 잔 액	증 가 (감 소)
영업권	100	150	(50)
산업재산권	200	120	80
개발비	2,800	2,500	300

〈추가자료〉

① 당기중 영업권의 취득은 없으며, 감소액은 모두 당기상각액이다.

② 산업재산권의 당기취득액은 100백만 원이며 당기상각액은 20백만 원이다.

③ 당기중 개발비의 지출은 500백만 원, 상각액은 200백만 원이다.

풀이

위의 추가자료는 여의도상사의 무형자산 각 계정의 당기중 변화를 설명한 것이다. 각 자료 하나하나에 대해서 회사가 어떠한 회계처리를 하였겠는지 추정해보자. (단위 : 백만 원)

①번 거래의 분개

(차) 무형자산상각비	50	(대) 영 업 권	50

영업권은 합병이나 영업 양수 및 전세권 취득 등의 경우에 유상으로 취득함에 따라 발생된 것으로서 20년을 초과하지 않는 범위 내에서 합리적인 기간 동안 상각한다. 또한 매 결산기마다 영업권의 회수가능액을 평가하여 회수가능액이 영업권의 장부금액에 미달하면 영업권 손상차손을 계상하여야 한다. 영업권을 상각하는 거래는 비현금거래이며 현금의 유출이 없는 비용으로서 당기순이익을 감소시켰다. 따라서 현금흐름표에는 계상되지 않는 거래이지만 영업활동으로 인한 현금흐름을 간접법으로 표시할 경우에는 당기순이익에 동 상각액 50백만 원을 가산한다.

②번 거래의 분개

(차) 산업재산권	100	(대) 현 금	100
무형자산상각비	20	산업재산권	20

산업재산권은 일정 기간 독점적·배타적으로 이용할 수 있는 권리로서 특허권·실용신안권·의장권 및 상표권 등을 말하며, 산업재산권을 취득하는 거래는 현금의 유출을 수반하는 거래로서 투자활동으로 인한 현금의 유출에 해당된다. 산업재산권을 상각하는 거래는 영업권의 상각과 마찬가지로 현금의 유출이 없는 비용에 해당된다. 따라서 영업활동으로 인한 현금흐름을 간접법으로 계산 시 산업재산권의 상각액은 당기순이익에 가산한다.

③번 거래의 분개

(차) 개발비	500	(대) 현 금	500
무형자산상각비	200	개발비	200

개발비란 신제품·신기술 등의 개발과 관련하여 발생한 비용으로서 일반기준 제11장(무형자산) 문단 11.20 및 실 11.14에서 열거하는 조건을 모두 충족하는 경우 무형자산으로 인식한다. 개발비를 지출하는 거래는 현금의 유출을 수반하는 거래로서 투자활동으로 인한 현금의 유출에 해당된다. 개발비를 상각하는 거래는 영업권의 상각과 마찬가지로 현금의 유출이 없는 비용에 해당된다.

따라서 영업활동으로 인한 현금흐름을 간접법으로 계산 시 개발비의 상각액은 당기순이익에 가산한다.

위의 분개를 토대로 여의도상사의 무형자산 각 계정의 모습을 T 계정으로 나타내보면 다음과 같다. (단위 : 백만 원)

영 업 권			
기초잔액	150	① 당기상각	50
		기말 잔액	100
	150		150

산업재산권			
기초잔액	120	② 당기상각	20
② 당기취득	100	기말 잔액	200
	220		220

개 발 비			
기초잔액	2,500	③ 당기상각	200
③ 당기지출	500	기말 잔액	2,800
	3,000		3,000

위의 분개 과정에서 현금흐름표에 계상될 내용을 발췌하여 부분 현금흐름표를 작성해보면 다음과 같다.

부분 현금흐름표

여의도상사 (단위 : 백만 원)

과 목	금 액	
Ⅰ. 영업활동으로 인한 현금흐름		×××
1. 당기순이익	×××	
2. 현금의 유출이 없는 비용 등의 가산		
무형자산상각비	270	
3. 현금의 유입이 없는 수익 등의 차감		
Ⅱ. 투자활동으로 인한 현금흐름		(600)
1. 투자활동으로 인한 현금유입액	-	
2. 투자활동으로 인한 현금유출액	(600)	
가. 산업재산권의 취득	(100)	
나. 개발비의 지출	(500)	

제 02 절

재무활동 현금흐름

재무활동'이란 현금의 차입 및 상환활동, 신주발행이나 배당금의 지급활동 등과 같이 부채 및 자본 계정에 영향을 미치는 거래를 말한다. 현금흐름표상 재무활동에 기록되는 거래는 현금을 수반하는 거래에 한정되기 때문에 현물출자로 인한 자본금의 증가나 전환사채의 전환으로 인하여 자본금이 증가되는 거래 등과 같이 현금의 유출·입이 수반되지 아니하는 거래, 즉 비현금거래는 현금흐름표에 기재되지 않고 재무제표의 주석사항으로 기재된다.

재무활동과 관련해서 나타나는 손익은 영업활동으로 인한 현금흐름 계산 시 당기순이익에서 제거하여야 하는데 사채상환손익이나 외화차입금 상환 시 발생하는 환차손익 등이 그 예에 속한다. 그러나 차입금에 대한 이자의 지급은 영업활동으로 구분한다.

그리고 비유동부채 중 퇴직급여충당부채의 증가(재무제표에는 '퇴직급여'라는 과목으로 기재됨)는 비현금손익거래이며, 퇴직급여충당부채의 감소(퇴직금 지급)는 영업활동으로 구분한다.

1 차입금의 변동

[예제 4-5] **차입금의 변동과 현금흐름**

다음은 여의도상사의 비교 재무상태표상 단기차입금과 장기부채의 기초 및 기말 잔액과 추가자료이다. 이를 토대로 여의도상사의 당기중 부분 현금흐름표를 작성하시오.

부분 비교 재무상태표

여의도상사 (단위 : 백만 원)

계 정 과 목	기 말 잔 액	기 초 잔 액	증 가(감소)
단기차입금	3,200	1,100	2,100
유동성장기부채	2,450	1,300	1,150
사채	3,000	2,500	500
(사채할인발행차금)	(28)	(15)	(13)
전환사채	2,500	3,000	(500)
장기차입금	2,330	3,800	(1,470)

〈추가자료〉

① 당기중 단기차입금의 차입은 2,150백만 원, 상환액은 50백만 원이다.
② 당기중 유동성장기부채 1,300백만 원을 상환하다. 동 상환액에는 외화표시채무도 포함되어 있는데 외화표시채무상환 시에 환차손이 10백만 원만큼 발생하다.
③ 당기중 사채 액면금액 800백만 원을 792백만 원으로 발행하다. 이와 관련하여 사채 발행비 15백만 원을 별도로 지출하다.
④ 당기중 사채 액면금액 300백만 원을 274백만 원에 중도상환하다. 동 사채의 상환 직전 장부금액은 295백만 원이었다.
⑤ 당기말에 사채할인발행차금 5백만 원을 상각하다.
⑥ 당기중 장기차입금 1,000백만 원을 차입하다.
⑦ 당기말에 장기차입금 중 외화표시채무를 환산한 결과 20백만 원만큼의 환산(평가)이익이 발생하다.
⑧ 당기말에 장기차입금 중 2,450백만 원을 유동성장기차입금으로 대체하다.
⑨ 당기중 전환사채권자의 청구에 의하여 500백만 원의 전환사채를 보통주 20,000주로 전환하다. 동 전환 사채는 액면금액으로 발행되었으며 보통주 액면가는 10천 원이다.

풀이

위의 추가자료는 여의도상사의 단기차입금과 비유동부채 각 계정의 당기중 변화를 설명한 것이다. 각 자료 하나하나에 대해서 회사가 어떠한 회계처리를 하였겠는지 추정해보자. (단위 : 백만 원)

①번 거래의 분개

(차)	현 금	2,150	(대) 단기차입금	2,150
	단기차입금	50	현 금	50

단기차입금의 차입과 상환은 현금의 유출과 유입을 수반하므로 위의 거래는 재무활동으로 인한 현금의 유입과 유출에 모두 기록된다.

②번 거래의 분개

(차) 유동성장기차입금	1,300	(대) 현금	1,310
외환차손	10		

여의도상사는 전기말에 계상되었던 유동성장기차입금 1,300백만 원을 예정대로 당기중 상환하였다. 동 유동성장기차입금 중에는 외화차입금이 포함되어 있는데 상환일자의 환율이 전기말 환율에 비하여 회사에 불리하게 변동된 결과 10백만 원만큼의 환차손이 발생하여 동 금액만큼 현금이 더 지출되었다. 따라서 1,310백만 원만큼 재무활동으로 인한 현금이 유출되었고 이러한 재무활동으로 인해서 발생한 환차손 10백만 원이 당기순이익을 감소시켰으므로 영업활동 현금흐름 계산 시에는 당기순이익에 10백만 원을 가산한다.

③번 거래의 분개

(차) 현　금	777	(대) 사　채	800
사채할인발행차금	23		

여의도상사는 사채발행 당시의 시장이자율이 사채의 표시이자율보다 높은 이유 때문에 사채를 할인발행하였다. 액면가액 800백만 원과 사채발행 대가로 납입된 현금 777백만 원과의 차액은 사채할인발행차금으로 기록된다. 사채발행 대가로 납입된 현금은 사채발행비로 지급된 15백만 원을 차감한 후의 금액인 777백만 원이므로 현금흐름표에는 재무활동으로 인한 현금유입란에 사채발행으로 인한 현금유입이 777백만 원으로 기록된다.

④번 거래의 분개

(차) 사　채	300	(대) 현　금	274
		사채할인발행차금	5
		사채상환이익	21

사채를 만기 전에 상환하는 경우 상환 당일의 시장이자율이 사채발행 당시의 시장이자율보다 높다면 사채상환이익이 발생하게 된다. 사채상환이익은 재무활동으로 인한 이익으로서 당기순이익에 포함되어 있으므로 영업활동 현금흐름을 간접법으로 표시할 경우에 당기순이익에서 차감하여야 한다.

⑤번 거래의 분개

(차) 이자비용	5	(대) 사채할인발행차금	5

사채할인발행차금은 유효이자율법을 사용하여 상각하는데 상각하는 금액은 이자비용 계정으로 대체된다. 위의 분개에서 보다시피 이 거래는 현금의 유출·입을 수반하지 않는 비현금거래이므로 현금흐름표상에는 나타나지 않는 거래이나, 영업활동 현금흐름을 간접법으로 나타낼 때에는 이자비용에 포함되어 있는 사채할인발행차금상각액을 당기순이익에 가산해주어야 영업활동으로 인한 현금흐름이 정확하게 산출된다.

⑥번 거래의 분개

(차) 현금	1,000	(대) 장기차입금	1,000

장기차입금의 차입은 전액 재무활동으로 인한 현금의 유입에 기록된다.

⑦번 거래의 분개

(차) 장기차입금	20	(대) 외화환산이익	20

기말에는 일반기준에 의하여 화폐성 외화채권·채무는 기말 현재 환율로 환산하여야 한다. 여의도상사의 경우 외화장기차입금의 환율을 검토한 바, 전기말의 환율보다 금기말의 환율이 회사에 유리하게 변동하여 그 차액만큼 외화부채를 감소시켰다. 그러므로 이 거래는 현금의 유출·입과는 상관이 없기 때문에 현금흐름표에는 기재되지 않는다. 다만, 영업활동 현금흐름을 간접법으로 나타낼 때에는 비현금수익인 외화환산이익을 당기순이익에서 차감하여야 한다.

⑧번 거래의 분개

(차) 장기차입금	2,450	(대) 유동성장기차입금	2,450

기말에 장기차입금 중 1년 이내에 상환이 도래하는 부분은 유동성장기차입금으로 대체하여야 한다. 이 거래는 현금의 유출입이 수반되지 아니하는 비현금거래로서 현금흐름표에는 기재되지 아니한다.

⑨번 거래의 분개

(차) 전환사채	500	(대) 자본금	200
		주식발행초과금	300

전환사채의 전환거래 역시 비현금거래이다. 단지 회사의 사채권자가 주주로 변동된 것에 불과하기 때문에 이 거래는 현금흐름표에는 기재되지 않는다. 그러나 이 거래는 비현금거래이긴 하지만 재무정보이용자들에겐 중요한 거래이기 때문에 재무제표 주석사항으로 기재한다.

위의 분개를 토대로 여의도상사의 단기차입금 및 비유동부채 각 계정의 모습을 T 계정으로 나타내보면 다음과 같다. (단위 : 백만 원)

단기차입금			
① 당기상환	50	기초잔액	1,100
기말 잔액	3,200	① 당기차입	2,150
	3,250		3,250

유동성장기차입금			
③ 당기상환	1,300	기초잔액	1,300
(상환대가1,310)		⑧ 당기증가	2,450
기말 잔액	2,450		
	3,750		3,750

사 채			
기말 잔액	3,000	기초잔액	2,500
④ 상환	300	③ 사채 발행	800
(상환대가 274)			
	3,300		3,300

사채할인발행차금			
기초잔액	15	④ 상환감소	5
④ 사채 발행	23	⑤ 당기상각	5
		기말 잔액	28
	38		38

장기차입금			
⑧ 유동성 대체	2,450	기초잔액	3,800
⑦ 환산이익	20	⑥ 차입	1,000
기말 잔액	2,330		
	4,800		4,800

전환사채			
⑨ 당기전환	500	기초잔액	3,000
기말 잔액	2,500		
	3,000		3,000

위의 분개 과정에서 현금흐름표에 계상될 내용을 발췌하여 부분 현금흐름표를 작성해보면 다음과 같다.

부분 현금흐름표

여의도상사 (단위 : 백만 원)

과 목	금 액	
I. 영업활동으로 인한 현금흐름		×××
1. 당기순이익	×××	
2. 현금의 유출이 없는 비용 등의 가산		
외환차손	10	
사채할인발행차금상각	5	
3. 현금의 유입이 없는 수익 등의 차감		
외화환산이익	(20)	
사채상환이익	(21)	
II. 재무활동으로 인한 현금흐름		2,293
1. 재무활동으로 인한 현금유입액	3,927	
가. 단기차입금의 차입	2,150	
나. 사채의 발행	777	
다. 장기차입금 차입	1,000	

과 목	금 액	
2. 재무활동으로 인한 현금유출액	(1,634)	
가. 단기차입금의 상환	(50)	
나. 유동성장기차입금의 상환	(1,310)	
다. 사채상환	(274)	

* 재무제표 주석사항

전환사채의 전환으로 인한 보통주 자본금의 증가	200
전환사채의 전환으로 인한 주식발행초과금의 증가	300
장기차입금의 유동성장기부채 대체	2,450

2 자본 계정의 변동

[예제 4-6] 자본 계정의 변동과 현금흐름

다음은 여의도상사의 비교 재무상태표상 자본 항목의 기초 및 기말 잔액과 추가자료이다. 이를 토대로 여의도상사의 당기중 부분 현금흐름표를 작성하시오.

부분 비교 재무상태표

여의도상사 (단위 : 백만 원)

계 정 과 목	기 말 잔 액	기 초 잔 액	증 가(감소)
보통주자본금	9,530	5,100	4,430
주식발행초과금	3,740	2,000	1,740
기타 자본잉여금	510	500	10
자기주식	(170)	(190)	20
매도가능증권 평가이익	30	0	30
이익준비금	1,610	3,750	(2,140)
미처분이익잉여금	752	631	121

〈추가자료〉

① 당기중 보통주 100,000주(주당 액면가 10천 원)를 발행하여 토지(공정한 평가액 1,640백만 원)를 현물출자받다.

② 당기중 전환사채권자의 청구에 의하여 액면금액 500백만 원의 전환사채를 보통주 20,000주로 전환하다.(동 전환사채는 액면가액으로 발행되었음)

③ 당기초 전기의 이익잉여금 처분 내용은 다음과 같다.
이익준비금 90백만 원, 현금배당 227백만 원, 주식배당 200백만 원. 현금배당과 주식배당은 전액 당기중 지급 및 교부되었다.
④ 당기중 보통주 80,000주를 주당 20천 원에 발행하여 유상증자를 실시하다.
⑤ 당기중 이익준비금 중에서 2,230백만 원을 자본에 전입하여 무상증자를 실시하다.
⑥ 당기중 취득원가 20백만 원의 자기주식을 30백만 원에 처분하다.
⑦ 당기 미처분이익잉여금 증가액 중 12백만 원은 지분법평가로 인한 것이다.
⑧ 당기 결산 결과 당기순이익 626백만 원을 계상하다.
⑨ 매도가능증권 평가이익은 시장성 있는 투자주식의 평가이익이다.

풀이

위의 추가자료는 여의도상사 자본 항목의 당기중 변화를 설명한 것이다. 각 자료 하나하나에 대해서 회사가 어떠한 회계처리를 하였겠는지 추정해보자. (단위 : 백만 원)

①번 거래의 분개

(차) 토　　지	1,640	(대) 보통주자본금	1,000
		주식발행초과금	640

유형자산의 현물출자에 대한 거래 내용은 이미 투자활동 사례에서 검토한 바 있는데, 이러한 거래는 현금의 유출입을 수반하지 않으므로 비현금거래로서 재무제표 주석사항이다.

②번 거래의 분개

(차) 전환사채	500	(대) 보통주자본금	200
		주식발행초과금	300

전환사채의 전환거래 역시 비현금거래로서 재무제표 주석사항으로 기재되는 거래이다.

③번 거래의 분개

(차) 미처분이익잉여금	517	(대) 이익준비금	90
		미지급배당금	227
		미교부주식배당금	200
(차) 미지급배당금	227	(대) 현　　금	227
미교부주식배당금	200	자 본 금	200

상법에 의하여 이익잉여금의 처분은 재무상태표일 이후 주주총회에서 이루어진다. 위의 거래 중 미지급배당금을 지급하는 거래만이 현금거래로서 현금흐름표에 기재된다. 미처분이익잉여금을 처분하는 거래는 자본변동표에 나타나 있으므로 비현금거래이지만, 재무제표에 대한 주석사항으로 기재할 필요가 없다.

④번 거래의 분개

(차) 현　　금	1,600	(대)	보통주자본금	800
			주식발행초과금	800

유상증자거래는 현금이 회사에 납입되었으므로 현금거래로서 현금흐름표의 재무활동으로 인한 현금유입란에 기재된다.

⑤번 거래의 분개

(차) 이익준비금	2,230	(대)	보통주자본금	2,230

이익준비금을 자본에 전입하는 무상증자 거래 역시 비현금거래로서 재무제표 주석사항 으로 기재되는 거래이다.

⑥번 거래의 분개

(차) 현　　금	30	(대)	자 기 주 식	20
			기타 자본잉여금	10

일반기준 제15장(자본) 문단 15.8 및 15.9에 의하면 자기주식을 취득한 경우 그 취득원가로 기재하고 동 자기주식을 처분한 경우에 처분이익은 기타 자본잉여금에 계상하도록 요구하고 있다. 위의 거래에서 자기주식의 처분으로 회사에 현금의 유입이 있었으므로 재무활동으로 인한 현금유입란에 기재한다.

⑦번 거래의 분개

(차) 지분법적용투자주식	12	(대)	미처분이익잉여금	12

지분법적용 대상 피투자회사의 순자산 증가 원인이 당기순이익을 제외한 이익잉여금인 경우 투자회사도 이익잉여금의 증가로 기록한다. 이 거래는 비현금교환거래이지만 중요하지 않다고 판단되면 재무제표에 주석사항으로 기재할 필요가 없다.

⑧번 거래의 분개

(차) 손익(집합손익) 626 (대) 미처분이익잉여금 626

결산 결과 당기순이익이 발생하여 당기순이익 금액을 집합손익 계정에서 미처분이익잉여금으로 대체하는 거래는 비현금거래이다. 이 거래는 현금흐름표에 기재되는 거래는 아닌데, 다만 영업활동 현금흐름을 간접법으로 표시할 때에는 손익활동의 결과치인 당기순이익부터 계산이 시작되므로 당기순이익을 영업활동 현금흐름란에 기재한다.

⑨번 거래의 분개

(차) 매도가능증권 30 (대) 매도가능증권 평가이익 30

이 거래는 비현금교환거래이다. ([예제 4-2] ②번 분개 참조)

위의 분개를 토대로 여의도상사의 자본 항목 각 계정의 모습을 T 계정으로 나타내보면 다음과 같다.

보통주자본금			
기말 잔액	9,530	기초잔액	5,100
		① 현물출자	1,000
		② 전환사채전환	200
		③ 주식배당	200
		④ 유상증자	800
		⑤ 무상증자	2,230
	9,530		9,530

주식발행초과금			
기말 잔액	3,740	기초잔액	2,000
		① 현물출자	640
		② 전환사채전환	300
		④ 유상증자	800
	3,740		3,740

기타 자본잉여금			
기말 잔액	510	기초잔액	500
		⑥ 자기주식처분이익	10
	510		510

자기주식			
기초잔액	190	⑥ 당기처분	20
		(처분대가 30)	
		기말 잔액	170
	190		190

매도가능증권 평가이익			
기말 잔액	30	기초잔액	0
		⑨ 당기증가	30
	30		30

이익준비금			
기말 잔액	1,610	기초잔액	3,750
⑤ 자본전입	2,230	③ 당기증가	90
	3,840		3,840

미처분이익잉여금			
③ 잉여금처분	517	기초잔액	631
		⑦ 지분법이익	12
기말 잔액	752	⑧ 순이익	626
	1,269		1,269

미교부주식배당금			
③ 교부(자본 대체)	200	③ 당기증가	200
	200		200

이익준비금			
③ 당기지급	227	③ 당기증가	227
	227		227

위의 분개 과정에서 현금흐름표에 계상될 내용을 발췌하여 부분 현금흐름표를 작성해보면 다음과 같다. (단위 : 백만 원)

부분 현금흐름표

여의도상사

과 목	금	액
Ⅰ. 영업활동으로 인한 현금흐름		×××
1. 당기순이익	626	
2. 현금의 유출이 없는 비용 등의 가산	×××	
3. 현금의 유입이 없는 수익 등의 차감	×××	
Ⅱ. 재무활동으로 인한 현금흐름		1,403
1. 재무활동으로 인한 현금유입액	1,630	
가. 유상증자	1,600	
나. 자기주식의 처분	30	
2. 재무활동으로 인한 현금유출액	(227)	
가. 배당금의 지급	(227)	

* 재무제표 주석사항

현물출자로 인한 토지의 취득	1,640
전환사채의 전환으로 인한 보통주자본금의 증가	200
전환사채의 전환으로 인한 주식발행초과금의 증가	300
이익준비금의 자본전입	2,230
주식배당	200
매도가능증권 평가이익의 증가	30

제 03절

현금흐름표의 작성

앞에서는 기업의 활동 구분별로 부분적인 현금흐름표를 작성하는 것을 공부하였다. 이제부터는 모든 활동을 종합하여 현금흐름표를 완성하는 방법을 공부해보자.

1 현금흐름표의 작성 기초 사례

[예제 4-7] 서울상사의 설립 1차년도 현금흐름표의 작성

다음은 서울상사의 설립 1차년도 거래 내역이다. 이를 토대로 서울상사의 1차년도 손익계산서, 재무상태표 및 현금흐름표(직접법과 간접법)를 작성하시오. (단, 일반기준에 근거하여 현금흐름표를 작성한다.)

〈거래 내역〉

1) 회사 설립과 재무(자금 조달)활동의 전개

① 주당 5,000원으로 10,000주, 5,000만 원을 액면가로 투자하여, 회사의 영업활동을 시작하다.

② 추가로 이자율 연 10%, 만기 5년, 연말 이자지급 조건으로 은행에서 5,000만 원을 차입하다.

2) 투자활동의 전개

③ 조달된 자금을 가지고 회사는 본격적인 영업활동을 위하여 차량운반구를 취득하다. 차량운반구 구입가격은 2,000만 원이고 현금 취득하다. (차량운반구는 내용연수 5년, 잔존가액 0원으로 추정)

3) 영업활동의 전개

④ 서울상사의 1차년도 영업활동을 시작하기 위하여 서울상사는 상품(재고자산)을 5,000만 원에 공급처로부터 외상으로 매입하다.
⑤ 서울상사는 원가 3,000만 원인 상품을 6,000만 원에 외상 판매하다.
⑥ 외상 판매로 발생한 매출채권 중 2,000만 원을 현금으로 회수하다.
⑦ 외상 매입으로 발생한 매입채무 중 3,000만 원을 현금으로 지급하다.
⑧ 판매직 사원의 인건비 1,000만 원을 현금으로 지급하고 이를 판매비와 관리비로 처리하다.
⑨ 차입금 5,000만 원(이자율 연 10%)에 대한 이자비용 500만 원을 은행에 지급하다.
⑩ 차량운반구의 감가상각비(판매비와 관리비로 계상)를 인식하다.

풀이

각 거래에 대해 회사가 어떤 회계처리를 했을지 추정해보자. (단위 : 만 원)

①번 거래의 분개

(차) 현 금	5,000	(대) 자본금	5,000

유상증자로 인해 재무활동에 의한 현금 5,000만 원이 유입되었다.

②번 거래의 분개

(차) 현 금	5,000	(대) 장기차입금	5,000

장기차입금의 차입은 현금의 유입을 수반하므로 위의 거래는 재무활동으로 인한 현금의 유입에 기록된다.

③번 거래의 분개

(차) 차량운반구	2,000	(대) 현 금	2,000

차량운반구를 현금으로 취득했으므로 현금이 유출되었다. 따라서 위의 거래는 투자활동으로 인한 현금유출에 기록된다.

④번 거래의 분개

(차) 상품(재고자산)	5,000	(대) 매입채무	5,000

상품(재고자산)을 외상 매입하게 되면 매입채무가 증가하므로 이 거래는 영업활동에 포함되지만 현금흐름이 수반되지 않는다.

⑤번 거래의 분개

(차) 매출채권	6,000	(대) 매출액	6,000
매출원가	3,000	(대) 상품(재고자산)	3,000

상품(재고자산)을 외상 판매하게 되면 매출채권이 증가하고, 매출(수익)에 상응하는 매출원가(비용)를 인식하는 분개이다. 이 거래는 영업활동에 포함되지만 현금흐름이 수반되지 않는다.

⑥번 거래의 분개

(차) 현 금	2,000	(대) 매출채권	2,000

당기 매출채권의 회수는 현금의 유입을 수반하므로 해당 거래는 영업활동으로 인한 현금의 유입으로 기록된다.

⑦번 거래의 분개

(차) 매입채무	3,000	(대) 현 금	3,000

당기 매입채무 지급은 현금의 유출을 수반하므로 해당 거래는 영업활동으로 인한 현금의 유출로 기록된다.

⑧번 거래의 분개

(차) 급여(판매비와 관리비)	1,000	(대) 현 금	1,000

급여(판매비와 관리비)의 지출은 현금의 유출을 수반하므로 해당 거래는 영업활동으로 인한 현금의 유출로 기록된다.

⑨번 거래의 분개

(차) 이자비용 500 (대) 현 금 500

이자비용은 현금지출비용이며, 일반기준에서는 영업활동으로 분류되므로 영업활동으로 인한 현금유출로 기록된다.

⑩번 거래의 분개

(차) 감가상각비(판매비와 관리비) 500 (대) 감가상각누계액 500

감가상각비는 현금유출이 없는 비용이므로, 간접법으로 영업활동 현금흐름을 계산할 때 당기순이익에 가산한다.

4) 손익계산서 작성

위의 분개 과정에서 매출을 비롯하여 손익계산서에 계상될 거래를 발췌하여 손익계산서를 작성해보면 다음과 같다.

당기손익계산서

서울상사 1차년도 (단위 : 만 원)

과 목	금 액	
매출액		6,000
매출원가		3,000
매출총이익		3,000
판매비와 관리비		1,500
급여	1,000	
감가상각비	500	
영업이익		1,500
영업외비용		500
이자비용	500	
법인세차감전순이익		1,000
법인세비용		-
당기순이익		1,000

5) 재무상태표 작성

우선 손익계산서의 당기순이익은 이익잉여금 계정에 대체하고 매출채권 등을 비롯하여 재무상태표에 계상될 거래를 발췌하여 재무상태표를 작성하면 다음과 같다.

재무상태표

서울상사 1차년도말 (단위 : 만 원)

과 목	금 액	과 목	금 액
유동자산		부채	
현금및현금성자산	5,500	매입채무	2,000
매출채권	4,000	장기차입금	5,000
재고자산(상품)	2,000		
비유동자산		자본	
차량운반구	2,000	자본금	5,000
감가상각누계액	(500)	이익잉여금	1,000
자산총계	13,000	부채와 자본총계	13,000

6) 현금흐름표의 작성

위의 분개 과정과 손익계산서 및 재무상태표를 토대로 현금흐름표를 직접법과 간접법으로 작성해보면 다음과 같다.

현금흐름표 (직접법)

서울상사 1차년도 (단위 : 만 원)

과 목	금 액	
Ⅰ. 영업활동으로 인한 현금흐름		-2,500
1. 매출 등 수익활동으로부터의 유입액	2,000	
2. 매입 활동에 대한 유출액	-3,000	
3. 판매비와 관리비 지출액	-1,000	
4. 이자비용 유출액	-500	
Ⅱ. 투자활동으로 인한 현금흐름		-2,000
1. 차량운반구의 취득	-2,000	
Ⅲ. 재무활동으로 인한 현금흐름		10,000
1. 유상증자	5,000	
2. 장기차입금의 증가	5,000	
Ⅳ. 현금의 증가(감소)(Ⅰ+Ⅱ+Ⅲ)		5,500
Ⅴ. 기초의 현금		-
Ⅵ. 기말의 현금		5,500

현금흐름표 (간접법)

서울상사 1차년도 (단위 : 만 원)

과 목	금 액	
Ⅰ. 영업활동으로 인한 현금흐름		-2,500
1. 당기순이익	1,000	
2. 현금의 유출이 없는 비용 등의 가산		
감가상각비	500	
3. 현금의 유입이 없는 수익 등의 차감	-	
4. 영업활동으로 인한 자산·부채의 변동		
가. 매출채권의 감소(증가)	-4,000	
나. 재고자산의 감소(증가)	-2,000	
다. 매입채무의 증가(감소)	2,000	
Ⅱ. 투자활동으로 인한 현금흐름		-2,000
1. 차량운반구의 취득	-2,000	
Ⅲ. 재무활동으로 인한 현금흐름		10,000
1. 유상증자	5,000	
2. 장기차입금의 증가	5,000	
Ⅳ. 현금의 증가(감소)(Ⅰ+Ⅱ+Ⅲ)		5,500
Ⅴ. 기초의 현금		-
Ⅵ. 기말의 현금		5,500

2 현금흐름표의 작성을 위한 자료 및 절차

2-1. 현금흐름표의 작성을 위한 자료

현금흐름표는 다음의 네 가지 자료를 바탕으로 작성한다.

① 비교 재무상태표 : 비교 재무상태표는 자산, 부채, 자본 계정의 기초·기말 금액에 관한 정보를 제공한다. 이를 이용하여 각 계정의 기중 순증감액(순변동액)을 계산한다.

② 손익계산서 : 손익계산서는 영업활동을 통하여 유입·유출된 현금흐름정보를 제공한다.

③ 자본변동표 : 자본금과 자본잉여금, 이익잉여금, 자본조정, 기타 포괄손익누계액의 변동에 따른 현금흐름정보와 비현금교환거래의 정보를 제공한다. (자본구조가 단순한 경우에는 '재무제표에 대한 주석' 내용 중 이익잉여금처분계산서 또는 결손금처리계산서 내용으로 충분하다.)

④ 합계잔액시산표와 기타 재무제표 부속명세서 : 일반기준 제2장 문단 2.72에 의하면 현금의 유입과 유출 내용을 각각 총액으로 기재하도록 요구하고 있으므로(다만, 거래가 빈번하여 총금액이 크고 단기간에 만기가 도래하는 현금의 유출·입 항목은 순액으로 기재할 수 있음), 합계잔액시산표상 차변합계액과 대변합계액은 당기중 자산, 부채 및 자본의 증가총액과 감소총액에 관한 정보를 제공하게 되며, 기타 재무제표 부속명세서는 기업의 현금창출활동에 대한 구체적인 정보를 제공한다.

2-2. 현금흐름표의 작성 절차

① 현금의 변동액 계산

비교 재무상태표에서 현금및현금성자산의 기초잔액과 기말 잔액을 비교하여 순증감액을 계산한다.

② 현금 이외의 계정 분석 (현금거래와 비현금거래의 파악)

현금을 제외한 제자산 계정과 제부채 및 자본 계정의 증감을 분석하여 현금의 순증감액에 영향을 미친 '현금거래'와 현금의 순증감액에 영향을 미치지 않은 '비현금거래'를 파악한다. 이렇게 현금거래와 비현금거래를 파악하는 방법에는 일반적으로 'T 계정법'과 '정산표법' 두 가지가 있다.

③ 영업활동으로 인한 현금흐름 계산

'T 계정법'이나 '정산표법'을 사용하여 파악된 현금거래 중에서 영업활동과 관련 있는 거래를 추출하여 영업활동으로 인한 현금흐름을 계산한다.

④ 투자활동으로 인한 현금흐름 계산

'T 계정법'이나 '정산표법'을 사용하여 파악된 현금거래 중에서 투자활동과 관련 있는 거래를 추출하여 투자활동으로 인한 현금흐름을 계산한다.

⑤ 재무활동으로 인한 현금흐름 계산

'T 계정법'이나 '정산표법'을 사용하여 파악된 현금거래 중에서 재무활동과 관련 있는 거래를 추출하여 재무활동으로 인한 현금흐름을 계산한다.

1) 현금흐름표의 작성 및 중요한 비현금거래의 주석

위에서 추출한 영업활동으로 인한 현금흐름과 투자활동에 의한 현금흐름 및 재무활동으로 인한 현금흐름 내용을 한데 모아서 현금흐름표를 작성한다. 그리고 현금의 증감에는 영향을 미치지 않았지만 현금을 제외한 제자산과 제부채 및 자본 계정의 증감에 영향을 미친 거래, 즉 비현금거래 중에서 재무정보이용자에게 중요한 내용은 재무제표 주석사항으로 기재한다. 이러한 주석사항으로는 다음과 같은 것이 있다.

① 현물출자로 인한 유형자산의 취득
② 유형자산의 연불구입 및 연불매각
③ 무상증자
④ 무상감자
⑤ 주식배당
⑥ 전환사채의 전환
⑦ 건설중인자산의 건물 계정 대체
⑧ 장기부채의 유동성 대체 등

또한 영업활동으로 인한 현금흐름을 직접법에 의해 작성한 경우 당기순이익과 당기순이익에 가감되는 항목에 대해서도 재무제표 주석사항으로 표시하도록 일반기준은 요구하고 있다.

2) K-IFRS 제1007호를 적용하는 경우 주석사항의 변동

K-IFRS에서는 영업활동으로 인한 현금흐름을 직접법으로 작성한 경우 당기순손익과 당기순손익에 가감할 항목에 관한 사항을 공시하도록 요구하는 규정이 없다. 반면, K- IFRS에서는 비현금거래에 추가하여 다음과 같은 사항에 대하여 공시를 요구하고 있다.

① 둘 이상의 활동에 배분되는 법인세의 총지급액
② 연결실체가 사용할 수 없는 당해 기업의 현금및현금성자산의 금액
③ 영업능력의 유지를 위하여 필요한 현금흐름과는 별도로 영업능력의 증대를 나타내는 현금흐름의 총액
④ 미래 영업활동과 자본약정의 결제에 사용할 수 있는 차입한도 중 미사용금액과 차입한도에 대한 사용제한 내용
⑤ 비례연결을 적용하여 보고하는 조인트벤처 투자지분과 관련한 영업, 투자 및 재무활동 각각으로 인한 현금흐름의 총액
⑥ 각 보고 부문의 영업, 투자 및 재무활동에서 발생한 현금흐름의 금액

현금흐름표를 작성하는 방법에는 ‘T 계정법’과 ‘정산표법’이 있다. 1절과 2절에서 우리는 현금흐름에 대한 정보를 입수하기 위하여 투자활동이나 재무활동과 관련된 각 계정을 ‘T 계정’으로 표시하여 분석하고 그 결과를 토대로 현금흐름표를 작성하였다. 이러한 방법을 ‘T 계정법’이라 한다. 이하에서는 현금흐름표를 작성하는 방법 중 ‘정산표법’을 살펴보도록 한다.

3 정산표법

3-1. 정산표법의 의의

정산표법이란 현금 계정을 포함하여 재무상태표의 모든 계정을 정산표에 집합하여 각 계정의 당기 증감액에 대한 기중거래를 분석함으로써 현금흐름표 작성자료를 수집하는 방법을 의미한다. 정산표법에서는 기중거래의 분개를 정상적으로 전개하는 '정상분개법'이 있고, 기중거래의 분개를 역으로 전개해가는 '역분개법'이 있는데 본서에서는 정상분개법을 소개하기로 한다.

3-2. 정산표법에 의한 현금흐름표 작성절차

제1단계 : 현금의 당기순증감액 계산

여기서 현금이란 재무상태표상 '현금및현금성자산'을 말한다.

제2단계 : 재무상태표 계정의 기초잔액과 기말 잔액을 정산표에 기입

재무상태표상 모든 계정의 기중거래를 분석하기 위한 정산표를 준비한다.

제3단계 : 현금 이외의 계정 분석

현금 계정을 제외한 제자산 및 제부채와 자본 계정의 당기 증감액이 발생한 거래를 손익계산서, 자본변동표 및 기타 재무자료를 토대로 분석하고, 이와 같은 거래 중에서 현금흐름에 영향을 미친 거래들을 취합하여 정산표 하단에 현금흐름을 각 활동별로 구분하여 기록한다.

제4단계 : 현금흐름표의 작성

현금흐름표를 작성하고 재무제표 주석사항을 기재한다.

3-3. 정산표법에 의한 현금흐름표 작성 사례 (간접법)

1) 대청상사 사례

다음 대청상사의 비교 재무상태표와 손익계산서 및 추가자료를 토대로 동 기업의 현금흐름표를 정산표법에 의하여 작성해보자.

〈재무자료 1〉

비교 재무상태표

대청상사 (단위 : 원)

과 목	20×6. 12. 31	20×5. 12. 31
현금및현금성자산	1,335	859
매출채권	1,294	1,194
(대손충당금)	(127)	(119)
선급비용	18	14
재고자산	2,318	1,820
매도가능증권	107	66
차량운반구	40	38
(감가상각누계액)	(26)	(23)
공기구비품	91	71
(감가상각누계액)	(40)	(32)
산업재산권	8	5
개발비	21	19
임차보증금	161	133
합계	5,200	4,045
매입채무	1,707	1,307
단기차입금	604	301
당기법인세부채	89	43
유동성장기부채	65	151
사채	300	250
(사채할인발행차금)	(15)	(11)
장기차입금	315	294
퇴직급여충당부채	249	204
보통주자본금	600	500
주식발행초과금	547	447
이익준비금	112	110
이월이익잉여금	627	449
합계	5,200	4,045

〈재무자료 2〉

당기손익계산서

대청상사

(단위 : 원)

과　　목	20×6. 1. 1 ~	20×6. 12. 31
매출액		13,840
매출원가		13,180
매출총이익		660
판매비와 관리비		329
퇴직급여	58	
감가상각비	16	
대손상각비	11	
무형자산상각비	11	
기타 판매비와 관리비	233	
영업외수익		196
이자수익	170	
투자자산처분이익	26	
영업외비용		116
이자비용	95	
유형자산처분손실	21	
법인세차감전순이익		411
법인세비용		211
당기순이익		200

〈추가자료〉

① 당기중에 취득원가 50원의 매도가능증권을 76원에 현금을 받고 처분하였다.
② 당기중에 취득원가 30원의 차량운반구(감가상각누계액 5원)를 4원에 현금을 받고 처분하였다.
③ 선급비용은 보험료선급분이다.
④ 당기중 유형자산에 대한 감가상각비는 다음과 같다. 차량운반구 8원, 공기구비품 8원
⑤ 당기중 사채액면 50원을 45원에 발행하였다. 사채 발행 시 사채 발행비 5원을 별도로 현금지급하였으며, 당기중 사채할인발행차금상각액은 6원이다.
⑥ 당기중 무형자산의 상각 내용은 다음과 같다. 산업재산권상각 2원, 개발비상각 9원
⑦ 기말에 장기차입금 중 65원을 유동성장기부채에 대체하였다.
⑧ 당기중 보통주 액면 100원을 200원에 발행하였다.
⑨ 당기초 이익잉여금 중 20원을 현금배당, 2원을 이익준비금으로 처분하였으며, 현금배당은 곧바로 지급하였다.

제1단계 : 현금의 당기순증감액을 계산한다.

대청상사의 현금의 당기증가액은 476원(=1,335-859)이다.

제2단계 : 재무상태표 계정의 기초잔액과 기말 잔액을 정산표에 기입

다음과 같은 양식의 정산표를 작성하고 재무상태표 제계정의 기초잔액과 기말 잔액을 정산표에 기입한다.

현금흐름정산표

대청상사 (단위 : 원)

과 목	기초잔액	기 중 거 래		기말 잔액
		차 변	대변	
현금및현금성자산	859			1,335
매출채권	1,194			1,294
(대손선충당금)	(119)			(127)
선급비용	14			18
재고자산	1,820			2,318
매도가능증 권	66			107
차량운반구	38			40
(감가상각누계액)	(23)			(26)
공기구비품	71			91
(감가상각누계액)	(32)			(40)
산업재산권	5			8
개발비	19			21
임차보증금	133			161
	4,045			5,200
매입채무	1,307			1,707
단기차입금	301			604
당기법인세부채	43			89
유동성장기부채	151			65
사채	250			300
(사채할인발행차금)	(11)			(15)
장기차입금	294			315
퇴직급여충당부채	204			249
보통주자본금	500			600
주식발행초과금	447			547
이익준비금	110			112
이월이익잉여금	449			627
	4,045			5,200

제3단계 : 현금 이외의 계정 분석

손익계산서와 자본변동표 및 추가자료를 이용하여 현금 이외의 계정의 당기증감에 대한 거래를 추정하여 분개하고 그 내용을 정산표에 기입한다.

먼저 간접법에 의한 현금흐름표 작성 분개를 살펴보자.

[당기순이익 및 투자와 재무활동 관련 계정 분석]

분개 ①

(차) 당기순이익 200 (대) 이익잉여금 200
(현금 - 영업활동)

당기순이익만큼 일단 현금이 증가한 것으로 추정한다.

분개 ②

(차) 현　　금 76 (대) 매도가능증권 50
(현금 - 투자활동)
투자자산처분이익 26
(현금 - 영업활동)

추가자료 ①에 대한 분개이다. 매도가능증권의 처분으로 인하여 76원만큼 투자활동 현금이 유입되었다. 투자자산처분이익은 영업활동으로 인한 수익이 아니면서 당기순이익을 증가시켰으므로 영업활동 현금흐름 계산 시 당기순이익에서 차감하여야 한다.

분개 ③

(차) 매도가능증권 91 (대) 현　　금 91
(현금 - 투자활동)

분개 ②를 매도가능증권 계정 대변에 기입하게 되면 매도가능증권의 당기취득액이 산출된다.

분개 ④

(차) 현　　금 4 (대) 차량운반구 30
(현금 - 투자활동)
감가상각누계액 5
유형자산처분손실 21
(현금 - 영업활동)

추가자료 ②에 대한 분개이다. 차량운반구의 처분으로 인하여 4원만큼 투자활동 현금이 유입되었다. 유형자산처분손실은 영업활동으로 인한 비용이 아니면서 당기순이익을 감소시켰으므로 영업활동 현금흐름 계산 시 당기순이익에 가산하여야 한다.

분개 ⑤

(차) 차량운반구	32	(대) 현 금 (현금 - 투자활동)	32

분개 ④를 차량운반구 대변에 기입하게 되면 차량운반구의 당기취득액이 산출된다.

분개 ⑥

(차) 감가상각비 (현금-영업활동)	16	(대) 차량운반구 감가상각누계액	8
		공기구비품 감가상각누계액	8

감가상각비는 현금의 유출이 없는 비용이기 때문에 영업활동 현금흐름 계산 시 당기순이익에 가산한다.

분개 ⑦

(차) 공기구비품	20	(대) 현 금 (현금 - 투자활동)	20

공기구비품의 취득은 투자활동 현금유출이다.

분개 ⑧

(차) 무형자산상각비 (현금 - 영업활동)	11	(대) 산업재산권	2
		개 발 비	9

추가자료 ⑥에 대한 분개이다. 무형자산상각비는 현금의 유출이 없는 비용이기 때문에 영업활동 현금흐름 계산 시 당기순이익에 가산한다.

분개 ⑨

(차) 산업재산권	5	(대) 현 금 (현금 - 재무활동)	5

분개 ⑧을 산업재산권 계정 대변에 기입하면 산업재산권의 당기취득액이 산출된다.

분개 ⑩

(차) 개 발 비	11	(대) 현 금 (현금 - 투자활동)	11

분개 ⑧을 개발비 계정 대변에 기입하면 개발비의 당기지출액이 산출된다.

분개 ⑪

(차) 임차보증금 28 (대) 현 금 28
(현금 - 투자활동)

별도의 자료가 없는 한 임차보증금의 증가는 현금의 유출을 의미한다.

분개 ⑫

(차) 현 금 303 (대) 단기차입금 303
(현금 - 재무활동)

단기차입금의 증가는 재무활동으로 인한 현금유입이다.

분개 ⑬

(차) 이익잉여금 22 (대) 이익준비금 2
미지급배당금 20

추가자료 ⑨에 대한 분개이다. 이익잉여금의 처분거래는 비현금거래이다.

분개 ⑭

(차) 미지급배당금 20 (대) 현 금 20
(현금 - 재무활동)

추가자료 ⑨에서 배당금을 곧바로 지급하였으므로 미지급배당금은 현금의 지급과 함께 감소한다.

분개 ⑮

(차) 장기차입금 65 (대) 유동성장기부채 65

추가자료 ⑦에 대한 분개이다. 장기차입금의 유동성 대체는 비현금거래이다.

분개 ⑯

(차) 유동성장기부채 151 (대) 현 금 151
(현금 - 재무활동)

분개 ⑮를 유동성장기차입금 계정 대변에 기입하면 유동성장기부채의 당기 상환액이 산출된다.

분개 ⑰

(차)	금액	(대)	금액
현 금 (현금 - 재무활동)	40	사 채	50
사채할인발행차금	10		

추가자료 ⑤에 대한 분개이다. 사채 발행으로 인하여 재무활동으로 인한 현금이 40원 유입되었다.

분개 ⑱

(차)	금액	(대)	금액
이자비용 (사채할인발행차금상각) (현금 - 영업활동)	6	사채할인발행차금	6

사채할인발행차금상각은 이자비용 속에 포함되어 있으나 이는 현금의 유출이 없는 비용이므로 영업활동 현금흐름 계산 시 당기순이익에 가산한다.

분개 ⑲

(차)	금액	(대)	금액
현 금 (현금 - 재무활동)	86	장기차입금	86

분개 ⑮를 장기차입금 계정 차변에 기입하면 장기차입금 당기차입액이 산출된다.

분개 ⑳

(차)	금액	(대)	금액
퇴직급여 (현금 - 영업활동)	58	퇴직급여충당부채	58

퇴직급여(퇴직충당부채전입액)는 현금의 유출이 없는 비용이기 때문에 영업활동 현금흐름 계산 시 당기순이익에 가산한다.

분개 ㉑

(차)	금액	(대)	금액
퇴직급여충당부채	13	현 금 (현금 - 영업활동)	13

분개 ⑳을 퇴직급여충당부채 계정 대변에 기입하면 퇴직금 당기지급액이 산출된다. 퇴직금 지급은 영업활동으로 분류한다.

분개 ㉒

(차)	금액	(대)	금액
현 금 (현금 - 재무활동)	200	보통주자본금	100
		주식발행초과금	100

추가자료 ⑧에 대한 분개이다. 유상증자로 인하여 재무활동으로 인한 현금이 200원 유입되었다.

[영업활동 관련 계정 분석]

분개 ㉓

(차) 대손상각비 (현금 - 영업활동)	11	(대) 대손충당금	11

대손상각비는 현금의 유출이 없는 비용이기 때문에 영업활동 현금흐름 계산 시 당기순이익에 가산한다.

분개 ㉓-①

(차) 대손충당금	3	(대) 매출채권	3

분개 ㉓을 대손충당금 계정 대변에 기록하게 되면 당기 중 대손충당금 감소액, 즉 실제 대손발생액 3원이 산출된다. 이 거래는 비현금거래이다.

분개 ㉔

(차) 매출채권	103	(대) 현　금 (현금 - 영업활동)	103

분개 ㉓-1을 매출채권 대변에 기록하게 되면 당기매출채권 증가액 103원이 산출된다. 매출채권의 증가는 현금을 감소시킨다.

분개 ㉕

(차) 선급비용	4	(대) 현　금 (현금 - 영업활동)	4

선급비용의 증가는 현금을 감소시킨다.

분개 ㉖

(차) 재고자산	498	(대) 현　금 (현금 - 영업활동)	498

재고자산의 증가는 현금을 감소시킨다.

분개 ㉗

(차) 현　금 (현금 - 영업활동)	400	(대) 매입채무	400

매입채무의 증가는 현금을 증가시킨다.

분개 ㉘

(차) 현　　금 46 (대) 당기법인세부채 46
(현금 - 영업활동)

당기법인세부채의 증가는 현금을 증가시킨다.

이상의 거래를 기입한 정산표의 모습을 보면 다음과 같다.

현금흐름정산표 (간접법)

대청상사 (단위 : 원)

과 목	기초잔액	기중거래				기말 잔액
		차변		대변		
현금및현금성자산	859		*476			1,335
매출채권	1,194	㉔	103	㉓-1	3	1,294
(대손충당금)	(119)	㉓-1	3	㉓	11	(127)
선급비용	14	㉕	4			18
재고자산	1,820	㉖	498			2,318
매도가능증권	66	③	91	②	50	107
차량운반구	38	⑤	32	④	30	40
(감가상각누계액)	(23)	④	5	⑥	8	(26)
공기구비품	71	⑦	20			91
(감가상각누계액)	(32)			⑥	8	(40)
산업재산권	5	⑨	5	⑧	2	8
개발비	19	⑩	11	⑧	9	21
임차보증금	133	⑪	28			161
	4,045					5,200
매입채무	1,307			㉗	400	1,707
단기차입금	301			⑫	303	604
당기법인세부채	43			㉘	46	89
미지급배당금	0	⑭	20	⑬	20	0
유동성장기부채	151	⑯	151	⑮	65	65
사채	250			⑰	50	300
(사채할인발행차금)	(11)	⑰	10	⑱	6	(15)
장기차입금	294	⑮	65	⑲	86	315
퇴직급여충당금	204	㉑	13	⑳	58	249
보통주자본금	500			㉒	100	600
주식발행초과금	447			㉒	100	547
이익준비금	110			⑬	2	112

과 목	기초잔액	기중거래				기말 잔액
		차변		대변		
이월이익잉여금	449	⑬	22	①	200	627
	4,045					5,200
현금 - 영업활동						
당기순이익		①	200			
투자자산처분이익				②	26	
유형자산처분손실		⑤	21			
감가상각비		⑥	16			
무형자산상각비		⑧	11			
사채할인발행차금상각		⑭	6			
퇴직급여		⑯	58			
매출채권의 증가				㉓	103	
대손상각비		㉓	11			
선급비용의 증가				㉕	4	
재고자산의 증가				㉖	498	
매입채무의 증가		㉗	400			
당기법인세부채의 증가		㉘	46			
퇴직금의 지급				㉑	13	
현금 - 투자활동						
매도가능증권의 처분		②	76			
매도가능증권의 취득				③	91	
차량운반구의 처분		④	4			
차량운반구의 취득				⑤	32	
공기구비품의 취득				⑦	20	
산업재산권의 취득				⑨	5	
개발비의 지출				⑩	11	
임차보증금의 증가				⑪	28	
현금 - 재무활동						
단기차입금의 차입		⑫	303			
배당금의 지급				⑭	20	
유동성장기부채의 상환				⑯	151	
사채의 발행		⑰	40			
장기차입금의 차입		⑲	86			
유상증자		㉒	200			
현금의 증가					*476	
			3,032		3,032	

* 현금의 증가 기입은 현금 계정의 증감액을 확인함과 아울러 현금흐름표 마지막 부분의 완성 절차이다.

현금흐름정산표의 작성내용에 익숙해지면 다음과 같이 더욱 간소화된 양식을 사용할 수도 있다.

현금흐름표 (간접법 : 간소한 양식)

대청상사 (단위 : 원)

과 목	기초잔액	기 중 거 래						기말잔액
		차변			대변			
현금및현금성자산	859		*476					1,335
매출채권	1,194	㉔ 증가	103	영업	㉓-1	3		1,294
(대손충당금)	(119)	㉓-1	3		㉓ 상각	11	영업	(127)
선급비용	14	㉕ 증가	4	영업				18
재고자산	1,820	㉖ 증가	498	영업				2,318
매도가능증권	66	③ 취득	91	투자	⑫ 처분	76	투자	107
		② 처분이익	26	영업				
차량운반구	38	⑤ 취득	32	투자	④ 처분	26	투자	40
					④ 처분손실	4	영업	
(감가상각누계액)	(23)	④ 처분	5	투자	⑥ 상각비	8	영업	(26)
공기구비품	71	⑦ 취득	20	투자				91
(감가상각누계액)	(32)				⑥ 상각	8	영업	(40)
산업재산권	5	⑨ 취득	5	투자	⑧ 상각비	2	영업	8
개발비	19	⑩ 지출	11	투자	⑧ 상각비	9	영업	21
임차보증금	133	⑪ 증가	28	투자				161
	4,045							5,200
매입채무	1,307				㉗ 증가	400	영업	1,707
단기차입금	301				⑫ 차입	303	재무	604
당기법인세부채	43				㉘ 증가	46	영업	89
미지급배당금	0	⑭ 지급	20	재무	⑬ 배당결의	20	비현금	0
유동성장기부채	151	⑯ 상환	151	재무	⑮ 대체	65	비현금	65
사채	250				⑰ 발행	50	재무	300
(사채할인발행차금)	(11)	⑰ 발행	10	재무	⑱ 상각	6	영업	(15)
장기차입금	294	⑮ 유동대체	65	비현금	⑲ 차입	86	재무	315
퇴직급여충당부채	204	㉑ 지급	13	영업	⑳ 퇴직급여	58	영업	249
보통주자본금	500				㉒ 유상증자	100	재무	600
주식발행초과금	447				㉒ 유상증자	100	재무	547
이익준비금	110				⑬ 전입	2	비현금	112
이월이익잉여금	449	⑬ 처분	22	비현금	① 순이익	200	영업	627
	4,045	1,580			1,580			5,200

위의 간소한 양식에 매도가능증권이나 유형자산의 처분 내용을 표시할 경우 앞서의 정산표 기재 내용과 약간 다르다. 위의 ②번 분개의 경우 앞서의 정산표 작성 시 분개는 다음과 같았다.

분개 ②

(차) 현 금	76	(대) 매도가능증권	50
		투자자산처분이익	26

그러나 간소한 양식에서 분개는 다음과 같이 하였다.

분개 ②

(차) 현 금	76	(대) 매도가능증권	76
매도가능증권	26	투자자산처분이익	26

이렇게 분개한 것은 간소한 양식 내에 투자자산처분이익을 기재할 수 있도록 하기 위함이다.

제4단계 : 현금흐름표의 작성

현금흐름표 (간접법)

대청상사 (단위 : 원)

과 목	금	액
Ⅰ. 영업활동으로 인한 현금흐름		125
1. 당기순이익	200	
2. 현금의 유출이 없는 비용 등의 가산	123	
대손상각비	11	
감가상각비	16	
퇴직급여	58	
무형자산상각비	11	
사채할인발행차금상각	6	
유형자산처분손실	21	
3. 현금의 유입이 없는 수익 등 차감	(26)	
투자자산처분이익	(26)	
4. 영업활동으로 인한 자산·부채의 변동	(172)	
매출채권의 증가	(103)	
선급비용의 증가	(4)	
재고자산의 증가	(498)	
매입채무의 증가	400	
당기법인세부채의 증가	46	
퇴직금의 지급	(13)	
Ⅱ. 투자활동으로 인한 현금흐름		(107)
1. 투자활동으로 인한 현금유입액	80	
매도가능증권의 처분	76	
차량운반구의 처분	4	
2. 투자활동으로 인한 현금유출액	(187)	
매도가능증권의 취득	(91)	
차량운반구의 취득	(32)	
공기구비품의 취득	(20)	
산업재산권의 취득	(5)	
개발비의 지출	(11)	
임차보증금의 증가	(28)	
Ⅲ. 재무활동으로 인한 현금흐름		458
1. 재무활동으로 인한 현금유입액	629	
단기차입금의 차입	303	

과 목	금 액	
사채의 발행	40	
장기차입금의 차입	86	
유상증자	200	
2. 재무활동으로 인한 현금유출액	(171)	
배당금의 지급	(20)	
유동성장기부채의 상환	(151)	
Ⅳ. 현금의 증가(Ⅰ + Ⅱ + Ⅲ)		476
Ⅴ. 기초의 현금		859
Ⅵ. 기말의 현금		1,335

3-4. 정산표법에 의한 현금흐름표 작성 사례 (직접법)

직접법과 간접법의 구분은 영업활동으로 인한 현금흐름을 표시하는 차이다. 작성 절차의 제1단계와 제2단계는 간접법의 경우와 같다. 대청상사의 자료를 토대로 직접법에 의한 현금흐름표를 작성해보자.

제3단계 : 현금 계정 이외의 계정 분석

분개 ①

(차) 매출채권 13,840 (대) 이익잉여금 (매출) 13,840

간접법에서는 영업활동 현금흐름 계산 시 당기순이익부터 출발하였으나 직접법에서는 매출에 의한 현금유입액부터 출발하여야 하므로 매출에 의한 현금유입액을 계산하기 위하여 당기매출액을 이익잉여금 계정의 대변과 매출채권 계정의 차변에 기록한다. 이 분개는 실제로 기중에 일어난 거래이다. 다만, 대변 계정이 매출 계정 대신에 이익잉여금 계정을 사용한 것만 다르다. 매출을 비롯하여 손익계산서상 모든 계정이 가감되어 당기순이익이 산출되고 그 당기순이익은 이익잉여금 계정에 포함되어 있기 때문에 매출 계정 대신 이익잉여금 계정을 사용한 것이다.

분개 ②

(차) 이익잉여금(대손상각비) 11 (대) 대손충당금 11

당기 대손충당금 전입액인 대손상각비 금액 11원을 이익잉여금 계정 차변과 대손충당금 계정 대변에 기입한다. 대손충당금 전입액에 대한 분개를 먼저 실시한 이유는 당기 중 매출채권에 대한 대손발생액 유무를 점검하기 위한 것이다.

분개 ②-1

(차) 대손충당금 3 (대) 매출채권 3

분개 ③

(차) 현 금 13,737 (대) 매출채권 13,737
(현금 - 영업활동)

분개 ①과 분개 ②-1을 매출채권 계정 차변과 대변에 각각 기입하게 되면 당기 매출채권 회수액이 13,737원임을 알 수 있다.

분개 ④

(차) 이익잉여금(매출원가) 13,180 (대) 재고자산 13,180

손익계산서 다음 항목은 매출원가이므로 매출원가금액을 이익잉여금 계정 차변과 재고자산 계정 대변에 기입한다. 매출액을 기입할 때와 마찬가지로 기중에 실제로 발생한 거래를 해당 계정에 기입한 것이다.

분개 ⑤

(차) 재고자산 13,678 (대) 매입채무 13,678

분개 ④를 재고자산 계정 대변에 기입하게 되면 재고자산 당기매입액이 산출된다. 재고자산을 매입하게 되면 매입채무가 증가하므로 매입채무 계정 대변에 당기매입액을 기입한다.

분개 ⑥

(차) 매입채무 13,278 (대) 현 금 13,278
(현금 - 영업활동)

분개 ⑤를 매입채무 계정 대변에 기입하게 되면 당기매입채무 지급액, 즉 당기매입으로 인한 현금유출액이 산출된다.

분개 ⑦

(차) 이익잉여금 58 (대) 퇴직급여충당부채 58
(퇴직급여)

퇴직급여를 이익잉여금 계정 차변과 퇴직급여충당부채 계정 대변에 기입한다.

분개 ⑧

(차) 퇴직급여충당부채	13	(대) 현　　금 (현금 - 영업활동)	13

분개 ⑦을 퇴직급여충당부채 계정 대변에 기입하게 되면 동 계정에서 당기퇴직금지급액이 산출된다.

분개 ⑨

(차) 이익잉여금(감가상각비)	16	(대) 차량운반구 감가상각누계액	8
		공기구비품 감가상각누계액	8

당기유형자산 감가상각비 16원을 이익잉여금 계정 차변과 해당 유형자산의 감가상각누계액 계정 대변에 기입한다.

분개 ⑩

(차) 기타 판매비와 관리비	233	(대) 선급비용	233

추가자료 ③에서 선급비용은 보험료 선급분이라고 제시하였으므로 당기 판매비와 관리비 발생액을 기타 판매비와 관리비 계정과 선급비용 계정에 기입한다. 판매비와 관리비 중 감가상각비를 비롯한 비현금비용은 선급비용과 관련이 없다.

분개 ⑪

(차) 선급비용	237	(대) 현　　금 (현금 - 영업활동)	237

분개 ⑩을 선급비용 계정 대변에 기입하면 판매비와 관리비 당기현금지급액 237원이 산출된다.

분개 ⑫

(차) 현　　금 (현금 - 영업활동)	170	(대) 이익잉여금(이자수익)	170

미수수익이나 선수수익 계정이 없으므로 당기손익계산서상 이자수익은 전액 당기 현금수입 이자수익이다.

분개 ⑬

(차) 현　　금 (현금 - 영업활동)	76	(대) 매도가능증권 이익잉여금 (투자자산처분이익)	50 26

투자자산처분이익의 발생 분개이다.

분개 ⑭

(차) 이익잉여금(이자비용)	89	(대) 현　　금 (현금 - 영업활동)	89

손익계산서상 이자비용 95원에는 사채할인발행차금상각액 6원이 포함되어 있으므로 6원을 제외한 89원이 현금지출비용이다.

분개 ⑮

(차) 이익잉여금 (이자비용 - 사채할인발행차금상각)	6	(대) 사채할인발행차금	6

사채할인발행차금상각액을 이익잉여금 계정 차변과 사채발행차금 계정 대변에 기입한다.

분개 ⑯

(차) 이익잉여금 (무형자산상각비)	11	(대) 산업재산권 개발비	2 9

산업재산권상각비와 개발비상각비를 이익잉여금 계정 차변과 각각의 무형자산 계정 대변에 기입한다.

분개 ⑰

(차) 산업재산권	5	(대) 현　　금 (현금 - 투자활동)	5

분개 ⑯을 산업재산권 계정 대변에 기입하면 당기 산업재산권 취득액 5원이 산출된다.

분개 ⑱

(차) 개발비	11	(대) 현 금 (현금 - 투자활동)	11

분개 ⑯을 개발비 계정 대변에 기입하면 당기 개발비 지출액 11원이 산출된다.

분개 ⑲

(차) 현 금 (현금 - 투자활동)	4	(대) 차량운반구	30
감가상각누계액	5		
이익잉여금(유형자산처분손실)	21		

차량운반구의 처분에 관한 분개이다.

분개 ⑳

(차) 이익잉여금(법인세비용)	211	(대) 당기법인세부채	211

당기법인세비용 발생액을 이익잉여금계정 차변과 당기법인세부채계정 대변에 기입한다.

분개 ㉑

(차) 당기법인세부채	165	(대) 현 금 (현금 - 영업활동)	165

분개 ⑳을 당기법인세부채 계정 대변에 기입하게 되면 법인세 당기지급액이 산출된다. 위의 분개 ①부터 분개 ㉑까지는 손익계산서 각 계정을 매출액부터 이익잉여금 계정과 관련되는 재무상태표 계정에 기입함으로써 영업활동으로 인한 현금흐름을 산출하였다. 이 절차를 마친 후 증감액의 분석이 실시되지 않은 나머지 계정들에 대해서 추가자료를 이용하여 기중거래를 추정한다.

분개 ㉒

(차) 매도가능증권	91	(대) 현 금 (현금 - 투자활동)	91

분개 ⑬을 매도가능증권 계정 대변에 기입하면 매도가능증권 당기취득액이 산출된다.

분개 ㉓

(차) 차량운반구	32	(대) 현　　금 (현금 - 투자활동)	32

분개 ⑲를 차량운반구 대변에 기입하게 되면 차량운반구의 당기취득액이 산출된다.

분개 ㉔

(차) 공기구비품	20	(대) 현　　금 (현금 - 투자활동)	20

공기구비품의 증가는 투자활동으로 인한 현금의 유출이다.

분개 ㉕

(차) 임차보증금	28	(대) 현　　금 (현금 - 투자활동)	28

임차보증금의 증가는 투자활동으로 인한 현금의 유출이다.

분개 ㉖

(차) 현　　금 (현금 - 재무활동)	303	(대) 단기차입금	303

단기차입금의 차입은 재무활동으로 인한 현금의 유입이다.

분개 ㉗

(차) 이익잉여금	22	(대) 미지급배당금	20
		이익준비금	2

당기 이익잉여금처분에 관한 분개이다. 이 거래는 비현금거래이다.

분개 ㉘

(차) 미지급배당금	20	(대) 현　　금 (현금 - 재무활동)	20

이익잉여금 처분 후 배당금을 지급한 거래이다.

분개 ㉙

(차) 장기차입금 65 (대) 유동성장기부채 65

장기차입금의 유동성 대체에 관한 분개이다. 이 거래는 비현금거래이다.

분개 ㉚

(차) 유동성장기부채 151 (대) 현 금 151
(현금 - 재무활동)

분개 ㉙를 유동성장기차입금계정 대변에 기입하면 유동성장기부채의 당기 상환액이 산출된다.

분개 ㉛

(차) 현 금 40 (대) 사 채 50
(현금 - 재무활동)
사채할인발행차금 10

사채 발행에 관한 분개이다. 사채 발행으로 인하여 재무활동으로 인한 현금이 40원 유입 되었다.

분개 ㉜

(차) 현 금 86 (대) 장기차입금 86
(현금 - 재무활동)

분개 ㉙를 장기차입금계정 차변에 기입하면 장기차입금 당기 차입액이 산출된다.

분개 ㉝

(차) 현 금 200 (대) 보통주자본금 100
(현금 - 재무활동) 주식발행초과금 100

유상증자에 대한 분개이다. 유상증자로 인하여 재무활동으로 인한 현금이 200원 유입되었다.
이상의 거래를 기입한 정산표의 모습을 보면 다음과 같다.

현금흐름정산표 (직접법)

대청상사 (단위 : 원)

과 목	기초잔액	기중거래				기말 잔액
		차변		대변		
현금및현금성자산	859		*476			1,335
매출채권	1,194	①	13,840	②-1	3	
				③	13,737	1,294
(대손충당금)	(119)	②-1	3	②	11	(127)
선급비용	14	⑪	237	⑩	233	18
재고자산	1,820	⑤	13,678	④	13,180	2,318
매도가능증권	66	㉒	91	⑬	50	107
차량운반구	38	㉓	32	⑨	30	40
(감가상각누계액)	(23)	⑨	5	⑨	8	(26)
공기구비품	71	㉔	20			91
(감가상각누계액)	(32)			⑨	8	(40)
산업재산권	5	⑰	5	⑯	2	8
개발비	19	⑱	11	⑯	9	21
임차보증금	133	㉕	28			161
	4,045					5,200
매입채무	1,307	⑥	13,278	⑤	13,678	1,707
단기차입금	301			㉖	303	604
당기법인세부채	43	㉑	165	⑳	211	89
미지급배당금	0	㉘	20	㉗	20	0
유동성장기부채	151	㉚	151	㉙	65	65
사채	250			㉛	50	300
(사채할인발행차금)	(11)	㉛	10	⑮	6	(15)
장기차입금	294	㉙	65	㉜	86	315
퇴직급여충당부채	204	⑧	13	⑦	58	249
보통주자본금	500			㉝	100	600
주식발행초과금	447			㉝	100	547
이익준비금	110			㉗	2	112
이익잉여금	449					627
매출액				①	13,840	
매출원가		④	13,180			
퇴직급여		⑦	58			
감가상각비		⑨	16			
대손상각비		②	11			
무형자산상각비		⑯	11			
기타 판매비와 관리비		⑩	233			

과 목	기초잔액	기중거래				기말 잔액
		차변		대변		
이자수익				⑫	170	
투자자산처분이익				⑬	26	
이자비용		⑭	89			
사채할인발행차금상각		⑮	6			
유형자산처분손실		⑲	21			
법인세비용		⑳	211			
당기잉여금처분		㉗	22			
	4,045					5,200
현금 - 영업활동						
매출채권의 회수		③	13,737			
매입채무의 지급				⑥	13,278	
퇴직금의 지급				⑧	13	
판매비와 관리비지급				⑪	237	
이자수익 유입액		⑫	170			
이자비용유출액				⑭	89	
법인세의 지급액				㉑	165	
현금 - 투자활동						
매도가능증권의 처분		⑬	76			
매도가능증권의 취득				㉒	91	
차량운반구의 처분				⑲	4	
차량운반구의 취득				㉓	32	
공기구비품의 취득				㉔	20	
산업재산권의 취득				⑰	5	
개발비의 지출				⑱	11	
임차보증금의 증가				㉕	28	
현금 - 재무활동						
단기차입금의 차입		㉖	303			
배당금의 지급				㉘	50	
유동성장기부채의 상환				㉚	151	
사채의 발행		㉛	40			
장기차입금의 차입		㉜	86			
유상증자		㉝	200			
현금의 증가					*476	
			70,599		70,599	

* 현금의 증가 기입은 현금 계정의 증감액을 확인함과 아울러 현금흐름표 마지막 부분의 완성 절차이다.

제4단계 : 현금흐름표의 작성

현금흐름표 (직접법)

대청상사 (단위 : 원)

과 목	금 액	
Ⅰ. 영업활동으로 인한 현금흐름		125
가. 매출 등 수익활동으로부터의 유입액	13,737	
나. 매입 및 종업원에 대한 유출액	(13,528)	
다. 이자수익 유입액	170	
라. 이자비용유출액	(89)	
마. 법인세의 지급액	(165)	
Ⅱ. 투자활동으로 인한 현금흐름		(107)
1. 투자활동으로 인한 현금유입액	80	
매도가능증권의 처분	76	
차량운반구의 처분	4	
2. 투자활동으로 인한 현금유출액	(187)	
매도가능증권의 취득	(91)	
차량운반구의 취득	(32)	
공기구비품의 취득	(20)	
산업재산권의 취득	(5)	
개발비의 지출	(11)	
임차보증금의 증가	(28)	
Ⅲ. 재무활동으로 인한 현금흐름		458
1. 재무활동으로 인한 현금유입액	629	
단기차입금의 차입	303	
사채의 발행	40	
장기차입금의 차입	86	
유상증자	200	
2. 재무활동으로 인한 현금유출액	(171)	
배당금의 지급	(20)	
유동성장기부채의 상환	(151)	
Ⅳ. 현금의 증가(Ⅰ + Ⅱ + Ⅲ)		476
Ⅴ. 기초의 현금		859
Ⅵ. 기말의 현금		1,335

3-5. 여의도상사 사례

앞의 [예제 4-1]부터 [예제 4-6]까지 여의도상사의 투자활동과 재무활동에 대해서 살펴보았다. 이 회사의 영업활동과 관련된 계정을 포함한 재무상태표와 손익계산서 및 이익잉여금처분계산서의 모습은 다음과 같다. 이를 토대로 동사의 현금흐름표를 작성해보자.

〈재무자료 1〉

비교 재무상태표

여의도상사 (단위 : 백만 원)

과 목	당 기	전 기
유동자산	13,985	8,581
당좌자산	8,887	5,481
현금및현금성자산	1,175	930
단기예금	250	300
단기매매증권	620	580
매출채권	6,480	3,200
대손충당금	(52)	(30)
단기대여금	350	270
대손충당금	(10)	(5)
미수금	20	190
미수수익	7	5
선급금	35	30
선급비용	12	11
재고자산	5,098	3,100
비유동자산	19,277	18,238
투자자산	7,209	8,074
장기예금	580	520
매도가능증권	3,280	3,400
만기보유증권	985	920
지분법적용투자주식	1,770	1,650
장기대여금	600	1,600
대손충당금	(6)	(16)
유형자산	8,668	7,194
토지	4,890	3,250
건물	1,900	1,450
감가상각누계액	(450)	(270)
기계장치	3,030	2,930
감가상각누계액	(1,167)	(785)

과 목	당 기	전 기
공기구비품	622	568
감가상각누계액	(241)	(133)
건설중인자산	84	184
무형자산	3,100	2,770
영업권	100	150
산업재산권	200	120
개발비	2,800	2,500
기타비유동자산	300	200
임차보증금	300	200
자산총계	33,262	26,819
유동부채	8,634	5,135
매입채무	2,635	2,501
단기차입금	3,200	1,100
선수금	97	22
예수금	120	94
미지급비용	72	52
당기법인세부채	43	51
유동성장기부채	2,450	1,300
선수수익	17	15
비유동부채	8,626	9,893
사채	3,000	2,500
사채할인발행차금	(28)	(15)
전환사채	2,500	3,000
장기차입금	2,330	3,800
퇴직급여충당부채	724	608
장기미지급금	100	-
부채총계	17,260	15,028
보통주자본금	9,530	5,100
주식발행초과금	3,740	2,000
기타 자본잉여금	510	500
자기주식	(170)	(190)
매도가능증권 평가이익	30	-
이익준비금	1,610	3,750
미처분이익잉여금	752	631
자본총계	16,002	11,791
부채와 자본총계	33,262	26,819

〈재무자료 2〉

손익계산서

여의도상사 (단위 : 백만 원)

과 목	당 기
매출액	32,271
매출원가	25,232
감가상각비*	528
퇴직급여*	322
기타 매출원가	24,382
매출총이익	7,039
판매비와 관리비	5,114
감가상각비	252
무형자산상각비	270
퇴직급여	120
대손상각비	40
기타 판매비와 관리비	4,432
영업이익	1,925
영업외수익	1,064
외화환산이익	20
유형자산처분이익	150
단기투자자산 평가이익	15
사채상환이익	21
대손충당금환입	10
지분법이익	108
기타 영업외수익	740
영업외비용	2,098
이자비용	1,253
장기투자증권손상차손	550
투자자산처분손실	40
단기투자자산처분손실	7
기타대손상각비	5
외환차손	10
유형자산처분손실	11
재해손실	100
기타 영업외비용	122
법인세차감전순이익	891
법인세비용	265
당기순이익	626

* 매출원가에 포함된 감가상각비와 퇴직급여는 제조원가명세서에 기재된 금액을 의미함.

〈재무자료 3〉

이익잉여금처분계산서

과 목	당 기		전 기	
미처분이익잉여금		752		631
전기이월이익잉여금	114		58	
지분법이익	12		-	
당기순이익	626		573	
이익잉여금처분		648		517
이익준비금	100		90	
현금배당	328		227	
주식배당	220		200	
차기이월이익잉여금		104		114

기타 추가적인 재무자료는 [예제 4-1]부터 [예제 4-6]까지의 내용과 같다.

풀이

제1단계 : 현금의 당기증감액 계산

기말의 현금및현금성자산	1,175백만 원
기초의 현금및현금성자산	930백만 원
현금의 증가	245백만 원

제2단계 : 재무상태표 계정의 기초잔액과 기말 잔액을 정산표에 기입

이 내용은 이하에서 작성되는 정산표상에 기입되어 있으므로 표시를 생략한다.

제3단계 : 현금 이외의 계정 분석

먼저 간접법에 의한 현금흐름표를 작성하고, 이후에 직접법에 의한 현금흐름표를 작성한다. (단위 : 백만 원)

1) 당기순이익 및 투자와 재무활동 관련 계정 분석

이하의 분개 내용은 [예제 4-1]부터 [예제 4-6]의 내용과 같으므로 설명을 생략한다.

분개 ①

(차) 당기순이익	626	(대) 미처분이익잉여금	626

분개 ②

(차) 단기예금	150	(대) 현　　금	150
현　　금	200	단기예금	200

분개 ③

(차) 단기매매증권	70	(대) 현　　금	70
현　　금	38	단기매매증권	45
단기투자자산처분손실	7		

분개 ④

(차) 단기매매증권	15	(대) 단기투자자산 평가이익	15

분개 ⑤

(차) 단기대여금	200	(대) 현　　금	200
현　　금	120	단기대여금	120

분개 ⑥

(차) 기타의 대손상각비	15	(대) 대손충당금(단기대여금)	5

분개 ⑦

(차) 현　　금	170	(대) 미수금	170

분개 ⑧

(차) 장기예금	100	(대) 현　　금	100
현　　금	40	장기예금	40

분개 ⑨

(차) 매도가능증권	600	(대) 현　　금	600
현　　금	160	매도가능증권	200
투자자산처분손실	40		
매도가능증권	30	매도가능증권 평가이익	30

분개 ⑩

(차) 장기투자증권손상차손	550	(대) 매도가능증권	550

분개 ⑪

(차)		(대)	
지분법적용투자주식	120	지분법이익	108
		미처분이익잉여금	12

분개 ⑫

(차)		(대)	
만기보유증권	65	이자수익(할인매입상각)	65

분개 ⑬

(차)		(대)	
장기대여금	200	현 금	200
현 금	1,200	장기대여금	1,200

분개 ⑭

(차)		(대)	
대손충당금	10	대손충당금환입	10

분개 ⑮

(차)		(대)	
토 지	1,640	자 본 금	1,000
		주식발행초과금	640

분개 ⑯

(차)		(대)	
건 물	700	현 금	700
건 물	100	건설중인자산	100

분개 ⑰

(차)		(대)	
현 금	300	건 물	250
건물감가상각누계액	100	유형자산처분이익	150

분개 ⑱

(차)		(대)	
재해손실	100	건 물	100

분개 ⑲

(차)		(대)	
기계장치	100	장기미지급금	100

분개 ⑳

(차)		(대)	
공기구비품	80	현 금	80

분개 ㉑

(차)		(대)	
현 금	5	공기구비품	26
공기구감가상각누계액	10		
유형자산처분손실	11		

분개 ㉒

(차)		(대)	
감가상각비	780	건물감가상각누계액	280
		기계장치감가상각누계액	382
		공기구감가상각누계액	118

분개 ㉓

(차)		(대)	
무형자산상각비	50	영 업 권	50

분개 ㉔

(차)		(대)	
산업재산권	100	현 금	100
무형자산상각비	20	산업재산권	20

분개 ㉕

(차)		(대)	
개 발 비	500	현 금	500
무형자산상각비	200	개 발 비	200

분개 ㉖

(차)		(대)	
임차보증금	200	현 금	200
현 금	100	임차보증금	100

분개 ㉗

(차)		(대)	
현 금	2,150	단기차입금	2,150
단기차입금	50	현 금	50

분개 ㉘

(차)		(대)	
장기차입금	2,450	유동성장기부채	2,450

분개 ㉙

(차)		(대)	
유동성장기부채	1,300	현 금	1,310
외환차손	10		

분개 ㉚

차변	금액	대변	금액
(차) 현 금	777	(대) 사 채	800
사채할인발행차금	23		

분개 ㉛

차변	금액	대변	금액
(차) 사 채	300	(대) 현 금	274
		사채할인발행차금	5
		사채상환이익	21

분개 ㉜

차변	금액	대변	금액
(차) 이자비용(할인차금상각)	5	(대) 사채할인발행차금	5

분개 ㉝

차변	금액	대변	금액
(차) 현 금	1,000	(대) 장기차입금	1,000

분개 ㉞

차변	금액	대변	금액
(차) 장기차입금	20	(대) 외화환산이익	20

분개 ㉟

차변	금액	대변	금액
(차) 전환사채	500	(대) 자 본 금	200
		주식발행초과금	300

분개 ㊱

차변	금액	대변	금액
(차) 현 금	1,600	(대) 자 본 금	800
		주식발행초과금	800

분개 ㊲

차변	금액	대변	금액
(차) 미처분이익잉여금	517	(대) 이익준비금	90
		미지급배당금	227
		미교부주식배당금	200
(차) 미지급배당금	227	(대) 현 금	227
미교부주식배당금	200	자 본 금	200

분개 ㊳

차변	금액	대변	금액
(차) 이익준비금	2,230	(대) 자 본 금	2,230

분개 ㊴

(차) 현　　금	30	(대) 자기주식	20
		기타 자본잉여금	10

2) 영업활동 관련 계정 분석

분개 ㊵

(차) 대손상각비	40	(대) 대손충당금(매출채권)	40
대손충당금	18	매출채권	18

손익계산서 판매비·관리비에 기재된 대손상각비를 대손충당금 기초잔액에 가산한 금액(70백만 원)과 동 충당금 기말잔액(52백만 원)을 비교하면 당기 대손발생액이 18백만 원인 것을 알 수 있다. 대손발생거래는 비현금교환거래이다.

분개 ㊶

(차) 매출채권	3,298	(대) 현　　금	3,298

위에서 당기 대손발생액 18백만 원을 감안하면 매출채권의 당기증가액은 3,298백만 원임을 알 수 있다.

분개 ㊷

(차) 미수수익	2	(대) 현　　금	2
선 급 금	5	현　　금	5
선급비용	1	현　　금	1
재고자산	1,998	현　　금	1,998

미수수익과 선급금, 선급비용 및 재고자산의 증가는 현금을 감소시킨다.

분개 ㊸

(차) 현　　금	134	(대) 매입채무	134
현　　금	75	선 수 금	75
현　　금	26	예 수 금	26
현　　금	20	미지급비용	20
현　　금	2	선수수익	2
(차) 당기법인세부채	8	(대) 현　　금	8

분개 ㊹

(차) 퇴직급여	442	(대) 퇴직급여충당부채	442
퇴직급여충당부채	326	현　　금	326

제조원가와 판매비·관리비에 계상된 퇴직급여합계액 442백만 원을 퇴직급여충당부채 기초잔액에 가산한 금액(1,050백만 원)과 동 충당부채 기말잔액(724백만 원)을 비교하면 퇴직금 지급액이 326백만 원으로 산출된다.

이상의 거래를 기입한 정산표의 모습을 보면 다음과 같다.

현금흐름정산표 (간접법)

여의도상사 (단위 : 백만 원)

과 목	기초잔액	기중거래				기말 잔액
		차변		대변		
현금및현금성자산	930	증가	245			1,175
단기예금	300	②	150	②	200	250
단기매매증권	580	③	70	③	45	620
		④	15			
매출채권	3,200	㊶	3,298	㊵	18	6,480
대손충당금	(30)	㊵	18	㊵	40	(52)
단기대여금	270	⑤	200	⑤	120	350
대손충당금	(5)			⑥	5	(10)
미수금	190			⑦	170	20
미수수익	5	㊷	2			7
선급금	30	㊷	5			35
선급비용	11	㊷	1			12
재고자산	3,100	㊷	1,998			5,098
장기금융상품	520	⑧	100	⑧	40	580
매도가능증권	3,400	⑨	600	⑨	200	3,280
		⑨	30	⑩	550	
만기보유증권	920	⑫	65			985
지분법적용투자주식	1,650	⑪	120			1,770
장기대여금	1,600	⑬	200	⑬	1,200	600
대손충당금	(16)	⑭	10			(6)
토지	3,250	⑮	1,640			4,890
건물	1,450	⑯	700	⑰	250	1,900
		⑯	100	⑱	100	
감가상각누계액	(270)	⑰	100	㉒	280	(450)
기계장치	2,930	⑲	100			3,030
감가상각누계액	(785)			㉒	382	(1,167)

과 목	기초잔액	기중거래				기말 잔액
		차변		대변		
공기구비품	568	⑳	80	㉑	26	622
감가상각누계액	(133)	㉑	10	㉒	118	(241)
건설중인자산	184			⑯	100	84
영업권	150			㉓	50	100
산업재산권	120	㉔	100	㉔	20	200
개발비	2,500	㉕	500	㉕	200	2,800
임차보증금	200	㉖	200	㉖	100	300
자산총계	26,819					33,262
매입채무	2,501			㊸	134	2,635
단기차입금	1,100	㉗	50	㉗	2,150	3,200
선수금	22			㊸	75	97
예수금	94			㊸	26	120
미지급비용	52			㊸	20	72
미지급배당금		㊲	227	㊲	227	
당기법인세부채	51	㊸	8			43
유동성장기부채	1,300	㉙	1,300	㉘	2,450	2,450
선수수익	15			㊸	2	17
사채	2,500	㉛	300	㉚	800	3,000
사채할인발행차금	(15)	㉚	23	㉛	5	(28)
				㉜	5	
전환사채	3,000	㉟	500			2,500
장기차입금	3,800	㉘	2,450	㉝	1,000	2,330
		㉞	20			
퇴직급여충당부채	608	㊹	326	㊹	442	724
장기미지급금	0			⑲	100	100
미교부주식배당금		㊲	200	㊲	200	
보통주자본금	5,100			⑮	1,000	9,530
				㉟	200	
				㊱	800	
				㊲	200	
				㊳	2,230	
주식발행초과금	2,000			⑮	640	3,740
				㉟	300	
				㊱	800	
기타 자본잉여금	500			㊴	10	510
이익준비금	3,750	㊳	2,230	㊲	90	1,610
미처분이익잉여금	631	㊲	517	①	626	752
				⑪	12	
자기주식	(190)			㊴	20	(170)
매도가능증권 평가이익	0			⑨	30	30
부채와 자본총계	26,819					33,262

과 목	기초잔액	기중거래				기말 잔액
		차변		대변		
현금-영업활동						
당기순이익		①	626			
감가상각비		㉒	780			
무형자산상각비		㉓-㉕	270			
퇴직급여		㊹	442			
대손상각비		㊵	40			
기타의 대손상각비		⑥	5			
장기투자증권손상차손		⑩	550			
사채할인발행차금상각		㉜	5			
단기투자자산처분손실		③	7			
투자자산처분손실		⑨	40	④		
유형자산처분손실		㉑	11	⑪		
재해손실		⑱	100	⑫		
외환차손		㉙	10	⑭		
단기투자자산 평가이익				㉞	15	
지분법이익				⑰	108	
만기보유증권할인매입상각액				㉛	65	
대손충당금환입				㊶	10	
외화환산이익				㊷	20	
유형자산처분이익				㊷	150	
사채상환이익				㊷	21	
매출채권의 증가				㊷	3,298	
미수수익의 증가					2	
선급금의 증가					5	
선급비용의 증가				㊸	1	
재고자산의 증가				㊹	1,998	
매입채무의 증가		㊸	134			
선수금의 증가		㊸	75			
예수금의 증가		㊸	26			
미지급비용의 증가		㊸	20			
선수수익의 증가		㊸	2			
당기법인세부채의 감소					8	
퇴직금 지급					326	
현금-투자활동						
단기예금의 감소		②	200			
단기매매증권의 처분		③	38			
단기대여금의 감소		⑤	120			
미수금의 회수		⑦	170			
장기예금의 감소		⑧	40			
장기투자증권의 처분		⑨	160			
장기대여금의 감소		⑬	1,200			
보증금의 감소		⑮	100			

과 목	기초잔액	기중거래				기말 잔액
		차변		대변		
건물의 처분		⑰	300			
공기구비품의 처분		㉑	5			
단기예금의 증가				②	150	
단기매매증권의 취득				③	70	
단기대여금의 증가				⑤	200	
장기예금의 증가				⑧	100	
장기투자증권의 취득				⑨	600	
장기대여금의 증가				⑬	200	
건물의 취득				⑯	700	
공기구비품의 취득				⑳	80	
산업재산권의 취득				㉕	100	
개발비의 지출				㉖	500	
임차보증금의 증가				㉖	200	
현금-재무활동						
단기차입금의 차입		㉗	2,150			
사채 발행		㉚	777			
장기차입금의 차입		㉝	1,000			
보통주발행		㊱	1,600			
자기주식의 처분		㊴	30			
단기차입금의 상환				㉗	50	
유동성장기부채의 상환				㉙	1,310	
사채의 상환				㉛	274	
배당금의 지급				㊲	227	
현금의 증가				증가	245	
			29,841		29,841	

제4단계 : 현금흐름표의 작성

현금흐름표 (간접법)

여의도상사

(단위 : 백만 원)

과 목	금 액	
Ⅰ. 영업활동으로 인한 현금흐름		(2,884)
1. 당기순이익	626	
2. 현금의 유출이 없는 비용 등의 가산	2,260	
감가상각비	780	
무형자산상각비	270	
퇴직급여	442	
대손상각비	40	
기타의 대손상각비	5	
장기투자증권손상차손	550	

과 목	금	액
사채할인발행차금상각	5	
단기투자자산처분손실	7	
투자자산처분손실	40	
유형자산처분손실	11	
재해손실	100	
외환차손	10	
3. 현금의 유입이 없는 수익 등 차감	(389)	
단기투자자산 평가이익	(15)	
지분법이익	(108)	
만기보유증권할인매입상각액	(65)	
대손충당금환입	(10)	
외화환산이익	(20)	
유형자산처분이익	(150)	
사채상환이익	(21)	
4. 영업활동으로 인한 자산·부채의 변동	(5,381)	
매출채권의 증가	(3,298)	
미수수익의 증가	(2)	
선급금의 증가	(5)	
선급비용의 증가	(1)	
재고자산의 증가	(1,998)	
매입채무의 증가	134	
선수금의 증가	75	
예수금의 증가	26	
미지급비용의 증가	20	
선수수익의 증가	2	
당기법인세부채의 감소	(8)	
퇴직금 지급	(326)	
Ⅱ. 투자활동으로 인한 현금흐름		(567)
1. 투자활동으로 인한 현금유입액	2,333	
단기예금의 감소	200	
단기매매증권의 처	38	
단기대여금의 회수	120	
미수금의 회수	170	
장기예금의 감소	40	
장기투자증권의 처분	160	
장기대여금의 감소	1,200	
건물의 처분	300	
공기구비품의 처분	5	
보증금의 감소	100	
2. 투자활동으로 인한 현금유출액	(2,900)	

과 목	금 액	
단기예금의 증가	(150)	
단기매매증권의 취득	(70)	
단기대여금의 증가	(200)	
장기예금의 증가	(100)	
장기투자증권의 취득	(600)	
장기대여금의 증가	(200)	
건물의 취득	(700)	
공기구비품의 취득	(80)	
산업재산권의 취득	(100)	
개발비의 지출	(500)	
임차보증금의 증가	(200)	
Ⅲ. 재무활동으로 인한 현금흐름		3,696
1. 재무활동으로 인한 현금유입액	5,557	
단기차입금의 차입	2,150	
사채 발행	777	
장기차입금의 차입	1,000	
보통주 발행	1,600	
자기주식의 처분	30	
2. 재무활동으로 인한 현금유출액	(1,861)	
단기차입금의 상환	(50)	
유동성장기부채의 상환	(1,310)	
사채의 상환	(274)	
배당금의 지급	(227)	
Ⅳ. 현금의 증가(Ⅰ+Ⅱ+Ⅲ)		245
Ⅴ. 기초의 현금		930
Ⅵ. 기말의 현금		1,175

* 주석(현금의 유입과 유출이 없는 중요거래)

토지의 현물출자	1,640
건설중인자산의 건물 대체	100
장기차입금의 유동성 대체	2,450
전환사채의 보통주 전환	500
기계장치의 장기연불 취득	100
이익잉여금의 자본전입	2,230

위의 사례에서 영업활동으로 인한 현금흐름을 직접법으로 나타내기 위해서는 제3단계에서 기중거래분 개시 앞의 사례에서 행했던 것처럼 당기 제손익 계정을 포함하는 이익잉여금 계정과 관련 자산·부채 계정을 분석해야겠지만, 여기서는 제4절에서 검토해본 바 있는 현금흐름 계산표 접근방식을 택하도록 하겠다. 영업활동으로 인한 현금흐름을 직접법으로 나타내면 다음과 같다.

영업활동으로 인한 현금흐름 계산 (직접법)

여의도상사 (단위 : 백만 원)

과 목	금	액
1. 매출로 인한 현금유입액		29,048
손익계산서상 매출액	32,271	
매출채권의 증가	(3,298)	
선수금의 증가	75	
2. 매입으로 인한 현금유출액		(26,251)
손익계산서상 매출원가	(25,232)	
재고자산의 증가	(1,998)	
매입채무의 증가	134	
선급금의 증가	(5)	
감가상각비	528	
퇴직급여	322	
3. 판매비와 관리비 현금유출액		(4,413)
손익계산서 판매비와 관리비	(5,114)	
선급비용의 증가	(1)	
미지급비용의 증가	20	
감가상각비	252	
무형자산상각비	270	
퇴직급여	120	
대손상각비	40	
4. 영업외수익 현금유입액		675
손익계산서 이자수익 등	740	
(현금의 유입 없는 수익과 투자 및 재무활동 수익을 제외한 영업외수익)		
만기보유채권할인매입상각액	(65)	
미수수익의 증가	(2)	
선수수익의 증가	2	
5. 이자비용현금유출액		(1,248)
손익계산서 이자비용	(1,253)	
사채할인발행차금상각	5	
6. 기타 영업외비용 현금유출액		(122)
손익계산서 기타 영업외비용	(122)	
(현금유출이 없는 비용과 투자 및 재무활동비용을 제외한 영업외 비용)		
7. 법인세의 지급액		(273)
손익계산서 법인세비용	(265)	
당기법인세부채 감소	(8)	
8. 기타 영업활동 관련 현금 유입 및 유출액		(300)
예수금의 증가	26	
퇴직금의 지급	(326)	
영업활동으로 인한 현금흐름		(2,884)

* 현금흐름표를 외부에 공시할 때에는 위의 표와 같이 계산 과정을 모두 보여주는 것은 아니고 번호가 붙은 과목과 금액만 공시한다. (예 : 매출로 인한 현금유입액 29,048백만 원, 매입으로 인한 현금흐름액 26,251백만 원…)

제 04 절

K-IFRS에 의한 현금흐름표의 작성

앞 절에서는 일반기준에 의한 현금흐름표 작성에 대하여 설명하였다. 2011년부터 상장회사들은 모두 K-IFRS에 의한 현금흐름표를 작성하여야 하는데, 본 절에서는 K-IFRS에서 요구하는 현금흐름표의 작성에 대하여 설명하고자 한다.

1 K-IFRS에 의한 현금흐름표와 일반기준에 의한 현금흐름표의 차이점

K-IFRS에 의한 현금흐름표의 작성은 기본적으로 일반기준에 의한 현금흐름표 작성방법과 원리는 동일하다. 다만, 다음과 같은 사항에 대하여 유의할 필요가 있다.

첫째로, 기업활동에 대한 구분이 K-IFRS는 일반기준과 다르다. 본서 제3장 제1절 5에서 설명한 바와 같이 단기매매 목적으로 보유하는 유가증권의 취득과 처분은 투자활동이 아니고 영업활동으로 분류하여야 한다.

이자수익이나 이자비용, 배당금수익은 일반기준처럼 영업활동으로 분류할 수도 있으나, 이자지급을 재무활동으로 분류할 수도 있고, 이자수익이나 배당금수익은 투자활동으로 분류할 수도 있다. 배당금 지급은 일반기준처럼 재무활동으로 분류할 수도 있고 영업활동으로 분류할 수도 있다.

둘째로, 영업활동을 간접법으로 표시할 때도 K-IFRS에 의한 현금흐름표에서는 이자와 배당금의 수취 및 지급에 따른 현금흐름 및 법인세로 인한 현금흐름을 별도로 표시하여야 한다.

영업활동을 간접법으로 표시한다는 것은 당기순이익에 비현금손익과 비영업활동 손익을 가감한 후 영업활동 관련 자산·부채의 증감을 가감하는 방법으로서 앞 절의 예에서도 보듯이 이자수익 등의 수취와 지급은 별도로 표시되지 않는다.

따라서 K-IFRS에 의하여 간접법에서 이자와 배당금의 수취·지급과 법인세 현금흐름을 별도로 표시하려면 그러한 이자수익 등을 감안하기 전 영업활동 현금흐름을 산출한 후 이자수익 등을 별도로 표시하여야 한다.

그러므로 K-IFRS에 의하여 영업활동 현금흐름을 간접법으로 표시하려면 당기순이익에 가감하는 항목에 이자수익과 배당금수익(이들은 차감 항목임) 및 이자비용과 법인세비용(이들은 가산 항목임)을 추가하여 영업활동에서 창출된 현금흐름을 계산한 다음 이자수익 등의 수취와 지급을 별도로 표시하여야 한다. 여기서 당기순이익에 가감되는 이자수익 등은 손익계산서에 기재된 수치를 뜻하며, 영업활동에서 창출된 현금흐름 이후에 공시되는 이자수익(이자비용) 등은 실제 현금으로 수취(또는 지급)된 이자수익 등을 말한다.

또한 이자 지급액을 별도로 공시할 때 당기 비용처리된 이자 지급액뿐만 아니라 자본화된 이자비용도 포함하여 공시하여야 하는 점도 주의하여야 한다.

셋째로, K-IFRS에서는 외화로 표시된 현금및현금성자산의 환율 변동 효과를 영업활동, 투자활동 및 재무활동 현금흐름과 구분하여 표시하여야 한다. 일반기준에서는 이에 대한 구체적인 언급이 없으므로 대부분 영업활동에 포함시키고 있다.

넷째로, 일반기준에서는 통일된 현금흐름표의 양식을 제시하고 있지만, K-IFRS에서는 현금흐름표에 어떠한 내용을 표시하여야 한다는 원칙만 제시하고 있을 뿐 구체적인 양식까지 제시하고 있지는 않다. 그러므로 일반기준에서 제시하고 있는 현금흐름표 양식을 준용하되, 중요성의 원칙에 입각하여 금액이 중요하지 않은 과목들은 합하여 합계금액으로 보고하도록 한다. 그러므로 작성하는 회사에 따라 표시 과목에 조금씩 차이가 있을 수 있다. 일반적으로 일반기준과 K-IFRS에서는 동일하게 투자활동 및 재무활동 현금흐름은 직접법(현금유입액-현금유출액)으로 표시하고 있고, K-IFRS에서의 영업활동 현금흐름는 일반기준(K-GAAP)과 다른 구조로 표시하고 있다. 일반기준(K-GAAP) 비현금비용 가산 항목과 비현금수익 차감 항목이 K-IFRS에서는 영업활동 현금흐름 안에 있는 '조정' 항목으로 통합 표시되고 있고, 일반기준(K-GAAP) 영업활동 현금흐름 안에 있는 '영업활동으로 인한 자산·부채의 변동' 항목은 K-IFRS에서는 영업에서 창출된 현금 안에 '영업활동으로 인한 자산·부채의 변동(증감)' 또는 '운전자본의 변동'으로 표시되고 있다. 이를 비교하여 정리하면 다음과 같다.

일반기업회계기준(K-GAAP)	한국채택국제회계기준(K-IFRS)
Ⅰ. 영업활동 현금흐름(=1+2-3±4) 1. 당기순이익 2. 현금유출이 없는 비용 등 가산 3. 현금유입이 없는 수익 등 차감 4. 영업활동으로 인한 자산·부채의 변동	Ⅰ. 영업활동 현금흐름(=1+2+3-4±5) 1. 영업에서 창출된 현금(가+나+다) 가. 당기순이익 나. 조정 (손익계산서 조정) • 법인세비용, 이자수익, 이자비용, 배당금수익 • 현금 유출·입 없는 비용이나 수익 • 투자활동이나 재무활동 관련 손익 등 다. 영업활동으로 인한 자산·부채의 변동(증감) (재무상태표 조정) 2. 이자의 수취 3. 배당금의 수취 4. 이자의 지급 5. 법인세의 납부(환급)

다섯째로, K-IFRS에 의한 재무제표는 항상 연결 재무제표라는 점을 기억하여야 한다. 종속회사가 없는 기업은 개별 재무제표 작성과 다름이 없겠지만, 종속회사가 있는 기업은 반드시 종속회사 재무제표와 결합하여 연결 현금흐름표를 작성하여야 한다. 따라서 지배회사와 종속회사가 각각 현금흐름표를 작성한 다음 각 회사의 개별 현금흐름표에서 내부거래를 제거하는 정산표를 작성하여 연결 현금흐름표를 작성하여야 한다. 예를 들어 지배회사가 종속회사의 유상증자에 참여하였고, 또한 종속회사로부터 배당금을 현금으로 수령하였다면 지배회사의 현금흐름표에는 '종속회사에 대한 투자'가 투자활동 현금흐름에 표시되어 있을 것이며, '배당금의 수입'이 영업활동 또는 투자활동에 표시되어 있을 것이다. 또한 종속회사의 현금흐름표에는 '유상증자'가 재무활동 현금흐름에 표시되어 있을 것이며, '배당금의 지급'이 재무활동 또는 영업활동에 표시되어 있을 것이다. 이와 같은 거래는 내부거래이므로 연결 현금흐름표를 작성할 때는 모두 현금흐름표에서 제거되어야 한다.

2 K-IFRS에 의한 현금흐름표 작성 사례 (여의도상사)

K-IFRS에 의한 현금흐름표의 작성 사례를 연구하기 위하여 앞 절의 3-5의 여의도상사 사례를 인용하되, 다음과 같은 추가적 정보는 앞 절의 사례와 다른 것으로 가정한다.

(1) 건물의 취득액 700백만 원 중 100백만 원은 자본화된 이자비용이다.

(2) 앞 절에서는 당기중 장기차입금 차입액이 1,000백만 원이고, 기말에 장기차입금을 환산한 결과 20백만 원의 환산이익이 발생하였다고 하였으나, 본 사례에서는 장기차입금 차입액이 990백만 원이고 기말 장기차입금 환산이익은 10백만 원이라고 가정한다. (장기차입금 기초 잔액과 기말 잔액은 변동 없음)

(3) 손익계산서 영업외수익에 기재된 환산이익 20백만 원 중 위의 장기차입금환산이익 10백만 원을 제외한 나머지 10백만 원은 외화표시 현금의 환산이익이라고 가정한다.

(4) 손익계산서 기타 영업외수익에 기재된 740백만 원 중에 이자수익 300백만 원과 배당금수익 240백만 원이 포함되어 있다.

풀이

K-IFRS에 의한 현금흐름표 작성 절차도 일반기준에 의한 현금흐름표 절차와 동일하다. 다만, 위에서 언급한 바와 같이 활동 구분이 다른 점과 현금흐름표 공시(표시)에 있어서 일반기준과 다른 점을 유의하여야 하는데, 위와 같은 추가적 정보가 있다면 여의도상사의 K-IFRS에 의한 현금흐름표 작성에는 다음과 같은 사항이 감안되어야 한다.

(1) 건물 취득액 700백만 원 중 100백만 원이 자본화된 이자비용이라면 투자활동 현금흐름란에 건물의 취득금액을 700백만 원으로 기재하는 것이 아니고 600백만 원으로 기재하여야 한다. 자본화된 이자비용 100백만 원은 '이자비용 지급액'란에 포함하여 기재하여야 한다. '이자비용 지급액'을 회사가 영업활동으로 분류하였으면 영업활동에 기재하며, 재무활동으로 분류하였으면 재무활동에 기재하여야 한다.

(2) 앞 절의 3-5의 여의도상사 사례에서는 장기차입금에 대한 외화환산이익 20백만 원을 모두 '현금의 유입이 없는 수익'란에 기재하여 당기순이익에서 차감 표시하였다. 이번 사례에서는 환산이익 20백만 원 중 10백만 원은 현금(외화표시)에 대한 환산이익으로 추가적 정보가 제공되었다. 이러한 추가적 정보를 기초로 만약 일반기준에 의하여 현금흐름표를 작성한다

면 당기순이익에서 차감되는 외화환산이익은 10백만 원(장기차입금환산이익)뿐이다. 그리고 현금에 대한 환산이익은 별도로 표시하지 않는다. 그렇게 되면 현금에 대한 환산이익은 당기순이익 속에 남아있게 되고, 따라서 현금에 대한 환산이익은 영업활동 현금흐름에 포함될 수밖에 없다. 그러나 K-IFRS에 의하여 현금흐름표를 작성할 때에는 환산이익 20백만 원을 모두 당기순이익에서 차감하여 영업활동 현금흐름에서 제거한 후, 현금에 대한 환산이익은 별도 항목으로 표시하여야 한다.

(3) K-IFRS에 의한 현금흐름표 작성 시 단기매매증권의 취득과 처분은 일반기준과 달리 '영업활동'으로 분류하여야 한다. 따라서 단기투자자산처분손실 중 단기매매증권처분손실은 영업활동 손실이기 때문에 일반기준처럼 당기순이익에 가산하여서는 안 된다.

(4) 영업활동 현금흐름을 간접법으로 작성한다 하더라도 이자와 배당금의 수취 및 지급액과 법인세 지급은 별도로 공시하여야 하므로, 위의 4-1에서 언급한 것처럼 당기순이익에 가감하는 항목에 이자수익과 배당금수익(이들은 차감 항목임) 및 이자비용과 법인세비용(이들은 가산 항목임)을 추가하여 영업활동에서 창출된 현금흐름을 계산한 다음 이자수익 등의 수취와 지급을 별도로 표시하여야 한다.

(5) K-IFRS에 의하여 현금흐름표를 작성하는 경우에도 비현금거래, 특히 비현금교환거래 중 중요한 거래에 대하여는 재무제표에 대한 주석에 표시하여야 한다. 그 외에도 제4장 제3절 2-2 '현금흐름표의 작성 절차'에 기재되어 있는 K-IFRS 주석 추가사항을 기재하여야 한다.

이상의 설명을 토대로 여의도상사의 현금흐름표를 K-IFRS에 의하여 간접법으로 작성하면 다음과 같으며 주석사항은 생략하였다. 아래에서는 이자수익과 배당금수익의 수취 및 이자비용의 지급을 영업활동으로 구분하였으며, 배당금의 지급은 재무활동으로 구분하였는데, 이러한 활동 구분은 일반기준과 동일하게 구분한 것이다. 그러나 이미 설명한 바와 같이 기업의 판단에 따라서 이자수익이나 배당금수익을 투자활동으로 구분할 수도 있으며, 이자비용을 재무활동으로 구분할 수도 있다. 또한 배당금 지급액을 영업활동으로 구분할 수도 있다. 이렇게 활동 구분을 달리할 경우에는 당연히 각 활동에서 조달된(또는 지출된) 현금은 달라지게 되며, 당기 현금및현금성자산의 증감액은 어느 경우에도 동일하다.

현금흐름표 (K-IFRS, 간접법)

여의도상사 (단위 : 백만 원)

과 목	금 액	
Ⅰ. 영업활동 현금흐름		(3,016)
1. 영업에서 창출된 현금	(1,868)	
가. 당기순이익	626	
나. 조정	2,902	
이자비용*1	1,253	
법인세비용*1	265	
감가상각비	780	
무형자산상각비	270	
퇴직급여	442	
대손상각비	40	
기타의 대손상각비	5	
매도가능증권손상차손	550	
투자자산처분손실	40	
유형자산처분손실	11	
재해손실	100	
외환차손	10	
이자수익*1	(300)	
배당금수익*1	(240)	
단기매매증권평가이익	(15)	
지분법평가이익	(108)	
대손충당금환입	(10)	
외화환산이익	(20)	
유형자산처분이익	(150)	
사채상환이익	(21)	
다. 영업활동 관련 자산 부채의 증감	(5,396)	
매출채권의 증가	(3,298)	
재고자산의 증가	(1,998)	
매입채무의 증가	134	
기타 유동자산의 증가*2	(31)	
기타 유동부채의 증가*2	123	
퇴직금 지급	(326)	
2. 이자의 수취*3	233	
3. 배당금의 수취	240	
4. 이자의 지급*4	(1,348)	
5. 법인세의 지급*5	(273)	
Ⅱ. 투자활동 현금흐름		(435)
1. 투자활동 현금유입액	2,295	
단기예금의 감소	200	
단기대여금의 감소	120	

과 목	금	액
미수금의 회수	170	
장기예금의 감소	40	
매도가능증권의 처분	160	
장기대여금의 감소	1,200	
임차보증금의 감소	100	
유형자산의 처분*6	305	
2. 투자활동 현금유출액	(2,730)	
단기예금의 증가	(150)	
단기대여금의 증가	(200)	
장기예금의 증가	(100)	
매도가능증권의 취득	(600)	
장기대여금의 증가	(200)	
임차보증금의 증가	(200)	
유형자산의 취득	(680)	
산업재산권의 취득	(100)	
개발비의 지출	(500)	
Ⅲ. 재무활동 현금흐름		3,686
1. 재무활동 현금유입액	5,547	
단기차입금의 차입	2,150	
사채 발행	777	
장기차입금의 차입	990	
보통주 발행	1,600	
자기주식의 처분	30	
2. 재무활동 현금유출액	(1,861)	
단기차입금의 상환	(50)	
유동성장기부채의 상환	(1,310)	
사채의 상환	(274)	
배당금의 지급	(227)	
Ⅳ. 현금및현금성자산의 환율변동효과*7		10
Ⅴ. 현금및현금성자산의 증가(감소)		245
Ⅵ. 기초현금및현금성자산		930
Ⅶ. 기말현금및현금성자산		1,175

*1 : 이자비용, 법인세비용, 이자수익 및 배당금수익을 당기순이익에 가감하는 것은 일단 영업에서 창출된 현금을 계산하기 위함이다.

*2 : 영업활동과 관련된 자산과 부채 중 매출채권과 재고자산, 매입채무를 제외한 기타 영업 관련 자산과 부채는 합계금액으로 기재하는 것이 적절하다. 위의 기타 유동자산의 증가에는 단기매매증권의 증가액(25백만 원)이 포함되어 있다.

*3 : 이자 수취액 233백만 원은 손익계산서 이자수익 300백만 원에서 만기보유증권할인매입상각액 65백만 원과 미수수익 증가액 2백만 원을 차감한 금액이다.

*4 : 이자 지급액 1,348백만 원은 손익계산서 이자비용 1,253백만 원에다 자본화된 이자비용 100백만 원을 가산하고 사채할인발행차금상각액 5백만 원을 차감한 금액이다.

*5 : 법인세 납부액 273백만 원은 손익계산서 법인세비용 265백만 원에다 당기법인세부채 감소액 8백만 원을 가산한 금액이다.

*6 : 건물과 공기구비품의 처분을 합하여 '유형자산의 처분'으로 기재하였다. 유형자산뿐만 아니라 중요한 금액이 아닐 경우에는 투자자산이나 무형자산의 경우에도 합쳐서 기재하여도 무방하다.

*7 : 외화로 표시된 현금및현금성자산의 환율 변동으로 인한 효과를 별도로 기재하였다.

위의 사례를 직접법으로 작성하면 다음과 같다. 투자활동과 재무활동은 영업활동을 간접법으로 작성할 때도 항상 직접법으로 작성되므로 영업활동 부분만 작성하였다.

현금흐름표 (K-IFRS, 직접법)

여의도상사 (단위 : 백만 원)

과 목	금 액	
Ⅰ. 영업활동 현금흐름		(3,016)
1. 매출대금 수취액	29,048	
2. 매입대금 지급액	(26,251)	
3. 판매비와 관리비 지급액	(4,413)	
4. 이자수취 액	233	
5. 배당금 수취액	240	
6. 기타 영업외수익 수취액	202	
7. 이자비용 지급액	(1,348)	
8. 기타 영업외비용 지급액	(129)	
9. 법인세 지급액	(273)	
10. 기타 영업활동 관련 현금 수취액(지급액)	(325)	

과 목	금 액	
1. 매출대금 수취액		29,048
손익계산서상 매출액	32,271	
매출채권의 증가	(3,298)	
선수금의 증가	75	
2. 매입대금 지급액		(26,251)
손익계산서상 매출원가	(25,232)	
재고자산의 증가	(1,998)	
매입채무의 증가	134	
선급금의 증가	(5)	
감가상각비	528	
퇴직급여	322	
3. 판매비와 관리비 지급액		(4,413)
손익계산서 판매비와 관리비	(5,114)	
선급비용의 증가	(1)	
미지급비용의 증가	20	
감가상각비	252	
무형자산상각비	270	
퇴직급여	120	
대손상각비	40	

과 목	금	액
4. 이자 수취액		233
손익계산서 이자수익	300	
만기보유채권할인매입상각액	(65)	
미수수익증가액	(2)	
5. 배당금 수취액		240
손익계산서 배당금 수익	240	
6. 기타 영업외수익 수취액		202
손익계산서 기타 영업외수익	200	
(이자수익, 배당금수익, 현금의 유입 없는 수익과 투자 및 재무 활동 수익을 제외한 영업외수익)		
선수수익의 증가	2	
7. 이자비용 지급액		(1,348)
손익계산서 이자비용	(1,253)	
사채할인발행차금상각	5	
자본화된 이자비용	(100)	
8. 기타 영업외비용 지급액		(129)
손익계산서 기타 영업외비용	(129)	
(현금의 유출이 없는 비용과 투자 및 재무활동비용을 제외한 영업외비용)		
9. 법인세 지급액		(273)
손익계산서 법인세비용	(265)	
당기법인세부채감소	(8)	
10. 기타 영업활동 관련 현금 수취(지급)액		(325)
단기매매증권의 증가	(25)	
예수금의 증가	26	
퇴직금의 지급	(326)	

제4장 연습문제 | Exercise

※ 본 연습문제의 질문에서 특별히 'K-IFRS'를 언급하지 않은 경우에는 일반기준(일반기업회계기준)에 의거하여 답변하시오.

가. 본문 내용의 복습

01 투자활동으로 인한 현금흐름에서 '투자활동' 이란 어떠한 활동을 의미하는가?

02 재무활동으로 인한 현금흐름에서 '재무활동' 이란 어떠한 활동을 의미하는가?

03 'T 계정법'에 의한 현금흐름표 작성방법을 설명하시오.

04 '정산표법'에 의한 현금흐름표 작성방법을 설명하시오.

나. 진위형

01 현금흐름표 작성 시 사채 발행 또는 주식발행으로 인한 현금유입 시에는 발행가액으로 기재한다.
( )

다. 선다형

01 일반기업회계기준에 의할 경우 다음 활동 중 투자활동에 속하는 것은? ( )

① 개발비를 지출하였다.
② 해외투자법인으로부터 배당금을 수령하였다.
③ 지분법평가이익을 계상하였다.
④ 장기대여금에 대한 이자를 수령하였다.

02 일반기업회계기준에 의할 경우 다음 활동 중 재무활동이 아닌 것은? ( )

① 장기차입금을 상환하였다.
② 유형자산 취득 시 발생하였던 미지급금을 상환하였다.
③ 타사가 발행한 전환사채를 취득하였다.
④ 보통주를 발행하여 유상증자를 하였다.

03 다음에 제시된 기업의 활동 중 현행 일반기업회계기준에 의할 경우 '재무활동'에 속하는 것은? (　　　　)

① 유상감자를 실시하다.
② 다른 기업의 총 발행주식 중 52%를 취득하여 종속회사로 만들다.
③ 만기보유증권에 대한 투자로 인하여 이자를 수령하다.
④ 종업원에게 주택구입자금을 장기대여하다.

04 현금흐름표의 작성과 관련하여 다음 설명 중 맞는 것은? (　　　　)

① 비현금거래 중 비현금교환거래는 재무제표에 대한 주석에도 기재할 필요가 없다.
② 현금흐름표가 간접법으로 작성되었다는 것은 '영업활동으로 인한 현금흐름'이 간 접법으로 작성되었다는 뜻이다.
③ 현금흐름표 작성 시 가장 먼저 재무활동으로 인한 현금흐름을 완성하여야 투자활동과 영업활동 현금흐름을 완성할 수 있다.
④ 사채 발행이나 주식발행 시에는 현금흐름표의 '재무활동으로 인한 현금유입' 부분 금액란에 액면금액을 기재하여야 한다.
⑤ 영업활동으로 인한 현금흐름을 직접법으로 표시할 경우, 재무제표 이용자의 입장에서 당기순이익과 영업활동으로 인한 현금흐름의 차이 원인을 쉽게 파악할 수 있다.

05~06 지성주식회사의 20×5년 중 차량운반구 계정과 차량운반구 감가상각누계액 계정의 변화는 다음과 같다. (단위 : 백만 원)

차량운반구					
1/1	전기이월	6,000	7/3	처분*	8,000
6/5	현금취득	6,600			
9/30	장기연불취득	3,900	12/31	차기이월	8,500
		16,500			16,500

차량운반구 감가상각누계액					
7/3	처분으로 인한 감소*	4,800	1/1	전기이월	5,300
12/31	차기이월	2,100	12/31	감가상각비	1,600
		6,900			6,900

* 지성주식회사는 7월 3일 취득원가 8,000백만 원(감가상각누계액 4,800백만 원)의 차량운반구를 3,900백만 원에 현금을 받고 매각하였다.

05 지성주식회사가 20×5 회계연도 현금흐름표를 직접법의 양식에 의하여 작성한다면, 위의 차량운반구 계정의 변동과 관련하여 '투자활동으로 인한 현금흐름'란에 기재될 내용은 다음 중 어떤 것인가? ( )

① 투자활동으로 인한 현금유입란에 3,900백만 원이 기록되고, 투자활동으로 인한 현금유출란에 6,600백만 원이 기록된다.
② 투자활동으로 인한 현금유입란에 3,900백만 원이 기록되고, 투자활동으로 인한 현금유출란에 10,500백만 원이 기록된다.
③ 투자활동으로 인한 현금유입란에 3,200백만 원이 기록되고, 투자활동으로 인한 현금유출란에 6,600백만 원이 기록된다.
④ 투자활동으로 인한 현금유입란에 3,200백만 원이 기록되고, 투자활동으로 인한 현금유출란에 10,500백만 원이 기록된다.
⑤ 투자활동으로 인한 현금유입란에 2,500백만 원이 기록되고, 투자활동으로 인한 현금유출란에 6,600백만 원이 기록된다.

06 지성주식회사가 20×5 회계연도 현금흐름표를 간접법의 양식에 의하여 작성한다면, 위의 차량운반구 계정의 변동과 관련하여 '영업활동으로 인한 현금흐름'란에 기재될 내용은 다음 중 어떤 것인가? ( )

① 차량운반구의 증감은 투자활동과 관련이 있기 때문에 영업활동으로 인한 현금흐름란에는 기재될 내용이 없다.
② '현금의 유출이 없는 비용 등 가산' 항목에 700백만 원이 기록되고, '현금의 유입이 없는 수익 등 차감' 항목에 1,600백만 원이 기록된다.
③ '현금의 유출이 없는 비용 등 가산' 항목에 1,600백만 원이 기록되고, '현금의 유입이 없는 수익 등 차감' 항목에 700백만 원이 기록된다.
④ '현금의 유출이 없는 비용 등 가산' 항목에 1,600백만 원이 기록되고, '현금의 유입이 없는 수익 등 차감' 항목에 3,200백만 원이 기록된다.
⑤ '현금의 유출이 없는 비용 등 가산' 항목에 700백만 원만 기록된다.

07 대구상사의 20×3년도 기계장치 계정과 관련된 재무 자료는 다음과 같다. (단위 : 원)

기계장치와 기계장치 감가상각누계액		
과 목	기초잔액	기말 잔액
기계장치	3,000	10,000
기계장치감가상각누계액	1,100	1,500

기계장치감가상각비와 기계장치처분손실	
과 목	당기발생액
기계장치감가상각비	800
기계장치처분손실	300

대구상사는 당기 중 장부가액 600원(취득원가 1,000원, 감가상각누계액 400원)의 기계장치를 300원에 처분하였다. 또한 당기중 건설중인자산 계정에서 5,000원을 기계장치 계정으로 대체하였다. 이상의 자료를 토대로 할 때 20×3년도 중 대구상사가 기계장치를 현금으로 구입한 금액은 얼마인가? ( )

① 3,000원 ② 8,000원 ③ 2,700원 ④ 2,200원

08 K-IFRS에 의할 경우, 현금흐름표에 대한 주석사항에 포함될 수 없는 것은? ( )

① 주식발행을 통한 기업의 인수
② 영업능력의 유지를 위하여 필요한 현금흐름과는 별도로 영업능력의 증대를 나타내는 현금흐름의 총액
③ 미래 영업활동과 자본약정의 결제에 사용할 수 있는 차입한도 중 미사용금액과 차입한도에 대한 사용제한 내용
④ 영업활동 현금흐름을 직접법으로 표시한 경우, 당기순이익(또는 당기순손실)과 이에 가감할 항목에 관한 사항
⑤ 각 보고 부문의 영업, 투자 및 재무활동에서 발생한 현금흐름의 금액

09 다음 중 현금흐름표가 제공하는 정보와 거리가 먼 것은? ( )

① 유상증자 금액 ② 배당금 지급액
③ 당기순이익 ④ 외부조달의 필요성 ⑤ 우발부채

10 다음 중 재무활동 현금흐름으로 분류되는 항목의 예로 적절하지 못한 것은? ( )

① 사채의 상환과 관련한 만기 연장
② 재무활동으로 분류되는 배당금 관련 현금유출
③ 신주인수권부사채의 상환에 따른 현금유출
④ 주식의 발행에 따른 현금유입
⑤ 전환사채의 발행

11 투자활동 현금흐름과 관련한 설명으로 옳지 않은 것은? ( )

① 유형자산의 취득은 투자활동으로 분류한다.
② 유형자산 처분손실은 당기순이익에 가산해주어야 한다.
③ 건설중인자산의 대체는 투자활동으로 분류한다.
④ 유형자산의 처분손실도 현금흐름표상에는 현금의 유입으로 표시될 수 있다.
⑤ 유형자산연불구입은 현금흐름표에 나타나지 않는다.

12 다음 자료는 ㈜삼정의 기계장치 계정과 관련된 사항이다. 이 자료를 이용하여 현금흐름표를 간접법으로 작성할 경우 그 작성방법으로 옳지 않은 것은? ( )

(1) 총계정원장(20×1년)

기 계 장 치

기 초	1,000,000	처 분*	700,000
취 득*	500,000	기 말	800,000
계	1,500,000	계	1,500,000

감가상각누계액(기계장치)

감 소	230,000	기 초	200,000
기 말	270,000	증 가	300,000
계	500,000	계	500,000

* 기중에 발생한 기계장치의 취득과 처분은 모두 현금거래이다.

(2) 손익계산서
- 유형자산처분손실 30,000

① 영업활동으로 인한 현금흐름 계산 시 기계장치와 관련하여 현금의 유출이 없는 비용 등의 가산 항목에 기재되는 금액의 합계는 330,000원이다.
② 기계장치의 취득과 처분이 영업활동으로 인한 현금흐름에 미치는 순효과는 0원이다.
③ 투자활동으로 인한 현금유출액에 기재되는 금액의 합계는 500,000원이다.
④ 투자활동으로 인한 현금유입액에 기재되는 금액의 합계는 700,000원이다.
⑤ 상기의 자료만으로는 현금유출입액을 확인할 수 없다.

13 다음은 삼청(주)의 기초 및 기말 재무상태표상 잔액과 추가자료이다. 아래의 자료에 기초하여 당기중장기차입금 차입액은 얼마인가? ( )

재무상태표		
계정 과목	기초잔액	기말 잔액
유동성장기부채	200,000	150,000
장기차입금	2,000,000	2,200,000

(1) 장기차입금은 상환계획대로 상환되고 있다.

(2) 차입금은 상환하는 과정에서 외환차손 20,000이 발생하였고, 외화장기차입금 기말 잔액을 환산하면서 외환환산손실이 50,000원 발생하였다.

① 200,000원 ② 250,000원 ③ 300,000원 ④ 350,000원

라. 단답형

01 2××7년 중 월드전선주식회사의 투자활동과 관련된 내용은 다음과 같다.

① 기초에 신제품 프레스 기계 1대를 200백만 원에 현금으로 취득하다.

② 기초에 최신 기종의 정밀 검사기 1대를 취득하였는데, 기계대금 300백만 원 중 100백만 원은 현금으로 지급하고 나머지는 2년 만기 약속어음을 발행하여 지급하다.

③ 기초에 사용 중이던 프레스 기계 1대(취득원가 120백만 원, 감가상각누계액 100백만 원)를 30백만 원에 현금으로 매각하다.

④ 기중에 월드전선주식회사(당사)가 보유 중이던 토지 36,000㎡(장부금액 1,200백만 원)를 인근의 아시아전선(주)이 보유하던 토지 30,000㎡와 교환하였다. 아시아전선(주)이 보유하던 토지의 공정가치가 당사 토지보다 330백만 원이 높아서 동 금액 중 30백만 원은 현금으로 지급하고, 나머지 300백만 원은 3년 만기 약속어음을 발행하여 지급하다.

⑤ 기말에 중국 산동성에 위치한 전선 제조공장을 3,000백만 원에 인수하기로 하고 매도 예정자와 양해각서(MOU)를 체결하다.

질문 1

월드전선주식회사의 2××7년 중 투자활동으로 인한 현금유입액과 현금유출액을 계산하시오. (일반기업회계기준에 준거하여 답변할 것, 이하 같음)

질문 2

위의 거래 내용 중 월드전선주식회사의 2××7년도 현금흐름표의 주석에 기재될 내용을 제시하시오.

질문 3

위의 거래들로 인하여 월드전선주식회사의 2××7년도 영업활동 현금흐름을 간접법으로 작성할 경우, 당기순손익에 가산 또는 차감할 내용은 어떤 것인가? (금액은 기재하지 않아도 무방함)

02 2××7년 중 글로벌전자주식회사의 재무활동과 관련된 내용은 다음과 같다.

① 회사채 액면가 300백만 원을 290백만 원에 발행하다. 동 사채의 만기는 3년이며 표시이자율은 5%, 유효이자율은 6.25%, 이자 지급방법은 1년마다 후불하는 방식이다.

② 기계를 금융리스로 취득하고 총 36회 리스료 중 당기에 제1회부터 제10회까지 리스료 50백만 원(원금 18백만 원, 이자 32백만 원)을 현금으로 지급하다. (36회 리스료 총액 180백만 원 중 원금 상당액은 110백만 원임)

③ 2××7년 3월 중 전기이익잉여금 처분 시 22백만 원의 현금배당을 결의하고 익월초에 동 배당금을 지급하다.

④ 보통주 100,000주(액면가 10,000원)를 주당 20,000원에 발행하여 유상증자하다.

⑤ 전환사채권자의 청구로 인하여 액면 800백만 원의 전환사채를 보통주 40,000주로 전환해주다. 동 전환사채는 2년 전 액면가로 발행되었다.

⑥ 기말에 외화장기차입금을 환산한 결과 7백만 원의 환산이익이 발생하다.

질문 1

글로벌전자주식회사의 2××7년 중 재무활동으로 인한 현금유입액과 현금유출액을 계산하시오. (일반기업회계기준에 준거하여 답변할 것, 이하 같음)

질문 2

위의 거래 내용 중 글로벌전자주식회사의 2××7년도 현금흐름표의 주석에 기재될 내용을 제시하시오.

질문 3

위의 각각의 거래들로 인하여 글로벌전자주식회사의 2××7년도 영업활동 현금흐름을 간접법으로 작성할 경우, 당기순손익에 가산 또는 차감할 내용은 어떤 것인가?

03 다음은 나로 주식회사에서 2××8년 중 발생한 사건의 일부이다.

① 2월 1일 나로주식회사는 블라디주식회사로부터 제품의 원료로 사용할 동광석을 향후 3년 동안 20,000백만 원어치 매입하기로 계약을 체결하였다.

② 3월 1일 나로주식회사는 고금주식회사의 모든 자산과 부채를 인수하기로 계약을 맺었으며, 6월 15일에 그 계약을 이행하였다. 이에 따라 나로주식회사는 고금주식회사의 기존 주주들에게 인수대가로 현금 3,000백만 원과 나로주식회사의 보통주 50,000주(액면가액 합계 500백만 원) 및 우선주식 30,000주(액면가액 합계 300백만 원)를 발행하여 지급하다.

③ 5월 1일 나로주식회사의 이사회에서는 베트남 호치민에 소재한 공장을 2,000백만 원에 매각하기로 결의하였다. 이 공장을 8월 20일에 매각하고 그 대금은 현금으로 받았으며, 매각 당시 이 공장의 장부가격은 2,080백만 원이었다.

④ 8월 1일 나로주식회사는 소유하고 있던 전환사채(여수주식회사 발행)와 관련된 여수주식회사의 주가가 상승함에 따라 보유금액 1,000백만 원(취득 당시 액면금액으로 취득하였음)의 전환사채를 모두 여수주식회사의 보통주(50,000주, 주당 액면가 10,000원, 시가 22,000원)로 전환을 청구하여 8월 15일 전환작업을 완료하였다.

⑤ 12월 31일 결산 시 영업권에 대하여 20백만 원 상각을 실시하다. 이 영업권은 5년 전 한성주식회사를 합병할 때 발생하였다.

질문

위의 각각의 거래가 나로 주식회사의 2××8년 손익계산서와 현금흐름표에 어떻게 기록되는지 설명하시오.

마. 단답형 (계산문제)

01 G 회사의 장기투자증권 계정에는 시장성 있는 투자주식과 시장성 없는 투자주식 및 지분법평가대상 주식이 모두 포함되어 있다. 동 장기투자증권 계정과 관련된 재무제표 자료는 다음과 같다.

(단위 : 원)

재무상태표 자료		
계정 과목	기초잔액	기말 잔액
투자자산 장기투자증권	8,000	15,000
자본조정 매도가능증권 평가이익	1,000	1,500

손익계산서 자료	
계정 과목	당기 발생액
영업외수익 지분법이익	500
영업외비용 매도가능증권손상차손	700
장기투자증권처분손실	100

당기 중 장기투자증권의 취득원가는 11,000원이다. 그렇다면 당기 중 장기투자증권의 처분으로 인한 현금유입액은 얼마인가?

장기투자증권의 처분으로 인한 현금유입액 (　　　) 원

02 H 회사의 기계장치와 관련된 재무제표 자료는 다음과 같다. (단위 : 원)

재무상태표 자료			손익계산서 자료	
계정 과목	기초잔액	기말 잔액	계정 과목	당기 발생액
기계장치	6,000	9,000	기계장치감가상각비	1,000
감가상각누계액	1,200	1,800	기계장치처분이익	300

당기중 기계장치의 증가는 총 4,000원인데, 그중 2,500원은 현금으로 구입하였으며, 나머지 1,500원은 건설중인자산에서 대체되었다. 그렇다면, 기계장치의 처분으로 인한 현금유입액은 얼마인가?

기계장치의 처분으로 인한 현금유입액 (   ) 원

03 M 회사의 사채와 관련된 재무제표 자료는 다음과 같다. (단위 : 원)

재무상태표 자료		
계정 과목	기초잔액	기말 잔액
사채	3,900	6,200
사채할인발행차금	150	270

동사는 당기중 사채액면 5,000원을 4,900원에 발행하였으며, 이와 관련하여 사채 발행비 70원을 지출하였다.

그렇다면 당기 중 사채의 중도상환으로 인하여 지출된 현금은 얼마인가? 단, 당기 손익계산서 이자비용에 포함된 사채할인발행차금상각액은 30원이며, 사채 상환 시 상환이익이 100원 발생하였다.

사채 중도상환으로 인한 현금유출액 (   ) 원

04 N 회사의 자본과 관련된 재무상태표 자료는 다음과 같다. (단위 : 원)

재무상태표 자료		
계정 과목	기초잔액	기말 잔액
자본금	1,700	3,400
주식발행초과금	2,200	3,600
이익준비금	3,050	4,350

당 기초 이월이익잉여금의 처분 내용은 다음과 같다.

이익준비금 : 1,800원, 현금배당 : 2,000원, 주식배당 : 500원

또한 당기중 이익준비금 중 500원을 자본에 전입하였다.

위의 이월 이익잉여금의 처분과 이익준비금의 자본 전입 이외의 자본금 및 주식발행초과금의 변동은 모두 유상증자와 관련된 것이다. 그렇다면 당기 중 유상증자로 인하여 N사에 유입된 현금은 얼마인가?

당기중 유상증자로 인하여 유입된 현금 (　　　　) 원

05 회사의 장기차입금 계정에는 외화장기차입금이 포함되어 있다. 동사의 장기차입금 계정과 관련된 재무제표 자료는 다음과 같다. (단위 : 원)

재무상태표 자료			손익계산서 자료	
계정 과목	기초잔액	기말 잔액	계정 과목	당기 발생액
유동부채 유동성장기차입금	900	1,500	영업외비용 외환차손	30
비유동부채 장기차입금	2,200	3,300	외화환산손실	60

주: 회사의 장기차입금상환은 계획대로 이루어졌음.

① 당기중 장기차입금의 차입으로 인한 현금유입액은? (　　　　) 원

② 당기중 유동성장기차입금 상환으로 인한 현금유출액은? (　　　　) 원

바. 사례 연구

01 다음은 두봉상사(주)의 재무자료이다. 동 자료를 토대로 간접법 및 직접법에 의한 현금흐름표를 작성하시오.

재무상태표

두봉상사(주) (단위 : 백만 원)

과　　목	금　　액	
	2000. 12. 31	1999. 12. 31
유동자산	4,906	4,609
현금및현금성자산	134	75
단기예금	220	250
단기매매증권	276	269
매출채권	2,240	1,909
(대손충당금)	(50)	(46)
재고자산	2,024	2,085
선급보험료	62	67
비유동자산	16,114	15,318
매도가능증권	747	347
유형자산	25,301	23,872
(감가상각누계액)	(9,934)	(8,901)
자산총계	21,020	19,927

과 목	금 액	
	2000. 12. 31	1999. 12. 31
유동부채	2,981	2,630
매입채무	1,435	1,313
단기차입금	255	202
미지급급료	735	739
미지급이자	250	144
당기법인세부채	174	127
유동성장기부채	132	105
비유동부채	7,465	7,668
사채	3,662	3,370
(사채할인발행차금)	(208)	(195)
전환사채	–	374
장기차입금	757	1,319
퇴직급여충당부채	218	–
이연법인세부채	3,036	2,800
부채총계	10,446	10,298
자본	10,574	9,629
보통주자본금	1,333	1,263
주식발행초과금	1,141	706
이익준비금	600	500
이월이익잉여금	7,500	7,160
부채와 자본총계	21,020	19,927

손익계산서

두봉상사(주) (단위 : 백만 원)

과 목	금 액	
	2000. 1. 1 ~ 2000. 12. 31	
매출액		20,392
매출원가		16,385
감가상각비*	985	
퇴직급여*	220	
기타 매출원가	15,180	
매출총이익		4,007
판매비와 관리비		2,236
대손상각비	7	
감가상각비	161	
퇴직급여	57	
기타 판매비와 관리비 영업이익	2,011	
영업이익		1,771
영업외이익		29
이자수익	11	
단기투자자산평가이익	7	
외화환산이익	6	
투자자산처분이익	5	
영업외비용		358
이자비용	322	
유형자산처분손실	10	
사채상환손실	3	
법인세 추납액	23	
법인세차감전이익		1,442
법인세비용		589
당기순이익		853

* 제조원가에 포함된 감가상각비와 퇴직급여를 의미함.

〈추가정보〉

당기(2000년) 중 다음과 같은 거래의 발생이 있었다.

1. 당기중 단기예금의 취득은 없음.
2. 단기매매증권의 취득과 처분은 없으며 기말에 단기매매증권(투자자산)평가이익 7백만 원을 계상함.
3. 취득원가 100백만 원의 매도가능증권을 105백만 원의 현금을 받고 처분하다.
4. 취득원가 786백만 원(감가상각누계액 113백만 원)의 유형자산을 663백만 원의 현금을 받고 처분하다.
5. 단기차입금의 상환액은 없음.
6. 장기차입금의 유동성장기부채 대체액 : 132백만 원
7. 이연법인세부채의 증가액 : 236백만 원

8. 장기차입금의 상환액 : 1,056백만 원
   장기차입금 중에는 외화차입금이 포함되어 있는데, 기말결산 시 외화차입금에 대하여 6백만 원의 환산이익이 발생하였다.
9. 액면가 372백만 원의 사채를 342백만 원에 발행하다. 이와 관련하여 사채 발행비 10백만 원을 지출하다.
10. 사채할인발행차금상각액은 19백만 원이다.
11. 액면가 80백만 원의 사채를 75백만 원에 현금을 지출하여 중도상환하다. 상환 시까지 동 사채에 대한 미상각사채할인발행차금은 8백만 원이었다.
12. 전환사채 374백만 원을 보통주로 전환하다(전환으로 인하여 발행된 주식 수 10,000주, 1주당 액면가 5,000원)
13. 퇴직금 지급액 : 59백만 원
14. 유상증자액 : 131백만 원(발행주식수 4,000주)
15. 당기초 이익잉여금 처분액 : 이익준비금 100백만 원, 현금배당 413백만 원

※ 투자자산이나 유형자산의 취득액 및 장·단기 차입금의 차입액은 재무상태표와 위의 추가정보를 이용하여 산출할 것

02 다음은 삼봉상사(주)의 재무자료이다. 동 자료를 토대로 간접법 및 직접법에 의한 현금흐름표를 작성하시오.

재무상태표

삼봉상사(주) (단위 : 원)

과 목	금 액	
	20×2. 12. 31	20×1. 12. 31
유동자산		
현금및현금성자산	1,434	577
단기예금	2,265	0
매출채권	3,772	4,006
(대손충당금)	(38)	(19)
단기대여금	2,077	471
미수수익	52	7
선급금	280	4
선급보험료	14	25
재고자산	3,626	1,320
비유동자산		
장기예금	5	5
지분법적용투자주식	365	13
토지	874	874
건물	937	929
(감가상각누계액)	(90)	(67)

과 목	금 액	
	20×2. 12. 31	20×1. 12. 31
차량운반구	105	129
(감가상각누계액)	(84)	(86)
기계와비품	1,198	850
(감가상각누계액)	(809)	(585)
개발비	1,898	1,165
장기매출채권	107	53
(대손충당금)	(1)	0
임차보증금	146	19
이연법인세자산	24	0
자산총계	18,157	9,690
유동부채		
매입채무	2,148	1,634
단기차입금	1,041	913
유동성장기부채	342	1,047
당기법인세부채	256	28
부가가치세예수금	217	163
선수금	129	64
예수금	22	137
미지급이자	183	47
비유동부채		
장기차입금	2,617	1,921
사채	3,000	700
(사채할인발행차금)	(5)	0
퇴직금여충당부채	179	130
자본		
보통주자본금	3,941	2,474
주식발행초과금	2,745	352
이익잉여금	1,342	80
부채와 자본총계	18,157	9,690

손익계산서

삼봉상사(주) (단위 : 백만 원)

과 목	금 액
	20×2. 1. 1 ~ 20×2. 12. 31
매출액	11,214
매출원가	6,979
퇴직급여*	70
감가상가비*	143
기타 매출원가	6,766
매출총이익	4,235
판매비와 관리비	2,138
퇴직급여	15
감가상각비	38
무형자산상각비	629
기타 판매비와 관리비	1,456
영업이익	2,097
영업외수익	97
이자수익	71
지분법이익	21
유형자산처분이익	5
영업외비용	675
이자비용	609
투자자산처분손실	7
유형자산처분손실	8
외화환산손실	5
잡손실	46
경상이익	1,519
법인세비용차감전순이익	1,519
법인세비용	257
당기순이익	1,262

* 제조원가에 포함된 감가상각비와 퇴직급여임.

〈추가정보〉

당기(20×2년) 중 다음과 같은 거래의 발생이 있다.

1. 당기에 계상한 지분법 이익은 21백만 원이다.
2. 장부가액 45백만 원의 지분법적용투자주식을 38백만 원의 현금을 받고 처분하다.
3. 취득원가 50백만 원, 감가상각누계액 22백만 원의 차량을 20백만 원에 현금을 받고 처분하다.
4. 취득원가 256백만 원, 감가상각누계액 38백만 원의 기계를 223백만 원에 현금을 받고 처분하다.

5. 단기차입금의 당기중 차입액은 1,500백만 원이다.
6. 당기중 사채액면 3,000백만 원을 2,995백만 원에 발행하고, 사채 발행비 2백만 원을 지급하다.
7. 당기 사채할인발행차금상각액은 2백만 원이다.
8. 전기말 사채 700백만 원은 당기중 주식으로 전환되었다. 전환비율은 사채 20,000원당 주식 1주(액면 5,000원)가 교부되었다.
9. 장기차입금 중 유동성 대체액은 342백만 원이다.
10. 장기차입금에는 외화부채가 포함되어 있는데 기말에 환산한 결과 5백만 원의 환산손실이 발생하였다.
11. 당기중 퇴직급여액과 감가상각비는 각각 122백만 원 및 305백만 원인데, 이 중 퇴직급여 37백만 원과 감가상각비 124백만 원은 개발활동과 관련된 비용으로서 각각 개발비 계정으로 대체되었다.
12. 당기 중 개발비상각액은 629백만 원이다.
13. 당기 중 보통주 발행(유상증자)으로 인하여 유입된 현금은 3,160백만 원이다(발행 주식 수 258,400주).
14. 당기 중 단기대여금을 회수한 금액이나 보증금의 감소액은 없으며, 당기중 대손처리된 매출채권이나 장기성매출채권도 없다.
15. 비유동자산 각 계정의 취득 또는 지출액이나 퇴직금 지급액 등은 위의 자료를 이용하여 추정할 것.

03 앞의 제4절에서 여의도상사의 현금흐름표를 K-IFRS에 의하여 작성할 경우, 만약 여의도상사가 이자지급을 재무활동으로 구분하고 이자 수취와 배당금 수취를 투자활동으로 구분한다면 동사의 영업활동 현금흐름액과 투자활동 현금흐름액 및 재무활동 현금흐름액은 각각 얼마인가?

제4장 연습문제 해설

가. 본문 내용의 복습

01 '투자활동'의 의미 : 투자활동이라 함은 현금의 대여와 회수활동, 단기금융상품·유가증권(현금성자산 제외)·투자자산·유형자산 및 무형자산의 취득과 처분활동 등을 말한다. 투자활동으로 인한 현금의 유입에는 대여금의 회수, 단기금융상품·유가증권·투자자산·유형자산 및 무형자산의 처분 등이 포함된다. 또한 투자활동으로 인한 현금의 유출에는 현금의 대여, 단기금융상품·유가증권·투자자산·유형자산 및 무형자산의 취득에 따른 현금유출로서 취득 직전 또는 직후의 지급액 등이 포함된다.

02 '재무활동'의 의미 : 재무활동이라 함은 현금의 차입 및 상환활동, 신주발행이나 배당금의 지급활동 등과 같이 부채 및 자본 계정에 영향을 미치는 거래를 말한다. 재무활동으로 인한 현금의 유입에는 당좌차월, 단기차입금·장기차입금의 차입, 어음·사채의 발행, 주식의 발행 등이 포함된다. 또한 재무활동으로 인한 현금의 유출에는 배당금의 지급, 유상감자, 자기주식의 취득, 차입금의 상환, 자산의 취득에 따른 부채의 지급 등이 포함된다.

03 T 계정법에 의한 현금흐름표 작성방법 : 제3절 '현금흐름표의 작성'의 '2. 현금흐름표의 작성을 위한 자료 및 절차' 참조

04 정산표법에 의한 현금흐름표 작성방법 : 제3절 '현금흐름표의 작성'의 '3. 정산표법' 참조

나. 진위형

01 O

다. 선다형

01 ① 02 ③ 03 ① 04 ② 05 ① 06 ③ 07 ①

08 ④ K-IFRS에서는 영업활동을 직접법으로 표시한 경우 당기순이익(또는 당기순손실)과 이에 가감할 항목에 관한 사항은 주석을 강제하지 않고 있다.

09 ⑤ 우발부채는 주석에만 공시된다.

10 ① 사채의 만기 연장은 현금흐름과 상관이 없다.

11 ③ 건설중인자산의 대체는 비현금거래로 주석으로 공시한다.

12 ④ 기계장치 취득액이 현금 유출액이므로 500,000원이 투자활동 현금유출액으로 기재된다. 기계장치 처분액은 장부금액은 470,000원(700,000원 - 230,000원)이며, 이에 대해 처분손실이 발생하여 30,000원만큼 덜 들어왔으므로 현금유입액은 440,000원이다.

13 ③ 기초 2,000,000 + 당기차입액(×) + 외화환산손실 50,000 - 유동성 대체 150,000
= 기말 2,200,000,
당기차입액(×) = 300,000원

라. 단답형

01 **풀이 1** 월드전선주식회사의 2××7년 중 투자활동으로 인한 현금유입액과 현금유출액 (단위 : 원)

가. 투자활동으로 인한 현금유입액:	30
사용 중이던 프레스 기계 매각	30
나. 투자활동으로 인한 현금유출액:	330
프레스 기계 취득	200
정밀 검사기 취득	100
토지 취득	30

풀이 2 월드전선주식회사의 2××7년도 현금흐름표의 주석에 기재될 내용 (단위 : 원)

가. 2년 만기 약속어음 발행하여 정밀검사기 취득	200
나. 토지의 교환	1,200
다. 3년 만기 약속어음 발행하여 토지 취득	300

풀이 2 기중 거래들로 인하여 월드전선주식회사의 2××7년도 현금흐름표 당기순손 익에 가감할 사항:

① 당기순손익에 가산할 사항
- 신제품 프레스 기계 1대(취득원가 200백만 원)의 감가상각비
- 최신 기종의 정밀 검사기 1대(취득원가 300백만 원)의 감가상각비

- 기계대금 중 약속어음 발행대금 200백만 원에 포함되어 있는 이자비용 중 2××7년도에 해당하는 금액(현재가치할인차금상각액)
- 토지대금 중 약속어음 발행대금 300백만 원에 포함되어 있는 이자비용 중 2××7년도에 해당하는 비용(현재가치할인차금상각액)

② 당기순손익에서 차감할 사항
사용중이던 프레스 기계 1대의 매각으로 인하여 처분이익 10백만 원

02 **풀이 1** 글로벌전자주식회사의 2××7년 중 재무활동으로 인한 현금유입액과 현금유출액 (단위 : 백만 원)

가. 재무활동으로 인한 현금유입액:	2,290
보통주 발행	2,000
회사채 발행	290
나. 재무활동으로 인한 현금유출액:	40
금융리스부채 상환	18
배당금 지급	22

풀이 2 글로벌전자주식회사의 2××7년도 현금흐름표의 주석에 기재될 내용 (단위 : 백만 원)

가. 기계의 금융리스 취득	110
나. 전환사채의 보통주 전환	800

풀이 3 글로벌전자주식회사의 2××7년도 현금흐름표상 당기순손익에 가감할 사항

① 당기순이익에 가산할 항목
사채할인발행차금상각액 3.125백만 원 (=290 × 6.25% - 15)

② 당기순이익에서 차감할 항목
외환환산이익 7백만 원

03

① 원재료를 매입하기로 계약을 맺은 거래는 손익계산서나 현금흐름표에 기록되지 않는다. 이 거래는 '회계상의 거래'가 아니기 때문에 손익계산서나 현금흐름표에는 기록되지 않는다. 다만, 이 계약이 중요한 경우 재무제표에 대한 주석사항에 기록된다.

② 6월 15일 고금주식회사의 자산과 부채를 인수한 거래는 일부는 현금거래이고 나머지는 비현금교환거래이다. 다른 회사의 자산과 부채를 인수한 거래에서 손익은 발생되지 않으므로 손익계산서에는 기록되지 않고 인수대가 중 현금으로 지급한 3,000백만 원은 현금거래이므로 현금흐름표에 기록된다.

③ 8월 20일 베트남 공장 매각에 따라 80백만 원의 손실이 발생되었으므로 이 손실은 손익계산서에 유형자산처분손실 과목으로 영업외비용에 기록된다. 현금흐름표에는 공장매각대금 2,000백만 원의 유입액이 투자활동에 기록된다.

④ 보유하고 있던 전환사채를 주식으로 전환한 거래는 비현금교환거래이므로 손익계산서나 현금흐름표에는 기록되지 않는다. 다만, 이 거래가 중요한 경우, 현금흐름표에 대한 주석사항으로 기재할 필요가 있다.

⑤ 결산 시 영업권을 상각하는 거래는 비현금손익거래이다. 따라서 손익계산서 '판매비와 관리비'란에 무형자산상각비로 20백만 원이 기록된다. 현금흐름표가 직접법으로 작성될 경우 이 상각비는 현금흐름표에 기록되지 않지만, 현금흐름표가 간접법으로 작성될 경우에는 당기순손익에 가산되는 형식으로 기재된다.

마. 단답형

01 당기중 장기투자증권의 처분으로 인한 현금유입액 : 4,200원

풀이 아래에서 보는 바와 같이 장기투자증권과 관련된 정보를 해당 계정에 입력하고 나면, 장기투자증권의 처분원가는 4,300원, 그 대가는 4,200원(처분손실이 100원이므로)이다.

장기투자증권			
기초잔액	8,000	처분	4,300
취득	11,000	(대가 4,200)	
평가이익	500	손상차손	700
지분법이익	500	기말 잔액	15,000
	20,000		20,000

02 기계장치의 처분으로 인한 현금유입액 : 900원

풀이 아래에서 보는 바와 같이 기계장치와 관련된 정보를 해당 계정에 입력하고 나면, 처분한 기계장치의 처분장부가 600원, 그 대가는 900원(처분이익이 300원이므로)이다.

기계장치(순)			
기초잔액	4,800	처분	600
현금취득	2,500	(대가 900)	
건설중인자산대체	1,500	감가상각비	1,000
		기말 잔액	7,200
	8,800		8,800

03 사채 중도상환으로 인한 현금유출액 : 2,580원

풀이 아래에서 보는 바와 같이 사채와 관련된 정보를 해당 계정에 입력하고 나면, 중도상환한 사채의 장부가액은 2,680원(액면가액 2,700원, 사채할인발행차금 미상 각 잔액 20원), 상환으로 인한 현금유출액은 2,580원(상환이익이 100원이므로)이다.

사 채			
상환	2,700	기초잔액	3,900
기말 잔액	6,200	발행	5,000
	8,900		8,900

사채할인발행차금			
기초잔액	150	상각	30
발생	170	상환감소	20
		기말 잔액	270
	320		320

04 당기 중 유상증자로 인하여 유입된 현금 : 2,100원

풀이 아래에서 보는 바와 같이 자본금과 주식발행초과금 계정에 관련된 정보를 입력하고 나면, 당기 유상증자로 인하여 납입된 금액은 2,100원(액면가 700원, 할증액 1,400원)이다.

자본금			
기말 잔액	3,400	기초잔액	1,700
		주식배당	500
		무상증자	500
		유상증자	700
	3,400		3,400

주식발행초과금			
기말 잔액	3,600	기초잔액	2,200
		유상증자	1,400
	3,600		3,600

05 당기중 장기차입금의 차입으로 인한 현금유입액 : 2,540원
당기중 유동성외화차입금의 상환으로 인한 현금유출액 : 930원

풀이 회사의 장기차입금 상환은 계획대로 이루어졌다고 하였으므로 유동성장기차입금 기초잔액 900원은 당기 중 상환되었을 것이며, 기말잔액 1,500원은 장기차입금에서 대체되어왔음을 알 수 있다. 또한 외화환산손실은 장기차입금을 기말에 환산함으로써 나타났을 것이며, 외환차손 30원은 유동성장기부채를 상환할 때 발생하였을 것이다. 이상의 자료를 토대로 장기차입금과 유동성장기차입금 계정의 모습을 나타내보면 다음과 같다.

장기차입금			
유동성 대체	1,500	기초잔액	2,200
기말 잔액		환산손실	60
		차입	2,540
	4,800		4,800

유동성장기차입금			
상환	900	기초잔액	900
(대가 930)		유동성 대체	1,500
기말 잔액	1,500		
	2,400		2,400

바. 사례 연구

01 두봉상사 사례

현금흐름표 (간접법)

두봉상사(주) 2000. 1. 1. ~ 2000. 12. 31. (단위 : 백만 원)

과 목	금 액	
I. 영업활동으로 인한 현금흐름		2,477
1. 당기순이익	853	
2. 현금의 유출이 없는 비용 등의 가산	1,462	
가. 감가상각비	1,146	
나. 퇴직급여	277	
다. 대손상각비	7	
라. 사채할인발행차금상각	19	
마. 유형자산처분손실	10	
바. 사채상환손실	3	
3. 현금의 유입이 없는 수익 등의 차감	(18)	
가. 단기투자자산평가이익	(7)	
나. 투자자산처분이익	(5)	
다. 외화환산이익	(6)	
4. 영업활동으로 인한 자산부채의 변동	180	
가. 매출채권의 증가	(334)	
나. 재고자산의 감소	61	
다. 선급보험료의 감소	5	
라. 매입채무의 증가	122	
마. 미지급급료의 감소	(4)	
바. 미지급이자의 증가	106	
사. 당기법인세부채의 증가	47	
아. 이연법인세부채의 증가	236	
자. 퇴직금의 지급	(59)	
II. 투자활동으로 인한 현금흐름		(1,917)
1. 투자활동으로 인한 현금유입액	798	
가. 단기예금의 감소	30	
나. 매도가능증권의 처분	105	
다. 유형자산의 처분	663	
2. 투자활동으로 인한 현금유출액	(2,715)	
가. 매도가능증권의 취득	(500)	
나. 유형자산의 취득	(2,215)	

과 목	금 액	
Ⅲ. 재무활동으로 인한 현금흐름		(501)
1. 재무활동으로 인한 현금유입액	1,148	
가. 단기차입금의 차입	53	
나. 장기차입금의 차입	632	
다. 사채 발행	332	
라. 보통주발행	131	
2. 재무활동으로 인한 현금유출액	(1,649)	
가. 유동성장기부채의 상환	(105)	
나. 사채의 상환	(75)	
다. 장기차입금의 상환	(1,056)	
라. 배당금의 지급	(413)	
Ⅳ. 현금의 증가(감소) (Ⅰ+Ⅱ+Ⅲ)		59
Ⅴ. 기초의 현금		75
Ⅵ. 기말의 현금		134

풀이

현금흐름정산표 (간접법)

(단위 : 백만 원)

과목	1999.12.31	차변		대변		2000.12.31
현금및현금성자산	75	증가	59			134
단기예금	250			감소	30	220
단기매매증권	269	평가익	7			276
매출채권	1,909	증가	334	대손발생	3	2,240
(대손충당금)	(46)	대손발생	3	대손상각	7	(50)
재고자산	2,085			감소	61	2,024
선급보험료	67			감소	5	62
매도가능증권	347	취득	500	처분	105	747
		처분익	5			
유형자산(순)	14,971	취득	2,215	처분	663	15,367
				처분손	10	
				감가비	1,146	
자산총계	19,927					21,020
매입채무	1,313			증가	122	1,435
단기차입금	202			차입	53	255
미지급급료	739	감소	4			735
미지급이자	144			증가	106	250

과목	1999.12.31	차변		대변		2000.12.31
당기법인세부채	127			증가	47	174
유동성장기부채	105	상환	105	대체	132	132
사채(순)	3,175	상환	75	상환손	3	3,454
				발행	332	
				상각	19	
전환사채	374	전환	374			0
장기차입금	1,319	대체	132	차입	632	757
		환산익	6			
		상환	1,056			
퇴직급여충당부채	0	지급	59	퇴직급여	277	218
이연법인세부채	2,800			증가	236	3,036
보통주자본금	1,263			전환	50	1,333
				유상증자	20	
주식발행초과금	706			전환	324	1,141
				유상증자	111	
이익잉여금	7,660	배당금	413	순이익	853	8,100
부채와 자본총계	19,927		5,347		5,347	21,020

현금흐름표 (직접법)

두봉상사(주) 2000. 1. 1. ~ 2000. 12. 31. (단위 : 백만 원)

과 목	금 액	
I. 영업활동으로인한 현금흐름		2,477
가. 매출 등 수익활동으로부터의 유입액	20,058	
나. 매입 및 종업원에 대한 유출액	(17,007)	
다. 이자수익 유입액	11	
라. 이자비용 유출액	(197)	
마. 법인세의 지급액	(329)	
바. 퇴직금의 지급	(59)	
II. 투자활동으로 인한 현금흐름		(1,917)
1. 투자활동으로 인한 현금유입액	798	
가. 단기예금의 감소	30	
나. 매도가능증권의 처분	105	
다. 유형자산의 처분	663	
2. 투자활동으로 인한 현금유출액	(2,715)	
가. 매도가능증권의 취득	(500)	
나. 유형자산의 취득	(2,215)	

과 목	금 액	
III. 재무활동으로 인한 현금흐름		(501)
1. 재무활동으로 인한 현금유입액	1,148	
가. 단기차입금의 차입	53	
나. 장기차입금의 차입	632	
다. 사채 발행	332	
라. 보통주발행	131	
2. 재무활동으로 인한 현금유출액	(1,649)	
가. 유동성장기부채의 상환	(105)	
나. 사채의 상환	(75)	
다. 장기차입금의 상환	(1,056)	
라. 배당금의 지급	(413)	
IV. 현금의 증가(감소) (I + II + III)		59
V. 기초의 현금		75
VI. 기말의 현금		134

풀이

현금흐름정산표 (직접법)

(단위 : 백만 원)

과목	1999.12.31	차변		대변		2000.12.31
현금및현금성자산	75	증가	59			134
단기예금	250			감소	30	220
단기매매증권	269	평가익	7			276
매출채권	1,909	매출액	20,392	대손발생	3	2,240
				매출대금유입액	20,058	
(대손충당금)	(46)	대손발생	3	대손상각	7	(50)
재고자산	2,085	매입액	15,119	기타 매출원가	15,180	2,024
선급보험료	67	판관비지급	2,010	기타판관비	2,011	62
				미지급급료감소	4	
매도가능증권	347	취득	500	처분	105	747
		처분익	5			
유형자산(순)	14,971	취득	2,215	처분	663	15,367
				처분손	10	
				감가비	1,146	
자산총계	19,927					21,020
매입채무	1,313	지급액	14,997	매입액	15,119	1,435
단기차입금	202			차입	53	255

과목	1999.12.31	차변		대변		2000.12.31
미지급급료	739	감소	4			735
미지급이자	144	지급	197	이자비용	322	250
		차금상각	19			
당기법인세부채	127	이연법인세부채증가	236	법인세비용	589	174
		법인세지급	329	법인세추납	23	
유동성장기부채	105	상환	105	대체	132	132
사채(순)	3,175	상환	75	상환손	3	3,454
				발행	332	
				차금상각	19	
전환사채	374	전환	374			0
장기차입금	1,319	대체	132	차입	632	757
		환산익	6			
		상환	1,056			
퇴직급여충당부채	0	지급	59	퇴직급여	277	218
이연법인세부채	2,800			증가	236	3,036
보통주자본금	1,263			전환	50	1,333
				유상증자	20	
주식발행초과금	706			전환	324	1,141
				유상증자	111	
이익잉여금	7,660	기타 매출원가	15,180	매출액	20,392	8,100
		감가상각비	1,146	이자수익	11	
		퇴직급여	277	단기투자평가익	7	
		기타판관비	2,011	외화환산이익	6	
		대손상각비	7	투자자산처분익	5	
		이자비용	322			
		유형자산처분손	10			
		사채상환손실	3			
		법인세추납	23			
		법인세비용	589			
		배당금	413			
부채와 자본총계	19,927		77,880		77,880	21,020

02 삼봉상사 사례

현금흐름표 (간접법)

삼봉상사(주) 20×2. 1. 1. ~ 20×2. 12. 31. (단위 : 백만 원)

과 목	금 액	
I. 영업활동으로 인한 현금흐름		522
1. 당기순이익	1,262	
2. 현금의 유출이 없는 비용 등의 가산	937	
유형자산감가상각비	181	
무형자산상각비	629	
퇴직급여	85	
대손상각비	20	
외화환산손실	5	
사채할인발행차금상각	2	
투자자산처분손실	7	
유형자산처분손실	8	
3. 현금의 유입이 없는 수익 등의 차감	(26)	
지분법이익	(21)	
유형자산처분이익	(5)	
4. 영업활동으로 인한 자산부채의 변동	(1,651)	
매출채권의 감소	234	
미수수익의 증가	(45)	
선급금의 증가	(276)	
선급보험료의 감소	11	
재고자산의 증가	(2,306)	
장기매출채권의 증가	(54)	
이연법인세자산의 증가	(24)	
매입채무의 증가	514	
당기법인세부채의 증가	228	
부가가치세예수금의 증가	54	
선수금의 증가	65	
예수금의 감소	(115)	
미지급이자의 증가	136	
퇴직금의 지급	(73)	
II. 투자활동으로 인한 현금흐름		(5,932)
1. 투자활동으로 인한 현금유입액	281	
지분법적용투자주식의 처분	38	
차량운반구의 처분	20	
기계처분	223	
2. 투자활동으로 인한 현금유출액	(6,213)	
단기예금의 취득	(2,265)	
단기대여금의 증가	(1,606)	

과 목	금 액	
지분법적용투자주식의 취득	(376)	
임차보증금의 증가	(127)	
건물의 취득	(8)	
차량운반구의 취득	(26)	
기계 취득	(604)	
개발비의 지출	(1,201)	
Ⅲ. 재무활동으로 인한 현금흐름		6,267
1. 재무활동으로 인한 현금유입액	8,686	
단기차입금의 차입	1,500	
장기차입금의 차입	1,033	
사채의 발행	2,993	
보통주의 발행	3,160	
2. 재무활동으로 인한 현금유출액	(2,419)	
단기차입금의 상환	(1,372)	
유동성장기부채의 상환	(1,047)	
Ⅳ. 현금의 증가(감소) (Ⅰ+Ⅱ+Ⅲ)		857
Ⅴ. 기초의 현금		577
Ⅵ. 기말의 현금		1,434

* 현금거래(주석)

전환사채의 전환	700
장기차입금의 유동성 대체	342
퇴직급여의 개발비 대체	37
감가상각비의 개발비 대체	124

풀이

현금흐름정산표 (간접법)

삼봉상사

(단위 : 백만 원)

과 목	20×1.12.31	차변		대변		20×2.12.31
현금및현금성자산	577	증가	857			1,434
단기예금	0	증가	2,265			2,265
매출채권	4,006			감소	234	3,772
(대손충당금)	(19)			대손상각	19	(38)
단기대여금	471	증가	1,606			2,077
미수수익	7	증가	45			52
선급금	4	증가	276			280
선급보험료	25			감소	11	14
재고자산	1,320	증가	2,306			3,626
장기예금	5					5
지분법적용투자주식	13	취득	376	처분	38	365
		지분법이익	21	처분손	7	

과 목	20×1.12.31	차변		대변		20×2.12.31
토지	874					874
건물	929	취득	8			937
감가상각누계액	(67)			감가상각	23	(90)
차량운반구	129	취득	26	처분	42	105
				처분손	8	
감가상각누계액	(86)	처분	22	감가상각	20	(84)
기계와비품	850	취득	604	처분	261	1,198
		처분익	5			
감가상각누계액	(585)	처분	38	감가상각	138	(809)
				개발비대체	124	
개발비	1,165	지출	1,201	상각	629	1,898
		퇴직대체	37			
		감가대체	124			
장기매출채권	53	증가	54			107
(대손충당금)	0			대손상각	1	(1)
임차보증금	19	증가	127			146
이연법인세자산	0	증가	24			24
자산총계	9,690					18,157
매입채무	1,634			증가	514	2,148
단기차입금	913	상환	1,372	차입	1,500	1,041
유동성장기부채	1,047	상환	1,047	대체	342	342
당기법인세부채	28			증가	228	256
부가가치세예수금	163			증가	54	217
선수금	64			증가	65	129
예수금	137	감소	115			22
미지급이자	47			증가	136	183
장기차입금	1,921			차입	1,033	2,617
		대체	342	환산손	5	
사채	700	전환	700	발행	3,000	3,000
사채할인발행차금	0	발생	7	상각	2	(5)
퇴직급여충당부채	130	지급액	73	퇴직급여	85	179
				연구개발	37	
보통주자본금	2,474			유상증자	1,292	3,941
				전환	175	
주식발행초과금	352			유상증자	1,868	2,745
				전환	525	
이익잉여금	80			순이익	1,262	1,342
부채와 자본총계	9,690		13,678		13,678	18,157

현금흐름표 (직접법)

20×2. 1. 1 ~ 20×2. 12. 31 (단위 : 백만 원)

과 목	금	액
매출로 인한 현금유입액		11,459
매출액	11,214	
매출채권의 감소	234	
장기매출채권의 증가	(54)	
선수금의 증가	65	
매입으로 인한 현금유출		(8,834)
매출원가	(6,979)	
재고자산의 증가	(2,306)	
매입채무의 증가	514	
선급금의 증가	(276)	
퇴직급여	70	
감가상각비	143	
판매비관리비 현금유출		(1,425)
판매비관리비	(2,138)	
퇴직급여	15	
감가상각비	38	
무형자산상각비	629	
대손상각비	20	
선급보험료의 감소	11	
이자수익 유입액		26
이자수익	71	
미수수익의 증가	(45)	
영업외비용 현금유출액		(517)
영업외비용	(675)	
투자자산처분손실	7	
사채할인발행차금상각	2	
외화환산손실	5	
유형자산처분손실	8	
미지급이자의 증가	136	
법인세의 지급액		(53)
법인세비용	(257)	
이연법인세자산의 증가	(24)	
당기법인세부채의 증가	228	
기타 영업활동		(134)
부가세예수금의 증가	54	
예수금의 감소	(115)	
퇴직금의 지급	(73)	
영업활동으로 인한 현금흐름		522

이하 생략

03 여의도상사의 K-IFRS에 의한 현금흐름표 각 활동별 금액

	영업활동	투자활동	재무활동	현금 환율 변동 효과	현금 증감액
현재의 활동 구분에 의할 경우 현금흐름액	(3,016)	(435)	3,686	10	245
활동 구분의 재조정					
이자지급을 재무활동으로	1,348		(1,348)		
이자 수취를 투자활동으로	(233)	233			
배당금 수취를 투자활동으로	(240)	240			
활동 구분 재조정 후 각 활동별 금액	(2,141)	38	2,338	10	245

제 5 장

현금흐름분석을 체계화하자

제 01 절

현금흐름표 해석의 기초(유용성에 대한 재점검)

제3장과 제4장에서는 일반기준과 K-IFRS에 의한 현금흐름표의 작성방법에 대하여 공부하였다. 제2장 제4절에서 이미 현금흐름표의 유용성에 대해 설명하였는데, 현금흐름표가 제공할 수 있는 정보를 좀 더 세분화하면 다음과 같다.

① 기업의 부채원리금 상환능력
② 기업의 배당금 지급능력
③ 기업의 미래 현금흐름 창출능력과 계속기업으로서의 존속능력
④ 당기순이익과 영업활동으로 인한 현금흐름의 차이에 대한 정보
⑤ 기업의 신규투자능력
⑥ 영업활동에서 부족한 자금을 유휴시설의 처분을 통하여 조달하였는지 여부
⑦ 설비투자의 적정 규모 여부
⑧ 투자활동을 통한 기업의 성장전략
⑨ 외부자금 조달의 필요성
⑩ 내부금융과 외부금융의 균형 여부
⑪ 장·단기 자금의 조달 및 운용의 균형 여부
⑫ 유망한 투자 기회를 위한 여유자금의 비축 및 재무 탄력성을 보유하고 있는지 여부

위의 ①번부터 ⑤번까지의 정보는 현금흐름표의 '영업활동으로 인한 현금흐름' 내용에서 얻을 수 있다. ⑥번부터 ⑨번까지의 정보는 현금흐름표의 '투자활동으로 인한 현금흐름' 내용에서 얻을 수 있다. 또한 ⑩번부터 ⑪번까지의 정보는 현금흐름표의 '재무활동으로 인한 현금흐름'에서 얻을 수 있다. 나머지 ⑫번의 정보는 현금흐름표상 '기말의 현금' 보유액에서 얻을 수 있다. 단, ⑫번의 정보 중 '재무 탄력성'은 기말 현금보유액뿐만 아니라 영업활동 현금흐름과 투자활동 현금흐름 및 재무활동 현금흐름 모두와 관련된 정보이다. 현금흐름분석은 바로 위와 같은 정보를 얻기 위하여

실시하는 것이다. 그러므로 본 절에서는 현금흐름표가 과연 위와 같은 정보를 제공할 수 있는 것인지 먼저 살펴보고자 한다.

1 현금흐름표의 유용성을 알아보기 위한 재무제표 사례

현금흐름표의 유용성을 구체적으로 설명해보기 위하여 아래의 사례를 검토해보자. 우선 현금흐름표가 없다고 가정하고 제4장의 '3-5. 여의도상사 사례'에서 소개되었던 동 상사의 요약 재무상태표와 요약 손익계산서를 토대로 그 기업에 대한 간단한 경영분석을 해보자.

요약 재무상태표

여의도상사 (단위 : 백만 원)

과 목	당기	전기
유동자산	13,985	8,581
당좌자산(매출채권 제외)	2,407	2,281
매출채권	6,480	3,200
재고자산	5,098	3,100
비유동자산	19,277	18,238
투자자산	7,509	8,274
유형자산	8,668	7,194
무형자산	3,100	2,770
자산총계	33,262	26,819
유동부채	8,634	5,135
유동성장기부채	2,450	1,300
기타	6,184	3,835
비유동부채	8,626	9,893
부채총계	17,260	15,028
자본총계	16,002	11,791
부채와 자본총계	33,262	26,819

요약 손익계산서

여의도상사 (단위 : 백만 원)

과 목	금 액	
매출액		32,271
매출원가		25,232
감가상각비	528	
퇴직급여	322	
기타 매출원가	24,382	
매출총이익		7,039
판매비와 관리비		5,114
감가상각비	252	
무형자산상각비	270	
퇴직급여	120	
대손상각비	40	
기타 판매비와 관리비	4,432	
영업이익		1,925
영업외수익		1,064
영업외비용		2,098
이자비용	1,253	
기타 영업외비용	845	
법인세차감전순이익		891
법인세비용		265
당기순이익		626

여의도상사의 재무상태표와 손익계산서를 토대로 주요 재무비율을 산출하면 다음과 같다.

구 분	주요 재무비율	
안전성 비율	유동비율	162%
	당좌비율	103%
	부채비율	108%
수익성 비율	매출액 세전이익률	2.76%
	자기자본 세전이익률	6.41%
활동성 비율	총자본 회전율	1.07회
	매출채권회전율	6.67회
	재고자산회전율	6.16회
전통적 현금흐름	당기순이익 + 감가상각비	1,406백만 원

* 비율 산출에 있어서 자기자본과 총자본, 매출채권과 재고자산은 전기와 당기의 평균금액을 사용하였음.

재무비율을 토대로 여의도상사의 경영분석을 행하기 위해서는 그 비율의 추세와 동업계 표준비율 등의 자료를 토대로 심층적인 분석을 해야 하겠지만 여기서는 단순히 당기의 비율만을 근거로 하여 다음과 같은 견해를 피력할 수 있다.

① 유동비율은 162%로서 약간 미흡하지만, 당좌비율은 103%로서 일단 단기 지급능력은 무난해 보이며 부채비율은 108%로서 부채의존도가 높지 않은 편이다.

② 자기자본 세전이익률은 우리나라 제조업 평균비율보다 높은 편이며, 매출액 경상이익률은 만족스럽지는 않지만, 최소한의 이익은 실현하고 있다.

③ 매출채권회전율과 재고자산회전율이 각각 6.67회와 6.16회로서 불량하지는 않지만, 매출채권과 재고자산의 당기말 잔액이 전기말 잔액에 비하여 각각 102%, 64% 증가함으로써 소요운전자금 역시 급격히 증가하고 있으며, 매출채권과 재고자산이 계속 증가하는 경우 추가적인 외부자금 차입이 예상된다.

④ 여의도상사의 영업이익은 1,925백만 원으로서 이자비용 1,253백만 원을 지급할 능력은 있다고 판단된다.

⑤ 여의도상사의 전통적 현금흐름은 1,406백만 원으로서 당기에 도래한 유동성장기부채 상환액 1,300백만 원을 상환할 능력은 있다고 판단된다.

2 영업활동으로 인한 현금흐름이 제공하는 정보

현금흐름표의 분석도 다른 재무제표의 분석과 마찬가지로 어느 특정 연도만을 대상으로 하는 것은 아니며, 적어도 최근 3년 내지 5년 정도의 현금흐름표를 합계 또는 평균하여 분석에 임하여야 하지만, 편의상 우리는 여의도상사의 1개년 현금흐름표만을 대상으로 분석에 임하겠다.

위의 사례 내용 중 현금흐름분석을 하는 신용분석자의 입장에서 중요한 사항은 ④번과 ⑤번이다. ④번은 기업의 이자 지급능력을, ⑤번은 차입원금의 상환능력을 나타내고 있기 때문이다. 현금흐름표 없이 재무상태표와 손익계산서만을 토대로 기업의 차입원리금 상환능력을 판단하고자 할 때는 위와 같은 판단이 무리가 아니다.

이제 우리가 앞 장에서 작성한 여의도상사의 현금흐름표 중 영업활동 현금흐름을 다시 요약해보자.

현금흐름표 (영업활동-직접법)

(단위 : 백만 원)

과 목	금 액
1. 매출로 인한 현금유입액	29,048
2. 매입으로 인한 현금유출액	(26,251)
3. 판매비와 관리비 현금유출액	(4,413)

과 목	금 액
4. 영업외수익 현금유입액	675
5. 이자비용 현금유출액	(1,248)
6. 기타 영업외비용 현금유출액	(122)
7. 법인세비용 현금유출액	(273)
8. 기타 영업활동 관련 현금유입유출액	(300)
영업활동으로 인한 현금흐름	(2,884)

♣ 기업의 원리금 상환능력

위의 표에서는 '영업활동으로 인한 현금흐름'이 -2,884백만 원으로서 동사가 영업활동에서 조달한 현금으로 이자를 상환하지 못했다는 것을 알 수 있다. 일반기준에 의한 현금흐름표에서 '영업활동으로 인한 현금흐름'은 '이자비용을 납부한 후의 현금흐름'을 의미하는데, '영업활동으로 인한 현금흐름' -2,884백만 원과 이자비용 1,253백만 원을 비교해보면 이자비용 납부 전에 이미 영업활동에서 조달한 현금이 마이너스(-1,631백만 원)임을 나타내주고 있는 것이다. 따라서 이 회사는 현금흐름표를 기준으로 할 때는 당기에 도래한 유동성장기부채 상환능력은커녕 당기 이자 지급능력마저 없다고 판단되는 것이다.

이러한 차이는 왜 발생하는 것인가? 그것이 바로 발생주의와 현금주의의 차이이다. 손익계산서에서 영업이익과 당기순이익은 발생주의 이익으로서 재무상태표상 매출채권과 재고자산을 비롯한 유동자산을 현금화하는 데 아무런 문제가 없다고 가정하고 있는 것이다. 반면, 현금흐름표에서 영업활동으로 인한 현금흐름은 '영업활동에서 벌어들인 순현금'을 의미한다. 재고자산이나 매출채권이 현금화되기 전까지는 '현금'으로 보지 않는 것이다. 과거 기업들의 사례를 살펴볼 때 매출채권이나 재고자산의 증가가 지급능력의 증가로 이어지기보다는 오히려 자금 압박으로 인한 기업 실패로 이어지는 경우가 많았기 때문에, 우리는 손익계산서의 이익 수치보다는 현금흐름표의 영업활동 현금흐름에 관심을 갖는 것이다.

이상에서 우리는 '현금흐름표가 제공할 수 있는 정보' 중 **'기업의 원리금 상환능력'에 대한 정보**를 현금흐름표가 제공할 수 있다는 내용에 대하여 검토하였다.

영업활동 현금흐름이 제공하는 정보 중 다른 정보에 대한 설명은 다음과 같다.

♣ 배당금 지급능력

여의도상사는 당기초에 전기 이익잉여금을 처분하여 227백만 원의 배당금을 주주들에게 지급하였다. 그리고 동사의 이익잉여금 처분계산서를 보면 당기말 미처분이익잉여금 중 328백만 원을 현금배당으로, 220백만 원을 주식배당으로 내년 초에 지급할 예정임을 알 수 있다.

배당금의 지급 원천은 바로 영업활동으로 인한 현금흐름이다. 나아가 영업활동에서 창출된 현금에서 기업의 유지를 위한 필수적인 자본적 지출을 제외한 현금[10)]이 배당금의 지급 원천이라고 할 수 있다. 투자자산을 매각하여 배당금을 지급한다거나 차입금을 조달하여 배당금을 지급한다는 것은 비정상적인 현금흐름이다. 여의도상사는 영업활동에서 현금을 창출하지 못하고 오히려 2,884백만 원만큼 현금이 부족한 상황을 보이고 있다. 그러므로 이 회사가 다음 회계연도 초에 지급하게 될 현금배당금 382백만 원은 영업활동에서 조달된 현금이 아닌 투자활동이나 재무활동에서 조달된 현금일 수밖에 없는 것이다.

당 회계연도에 국한해서 판단할 경우 여의도상사는 배당금의 지급능력이 없다.

♣ 기업의 미래 현금흐름 창출능력과 계속기업으로서의 존속능력

기업의 미래 현금흐름 창출능력은 영업활동에서 비롯된다. 과거의 영업활동 현금흐름을 분석하고 이를 토대로 미래 기업의 영업활동에서 조달할 수 있는 현금흐름을 추정하고 이를 토대로 그 기업의 가치가 결정된다. 여의도상사의 경우, 만약 미래 영업활동에서 조달할 수 있는 현금흐름이 당기와 같이 부정적이라면 외부의 이해관계자들은 여의도상사의 계속기업으로서의 존속능력에 대하여 부정적인 판단을 내릴 것이다.

♣ 당기순이익과 영업활동으로 인한 현금흐름의 차이에 대한 정보

여의도상사의 영업활동 현금흐름을 간접법으로 요약 표시하면 다음과 같다.

현금흐름표 (영업활동-간접법)

(단위 : 백만 원)

과 목	금 액	
1. 당기순이익		626
2. 현금의 유출이 없는 비용등 가산		2,260
감가상각비등 비현금비용	2,192	
비영업활동손실	68	
3. 현금의 유입이 없는 수익 등 차감		(389)
비현금수익	(218)	
비영업활동이익	(171)	
4. 영업활동으로 인한 자산·부채의 변동		(5,381)
매출채권의 증가	(3,298)	
재고자산의 증가	(1,998)	
매입채무의 증가	134	
기타 유동자산·부채의 증감	107	
퇴직금의 지급	(326)	
영업활동으로 인한 현금흐름		(2,884)

10) 이러한 현금을 '잉여현금흐름'이라고 하는데 잉여현금흐름에 대하여는 제6절을 참조 바람.

여의도상사의 손익계산서상 당기순이익은 626백만 원인데, 영업활동에서 벌어들인 순현금은 없고 오히려 영업활동에 2,884백만 원의 현금을 사용한 것으로 나타나 있다. 이 원인을 간접법에 의한 현금흐름표에서 신속하게 파악할 수 있다. 위에서 보듯 이 회사의 매출채권과 재고자산의 증가가 그 주된 요인임을 보여주고 있다. 매출채권과 재고자산의 증가로 인하여 3,298백만 원의 현금이 매출채권에 묶여 있고, 재고자산에 1,998백만 원이 묶여 있어서 영업활동 현금흐름이 매우 악화되어 있음을 알 수 있다. 만약 다음 연도에도 매출채권의 회수가 원활하지 않거나 재고자산의 판매가 부진할 경우, 회사는 심각한 자금 부족에 시달릴 것이 예상된다.

♣ 기업의 신규투자능력

기업이 기존의 사업 확장을 고려하거나 사업의 다각화를 고려할 경우, 유형자산이나 투자자산에의 투자가 필수적이다. 이러한 투자를 위해서는 반드시 자금의 뒷받침이 필요한데, 영업활동에서 벌어들인 현금이 충분할 경우 회사의 계획대로 투자를 신속히 진행할 수 있을 것이다. 만약 영업활동에서 벌어들인 현금이 충분치 않다면 증자를 하거나 사채발행 또는 장·단기 차입금을 조달하여야 하는데 외부자금을 동원하기 위해서는 일정한 기간이 필요하며 여러 가지 제약조건이 따를 것이므로 회사가 의도대로 투자를 하기가 쉽지 않다. 그러므로 영업활동으로 인한 현금이 충분한 회사가 신규투자능력도 있는 회사라고 보는 것이다. 여의도상사의 경우는 영업활동에서 현금흐름이 부족하므로 신규투자를 하기 위해서는 외부자금 조달이나 비유동자산 중 유휴자산의 매각을 통한 자금 조달 또는 현재의 현금보유액에 의존할 수밖에 없다. 그러므로 여의도상사는 일단 신규투자로 인한 자금 조달에 있어서 현재의 현금보유액이 충분치 않다면 내부자금 동원능력은 없다고 보아야 할 것이다.

3 투자활동으로 인한 현금흐름이 제공하는 정보

♣ 영업활동에서 부족한 자금을 유휴시설의 처분을 통하여 조달하였는지 여부

기업을 계속적으로 유지 또는 성장·발전시키기 위해서는 유형자산과 투자자산 및 무형자산에 대한 투자가 지속되어야 한다. 회사의 영업활동으로 인한 현금흐름이 양호할 경우에는 영업활동에서 조달된 현금으로 투자활동 필요자금을 충당할 수 있겠지만, 영업활동에서 현금흐름이 부족할 경우에는 외부자금 조달 또는 자사의 유휴자산 처분을 통하여서도 자금 조달을 시도할 것이다.

여의도상사의 투자활동 현금흐름을 요약하면 다음과 같다.

현금흐름표 (투자활동)

(단위 : 백만 원)

과 목	금 액	
1. 투자활동으로 인한 현금유입액		2,333
당좌자산의 감소	528	
장기투자증권의 처분	160	
기타 투자자산·비영업자산의 감소	1,340	
유형자산의 처분	305	
2. 투자활동으로 인한 현금유출액		(2,900)
당좌자산의 증가	(420)	
장기투자증권의 취득	(600)	
기타 투자자산·비영업자산의 취득	(500)	
유형자산의 취득	(780)	
무형자산의 취득	(600)	
투자활동으로 인한 현금흐름		(567)

여의도상사는 영업활동에서 현금 조달이 없으므로 투자활동에 필요한 자금을 대부분 투자활동에서 조달하였다고 볼 수 있다. 투자활동에 지출된 2,900백만 원 중 2,333백만 원을 장·단기 투자자산과 유휴 유형자산의 처분을 통하여 조달하고 부족자금 567백만 원에 대하여는 재무활동을 통하여 조달한 것이다.

♣ 설비투자의 적정 규모 여부

기업을 계속적으로 유지 또는 성장·발전시키기 위한 활동이 투자활동인데, 투자활 동 내용 중 먼저 점검하여야 할 것은 이러한 투자가 기업의 유지·보수를 위한 투자 인지, 아니면 신상품 등의 제조를 위한 신규투자인지 여부를 검토하여야 한다. 유지·보수를 위한 투자라면 차기 이후의 영업활동에 큰 변화가 없을 것이지만, 신규투자일 경우에는 차기 이후의 영업에 중대한 변화를 가져올 것이다. 이러한 신규투자활동으로 인한 자금유출에 대한 효과는 일정 기간 이후에 실현되는 것이 일반적이므로 당기의 신규투자활동으로 인한 현금유출에 대한 효과는 차기 이후의 영업활동으로 인한 현금흐름에서 찾아야 할 것이다.

위의 투자활동내역 중 기업의 성장과 유지를 위한 투자는 장기투자증권의 취득과 유형자산의 취득 및 무형자산의 취득이라고 볼 수 있는데, 여기에 소요된 자금 1,980백만 원(=600백만 원 +780백만 원+600백만 원) 중 유형사산취득액 780백만 원은 회사가 당기에 계상한 감가상각비와 같은 규모이기 때문에 기존 시설의 유지 및 대체투자로 보이며, 나머지의 투자는 신규투자로 보인다. 이러한 신규투자에 대하여는 예상되는 효과와 비교하여 그 적정 여부를 사전에 점검할 수 있을 것이며, 그 효과가 나타나는 차기 이후의 손익계산서와 현금흐름표상 영업활동 현금흐름을 확인하여 그 결과에 따라 과거 투자 규모의 적정 여부가 사후적으로 검증된다 할 것이다.

♣ 투자활동을 통한 기업의 성장전략

어떤 회사는 유형자산에 대한 직접투자, 즉 설비투자를 통하여 생산시설을 확충하고 이를 기반으로 성장을 꾀하는가 하면, 또 다른 회사는 타 법인의 지분에 투자하는 방식, 즉 간접투자의 방식으로 성장을 꾀한다. 투자활동에 대한 현금의 유출 내용을 살펴보면 기업이 어떠한 방식으로 성장을 꾀하고 있는지에 대한 판단을 할 수 있다. 여의도상사는 유형자산에 대한 설비투자는 물론, 장기투자증권에 대한 투자(예: 계열회사에 대한 투자)를 통하여서도 성장전략을 구사하고 있다고 볼 수 있다.

♣ 외부자금 조달의 필요성

영업활동 현금흐름으로 투자활동에 소요된 자금을 충당하고도 부족한 경우, 또는 여의도상사의 경우처럼 영업활동 현금흐름에서 현금이 부족한 상태에서 투자활동에도 현금이 투자된 경우에는 외부자금 조달이 필요할 수밖에 없다. 여의도상사는 영업활동에서 2,884백만 원의 현금이 부족하였고, 투자활동에도 567백만 원의 현금이 사용되었다. 그러므로 합계 3,451백만 원의 현금이 외부에서 조달되어야 할 필요성이 있는 것이다.

4 재무활동으로 인한 현금흐름이 제공하는 정보

♣ 내부금융과 외부금융의 균형 여부

내부금융이란 기업의 내부에서 자금을 조달하는 것을 말하며, 이는 기업의 영업활동을 통하여 자금을 조달하는 것을 말한다. 외부금융이란 기업 외부에서 자금을 조달하는 것, 즉 금융기관 차입금이나 증권시장을 통하여 자금을 조달하는 것을 말한다. 기업이 영업활동에서 현금을 조달하지 못하고 외부차입금이나 증자에만 자금 조달을 의존하는 경우에는 그 기업의 계속적인 성장을 예상할 수 없는 것이 일반적이다. 따라서 영업활동을 통하여 일정 수준의 현금을 조달하는 한편, 그러한 영업활동 현금흐름이 감당할 수 있을 정도의 차입금과 증자자금을 회사가 조달한다면 그 기업의 지속적인 성장을 예상할 수 있다.

여의도상사의 재무활동 현금흐름을 요약하면 다음과 같다.

현금흐름표 (재무활동)

(단위 : 백만 원)

과 목	금 액	
1. 재무활동으로 인한 현금유입액		5,557
단기차입금의 차입	2,150	
사채 발행	777	
장기차입금의 차입	1,000	
보통주 발행	1,600	
자기주식의 처분	30	
2. 재무활동으로 인한 현금유출액		(1,861)
단기차입금의 상환	(50)	
유동성장기부채의 상환	(1,310)	
사채의 상환	(274)	
배당금의 지급	(227)	
재무활동으로 인한 현금흐름		3,696

앞에서, 여의도상사는 당기중 영업활동에서 2,884백만 원만큼의 현금이 부족하였으므로 내부금융과 외부금융이 균형을 이루지 못하고 외부금융에만 지나치게 의존하고 있음을 알 수 있다.

♣ 장·단기 자금의 조달 및 운용의 균형 여부

외부자금의 조달과 운용에 있어서도 장기자금과 단기자금의 균형이 필요하다. 일반적으로 운영자금은 단기차입금으로, 시설투자자금은 장기차입금이나 자기자본으로 조달하여야 한다. 이러한 자금 조달방법을 '헷징(hedging)'에 의한 자금 조달방법이라고 부른다. 여의도상사의 경우 단기차입금의 순차입액은 2,100백만 원, 사채를 포함한 장기차입금의 순차입액은 193백만 원, 그리고 보통주 발행으로 1,600백만 원의 자금을 조달하고 있다. 여의도상사는 영업활동에서 부족한 현금(2,884백만 원)과 배당금 지급액(227백만 원)을 단기차입금과 장기차입금, 그리고 일부는 주식발행으로 조달하였고, 투자활동에 필요한 현금(567백만 원)도 주식발행으로 조달하였음을 위 표는 보여주고 있다. 따라서 헷징에 의한 자금 조달을 하고 있으며, 자금의 조달과 운용에 있어서만큼은 안정적임을 보여주고 있다.

5 기말 현금보유액이 제공하는 정보

♣ 유망한 투자 기회를 위한 여유자금의 비축 및 재무탄력성을 보유하고 있는지 여부

일반적으로 재무 탄력성 또는 재무적 융통성(financial flexibility)이란 '미래 현금흐름의 기대하지 못했던 변동에 대해 그 기업이 대처할 수 있는 여력의 정도, 위기 극복능력, 유리한 투자 기회의 활용능력[11]'을 말한다.

현금보유액이 너무 낮을 경우 돌발적인 상황에 적절히 대처할 수 없고 기업이 위기에 처할 수도 있다. 즉, 재무탄력성이 떨어진다. 따라서 기업은 과거의 경험과 동 업계의 수준을 참고하여 적정한 현금을 보유하여야 재무 탄력성이 유지되는데, 향후 유망한 투자 기회를 위해서는 적정 보유액 이상의 현금을 보유하고 있어야 한다. 여의도상사는 당기말에 1,167백만 원의 현금을 보유하고 있다. 이 금액을 회사의 과거 현금 보유 수준 및 동 업계의 수준과 비교하여 적정 보유 여부를 판단한 다음, 향후 유망 투자를 위해 여유자금으로 보유할 것인지 여부도 판단하여야 할 것이다.

재무 탄력성의 개념을 더 구체적으로 정의하면 "기업의 영업이 위축되는 상황이 나타났을 때 지출을 계속 유지하면서 장기간에 걸쳐 자본비용을 최소화하고 기업의 경쟁력을 향상시키는 기업의 능력"이다.[12] 그러므로 기업의 재무 탄력성을 결정하는 중요한 부분 중 하나는 영업활동에서 조달된 현금으로 기업의 성장에 필요한 자본적 지출과 배당금의 지출을 적절히 조절해가면서 기업의 경쟁력을 향상시켜가는 것이기 때문에 재무 탄력성 개념은 기말 현금보유액뿐만 아니라 영업활동 현금흐름과 투자활동 현금흐름 및 재무활동 현금흐름 모두와 관련된 개념이다. 재무 탄력성을 결정하는 기본적인 요소는 영업활동 현금흐름이다. 여의도상사는 영업활동에서 현금을 조달하지 못하고 있으므로 기본적으로 재무 탄력성이 부족하다. 회사는 영업활동에서 현금을 조달하지 못하는 상황에서 필수적인 설비투자는 실시하고 있으며, 주주로부터 외면당하지 않기 위하여 배당금도 지급하고 있다. 이러한 자금을 모두 외부자금 조달에 의존하고 있는데, 영업활동 현금흐름으로 이자비용도 감당하지 못하고 있기 때문에 자금 조달비용이 커질 수밖에 없으며, 재무 탄력성 역시 낮은 수준이다.

---

11) 장영광, 전게서, p.248

12) Martin Fridson, Fernando Alvarez, Financial Statement Analysis (a practitioner's Guide)(fourth edition), John Wiley & Sons Inc., 2011, p.87

제 02 절

현금흐름의 유형에 따른 현금흐름분석의 방향

1 현금흐름 유형의 분류

앞에서 우리는 기업의 활동을 영업활동과 투자활동 및 재무활동으로 구분하였다. 현금흐름표를 분석하는 한 가지 방법으로서, 기업의 현금흐름표에서 위의 세 가지 각각의 활동에 따른 현금흐름 수치가 플러스인지 또는 마이너스인지에 따라 여러 기업에서 나타날 수 있는 현금흐름의 유형을 다음과 같이 여덟 가지로 구분해볼 수 있다.[13)]

현금흐름의 유형

현금흐름의 유형	제1유형	제2유형	제3유형	제4유형	제5유형	제6유형	제7유형	제8유형
영업활동 C/F*	+	+	+	+	−	−	−	−
투자활동 C/F	+	−	+	−	+	−	+	−
재무활동 C/F	+	−	−	+	+	+	−	−

* C/F는 Cash Flow의 약자로 현금흐름을 의미한다.
* CFO : Cash Flow from Operating (영업활동 현금흐름)
CFI : Cash Flow from Investing (투자활동 현금흐름)
CFF : Cash Flow from Financing (재무활동 현금흐름)

위의 표에서 '+, -' 기호는 각 활동별 현금흐름의 수치가 나타내는 부호를 의미한다. 위의 각 유형별 현금흐름에 대한 개요는 다음과 같다.

제1유형 : 영업활동에서도 현금을 창출하고 투자활동 관련 자산도 매각하여 현금을 마련하며, 재무활동을 통해서도 현금을 조달하여 현금을 쌓아두고 있는 유형(매우 유동성이 풍부한 기업이며 향후 다른 기업을 취득할 가능성이 있음)

13) Michael T. Dugan, Benton E. Gup and William D. Samson, 'Teaching the statement of cash flows', Journal of Accounting Education, Vol.9, 1991, p.36

제2유형 : 영업활동에서 현금을 조달하여 설비투자에 사용하고, 또한 차입금 상환이나 배당금 지급에 사용하고 있는 유형

제3유형 : 영업활동에서 현금을 조달하고 유형자산의 매각을 통해서도 자금을 조달하여 차입금을 상환하거나 배당금을 지급하는 유형

제4유형 : 영업활동에서 현금을 조달하고 차입금이나 증자를 통해서도 자금을 조달하여 설비확장에 나서는 유형

제5유형 : 유형자산의 처분과 차입금 또는 증자를 통하여 조달한 현금으로 영업활동에서의 현금부족액을 메우는 유형

제6유형 : 급성장하는 기업에서 나타나는 유형으로서 영업활동에서의 현금 부족액과 설비투자 현금 소요액을 장기차입금이나 증자로 조달하는 유형

제7유형 : 영업활동에서 부족한 현금과 차입금 상환 또는 배당금 지급에 필요한 현금을 설비자산의 처분대금으로 메우는 유형

제8유형 : 보유현금으로 영업활동에서 부족한 현금과 설비투자 및 차입금 상환(또는 배당금 지급)에 필요한 자금을 충당하는 유형

위의 여덟 가지 현금흐름 유형을 그림으로 나타내보면 다음과 같다. 아래의 그림에서 화살표의 방향은 현금이 흐르는 방향을 의미한다.

♣ 제1유형(현금보유형)

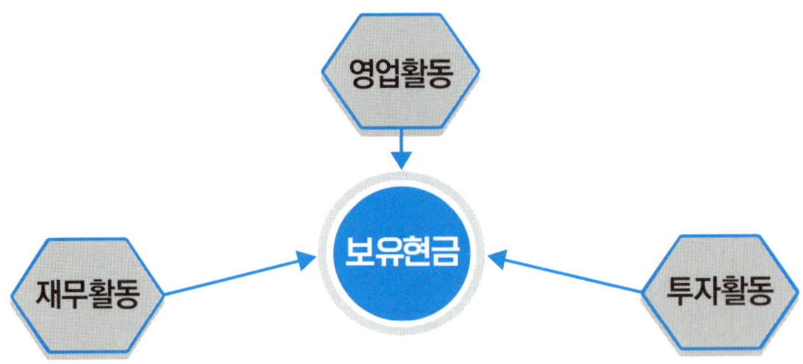

♣ 제2유형(우량·성숙기업형)

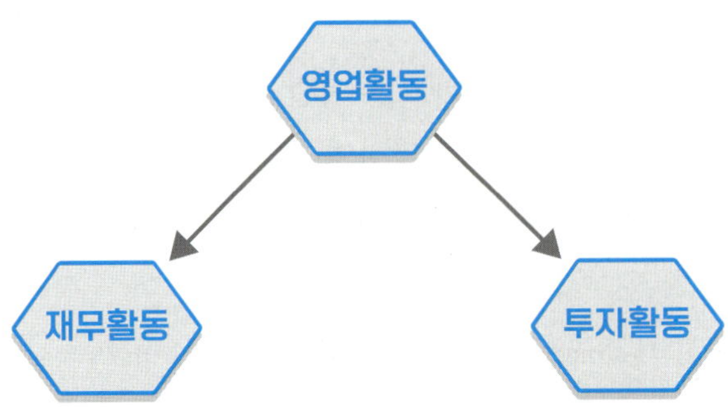

♣ 제3유형(부채축소형, 일부 사업 구조조정형)

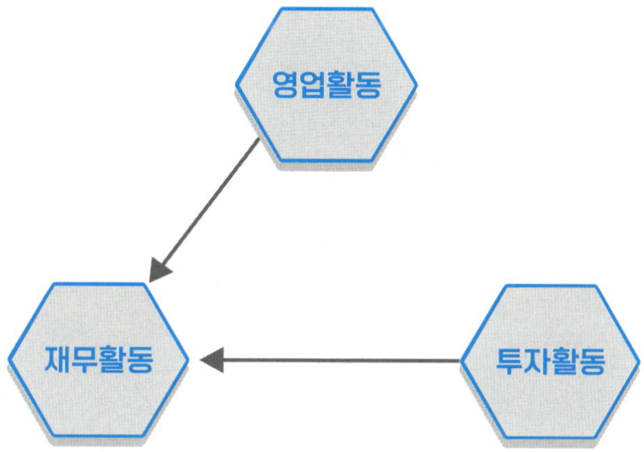

♣ 제4유형(성장형)

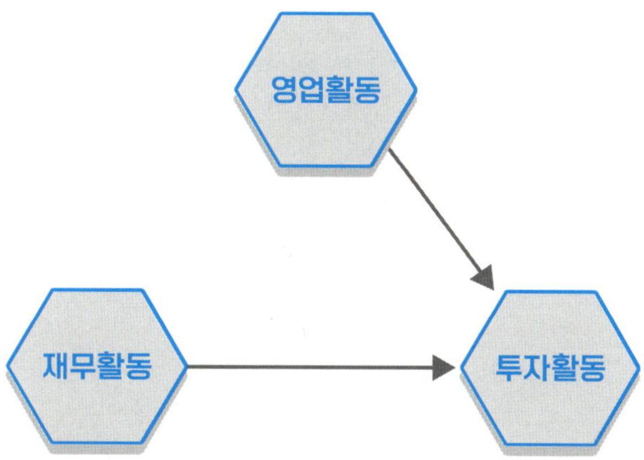

♣ 제5유형(저수익사업 매각형)

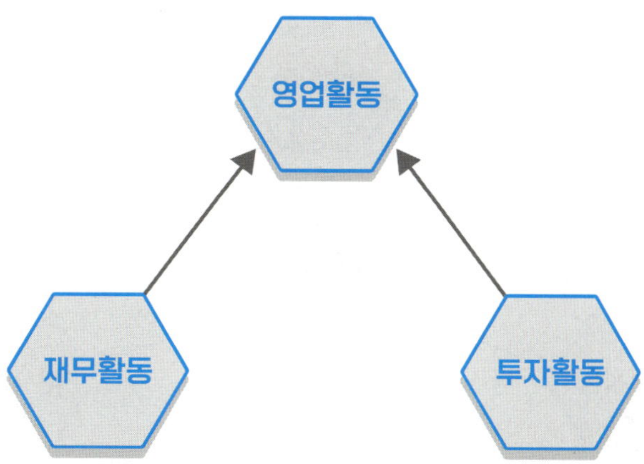

♣ 제6유형(신생기업, 급성장기업형)

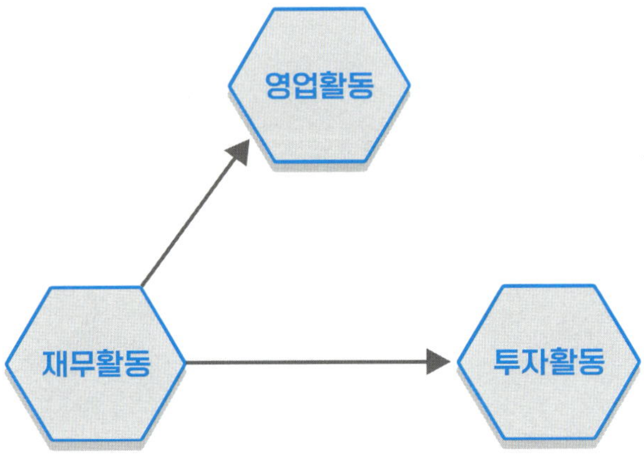

♣ 제7유형(대규모 구조조정형)

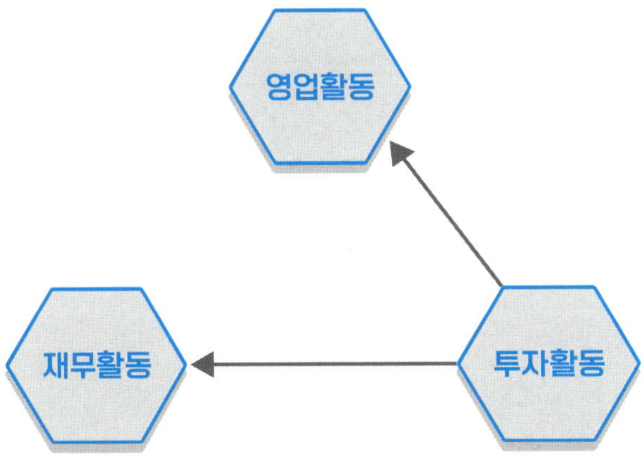

♣ 제8유형(보유현금소진형, 쇠퇴기업형)

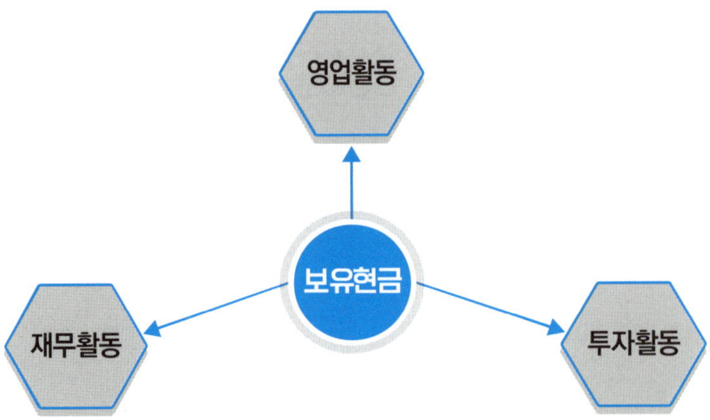

2 현금흐름 유형에 따른 현금흐름분석 방향

일반적으로 기업 현금흐름의 유형은 기업의 라이프사이클과 비교해볼 때 다음 그림에서 보는 것처럼 영업활동 현금흐름은 성장·성숙기에 절정을 이루는 반면에 투자활동 현금흐름은 성숙기 이후에 (+) 순현금흐름을 보이고, 재무활동 현금흐름은 성숙기 이후에 (-) 순현금흐름을 보이는 경향이 있다.14)

그림 5-1 라이프사이클과 현금흐름 유형의 특징

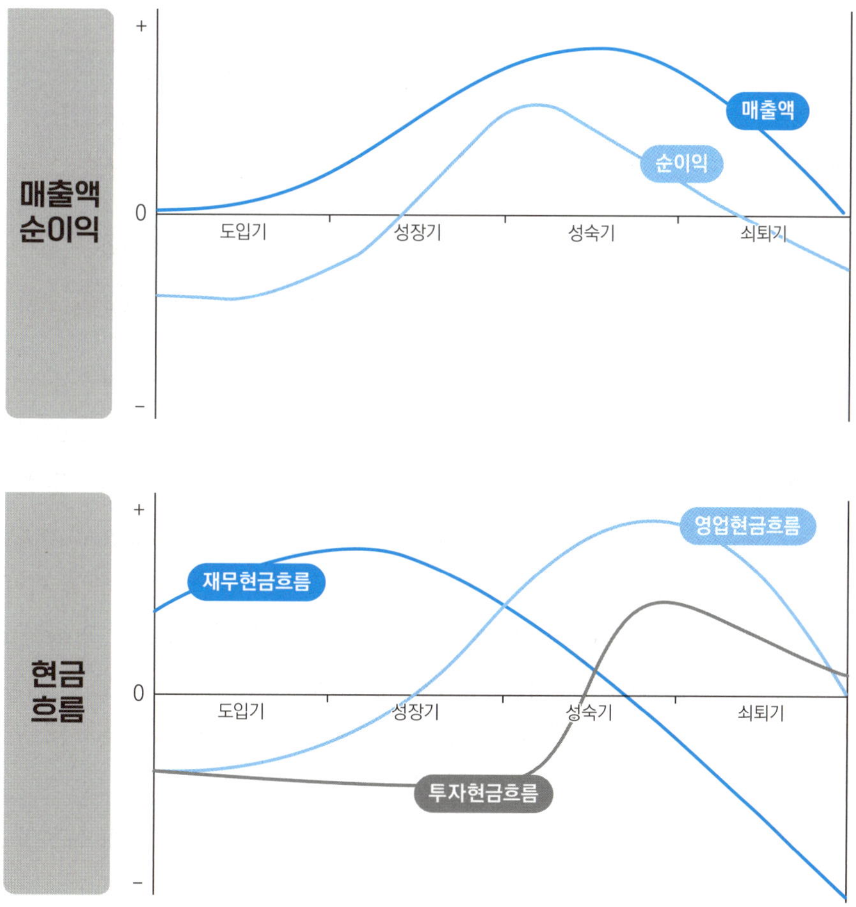

위와 같은 점을 고려하면서, 분석하고자 하는 대상 기업의 현금흐름 유형이 위에서 분류한 각 유형 중 어느 형태에 속하는지 먼저 분류한 다음 각 유형에 따른 분석 방향을 제시하면 다음과 같다.

14) 장영광, 라이프사이클과 현금흐름 패턴의 특징, 경영분석(무역경영사, 2002), p.183

♣ **제1유형은 모든 활동에서 현금을 창출하고 있다. 이러한 유형은 매우 드문 유형이다.**

이러한 기업은 영업활동에서도 현금을 조달하고 투자자산이나 유형자산의 처분을 통하여서도 현금을 조달한다. 이러한 기업은 재무활동에서도 자금을 조달하고 있는데, 설비투자를 축소하는 형태이기 때문에 차입금을 조달하기보다는 자본시장에서 증자로서도 현금을 조달할 가능성이 대단히 높다. **이러한 유형의 기업은 영업활동과 투자활동 및 재무활동에서 축적된 현금으로 미래의 기업성장전략(M&A 또는 기술 도입 등)에 사용할 가능성이 높다.**

다음 회사는 이러한 유형의 현금흐름을 보여주는 사례라 할 수 있다. (자료원 : 전자공시시스템, http://dart.fss.or.kr)

현금흐름표

근화제약주식회사 (단위 : 백만 원)

과 목	2010	2011	2012	2013
영업활동 현금흐름	11,508	4,930	5,141	3,022
투자활동 현금흐름	(1,503)	(2,596)	(1,403)	7,139
재무활동 현금흐름	(13,682)	9,195	13,122	37
현금의 증가	(3,677)	11,529	16,860	10,198
기말의 현금	8,274	19,803	36,660	46,858

이 회사의 2012년도와 2013년도 현금흐름을 종합해보면 모든 활동에서 현금을 창출하여 2013년 기말 현금보유액을 최대한 증대시켰다. 동사의 재무제표에 대한 주석 38(보고 기간 종료일 이후 발생한 사건)에는 다음과 같은 내용이 기재되어 있다. '보고 기간 종료일 이후인 2014년 1월 16일자로 회사는 기타의 특수관계자인 Alvogen Pine Brook, Inc와 USD 47,000,000 규모의 자산 양수도 계약의 체결을 결정하였으며, 2014년 3월 6일자로 동 자산 양수도 계약의 수정계약을 체결하였습니다. 이 자산 양수도 계약에 따라 회사는 무형자산(Alvogen Pine Brook, Inc가 보유한 제네릭 의약품인 Buprenorphine/Naloxone Sublingual Film과 ALV-21의 R&D에 대한 일체의 권리)을 취득할 예정이며, 이는 회사의 2013년 12월 31일 기준 총자산 규모의 약 40%에 해당합니다.'

이러한 유형의 기업의 현금흐름분석은 향후 이 기업이 계획하고 있는 위의 투자에 대한 전략이 얼마나 성공적일지 여부를 판단하는 데 치중하여야 한다.

♣ **제2유형은 영업활동에서 창출된 풍부한 현금으로 투자자산이나 유형자산에 투자하고 나머지 현금으로 차입금 상환과 주주에 대한 배당금 지급까지 가능한 기업의 유형이다.**

기업의 수명주기 중 성숙기에 진입한 회사이며 성공적인 기업의 유형이다. 다음 회사는 이러한 유형의 현금흐름을 보여주는 사례라 할 수 있다. (자료원 : 전자공시시스템, http:// dart.fss.or.kr)

현금흐름표

주식회사 린데코리아

(단위 : 백만 원)

과 목	2010	2011	2012	2013
영업활동 현금흐름	26,055	35,200	42,505	56,662
투자활동 현금흐름	(45,195)	(39,385)	(25,279)	(39,609)
재무활동 현금흐름	6,378	6,538	(17,598)	(17,654)
현금의 증가	(12,762)	2,353	(372)	(601)
기말의 현금	2,019	4,372	4,000	3,399

위 회사는 산업용 가스(산소, 질소, 알곤 등)를 제조하는 업체로서 영업활동에서 조달된 현금으로 투자활동에 필요한 현금을 모두 조달하고, 또한 차입금 상환에도 사용하고 있는 우량한 현금흐름을 보여주고 있다. **이러한 유형의 기업의 현금흐름분석은 회사의 영업활동으로 인한 현금흐름이 계속 양호한 상태를 지속할 수 있는지 여부를 판단하는 데 치중하여야 한다.** 위 회사와 같이 특정 산업에 대한 경쟁력이 언제까지 지속 가능한 것인지, 제품에 대한 수명주기가 있다면 언제까지인지, 현재의 제품을 대체할 수 있는 신제품의 지속적인 개발 유무 등을 점검하여 영업활동 현금흐름이 지속적으로 양호할 것인지의 여부 등을 점검하여야 한다.

♣ **제3유형은 영업활동 현금흐름은 플러스의 수치를 보이지만 새로운 설비자산에 투자를 하지 않는 기업의 유형이다.**

그 대신 이익이 나지 않는 부문을 매각하여 구조조정을 단행하는 유형이다. 이러한 기업은 영업활동에서 창출된 현금과 설비 및 투자자산의 매각으로 인하여 조성된 현금으로 차입금을 상환하는 유형이다. 다음 회사는 이러한 유형의 현금흐름을 보여주는 사례라 할 수 있다. (자료원 : 전자공시시스템, http:// dart.fss.or.kr)

현금흐름표

극동건설 주식회사

(단위 : 백만 원)

과 목	2010	2011	2012	2013
영업활동 현금흐름	39,688	(9,597)	61,120	4,057
투자활동 현금흐름	(39,691)	(178,325)	(36,682)	14,269
재무활동 현금흐름	18,200	132,875	(711)	(27,101)
현금의 증가	18,197	(55,046)	23,727	(8,776)
기말의 현금	84,941	29,871	53,631	44,849

위 회사는 2013년도에 주로 투자활동에서 현금을 조달하고 일부는 영업활동에서 현금을 조달하여 그 현금으로 차입금 상환에 사용하고 있는 모습을 보여주고 있다. **이러한 유형의 기업의 현**

금흐름분석은 기업의 구조조정이 성공적으로 진행되고 있는지 여부와 매각된 설비 및 투자자산으로 인하여 향후 기업의 영업활동이 위축될 가능성이 있는지 여부에 초점을 두어야 한다.

만약 투자활동 현금흐름이 플러스인 이유가 유형자산이나 투자자산의 매각이 아니고 단기투자자산의 매각이라면 단기투자에 운용하던 여유자금을 회수하여 부채의 상환에 사용하였을 수도 있다. 이러한 기업은 제2유형과 마찬가지로 성숙기를 구가하고 있는 우량기업 유형일 가능성도 있다.

♣ 제4유형은 영업활동에서 창출된 현금으로는 설비투자에 필요한 자금을 충당할 수 없는 경우이다.

따라서 그 부족자금을 외부차입이나 증자로 보충하는 유형이다. 성장하고 있는 기업에서 흔히 볼 수 있는 유형이다. 다음 회사는 이러한 유형의 현금흐름을 보여주는 사례라 할 수 있다. (자료원: 전자공시시스템, http://dart.fss.or.kr)

현금흐름표

동양피스톤주식회사 (단위 : 백만 원)

과 목	2010	2011	2012	2013
영업활동 현금흐름	15,097	5,078	11,960	6,075
투자활동 현금흐름	(2,504)	(16,182)	(14,242)	(10,503)
재무활동 현금흐름	(12,402)	11,805	1,541	3,499
현금의 증가	190	702	(741)	(930)
기말 현금	1,172	1,874	1,133	203

위 회사는 최근 3년 동안 꾸준히 영업활동과 재무활동에서 조달된 현금으로 활발한 투자를 하고 있는 현금흐름을 보여주고 있다. **이러한 유형의 기업의 현금흐름분석은 계속적인 설비투자로 인한 효과가 향후 어느 시점에 회사의 영업활동 현금흐름에 증가 효과를 가져올지 판단하는 데 중점을 두어야 한다.**

♣ 제5유형은 영업활동에서 부족한 현금을 투자활동과 재무활동에서 조달하는 유형이다.

즉, 유형자산이나 투자자산을 매각하여 현금을 마련하고, 한편으로는 외부 차입금 또는 증자를 통하여 현금을 조달하는 유형이다. 이러한 유형의 기업은 비유동자산을 매각하되 현재 종사하고 있는 업종에서 떠나지 않으려는 기업이다. 따라서 채권자 또는 투자자들은 그 기업이 영업활동에서 결국 현금을 창출할 것이라 기대하기 때문에 자금을 공여한 것이다. 다음 회사는 이러한 유형의 현금흐름을 보여주는 사례라 할 수 있다. (자료원 : 전자공시시스템, http://dart.fss.or.kr)

현금흐름표

대성산업주식회사

(단위 : 백만 원)

과 목	2010	2011	2012	2013
영업활동 현금흐름	(112,207)	63,603	(485,874)	(218,871)
투자활동 현금흐름	(125,254)	(235,631)	34,249	276,160
재무활동 현금흐름	125,591	211,783	488,485	(157,073)
현금의 증가	(111,870)	39,755	36,860	(99,784)
기말 현금	93,829	133,846	170,545	70,748

이 회사의 재무제표에 대한 주석 37(중단영업) 일부 내용을 옮겨 적으면 다음과 같다. '2013년 3월 5일에 회사의 이사회는 코젠사업 부문 양도계획을 결정하였습니다. 동 사업 부문을 양도하는 것은 발전사업 관련 증설투자를 위한 외부 투자자금 유치가 주목적입니다. 당사는 코젠사업 부문을 당사의 관계기업인 DS파워(주)에 양도하였습니다.' **이러한 유형의 기업의 현금흐름분석은 이러한 사업부의 매각 등 구조조정으로 인하여 일시적으로 위축된 회사의 영업활동 현금흐름이 단기간 내에 회복할 수 있는지 여부에 중점을 두어야 한다.**

♣ **제6유형은 영업활동에서 현금을 창출하지 못하고 부족한 현금흐름을 보이고 있는 상황에서 여전히 설비투자에는 현금이 필요한 경우이다.**

이러한 기업은 미래의 대규모 매출 증가를 예상하여 순운전자본에 대한 투자를 과다하게 집행한 기업일 수도 있으며, 신생 또는 급성장 기업에서 전형적으로 나타나는 유형이다. 영업활동과 투자활동에서 부족한 현금은 외부차입이나 증자로 조달되는데, 자금을 제공하는 채권자나 투자자는 해당 기업이 가까운 장래에 영업활동에서 차입원리금의 상환이나 배당에 필요한 충분한 현금을 창출할 것을 기대할 것이다. 다음 회사는 이러한 유형의 현금흐름을 보여주는 사례라 할 수 있다. (자료원 : 전자공시시스템, http://dart.fss.or.kr)

현금흐름표

주식회사 씨젠

(단위 : 백만 원)

과 목	2008	2009	2010	2011
영업활동 현금흐름	(539)	3,066	(2,732)	(2,827)
투자활동 현금흐름	(1,079)	(1,742)	(9,263)	(16,129)
재무활동 현금흐름	1,314	3,141	20,049	24,804
현금의 증가(감소)	(304)	4,466	7,981	5,860
기말현금	58	4,524	12,512	18,373
[추가 분석 내용]				
매출액	4,218	13,142	24,582	39,399
자산총계	5,400	14,657	41,715	78,488

위 회사는 2000년에 설립된 회사로서 유전자 진단 관련 시약 및 기기 개발 및 판매 등을 주 사업 목적으로 하고 있다. 회사의 매출액은 급성장하고 있으므로 영업활동과 투자활동에 현금이 많이 필요하며 그 필요자금을 외부에서 조달하고 있다. **이러한 유형의 기업의 현금흐름분석은 영업활동에서 현금을 창출하지 못하고 있는 원인을 파악하고 그러한 원인이 가까운 장래에 해소되어서 영업활동에서 현금을 창출할 수 있는지 여부에 초점을 두어야 한다.**

추가적으로, 위 회사는 2016년부터 유전자 진단 관련 시약 및 기기에 대한 투자 효과가 나타나면서 매출이 증가하고, 영업활동에서 현금을 창출하지 못하던 2015년(-2,601백만 원)의 부족한 현금흐름이 개선되어 2016년에 영업활동에서 13,238백만 원의 현금이 창출되었다. 이를 계기로, 2018년부터는 영업활동에서 창출된 풍부한 현금으로 유형자산에 투자하고, 남은 현금으로 차입금 상환까지 가능한 제2유형(우량·성숙기업형) 기업으로 변화하게 된다. 위 회사의 2015년부터 2018년까지의 현금흐름은 다음과 같다.

현금흐름표

주식회사 씨젠 (단위 : 백만 원)

과 목	2015	2016	2017	2018
영업활동 현금흐름	(2,601)	13,238	12,541	14,818
투자활동 현금흐름	(25,389)	(6,523)	5,676	(425)
재무활동 현금흐름	47,900	0	(37,290)	(11,131)
현금의 증가(감소)	20,142	6,922	(19,445)	3,213
기말현금	37,769	44,691	25,246	28,459
추가 자료				
매출액	53,864	58,624	72,097	83,938
자산총계	192,384	181,503	154,304	151,823

♣ **제7유형의 기업은 영업활동에서는 현금을 창출하지 못하고 있는데, 한편으로는 차입금상환이나 배당금의 지급에 현금이 필요한 기업이다.**

따라서 영업활동이나 재무활동에 필요한 현금을 투자자산이나 유형자산을 매각하여 조달하는 유형이다. 그러므로 영업활동에서 현금을 조달하지 못하기 때문에 부채나 자본을 축소하기 위하여 결국 기업을 축소하는 유형이다. 다음 회사는 이러한 유형의 현금흐름을 보여주는 사례라 할 수 있다. (자료원 : 전자공시시스템, http://dart.fss.or.kr)

현금흐름표

주식회사 두산 (단위 : 백만 원)

과 목	2000	2001	2002	2003
영업활동 현금흐름	(-)89,394	(-)29,467	181,667	104,495
투자활동 현금흐름	(-)47,035	498,835	(-)32,497	(-)927
장기투자자산의 증감	(-)89,383	406,782	(-)57,723	52,727
재무활동 현금흐름	147,610	(-)492,778	(-)151,183	(-)103,058
기타 조정	2,957	5,529	166	0
현금의 증가	14,138	(-)17,881	(-)1,846	510
기말 현금	24,966	7,085	5,239	5,749

이 회사는 2001년도에 기업의 주력 제품이었던 맥주회사에 대한 지분을 매각하여 마련된 자금으로 부채를 상환하고 영업활동에 부족한 자금도 보충하였다. 이러한 유형의 기업의 현금흐름분석은 영업활동에서 현금을 창출하지 못하고 있는 원인을 파악하고 그러한 원인이 조만간 해소될 수 있는지 여부를 판단하는 한편, 투자자산이나 유형자산의 매각으로 인하여 기업의 영업활동이 더욱더 위축되지 않는지 여부에 초점을 두어야 한다.

♣ **제8유형의 기업은 모든 활동에서 마이너스의 현금흐름을 보여주고 있다.**

이 유형 역시 흔하지 않은 유형인데, 회사가 과거에 축적된 현금으로 모든 활동의 현금부족액을 보충할 때 나타날 수 있는 유형이다. 이러한 출혈적인 현금흐름은 도산이 발생하지 않고서는 계속될 수 없다. 다음 회사는 이러한 유형의 현금흐름을 보여주는 사례라 할 수 있다. (자료원 : 이스트만코닥사의 연차보고서(Annual Report)

현금흐름표

이스트만코닥(EASTMAN KODAK COMPANY) (단위 : 백만 USD)

과 목	2008	2009	2010	2011
영업활동 현금흐름	168	(136)	(219)	(1,025)
투자활동 현금흐름	(188)	(22)	(112)	2
재무활동 현금흐름	(746)	33	(74)	246
현금의 증가*	(802)	(121)	(400)	(763)
기말 현금	2,145	2,024	1,624	861

* 현금의 증감액에는 환율 변동액이 포함됨.

위 회사는 영업활동에서 현금을 조달하지 못하는 상태에서 외부차입금을 계속 상환하고 있기 때문에 지속적으로 보유현금이 감소하고 있는 모습을 보여주고 있다. 조만간 획기적인 전기를 마련하지 못한다면 기업이 청산될 가능성도 있다. 이러한 유형의 기업의 현금흐름분석은 역시 영업활동 현금흐름에서 향후 현금을 창출할 수 있는지 여부에 초점을 두어야 한다. 영업활동에서 현금을 창출할 수 없다면 가까운 장래에 도산할 수밖에 없기 때문이다.

아래의 T사는 이러한 유형의 현금흐름을 보여주는 또 다른 사례이다. T사는 전자상거래 플랫폼을 운영하는 이커머스 업체이다. (자료원 : 전자공시시스템, http://dart.fss.or.kr)

현금흐름표

T사 (단위 : 백만 원)

과 목	2015	2016	2017	2018
영업활동 현금흐름	(134,913)	40,182	(85,589)	(30,383)
투자활동 현금흐름	14,257	(15,171)	(79,154)	(15,235)
재무활동 현금흐름	130,200	(2,895)	157,043	(1,949)
현금의 증가(감소)	9,574	22,110	(7,700)	(47,567)
기말현금	41,010	63,121	55,472	7,904
추가 자료				
매입채무및기타채무의증가(감소)	(47,365)	86,787	(2,901)	115,728

2019년 T사의 현금흐름 유형은 유형자산이나 투자자산을 매각하여 현금을 마련하고, 한편으로는 외부차입금 또는 증자를 통하여 현금을 조달하는 제5유형이었고, 2021년 T사의 현금흐름 유형은 영업활동과 투자활동에서 부족한 현금은 외부차입이나 증자로 조달하는 제6유형이었다. 그런데 2022년에 T사는 플랫폼에서 물건이나 서비스를 판매한 대금을 입점 업체(셀러)에게 정산을 지연시키면서 매입채무가 115,728백만 원으로 큰 폭으로 증가한다. 이는 영업활동 현금흐름에 긍정적인 (+) 영향을 미치지만, 여전히 영업활동 현금흐름은 마이너스(-) 상태이다. 따라서 전기 보유현금으로 영업활동, 투자활동 및 재무활동의 부족 현금을 메꾸는 제8유형이 된다. 이러한 출혈적인 현금흐름이 지속되면서 T사는 대규모 미정산 사태에 직면하게 된다.

현금흐름분석의 핵심은 영업활동 현금흐름이 충분한지 여부를 파악하는 데 있다. 영업활동에서 충분한 현금을 창출할 수 없다면 기업은 결국 실패할 수밖에 없는 것이다. 영업활동에서 조달한 현금으로 설비확장에도 사용하고 차입금 상환이나 배당금 지급에 충당하는 방향으로 나아가야 하는 것이 가장 올바른 기준이다.

영업활동 현금흐름이 마이너스 수치를 나타낸다는 것은 매출활동에서 유입된 현금으로 영업활동에 필요한 제경비 현금지출액을 충당하지 못하였음을 의미하는데, 이러한 상황은 순이익을 내지 못하고 있는 회계연도는 물론 순이익을 내고 있는 회계연도에도 나타날 수 있다. 순이익을 내고 있는 회계연도에 영업활동 현금흐름이 마이너스인 경우는 매출액이 급속히 성장하여 매출채권과 재고자산도 급격히 증가하는 경우에 나타날 수 있다. 이러한 경우, 부족 현금은 비유동자산의 매각이나 재무활동을 통하여 조달할 수밖에 없다. 이 경우에도 외부차입이나 증자를 통하여 자금을 조달할 수 있으려면 그러한 마이너스 영업활동 현금흐름 상태가 일시적인 경우라야 가능하다. 비유동자산의 매각방법('downsizing' 방법)은 해당 기업에 심각한 경제적 고통을 줄 수 있다. 기업에서 가장 중요한 자산이 가장 쉽게 매각될 수 있기 때문이다. 이처럼 가장 중요한 자산을 매각하는 경우 당장은 현금 사정이 나아질 수 있겠지만, 향후 영업활동에서 현금을 창출하기가 더욱 어려워지기 때문이다.

대부분의 기업, 특히 자본집약적인 기업에서는 손익계산서상 감가상각비나 무형자산상각비가 매우 중요한 의미를 지닌다. 일반적으로 재무제표이용자들은 설비투자를 많이 한 기업들은 감가상각비가 많기 때문에 감가상각비가 당기순이익에 가산되는 효과로 하여 대부분 영업활동 현금흐름에서는 플러스의 수치를 보이는 한편, 그러한 설비유지를 위한 투자지출 때문에 투자활동 현금흐름은 마이너스를 보일 것으로 예상한다. 이와 관련하여 다음과 같은 해석에도 유념할 필요가 있다. **만약 어느 기업의 영업활동 현금흐름에 기재된 감가상각비금액이 투자활동의 설비자산 취득금액보다 훨씬 큰 경우라면 비록 그 회사가 투자활동 현금흐름이 마이너스(즉, 신규 투자액이 처분액보다 많은 경우)라고 할지라도 그 회사는 기업의 활동을 축소하고 있다고 해석하여야 할 것이다.**

현금흐름 유형의 파악과 함께 중요한 것은 단순히 그 수치가 플러스인가 마이너스인가도 중요하지만 그 수치의 크기에도 관심을 가져야 한다. 기업의 규모에 비추어 상대적으로 금액이 크지 않는 플러스 수치는 '0'으로 판단하는 것과 다름없는 것이다.

제 03 절

현금흐름표의 수평적 분석과 수직적 분석

현금흐름분석의 목적은 분석 대상 회사의 미래에 대한 판단을 하기 위한 것이다. 분석자는 기업이 향후 차입금의 원리금을 잘 상환해갈 수 있는지, 또는 순이익이나 배당금의 지급능력이 계속 성장할 수 있는지에 대하여 판단하고자 한다. 이러한 판단을 위해 우리는 대부분 과거의 정보에 의존하고 있으며, 특별한 예외사항이 없는 한 과거의 추세가 계속될 것이라고 가정한다.

재무상태표와 손익계산서 분석과 마찬가지로 현금흐름표의 분석은 양적인 분석이며, 신용분석자는 항상 양적인 분석과 질적인 분석을 병행하여야 할 것이다.

1 현금흐름표의 요약

분석에 앞서 우리는 일반기준 또는 K-IFRS에 의하여 작성된 현금흐름표를 요약할 필요가 있다. 이러한 회계기준에 의하여 작성된 현금흐름표는 대부분의 경우 영업활동으로 인한 현금흐름이 간접법으로 작성되어 있으며, 투자활동이나 재무활동이 재무상태표 과목별로, 그리고 총액으로 유입과 유출이 기재되어 있어 분석 대상 기업의 현금흐름이 한눈에 들어오지 않는 경우가 많다. 따라서 다음과 같은 몇 가지 절차를 통하여 현금흐름표를 요약하게 되면 해당 기업의 현금흐름을 보다 간결하게 볼 수 있다.

① 영업활동으로 인한 현금흐름을 직접법으로 변환한다.

② 투자활동의 과목을 유사 항목끼리 합하여 단기투자자산의 취득과 처분, 장기투자자산의 취득과 처분, 유형자산의 취득과 처분 및 무형자산의 취득으로 재분류한다. 아울러 단기투자자산(단기금융상품이나 단기매매증권, 단기대여금, 미수금 등)의 취득과 처분을 상계하여 순액으로 계산한다.

③ 재무활동의 과목을 유사 항목끼리 합하여 단기차입금의 차입과 상환, 유동성장기차입금의 상환, 장기차입금의 차입과 상환, 유상증자, 배당금의 지급 등으로 재분류한다. 아울러 단기차입금의 증가와 감소를 상계하여 순액으로 계산한다.

④ K-IFRS에 의하여 작성된 현금흐름표는 이자와 배당금의 수취 및 지급이 어떠한 활동으로 구분되어 있는지를 파악한 후, 일반기준과 동일한 방식으로 활동을 재분류한다.

영업활동으로 인한 현금흐름을 간접법으로 표시하는 것은 손익계산서상 당기순이익과 영업활동으로 인한 현금흐름의 차이 원인을 잘 살펴볼 수 있는 장점이 있지만, 회계에 대한 전문가가 아닌 경우 쉽게 이해할 수 없는 단점이 있다. 따라서 영업활동 현금흐름을 직접법으로 변환해서 나타내주게 되면 회계에 대한 비전문가도 쉽게 이해할 수 있는 장점이 있다. 간접법으로 표시된 영업활동 현금흐름을 직접법으로 전환하는 것은 정산표를 통하여 간단히 할 수 있다. 단기투자자산과 단기차입금의 증감을 상계하는 이유는 일반적으로 이와 같은 항목은 그 증가와 감소가 빈번하기 때문에 그 금액이 일정 기간 누적되어 매우 크게 현금흐름표에 표시되는 경우가 많고, 따라서 그 증가와 감소를 상계시켜 순액으로 표시하는 것이 기업의 현금흐름을 이해하는 데 보다 유용하기 때문이다.

신용분석자의 입장에서는 영업활동에서 조달된 현금으로 이자지급을 할 수 있는지 여부를 살펴보기 위하여 만약 회사의 현금흐름표가 K-IFRS에 의하여 작성된 경우에는 활동의 분류를 일반기준과 동일하게 재분류할 필요가 있다. 단, 자본화된 이자비용 금액을 투자활동으로 구분할 필요는 없다고 본다.

위에서 설명한 내용을 다음 사례를 통해 익혀보자.

[표 5-1]에는 (주)들소의 2002년도와 2001년도 현금흐름표가 제시되어 있으며, 이 현금흐름표는 일반기준에 의하여 작성된 것이다.

또한 참고자료로서 동사의 2000년도부터 2003년도까지의 요약된 비교 재무상태표와 요약된 비교 손익계산서가 각각 [표 5-2]와 [표 5-3]에 제시되어 있다.

[표 5-1] (주)들소의 현금흐름표

(단위 : 원)

과 목	2001년 금액		2002년 금액	
Ⅰ. 영업활동으로 인한 현금흐름		6,653,318,220		14,810,684,988
1. 당기순이익	(-)1,350,527,004		14,757,896,203	
2. 현금의 유출이 없는 비용등의 가산	12,159,324,615		11,620,236,652	
가. 유형자산감가상각비	2,180,402,678		2,266,803,431	
나. 무형자산상각비	27,027,084		147,561,580	
다. 퇴직급여	1,853,630,126		2,172,128,667	
라. 대손상각비	2,660,104,807		2,418,671,625	
마. 유형자산처분손실	18,751,251		15,918,408	
바. 투자자산손상차손	-		203,700,000	
사. 투자자산처분손실	-		797,072,964	
아. 외화환산손실	828,395,470		15,865,671	
자. 사채발행차금상각	700,808,610		222,730,398	
차. 기타의 특별손실	3,880,990,922		-	
카. 재고자산평가손실	-		3,359,783,908	
타. 매출채권처분손실	9,213,667		-	
3. 현금의 유입이 없는 수익 등의 차감	(-)400,127,367		(-)2,575,397,570	
가. 유형자산처분이익	57,913,768		1,666,709,785	
나. 투자자산처분이익	-		56,624,100	
다. 외화환산이익	74,066,576		747,835,751	
라. 현재가치할인차금환입	149,187,810		-	
마. 통화선도평가이익	6,070,473		-	
바. 지분법평가이익	12,888,740		104,227,934	
4. 영업활동으로 인한 자산·부채의 변동	(-)3,755,352,024		(-)8,992,050,297	
가. 재고자산의 감소(증가)	(-)2,080,710,432		(-)19,255,401,659	
나. 매출채권의 감소(증가)	912,241,962		(-)1,377,562,685	
다. 장기성매출채권의 감소(증가)	(-)3,561,577,739		1,020,884,006	
라. 미수수익의 감소(증가)	170,005,308		(-)33,115,144	
마. 선급금의 감소(증가)	194,152,914		(-)596,307,271	
바. 선급비용의 감소(증가)	674,832,341		113,040,727	
사. 선급리스부대비의 증가(감소)	10,357,826		5,781,788	
아. 예치보증금의 감소(증가)	(-)306,906,246		-	
자. 통화선도의 감소(증가)	31,600,000		-	
차. 미수금의 감소(증가)	(-)93,352,976		27,925,504	
카. 이연법인세자산의 감소(증가)	876,065,830		1,262,225,394	
타. 퇴직금의 지급	(-)950,669,100		(-)2,185,004,780	
파. 퇴직보험예치금의 감소(증가)	(-)256,800,307		542,177,938	

과 목	2001년		2002년	
	금	액	금	액
하. 매입채무의 증가(감소)	(-)1,038,888,581		7,335,023,765	
거. 미지급금의 증가(감소)	(-)634,828,204		659,414,726	
너. 선수금의 증가(감소)	704,067,484		1,163,216,72	
더. 미지급비용의 증가(감소)	(-)47,850,317		(-)467,687,117	
러. 당기법인세부채의 증가(감소)	1,589,236,234		2,794,006,606	
머. 예수보증금의 증가(감소)	27,454,540		-	
버. 예수금의 증가(감소)	26,217,439		(-)668,821	
II. 투자활동으로 인한 현금흐름		(-)1,489,119,438		567,370,286
1. 투자활동으로 인한 현금유입액	4,574,474,098		12,029,275,778	
가. 단기매매증권의 처분	3,000,000,000		-	
나. 단기예금의 감소	1,251,628,807		-	
다. 단기대여금의 회수	30,160,000		37,740,000	
라. 투자유가증권의 처분	90,551,544		279,484,839	
마. 장기예금의 감소	12,500,000		97,500,000	
바. 보증금의 회수	55,504,000		2,810,373,589	
사. 토지의 처분	-		8,233,643,686	
아. 건물의 처분	-		475,003,354	
자. 기계장치의 처분	89,535,480		72,924,310	
차. 차량운반구의 처분	36,302,898		22,400,000	
카. 공구기구와비품의 처분	8,291,369		206,000	
2. 투자활동으로 인한 현금유출액	(-)6,063,593,536		(-)11,461,905,492	
가. 단기매매증권의 취득	3,000,000,000		-	
나. 단기예금의 증가	-		4,836,299,895	
다. 현금의 단기대여	215,657,090		-	
라. 투자유가증권의 취득	667,060,000		1,841,180,000	
마. 보증금의 증가	90,000,000		2,023,465,516	
바. 건물의 취득	15,000,000		-	
사. 구축물의 취득	123,528,000		-	
아. 기계장치의 취득	1,147,696,175		999,452,580	
자. 차량운반구의 취득	132,027,802		66,025,117	
차. 미착기계의 증가	403,590,294		952,991,173	
카. 공구기구와비품의 취득	76,947,819		103,479,737	
타. 건설중인자산의 증가	192,086,356		639,011,474	
III. 재무활동으로 인한 현금흐름		4,555,303,448		(-)35,765,832,733
1. 재무활동으로 인한 현금유입액	17,076,800,175		121,892,319,988	
가. 단기차입금의 차입	8,316,445,400		120,837,574,031	
나. 장기차입금의 차입	8,760,354,775		906,145,957	
다. 예수보증금의 증가	-		148,600,000	

과 목	2001년		2002년	
	금	액	금	액
2. 재무활동으로 인한 현금유출액	(-)12,521,496,727		(-)157,658,202,721	
가. 단기차입금의 상환	7,900,000,000		132,168,173,161	
나. 유동성사채의 상환	2,253,892,580		22,000,000,000	
다. 장기차입금의 상환	87,360,557		430,130,864	
라. 자기주식의취득	1,681,803,990		3,059,898,696	
마. 배당금의 지급	598,439,600		-	
Ⅳ. 현금의 증가(감소)(Ⅰ+Ⅱ+Ⅲ)		9,719,502,230		(-)20,387,827,459
Ⅴ. 기초의 현금		19,891,874,934		29,611,377,164
Ⅵ. 기말의 현금		29,611,377,164		9,223,549,705

[표 5-2] (주)들소의 비교 재무상태표

(단위 : 백만 원)

과 목	2000	2001	2002	2003
자산				
유동자산	92,486	97,617	98,805	95,126
현금	19,892	29,611	9,223	10,332
단기예금	6,164	4,912	9,748	3,696
매출채권	33,677	28,571	29,629	29,312
단기대여금	92	62	24	53
미수금	1,131	1,225	1,197	1,383
미수수익	292	122	155	88
선급금	278	84	680	184
선급비용	807	132	19	24
재고자산	29,800	32,234	48,130	50,051
기타 유동자산	353	664	-	3
비유동자산	60,410	61,127	50,422	48,171
장기매출채권	-	3,133	-	-
이연법인세자산	3,559	2,682	1,420	1,666
기타 투자자산	5,473	4,498	4,995	4,954
유형자산	51,187	50,650	43,990	41,536
무형자산	191	164	17	15
자산총계	152,896	158,744	149,227	143,297
부채				
유동부채	63,696	85,086	71,204	61,026
매입채무	2,414	1,420	8,755	5,758
단기차입금	52,854	54,050	41,979	46,644
미지급금	3,389	2,754	3,413	4,149

과　　　목	2000	2001	2002	2003
선수금	138	842	2,005	1,232
당기법인세부채	–	1,589	4,383	725
미지급비용	969	922	450	479
유동성장기부채	2,254	21,777	8,339	484
기타 유동부채	1,678	1,732	1,880	1,555
비유동부채	26,979	15,222	7,889	10,987
사채	21,076	–	– 1	5,000
장기차입금	772	9,445	,582	1,030
퇴직급여충당부채	5,131	5,777	6,307	4,957
부채총계	90,675	100,308	79,093	72,013
자본				
자본금	30,433	30,433	30,433	30,433
자본잉여금	19,206	19,206	19,206	19,206
이익잉여금	14,166	12,218	26,976	28,936
자본조정	(1,584)	(3,421)	(6,481)	(7,291)
매도가능증권평가익	155	–	–	(104)
자기주식	(1,739)	(3,421)	(6,481)	(7,187)
자본총계	62,221	58,436	70,134	71,284
부채와 자본총계	152,896	158,744	149,227	143,297

[표 5-3] (주)들소의 비교 손익계산서

과　　　목	2000	2001	2002	2003
매출액	175,240	222,338	224,876	223,020
매출원가	153,859	198,573	192,904	202,793
퇴직급여	1,571	1,609	1,967	1,442
감가상각비	2,102	1,902	2,042	2,189
기타매출원가	150,186	195,062	188,895	199,162
매출총이익	21,381	23,765	31,972	20,227
판매비와 관리비	9,749	11,262	12,297	10,198
퇴직급여	438	245	205	274
감가상각비	156	278	225	201
무형자산상각	27	27	148	3
대손상각비	1,010	2,660	2,419	88
기타 판매관리비	8,118	8,052	9,300	9,632
영업이익	11,632	12,503	19,675	10,029
영업외수익	4,422	4,536	11,629	5,955
이자수익	1,288	1,425	1,282	612
외화환산이익	341	420	779	267

과 목	2000	2001	2002	2003
유형자산처분이익	17	58	1,667	682
투자자산처분이익	-	-	57	-
지분법이익	-	13	104	-
기타 영업외수익	2,776	2,620	7,740	4,394
영업외비용	13,959	11,837	10,044	8,462
이자비용	7,611	7,253	3,709	1,538
재고자산평가손실	-	-	3,360	2,948
외화환산손실	4,285	828	16	467
유형자산처분손실	20	19	16	20
투자자산처분손실	-	-	797	-
투자주식평가및손상차손	7	-	204	664
기타영업외비용	2,036	3,737	1,942	2,825
경상이익	2,095	5,202	21,260	7,522
특별이익	-	-	-	-
특별손실	-	3,881	-	-
기타의 특별손실	-	3,881	-	-
법인세비용차감전이익	2,095	1,321	21,260	7,522
법인세비용	788	2,672	6,502	2,541
당기순이익(손실)	1,307	(1,351)	14,758	4,981

* 2001년의 특별손실은 과거의 기업회계 기준에 의한 특별손실로서 투자유가증권손상차손 1,422백만 원, 매출채권대손상각 2,244백만 원 및 단기대여금대손상각 215백만 원으로 구성되어 있다.

[표 5-1]의 내용을 요약하기 위하여 우선 2001년도 영업활동으로 인한 현금흐름을 직접법으로 변환하였다. 변환하기 위한 정산표는 [표 5-4]에 제시되어 있으며, 변환한 후 (주)들소의 2001년도 영업활동으로 인한 현금흐름은 [표 5-5]에 제시되어 있다.

[표 5-4] 2001년도 영업활동 현금흐름을 직접법으로 변환하기 위한 정산표

(단위 : 백만 원)

과 목		매출액	매입 및 종업원유출액			이자수익	기타영업외수익	이자비용	기타영업외비용	특별손실	법인세	기타
			매출원가	판관비	퇴직금지급							
당기순이익	(1,351)	222,338	(198,573)	(11,262)	-	1,425	3,111	(7,253)	(4,584)	(3,881)	(2,672)	
유형자산감가상각비	2,180		1,902	278								
무형자산상각비	27			27								
퇴직급여	1,854		1,609	245								
대손상각비	2,660			2,660								
유형자산처분손실	19								19			

과	목	매출액	매입 및 종업원유출액			이자 수익	기타 영업 외수익	이자 비용	기타 영업 외비용	특별 손실	법인세	기타
			매출원가	판관비	퇴직금 지급							
외화환산손실	828								828			
사채할인발행차금상각	701							701				
기타의 특별손실	3,881									3,881		
유형자산처분이익	(58)						(58)					
외화환산이익	(174)						(174)					
현재가치할인차금환입	(149)					(149)						
지분법이익	(13)						(13)					
재고자산의 감소(증가)	(2,081)		(2,081)									
매출채권의 감소(증가)	912	912										
장기성매출채권의 감소(증가)	(3,562)	(3,562)										
미수수익의 감소(증가)	170					170						
선급금의 감소(증가)	194		194									
선급비용의 감소(증가)	675			675								
미수금의 감소(증가)	(93)											(93)
이연법인세자산의 감소(증가)	876										876	
퇴직금의 지급	(951)				(951)							
매입채무의 증가(감소)	(1,039)		(1,039)									
미지급금의 증가(감소)	(635)											(635)
선수금의 증가(감소)	704	704										
미지급비용의 증가(감소)	(48)			(48)								
당기법인세부채의 증가(감소)	1,589										1,589	
기타	(463)											(463)
영업활동으로 인한 현금흐름	6,653	220,392	(197,988)	(7,425)	(951)	1,446	2,866	(6,552)	(3,737)	0	(207)	(1,191)

[표 5-4]의 정산표 작성방법을 간단히 설명하면 다음과 같다.

표의 맨 윗줄에는 손익계산서 각 항목과 금액을 매출액부터 당기순이익까지 옮겨 적은 것이다. 그다음 표의 맨 좌측 칸에는 간접법 현금흐름표에서 영업활동으로 인한 현금흐름 각 항목과 금액을 옮겨 적은 것이다. 이어서 당기순이익에 가감되는 영업활동 현금흐름 각 조정 항목을 감가상각비부터 관련되는 손익계산서 과목에 대응시키게 되면 맨 밑줄에 직접법에 의한 영업활동으로 인한 현금흐름 수치를 얻을 수 있다. [표 5-6]의 '매입 및 종업원 유출액'은 [표 5-4]의 매출원가와 판매비와관리비 현금지출액 및 퇴직금 지급액을 합쳐서 표시하였으며, [표 5-5]의 기타영업외손익란에는 [표 5-4]의 기타 영업외수익과 기타영업외비용의 현금유출입액을 상계하여 표시하였다.

[표 5-6]과 [표 5-7]에는 각각 (주)들소의 2001년도 투자활동 현금흐름과 재무활동 현금흐름을 요약한 내용이 표시되어 있다.

[표 5-5] (주)들소의 2001년도 영업활동 현금흐름(직접법)

과 목	20×1
영업활동으로 인한 현금흐름	6,653
매출로 인한 현금유입액	220,392
매입 및 종업원 유출액	(206,364)
이자수익 현금유입액	1,446
이자비용 현금유출액	(6,552)
기타 영업외수익 및 비용(순)	(871)
법인세 현금유출액	(207)
기타	(1,191)

[표 5-6] (주)들소의 2001년도 투자활동 현금흐름의 요약

과 목	20×1
투자활동으로 인한 현금흐름	(1,489)
단기투자자산의 처분(취득)	1,066
장기투자자산의 처분	146
유형자산의 처분	134
장기투자자산의 취득	(743)
유형자산의 취득	(2,092)
무형자산의 취득	-

[표 5-7] (주)들소의 2001년도 재무활동 현금흐름의 요약

과 목	20×1
재무활동으로 인한 현금흐름	4,555
단기차입금의 차입(상환)	417
장기차입금의 차입	8,760
유동성장기부채의 상환	(2,254)
장기차입금의 상환	(88)
자기주식의 취득	(1,682)
배당금의 지급	(598)
기타(순)	-

이와 같은 요령으로 (주)들소의 2001년과 2002년 및 2003년의 현금흐름표를 요약 작성하여 비교 표시하면 다음 [표 5-8]과 같다.

[표 5-8] (주)들소의 요약 현금흐름표 (2001~2003년)

(단위 : 백만 원)

과 목	2001	2002	2003
영업활동으로 인한 현금흐름	6,653	14,811	(541)
매출로 인한 현금유입액	220,392	225,682	222,639
매입 및 종업원 유출액	(206,364)	(213,251)	(219,220)
이자수익 현금유입액	1,446	1,249	679
이자비용 현금유출액	(6,552)	(3,486)	(1,538)
기타 영업외수익 및 비용(순)	(871)	5,829	2,509
법인세 현금유출액	(207)	(2,446)	(6,411)
기타	(1,191)	1,234	801
투자활동으로 인한 현금흐름	(1,489)	567	4,990
단기투자자산의 처분(취득)	1,066	(4,798)	6,023
장기투자자산의 처분	146	3,187	287
유형자산의 처분	134	8,804	3,000
장기투자자산의 취득	(743)	(3,864)	(2,044)
유형자산의 취득	(2,092)	(2,762)	(2,274)
무형자산의 취득	-	-	(2)
재무활동으로 인한 현금흐름	4,555	(35,766)	(3,340)
단기차입금의 차입(상환)	417	(11,330)	4,268
장기차입금의 차입	8,760	906	5,000
유동성장기부채의 상환	(2,254)	(22,000)	(8,382)
장기차입금의 상환	(88)	(430)	(24)
자기주식의 취득	(1,682)	(3,060)	(1,662)
배당금의 지급	(598)	-	(1,977)
기타(순)	-	148	(563)
현금의 증가(감소)	9,719	(20,388)	1,109
기초의 현금	19,892	29,611	9,223
기말의 현금	29,611	9,223	10,332

2 현금흐름표의 수평적 분석

수평적 분석기법은 회계 기간 사이의 정보의 변화에 초점을 맞춘다.[15] **이 분석기법은 우리들에게 회사의 매출액과 매출총이익, 비용, 그리고 순이익이 시간의 흐름에 따라 증가하고 있는지 또는 감소하고 있는지를 보여주며, 각각의 항목에 대한 변화의 내용을 보여줄 수 있다.**

또한 수평적 분석기법은 현금 또는 기타 재무제표 항목이 특정 기간 동안 증가했는지 또는 감소했는지도 보여준다. 어떤 항목이 한 회계연도에서 다음 회계연도로 금액이 변했다고 해서 어떤 변화를 적절히 설명해주지 못할 수도 있다. 오히려 어떤 항목에 대한 비율의 변화가 정보이용자들에게 그 변화의 성격과 중요성을 잘 이해시켜준다고 할 수 있다.

수평적 분석기법은 추세분석기법이라고도 할 수 있으며, 가장 일반적인 방법은 기준연도의 금액을 100%로 잡고 비교되는 기간의 금액을 기준연도의 금액에 대한 비율로 표시하여 그 추세를 살펴보는 것이다. 그러나 비율의 변화(증감)가 아무리 크다 하더라도 금액의 변화가 작은 항목에 대하여는 중요성을 부여할 수 없다. 비율의 변화가 작더라도 금액의 변화가 큰 항목에 관심을 가지고 분석에 임하는 것이 더 중요하다.

[표 5-9]는 (주)들소의 요약된 현금흐름표를 2001년도를 기준연도로 하여 각각의 금액에 100%를 부여하고 2003년까지의 금액을 이에 대한 비율로 표시한 것이다.

[표 5-9] (주)들소의 현금흐름표의 수평적 분석

(단위 : 백만 원)

과 목	2001	%	2002	%	2003	%
영업활동으로 인한 현금흐름	6,653	100.0	14,811	222.6	(541)	(8.1)
매출로 인한 현금유입액	220,392	100.0	225,682	102.4	222,639	101.0
매입 및 종업원 유출액	(206,364)	100.0	(213,251)	103.3	(219,220)	106.2
이자수익 현금유입액	1,446	100.0	1,249	86.4	679	47.0
이자비용 현금유출액	(6,552)	100.0	(3,486)	53.2	(1,538)	23.5
기타 영업외수익 및 비용(순)	(871)	100.0	5,829	(669.2)	2,509	(288.1)
법인세 현금유출액	(207)	100.0	(2,446)	1,181.6	(6,411)	3,097.1
기타	(1,191)	100.0	1,234	(103.6)	801	(67.3)
투자활동으로 인한 현금흐름	(1,489)	100.0	567	(38.1)	4,990	(335.1)
단기투자자산의 처분(취득)	1,066	100.0	(4,798)	(450.1)	6,023	565.0
장기투자자산의 처분	146	100.0	3,187	2,182.9	287	196.6
유형자산의 처분	134	100.0	8,804	6,570.1	3,000	2,238.8

15) Franklin J. Plewa, Jr. & Gorge T. Friedlob, Understanding cash flow, 1995, John Wiley & Sons, Inc.

과 목	2001	%	2002	%	2003	%
장기투자자산의 취득	(743)	100.0	(3,864)	520.1	(2,044)	275.1
유형자산의 취득	(2,092)	100.0	(2,762)	132.0	(2,274)	108.7
무형자산의 취득	-	100.0	-	-	(2)	-
재무활동으로 인한 현금흐름	4,555	100.0	(35,766)	(785.2)	(3,340)	(73.3)
단기차입금의 차입(상환)	417	100.0	(11,330)	(2,717.0)	4,268	1,023.5
장기차입금의 차입	8,760	100.0	906	10.3	5,000	57.1
유동성장기부채의 상환	(2,254)	100.0	(22,000)	976.0	(8,382)	371.9
장기차입금의 상환	(88)	100.0	(430)	488.6	(24)	27.3
자기주식의 취득	(1,682)	100.0	(3,060)	181.9	(1,662)	98.8
배당금의 지급	(598)	100.0	-	-	(1,977)	330.6
기타(순)	-	100.0	148	-	(563)	-
현금의 증가(감소)	9,719	100.0	(20,388)	(209.8)	1,109	11.4
기초의 현금	19,892	100.0	29,611	148.9	9,223	46.4
기말의 현금	29,611	100.0	9,223	31.1	10,332	34.9

이제 (주)들소의 2002년 현금흐름을 2001년도와 비교하여 분석해보자. 2002년도 (주)들소의 영업활동으로 인한 현금흐름 결과는 전기에 비하여 122.6%가 상승하여 8,158백만 원(=14,811백만 원-6,653백만 원)이 증가하였다. 그 원인을 살펴보면 매출로 인한 현금유입액이나 매입 및 종업원 유출액, 그리고 이자수익 현금유입액에서는 큰 변동이 없는 반면, 이자비용이 47%가 감소하여 전기 대비 3,066백만 원(=6,552백만 원-3,486백만 원)의 현금지출이 감소하였고, 기타 영업외수익과 비용에서 6,700백만 원(=5,829백만 원+871백만 원)의 현금이 더 유입되었다. 그리고 법인세 납부액이 20×1년보다 2,239백만 원 증가하였으나, 기타 항목에서 2,425백만 원의 현금유입이 더 있었다. 따라서 2002년도 (주)들소의 영업활동 현금흐름은 전년도에 비하여 주된 영업활동(매출과 매입 및 판관비)에서는 큰 변화가 없었으나, 금융비용의 감소와 기타 영업에 부수되는 활동으로 인해 영업활동 현금흐름이 양호해졌다는 것을 알 수 있다. 영업에 부수되는 활동이 어떠한 것인지에 대한 분석은 다음에 하기로 한다.

(주)들소의 2002년도 투자활동으로 인한 현금흐름은 전기에 비교해볼 때 다음과 같은 점을 발견할 수 있다. 유형자산에 대한 설비투자, 즉 자본적 지출 금액은 전년보다 32% 증가한 2,762백만 원이며, 전기에는 유형자산의 처분이 미미하였으나 2002년도에는 유형자산의 처분으로 인하여 88억 원의 현금이 유입되었는데, 회사가 유휴설비 등을 처분했을 것으로 추정된다. 장기투자자산의 취득과 처분도 2001년도에는 거의 활동이 없었으나, 2002년도에는 각각 30억 원 이상의 취득과 처분활동이 있었음을 알 수 있다. 그리고 단기투자자산(단기금융상품 등)에 대해서도 전기에 비하여 50억 원 이상의 증가가 있었음을 보여주고 있다. 결과적으로 전기에는 투자활동으로

인한 현금흐름에 1,489백만 원의 순현금유출이 있었으나, 2002년도에는 투자활동에 소요되는 현금을 모두 투자활동에서 조달하고도 567백만 원의 순현금유입이 있었음을 알 수 있다.

(주)들소의 2002년도 재무활동으로 인한 현금흐름은 전기에 비교해볼 때 다음과 같은 점을 발견할 수 있다. 먼저 유동성장기부채의 상환금액이 전기보다 876% 증가한 220억 원에 달하였다. 전기에는 단기차입금이 417백만 원만큼 순증가하였으나, 2002년도에는 반대로 단기차입금을 113억 원 상환하였다. 자기주식의 취득에 있어서도 전기보다 81.9% 증가한 3,060백만 원을 지출함으로써 결과적으로 (주)들소는 2002년도에 부채의 상환과 자기주식의 취득에 총 35,766백만 원을 지출하였는데, 그 재원은 주로 2001년도 말에 회사가 보유하고 있던 현금과 2002년도 영업활동에서 조달된 현금이었음을 알 수 있다.

요약하면 (주)들소는 2002년도에 전년도에 비하여 주된 영업활동은 큰 변화가 없는 반면, 영업에 부수되는 활동에서 양호한 현금흐름이 있었고, 전기말에 보유하고 있던 현금과 영업활동에서 조달된 현금으로 부채 상환에 주력하였으며, 그 결과 금융비용도 많이 절감할 수 있었다고 본다. 또한 유휴설비와 장기투자자산 등의 처분으로 마련한 현금으로 투자활동에 소요되는 현금을 자체 조달하였음을 알 수 있는데, 이러한 변화(추세)는 전기에 비하여 적어도 양호한 방향으로 현금흐름이 변했음을 알 수 있다.

이제, (주)들소의 2003년도 현금흐름을 이전 연도의 현금흐름과 비교해보자. 2003년도 (주)들소의 영업활동으로 인한 현금흐름은 20×1년이나 2002년에 비하여 상당히 악화되었는데, 그 원인을 살펴보면 매출로 인한 현금유입액은 예년과 같은 수준인 반면, 매입 및 종업원 유출액이 20×1년에 비해서는 6.2%, 2002년에 비해서는 2.9%가 각각 증가하였다. 비록 비율의 증가는 크지 않다 하더라도 영업활동 지출액 중 가장 큰 비중을 차지하는 매입 및 종업원 유출액이 6.2%가 증가했다는 것은 2001년보다 금액적으로 12,856백만 원이나 지출이 증가했다는 것을 뜻한다. 2002년에 많은 부채를 상환한 결과, 2003년에는 이자비용의 지출이 2002년에 비하여 1,948백만 원이 감소하였다. 한편, 법인세 납부액은 2002년도의 당기순이익이 많았기 때문에 그 영향으로 2003년도에 전기보다 3,965백만 원만큼 더 납부하였다. (법인세 납부는 상당 부분이 그 이듬해 3월말까지 이루어진다.) 또한 영업에 부수되는 활동(영업외수익과 비용)으로 인한 현금흐름은 전기에 비하여 33억 원이 감소하였다. 따라서 2003년도 (주)들소의 영업활동으로 인한 현금흐름은 이자비용의 감소에도 불구하고 매입 및 종업원 유출액의 증가와 법인세 납부액의 증가 및 영업에 부수적인 현금흐름의 감소로 인하여 541백만 원이 부족해서 다른 활동(투자활동)에서 그 부족분을 보충받아야만 하였음을 알 수 있다.

2003년도 (주)들소의 투자활동으로 인한 현금흐름을 이전 연도와 비교하여 개관하면 다음과 같다.

2003년도에는 전기에 비하여 단기투자자산(주로 단기예금)의 처분에 주력하였음을 알 수 있다. 전기에 단기예금 등에 투자하였던 금액(4,798백만 원)을 초과하여 총 6,023백만 원을 회수하였다. 전기에 이어 당기에도 유형자산의 처분을 통하여 3,000백만 원을 조달하였다. 장기투자자산에 대하여는 전기보다 1,820백만 원 감소한 2,044백만 원을 지출하였다. 회사의 생산능력 유지를 위한 자본적 지출인 유형자산의 취득에는 예년과 비슷한 수준인 2,274백만 원을 지출하였다. 따라서 (주)들소는 2003년도에 단기투자자산과 유형자산의 처분으로 조달된 현금으로 시설투자와 장기투자자산의 취득에 필요한 현금을 충당하고도 4,990백만 원을 조달하여 영업활동과 재무활동에서 부족한 현금을 보충하였음을 알 수 있다.

2003년도 (주)들소의 재무활동으로 인한 현금흐름을 전년도와 비교하여 개관하면 다음과 같다.

2002년도에는 단기차입금을 11,330백만 원이나 상환하였으나 20×3년도에는 4,268백만 원을 순차입하였으며, 장기차입금도 5,000백만 원을 차입하였다. 상환 기일이 도래하는 장기차입금(유동성장기차입금)이 20×2년도에는 22,000백만 원이었으나 2003년도에는 대폭 감소한 8,382백만 원이었다. 이를 더 요약해보면 2002년도에는 부채 조달금액보다 부채 상환금액이 32,854백만 원(=11,330백만 원+22,000백만 원+430백만 원-906백만 원)만큼 많았으나, 2003년도에는 부채 조달금액이 부채 상환금액보다 862백만 원(=4,268백만 원+5,000백만 원-8,382백만 원-24백만 원)이 많았다. 자기주식의 취득은 2001년도와 같은 수준인 1,662백만 원이었다. 2003년도에 배당금 지급액은 1,977백만 원으로서 이는 20×2년도의 당기순이익이 양호한 결과 그 배당금이 2003년 초에 지급된 것이다. 따라서 (주)들소는 20×3년도에 부채의 증가는 862백만 원에 불과한 반면, 자기주식의 취득과 전기 배당금의 지급에 필요한 현금을 투자활동에서 조달된 현금으로 보충하였음을 알 수 있다.

요약하면 (주)들소는 20×3년도에 전년도에 비하여 매입 및 종업원 유출액의 증가와 법인세 납부로 인하여 영업활동에서 현금이 부족하였고, 재무활동에서는 부채의 조달금액이 상환금액보다 약간 많아서 부채 잔액은 현상유지하였다고 볼 수 있다. 결국 자기주식의 취득과 배당금 지급에 필요한 현금 및 영업활동에서 부족한 현금은 모두 단기투자자산의 처분과 유형자산의 처분으로 조달하였다고 볼 수 있는데, 이러한 변화(추세)는 전기에 비하여 매우 좋지 않은 변화로 볼 수 있다. 영업활동에서 현금을 조달하여 투자활동과 재무활동에 사용하는 현금흐름의 추세가 양호한 추세이며, (주)들소의 2003년도 현금흐름과 같이 투자활동에서 현금을 조달하여 영업활동과 재무활동에 사용하는 것은 양호하지 않은 현금흐름의 추세이다. 왜냐하면 투자활동에서 현금을 조달한다는 것은 투자자산과 설비자산의 처분을 의미하는데, 이러한 상황은 일시적인 상황일 뿐 회사가 계속 투자자산과 설비자산을 처분할 수 없기 때문이다.

3 현금흐름표의 수직적 분석

현금흐름표를 수평적으로 분석하는 방법은 현금흐름표의 각 항목이 시간의 흐름에 따라 그 금액이나 비율이 어떻게 변화하는가 하는 추세분석에 중점을 두었다. 그러나 **현금흐름표를 수직적으로 분석하는 방법은 어느 특정 연도에 각 재무 항목 간의 관계를 분석하는 데 중점을 둔다.**[16] 손익계산서 분석 시 매출액을 100%로 놓고 다른 항목들을 매출액에 대한 비율로 표시하거나, 재무상태표 분석 시 자산총계를 100%로 놓고 다른 과목들을 이에 대한 비율로 표시하여 동 업계 비율과 비교분석해보는 것은 모두 수직적 분석의 한 방법이다.

[표 5-10]에 제시된 (주)들소의 현금흐름표에는 현금흐름표 각 항목을 연도별로 총현금유입액에 대한 비율로 표시한 것이다.

[표 5-10] (주)들소의 현금흐름표의 수직적 분석

(단위 : 백만 원)

과 목	2001	%	2002	%	2003	%
영업활동으로 인한 현금흐름	6,653	38.7	14,811	53.2	(541)	(2.9)
매출로 인한 현금유입액	220,392	1,283.1	225,682	810.2	222,639	1,198.4
매입 및 종업원 유출액	(206,364)	(1,201.5)	(213,251)	(765.5)	(219,220)	(1,180.0)
이자수익 현금유입액	1,446	8.4	1,249	4.5	679	3.7
이자비용 현금유출액	(6,552)	(38.1)	(3,486)	(12.5)	(1,538)	(8.3)
기타 영업외수익 및 비용(순)	(871)	(5.1)	5,829	20.9	2,509	13.5
법인세 현금유출액	(207)	(1.2)	(2,446)	(8.8)	(6,411)	(34.5)
기타	(1,191)	(6.9)	1,234	4.4	801	4.3
투자활동으로 인한 현금흐름	(1,489)	(8.7)	567	2.0	4,990	26.9
단기투자자산의 처분(취득)	1,066	6.2	(4,798)	(17.2)	6,023	32.4
장기투자자산의 처분	146	0.9	3,187	11.4	287	1.5
유형자산의 처분	134	0.8	8,804	31.6	3,000	16.1
장기투자자산의 취득	(743)	(4.3)	(3,864)	(13.9)	(2,044)	(11.0)
유형자산의 취득	(2,092)	(12.2)	(2,762)	(9.9)	(2,274)	(12.2)
무형자산의 취득	-	-	-	-	(2)	-
재무활동으로 인한 현금흐름	4,555	26.5	(35,766)	(128.4)	(3,340)	(18.0)
단기차입금의 차입(상환)	417	2.4	(11,330)	(40.7)	4,268	23.0
장기차입금의 차입	8,760	51.0	906	3.3	5,000	26.9
유동성장기부채의 상환	(2,254)	(13.1)	(22,000)	(79.0)	(8,382)	(45.1)

16) Franklin J. Plewa, Jr 외 전게서, p.221

과 목	2001	%	2002	%	2003	%
장기차입금의 상환	(88)	(0.5)	(430)	(1.5)	(24)	(0.1)
자기주식의 취득	(1,682)	(9.8)	(3,060)	(11.0)	(1,662)	(8.9)
배당금의 지급	(598)	(3.5)	-	-	(1,977)	(10.6)
기타(순)	-	-	148	0.5	(563)	(3.0)
현금의 증가(감소)	9,719	56.6	(20,388)	(73.2)	1,109	6.0
기초의 현금	19,892		29,611		9,223	
기말의 현금	29,611		9,223		10,332	

(주) 연도별 현금유입 총계	2001	2002	2003
영업활동 현금흐름	6,653	14,811	-
단기투자자산의 처분	1,066	-	6,023
장기투자자산의 처분	146	3,187	287
유형자산의 처분	134	8,804	3,000
단기차입금의 차입	417	-	4,268
장기차입금의 차입	8,760	906	5,000
기타	-	148	
	17,176	27,856	18,578

[표 5-10]을 토대로 (주)들소의 2002년도와 2003년도 현금흐름에 대한 수직적 분석을 실시해 보자.

2002년도 (주)들소의 현금흐름 원천은 영업활동으로 인한 현금흐름에서 53%, 장기투자자산의 처분과 유형자산의 처분으로 43%(=11.4%+31.6%), 그리고 장기차입금의 차입이 3.3%로 이루어졌음을 알 수 있다. 이렇게 조달된 현금이 사용된 내역을 보면 장·단기 투자자산의 취득에 31.1%(=17.2%+13.9%), 자본적 지출(유형자산의 취득)에 9.9%, 차입금 상환에 121.1%(=40.7%+79.0%+1.5%), 그리고 자기주식의 취득에 11%를 사용함으로써 당기에 조달된 현금을 73.2%나 초과하여 기초현금까지 사용하였다. 투자활동에서 조달된 현금과 사용된 현금이 각각 43%, 41%(=31.1%+9.9%)로서 투자활동에서 조달된 현금이 대부분 투자활동에 쓰였음을 감안하면 (주)들소의 2002년도 현금흐름의 특색은 영업활동에서 조달된 현금과 전기말 현금으로 차입금 상환에 주력하였음을 알 수 있는데, 영업활동 현금흐름에서 특기할 사항은 이자비용과 이자수익을 제외한 기타 영업외수익과 비용에서 총조달현금의 20.9%가 조달되었다는 점이다.

이 부분에 대하여 위의 [표 5-3] (주)들소의 요약된 손익계산서에는 단순히 '기타 영업외수익'으로 표시되었지만, 이 속에는 '외환차익 6,543백만 원'이 포함되어 있으나 손익계산서가 요약 표시되어 나타나지 않은 것이다. 이것은 (주)들소가 원재료와 제품의 수출입과 관련된 외환거래를 함에 있어서 유리한 환율 혜택을 입었다는 것을 의미하는 바, 이와 같은 유리한 환율 효과는 일시적인 것으로서 이 회사의 미래 현금흐름 추정 시 계속적인 수익 항목으로 볼 수는 없을 것이다.

2003년 (주)들소의 현금흐름 원천은 장·단기 투자자산의 처분과 유형자산의 처분으로 50%(=32.4%+1.5%+16.1%), 그리고 차입금의 차입 50%(≒23.0%+26.9%)로 이루어졌음을 알 수 있다. 이렇게 조달된 현금으로 사용된 내역을 보면 영업활동에 2.9%, 장기투자자산의 취득과 자본적 지출(유형자산 취득)에 23.2%(=11.0%+12.2%), 차입금 상환에 45.2%, 자기주식 취득에 8.9%, 그리고 배당금 지급 등에 13.6%를 사용하였다. 영업활동에서 현금이 조달되지 못하고 투자활동에서 조달된 현금으로 영업활동에서 부족한 현금을 보충하였다는 것은 양호하지 않은 현금흐름인데, 영업활동 현금흐름이 양호하지 않은 원인으로는 매입 및 종업원 유출액이 매출로 인한 현금유입액의 98.5%(=219,220/222,639×100)에 달하는 것이 가장 큰 이유이다. 그 이유를 심층적으로 분석해보기 위해 아래와 같이 [표 5-11]을 작성해보았다.

[표 5-11] (주)들소의 2003년도 매입 및 종업원 유출액 분석

(단위 : 백만 원)

과 목	2001	%	2002	%	2003	%
매출로 인한 현금유입액	220,392	100	225,682	100	222,639	100
매입 및 종업원 유출액						
매입으로 인한 현금유출액	(197,988)	(89.8)	(201,411)	(89.2)	(206,531)	(92.8)
판관비 현금유출액	(7,425)	(3.4)	(9,655)	(4.3)	(9,610)	(4.3)
퇴직금 지급액	(951)	(0.4)	(2,185)	(1.0)	(3,079)	(1.4)
계	(206,364)	(93.6)	(213,251)	(94.5)	(219,220)	(98.5)

[표 5-11]에서 보는 바와 같이 '매입 및 종업원 유출액'의 세부 항목은 '매입으로 인한 현금유출액'과 '판관비 현금유출액' 및 '퇴직금 지급액'으로 구성되어 있다. 이 표를 통해서 알 수 있는 것은 2003년도에 퇴직금 지급액이 전년보다 약 9억 원 많았지만(회사 내 인력 구조조정을 시사하고 있음), 그보다 더 큰 이유는 '매입으로 인한 현금유출액'의 '매출로 인한 현금유입액'에 대한 비율이 전기보다 3.6%p(=92.8%-89.2%) 증가하였다는 사실이다. 매입으로 인한 현금유출액은 '매출원가'와 '재고자산 증감액' 및 '매입채무 증감액'을 가감하여 산출하는데, (주)들소의 경우 매입으로 인한 현금유출액을 구성하는 내용을 세분해보면 다음 [표 5-12]와 같다.

[표 5-12] (주)들소의 2003년도 매입으로 인한 현금유출액 분석

(단위 : 백만 원)

과 목	2001	%	2002	%	2003	%
매입으로 인한 현금유출액						
매출원가	(198,573)	(89.3)	(192,904)	(85.8)	(202,793)	(90.9)
유형자산감가상각비	1,902	0.9	2,042	0.9	2,189	1.0
퇴직급여	1,609	0.7	1,967	0.9	1,442	0.6
재고자산의 감소(증가)	(2,081)	(0.9)	(19,255)	(8.6)	(4,869)	(2.2)
선급금의 감소(증가)	194	0.1	(596)	(0.3)	496	0.2
매입채무의 증가(감소)	(1,039)	(0.5)	7,335	3.3	(2,996)	(1.3)
	(197,988)	(89.0)	(201,411)	(89.6)	(206,531)	(92.6)
매출액	222,338	100	224,876	100	23,020	100

[표 5-12]은 매입으로 인한 현금유출액을 구성하는 각 항목을 손익계산서 매출액에 대한 비율로 표시하였다. [표 5-12]를 보면 (주)들소의 매출원가가 2002년에 비하여 5.1%p나 증가하여 이로 인해서 현금흐름이 매우 불량해졌음을 알 수 있다. 그다음으로 재고자산의 증가와 매입채무의 감소도 회사의 2003년도 영업활동 현금흐름이 악화되는 데 일조하였음을 알 수 있다. 2002년에 비하면 2003년도의 매출원가율이 매우 높아 보이지만, 2001년도에 비하면 2003년도의 매출원가율이 약간 상승하였음을 알 수 있는데, 그렇다면 2002년도 매출원가율이 오히려 비정상적으로 낮았던 것이 아닌지 검토해볼 필요가 있다. (주)들소의 매출원가율이 90%에 이르고 있으므로 분석자는 (주)들소의 원가 구성에 대하여 더욱 심층적인 분석을 실시하여 이러한 원가 구성이 향후 이 회사의 현금흐름에 어떻게 영향을 미칠지에 대하여 집중 분석하여야 할 것이며, 계속 증가하고 있는 재고자산에 대한 회사의 관리를 분석하여 이 역시 (주)들소의 미래 현금흐름 추정에 반영하여야 할 것이다.

분석 대상 기업의 현금흐름을 동 업계의 현금흐름과 비교하여 분석하는 것도 수직적 분석의 한 방법이다.

(주)들소는 피혁 원단의 제조 및 판매업을 영위하고 있는데, 동 업계의 평균 현금흐름표가 [표 5-13]에 제시되어 있다.

[표 5-13] 동 업계의 평균 현금흐름표 (가죽, 가방 및 신발 제조업)

과 목	2001	%	2002	%	2003	%
영업활동으로 인한 현금흐름	1,320	4.3	2,231	39.4	1,022	22.9
당기순이익(손실)	1,142		1,805		967	
현금의 유출이 없는 비용등 가산	3,324		2,070		2,086	
현금의 유입이 없는 수익등 차감	(1,347)		(681)		(623)	
영업활동으로 인한 자산부채 변동	(1,799)		(963)		(1,408)	
투자활동으로 인한 현금흐름	(182)	(3.4)	(2,703)	(47.8)	(1,328)	(29.8)
단기투자자산의 처분(취득)	322	5.9	(559)	(9.9)	(110)	(2.5)
장기투자자산의 처분	1,362	25.1	669	11.8	978	22.0
유형자산의 처분	665	12.3	555	9.8	473	10.6
장기투자자산의 취득	(1,401)	(25.8)	(1,523)	(26.9)	(1,314)	(29.5)
유형자산의 취득	(1,148)	(21.2)	(1,696)	(30.0)	(1,361)	(30.6)
기타	18	0.3	(149)	(2.6)	6	0.1
재무활동으로 인한 현금흐름	(875)	(16.1)	157	2.8	304	6.8
단기차입금의 차입(상환)	(1,850)	(34.1)	1,263	22.3	377	8.5
장기차입금의 차입	941	17.4	774	13.7	1,347	30.2
자본의 증가	477	8.8	164	2.9	251	5.6
장기차입금의 상환	(359)	(6.6)	(291)	(5.1)	(867)	(19.5)
배당금의 지급	(401)	(7.4)	(425)	(7.5)	(399)	(9.0)
기타	317	5.8	(1,328)	(23.5)	(405)	(9.1)
현금의 증가(감소)	263	4.9	(315)	(5.6)	(2)	(0.0)
기초의 현금	1,297		1,338		1,023	
기말의 현금	1,559		1,023		1,021	

※ 상기 현금흐름표는 동 업계의 평균 수치임.

연도별 현금유입 총계	2001	2002	2003
영업활동 현금흐름	1,320	2,231	1,022
단기투자자산의 처분	322	-	-
장기투자자산의 처분	1,362	669	978
유형자산의 처분	665	555	473
단기차입금의 차입	-	1,263	377
장기차입금의 차입	941	774	1,347
자본의 증가	477	164	251
기타	335	-	6
	5,422	5,656	4,454

동 업계의 현금흐름을 보면 2002년도의 경우 영업활동에서 조달된 현금(2,231백만 원)으로 투자활동에 소요된 현금(2,703백만 원)을 83% 정도 조달하였고, 20×3년도에도 영업활동에서 조달된 현금(1,022백만 원)으로 투자활동에 소요된 현금(1,328백만 원)을 77% 정도 조달하였음을 알 수 있다. 즉, 동 업계의 최근 2년 동안 현금흐름을 개관해보면 외부자금 조달보다는 영업활동에서 현금을 조달하여 투자활동에 사용하고 있는 정상적인 현금흐름 형태를 보여주고 있다. 이렇게 볼 때 (주)들소의 2002년도 현금흐름은 동 업계에 비하여 손색이 없지만, 2003년도의 현금흐름은 동 업계에 비해 좋지 않은 상황을 보이고 있는 것이다.

분석자는 상기와 같은 수직적 분석의 결과와 앞 절의 수평적 분석의 결과를 종합하여 (주)들소의 미래 현금흐름 추정에 반영한 후 최종적인 판단을 내리게 된다.

제 04 절

현금흐름표의 재구성

일반기업회계기준이나 국제회계기준에 의하여 작성된 현금흐름표는 투자자와 채권자를 비롯한 기업의 외부 정보이용자들 중 어느 특정 정보이용자에게 치우치지 않고 중립적인 입장에서 정보를 제공하고 있다. 이미 제1절 '현금흐름표의 유용성 재점검'에서도 검토하였듯이 기업에서 작성된 현금흐름표 자체로서도 유용한 정보를 많이 제공하고 있지만, 투자자나 채권자, 경영자를 비롯한 정보이용자들의 입장에서는 기업의 현금흐름 정보에 대하여 원하는 내용이 각각 차이가 있기 때문에 현금흐름을 분석함에 있어서도 각각의 정보이용자가 원하는 정보를 더 충실하게 얻어내기 위해서는 회계기준에 의하여 작성된 현금흐름표를 재구성할 필요가 있다.

또한 일반기업회계기준에서는 통일된 양식에 의하여 현금흐름표를 작성하도록 요구하고 있으나, 국제회계기준에서는 이미 제3장 제1절에 소개한 바와 같이 이자비용이나 이자수익, 배당금수익 또는 배당금 지급에 대하여 기업으로 하여금 임의로 활동 구분을 선택하도록 허용하고 있기 때문에 분석자의 입장에서 기업 간의 비교 목적을 위해서도 일정한 통일된 양식을 마련할 필요가 있다.

현금흐름표를 재구성하는 분석자의 목적에 따라서 매우 다양하게 구성할 수 있으나, 본서의 목적상 우선 채권자에게 유용한 신용분석 목적의 현금흐름표를 소개한 다음, 투자자에게 유용하도록 재구성한 현금흐름표, 즉 기업의 가치 평가에 중점을 둔 양식을 소개하고자 한다.

1 신용분석 목적용 현금흐름표

이 양식은 우리나라 금융기관에서 사용되어온 '현금순환분석표'를 인용한 방식으로서 **기업의 차입금 원리금 상환능력을 파악하는 데 중점을 둔 방식**이다. 제6장에서 후술하게 될 '현금순환분석표'는 기업의 현금흐름표가 제시되지 않거나, 제시되더라도 그것과는 별도로 금융기관이 해당 기업의 재무상태표와 손익계산서 및 제조원가명세서를 토대로 작성하는 현금흐름표이다. 그러나 별도의 현금순환분석표를 작성하는 대신 기업이 작성하고 외부감사인의 감사를 거친 현금흐름표를 신용분석 목적에 맞게 재구성하는 것이 더욱 유용하게 이용될 수 있다.

제4장 제3절에서 소개되었던 여의도상사(사례 3-5)의 현금흐름표를 신용분석 목적으로 재구성한 양식은 다음 [표 5-14]와 같다.

[표 5-14] 신용분석 목적용 현금흐름표

여의도상사(주) (단위 : 백만 원)

과 목	당 기
영업활동 현금흐름 원천	3,457
영업이익	1,925
감가상각비 등 가산	1,532
영업활동 현금흐름 운용	(5,088)
순운전자본 투자액	(5,092)
법인세의 납부	(273)
기타 영업 관련 자산·부채 증감액	(281)
영업외수익과 영업외비용 (비현금수익 비용 제외)	558
이자지급 전 영업활동 현금흐름	(1,631)
이자 지급액	(1,253)
배당금 지급액	(227)
이자와 배당금 지급 후 현금흐름	(3,111)
유동성장기차입금 상환액	(1,310)
유동성장기차입금 상환 후 현금흐름	(4,421)
투자활동 현금흐름	(567)
장·단기 투자자산의 증감	608
유형자산의 증감	(475)
무형자산의 증감	(600)
기타비유동자산의 증감	(100)
외부자금 조달 전 현금흐름	(4,988)
외부자금의 조달	5,233
단기차입금의 증감	2,100
장기차입금의 증감	1,503
자본금의 증감	1,630
현금의 증감	245

이 양식의 특징을 간단히 설명하면 다음과 같다.

첫째로, 이 양식은 영업활동 현금흐름을 원천과 운용으로 구분하고 운용란을 순운전자본 투자액과 법인세의 납부 및 기타 영업활동으로 구분함으로써 회계기준에 의하여 작성된 간접법 현금흐름표에 비하여 추가적인 정보를 제공한다. 즉, 간접법에 의한 현금흐름표에서는 영업활동으로 인한 현금흐름액 중에서 경상적인 부분과 비경상적인 부분을 구분하여 보여주지 않는 단점이 있는데, 위 양식에서는 일단 영업활동의 원천인 영업이익의 규모를 표시하고, 운용란에서 어떠한 항목이 영업활동 현금유출에 중요하게 영향을 미쳤는지를 자세하게 보여줌으로써 기업이 경상적인 활동에서 어떠한 현금흐름을 보여주고 있고, 비경상적인 활동에서는 어떠한 현금흐름을 보여주고 있는지를 알 수 있게 해준다.

여의도상사의 경우, 영업활동 현금흐름 원천에서 3,457백만 원을 조달하여 순운전자본 투자에 5,092백만 원, 법인세 납부에 273백만 원을 사용하여 경상적인 영업활동에서 1,908백만 원(=3,457백만 원-5,092백만 원-273백만 원)의 현금이 유출되었으며, 비경상적인 영업활동에서 277백만 원(=558백만 원-281백만 원)의 현금유입이 있었음을 알 수 있다. 여의도상사의 경우 당기에는 비경상적인 영업활동에서 중요한 현금의 유입 또는 유출이 없었음을 알 수 있으며, 이러한 정보는 기업의 현재와 미래의 현금흐름 추정에도 매우 유용한 정보를 제공해준다.

둘째로, 영업활동을 이자지급 전 영업활동 현금흐름과 이자 및 배당금 지급 후 현금흐름으로 구분함으로써 기업이 영업활동에서 조달된 현금으로 이자와 배당금 지급능력이 어느 정도인지를 판단할 수 있게 해준다. 배당금 지급을 이자지급과 동일하게 배치한 것은 배당금이 본질적으로 금융비용과 유사한 성격이 있을 뿐만 아니라 상장회사나 일부 비상장회사의 경우 배당금을 지급하지 않으면 주가 또는 기업의 가치에 심각한 타격을 줄 수 있기 때문에 이자지급과 같은 우선적인 지출로 간주하였다.

제1절에서 이미 살펴본 바와 같이 여의도상사는 당기에 영업활동에서 조달된 현금으로 이자는 물론 배당금을 지급할 능력이 없다.

셋째로, 이 양식은 이자와 배당금 지급 후 현금흐름으로 기일이 도래하는 유동성장기차입금의 상환이 가능한지의 여부를 판단할 수 있게 해준다.

넷째로, 투자활동과 재무활동은, 과목별로 증감액을 가감한 순액으로 나타냄으로써 각 활동에서 조달되거나 사용된 현금을 간략하게 표시하고 있다. 이러한 표시는 분석자로 하여금 기업의 투자활동과 재무활동에 대하여 전체적인 흐름을 신속하게 파악할 수 있게 해준다. 여의도상사는 영업활동과 투자활동에 소요되는 현금을 모두 외부에서 조달하고 있음을 알 수 있다.

이 양식은 기본적으로 회사가 작성한 현금흐름표를 재구성하는 것인데, 일부는 손익계산서의 정보가 필요하다. 작성방법 중 중요한 사항은 다음과 같다.

첫째, '영업이익'란에는 손익계산서 영업이익 수치를 기재한다.

둘째, '감가상각비 등 가산'란에는 매출원가와 판매비·관리비에 포함된 비현금비용을 가산한다. 즉, 감가상각비, 무형자산상각비, 퇴직급여, 대손상각비 등이다. 이 수치들은 기업의 현금흐름표에 이미 제시되어 있다.

셋째, '법인세 납부액'란에는 손익계산서 법인세비용에다 현금흐름표(또는 재무상태표) 당기법인세부채 증감액을 가감하여 기재한다. (이연법인세자산과 부채가 있는 경우에는 이러한 계정의 증감액도 감안한다.)

넷째, '순운전자본 투자액'란에는 매출채권과 재고자산, 매입채무, 선급금, 선수금의 증감을 가감하여 기재한다.

다섯째, '기타 영업 관련 자산·부채 증감액'란에는 현금흐름표 영업활동 현금흐름란에서 위의 순운전자본 투자액 계산 시 포함되지 않은 자산·부채 증감액을 합산하여 기재한다.

여섯째, '영업외수익과 영업외비용'란에는 손익계산서상 영업외수익에서 영업외비용을 차감하고, 이어서 현금흐름표 영업활동 현금흐름란에 기재되어 있는 나머지 비현금수익과 비현금비용 및 투자활동과 재무활동 관련 손익을 가감하여 산출한다. 이때 영업외비용에는 이자비용을 제외한다. 이자비용은 별도로 기재되기 때문이다.

일곱째, 이자비용은 손익계산서 이자비용(또는 현금흐름표에 이자 지급액이 표시되어 있는 경우에는 이자 지급액)을 기재하고 배당금 지급액과 유동성장기차입금 상환액은 현금흐름표 재무활동에서 각각 그 금액을 구하여 기재한다.

여덟째, 투자활동과 재무활동에 대하여는 현금흐름표의 각 활동을 과목별로 현금유입액과 유출액을 가감하여 순액으로 기재한다.

이론상으로는 기업이 영업에서 조달한 현금으로 이자와 배당금 지급은 물론 유동성장기부채를 상환하고도 일부는 투자활동에 사용할 수 있어야 양호한 현금흐름으로 판단할 수 있는데, 각 기업의 라이프사이클이나 처해 있는 업종·환경에 따라 다양한 현금흐름을 보여줄 수 있다. 이에 대한 추가적인 설명은 제7절에서 하기로 한다.

2 계속기업으로서의 존속능력 평가에 중점을 둔 양식 (1) - J 양식

앞의 양식에서는 기업이 영업활동에서 조달된 현금으로 먼저 부채의 원리금을 상환하는 것으로 가정하여 현금흐름표를 재구성하였다. 그러나 **기업이 계속기업으로서 존속하기 위해서는 기업설비에 대한 일정액의 재투자가 계속 이루어져야 한다.** 부채의 원리금 상환 전에 이러한 설비에 대한 재투자, 즉 자본적 지출을 먼저 감안하는 양식을 소개한다.

이 양식은 Jury의 저서 『Cash Flow Analysis and Forecasting』에 소개된 양식[17]으로서 계속기업으로서의 존속능력 평가를 염두에 두고 고안된 양식이다([표 5-15] 참조).

[표 5-15] 현금흐름표의 재구성 – J 양식

Simple Limited 요약 현금흐름표 20××.1.1 ~ 20××.12.31	금 액 (단위 : 천 유로)
영업활동에서 조달된 총현금	6,030
순운전자본 투자액	-1,190
순자본적 지출	-430
법인세 납부	-1,800
자금 공급자를 위한 현금흐름 [Cash Available To Satisfy Finance Providers]	**2,610**
순이자비용 지급	40
순배당금 지급	-1,130
기타 비영업활동 수입 (지출)	-650
외부자금과 보유현금 조달(상환) 전 현금흐름 [Net Cash Generated/(Absorbed) Before Financing]	**870**
지분증권 조달(상환)현금	400
차입금 조달(상환)현금	250
현금의 감소(증가)	-1,520
외부자금과 보유현금 증감액 합계 [Total Change in Financing]	**-870**

[표 5-15] 양식은 회사가 공시한 원래의 현금흐름표 [표 5-16]을 재구성한 것이다. 이 양식은 기업의 계속기업으로서의 존속능력에 초점을 맞춘 양식으로서, 영업활동 현금흐름(이자지급 전)을 영업활동에서 조달된 총현금과 순운전자본 투자액, 그리고 법인세 납부로 구분하고, 여기에서 유형자산에 대한 지출(순자본적 지출)을 차감하여 기업의 잉여현금흐름, 즉 자금 공급자를 위한 현금흐름을 계산하는 양식이다.

단, 기업의 잉여현금흐름을 정확히 산출하고자 하면 법인세 납부금액을 회사가 실제로 지출한 금액으로 기재하지 말고, 영업이익에 유효법인세율을 곱하여 산출된 금액으로 기재하여야 한다. 그렇지 않으려면 다음에 소개될 P 양식에서처럼 이자비용에서 법인세 효과를 차감하여 위 양식의 계산에 가감하여야 한다.

---

17) Timothy D. H. Jury, Cash Flow Analysis and Forecasting(Wiley) p.39

'자금 공급자를 위한 현금흐름'은 기업이 영업활동에서 벌어들인 현금으로 영업에 필요한 순운전자본과 설비자산에 대한 투자를 충당하고도 남는 현금을 의미한다. 이 금액으로 채권자와 주주에게 이자와 배당금을 지급하며, 경우에 따라서는 종속회사의 주식에 투자하기도 하고, 또한 부채 원금의 상환 재원이 된다.

이 양식에서는 투자활동에 지출된 현금을 순자본적 지출(주로 유형 및 무형자산에 대한 지출액에서 유형 및 무형자산의 처분대금을 차감한 금액)과 기타 비영업활동에 대한 지출(또는 수입)으로 구분하여 전자는 '자금 공급자를 위한 현금흐름'의 계산에 포함시키고, 후자는 '외부자금과 보유현금 조달(상환) 전 현금흐름' 계산에 포함시키고 있다.

그러나 반드시 유형자산이나 무형자산에 대한 투자가 아니고 종속회사의 주식에 대한 투자라 하더라도 계속기업의 유지를 위하여 회사가 반드시 지출하여야 하는 것이라면 그 금액은 자본적 지출에 포함시키는 것이 이 양식의 의도라고 보아야 한다.

위의 [표 5-15]에 소개된 Simple Limited 회사는 영업활동에서 조달된 현금으로 순운전자본 투자와 법인세 납부 및 설비에 대한 투자(순자본적 지출)를 충당하고도 남은 현금(2,610천 유로)으로 이자와 배당금 지급은 물론 비영업활동에 대한 지출(주로 투자자산에 대한 지출)까지 해결하는 양호한 현금흐름을 보여주고 있다. 이 회사는 차입금에 대한 이자비용보다 이자수익이 40천 유로만큼 더 커서 그만큼 영업활동에 보탬이 되고 있다.

[표 5-16] 현금흐름표 - 회사 공시

Simple Limited **현금흐름표** 20××.1.1 ~ 20××.12.31	**금액** (단위 : 천 유로)	
영업활동으로 인한 현금흐름		
법인세 차감 전 순이익	5,600	
가감:		
감가상각비	550	
충당부채 전입액	30	
이자수익과 배당금수익*	-500	
이자비용*	350	
매출채권 증감액	-600	
재고자산 증감액	1,100	
매입채무 증감액	-1,690	
이자비용 지급액	-310	
법인세비용 납부액	-1,800	
영업활동에서 조달된 순현금흐름		2,730

Simple Limited 현금흐름표 20××.1.1 ~ 20××.12.31	금액 (단위 : 천 유로)	
투자활동으로 인한 현금흐름		
종속회사 X의 취득	-650	
유형자산의 취득	-460	
유형자산의 처분	30	
이자수익 수취	350	
배당금수익 수취	320	
투자활동에서 조달된(운용된) 현금흐름		-410
재무활동으로 인한 현금흐름		
주식발행대금	400	
장기차입금 차입액	360	
금융리스부채 상환액	-110	
배당금 지급액	-1,450	
재무활동에서 조달된(운용된) 현금흐름		-800
현금의 증가(감소)		1,520

* 영업활동으로 인한 현금흐름 계산 시 이자비용을 순이익(여기서는 법인세 차감 전 순이익)에 가산하고, 배당금수익과 이자수익을 차감하는 이유에 대하여는 제4장 제4절 참조함.

3 계속기업의 존속능력 평가에 중점을 둔 양식 (2) - P 양식

이 양식은 Palepu와 Healy, Bernard 및 Peek의 저서 『Business Analysis and Valuation』에 소개된 양식[18]으로서 기업의 가치 평가를 위한 잉여현금흐름(Free cash flow)의 산출에 중점을 둔 양식이다([표 5-17] 참조).

[표 5-17] 현금흐름표의 재구성 - P 양식

Volkswagen AG (단위 : 100만 유로)

과 목	2003	2004	2005
법인세차감전순이익	1,354	1,099	1,722
법인세 지급	(987)	(21)	(354)
세후순이자비용(수익)	541	491	730

18) Krishna G. Palepu, Paul M. Healy, Victor L. Bernard and Erik Peek, Business Analysis and Valuation(IFRS edition 번역판)(CENGAGE Learning Korea Ltd. 2011), p.238

과 목	2003	2004	2005
투자와 재무활동 영업외손익	(382)	(176)	203
비현금손익	9,046	9,749	10,299
운전자본투자 이전 영업활동 현금흐름	9,572	11,142	12,600
운전자본의 증감	(670)	865	(1,048)
비유동자산투자 이전 영업활동 현금흐름	8,902	12,007	11,552
비유동영업자산의 증감	(15,464)	(15,079)	(10,466)
채권자와 주주가 이용 가능한 잉여현금흐름	(6,562)	(3,072)	1,086
세후 순이자비용(수익)	(541)	(491)	(730)
순부채의 증감	11,965	6,418	(1,459)
주주가 이용 가능한 잉여현금흐름	4,862	2,855	(1,103)
배당금 지급	(539)	(457)	(414)
주식의 발행(재취득)	(3)	7	79
현금 및 단기매매증권잔액의 순증감	4,320	2,405	(1,438)

[표 5-17] 양식은 회사가 공시한 원래의 현금흐름표 [표 5-18]을 재구성한 것이다. 이 양식은 영업활동 현금흐름(이자지급 전)을 운전자본투자 이전의 현금흐름과 운전자본투자 이후의 현금흐름으로 나누고, 이어서 투자활동 현금흐름을 기재한 다음에 채권자와 주주가 이용 가능한 잉여현금흐름, 즉 **'기업의 잉여현금흐름'을 계산하여 기업의 계속기업으로서의 존속능력, 즉 기업가치 평가에 유용하도록 고안된 양식이다.**

'기업의 잉여현금흐름'은 세후영업현금흐름에서 미래 가치창출을 위한 투자소요액을 차감한 현금흐름을 말한다.[19)]

기업의 잉여현금흐름 = 세후영업현금흐름 - (영업 순운전자본 증가분 + 영업비유동자산 증가분)

위 [표 5-17] 양식에서 세후순이자비용을 법인세차감전순이익에 가산한 것은 위 식에 제시된 세후영업현금흐름을 계산하기 위한 것이다.

이어서 이 양식은 기업의 잉여현금흐름을 채권자 해당 부분(이자지급 및 차입금 증감)과 주주 해당 부분(배당금 지급 및 주식발행)으로 구분하여 재구성하였는데, [표 5-17]에서 '비유동영업자산의 증감'이란 유형자산과 투자자산 및 무형자산과 같은 투자활동 관련 자산의 증감을 의미한다. 앞의 J 양식에서는 이 증감액 중에서 유형자산 증감액(설비투자액)과 기타 비영업자산의 증감액을 구분하여 표시하였는데, 이 점이 앞의 J 양식과 크게 다른 점이다.

19) 장영광, 경영분석(제4판)(무역경영사), p.217

이 양식은 분석가가 현금흐름분석에 있어서 초점을 맞추어야 할 몇 가지 질문에 대한 답을 마련하고 있다.[20] 즉, '운전자본투자 이전 영업활동 현금흐름'은 기업이 영업에서 초과현금흐름을 창출할 수 있는지를 검토하는 데 필요하고, '비유동자산투자 이전 영업활동 현금흐름'은 기업이 운전자본을 어떻게 관리하고 있는지, 그리고 미래 성장을 위한 비유동자산에 투자할 수 있는 재무탄력성을 갖고 있는지를 평가할 수 있다.

'채권자와 주주가 이용 가능한 잉여현금흐름'은 이자지급 및 차입원금의 상환능력을 평가하는 데 도움을 주고, '주주가 이용 가능한 잉여현금흐름'은 기업의 배당정책을 지속할 수 있는 재무적 능력이 있는지를 평가할 수 있는 정보를 주며, 초과잉여현금흐름으로 발생할 수 있는 대리인 문제를 식별하는 데 도움을 준다.

'잉여현금흐름'의 개념에 대하여는 제6절에서 추가 검토하기로 한다.

[표 5-18] 현금흐름표 - 회사 공시

Volkswagen AG (단위 : 100만 유로)

과 목	2003	2004	2005
영업활동			
법인세차감전순이익	1,354	1,099	1,722
조정항목			
법인세지급액	(987)	(21)	(354)
감가상각비 및 감모상각비	5,338	5,648	5,614
개발비 상각	1,381	1,134	1,438
투자주식손상차손	6	62	6
리스자산 등 감가상각비	1,508	1,774	1,596
충당부채전입액	885	1,075	1,351
유형자산처분손실	70	(21)	40
지분법손실	(72)	56	294
기타비영업손익	(442)	(177)	151
재고자산 증감액	(1,109)	178	(720)
매출채권 증감액	(494)	(4)	(757)
매입채무 증감액	933	691	429
영업활동으로 인한 현금흐름	8,371	11,494	10,810
투자활동			
유형자산 및 무형자산 취득	(6,727)	(5,550)	(4,434)
개발비 증가	(1,817)	(1,501)	(1,432)
자회사 및 기타 지분투자 취득	(356)	(2,287)	(150)

20) Krishna G. Palepu, Paul M. Healy, Victor L. Bernard and Erik Peek, 전게서, p.238

과 목	2003	2004	2005
지분투자 처분	0	1,045	166
대여금	(67)	(319)	(22)
리스자산 등 증감액	(2,963)	(1,942)	(2,950)
할부금융채권 증감액	(3,766)	(4,801)	(1,948)
유형자산(리스자산 등 제외) 처분	232	276	304
단기매매증권 처분(취득)액	229	280	(820)
투자활동으로 인한 현금흐름	(15,235)	(14,799)	(11,286)
재무활동			
주식발행대금	0	0	66
배당금 지급	(539)	(457)	(414)
기타 자본변동액	(3)	7	13
사채의 발행	14,850	13,718	5,754
사채의 상환	(3,871)	(5,507)	(9,804)
기타 금융차입금 증감액	954	(1,437)	3,233
금융리스 지급액	(27)	(21)	(3)
대여금 증감액	59	(335)	(639)
재무활동으로 인한 현금흐름	11,423	5,968	(1,794)
연결범위 변경으로 인한 현금 변동액	77	3	(67)
환율변동에 따른 현금변동액	(87)	19	79
현금의 순증감	4,549	2,685	(2,258)
기초의 현금및현금성자산	2,987	10,221	7,536
기말의 현금및현금성자산	7,536	7,963	10,221

Volkswagen사는 2004년까지는 영업활동에서 조달된 현금흐름으로 비유동자산에 대한 투자소요자금을 충당하지 못하고 일부는 차입금에 의존하였으나, 2005년에는 유형자산과 투자자산에 대한 투자까지도 영업활동에서 조달된 현금으로 충당할 수 있게 되었으며, 내부에 축적된 현금으로 2005년에는 부채도 감소시킬 수 있을 만큼 현금흐름이 양호하게 변화된 것을 이 양식을 통하여 인식할 수 있다.

참고로 [표 5-17]의 P 양식을 작성함에 있어서 설명이 필요한 부분은 다음과 같다.

(1) 단기매매증권은 현금으로 전환하기가 용이하므로 현금및현금성자산에 포함시킨다.

(2) 이자비용의 지급은 채권자에게 지급하여야 할 금액이므로 영업활동 현금흐름에서 제외하여 '채권자와 주주가 이용 가능한 현금흐름'에서 차감하는 형식으로 재구성한다. [표 5-18]의 회사 제시 현금흐름표에서는 이자비용 지급액이 영업활동 현금흐름에서 이미 차감되어 있으므로 이자비용의 지급을 영업활동 현금흐름에서 제외하기 위해서는 역으로 법인세차감전

순이익에 가산하여야 한다. 이때 이자수익은 이자비용에서 차감하여 순이자비용으로 하되, 이자비용은 법인세 효과를 얻을 수 있으므로 법인세 효과만큼은 차감하여 그 금액을 산출한다(잉여현금흐름의 계산이 세후영업이익에서 출발하기 때문임). 법인세 효과를 계산할 때 법인세율 계산은 회사의 손익계산서상 연도별 법인세차감전순이익과 법인세비용을 비교하여 그 유효법인세율을 계산하여 적용한다. 위의 [표 5-17]에서는 유효법인세율을 2005년, 2004년, 2003년 각각 34.95%, 34.85%, 25.92%로 적용하였다.

(3) '투자와 재무활동 영업외손익'란에는 유형자산과 투자자산을 비롯한 비유동자산의 처분손익을 합산하여 기재한다. [표 5-17]에서는 '유형자산처분손실'과 '기타 비영업손익', '연결범위 변경으로 인한 현금변동액', 그리고 '환율변동에 따른 현금변동액'이 이 난에 포함되어 있다.

(4) '비현금손익란'에는 감가상각비와 무형자산상각비, 충당부채 전입액, 자산의 손상차손 등 비유동자산과 비유동부채의 추정 및 평가와 관련된 비현금손익을 합산하여 기재한다.

(5) '비유동영업자산의 증감'란에는 유형자산과 무형자산 및 투자자산 등 비유동자산의 취득과 처분을 가감하여 기재한다. 주로 현금흐름표의 투자활동에 기재된 내용이 합산되는데, 다만 단기매매증권의 증감은 현금에 포함하였으므로 이 난에는 포함되지 않는다.

제 05 절

현금흐름표의 비율분석

현금흐름표에 나타난 수치를 이용하여 여러 가지 비율을 산출해볼 수 있다. 재무상태표와 손익계산서를 이용한 비율분석은 오랜 기간 동안 발전해왔으며, 표준적인 비율과 그에 대한 해석이 정립되어 있지만, 현금흐름 관련 비율분석은 아직은 관련 서적이나 주장하는 사람에 따라 조금씩 다른 비율이 산출되고 있다. 그러나 이미 공부한 내용에서 알 수 있듯이 현금흐름표에서 가장 중요한 수치가 영업활동 현금흐름이며, 영업활동 현금흐름으로 기업이 당장 해결해야 할 의무를 이행할 수 있는지 여부를 판단해보는 '현금흐름보상비율'이 비율분석의 가장 핵심이 되고 있으며, 그 외에도 여러 가지 의미 있는 비율을 산출해낼 수 있다. 이러한 비율은 해당 기업의 비율과 동업계의 비율을 서로 비교해봄으로써 양호 여부를 판단해볼 수 있다. 이하에서는 한국은행에서 매년 발간하는 '기업경영분석'의 현금흐름분석지표에 대한 해설을 소개하기로 한다.

또한 주요 지표에 대하여는 최근 우리나라 대기업과 중소기업들의 평균비율 추세를 알아보고, 아울러 세 개의 국내 제약회사를 표본으로 하여 현금흐름표와 주요 재무자료([표 5-19]부터 [표 5-21]까지)를 토대로 각 비율을 산출하고 그 의미를 해석해보기로 한다.

[표 5-19] DW제약 현금흐름표와 주요 재무자료

현금흐름표

DW제약 (단위 : 백만 원)

	2021년	2022년	2023년
영업활동 현금흐름	47,950	92,494	132,569
당기순이익(손실)	35,795	48,562	111,502
조정(가감)항목	35,207	54,504	64,229
영업활동으로 인한 자산 부채의 변동	-11,238	7,303	-21,699
매출채권의 감소(증가)	-17,777	-7,203	-10,192
재고자산의 감소(증가)	-12,710	-43,660	-36,582
매입채무의 증가(감소)	4,609	10,800	12,767
기타 영업자산부채의 변동	14,639	47,366	12,307
이자수취	1,014	816	789
이자지급(영업)	-9,684	-11,371	-16,007
배당금수취(영업)	15	8	0
법인세의납부	-3,159	-7,327	-6,244
투자활동 현금흐름	-100,213	-89,108	-188,264
단기투자자산의 감소(증가)	-19,811	22,333	-13,933
장기투자자산 감소(증가)	-17,105	-24,519	-56,274
유형자산의 순취득	-20,099	-45,239	-78,687
무형자산의 순취득	-41,198	-41,618	-39,370
기타투자활동	0	-65	0
재무활동 현금흐름	32,887	-6,207	42,215
단기차입금의 증가(감소)	335	86,142	25,148
장기차입금의 차입(상환)	0	115,000	-25,000
사채의 증가(상환)	0	-200,000	0
배당금 지급	-6,458	-6,642	-6,642
기타재무활동	39,010	-708	48,708
현금의 순증가(감소)	-19,375	-2,821	-13,480
기초현금	52,142	33,107	30,988
환율변동효과	340	703	-292
기말현금	33,107	30,988	17,217
추가 자료			
단기차입금(평균)	52,190	95,746	151,689
매출액	1,055,170	1,161,254	1,221,951
당기순이익	35,795	48,562	111,502
차입금(평균)	438,445	439,565	438,659
총부채(평균)	628,046	679,781	738,472

[표 5-20] IY제약 현금흐름표와 주요 재무자료

현금흐름표

IY제약

(단위 : 백만 원)

3	2021년	2022년	2023년
영업활동 현금흐름	49,816	1,701	13,345
당기순이익(손실)	10,087	9,394	11,520
조정(가감)항목	16,324	14,601	12,403
영업활동으로 인한 자산 부채의 변동	20,485	-16,607	-9,293
매출채권의 감소(증가)	-3,794	620	-192
재고자산의 감소(증가)	-3,087	-22,923	-7,900
선급금의 감소(증가)	-1,227	-700	-475
매입채무의 증가(감소)	1,583	9,468	-1,645
선수금의 증가(감소)	11,185	-7,147	-2,224
기타 영업자산부채의 변동	15,825	4,075	3,144
배당금수취(영업)	5,897	807	2,638
이자수취	49	366	123
이자지급(영업)	-1,906	-2,092	-3,303
법인세환급(납부)	-1,121	-4,767	-743
투자활동 현금흐름	-14,422	29,820	-10,579
단기투자자산의 감소(증가)	383	31,004	-3,844
장기투자자산 감소(증가)	-288	-120	-122
유형자산의 순취득	-12,111	-1,052	-5,524
무형자산의 순취득	-2,128	-12	-950
기타투자활동	-278	-278	-278
재무활동 현금흐름	-36,259	-36,259	-36,259
단기차입금의 증가(감소)	8,000	-21,500	-5,211
장기차입금의 차입(상환)	0	-3,000	6,000
유동성장기부채의 상환	-10,000	0	-2,000
배당금 지급	-2,249	-3,741	-2,790
기타재무활동	-32,010	-3,281	-2,481
현금의 순증가(감소)	-865	-1	-3,717
기초현금	4,713	3,847	3,681
환율변동효과	0	-165	115
기말현금	3,847	3,681	80
추가 자료			
단기차입금(평균)	86,750	81,750	68,394
매출액	230,266	235,057	259,042
당기순이익	10,087	9,394	11,520
차입금(평균)	95,993	82,750	72,394
총부채(평균)	174,230	171,973	159,741

[표 5-21] YJ제약 현금흐름표와 주요 재무자료

현금흐름표

YJ제약 (단위 : 백만 원)

	2021년	2022년	2023년
영업활동 현금흐름	8,368	−11,610	−10,224
당기순손실	−11,582	−21,961	−3,876
조정(가감)항목	20,226	31,868	20,776
영업활동으로 인한 자산 부채의 변동	−315	−21,517	−27,072
매출채권의 감소(증가)	−3,132	−3,284	−1,203
재고자산의 감소(증가)	3,046	−13,135	−14,453
선급금의 감소(증가)	329	−66	67
매입채무의 증가(감소)	2,990	7,152	−3,111
선수금의 증가(감소)	304	−10	275
기타 영업자산부채의 변동	−3,851	−12,174	−8,648
법인세의 납부	39	39	39
투자활동 현금흐름	−11,638	−13,352	−13,017
단기투자자산의 감소(증가)	0	0	−2,996
장기투자자산 감소(증가)	500	0	2
유형자산의 순취득	−11,070	−12,686	−9,950
무형자산의 순취득	−83	−449	−229
기타투자활동	−985	−217	−2,840
재무활동 현금흐름	3,307	25,180	29,766
단기차입금의 증가(감소)	7,000	−500	−7,000
장기차입금의 차입(상환)	−2,166	27,834	10,374
(전환)사채 발행	0	0	29,846
기타재무활동	−1,527	−2,154	−3,453
현금의 순증가(감소)	37	218	6,525
기초현금	428	465	682
환율변동효과	0	0	0
기말현금	465	682	7,208
추가 자료			
단기차입금(평균)	4,000	7,250	3,500
매출액	196,067	218,381	234,902
당기순이익	−11,582	−21,961	−3,876
차입금(평균)	10,171	26,190	53,102
총부채(평균)	81,439	101,211	125,091

1 한국은행 기업경영분석의 현금흐름분석지표 해설

1) 현금흐름보상비율 (Cash flow coverage ratio)

가. 개념

현금흐름보상비율은 기업의 단기 지급능력을 나타내는 지표로서 영업활동을 통해 창출한 현금으로 기업의 이자비용을 지급하고 단기차입금(평균)을 상환하기에 충분한 현금을 보유하고 있는지를 판단하는 지표이다.

나. 산식

$$\text{현금흐름보상비율} = \frac{\text{영업활동으로 인한 현금흐름+이자비용}}{\text{단기차입금(평균) +이자비용}} \times 100$$

이 비율이 100%를 초과하면 해당 회사는 이자비용과 필수적으로 상환해야 할 단기차입금을 갚을 수 있는 현금을 영업활동에서 충분히 창출할 가능성이 있다는 의미이다. 금융기관에서 신용위험의 평가지표로 많이 활용하고 있다.

다. 현금흐름보상비율의 추이

2014년부터 2023년까지 우리나라 대기업과 중소기업들의 현금흐름보상비율 추이를 보면 다음 [표 5-22]와 같다.

[표 5-22] 현금흐름보상비율 추이주)

(단위 : %, 억 원)

과 목	2014	2015	2016	2017	2018	2019	2020	2021	2022	2023
현금흐름보상비율	52.5	73.2	70.1	78.4	76.3	73.2	77.7	80.9	66.3	71.9
대 기 업 (A)	63.8	91.3	86	99.3	100.1	91.3	100.4	106.7	85.0	92.7
중 소 기 업 (B)	26.1	30.7	32	28.0	24.6	30.7	33.2	25.6	27.2	26.5
A - B	37.8	61.6	54	71.3	75.5	61.6	67.2	81.2	57.7	66.3
영업활동현금유입	94	128	120	135	132	104	138	140	124	141
원 리 금	206	191	187	185	188	181	191	184	205	221
이 자 비 용	14	12	11	10	11	11	10	9	12	12
단 기 차 입 금	192	179	176	175	177	170	181	175	193	203

주) 이 비율들은 각 연도말 현재 외감법인 재무제표 기준으로서 표본 기업의 숫자가 동일하지는 않음. (자료원: 한국은행 기업경영분석)

위의 도표에서 볼 수 있듯이 우리나라 대기업들의 현금흐름보상비율은 2014년에 60%대로 떨어졌으나, 평균적으로 90% 이상 수준을 유지했으며 2018년부터 2021년까지 100%에 이르렀음을 알 수 있다. 중소기업의 경우에는 약 30% 수준을 유지해왔으나, 2018년에는 24.6%로 하락하여 대기업에 비해 상대적으로 낮은 수준을 보였다. 그 결과 대기업과 중소기업 간 이 비율의 격차가 조금씩 커지는 모습을 볼 수 있다.

라. 사례 분석

DW제약과 IY제약 및 YJ제약의 2021년부터 2023년까지의 현금흐름보상비율 추이는 다음과 같다.

	2021	2022	2023
DW제약	93%	97%	89%
IY제약	66%	5%	24%
YJ제약	203%	-132%	-138%
업계 평균*	86.2%	59.3%	55.7%

* 업계 평균비율 중 2021년도 비율은 2022년도 및 2023년도와 동일한 표본에 의하여 산출되지 않았으며, 이하에서 제시되는 2021년도 업계 평균비율 역시 같은 내용이다.

DW제약의 단기 지급능력은 2023년의 경우 89%로서 대단히 양호함을 보여주고 있으며, IY제약은 업계 평균보다는 미흡한 수준이고, YJ제약은 업계 평균에 비하여 열악함을 보여주고 있다. 제약업계 전체로는 현금흐름보상비율이 계속 낮아지는 추세를 보여주고 있어서 영업활동 현금흐름이 악화되는 추세를 보여주고 있다.

2) 현금흐름이자보상비율 (Cash flow interest coverage ratio)

가. 개념

현금흐름이자보상비율은 기업의 단기 지급능력을 나타내는 보조지표로서 영업활동을 통해 창출한 현금수입액이 기업의 이자비용을 지불하는 데 충분한가를 판단하는 지표이다.

나. 산식

$$\text{현금흐름보상비율} = \frac{\text{영업활동으로 인한 현금흐름+이자비용}}{\text{이자비용}} \times 100$$

이 비율이 100%보다 크면 회사는 이자비용을 갚을 수 있는 현금을 영업활동에서 충분히 창출할 가능성이 있다는 의미이다. 금융기관 등에서 신용위험의 평가지표로 많이 활용하고 있다. 영업활동 현금흐름이 마이너스(-)인 경우 영업활동으로부터 조달된 현금으로 이자비용을 지급할 능력이 없다는 것을 의미한다.

다. 현금흐름이자보상비율 추이

2014년부터 2023년까지 우리나라 대기업과 중소기업들의 현금흐름이자보상비율 추이를 보면 다음 [표 5-23]과 같다.

[표 5-23] 현금흐름이자보상비율(업체당 평균) 추이주)

(단위 : %, 억 원)

과 목	2014	2015	2016	2017	2018	2019	2020	2021	2022	2023
현금흐름이자보상비율	773.7	1,184.0	1,231.0	1,407.5	1,291.9	1,035.2	1,451.0	1,669.8	1,123.4	911.4
대 기 업 (A)	916.7	1,435.2	1,481.8	1,760.3	1,657.2	1,250.7	1,798.6	2,118.1	1,428.4	1,123.8
중 소 기 업 (B)	409	531.8	588.8	518.8	437.3	553.1	675.4	534.6	469.0	372.4
A - B	507.7	903.4	893.0	1,241.5	1219.9	697.5	1,123.3	1,653.5	959.4	751.4
영업활동현금유입	94.0	127.8	120.4	134.7	132.3	104.3	138.9	104.3	124.1	141.8
이 자 비 용	14.0	11.8	10.6	10.3	11.1	11.1	10.3	8.9	12.1	17.5

주) 이 비율들은 각 연도말 현재 외감법인 재무제표 기준으로서 표본 기업의 숫자가 동일하지는 않음. (자료원: 한국은행 기업경영분석)

이자 지급능력을 나타내는 현금흐름이자보상비율은 대기업의 경우 2013년 1,268.3% 수준에서 2021년에는 2,118.1%까지 증가하였다. 이는 영업활동 현금흐름의 증가와 저금리의 영향에 기인한 것으로 판단해볼 수 있다. 2023년은 1,123.8%로 전년(1,428.4%)보다 304.7%p 하락하였다. 이는 대출금리 상승으로 이자비용이 증가한 데 주로 기인한다. 중소기업의 경우에는 약 400% 수준을 유지하다가 2016년에는 588%까지 상승하였고 2021년에는 534.6%대로 상승하였다. 저금리의 영향에도 불구하고 현금흐름이자보상비율이 증가하지 않은 것은 중소기업의 영업활동 현금흐름이 대기업에 비하여 상대적으로 낮은 수준에 있음을 알 수 있다. 이 비율 역시 대기업과 중소기업 간 큰 격차가 있음을 알 수 있다. 참고로, 위 산식의 분모에는 이자비용이 표시되어 있는데, 이는 손익계산서상 이자비용을 의미한다. 그러나 어느 기업이 이자 중의 일부를 자본화하여 재고자산이나 유형자산의 취득원가에 가산한 경우에는 손익계산서 이자비용이 실제 지급한 이자비용보다 적게 계상되어 있을 것이다. 이럴 경우에는 위 식의 '이자비용'에 손익계산서 이자비용뿐만 아니라 자본화한 이자비용까지 포함하여 이 비율을 산출하는 것이 이 비율을 산출해보는 목적에 부합된다고 하겠다.

라. 사례 분석

DW제약과 IY제약 및 YJ제약의 2021년부터 2023년까지의 현금흐름이자보상비율 추이는 다음과 같다

	2021	2022	2023
DW제약	595%	913%	928%
IY제약	2,714%	181%	504%
YJ제약	3,442%	-1,234%	-349%
업계 평균	1,440.4%	911.6%	845.7%

DW제약의 업계 평균에 비하여 상회하는 수준을 보여주고 있으며, IY제약은 업계 평균보다는 미흡한 수준이고 YJ제약은 금융비용과 운전자본에 대한 부담으로 인하여 이 비율이 매우 열악한 모습을 보여주고 있다.

3) 영업활동으로 인한 현금흐름 대 매출액 비율 (Ratio of cash flows from operating activities to sales)

가. 개념

영업활동으로 인한 현금흐름 대 매출액 비율은 기업이 매출활동을 통해 얼마만큼의 현금을 창출할 수 있는가를 파악하기 위한 지표로 매출채권이나 재고자산을 통한 분식 효과를 제거하는 실질적인 기업의 현금 창출능력을 의미한다.

나. 산식

$$\text{영업활동으로 인한 현금흐름 대 매출액 비율} = \frac{\text{영업활동으로 인한 현금흐름}}{\text{매출액}} \times 100$$

이 비율이 낮은 것은 일반적으로는 기업이 순운전자본(즉, 매출채권이나 재고자산) 의 보유비율이 높다는 것을 나타내며, 기타 비경상적인 지출에 기인할 수도 있다. 이 비율이 낮을 경우 자금사정이 악화될 가능성이 있음을 의미한다.

다. 사례 분석

DW제약과 IY제약 및 YJ제약의 2021년부터 2023년까지의 영업활동 현금흐름 대 매출액 비율의 추이는 다음과 같다.

	2021	2022	2023
DW제약	4.5%	8.0%	10.8%
IY제약	21.6%	0.7%	5.2%
YJ제약	4.3%	-5.3%	-4.4%
업계 평균	13.3%	9.4%	11.4%

DW제약은 업계 평균 수준을 보여주고 있으며, IY제약은 업계 평균보다는 미흡한 수준이고 YJ제약은 금융비용과 순운전자본에 대한 부담으로 인하여 이 비율이 매우 열악한 모습을 보여주고 있다.

4) 당기순이익 대 영업활동으로 인한 현금흐름 비율 (Ratio of net income to cash flows from operating activities)

가. 개념

당기순이익 대 영업활동으로 인한 현금흐름 비율은 기업의 이익의 질(현금 창출능력)을 나타내는 지표로서 영업활동으로 인한 현금흐름 중에 당기순이익이 차지하는 비중을 파악하여 손익계산서의 기업이 벌어들인 당기순이익이 어느 정도 현금으로 창출되었는가를 판단하는 지표이다.

나. 산식

$$\text{당기순이익 대 영업활동으로 인한 현금흐름} = \frac{\text{당기순이익}}{\text{영업활동으로 인한 현금흐름}} \times 100$$

운전자본의 큰 변동이 없고 이자비용과 법인세 유출액이 크지 않다면 이 비율은 100% 이하가 될 것이다. 왜냐하면 영업활동 현금흐름은 당기순이익에 감가상각비를 가산하고 운전자본 증가액을 차감한 다음 이자비용과 법인세 현금유출액을 차감한 결과이기 때문이다. 만약 이 비율이 100%가 초과한다면 차감 항목인 운전자본의 증가나 이자비용 및 법인세 유출이 클 경우 또는 당기순이익에 영업활동 이익이 아닌 투자와 재무활동 이익이 포함된 경우(예: 유형자산처분이익)로 해석할 수 있다. 그러므로 이 비율은 100%를 초과하는 것보다 100% 미만이 양호한 비율이며, 비율이 음수(-)인 경우 순이익이나 영업활동 현금흐름 둘 중 하나가 음수(-)이기 때문에 역시 불량한 비율로 평가된다.

다. 사례 분석

DW제약과 IY제약 및 YJ제약의 2021년부터 2023년까지의 당기순이익 대 영업활동 현금흐름 비율의 추이는 다음과 같다.

	2021	2022	2023
DW제약	74.7%	52.5%	84.1%
IY제약	20.2%	552.3%	86.3%
YJ제약	-138.4%	-189.2%	37.9%
업계 평균	70.5%	87.5%	64.4%

IY제약의 2022년도 이 비율이 100%보다 큰 것은 재고자산의 증가가 큰 것이 그 이유이다. 분석자는 2023년도 이후에도 재고자산이 계속해서 증가할 것인지 여부를 관심 있게 지켜보아야 할 것이다. DW제약은 업계 평균 수준을 보여주고 있으며 100% 미만으로 양호한 상황이다. YJ제약은 영업활동 현금흐름이 음수(-)이기 때문에 모든 비율이 음수(-)로 산출되었다. YJ제약의 영업활동 현금흐름이 음수(-)인 것은 순운전자본의 증가와 이자비용의 과다로 인한 것인 만큼 이러한 문제점을 어떻게 해결할 것인지 연구해보아야 할 것이다.

5) 투자안정성비율 (Ratio of cash flows from operating activities to cash outflows from tangible assets)

가. 개념

투자안정성비율은 영업활동을 통해 조달한 현금으로 유형자산 투자를 위한 현금지출에 어느 정도 충당할 수 있는가를 나타낸다.

나. 산식

$$\text{투자안정성비율} = \frac{\text{영업활동으로 인한 현금흐름}}{\text{유형자산 투자순지출}} \times 100$$

이 비율이 100% 미만인 것은 기업이 영업활동으로부터 조달한 현금을 초과하여 유형자산에 투자하였다는 것을 의미한다. 위 식에서 '유형자산 투자순지출'이 '기업의 현재 생산능력 유지를 위한 지출'뿐이라면 주주 입장에서의 잉여현금흐름(제6절 참조)을 창출하는 기업은 위 비율이 100%를 초과할 것이다.

다. 사례 분석

DW제약과 IY제약 및 YJ제약의 2021년부터 2023년까지의 투자안정성비율의 추이는 다음과 같다.

	2021	2022	2023
DW제약	78.2%	377.2%	235.6%
IY제약	349.8%	159.9%	206.1%
YJ제약	75%	-88.4%	-100.4%
업계 평균	186.6%	116%	153.0%

DW제약과 IY제약은 2022년과 2023년에 평균적으로 설비투자에 필요한 현금의 2~3배 이상을 모두 영업활동에서 조달하고 있으며, YJ제약은 설비투자에 필요한 현금을 모두 외부자금으로 조달하고 있음을 알 수 있다.

6) 영업활동으로 인한 현금흐름 대 투자활동 현금지출 비율 (Ratio of cash flows from operating activities to cash outflows from investing activities)

가. 개념

영업활동으로 인한 현금흐름 대 투자활동 현금지출 비율은 영업활동을 통해 조달한 현금으로 투자활동에 대한 현금지출액을 어느 정도 충당할 수 있는가를 나타낸다.

나. 산식

$$\text{영업활동으로 인한 현금흐름 대 투자활동 현금지출 비율} = \frac{\text{영업활동으로 인한 현금흐름}}{\text{투자활동 현금지출}} \times 100$$

이 비율이 100% 미만인 것은 기업이 영업활동으로부터 조달한 현금을 초과하여 투자하였다는 것을 의미한다.

다. 사례 분석

DW제약과 IY제약 및 YJ제약의 2021년부터 2023년까지의 이 비율의 추이는 다음과 같다.

	2021	2022	2023
DW제약	47.8%	103.8%	70.4%
IY제약	354.4%	-5.7%	126.1%
YJ제약	71.9%	-869%	-78.5%
업계 평균	77.6%	54.1%	90.3%

2023년도의 경우, 업계 평균은 영업활동을 통해 조달한 현금으로 투자활동에 대한 현금지출액을 90.3% 이상 충당할 수 있는데, IY제약은 그 수준을 상회하고 있어서 이 회사는 영업활동에서 조달한 현금으로 투자활동에 필요한 현금을 충분히 조달하고 있다. DW제약은 투자활동에 대한 현금지출의 70% 정도를 영업활동에서 조달하고 있다. YJ제약은 영업활동으로 인한 현금흐름이 음수(-)이기 때문에 위의 비율이 음수(-)로 산출되었다. 따라서 이 회사는 투자활동에 필요한 현금은 모두 외부자금으로 조달하였다.

7) 영업활동으로 인한 현금흐름 대 총부채 비율 (Ratio of cash flows from operating activities to total liabilities)

가. 개념

영업활동으로 인한 현금흐름 대 총부채 비율은 장기적 관점에서 부채 상환능력을 측정하기 위한 지표로서 영업활동으로 인한 현금흐름으로 총부채를 어느 정도 상환할 수 있는가를 나타내는 비율이다.

나. 산식

$$\text{영업활동으로 인한 현금흐름 대 총부채 비율} = \frac{\text{영업활동으로 인한 현금흐름}}{\text{총부채(평균)}} \times 100$$

다. 사례 분석

DW제약과 IY제약 및 YJ제약의 2021년부터 2023년까지의 이 비율의 추이는 다음과 같다.

	2021	2022	2023
DW제약	28%	54%	83%
IY제약	29%	1%	8%
YG제약	5%	-7%	-6%
업계 평균	22.7%	16.0%	18.1%

업계 평균이 약 16~22%인 수준에 비하여 DW제약은 3년 평균 약 55%로서 매우 양호한 수준이며, IY제약은 업계 평균에는 못 미치는 수준을 보여주고 있다. YJ제약은 영업활동 현금흐름이 음수(-)인 나머지 이 비율에서도 매우 저조한 수준을 보여주고 있다.

8) 영업활동으로 인한 현금흐름 대 차입금 비율 (Ratio of cash flows from operating activities to borrowings)

가. 개념

영업활동으로 인한 현금흐름 대 차입금 비율은 장기적 관점에서 차입금 상환능력을 측정하기 위한 지표로서 영업활동으로 인한 현금흐름으로 차입금을 어느 정도 상환할 수 있는가를 나타내는 비율이다.

나. 산식

$$\text{영업활동으로 인한 현금흐름 대 차입금 비율} = \frac{\text{영업활동으로 인한 현금흐름}}{\text{차입금(평균)}} \times 100$$

위 식에서 분모인 차입금을 분자인 영업활동 현금흐름으로 나누면 회사가 영업활동에서 창출한 현금으로 총차입금을 상환하려면 몇 년이 걸리는지 판단해볼 수 있다.

다. 사례 분석

DW제약과 IY제약 및 YJ제약의 2021년부터 2023년까지의 이 비율의 추이는 다음과 같다.

	2021	2022	2023
DW제약	50%	112%	183%
IY제약	52%	2%	18%
YJ제약	9%	-14%	-14%
업계 평균	43.6%	31.2%	35.3%

DW제약은 총차입금보다 많은 현금을 영업활동에서 창출하고 있으며, IY제약은 2023년의 경우 총차입금의 약 18%에 해당하는 현금을 영업활동에서 창출하고 있다. YJ제약은 앞의 여러 비율에서와 마찬가지로 영업활동에서 현금을 창출하고 있지 못하고 있기 때문에 영업활동에서 현금을 창출할 수 있는 방안을 시급히 도출해 내야만 계속기업을 유지할 수 있을 것이다.

2 주당현금흐름 비율과 주가현금흐름 비율

1) 주당현금흐름 비율 (CPS: Cash flows Per Share)

가. 개념

주당현금흐름 비율은 주당순이익의 대체적인 비율로서 영업활동 현금흐름을 회사의 총유통 보통주식수로 나눈 것을 말한다.

나. 산식

$$\text{주당현금흐름 비율} = \frac{\text{영업활동으로 인한 현금흐름}}{\text{총유통 보통주식 수}} \times 100$$

발생주의에 의한 회계이익은 기업의 임의적인 손익배분이나 회계처리방법에 따라 조정되는 숫자인 데 반하여, 영업활동 현금흐름은 그와 같은 임의성이 배제되었기 때문에 기업을 평가하는 데 좀 더 유용하다는 것이다. 따라서 주당현금흐름 비율을 시계열적으로 분석함으로써 해당 기업의 투하된 자본에 대한 현금흐름 창출능력을 점검해보는 의미가 있다.

2) 주가현금흐름 비율 (PCR: Price Cash flows Ratio)

가. 개념

주가현금흐름 비율은 주당현금흐름 비율과 마찬가지로 기업의 성장 가능성을 가늠하는 지표로 사용되며, 주식투자에서는 PCR이 낮은 기업의 주식을 사도록 권유하는 경향이 있다.

나. 산식

$$\text{주당현금흐름 비율} = \frac{\text{보통주 1주당 시가}}{\text{주당현금흐름 비율(CPS)}} \times 100$$

PCR이 낮다는 것은 회사가 영업활동에서 현금을 창출하는 능력에 비하여 주가가 상대 적으로 낮다는 것을 의미하므로 장기적으로는 주가의 상승이 기대된다는 주장이다.

제 06 절

현금흐름의 개념 및 분류

재무분석가들은 기업의 영업활동 현금흐름을 현금흐름표를 작성하여 구하는 대신, 간단하게 그 대용치를 손익계산서에서 구하여 기업가치 평가 등에 사용해왔다. 본 절에서는 전통적인 현금흐름과 법인세·이자·감가상각비 차감 전 영업이익(EBITDA) 및 잉여현금흐름에 대하여 각각의 개념을 정의하고 각각의 개념이 현금흐름표상 영업활동 현금흐름과 어떠한 차이가 있는지 살펴본다.

1 전통적인 현금흐름

1) 개념

전통적인 현금흐름을 산출하는 공식은 '당기순이익+감가상각비'이다. '현금흐름표'가 작성되기 이전에 기업의 영업활동 현금흐름을 산출하는 방식은 당기순이익을 현금으로 벌어들인 순이익과 마찬가지라고 간주하고, 다만 당기순이익 계산 과정에 현금의 유출이 없는 비용인 감가상각비가 차감되어 있으므로 이 금액을 가산하게 되면 회사가 사용할 수 있는 현금이 계산될 수 있다고 본 것이다.

2) 한계점

'전통적인 현금흐름'과 '현금흐름표상 영업활동 현금흐름'(이하 '영업활동 현금흐름'이라 함)의 가장 큰 차이는 전통적인 현금흐름이 운전자본에 투입된 금액을 현금과 마찬가지로 간주한 반면, 영업활동 현금흐름은 운전자본에 투입된 금액을 현금으로 간주하지 않는다는 점이다. 그러므로 전통적인 현금흐름은 '영업활동으로 인한 운전자본흐름'을 나타낸다고 할 수 있다.

'영업활동 현금흐름'을 '영업활동 현금흐름의 원천'과 '영업활동 현금흐름의 운용' 두 부분으로 구분한다면 '전통적인 현금흐름'은 '영업활동 현금흐름의 원천'에 해당된다고 볼 수 있다. 그러므로 '전통적인 현금흐름'은 기업의 전체적인 현금흐름의 방향을 가늠하는 지표로서 활용될 수는 있지만, 이 공식 결과 산출된 금액을 기업의 '영업활동 현금흐름'이라고 하기에는 다음과 같은 문제점이 있다.

첫째로, 위에서 언급한 바와 같이 '전통적인 현금흐름'은 운전자본에 대한 투자를 고려하지 않은 현금흐름 개념이다. 즉, 운전자본을 현금화하는 데 아무런 문제가 없다고 가정하는 것이다.

둘째로, 감가상각비 외에도 당기순이익에 가감할 비현금손익 항목은 많다. 퇴직급여와 같은 충당부채 전입액이나 제자산평가손익이 있다.

셋째로, 당기순이익에는 투자와 재무활동 결과로 발생된 손익, 예를 들면 유형자산처분손익이나 사채상환손익 등도 가감해주어야 '영업활동 현금흐름'이 정확히 산출된다.

그러나 감가상각비는 유형자산에 투하한 자본의 회수액에 해당되는 것이므로, 장기적으로는 유형자산의 취득에 재투자하여야 하기 때문에 무한정 자유롭게 사용할 수 있는 현금은 아니라고 보아야 한다. 이러한 비판은 후술하는 EBITDA를 현금흐름 대용치로 사용할 경우에도 유념하여야 한다.

2 법인세·이자·감가상각비 차감 전 영업이익 (EBITDA)

1) EBITDA의 정의 및 등장 배경

EBITDA는 'Earnings Before Interest, Taxes, Depreciation and Amortization'의 약자로서 '법인세·이자·감가상각비 차감 전 영업이익'을 말한다. 이것은 법인세(Tax), 이자비용(Interest), 감가상각비(Depreciation & Amortization)를 차감하기 전의 순이익을 뜻하는 것으로서 **기업이 영업활동에서 벌어들인 '현금영업이익'이라고 간주되는 금액을 말한다.**

EBITDA는 1980년대 중반까지는 주목받지 못하던 용어였는데, 다음과 같은 두 가지 요인으로 인하여 널리 사용되게 되었다.[21]

첫 번째 요인은 차입형 기업인수(LBO: leveraged buy-out)가 성행하게 된 점이다. LBO를 하면서, 피인수기업이 순이익이 발생하지 않고 자기자본보다 부채가 많기 때문에 EBITDA를 이용하여 피인수기업의 가치를 산정하게 되었다. 두 번째 요인은 닷컴 붐(dot-com boom)을 들 수 있다. 인터넷의 출현으로 수많은 닷컴벤처기업이 등장하게 되었는데, 이러한 기업들은 모두 사업 초기에 순이익을 실현할 수 없었기 때문에 벤처캐피탈회사들이 이러한 닷컴기업에 투자하기 위해서는 이러한 기업의 가치 산정에 EBITDA를 이용하게 되었다.

---

21) Jury, 전게서, p.213

2) EBITDA 산출 구조

EBITDA는 기업이 영업활동을 통해 벌어들인 현금 창출능력을 나타내는 수치로서 이론상으로는 영업이익(EBIT)에서 비현금비용인 유형자산감가상각비와 무형자산상각비(Depreciation & Amortization)를 더하여 산출한다. 이를 정리하면 [그림 5-2]와 같다. 여기에서 유형자산감가상각비와 무형자산상각비(Depreciation & Amortization)는 원가명세서(매출원가)와 판매비·관리비에 포함된 금액을 의미한다. 이를 파악하기 위하여 분석 대상 기업이 만약에 현금흐름표를 작성하지 않는 비외감기업이면 손익계산서 외 추가적으로 원가명세서을 구하여야 한다. 또한 현금흐름표를 작성하여 감사보고서에 공시하는 외부감사 대상 기업이면 현금흐름표의 '2. 현금유출이 없는 비용 등의 가산'에 계상되어 있는 감가상각비와 무형자산상각비로 파악할 수 있다.

그림 5-2 EBITDA 산출 구조

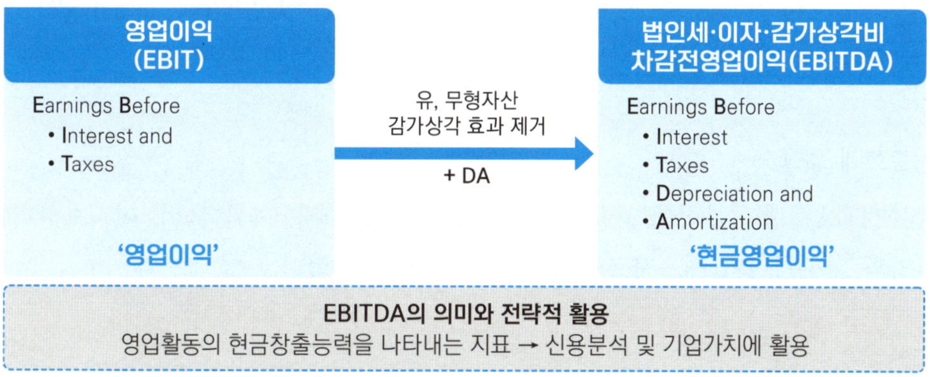

EBITDA는 분석 대상 기업들 간의 자본구조 및 감가상각정책에 영향을 받지 않으면서 영업활동에서 창출한 현금흐름의 크기를 나타내는 수익성지표이다. 즉, 자기자본과 타인자본의 사용으로 인하여 기업이 영업활동에서 벌어들인 현금을 나타낸다고 볼 수 있다. 또한 EBITDA는 간단하게 산출되기 때문에 영업활동 현금흐름이나 잉여현금흐름(Free Cash Flow: FCF)의 대용치로서 사용되므로 신용분석과 기업의 가치 평가에 유용하게 활용된다.

3) EBITDA의 활용 사례

가. 기업가치 평가에 활용

EBITDA는 분석 대상 기업들 간의 자본구조 및 감가상각정책에 영향을 받지 않는 현금영업이익으로 간주될 수 있었기 때문에 현금흐름표가 등장하기 전까지 기업의 가치 평가나 신용분석에 유용하게 사용되어왔으며, 요즈음에도 기업가치 평가 등에 종종 이용되고 있다. EBITDA는 수익성을 나타내는 지표로 사용되기도 하지만, 경우에 따라 기업의 가치를 평가하는 데에도 사용된다.

과거에 우리나라 최대의 D사 주류가 직전 회계연도 EBITDA의 13배에 매각된 내용은 널리 알려진 사실이다. 다음은 매각과 관련된 신문기사 내용이다.

> L사, D사 주류 인수가격 비싼가?
> D사 "3,200억 차익" 발표에 인수가 적정성 논란
>
> L사가 D사 주류사업 부문을 5,030억 원에 인수키로 한 데 대해 '적정가격에 산 것이냐'는 논란이 일고 있다. 업계에서는 향후 투자비 등을 감안할 때 실제 가치보다 '웃돈을 많이 얹어준 것'이라는 평가가 제기됐고, 다른 쪽에서는 D사 주류를 통한 시너지 등을 감안하면 '좋은 가격에 사는 것'이라는 반박이 나오는 등 업계 관심사로 떠오르고 있다. 이러한 논란은 이번 M&A가 지분 인수가 아닌 자산 인수 방식이어서 '평가 기준을 어디에 둘 것인가'에서부터 엇갈리고 있다. 보는 시각에 따라 평가가 크게 달라지고 있다는 것이다. 이에 대해 OO증권 연구원은 "5,030억 원 인수 금액에 대한 현재 에비타 승수(EBITDA multiplier)가 13배가 웃돌면서 이러한 단순 수치로 인수가 적정성을 말하기에는 이번 M&A는 맞지 않는 상황"이라며 "L사가 D사 주류의 미래가치를 보고 인수한 만큼 시너지 측면에서 보면 적정 가격"이라고 말했다. 연구원은 이어 "단순히 국내시장뿐 아니라 일본시장의 경우 L사의 브랜드 파워가 높아 기존 소주나 청주의 경우 더욱 성장할 수 있어 적정 수준에 이뤄진 M&A"라고 설명했다.

나. 신용분석에 활용

그리고 EBITDA가 신용분석에 사용되는 일례를 보기로 하자. 예를 들어, 이자보상비율이 비슷한 철강기업과 나무기업의 재무자료가 다음과 같다고 가정한다.

(단위 : 백만 원)

과　　목	철강기업	나무기업
총부채	2,850	2,625
주주지분	2,250	2,025
총자본	5,100	4,650
매출액	6,000	5,250
매출원가*	4,800	4,200
판매비와 관리비*	345	390
감가상각비	225	90
영업이익	630	570
이자비용	300	270
세전이익	330	300
법인세비용	99	90
순이익	231	210

* 위의 매출원가와 판매비·관리비에는 감가상각비가 포함되어 있지 않음.

이 두 회사의 이자보상배율은 각각 2.1배와 2.11배로 비슷하며, 부채비율도 127%와 130%로 비슷하다. 이 두 기준만으로 평가할 때는 철강기업에 대출해주는 것은 나무기업에 대출해주는 것과 위험이 비슷하다. 그렇지만 EBITDA에 의한 분석을 실시하면 철강기업이 불황 국면에서 이자 지급능력이 더욱 우수하다는 것을 알 수 있다.

만약 철강기업과 나무기업 모두 매출총이익률이 40% 감소하여 철강기업은 매출총이익이 1,200백만 원에서 720백만 원으로 감소하고, 나무기업은 매출총이익이 1,050백만 원에서 630백만 원으로 감소하였다고 가정하자. 다른 비용은 변함없다고 가정하면 철강기업은 영업이익이 150백만 원으로 감소하고, 나무기업도 영업이익이 150백만 원으로 감소할 것이다. 이때 이자보상배율은 각각 0.5배와 0.55배로 하락하지만, 감가상각비는 현금으로 유출되지 않았기 때문에 영업이익 대신 영업이익에 감가상각비를 가산한 EBITDA로 이자비용을 나눈 이자보상배율은 아래 표에서 보는 바와 같이 철강기업이 1.25배로서, 0.89배인 나무기업보다 이자 지급능력이 높다고 볼 수 있다.

과 목	철강기업	나무기업
매출액	6,000	5,250
매출원가*	5,280	4,620
판매비와 관리비*	345	390
감가상각비	225	90
영업이익	150	150
이자비용	300	270
세전이익	-150	-120
법인세비용	-45	-36
순이익	-105	-84
EBITDA	375	240
EBITDA/이자비용	1.25배	0.89배

* 위의 매출원가와 판매비관리비에는 감가상각비가 포함되어 있지 않음.

즉, 철강기업이 나무기업보다 자본집약적인 기업이며, 이러한 기업은 큰 폭의 매출총이익률의 감소를 더 감당할 수 있음을 알 수 있다.[22)]

그러나 이자비용을 EBITDA로 나눈 값(여기서는 이것을 'EBITDA 이자보상배율'이라고 하자)을 이자보상배율의 대용치로 사용할 때는 EBITDA 이자보상배율에 숨어 있는 가정을 상기할 필요가 있다. 즉, 감가상각비를 분자에 가산하는 것은 기업이 미래의 경쟁력을 손상시키지 않으면서 상당 기간 동안 상당한 부분의 자본적 지출을 연기할 수 있는 기업에 적합한 것이다.[23)] 일상적인

22) Martin Fridson 외, 전게서, p.169
23) Martin Fridson 외, 전게서, p.17

대체수요와 생산능력 증대수요의 관점에서 보면 적어도 장기적인 관점에서 감가상각비 상당금액은 이자비용 지급에 사용 가능하지 않은 것이 사실이다. 다만, 단기간에 이자보상배율이 1 이하로 떨어질 경우 회사의 재무관리자 입장에서 EBITDA 이자보상배율이 1 이상이라면 당분간 안심하는 정도에 필요할 뿐이다. 이 경우, 그 회사는 일시적으로(몇 분기 정도) 자본적 지출을 줄이고 감가상각비만큼을 이자지급에 충당할 수는 있을 것이다. 그러나 대부분의 회사에서 수년 동안 최소한 만큼만 유형자산 투자를 실시한다면 그 회사는 경쟁력을 잃고 말 것이다. 결론적으로, EBITDA 이자보상배율을 사용할 때는 감가상각비가 결국 이자지급에 대한 장기적인 현금 원천으로 이용 가능하지 않다는 점을 분명히 인식하여야 한다.

4) EBITDA 관련 재무비율

가. EBITDA 기준 수익성 : EBITDA 마진

EBITDA는 감가상각비를 반영하여 발생주의 회계의 단점을 보완하는 개념으로, 기업의 실질적인 수익성과 영업성과를 분석하는 데 사용된다. EBITDA 마진은 매출액 대비 영업활동을 통해 얼마만큼의 EBITDA를 창출하고 있는가를 파악하기 위한 지표이다.

$$\text{EBITDA 마진} = \frac{\text{EBITDA}}{\text{매출액}} \times 100$$

나. EBITDA 기준 이자 부담능력 : EBITDA 기준 이자보상배율

이자보상배율은 상환 재원을 가지고 이자비용(금융비용)을 얼마나 감당할 수 있는가를 나타내는 지표이다. 상환 재원에 따라 다양한 이자보상배율을 비교 분석하면 다음과 같다.

구분	영업이익(EBIT) 기준 이자보상배율	EBITDA 기준 이자보상배율	영업활동 현금흐름 기준 이자보상배율
상환재원 및 대상	$= \frac{\text{영업이익}}{\text{이자비용}}$	$= \frac{\text{EBITDA}}{\text{이자비용}}$	$= \frac{\text{영업활동 현금흐름} + \text{이자비용}}{\text{이자비용}}$
차이	이익 중심	발생주의 한계를 극복	순운전자본의 반영

이 중에 EBITDA 기준 이자보상배율은 영업활동을 통해 창출한 EBITDA가 기업의 이자비용을 지불하는 데 충분한가를 판단하는 지표이다. 이는 상환 재원을 발생주의 회계이익에 기초하는 영업이익 기준 이자보상배율과 영업외적인 각종 수익과 비용을 모두 포함하는 영업활동 현금흐름 기준 이자보상배율의 단점을 보완한 지표이다.

$$\text{EBITDA 기준 이자보상배율} = \frac{\text{EBITDA}}{\text{이자비용}}$$

정상기업의 경우 단기차입금은 만기 연장 또는 차환 발행이 가능하기 때문에 원금 상환 부담이 크지 않아 이자보상배율에 의한 채무 상환능력 측정이 가능할 수 있다. 그러나 EBITDA에는 순운전자본이 반영되어 있지 않으므로, 순운전자본의 부담이 큰 경우 또는 신용도가 낮은 기업의 경우 채무 만기 도래 시 원금 상환 의무가 발생될 가능성이 높기 때문에 부채상환계수 및 총차입금상환계수를 활용하여 채무 상환능력을 평가하는 것이 바람직하다.

다. EBITDA 기준 단기 상환능력 : EBITDA 기준 부채상환계수(DSCR)

EBITDA 기준 부채상환계수은 차입원리금 상환 도래분(이자비용+유동성장기부채상환)을 경상적인 영업활동을 통해 창출되는 EBITDA로 어느 정도 충당할 수 있는가를 측정하여 원리금 상환능력을 측정하는 지표(DSCR: Debt Service Coverage Ratio)이다. 이는 단기차입금은 차환 가능한 것으로 보고 상환 대상 원리금을 유동성장기부채와 금융비용을 합산한 금액으로 산출한다.

$$\text{EBITDA 기준 부채 상환계수} = \frac{\text{EBITDA}}{(\text{이자비용} + \text{유동성장기부채상환})}$$

최소 1배 이상이 지속되어야 상환 재원인 EBITDA로 차입원리금 상환능력이 존재한다고 판단할 수 있다. 일반적으로 EBITDA 기준 부채상환계수가 1.0배이면 정상, 1.5배 이상이면 양호 수준이다.

라. EBITDA 기준 장기 상환능력 : EBITDA 기준 총차입금상환계수

EBITDA 기준 부채상환계수는 유동성장기부채만 고려한 차입금의 상환능력을 평가하는데, EBITDA 기준 총차입금상환계수는 총차입금 전체를 고려하여 상환능력를 측정하는 지표이다.

$$\text{EBITDA 기준 총차입금상환계수} = \frac{\text{총차입금}}{\text{EBITDA}}$$

EBITDA 기준 총차입금상환계수는 현재 차입금 규모가 벌어들이는 EBITDA로 몇 년에 걸쳐 갚을 수 있는가를 의미한다. 일반적으로 5배 이하이면 정상, 5배 초과하면 상환능력에 적신호가 나타난다고 판단한다. 즉, 5배를 초과하면 EBITDA 대비 총차입금이 과도하다는 의미이다.

마. EBITDA를 활용한 상환능력분석표

다음은 EBITDA를 활용한 상환능력분석표를 예시하면 다음과 같다.

EBITDA를 활용한 상환능력분석표

(단위 : 백만 원,배)

구 분	2017년	2018년	2019년
매출액	30,756	31,660	32,418
영업이익(a)	3,056	3,630	3,678
감가상각비(b)	2,308	2,330	2,424
EBITDA(c=a+b)	5,364	5,960	6,102
EBITDA Margin	17.4%	18.8%	18.8%
이자비용(d)	298	278	278
유동성장기부채상환(e)	1,020	3,122	3,308
EBITDA이자보상배율(f=c/d)	18.0	21.4	21.9
부채상환계수(g=c/(d+e))	4.1	1.8	1.7
총차입금(h)	10,182	11,256	10,294
총차입금상환계수(i=h/c) (총차입금/EBITDA)	1.9	1.9	1.7

위의 EBITDA를 활용한 상환능력분석표를 살펴보면 매년 EBITDA가 증가하는 가운데, 2019년 말 기준 EBITDA 이자보상배율 21배, 부채상환계수 1배 이상 유지하고 있어 상환능력은 매우 양호하며, 3년 연속 총차입금 대비 EBITDA가 2배 이하 등 수익성을 통한 차입금 상환 및 관리능력이 우수하다고 판단된다.

5) EBITDA의 한계점

다른 한편으로, **EBITDA와 현금흐름표상 '영업활동으로 인한 현금흐름'이 가장 중요하게 차이가 나는 부분은 일반적으로 소요운전자본의 증감 부분('영업활동으로 인한 자산·부채의 변동')과 금융비용과 법인세 및 감가상각비를 제외한 비현금손익, 그리고 투자·재무활동손익이 계산에서 제외되어 있다는 점이다.** 기업의 성장이 멈춘 기업은 운전자본의 증가가 미미할 것이므로 이러한 기업은 EBITDA와 영업활동 현금흐름의 차이가 중요하지 않을 것이다. 또한 운전자본을 현금화하는 데 별 문제가 없는 기업(예: 우리나라의 주류업)들은 EBITDA를 영업활동 현금흐름으로 간주하여도 크게 문제가 없을 것이다. 그러나 대부분의 기업은 성장을 하고 있으며 성장에 따라 증가하는 운전자본을 현금과 동일시하기는 어렵기 때문에 기업의 영업활동 현금흐름은 현금흐름표에 나타난 '영업활동으로 인한 현금흐름'을 기준으로 삼아야 한다. 따라서 EBITDA는 소요운전자본('영업활동으로 인한 자산·부채의 변동') 증감이 고려되지 않기에 장기적인 현금흐름을 예측하여 간편하게 신용분석 및 기업가치를 계산하는 등의 단순한 대용 목적으로는 타당할 수 있지만, 단기적으로 기업의 도산 가능성을 파악하기에는 다소 무리가 있다.

3 잉여현금흐름 (FCF: Free Cash Flow)

1) 등장 배경

EBITDA나 현금흐름표상 영업활동 현금흐름을 이용할 때 공통적으로 유의해야 할 점은 이 두 가지 수치에는 모두 감가상각비가 포함되어 있다는 점이다. 일시적으로는 감가상각비에 해당하는 금액을 기업이 임의의 용도에 사용할 수는 있겠지만, 장기적인 관점에서 감가상각비는 투하자본의 회수에 상당하는 금액이기 때문에 기업이 미래의 경쟁력을 손상시키지 않으려면(즉, 유지하기 위해서는) 감가상각비 상당의 금액 또는 그 이상의 금액을 기업에 재투자하여야 한다. 그런 의미에서 영업활동 현금흐름액 중에서 감가상각비에 해당하는 금액만큼은 장기적으로는 기업이 임의대로 사용 가능한 현금이 아니다.

잉여현금흐름은 Michael Jensen이 그의 기업인수와 대리인비용에 대한 이론적인 분석에서 처음으로 소개한 개념이다.[24] **잉여현금흐름은 기업경영을 통해 창출된 현금이 재생산을 위한 투자에 사용되고 남은 잉여분으로, 주주 및 채권자에게 원금을 상환하거나 투자수익을 분배(=이자나 배당금 지급)하는 데 사용될 수 있는 현금을 말한다. 이러한 정의는 기업 실체의 입장에서 잉여현금흐름을 정의한 것이며, 보통주주의 입장에서 잉여현금흐름을 정의할 때는 기업의 소유자(보통주주)가 그 기업의 가치를 감소시키지 않고 소비할 수 있는 현금을 말한다.**

잉여현금흐름에 대한 개념은 위에서 언급한 바와 같이 기업이 영업활동을 통해 창출한 현금 중에서 성장을 계속하기 위해 필요한 운전자본의 증가와 비유동자산에 대한 투자를 차감한 것으로 정리할 수 있으나, 잉여현금흐름의 구체적인 계산방법에 관하여는 주장하는 사람마다 조금씩 차이가 있다. 이하에서는 여러 주장 중에서 가장 일반적인 견해를 소개하고자 한다.

---

24) Pamela Peterson, Drake Frank J. Fabozzi, Analysis of Financial Statements(3rd ed.), John Wiley & Sons, Inc., 2012, p.18

2) 기업의 잉여현금흐름

가. 의의

기업은 영업활동을 계속하고 성장시키기 위하여 순운전자본(매출채권+재고자산-매입채무)과 자본적 지출에 계속적으로 투자하여야 하기 때문에 기업의 잉여현금흐름, 즉 **기업의 입장에서 바라본 잉여현금흐름이란 기업이 순운전자본이나 현재의 생산능력을 유지하기 위한 자본적 지출(CAPEX)에 투자하고도 남는 현금흐름을 창출한 것을 말한다.** 기업의 잉여현금흐름은 일반적으로 다음과 같은 식으로 계산한다.

> 기업의 잉여현금흐름 = EBIT(이자와 법인세 차감 전 이익) − 법인세 + 감가상각비
> − 순운전자본(매출채권 + 재고자산 − 매입채무)의 증가 − 자본적 지출

나. 산정구조

기업의 잉여현금흐름의 개념을 토대로 산정구조와 산정방식을 정리하면 다음 [그림 5-3]과 같다.

그림 5-3 **기업의 잉여현금흐름 산정구조 및 방식**

잉여현금흐름 산정 구조		산정 방식
세후영업이익 추정	매출 (−) 매출원가 = 매출총이익	매출할인 등 차감한 순 매출액 판매한 제품의 제조, 매입에 투입된 비용
	(−) 판매비와 일반관리비 = 영업이익(EBIT)	제품의 판매 및 운영과 관련된 비용
	(−) 법인세비용 = 세후영업이익(NOPLAT)	EBIT에 대한 법인세
조정항목	(+) 감가상각비 (±) 순운전자본(NWC) 증감 (−) 자본적 지출(CAPEX) = 잉여현금흐름(FCF)	유형자산감가상각비 + 무형자산상각비 매출채권 + 재고자산 − 매입채무 영업용 고정자산 투자

기업 실체의 입장에서 잉여현금흐름은 회사의 부채의존도에 영향을 받지 않는 현금흐름,[25] 즉 회사가 모든 자본을 자기자본으로 조달하였다고 가정한 현금흐름이기 때문에 위 식에서 '법인세'는 '이자와 법인세 차감 전 이익', 즉 '영업이익'에 법인세율을 곱하여 산출한 법인세를 의미한다. 또한 기업의 잉여현금흐름은 주주와 채권자에게 최종적으로 귀속되는 현금흐름이므로 이자비용

25) 장영광, 전게서, p.431

또는 배당금 등 자금 조달 관련 비용을 배제하고 계산하여야 한다. 따라서 일반기준에 의하여 작성되는 현금흐름표상 영업활동 현금흐름에는 이자비용이 차감되어 있으며, 법인세비용과 감가상각비 및 순운전자본의 증감이 모두 포함되어 있으므로 위 식을 다음과 같이 쓸 수 있다.

기업의 잉여현금흐름
≒ 영업활동으로 인한 현금흐름(현행 기업회계기준) + 이자비용 (1-t) - 자본적 지출
t : 법인세율

다. 활용 사례

기업의 잉여현금흐름은 기업가치를 평가하는 데 널리 쓰이고 있다. 기업가치 평가방법 중 현금흐름할인법(DCF법: Discounted Cash Flow method) 공식을 소개하면 다음과 같다.

$$\text{기업가치} = \sum_{t=1}^{n} \frac{FCF^t}{(1+r)^t} + \frac{TV}{(1+r)^t}$$

위 식에서 각 기호가 의미하는 바는 다음과 같다.

FCF^t : t년도에 있어서 '잉여현금흐름'
r : 가중평균자본비용(Weighted Average Cost of Capital)
n : 추정 기간
TV : 추정 기간말의 잔존가치(Terminal Value)

따라서 위 식에서 의미하는 기업가치란 '그 기업이 미래의 일정 기간 동안에 창출할 수 있는 잉여현금흐름과 미래의 일정 기간 후 잔존가치를 그 기업의 재무구조와 위험을 고려한 가중평균자본비용으로 할인한 현재가치'라고 정의하고 있으며, 기업가치 평가에 있어서 가장 중요한 요소는 '잉여현금흐름'임을 알 수 있다.

신용분석에서 투자활동 현금흐름분석 시 투자자금을 내부금융(영업활동 현금흐름)으로 조달할 수 있는지 여부를 파악하고자 할 때 기업의 잉여현금흐름을 활용할 수 있다. 즉, 기업의 잉여현금흐름(FCF: Free Cash Flow)이 플러스(+) 유지된다면 이는 투자자금을 내부금융(영업활동 현금흐름)으로 조달하고 있다는 의미이다. 기업의 잉여현금흐름과 유사한 '자본적 지출 후 이자지급 전 영업활동 현금흐름'으로 기업의 적정 차입금 규모를 추정하는 것은 제7절 '3. 적정 차입금 규모의 추정'에서 학습하고자 한다.

3) 보통주주의 잉여현금흐름[26)]

보통주주의 잉여현금흐름, 즉 보통주주 입장에서 잉여현금흐름은 이자지급 후 영업활동 현금흐름에서 우선주주에 대한 배당금을 차감하고 자본적 지출을 차감하여 계산된다. 그러므로 우선주주에 대한 배당금이 없다면 현행 기업회계기준에 의해 작성된 현금흐름표상 영업활동 현금흐름에서 자본적 지출을 차감한 것이 보통주주의 잉여현금흐름과 일치한다.

그러므로 보통주주의 잉여현금흐름은 다음과 같은 식으로 쓸 수 있다.

보통주주의 잉여현금흐름
= 당기순이익 + 감가상각비 - 운전자본의 증가 - 자본적 지출
≒ 영업활동으로 인한 현금흐름(현행 기업회계기준) - 자본적 지출

기업의 잉여현금흐름을 계산할 때나 보통주주의 잉여현금을 계산할 때 '자본적 지출' 금액은 실무적으로 자본적 지출 총액(유형자산 취득금액)에서 유형자산의 처분대금을 차감한 순액을 사용한다. 유형자산 취득금액 총액은 기업의 생산능력을 유지하고 성장시키는 데 필요한 현금을 과대표시하는 것으로 판단한다는 것이 그 이유이다.[27)]

---

26) Charles W. Mulford and Eugine E. Comiskey, Creative Cash Flow Reporting, John Wiley & Sons, Inc., 2005, p.360
27) Charles W. Mulford 외, 전게서, p.372

4 현금흐름(TCF, EBITDA, CFO, FCF) 간의 비교

전통적인 현금흐름(TCF)과 법인세·이자·감가상각비 차감 전 영업이익(EBITDA) 및 잉여현금흐름(FCF)과 현금흐름표상 '영업활동 현금흐름(CFO)'에 대하여 각각의 개념을 요약하면 다음과 같다.

현금흐름	개념
전통적인 현금흐름 (TCF)	전통적인 현금흐름은 단순히 '당기순이익+감가상각비'로 산출한 현금흐름
법인세·이자·감가상각비 차감 전 영업이익 (EBITDA)	EBITDA는 기업이 영업활동을 통해 벌어들인 현금 창출능력을 나타내는 수치로서 영업이익(EBIT)에서 비현금비용인 감가상각비 (무형자산상각비 포함)를 더하여 산출한 현금흐름
영업활동 현금흐름 (CFO)	영업활동 현금흐름은 당기순이익에서 비현금비용이나 비현금수익을 가감하고, 영업활동과 관련된 자산·부채(소요운전자본)의 증감을 가감한 현금흐름
잉여현금흐름 (FCF)	기업의 입장에서 바라본 잉여현금흐름이란 기업이 총영업활동 현금흐름에서 순운전자본이나 현재의 생산능력을 유지하기 위한 자본적 지출(CAPEX)에 투자하고도 남는 현금흐름

그리고 각각의 현금흐름들이 어떠한 차이가 있는지를 한 표에 비교하여 나타내면 다음과 같다.

	영업 이익	감가 상각비	순금융 비용	기타 영업외손익	법인세	감가상각비를 제외한 비현금손익 제거	투자·재무 활동손익 제거	순운전자 본 증가액	자본적 지출
EBITDA	+	+							
TCF	+	+	-	+, -	-				
CFO	+	+	-	+, -	-	+, -	+, -	-	
FCF*	+	+		+, -	- **			-	-

* 기업의 FCF
** 영업이익에 대한 법인세

TCF : Traditional Cash Flow(전통적 현금흐름)
CFO : Cash Flow from Operating activity(현금흐름표상 영업활동 현금흐름)
+ : 가산 항목
- : 차감 항목
* 위의 표에서 짙게 회색 처리된 난은 해당 요소를 감안하지 않았음을 나타낸다.

제 07 절

현금흐름표를 통한 신용분석

제1절에서 제6절까지 우리는 현금흐름표 분석을 통하여 얻을 수 있는 정보에 대하여 공부하였다. 본 절에서는 금융기관의 신용분석자에게 초점을 맞추어 앞에서 공부한 내용 중 금융기관의 신용분석자가 관심을 가져야 할 내용을 재정리하고자 한다.

현금흐름표에서 제공되는 수치들은 업종이나 기업에 따라 변동이 심하며, 또한 동일한 기업도 기간의 경과에 따라 대단히 변동이 심할 경우가 많기 때문에 이에 대한 판단도 엄격하고 일률적이기보다는 일정한 범위 내에서 신축적인 판단이 필요하다. 아래에 기술된 내용을 기준으로 각 분석기관 또는 분석담당자의 유연한 판단과 적용이 필요하다.

본 절에서 설명하는 내용은 일단 제4절에서 소개하였던 신용분석 목적으로 재구성한 신용분석 목적용 현금흐름표를 위주로 전개하고자 한다.

1 단기차입금 상환능력 검토 : '수정된 현금흐름보상비율'

기업의 단기차입금 상환능력에 대한 검토는 앞 절에서 소개한 '현금흐름보상비율'을 일부 보완하여 '수정된 현금흐름보상비율'로 측정한다.

앞 절에 소개된 한국은행 '기업경영분석'의 현금흐름보상비율 산식은 다음과 같다.

$$\text{현금흐름보상비율} = \frac{\text{영업활동으로 인한 현금흐름} + \text{이자비용}}{\text{단기차입금(평균)} + \text{이자비용}} \times 100$$

'현금흐름보상비율'이란 영업활동에서 창출된 현금으로 기업의 단기차입금과 이자비용을 부담할 수 있는가를 알아보는 비율인데, 유동성장기부채는 당기에 반드시 상환하여야 할 금액이므로 이 금액을 분모에 삽입하고, 기초 단기차입금 중 일부인 20%만을 분모에 표시하면 다음과 같이 '수정된 현금흐름보상비율'을 구할 수 있다.

$$\text{수정된 현금흐름보상비율} = \frac{\text{영업활동으로 인한 현금흐름} + \text{이자비용}}{\text{기초 단기차입금} \times 20\% + \text{유동성장기부채상환액} + \text{이자비용}} \times 100$$

기초 단기차입금의 20%만을 분모에 기재한 이유는, 통상적으로 단기차입금을 모두 상환하는 경우는 드물고 일부를 상환한 다음 계속 단기차입금을 이용한다는 가정에 따른 것이다.

[표 5-25]에 제시된 마마유업(주)의 현금흐름표를 토대로 각 연도의 수정된 현금흐름보상비율을 계산하면 다음 [표 5-24]와 같다.

[표 5-24] 마마유업(주)의 수정된 현금흐름보상비율

(단위 : 백만 원)

과 목	2008	2009	2010
이자지급 전 영업활동 현금흐름	30,471	82,016	26,612
기초 단기차입금 (재무상태표에서 인용) 이자 지급액	25,216 5,172	40,000 5,615	20,000 6,228
유동성장기차입금 상환액	3	33,095	15,761
수정된 현금흐름보상비율	298%	176%	102%

마마유업(주)은 유제품 제조업에 종사하고 있는 기업이다. 이 기업의 단기차입금 상환능력은 양호한 상황인데, 단지 그 비율이 점점 낮아지고 있어서 낮아지고 있는 원인에 대한 분석은 필요하다. 이 비율에 대한 기준은 100%이지만, 기업이 처한 상황에 따라 100%보다 낮은 기업도 얼마든지 있을 수 있으며, 동 업계의 비율과 그 비율의 추세를 분석하는 것이 중요하다.

[표 5-25] 신용분석목적용 현금흐름표

마마유업(주) (단위 : 백만 원)

과 목	2008	2009	2010
영업활동 현금흐름 원천	53,384	63,848	59,241
영업이익	17,603	27,063	19,143
감가상각비 등 가산	35,781	36,785	40,097
영업활동 현금흐름 운용	(22,913)	18,168	(32,628)
법인세의 납부	798	(3,405)	(5,258)
순운전자본 투자액	(18,484)	14,118	(3,829)
기타 영업 관련 자산·부채 증감액	(7,412)	3,175	(27,559)
영업외수익·비용 (비현금수익 비용 제외)	2,184	4,280	4,018
이자지급 전 영업활동 현금흐름	30,471	82,016	26,612
이자 지급액	(5,172)	(5,615)	(6,228)
배당금 지급액	(1,812)	(1,660)	(1,467)
이자와 배당금 지급 후 현금흐름	23,487	74,742	18,917
유동성장기차입금 상환액	(3)	(33,095)	(15,761)
유동성장기차입금 상환 후 현금흐름	23,484	41,647	3,156
투자활동 현금흐름	(45,335)	(49,569)	(35,116)
장·단기 투자자산의 증감	(3,152)	(3,289)	(1,084)
유형자산의 증감	(39,578)	(34,958)	(33,701)
무형자산의 증감	(47)	(46)	(39)
기타비유동자산의 증감	(2,559)	(11,277)	(292)
외부자금 조달 전 현금흐름	(21,851)	(7,922)	(31,960)
외부자금의 조달	24,055	25,807	14,286
단기차입금의 증감	14,784	(20,000)	12,000
장기차입금의 증감	12,725	48,796	2,286
자본금의 증감	(3,455)	(2,989)	0
기타 활동(합병 등)으로 인한 현금흐름	-	-	8,009
현금의 증감	2,204	17,885	(9,665)

2 총차입금 상환능력 검토

'수정된 현금흐름보상비율'에서는 기업이 영업활동에서 조달한 현금으로 이자와 기초 단기차입금의 일부 및 기초 유동성장기차입금을 상환하는 것을 가정하였다. 그러나 장기차입금을 포함한 총차입금 상환능력을 검토하고자 한다면 일단 기업이 장기적으로 계속기업 존속능력이 있는지에 대한 고려가 필요하다. 기업이 계속기업으로서의 존속을 위해서는 매기 일정한 설비투자, 즉 자본적 지출이 이루어져야 한다.

[표 5-26]은 마마유업(주)이 이자지급 전 현금흐름을 계산함에 앞서 자본적 지출(유형자산 증감)을 차감한 모습을 보여준다. 여기서 '자본적 지출 후 이자지급 전 영업활동 현금흐름'은 앞 절에서 언급한 '기업의 잉여현금흐름'으로 볼 수 있다.

[표 5-26] 신용분석 목적용 현금흐름표 - 자본적 지출 후 이자지급 가정

마마유업(주) (단위 : 백만 원)

과 목	2008	2009	2010
영업활동 현금흐름 원천	53,384	63,848	59,241
영업이익	17,603	27,063	19,143
감가상각비 등 가산	35,781	36,785	40,097
영업활동 현금흐름 운용	(22,913)	18,168	(32,628)
법인세 납부	798	(3,405)	(5,258)
순운전자본 투자액	(18,484)	14,118	(3,829)
기타 영업 관련 자산·부채 증감액	(7,412)	3,175	(27,559)
영업외수익·비용 (비현금수익 비용 제외)	2,184	4,280	4,018
자본적 지출 (유형자산의 증감)	(39,578)	(34,958)	(33,701)
자본적 지출 후 이자지급 전 영업활동 현금흐름	(9,107)	47,058	(7,089)
이자 지급액	(5,172)	(5,615)	(6,228)
배당금 지급액	(1,812)	(1,660)	(1,467)
차입금 상환 가능 현금흐름	(16,091)	39,784	(14,784)

[표 5-26]을 보면 마마유업(주)은 매년 330억 원 이상의 설비투자를 실시하고 있다. 이 회사의 매년 감가상각비가 300억 원 정도라고 가정할 경우, 이러한 투자는 이 회사가 계속기업으로서 존속하는 데 필수적인 투자로 추정된다. 이렇게 영업활동에서 조달한 현금으로 자본적 지출과 이자 및 배당금을 지급한 후의 현금흐름(잉여현금흐름)이 일단 장기차입금을 포함한 회사의 총차입금을 상환할 재원이라고 보아야 한다. 마마유업(주)은 2009년에는 이 금액이 39,784백만 원으로서 차입금 원금을 상환할 수 있는 여력이 있지만, 2008년과 2010년에는 이 금액이 부족하여 차입금 원금을 상환할 수 있는 여력이 없다.

마마유업(주)의 총차입금과 위의 '차입금 상환 가능 현금흐름'을 비교하면 [표 5-27]과 같다.

[표 5-27] 마마유업(주)의 총차입금 상환 가능 기간(연수)

(단위 : 백만 원)

과 목	2008	2009	2010
차입금 상환 가능 현금흐름	(16,091)	39,784	(14,784)
회사의 총차입금 (재무상태표에서 인용)	99,982	94,812	131,425
총차입금 상환 가능 기간(년)	-	2.38	-

일부 서적[28]에서는 위의 총차입금 상환 가능 기간(연수)에 대한 해석을 다음과 같이 하고 있음을 참고할 필요가 있다.

총차입금 상환 가능 기간	해 석
0~6년	건전하고 성숙된 기업
6~10년	부채가 높은 수준임
10년 이상	부채가 과다함, 가까운 장래에 부채를 감소시키기 위한 조치가 필요함

이러한 해석을 전제로 한다면 마마유업(주)은 매년 130억 원 이상의 차입금 상환 가능 현금흐름을 영업활동에서 조달하여야만 계속기업으로서 존속하는 데 적정하다고 판단할 수 있다.

3 적정 차입금 규모의 추정

이자지급 전 '영업활동 현금흐름'으로 기업의 적정 차입금 규모를 추정하기도 한다. 예를 들어 [표 5-25]에서 마마유업(주)의 2010년도 이자지급 전 영업활동 현금흐름이 26,612백만 원인데, 이 금액과 이 회사의 평균차입이자율 5%(가정)를 토대로 다음과 같이 마마유업(주)의 적정 차입금 규모를 계산할 수 있다.

[표 5-28] 적정 차입금 규모의 추정(1)

(단위 : 백만 원)

구분		금액	비고
이자지급 전 영업활동 현금흐름	(a)	26,612	
금융비용보상비율	(b)	2배	목표배율 조정 가능 (예: 1.5배)
부담가능차입이자	(c) = (a) / (b)	13,306	
적정차입금	(d) = (c) / 5%	266,120	
기존차입금잔액	(e)	131,425	
추가차입가능금액	(f) = (d) - (e)	134,695	

그러나 위의 [표 5-28] 역시 이자지급 전 영업활동 현금흐름을 모두 이자지급에 충당한다고 가정하였을 경우의 계산이기 때문에 좀 더 보수적으로 계속기업의 존속능력을 감안하여 자본적 지출을 고려한다면 이자지급 전 영업활동 현금흐름 수치 대신 [표 5-28]에서 '자본적 지출 후 이자

28) Jury, 전게서, p.205

지급 전 영업활동 현금흐름'을 사용할 수 있다. 이 경우 적정 차입금 규모의 추정은 다음과 같다. 아래의 [표 5-29]에서 '자본적 지출 후 이자지급 전 영업활동 현금흐름'은 마마유업(주)의 최근 3년 수치를 평균한 값을 사용하였다.

[표 5-29] 적정 차입금 규모의 추정(2)

(단위 : 백만 원)

구분		금액	비고
자본적 지출 후 이자지급 전 영업활동 현금흐름 (a)		10,288	
금융비용보상비율	(b)	2배	목표배율 조정 가능(예: 1.5배)
부담가능차입이자	(c)= (a) / (b)	5,144	
적정차입금	(d) = (c) / 5%	102,825	
기존차입금잔액	(e)	131,425	
추가차입가능금액	(f) = (d) - (e)	-28,550	

이자지급 전 영업활동 현금흐름을 토대로 마마유업(주)의 적정 차입금 규모를 추정하면 추가로 134,695백만 원의 차입여력이 있지만, 자본적 지출 후 이자지급 전 영업활동 현금흐름을 토대로 동사의 적정 차입금 규모를 추정하면 추가 차입여력이 없음을 알 수 있다.

여기서 반드시 고려되어야 할 것은 해당 기업의 라이프사이클과 기업 규모이다. 라이프사이클이란 그 기업이 신생기인지, 성장기인지, 성숙기인지 또는 쇠퇴기인지를 고려하여야 하는 것이고, 기업 규모는 대기업인지 중소기업인지를 고려하여야 하는 것을 말한다.

성장기업이나 성숙기업의 경우에는 위에서 설명하고 있는 내용을 위주로 검토할 것이지만, 신생기업의 경우에는 영업활동에서 현금흐름을 창출하지 못하기 때문에 그 기업에 대한 대출은 그 기업이 영위하려는 사업에 대한 사업성 검토에 따라 이루어질 것이다.

대기업의 경우에는 자금 조달방법이 다양하고 신용위험이 비교적 중소기업에 비하여 낮기 때문에 위 표에서 목표배율을 낮출 수 있지만, 중소기업의 경우에는 자금 조달방법이 다양하지 못하고 신용위험이 높은 경우가 대부분이기 때문에 목표배율을 높이는 경향이 있다. 이러한 목표배율은 각 금융기관의 경험과 정책에 따라 정해질 것이다.

위와 같은 적정 차입금 규모의 계산은 추가 대출에 대한 판단에 있어서 고려하여야 할 요소 중의 하나이다.

4 영업활동 현금흐름 원천액의 추세 분석

여기서 '영업활동 현금흐름 원천'이라 함은 앞의 [표 5-25] 신용분석 목적용 현금흐름표 맨 위에 기재된 수치를 의미한다. 이 수치는 금융기관에서 작성하는 '현금순환분석표'(제6장 참조)의 '영업활동으로부터의 현금 원천' 금액과도 의미가 동일하다.

'영업활동 현금흐름 원천'은 손익계산서상 영업이익에 제조원가와 판매비·관리비에 포함된 비현금비용(감가상각비, 무형자산상각비, 퇴직급여, 대손상각비)을 가산하여 산출한다.

이 금액은 순운전자본 투자액(영업활동으로 인한 자산·부채의 변동)이 변동 없고, 기타 영업외수익이나 비용이 없다고 가정했을 경우 영업활동으로부터 조달되는 총현금을 의미하는데, 기업의 영업활동 현금흐름 원천에서 가장 중요한 부분이다. 손익계산서상 영업이익 규모에 따라 이 금액이 좌우되기 때문에 이 금액은 기업이 영업활동에서 이익을 창출하는 수익력을 나타낸다.

이 금액이 매기 계속적으로 증가하고 있는지, 아니면 감소하고 있는지에 따라 그 기업의 자금사정이 호전될 것인가, 아니면 악화될 것인가를 예상할 수 있다. 즉, 기업의 전체적인 현금흐름의 방향을 가늠하는 '지표'로서 '총영업활동 현금흐름'이라고도 한다.

이렇게 영업활동 현금흐름 원천 금액의 추이도 중요하지만, 기업의 성장에 따라(매출액 또는 총자산), 또는 기업의 자금 규모(자기자본)에 따라 영업활동 현금흐름 원천액의 상대적 추이를 알아보기 위하여 비율을 계산하는 것도 의미가 있다. ([표 5-30] 참조) 이러한 비율은 다른 비율과 마찬가지로 그 비율의 추세를 검토하고, 동업종 기업과 비교해보는 것이 유용하다.

[표 5-30] 영업활동 현금흐름 원천 추이

비율	2008	2009	2010	2011	2012
1. 영업활동으로부터의 현금 원천					
2. 영업활동으로부터의 현금 원천 / 매출액					
3. 영업활동으로부터의 현금 원천 / 총자산					
4. 영업활동으로부터의 현금 원천 / 자기자본					

마마유업(주)의 영업활동 현금흐름 원천 추이를 표로 정리하면 [표 5-31]과 같다.

[표 5-31] 마마유업(주)의 영업활동 현금흐름 원천 추이

(단위 : 백만 원)

비율	2007	2008	2009	2010
1. 영업활동 현금흐름 원천	56,468	53,384	63,848	59,241
2. 영업활동 현금흐름 원천 / 매출액	8.2%	7.2%	7.7%	6.5%
3. 영업활동 현금흐름 원천 / 총자산	13.1%	11.2%	13.2%	10.6%
4. 영업활동 현금흐름 원천 / 자기자본	24.4%	22.9%	25.9%	21.4%

마마유업(주)의 영업활동 현금흐름 원천 금액은 2009년에 양호한 실적을 보이다 2010년에는 약간 감소하였는데, 이러한 추세는 매출액이나 총자산, 자기자본 및 순운전자본에 대한 모든 비율에서도 동일한 양상을 보이고 있다.

이러한 추세를 동 업계 회사인 파파유업(주)와 비교해보자.

[표 5-32] 파파유업㈜

(단위 : 백만 원)

비율	2007	2008	2009	2010
1. 영업활동 현금흐름 원천	67,691	76,860	95,412	93,396
2. 영업활동 현금흐름 원천 / 매출액	8.3%	8.7%	9.5%	9.1%
3. 영업활동 현금흐름 원천 / 총자산	8.9%	10.7%	11.5%	10.1%
4. 영업활동 현금흐름 원천 / 자기자본	10.9%	13.1%	13.9%	12.2%

파파유업(주)도 2009년에 양호한 실적을 보이다 2010년에는 약간 감소하였는데, 그 감소 폭이 마마유업(주)에 비하여 적다. 외부환경 변화에 대한 대응능력이 마마유업(주)에 비하여 파파유업(주)이 더 높다는 것을 알 수 있다.

총자산에 대한 영업활동 현금흐름 원천 금액의 비율은 양사가 최근 연도에 비슷하지만, 매출액에 대한 영업활동 현금흐름 원천 금액 비율은 파파유업(주)이 마마유업(주)에 비하여 높다. 이 비율은 2007년에는 양사가 비슷하였으나 기간이 경과할수록 파파유업(주)이 높아진 것을 볼 수 있는데, 파파유업(주)의 수익성이 상승하고 있음을 알 수 있다.

그러나 자기자본에 대한 영업활동 현금흐름 원천 금액의 비율은 마마유업(주)이 훨씬 높은데, 이는 파파유업(주)의 자기자본비율이 마마유업(주)에 비하여 훨씬 높기 때문이다.

마마유업(주)에 대한 분석자는 동사가 동 업계 회사에 비하여 영업활동 현금흐름 원천액이 매출액에서 차지하는 비율이 낮은 이유가 무엇인지에 대하여 검토하여야 할 것이다.

5 순운전자본의 변동내용 분석

순운전자본(NWC: Net Working Capital)은 영업활동에서 매출과 직접 관련이 있는 유동자산 항목(매출채권, 재고자산, 선급비용)에서 매출과 직접 관련이 있는 유동부채 항목(매입채무, 미지급비용)을 차감한 것을 말한다.[29] 일반적으로 매출채권과 재고자산을 합한 금액에서 매입채무를

29) 장영광, 전게서, p.214

차감한 것을 의미하는데, 선급금은 재고자산의 매입대금의 선급금이고 선수금은 매출대금의 선수금이므로 선급금이나 선수금의 금액이 중요한 경우 이 계산에 산입한다.

기업이 영업이익을 아무리 많이 실현하였어도 순운전자본의 관리를 제대로 하지 못하면 영업활동 현금흐름은 양호한 결과를 나타내지 않는다. 이렇게 순운전자본의 관리는 기업의 영업활동 현금흐름의 방향을 좌우하기 때문에 이에 대한 변동 내용을 검토하는 것은 신용분석자의 중요한 임무이다.

일반적으로 금융기관이 기업에 운전자금을 대출해주고자 할 경우에는 해당 기업의 매출액과 운전자본 회전 기간을 기초로 소요운전자금을 산출한다. 다음 예제를 살펴보자.

[예제 5-1] 1회전 소요운전자금

다음 자료를 토대로 한별기업의 1회전 소요운전자금은 얼마인지 산출하시오.

자료: 추정 매출액 100백만 원
매출채권회전기간 [= (매출채권/매출액) × 65] 70일
재고자산회전기간 [= (재고자산/매출액) × 365] 68일
매입채무회전기간 [= (매입채무/매출액) × 365] 65일

* 위의 매출채권과 재고자산 및 매입채무금액은 각각 기초와 기말의 평균치를 의미함

풀이

1회전 소요운전자금 = 100백만 원 × 운전자본 1회전 기간 / 365
= 100백만 원 × (70 + 68 − 65) / 365
= 20백만 원

순운전자본에 대한 원인별 분석이 끝나면 기간 중 은행으로부터의 운전자금 지원액과 기간 중 운전자본 투자액을 비교하여 지원자금의 이용상태를 살펴보아야 한다. 기간 중 운전자금의 과다한 지원으로 자금이 용도 이외의 항목으로 이용되고 있는지, 자금 지원이 결국 매출채권과 재고자산의 과다 유보만을 유발시켰는지, 재고자산의 감소나 매입채무의 증가로 조만간 단기운전자금의 추가 요청은 없을 것인지, 향후 운전자본 부문에서의 자금상태는 어떻게 될 것인지 등을 분석하여야 한다. 이러한 분석을 위해서 다음과 같은 순운전자본 투자액에 대한 자금조달현황표가 유용한 도구로 이용된다.

[표 5-33] 순운전자본 투자액에 대한 자금 조달 현황

비율	2××1	2××2	2××3	2××4	2××5
1. 전기말 단기자금 조달액 당좌차월 단기차입금 기타					
2. 전기말 순운전자본 투자액					
3. 전기말 과부족 (1-2) 4. 당기 단기자금 조달액 당좌차월 단기차입금 기타					
5. 당기 순운전자본 투자액					
6. 당기중 과부족 (4-5)					
7. 과부족 합계 (3+6) 순운전자본/매출액 비율					

위에서 예를 든 마마유업(주)의 최근 4년 동안 순운전자본 투자액에 대한 자금 조달 현황을 보면 다음 [표 5-34]와 같다.

[표 5-34] 마마유업㈜의 순운전자본 투자액에 대한 자금 조달현황

(단위 : 백만 원)

비율	2007	2008	2009	2010
1. 전기말 단기자금 조달액	29,336	25,216	40,000	20,000
단기차입금	29,336	25,216	40,000	20,000
2. 전기말 순운전자본 투자액	73,500	91,657	110,141	96,023
3. 전기말 과부족(1-2)	-44,164	-66,441	-70,141	-76,023
4. 당기 단기자금 조달액	-4,120	14,784	-20,000	23,000
단기차입금	-4,120	14,784	-20,000	23,000
5. 당기 순운전자본 투자액	18,157	18,484	-14,118	3,829
6. 당기중 과부족(4-5)	-22,277	-3,700	-5,882	19,171
7. 과부족 합계 (3+6)	-66,441	-70,141	-76,023	-56,852
순운전자본/매출액 비율	13.2%	14.6%	11.3%	14.2%

과 목	2008	2009	2010
영업활동 현금흐름 원천	53,384	63,848	59,241
영업이익	17,603	27,063	19,143
감가상각비 등 가산	35,781	36,785	40,097
영업활동 현금흐름 운용	(22,913)	18,168	(32,628)
법인세의 납부	798	(3,405)	(5,258)
순운전자본 투자액	(18,484)	14,118	(3,829)
기타 영업 관련 자산·부채 증감액	(7,412)	3,175	(27,559)
영업외수익·비용 (비현금수익 비용 제외)	2,184	4,280	4,018
이자지급 전 영업활동 현금흐름	30,471	82,016	26,612
이자 지급액	(5,172)	(5,615)	(6,228)
배당금 지급액	(1,812)	(1,660)	(1,467)
이자와 배당금 지급 후 현금흐름	23,487	74,742	18,917
유동성장기차입금 상환액	(3)	(33,095)	(15,761)
유동성장기차입금 상환 후 현금흐름	23,484	41,647	3,156
투자활동 현금흐름	(45,335)	(49,569)	(35,116)
장·단기 투자자산의 증감	(3,152)	(3,289)	(1,084)
유형자산의 증감	(39,578)	(34,958)	(33,701)
무형자산의 증감	(47)	(46)	(39)
기타비유동자산의 증감	(2,559)	(11,277)	(292)
외부자금 조달 전 현금흐름	(21,851)	(7,922)	(31,960)
외부자금의 조달	24,055	25,807	14,286
단기차입금의 증감	14,784	(20,000)	12,000
장기차입금의 증감	12,725	48,796	2,286
자본금의 증감	(3,455)	(2,989)	0
기타 활동(합병 등)으로 인한 현금흐름	-	-	8,009
현금의 증감	2,204	17,885	(9,665)

마마유업(주)은 순운전자본 총액의 20%와 40% 범위 내에서 단기차입금을 이용하고 있는데, 내부유보가 양호한 기업이기 때문에 순운전자본에 대하여 단기차입금 의존도가 높지 않음을 알 수 있다.

업종이 다른 기업(필름 제조업)의 순운전자본 투자액에 대한 자금조달 현황을 보면 다음 [표 5-35]와 같다.

[표 5-35] SB필름(주)의 순운전자본 투자액에 대한 자금 조달 현황

(단위 : 백만 원)

비율	2007	2008	2009	2010
1. 전기말 단기자금 조달액	12,895	29,322	32,015	29,651
단기차입금	12,895	29,322	32,015	29,651
2. 전기말 순운전자본 투자액	26,185	33,828	28,620	34,653
3. 전기말 과부족 (1-2)	-13,290	-4,506	3,395	-5,002
4. 당기 단기자금 조달액	16,427	2,693	-2,364	-364
단기차입금	16,427	2,693	-2,364	-364
5. 당기 순운전자본 투자액	7,643	-5,208	6,033	3,011
6. 당기중 과부족 (4-5)	8,784	7,901	-8,397	-3,375
7. 과부족 합계 (3+6)	4,506	3,395	5,002	8,377
순운전자본/매출액 비율	45.3%	27.8%	23.1%	20.7%

이 회사는 순운전자본 총액의 80% 내지 90%를 단기차입금으로 조달하여 운용함을 볼 수 있다. 이렇게 업종에 따라, 그리고 그 기업의 내부유보 정도에 따라 순운전자본에 소요되는 자금을 단기차입금에 의존하는 정도는 다름을 볼 수 있다. 만약 단기차입금의 잔액이 순운전자본 투자액을 초과한다면 이는 단기차입금으로 조달된 금액이 순운전자본 이외의 자산에 투자되었다는 것을 의미하므로 이러한 상황을 즉시 시정하도록 하여야 할 것이다.

순운전자본의 증가 추세를 매출액 증가율과 비교함으로써 다음과 같은 판단을 해볼 수 있다. 매출액 증가율을 상회하는 순운전자본 증가 추세가 나타나는 기업은 향후의 시장을 낙관적으로 예측하고 원자재 구매와 제품 생산을 대폭적으로 확대하였으나 예상 외로 시장 상황이 나쁜 경우 먼저 재고자산의 증가 현상이 나타나고 다음으로 매출 확대를 위한 대금 회수조건 완화 등으로 무리한 밀어내기식 매출을 추진하게 되어 매출채권 증가 현상이 나타나게 된다. 반면 재고자산 및 매출채권 보유 기간 장기화에 따라 원자재 대금 지급기일이 먼저 도래하게 되고 추가적인 원자재 구입은 축소됨으로써 전반적으로는 매입채무의 축소 현상이 초래될 것이다. 결국 밀어내기식 영업으로 매출은 증가 추이를 보일 수 있으나 운전자본의 증가가 더욱 크게 나타남으로써 중장기적으로는 현금 순환 둔화에 따른 자금 압박 가능성이 증대되는 것으로 파악할 수 있다. 밀어내기 매출로 인한 부실의 악순환을 초래하는 과정을 그림으로 나타내면 [그림 5-4]와 같다.

그림 5-4 **밀어내기 매출로 인한 부실의 악순환**

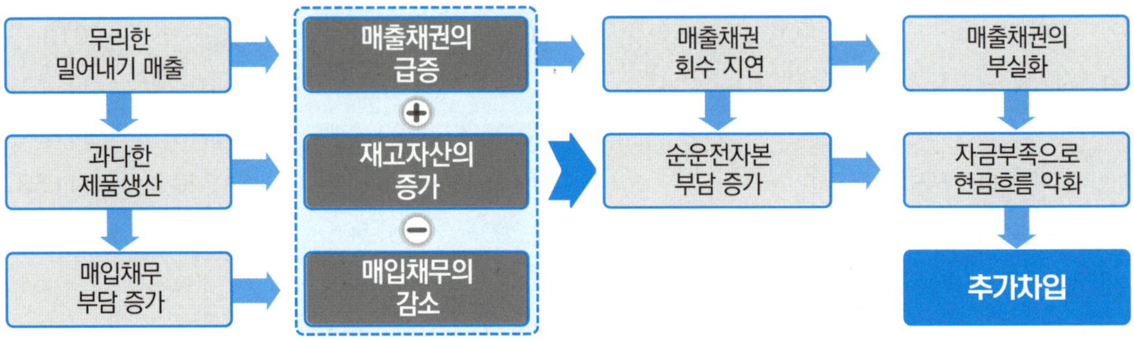

그 반대로 매출액 증가율을 하회하는 순운전자본 증가 추세가 나타나는 기업은 양호한 시장 상황으로 매출이 확대 추세를 보이고 이에 따라 보유 제품 재고가 감소하여 심지어 매출조건(대금 회수기일 단축 내지 현금매출 중시)을 강화해야 할 경우라고 가정할 수 있다. 이러한 경우에는 매출채권 및 재고자산은 축소되고 매입채무는 증가하는 경향이 일반적이다. 매출 확대에 의한 수익성 향상으로 영업활동으로부터의 현금 원천이 증가함에도 불구하고 운전자금 증가액은 별로 없어 전반적으로 영업으로부터 자금유입이 원활히 이루어지게 되며, 이를 바탕으로 차입원리금의 상환 재원 및 추가 시설투자 등의 소요자금 마련이 가능하여 전체적으로 양호한 신용상태를 유지할 수 있게 된다. 다만 이러한 기업이 시장 상황 악화로 매출이 급감하는 경우 영업 축소에 따라 역으로 순운전자본 증가가 초래될 수 있으므로 이에 대한 신중한 검토가 필요하다.

운전자본을 광의로 해석하여 '유동자산 - 유동부채'로 정의하는 경우도 있다. 이를 '순운전자본' 또는 '운전자본'이라고 하는데, '순운전자본' 또는 '운전자본'의 개념을 정리하면 다음과 같다.

1) 순운전자본 (Ⅰ) : 매출채권 + 재고자산 - 매입채무
2) 순운전자본 (Ⅱ) : 매출채권 + 재고자산 + 선급금 - 매입채무 - 선수금
3) 광의의 순운전자본 : 유동자산 - 유동부채

운전자본의 적정 보유 수준 기준치로서 순운전자본 비율을 계산하여 산업 평균과 비교하는 방법도 있다.

$$\text{순운전자본 비율} = \frac{\text{유동자산} - \text{유동부채}}{\text{총자산}} \times 100$$

운전자본을 구성하는 매출채권과 재고자산 및 매입채무에 대한 추가적인 분석 내용은 제6장에서 기술하기로 한다.

6 영업활동 중 비경상적인 부분에 대한 분석

신용분석용 현금흐름표에서 '기타 영업 관련 자산·부채의 증감액'과 '영업외수익과 영업외비용(비현금수익 제외)'란에 기재된 내용은 기업의 비경상적인 영업활동을 나타내는 부분이다. 영업활동과 관련된 자산과 부채 중에서 핵심 영업활동에 관련되는 순운전자본을 제외한 자산과 부채이므로 그 변동금액이 중요하지 않을 경우가 대부분이지만, 경우에 따라 그 금액이 중요할 경우에는 그 원인을 파악해보아야 한다. 또한 영업외수익과 영업외비용 중에서 비현금수익과 비현금비용 및 이자비용을 제외한 금액 역시 중요하지 않을 경우가 대부분이지만 그 금액이 중요할 경우에는 역시 그 원인을 파악해서 향후에도 그와 같은 현금흐름이 나타날지에 대하여 판단해보아야 한다.

마마유업(주)의 영업활동 현금흐름 내용은 다음 [표 5-36]과 같다.

[표 5-36] 마마유업의 영업활동 현금흐름

(단위 : 백만 원)

과 목	2008	2009	2010
영업활동 현금흐름 원천	53,384	63,848	59,241
영업이익	17,603	27,063	19,143
감가상각비 등 가산	35,781	36,785	40,097
영업활동 현금흐름 운용	(22,913)	18,168	(32,628)
법인세의 납부	798	(3,405)	(5,258)
순운전자본 투자액	(18,484)	14,118	(3,829)
기타 영업 관련 자산·부채 증감액	(7,412)	3,175	(27,559)
영업외수익·비용 (비현금수익 비용 제외)	2,184	4,280	4,018
이자지급 전 영업활동 현금흐름	30,471	82,016	26,612

위의 [표 5-36]에서 보면 마마유업(주)의 영업활동 현금흐름이 전년에 비하여 악화된 중요한 원인 중 하나는 '기타 영업 관련 자산·부채의 증감액'임을 알 수 있다. 이 내용을 공시된 자료로 검토해본 바, 미지급금 지급액 144억 원과 퇴직금 지급액 129억 원이 주요한 원인으로 나타났다. 이러한 금액은 매년 경상적으로 나타나는 사항은 아니라고 판단된다. 미지급금은 2009년에 지급을 연기하였던 금액이 2010년에 지출되었다고 추정되며,[30] 퇴직금 지급액은 일시적인 고용조정이 있었을 것으로 추정된다. 분석자는 그러한 내용이 타당한지에 대하여 추가적인 분석을 하고 그 결과 이 회사의 영업활동 현금흐름 추정에 반영하여야 할 것이다.

또 다른 예를 보도록 하자.

---

30) 미지급금이 만약 설비투자자금의 미지급금이라면 영업활동에서 분리하여 재무활동으로 재분류할 필요가 있다. (제3장 제1절 참조)

[표 5-37] TG컴퓨터의 현금흐름

(단위 : 백만 원)

과 목	2002	2003	2004
영업활동 현금흐름 원천	-59,813	91,118	26,847
영업활동 현금흐름 운용	-35,178	-31,800	-148,141
순운전자본 투자액	19,500	-4,235	-29,882
법인세 납부	-8,127	376	-4,172
영업외수익·비용	-45,204	-3,690	-49,705
기타영업 관련 자산·부채 증감	-1,347	-24,251	-64,382
이자지급 전 영업활동 현금흐름	-94,991	59,318	-121,294
이자비용과 배당금 지급	-18,211	-14,354	-12,321
이자와 배당금 지급 후의 현금흐름	-113,202	44,964	-133,615
유동성장기차입금 상환 후 현금흐름	-148,767	-35,910	-177,055
투자활동 현금흐름액	7,470	-43,732	-29,227
총 외부자금 조달액	156,185	47,964	187,622
외부자금 조달 후 현금액	14,888	-31,678	-18,660

[표 5-37]을 보면 2004년도에 TG컴퓨터의 영업활동 현금흐름 운용의 대부분이 '영업외수익·비용'과 '기타 영업 관련 자산·부채 증감'임을 알 수 있다.

2004년에 회사는 거액의 이전가격조정손실과 판매보증비의 지출로 인하여 위와 같은 현금흐름을 보여주었다. 이러한 기업의 경우에는 향후에도 동일한 성격의 현금유출이 발생할지의 여부에 대하여 심도 있는 분석이 필요할 것이다.

7 법인세 납부액에 대한 분석

법인세는 기업의 영업활동 결과 필수적으로 지출되는 항목이다. 손익계산서에 기재된 다른 비용 항목들과 마찬가지로 손익계산서에 기재되는 법인세비용은 당기의 세전이익에 대한 법인세 발생액으로서 당기 또는 차기 이후에 납부하여야 할 금액을 의미한다(또는 이미 지출한 법인세를 차기 이후의 수익과 대응시킬 경우도 있다). 그러나 외부감사를 받지 않는 소기업의 경우에는 법인세비용을 기간 배분하지 않기 때문에(즉, 이연법인세 회계를 실시하지 않기 때문에) 손익계산서에 기재된 법인세비용은 당해 연도 및 그다음 연도에 그대로 현금유출이 되지만, 이연법인세 회계를 적용하는 기업의 경우에는 법인세비용의 발생금액과 실제 법인세의 현금 지출시기가 큰 차이가 생길 수 있다.

상장기업 중에서 무작위로 5개 회사를 선택하여 각 기업의 2011년도 손익계산서에 기재된 법인세비용과 현금흐름표에 기재된 법인세 납부액을 비교하면 다음 [표 5-38]과 같다.

[표 5-38] 일부 상장기업의 법인세비용과 법인세 납부액 비교

(단위 : 백만 원)

구분	DY기전	H시멘트	YH양행	MR제지	KC건설	SB필름
법인세차감전순이익 (A)	31,349	19,233	93,054	14,404	45,491	7,379
법인세비용 (B)	7,464	5,980	9,951	3,240	12,274	140
법인세 현금 납부액 (C)	1,998	10,018	9,772	5,169	19,090	157
유효법인세율 (=B/A)	23.81%	31.09%	10.69%	22.49%	26.98%	1.89%
세전이익 대비 납부액 비율 (=C/A)	6.37%	52.09%	10.50%	35.88%	41.96%	2.13%

2011년도에 세법에서 정한 법인세율은 과세표준 2억 원까지 11%(주민세 포함 12.1%)이며 2억 원을 초과하는 금액에 대하여는 22%(주민세 포함 24.2%)이다. 그러나 위의 표에서 보면 유효법인세율은 물론 세전이익 대비 법인세 납부액은 기업별로 매우 다양한 차이를 보이고 있다. 이렇게 다양한 차이를 보이는 원인은 각 기업마다 세액 감면이나 공제를 받는 영향이 서로 다르고, 이월결손금의 공제 유무, 세무조사에 의한 추징세액 유무 등이 서로 다르기 때문이다. 또한 법인세비용은 당기 발생액이지만, 법인세 납부액은 일반적으로 당기와 차기에 걸쳐 지급되기 때문에 시간차이도 존재한다.

그러므로 분석자는 기업의 재무상태표에 이연법인세자산이나 이연법인세부채가 계상된 경우, 그러한 이연법인세 효과가 향후 어느 시점에 기업의 법인세 현금납부액에 영향을 미칠지에 대하여 분석하여야 한다.

참고로 SB필름의 최근 6년간 법인세비용과 법인세 납부액의 추이를 보면 다음 [표 5-39]와 같다.

[표 5-39] SB필름의 법인세비용과 법인세 납부액 추이

(단위 : 백만 원)

과목	2006	2007	2008	2009	2010	2011
법인세비용차감전순이익	5,003	9,127	-57,712	3,271	2,073	7,379
법인세비용	224	1,423	-13,618	1,529	280	140
법인세 납부액	37	27	-2	110	178	157
유효법인세율	4.47%	15.59%	23.60%	46.76%	13.50%	1.89%
세전이익 대비 납부액 비율	0.73%	0.30%	-	3.35%	8.59%	2.13%

SB필름의 경우 대규모 결손을 보기 이전인 2006년도와 2007년도에 세전이익 대비 납부액 비율은 1%도 되지 않는다. 이것은 이 회사가 세법상 각종 감면 혜택이 많았다는 것을 의미한다. 2008년도에 대규모 손실을 겪게 됨으로 인하여 이월결손금이 발생하였는데, 그럼에도 불구하고

그 이후 연도에 법인세 납부액이 있는 이유는 과거 연도에 대한 세무조사 결과 추징세액이 발생하였고, 또한 법인세 감면 혜택을 받을 경우에도 농어촌특별세액을 납부하는 등의 영향이 있었기 때문이다.

이 기업과 같이 이월결손금이 있는 기업의 경우에는(이 경우에도 이연법인세자산이 재무상태표에 계상된다) 그러한 결손금을 향후 몇 년까지 공제를 받을 수 있는지에 대한 검토도 필요하다.[31)]

8 투자활동과 재무활동에 대한 분석

기업의 투자활동과 재무활동에 대한 분석은 다음과 같은 내용에 중점을 두어야 하며, 이 내용에 대한 추가적인 설명은 제5장 제1절 및 제6장 제2절을 참고하기 바란다.

- 유형자산에 대한 지출금액과 감가상각비를 비교하여 기존설비의 유지를 위한 지출인지 또는 기존설비 외에 추가적인 설비투자를 실시하는지 분석한다.
- 기업이 설비투자를 통하여 성장하려고 하는지, 타 법인 주식취득을 통하여 성장하려고 하는지에 대한 정보, 즉 성장전략을 파악하고 이로 인하여 미래에 기대되는 효과를 분석한다.
- 설비투자에 대한 지출 이후 회사의 매출액 상승에 효과를 가져왔는지 분석한다.
- 설비투자의 규모가 동 업계의 규모와 비교하여 적정한 규모인지 분석한다.
- 설비투자자금이 장기자금으로 조달되었는지 분석한다.
- 금융기관에서 조달된 자금으로 비업무용 부동산을 취득하였는지 여부를 분석한다.
- 운용리스를 이용하고 있는 기업의 경우 금융리스로 회계처리를 가정한 추가 분석을 실시한다.
- 관계회사에 대한 투자가 금융기관 차입금으로 조달된 경우, 피투자회사에 대한 추가 분석을 실시한다.
- 무형자산에 대한 투자로 인하여 향후 기대되는 효과에 대하여 분석한다.
- 투자활동에 단기대여금의 대여가 중요한 금액일 경우, 금융기관에서 지원해준 자금흐름이 왜곡되고 있지 않은지 여부를 분석한다.
- 단기차입금의 금액이 과다하거나 급격하게 증가되는 추세에 있는 때에는 그 사유를 분석한다.
- 외부자금 조달 실적은 빈약하나 단기 순운전자본에 대한 투자가 과다한 경우, 부외부채에 의존하고 있는지 여부를 분석한다.
- 레버리지 효과가 큰 업종의 경우 업계 및 당해 기업의 업황과 연계하여 분석한다.

31) 법인세법 제13조 제1호에 의하면 2008년도까지 발생한 이월결손금은 그 이후 5개년도까지 세전이익에서 공제가 가능하며, 2009년도부터 발생한 이월결손금은 그 이후 10년도까지 세전이익에서 공제가 가능하다. 또한 2020년도부터 발생한 이월결손금은 그 이후 15년도까지 세전이익에서 공제가 가능하다.

9 대출약관에 추가할 내용의 검토

금융기관은 신용위험을 낮추기 위하여 차입자에게 다양한 형태의 대출조건을 제시한다. 차입금에 대한 담보를 요구하는 것이 가장 일반적인 대출조건이라고 볼 수 있는데, 배당률의 제한이나 신규 차입 규모의 제한 등 그 조건은 금융기관에 따라 다양하다.

상기와 같은 현금흐름분석 결과 다양한 대출약관을 고려해볼 수 있는데, 몇 가지 예를 들면 다음과 같다.

- 적정 순운전자본 규모
- 배당률 상한선
- 총부채금액 한도
- 금융비용보상비율 하한선
- 부채 상환비율 하한선
- 비영업용 자산의 처분

적정 순운전자본의 규모는 단기자금의 지원이 순운전자본에 필요 이상으로 자금이 정체되는 것을 방지하기 위한 것이며, 배당률의 상한선은 과다한 배당으로 인한 기업의 영업활동 현금흐름 악화를 방지하기 위한 것이다.

총부채금액 한도는 적정 차입금 규모를 산정하여 총부채금액의 한도를 정함으로써 과다한 부채로 인한 기업 부실을 방지하기 위한 것이다.

금융비용보상비율 하한선을 정할 때 제5장 제5절에서 소개한 한국은행의 금융비용보상비율로 정하거나, 또는 신용분석용 현금흐름표에서 이자 지급액 대비 영업활동 현금흐름 원천 금액으로 정할 수도 있다. 이러한 결정은 대출담당 금융기관의 정책 또는 신용분석자의 판단에 따라야 한다.

부채 상환비율의 하한선은 앞에서 소개한 단기차입금 상환비율이나 총차입금 상환비율을 참고하여 역시 금융기관의 정책이나 신용분석자의 판단에 따라 정할 수 있다.

영업활동에서 현금의 조달이 충분하지 않은 경우, 회사가 보유한 비영업용자산의 처분을 통하여 자금의 운용에 탄력성을 부여할 수 있다.

제5장 연습문제 | Exercise

가. 본문 내용의 복습

01 현금흐름표 '영업활동 현금흐름'에서는 어떠한 정보를 얻을 수 있는가?

02 현금흐름표 '투자활동 현금흐름'에서는 어떠한 정보를 얻을 수 있는가?

03 현금흐름표 '재무활동 현금흐름'에서는 어떠한 정보를 얻을 수 있는가?

04 현금흐름표 '기말현금보유액'에서는 어떠한 정보를 얻을 수 있는가?

05 '현금흐름 유형에 따른 현금흐름분석 방향'에 대하여 설명하시오.

06 현금흐름표의 수평적 분석과 수직적 분석에 대하여 설명하시오.

07 현금흐름표를 재구성하여 신용분석 목적용 현금흐름표를 작성하는 방법에 대하여 설명하시오.

08 현금흐름표를 이용한 재무비율에는 어떠한 것이 있는가?

09 '전통적인 현금흐름'과 '잉여현금흐름' 및 'EBITDA'가 현행 현금흐름표상 영업활동 현금흐름과 어떠한 차이가 있는지 설명하시오.

10 현금흐름표를 통하여 신용분석자는 어떠한 내용을 분석하여야 하는가?

나. 선다형

01 다음은 현금흐름표가 제공할 수 있는 정보를 나열한 것이다. 이 중에서 '영업활동으로 인한 현금흐름'이 제공하는 정보와 거리가 먼 것은 ( )

① 기업의 부채원리금 상환능력
② 장·단기 자금의 조달 및 운용의 균형여부
③ 기업의 배당금 지급능력
④ 기업의 미래 현금흐름 창출능력과 계속기업으로서의 존속능력

02 현금흐름과 관련하여 산출된 재무비율 중 '현금흐름보상비율(Cash flow Coverage Ratio)'이 있다. 다음 중 '현금흐름보상비율'에 대한 설명 중 가장 가까운 것은? ( )

① 영업활동에서 창출된 현금으로 기업의 단기차입금과 이자비용을 부담할 수 있는가를 알아보는 지표이다.

② 기업이 매출활동을 통해 얼마만큼의 현금을 창출할 수 있는가를 파악하기 위한 지표이다.

③ 영업활동으로 인한 현금흐름 중에서 당기순이익이 차지하는 비중을 의미한다.

④ 영업활동을 통해 조달한 현금으로 투자활동에 대한 현금지출액을 어느 정도 충당할 수 있는가를 나타내는 지표이다.

⑤ 영업활동으로 인한 현금흐름으로 총부채를 어느 정도 상환할 수 있는가를 나타내는 지표이다.

03 현금흐름 관련 비율 중 '투자안정성비율'이 있다. 다음 중 투자안정성비율에 대한 설명 중 맞는 것은? ( )

① 영업활동 현금흐름 중에 당기순이익이 차지하는 비중을 의미한다.

② 영업활동을 통해 조달한 현금으로 투자활동에 대한 현금지출을 어느 정도 충당할 수 있는가를 나타낸다.

③ 영업활동을 통해 조달한 현금으로 차입금을 어느 정도 상환할 수 있는가를 나타낸다.

④ 영업활동을 통해 조달한 현금으로 유형자산 투자를 위한 현금지출에 어느 정도 충당할 수 있는가를 나타낸다.

04 영서주식회사의 최근 3년 동안 현금흐름을 종합해보면 영업활동에서 조달된 현금은 370백만 원, 투자활동에 유출된 현금은 750백만 원, 재무활동에서 조달된 현금은 390백만 원이었다. 이 회사의 현금흐름과 관련된 다음 설명 중 가장 적절치 않은 것은? ( )

① 영업활동에서는 현금을 창출하지 못하고 있는데, 한편으로는 차입금 상환이나 배당금의 지급에 현금이 필요한 기업이다.

② 영업활동에서 창출된 현금으로는 설비투자에 필요한 자금을 모두 충당할 수 없는 기업이다.

③ 성장하고 있는 기업에서 흔히 볼 수 있는 현금흐름 유형이다.

④ 이러한 유형의 현금흐름분석은 계속적인 투자로 인한 효과가 향후 어느 시점에 회사의 영업활동 현금흐름에 증가 효과를 가져올지 판단하는 데 중점을 두어야 한다.

05 통통주식회사의 20×1년도 현금흐름표상 '영업활동 현금흐름'은 2,000백만 원이 마이너스로 표시되어 있고, '투자활동 현금흐름'은 플러스 1,100백만 원, 그리고 '재무활동 현금흐름'이 플러스 1,000백만 원으로 표시되어 있다(기말현금의 증가 100백만 원). 이러한 회사의 현금흐름과 가장 가깝다고 생각되는 설명을 고르시오. (　　　)

① 신생 또는 급성장 기업에서 전형적으로 나타나는 유형이다. 영업활동과 투자활동에서 부족한 현금은 외부차입이나 증자로 조달되는데, 자금을 제공하는 채권자나 투자자는 해당 기업이 가까운 장래에 영업활동에서 차입원리금의 상환이나 배당에 필요한 충분한 현금을 창출할 것을 기대하고 있을 것이다.

② 비유동자산을 매각하되 현재 종사하고 있는 업종에서 떠나지 않으려는 기업이다. 따라서 채권자 또는 투자자들은 그 기업이 영업활동에서 결국 현금을 창출할 것이라 기대하고 있어서 기업에 자금을 공급하고 있는 유형이다.

③ 영업활동이나 재무활동에 필요한 현금을 투자자산이나 유형자산을 매각하여 조달하는 유형이다. 그러므로 영업활동에서 현금을 조달하지 못하기 때문에 부채나 자본을 축소하여 결국 기업을 축소하는 유형이다.

④ 영업활동에서 창출된 풍부한 현금으로 투자자산이나 유형자산에 투자하고 나머지 현금으로 차입금 상환과 주주에 대한 배당금 지급까지 가능한 기업의 유형이다.

06 EBITDA(법인세·이자·감가상각비 차감 전 영업이익)에 대한 다음 설명 중에서 가장 적절하지 않은 것은? (　　　)

① '영업이익을 이자비용으로 나눈 이자보상비율'이 유사한 두 기업 중 불황 국면에서는 자본집약적인 기업이 'EBITDA를 이자비용으로 나눈 이자보상비율'이 더 높다.

② 이자와 법인세비용을 제외한다면, EBITDA와 현금흐름표상 '영업활동으로 인한 현금흐름'이 가장 중요하게 차이가 나는 부분은 자본적 지출이다.

③ EBITDA는 일반적으로 손익계산서 영업이익에 감가상각비를 더하여 계산한다.

④ EBITDA는 자기자본과 타인자본의 사용으로 인하여 기업이 영업활동에서 벌어들인 현금의 대용치로 볼 수 있다.

07 요즈음 기업의 가치를 산정하고자 할 때 통상 그 기업의 미래 잉여현금흐름(Free Cash Flow)을 일정한 가중평균자본비용으로 할인하는 방법을 많이 사용하고 있다. 이때 사용되는 잉여현금흐름에 대한 정의에 가장 가까운 것은 다음 중 어느 것인가? (   )

① 당기순이익에 감가상각비를 가산한 금액을 말한다.

② 현행 현금흐름표상 '영업활동으로 인한 현금흐름액'을 말한다.

③ 현행 현금흐름표상 '영업활동으로 인한 현금흐름액'에서 '재무활동으로 인한 현금흐름액'을 차감한 잔액을 말한다.

④ 현행 현금흐름표상 '영업활동으로 인한 현금흐름액'에 이자비용을 더하고 자본적 지출을 차감한 금액을 말한다.

⑤ 현행 현금흐름표상 영업활동과 투자활동 및 재무활동 등 모든 활동을 반영한 후 증가한 현금을 말한다.

08 신용분석자 입장에서 현금흐름표의 영업활동 현금흐름을 분석할 때 고려할 사항으로서 적절하지 않은 것은? (   )

① 어느 회계연도의 법인세 납부액은 동일 기간 그 기업의 손익계산서에 기재된 법인세비용과 많은 차이를 나타낼 수 있기 때문에 그 차이에 대하여 자세히 분석해보아야 한다.

② 영업활동 중 비경상적인 영업활동에서 나타난 현금흐름이 중요하다면 그러한 상황이 향후에도 발생될 것인지에 대한 검토도 필요하다.

③ 매출액 증가율을 상회하는 순운전자본 증가 추세가 나타나는 기업은 양호한 시장 상황으로 매출이 확대됨에 따라 보유 제품 재고가 감소하여 매출조건을 강화해야 할 경우라고 가정할 수 있다.

④ 장기적인 관점에서 회사가 총차입금을 상환하는 능력을 검토할 때에는 영업활동에서 조달된 현금에서 계속기업의 존속을 위한 자본적 지출을 차감한 현금흐름과 총차입금을 비교하는 것이 적절하다.

09 남동기업의 다음 자료를 토대로 1회전 소요 운전자금을 산출하면 얼마인가? (단, 1년은 360일로 계산할 것) (   )

자료 : 추정 매출액	600백만 원,
매출채권회전기간	60일
재고자산회전기간	72일
매입채무회전기간	90일

① 70백만 원 ② 370백만 원 ③ 150백만 원 ④ 170백만 원

10 다음 중 현금흐름의 악화를 가져오는 원인은? ( )

① 공급자의 신용정책이 완화된다.
② 선수금이 증가한다.
③ 선수수익이 감소한다.
④ 매출채권이 감소한다.
⑤ 전환사채를 발행한다.

11 다음 중 수익성이 양호한 기업의 도산 원인이 될 수 없는 것은? ( )

① 매입채무의 증가
② 매출채권의 증가
③ 퇴직급여충당금의 감소
④ 신주인수권부사채의 감소
⑤ 재고자산의 감소

12 다음 중 내부현금의 원천이 되는 것은? ( )

① 차입금 증가로 인한 현금유입
② 투자활동으로부터의 현금유입
③ 유형자산 처분으로부터의 현금유입
④ 매출채권 감소로 인한 현금유입
⑤ 유상증자에 의한 현금유입

13 회사의 현금흐름을 분석한 결과 당기순이익보다 영업활동으로 인한 현금흐름이 더 적어졌다. 그 원인에 대한 설명으로 옳지 않은 것은? ( )

① 유형자산처분이익을 인식하였다.
② 지분법 적용 대상 피투자회사의 이익이 큰 폭으로 증가하였다.
③ 당기중 대규모 구조조정으로 퇴직금의 지급액이 큰 폭으로 증가하였다.
④ 배당금 지급액이 전기에 비해 증가하였다.
⑤ 주요 거래처에서 채권회수에 어려움이 있다.

14 투자활동 현금흐름을 통하여 파악할 수 있는 정보를 나열한 것이다. 옳지 않은 것은? (　　　　)

① 영업활동으로 부족한 자금을 유휴시설 처분을 통하여 조달하였는지 여부
② 외부자금 조달의 필요성
③ 기업의 신규투자능력
④ 투자활동을 통한 기업의 성장전략

15 삼청기업의 이사회는 최근 회의에서 회사의 당기순이익이 매우 많음에도 불구하고 채무상환자금이 부족하다는 사실에 당황해하고 있다. 다음 중 그 원인에 대한 설명으로 가장 적합한 것은? (　　　　)

① 재고자산 회전(보유) 기간이 길어지고 있다.
② 원재료 공급처의 결제조건이 완화되고 있다.
③ 대규모 설비매각을 진행하고 있다.
④ 원재료 매입단가가 낮아지고 있다.

16 2008년도 삼청(주)의 현금흐름을 분석한 결과 당기순이익보다 영업활동으로 인한 현금흐름이 더 적었다. 그 원인에 대한 설명으로 옳지 않은 것은? (　　　　)

① 단기매매증권의 공정가치가 증가하여 평가이익을 인식하였다.
② 지분법 적용 대상 피투자회사의 이익이 큰 폭으로 증가하였다.
③ 당기중 대규모 구조조정으로 퇴직금의 지급액이 큰 폭으로 증가하였다.
④ 매출 부진으로 재고자산이 급격하게 증가하였다.
⑤ 차입금에 대한 이자 지급액이 증가하였다.

다. 사례 연구

01 다음은 Lady Fashion 주식회사의 현금흐름표를 요약한 것이다. 이 내용을 토대로 각 질문에 대하여 간단히 답하시오.

현금흐름표

Lady Fashion 주식회사　　(2002. 1. 1 ~ 2002. 12. 31)　　(단위 : 백만 원)

과　　목	금　　액	
영업활동 현금흐름		(1,675)
당기순이익	1,332	
감가상각비	490	
퇴직급여	325	

과 목	금 액	
재고감모손실	1,372	
지분법손실	602	
매출채권 증가	(3,013)	
재고자산 증가	(4,606)	
매입채무증가	1,845	
기타	(22)	
투자활동 현금흐름		(12,365)
유형자산취득	(899)	
투자주식 취득	(4,000)	
단기예금 취득	(6,697)	
기타	(769)	
재무활동 현금흐름		14,035
단기차입금차입	1,448	
장기차입금차입	8,829	
유상증자	3,918	
배당금 지급	(160)	
현금의 증감		(5)

Lady Fashion 주식회사의 2002년도 매출액은 36,293백만 원이며, 이 금액은 전기 대비 약 7% 증가한 금액이다.

질문 1 Lady Fashion 주식회사는 2003년 3월 5일에 주주들에게 200백만 원의 배당금을 지급할 예정이다. 위의 현금흐름표를 토대로 할 때 이 배당금의 재원(財源)은 어떤 것인가?

질문 2 Lady Fashion 주식회사의 영업활동 현금흐름이 부진한 이유는 무엇이라고 생각되는가?

질문 3 Lady Fashion 주식회사의 2002 회계연도 투자활동의 특징은 무엇인가?

02 다음은 대망중공업주식회사의 2005년도 손익계산서와 동년도 현금흐름표 중 일부이다. 이 자료를 토대로 대망중공업주식회사의 2005년도 영업활동 현금흐름을 직접법으로 나타내보시오.

자료 1 대망중공업주식회사의 2005년도 손익계산서

(단위 : 백만 원)

과　　목	금　　액
매출액	10,354
매출원가	9,639
매출총이익	715
판매비와 관리비	625
영업이익	90
영업외수익	569
영업외비용	402
법인세비용차감전순이익	257
법인세비용	74
당기순이익	183

자료 2 대망중공업주식회사의 2005년도 현금흐름표 (영업활동 현금흐름 - 간접법)

(단위 : 백만 원)

과　　목	금　　액	
영업활동으로 인한 현금흐름		991
1. 당기순이익	183	
2. 현금의 유출이 없는 비용 등의 가산	687	
퇴직급여*[1]	167	
대손상각비	37	
개발비상각	32	
감가상각비*[2]	335	
공사손실충당부채전입액	41	
사채할인발행차금상각	2	
외화환산손실	17	
장기투자증권손상차손	29	
매도가능증권처분손실	7	
지분법손실	9	
유형자산처분손실	11	
3. 현금의 유입이 없는 수익 등의 차감	-273	
외화환산이익	-13	
지분법이익	-132	
충당부채환입액	-128	

과 목	금 액	
4. 영업활동으로 인한 자산·부채의 변동	394	
매출채권의 증가	-144	
선급금의 증가	-233	
선급비용의 증가	-80	
재고자산의 증가	-10	
매입채무의 증가	218	
선수금의 증가	656	
예수금의 증가	32	
미지급비용의 증가	50	
당기법인세부채의 증가	6	
퇴직금의 지급	-154	
이연법인세자산의 감소	53	

*1 : 퇴직급여 중 제조원가 해당액은 133백만 원임.
*2 : 감가상각비 중 제조원가 해당액은 268백만 원임.

03 다음은 (주)AK의 최근 3년 동안의 요약 현금흐름표이다. 이 내용을 토대로 동사의 영업활동과 투자활동 및 재무활동 현금흐름에 대한 귀하의 견해를 피력하시오.

요약 현금흐름표

(주) AK (단위 : 백만 원)

과 목	2××3	2××4	2××5
영업활동 현금흐름	-12,239	13,823	19,159
당기순이익	2,360	11,508	-64,908
감가상각비	6,261	7,338	7,891
무형자산상각비	6,512	11,030	8,989
퇴직급여	776	1,628	1,617
대손상각비	3,000	583	3,551
지분법손실	1,479	2,394	13,946
외화환산손실	997	-347	-821
재고자산손상차손	-	-	42,383
매출채권 증가	-27,987	-12,314	-155
재고자산 증가	-12,604	-12,899	-28,977
매입채무증가(감소)	9,517	-5,530	21,863
미지급금의 증가	390	10,958	15,231
기타	-2,940	-526	-1,451

과 목	2××3	2××4	2××5
투자활동 현금흐름	-19,245	-33,785	-55,112
단기투자자산등 취득	-2,200	-550	-704
투자자산취득	-2,928	-276	-14,240
유형자산취득	-7,058	-21,019	-12,831
무형자산취득	-7,059	-11,940	-27,337
재무활동 현금흐름	20,424	16,870	35,395
단기차입금 차입	24,006	3,181	21,585
장기차입금차입	-2,619	14,794	6,775
유상증자	-	8,089	7,803
유동성장기부채 상환	-527	-9,432	-581
배당금 지급	-436	-	-
기타	-	238	-187
현금의 증가	-11,060	-3,092	-558

04 다음은 파고다(주)의 2×11년도 K-IFRS에 의한 현금흐름표이다. 이 내용을 토대로 다음 질문에 답하시오.

질문 1 파고다(주)가 2×11년도에 영업활동에서 조달된 현금으로 동 연도에 지급된 이자를 상환한 후 남은 금액으로 모두 유동성장기부채를 상환하였다면, 영업활동에서 조달된 현금으로 상환한 유동성장기부채 금액은 얼마인가?

질문 2 영업활동 현금흐름의 계산에서 당기순이익에 이자비용과 법인세비용이 가산되는 이유를 설명하고, 가산되는 '법인세비용' 876백만 원과 '법인세 지급액' 100백만 원이 일치하지 않는 이유를 설명하시오.

현금흐름표

파고다(주) (2×11. 1. 1 ~ 2×11. 12. 31) (단위 : 백만 원)

과 목	금 액
Ⅰ. 영업활동 현금흐름	16,685
(1) 영업에서 창출된 현금	16,248
가. 당기순이익	1,107
나. 조정	18,185
감가상각비	4,812
퇴직급여	2,243
이자비용	11,187
파생상품평가손실	1,554
법인세비용	876
이자수익	(632)
배당금수익	(9)
기타 조정	(1,846)

과 목	금 액
다. 영업 관련 자산·부채 증감	(3,044)
매출채권 증가	(10,760)
재고자산 감소	7,672
매입채무 증가	4,944
퇴직금 지급	(2,994)
기타 증감	(1,906)
(2) 이자의 수취	447
(3) 배당금의 수취	90
(4) 법인세의 지급	(100)
II. 투자활동 현금흐름	(14,089)
기타금융자산 증가	(904)
단기대여금증가	(3,984)
유형자산취득	(8,361)
관계기업 지분 취득	(840)
III. 재무활동 현금흐름	(1,087)
단기차입금 차입	17,837
장기차입금 차입	2,730
사채의 발행	10,000
유상증자	9,419
유동성장기부채의 상환	(30,114)
이자의 지급	(10,839)
배당금의 지급	(120)
IV. 현금에 대한 환율 변동 효과	52
V. 현금및현금성자산의 증가	1,561

05 다음에 제시된 [자료 1]과 [자료 2]를 토대로 질문에 답하시오.

자료 1 2009년부터 2011년까지의 최선기업의 현금흐름표

신용분석 목적용 현금흐름표

최선기업 (단위 : 백만 원)

과 목	2009	2010	2011
영업활동 현금흐름 원천	20,240	45,171	56,539
영업이익	5,796	31,386	40,373
감가상각비	9,123	7,842	8,404
무형자산상각비	917	1,218	1,148
퇴직급여 등	4,403	4,725	6,615
영업활동 현금흐름 운용	(10,554)	(48,755)	(18,370)
법인세의 납부	(3,776)	(521)	(1,998)
순운전자본 투자액	29,926	(40,514)	(18,184)
기타 영업 관련 자산·부채 증감액	(34,613)	(22,798)	(3,139)
영업외수익 비용 (비현금수익 비용 제외)	(2,091)	15,079	4,952

과 목	2009	2010	2011
이자지급 전 영업활동 현금흐름	9,685	(3,584)	38,169
이자 지급액	(2,207)	(1,905)	(4,303)
배당금 지급액	(1,548)	(3,096)	(6,205)
이자와 배당금 지급 후 현금흐름	5,930	(8,586)	27,661
유동성장기차입금 상환액	(10,836)	(14,745)	(1,667)
유동성장기차입금 상환 후 현금흐름	(4,906)	(23,331)	25,994
투자활동 현금흐름	5,959	(17,843)	(82,001)
장·단기 투자자산의 증감	10,059	(7,613)	(21,759)
유형자산의 증감	(4,364)	(9,766)	(58,801)
무형자산의 증감	(109)	(465)	(1,441)
기타비유동자산의 증감	373	0	0
외부자금 조달 전 현금흐름	1,053	(41,174)	1(56,006)
외부자금의 조달	(2,327)	15,538	57,974
단기차입금의 증감	(8,294)	(12,486)	8,581
장기차입금의 증감	5,967	28,000	49,400
자본금의 증감	0	0	0
기타 조정	0	24	(8)
현금의 증감	(1,274)	(25,636)	1,967

자료 2 최선기업의 2009년부터 2011년까지 매출액, 매출원가 및 판매비와 관리비

최선기업 (단위 : 백만 원)

과 목	2009	2010	2011
매출액	281,341	473,883	595,404
매출원가	(242,847)	(401,627)	(507,114)
판매비와 관리비	(32,699)	(40,870)	(47,917)
영업이익	5,796	31,386	40,373

질문 1 [자료 1]을 토대로 2011년도 최선기업의 EBITDA(이자, 법인세, 감가상각비 및 무형자산상각비 차감 전 영업이익)는 얼마이며, 일반적으로 EBITDA와 '이자지급 전 영업활동 현금흐름액'을 비교할 때 가장 큰 차이를 가져오는 과목은 [자료 1]에서 어떤 과목인가?

질문 2 [자료 1]을 토대로 2011년도 최선기업의 Free Cash Flow(잉여현금흐름 : 기업 입장)는 얼마이며, Free Cash Flow와 '이자지급 전 영업활동 현금흐름액'을 비교할 때 어떠한 차이가 있는가? (단, 최선기업의 법인세율은 24%이며, 계속기업 유지를 위한 자본적 지출은 15,000백만 원으로 가정한다.)

질문 3 최선기업의 2009년과 2010년도 영업활동 현금흐름의 문제점에 대하여 각각 두 가지씩을 지적하고 이에 대하여 설명하시오.

질문 4 최선기업은 2010년에 2009년보다 영업이익을 훨씬 많이 실현하였음에도 불구하고 법인세의 납부액은 521백만 원으로서 2009년(3,776백만 원)에 비하여 훨씬 적다. 그 이유가 될 만한 것을 예시하시오.

질문 5 최선기업의 2011년도 '현금보상비율'과 '수정된 현금보상비율'을 계산하고 산출된 각각의 값에 대하여 설명하시오. (단, 2011년도 단기차입금은 43,000백만 원으로서 기초와 기말 동일함.)

질문 6 최선기업의 2011년말 장기차입금 합계는 63,000백만 원이다. 2011년도 현금흐름표 자료를 토대로 계속기업을 전제로 한 최선기업의 총차입금 상환 기간은 몇 년인가? (단, 계속기업 유지를 위한 필수 자본적 지출 금액은 15,000백만 원이다)

질문 7 2011년도 현금흐름표 자료를 토대로 할 때 최선기업의 적정 차입금 규모는 얼마인가? (단, 적정 차입금 규모 계산 시 이자지급 전 영업활동 현금흐름을 기준으로 계산하며, 금융비용보상비율은 2배, 차입금이자율은 5%로 가정할 것.)

질문 8 2011년도 현금흐름표의 '투자활동 현금흐름'란에 '장·단기 투자자산 증감'란에 기재된 (21,759)백만 원이 (1) 전액 단기투자자산에 대한 금액일 경우와, (2) 전액 장기투자자산에 대한 금액일 경우 예상되는 분석 방향에 대하여 기술하시오.

제5장 연습문제 해설

가. 본문 내용의 복습

01 현금흐름표 '영업활동 현금흐름'이 제공하는 정보

(1) 차입금의 원리금 상환능력
(2) 배당금 지급능력
(3) 기업의 미래 현금흐름 창출능력 및 계속기업으로서의 존속능력
(4) 당기순이익과 영업활동 현금흐름의 차이에 대한 정보
(5) 기업의 신규투자능력

02 현금흐름표 '투자활동 현금흐름'이 제공하는 정보

(1) 영업활동에서 부족한 자금을 유휴시설의 처분을 통하여 조달하였는지 여부
(2) 설비투자의 적정 규모 여부
(3) 투자활동을 통한 기업의 성장전략
(4) 외부자금 조달의 필요성

03 현금흐름표 '재무활동 현금흐름'이 제공하는 정보

(1) 내부금융과 외부금융의 균형 여부
(2) 장·단기 자금의 조달 및 운용의 균형 여부

04 기말현금보유액이 제공하는 정보

(1) 유망한 투자 기회를 위한 여유자금의 비축 및 재무 탄력성을 보유하고 있는지 여부

05 제2절 '현금흐름 유형에 따른 현금흐름분석 방향' 참조

06 제3절 '현금흐름표의 수평적 분석과 수직적 분석' 참조

07 현금흐름표를 재구성하여 신용분석목적용 현금흐름표를 작성하는 방법 : 제4절 참조

08 현금흐름표를 이용한 재무비율(각 비율에 대한 해설은 본문 내용 참조)

(1) 현금흐름보상비율 $= \dfrac{\text{영업활동으로 인한 현금흐름 + 이자비용}}{\text{단기차입금(평균) + 이자비용}} \times 100$

(2) 현금흐름이자비용보상비율 $= \dfrac{\text{영업활동으로 인한 현금흐름 + 이자비용}}{\text{이자비용}} \times 100$

(3) 영업활동으로 인한 현금흐름 대 매출액 $= \dfrac{\text{영업활동으로 인한 현금흐름}}{\text{매출액}} \times 100$

(4) 당기순이익 대 영업활동으로 인한 현금흐름 $= \dfrac{\text{당기순이익}}{\text{영업활동으로 인한 현금흐름}} \times 100$

(5) 영업활동으로 인한 현금흐름 대 투자활동현금지출 $= \dfrac{\text{영업활동으로 인한 현금흐름}}{\text{투자활동현금지출}} \times 100$

(6) 투자안정성비율 $= \dfrac{\text{영업활동으로 인한 현금흐름}}{\text{유형자산순투자지출}} \times 100$

(7) 영업활동으로 인한 현금흐름 대 총부채 $= \dfrac{\text{영업활동으로 인한 현금흐름}}{\text{총부채}} \times 100$

09 '전통적인 현금흐름'과 '잉여현금흐름' 및 'EBITDA'와 현행 현금흐름표상 '영업활동 현금흐름'의 비교 : 제6절 '현금흐름의 개념 및 분류'의 4. 현금흐름((TCF, EBITDA, CFO, FCF) 간의 비교

1) 현금흐름(TCF, EBITDA, CFO, FCF)별 개념

현금흐름	개념
전통적인 현금흐름 (TCF)	전통적인 현금흐름은 단순히 '당기순이익+감가상각비'로 산출한 현금흐름
법인세·이자·감가상각비 차감 전 영업이익 (EBITDA)	EBITDA는 기업이 영업활동을 통해 벌어들인 현금 창출능력을 나타내는 수치로서 영업이익(EBIT)에서 비현금비용인 감가상각비 (무형자산상각비 포함)를 더하여 산출한 현금흐름
영업활동 현금흐름 (CFO)	영업활동 현금흐름은 당기순이익에서 비현금비용이나 비현금수익을 가감하고, 영업활동과 관련된 자산·부채(순운전자본+기타운전자본) 증감액을 가감한 현금흐름
잉여현금흐름 (FCF)	기업의 입장에서 바라본 잉여현금흐름이란 기업이 총영업활동 현금흐름에서 순운전자본이나 현재의 생산능력을 유지하기 위한 자본적 지출(CAPEX)에 투자하고도 남는 현금흐름

2) 현금흐름(TCF, EBITDA, CFO, FCF) 간의 비교

	영업이익	감가상각비	순금융비용	기타 영업외손익	법인세	감가상각비를 제외한 비현금손익 제거	투자·재무 활동손익 제거	순운전자본 증가액	자본적 지출
EBITDA	+	+							
TCF	+	+	-	+, -	-				
CFO	+	+	-	+, -	-	+, -	+, -	-	
FCF*	+	+		+, -	-**			-	-

* 기업의 잉여현금흐름
** 영업이익에 대한 법인세

TCF : Traditional Cash Flow(전통적 현금흐름)
CFO : Cash Flow from Operating activity(현금흐름표상 영업활동 현금흐름)
+ : 가산 항목
- : 차감 항목
※ 위의 표에서 짙게 회색 처리된 난은 해당 요소를 감안하지 않았음을 나타낸다.

10 현금흐름표를 통하여 신용분석자가 분석할 내용 : 제7절 참조

나. 선다형

01 ② 02 ① 03 ④ 04 ① 05 ② 06 ② 07 ④ 08 ③

09 ① 1회전 소요운전자금 = 600백만 원 × (60 + 72 - 90) / 360 = 70백만 원

10 ③ 선수수익은 부채로 감소하면, 현금흐름에는 악영향을 미친다.

11 ⑤ 재고자산이 감소하면 재고자산부담액이 줄어 현금흐름이 원활해진다.

12 ④ 영업활동으로부터의 현금유입이 있다는 것은 회사가 목적사업을 통해서 현금을 창출했다는 것으로 내부현금의 원천이 된다.

13 ④ 배당금 지급액은 재무활동으로 영업활동에 영향을 미치지 않으며, 비용이 아니므로 당기순이익에도 영향을 주지 않는다.

14 ③ 기업의 신규투자능력은 영업활동을 통하여 현금을 창출할 수 있는 능력에 달려 있다. 영업활동에서 충분한 현금을 창출할 수 있다면 동 금액의 범위 내에서는 신규투자능력이 있다고 볼 수 있다. 따라서 이러한 정보는 영업활동 현금흐름을 통하여 확인할 수 있다.

15 ① 재고자산 회전(보유) 기간이 길어지면 재고자산이 증가하고 영업활동 현금흐름은 감소한다.

16 ⑤ 차입금에 대한 이자 지급액은 지급 시점에 비용 처리되어 손익의 흐름과 현금흐름이 일치하기 때문에 당기순이익과 영업활동 현금흐름이 일치한다.

다. 사례 연구

01 Lady Fashion 주식회사

질문 1 Lady Fashion 주식회사가 2003년 3월 5일에 지급할 배당금의 재원은 영업활동에서 조달한 현금은 아니며 외부조달 자금이다. 회사는 당기중 영업활동에서 현금을 조달하지 못하였으며, 투자활동에 필요한 자금과 영업활동에 부족한 자금을 모두 외부차입과 증자로 조달하였다. 투자활동 중 단기금융상품의 취득에 6,697백만 원을 지출하였는데, 이 금액의 재원이 외부차입 또는 증자자금이기 때문에 회사가 2003년 초에 단기금융상품을 인출하여 배당금을 지급한다 하더라도 결국 외부조달자금으로 배당금을 지급하는 것이나 마찬가지이다.

질문 2 Lady Fashion 주식회사의 영업활동 현금흐름이 부진한 이유는 현금흐름표에서 알 수 있듯이 매출채권과 재고자산이 크게 증가하고 있기 때문이다. 2002 회계연도의 경우에 동사는 매출채권에 3,013백만 원, 재고자산에 4,606백만 원의 현금이 묶여 있다. 매입채무의 증가금액 1,845백만 원을 감안하더라도 순운전자본이 5,774백만 원 증가하여 영업활동 현금흐름이 매우 부진한 이유가 되고 있다.

질문 3 Lady Fashion 주식회사의 2002 회계연도 투자활동의 특징은 설비투자보다는 타 법인 주식의 취득과 단기예금의 취득에 주력하고 있다는 점이다. 회사의 감가상각비가 490백만 원, 설비투자의 금액은 899백만 원(매출액의 2.5%)으로서 회사의 자체 제조시설이 별로 크지 않음을 알 수 있다. 따라서 회사는 타 법인 주식의 취득을 통하여 성장을 꾀하고 있으며, 단기예금의 취득 재원이 영업활동에서 창출한 현금이 아닌 것을 알 수 있는데, 단기예금의 증가분 중 상당 부분은 외부차입에 따른 보상잔액(compensating balance)일 수도 있다. 단기예금으로부터 높은 투자수익을 기대하기는 어려우므로, 회사는 향후 단기예금을 처분하여 새로운 설비투자 또는 타 법인 주식의 취득을 시도할 것으로 판단된다.

02 대망중공업주식회사

간접법의 직접법 변환

(단위 : 백만 원)

		매출액	매입 및 종업원유출액			영업외 수익	영업외 비용	법인세 비용	기타
			매출원가	판관비	퇴직금지급				
당기순이익	183	10,354	(9,639)	(625)		569	(402)	(74)	
퇴직급여	167		133	34					
대손상각비	37			37					
개발비 상각	32			32					
감가상각비	335		268	67					
공사손실충당부채전입액	41		41						
사채할인발행차금상각	2						2		
외화환산손실	17						17		
장기투자증권손상차손	29						29		
매도가능증권처분손실	7						7		
지분법 손실	9						9		
유형자산처분손실	11						11		
외화환산이익	(13)					−13			
지분법 이익	(132)					−132			
충당부채환입액	(128)					−128			
매출채권의 증가	(144)	(144)							
선급금의 증가	(233)		(233)						
선급비용의 증가	(80)			(80)					
재고자산의 증가	(10)		(10)						
매입채무의 증가	218		218						
선수금의 증가	656	656							
예수금의 증가	32								32
미지급비용의 증가	50			50					
당기법인세부채의 증가	6							6	
퇴직금의 지급	(154)				(154)				
이연법인세자산의 감소	53							53	
영업활동으로 인한 현금흐름	991	10,866	(9,222)	(485)	(154)	296	(327)	(15)	32

03 (주)AK(본 사례는 토론 참가자들이 각자의 견해를 피력하기 위한 자료로 제공한 것임, 풀이 없음)

04 **질문 1** 답 5,846백만 원= 16,685백만 원 - 10,839백만 원 (참고로 이 회사는 이자비용 지급을 재무활동으로 구분하고 있음)

질문 2 제4장 제4절 참조

05 **질문 1**

(1) EBITDA는 통상 '영업이익 + 감가상각비(무형자산상각비 포함)'로 계산한다. [자료 1]에 영업이익과 감가상각비 및 무형자산상각비가 모두 제시되어 있으므로 최선기업의 2011년도 EBITDA는 다음과 같다.

EBITDA = 40,373 + 8,404 + 1,148 = 49,925(백만 원)

(2) EBITDA와 '이자지급 전 영업활동 현금흐름액'의 가장 큰 차이를 가져오는 과목은 '순운전자본의 증감'('기타 운전자본의 변동(증감)' 포함)이다.

질문 2

(1) 현행 회계기준에 의하여 작성된 현금흐름표를 토대로 기업의 Free Cash Flow(잉여현금흐름)를 계산할 때는 '이자지급 후 영업활동 현금흐름'에 '이자비용(1-법인세율)'을 가산한 다음 자본적 지출을 차감한다.

2011년도 Free Cash Flow = (38,169-4,303) + {4,303 × (1-0.24)} - 15,000
= 33,866 +3,270 - 15,000 = 22,136

(2) 잉여현금흐름과 '이자지급 전 영업활동 현금흐름액'의 차이는 두 가지이다. 하나는 이자비용에 대한 법인세 효과이며, 다른 하나는 자본적 지출이다. 즉, 기업의 잉여현금흐름은 이자지급 전 영업활동 현금흐름액에서 이자비용에 대한 법인세 효과와 자본적 지출을 차감하여 계산할 수 있다.

[22,136 - 38,169 - (4,303 × 0.24) - 15,000]

질문 3

(1) 최선기업의 2009년도 영업활동 현금흐름의 문제점

① '기타 운전자본 투자액' 또는 '기타 영업 관련 자산·부채 증감액(변동)'

최선기업은 2009년도에 순운전자본에 대한 투자를 감소시켜 영업활동 현금흐름으로 이자와 배당금을 지급할 수 있었지만, '기타 영업 관련 자산·부채 증감액(변동)'으로 인하여 34,613백만 원의 현금유출이 있었다. 이 금액은 영업활동 현금흐름 원천 금액인 20,240백만 원을 초과

하는 금액으로서 비경상적인 지출이 과다하였음을 나타내고 있다. 각종 충당부채(퇴직급여충당부채, 판매보증충당부채, 파생상품부채, 우발부채 등)의 감소가 있었을 것으로 추정되며, 경상적인 아닌 비경상적인 지출로 인하여 영업활동 현금흐름이 크게 영향을 받는 문제점을 보여주고 있다.

② 영업이익

최선기업은 2009년도에 영업이익이 5,796백만 원으로서 2010년이나 2011년에 비하여 비교적 낮은 영업이익률(2%)을 나타내고 있다. 2010년이나 2011년은 영업이익률이 각각 7%이지만 2009년도에는 아래 표에서 보는 바와 같이 판매비와 관리비가 매출액 대비 12%로서 다른 연도에 비하여 높다. 주어진 자료로는 판매비와 관리비 중 어느 비용이 과다한지 알 수 없지만, 판매비와 관리비를 각각 인건비, 판 매비, 관리비, 연구개발비로 구분하여 심층 분석할 필요가 있다.

과 목	2009	2010	2011
매출원가율	86%	85%	85%
판매비와 관리비율	12%	9%	8%
영업이익률	2%	7%	7%

(2) 최선기업의 2010년도 영업활동 현금흐름의 문제점

① '순운전자본 투자액' 또는 '순운전자본의 변동(증감)'

최선기업은 2010년도에 순운전자본에 대한 투자가 40,514백만 원으로서 영업활동 현금흐름 원천 금액 45,171백만 원의 89.7%에 달하고 있다. 순운전자본의 구성 내용은 매출채권과 재고자산의 증가액에서 매입채무 증가액을 차감한 금액으로서 매출채권과 재고자산의 증가가 매우 컸을 것으로 추정되며, 2010년도에는 이러한 순운전자본에 대한 관리가 잘 되지 않았다고 판단된다.

② '기타 운전자본 투자액' 또는 '기타 영업 관련 자산·부채 증감액(변동)'

최선기업은 2010년도에도 2009년과 마찬가지로 기타 영업 관련 자산·부채 증감액(기타 운전자본 투자액)에 22,798백만 원의 현금지출이 있었다. 이 역시 비경상적인 지출이 과다하였음을 나타내고 있으며, 각종 충당부채(퇴직급여충당부채, 판매보증충당부채, 파생상품부채, 우발부채 등)의 감소가 있었을 것으로 추정된다. 2년 연속 경상적인 아닌 비경상적인 지출로 인하여 영업활동 현금흐름이 크게 영향을 받는 문제점을 보여주고 있다.

질문 4 최선기업의 2010년 법인세 납부액이 2009년보다 적은 사유로서 추정될 수 있는 예

(1) 영업외수익과 영업외비용의 크기 : 법인세는 영업이익이 아닌 법인세차감전이익에 부과되기 때문에 영업이익이 크더라도 영업외수익이나 영업외비용의 크기에 따라 법인세 납부액이 영향을 받는다.

(2) 법인세 납부의 시간 차이

2008년도 법인세 미지급액이 2009년 초에 지급된다. 2009 회계연도 중 당기 법인세 중간 예납액(통상 전기 법인세액의 1/2)을 납부하고 2009년 기말에 미지급액은 2010년 초에 지급하게 된다.

2009년도 법인세 결정세액이 소액으로서 미지급액도 소액인 경우 2010년 초에 소액만을 지급하였을 것이며, 2010년도 중 법인세 중간예납액도 소액(전기 법인세액의 1/2)만을 지급하였을 것이다. 즉, 법인세 납부액이 대부분 전기 법인세액을 납부함에 따라 발생하는 시간 차이가 존재한다.

(3) 기업회계와 세법의 차이 : 기업회계에서 규정하는 수익 및 비용과 법인세법에서 규정하고 있는 익금 및 손금이 서로 일치하지 않을 수도 있기 때문에 2009년 도와 2010년도에 서로 상이할 경우 법인세 납부액도 영향을 받는다. 이러한 차이 중 일시적 차이에 의하여 이연법인세자산이나 이연법인세부채가 발생된다.

질문 5

(1) 최선기업의 2011년도 '현금보상비율'

현금보상비율 = {이자지급 전 영업활동 현금흐름 / (단기차입금 + 이자비용} × 100
= {38,169 / (43,000 + 4,303)} × 100
= 80.69%

(2) 최선기업의 2011년도 '수정된 현금보상비율'

수정된 현금보상비율 = {이자지급 전 영업활동 현금흐름 / (단기차입금 × 20% + 유동성장기차입금 상환액 + 이자비용)} × 100
= {38,169 / (43,000 × 0.2 + 1,667 + 4,303)} × 100
= 261.97%

(3) '현금보상비율' 80.69%의 의미는 최선기업이 2011년도에 단기차입금 잔액과 당기 총차입금이자 합계액의 80.69%를 보상할 수 있는 현금을 영업활동에서 조달하고 있음을 보여주고 있다. 또한 '수정된 현금보상비율' 261.97%는 최선기업이 2011년도에 단기차입금의 20%와 유동성장기차입금 당기 상환액, 그리고 이자비용 총합계액의 2.62배에 달하는 현금을 영업활동에서 조달하고 있음을 나타내고 있다. 이러한 비율은 기업의 단기부채 상환능력을 나타내는 비율이며, 암묵적으로 100%를 기준으로 삼고 있기는 하지만 절대적인 기준이라고 할 수는 없다. 분석자는 그 기업의 비율 추이를 검토하고, 또한 동 업계의 비율과 상호 비교하여 종합적인 판단을 내리게 된다.

질문 6 최선기업의 2011년 말 총차입금 상환 기간

총차입금 상환 기간 = 총차입금 / (이자지급 후 영업활동 현금흐름 - 자본적 지출액)
= (43,000 + 63,000) / (38,169 - 4,303 - 15,000)
= 106,000 / 18,866
= 5.62년

질문 7 2011년도 이자지급 전 영업활동 현금흐름을 토대로 할 때 최선기업의 적정 차입금 규모

구 분	금 액	비 고
이자지급 전 영업활동 현금흐름 (a)	38,169	
금융비용보상비율 (b)	2배	
부담 가능 차입이자 (c)=(a)/(b)	19,084.5	
적정 차입금 규모 (d)=(c)/5%	381,690	

질문 8

(1) 전액 단기투자자산에 대한 투자일 경우 예상되는 분석 방향 : 단기투자자산은 기업이 여유자금 활용을 목적으로 보유하는 단기예금, 단기매매증권, 단기대여금 등을 의미한다. 그 구성 내용이 단기예금이나 단기매매증권이라면 단시일 내에 현금화가 가능하므로 이러한 단기투자자산은 투자활동에 기록하기보다는 현금으로 간주하여 분석에 임한다. 그러나 단기대여금일 경우에는 대주주나 계열사에 대여함으로써 현금이 유용되지 않는지 각별한 관심이 필요하다. 경우에 따라 이러한 대여금이 회수되지 않음으로써 기업의 현금흐름이 악화되는 경우가 있기 때문이다.

(2) 전액 장기투자자산에 대한 투자일 경우 예상되는 분석 방향 : 장기투자자산은 투자부동산, 장기투자증권, 지분법적용투자주식, 장기대여금 등을 의미한다. 장기투자자산의 금액이 거액일 경우는 일반적으로 지분법적용투자주식이나 장기투자증권일 경우가 대부분이다. 지분법적용투자주식은 관계회사에 대한 투자로서 간접적으로 그 회사를 지배하기 위한 투자이며, 장기투자증권은 매도가능증권이나 만기보유증권에 대한 투자로서 타 기업을 지배하기 위한 목적보다는 여유자금을 장기투자하기 위한 목적이 크다. 이렇게 지분법적용투자주식이나 매도가능증권 및 만기보유증권에 대한 투자가 거액일 경우에는 피투자회사들의 재무제표를 입수하여 그러한 투자가 향후 분석 대상 기업의 현금흐름에 어떠한 영향을 미칠지에 대하여 분석해보아야 한다.

제 6 장

현금수지분석표를 신용분석 및 기업부실예측에 활용하자

제 01 절 신용분석 목적의 현금수지분석표

제 02 절 현금수지분석표 및 현금순환분석표의 심층적 분석

제 03 절 현금수지분석표 및 현금순환분석표의 비율분석 등

연습문제

제 01 절

신용분석 목적의 현금수지분석표

현금수지분석표란 '신용분석 목적의 현금흐름표'라고 말할 수 있는데, 과거에 우리나라 기업회계기준에서 현금흐름표를 재무제표로 강제하지 않았을 때부터 은행들은 이 현금수지분석표를 작성하여 신용분석에 이용해왔으며, 현재에도 기업이 비록 주식회사 외부감사에 관한 법률(이하 '외감법'이라 함)에 의하여 현금흐름표를 작성하여 제시한 경우에도 반드시 현금수지분석표를 작성하여 신용분석에 적용하고 있는 은행이 대부분이다. 현금수지분석표는 기업의 재무상태표와 손익계산서, 자본변동표 및 제조원가명세서를 토대로 작성되는데, 외감법에 의하여 외부감사를 받지 않는 회사는 현금흐름표를 작성하여 제시하지 않기 때문에 이러한 기업의 현금흐름을 분석하는 데 가장 유용하다. 대부분의 은행들은 전산에 의해 재무제표를 입력하게 되면 자동으로 현금수지분석표가 작성되도록 하고 있다.

1 현금수지분석표의 정의 및 양식

현금수지분석표란 금융기관에서 여신심사 목적으로 활용하기 위하여 현금흐름을 일목요연하게 정리한 현금흐름표의 한 양식이다. 또한 직접법의 형태로 작성된 현금수지분석표는 재무제표인 현금흐름표와는 달리 기업의 지급능력을 단계적으로 구분하여 파악할 수 있는 자료이므로 현금수지분석표 분석을 통하여 기업의 지급능력과 부실화 진행 정도를 파악할 수 있다. 현금수지분석표의 구성은 영업활동 현금흐름의 창출내역과 영업활동 현금흐름으로 이자비용과 배당금 및 유동성장기부채에 대한 상환능력 수준을 보여줌과 동시에 부족한 자금을 어떤 방법으로 조달하였는지를 잘 보여준다.

또한 K-IFRS에 의하여 현금흐름표가 작성되는 기업의 경우, 이자비용이나 이자수익, 배당금수익 등이 기업에 따라 활동 구분이 다를 수 있다. 그러나 현금수지분석표에서는 이러한 활동 구분이 통일되어 있기 때문에 기업 간 비교가 가능한 분석을 수행할 수 있다.

1994년 12월에 은행연합회에서 구성한 여신전문위원회가 금융기관 공통 양식인 '현금수지분석표'를 제정한 바 있는데, 문헌을 통하여 이 양식의 근원을 찾아보면, 미국 필라델피아의 위험관리협회(Risk Management Association)에서 개발한 양식(® Uniform Credit Analysis)임을 알 수 있다.[32] 최근 주요 시중은행에서 실제로 사용하고 있는 현금수지분석표를 검토해본 결과 각 은행마다 약간씩의 차이가 있음을 발견하였다. 따라서 본서에서는 주요 시중은행에서 사용하고 있는 현금수지분석표의 공통점을 파악하여 [표 6-1]의 양식을 소개하고, 아울러 일부 은행이 사용해왔던 현금순환분석표 [표 6-2]의 양식도 함께 제시하여 현금흐름분석의 기본 틀로 삼고자 한다. 재무상태표와 손익계산서의 과목이나 양식이 변화하는 것처럼, 현금흐름표나 현금수지분석표의 양식도 그러한 변화에 따라 계속 변동될 수 있을 것이므로 신용분석담당자는 그러한 변화에 항상 관심을 가져야 할 것이다.

또한 현금수지분석표는 기업의 재무상태표와 손익계산서, 자본변동표 및 제조원가명세서를 토대로 작성되는 것인 만큼 더 많은 재무정보를 토대로 작성되는 기업의 현금흐름표에 비하여 생략되는 정보가 많을 수 있다. 따라서 분석자는 기업이 작성한 현금흐름표가 존재하는 경우, 현금수지분석표와 현금흐름표를 비교하여 중요한 차이가 있을 경우에는 반드시 그 내용을 점검하여야 한다.

[표 6-1] 현금수지분석표

업체명 :

(단위 : 백만 원)

항 목	년	년	년
1. 매출을 통한 현금유입액			
1-1 순매출액 1-2 매출채권 증감액(선수금 증감 포함)			
2. 현금지출 매출원가			
2-1 매출원가 2-2 재고자산 증감액 2-3 매입채무 증감액(선급금 증감 포함) 2-4 감가상각비(제조원가) 2-5 무형자산상각비(제조원가) 2-6 퇴직급여(제조원가)			
3. 현금매출총이익 (1+2)			
4. 현금 판매비 및 관리비			
4-1 판매비 및 관리비 4-2 선급비용 증감액 4-3 미지급비용 증감액			

32) Charles W. Mulford 외, 전게서, p.14

항 목	년	년	년
4-4 감가상각비(판관비) 4-5 무형자산상각비(판관비) 4-6 퇴직급여(판관비)			
5. 현금영업이익 (3+4)			
6. 기타 영업활동에 의한 현금흐름액			
6-1 영업외수익 6-2 미수수익 증감액(선수수익 증감액 포함) 6-3 영업외비용 6-4 법인세 납부액 6-5 영업 관련 기타 유동자산 증감액 6-6 영업 관련 기타 유동부채 증감액 6-7 영업 관련 기타 비유동부채 증감액 6-8 외화환산손익 등			
7. 영업활동 후의 현금흐름액 (5+6)			
8. 이자비용과 배당금 지급액			
9. 이자지급 후의 현금흐름액 (7+8)			
10. 유동성장기차입금 상환액			
11. 유동성장기차입금 상환 후 현금흐름액 (9+10)			
12. 투자활동 현금흐름액			
12-1 유형자산 증감액 12-2 투자자산 증감액 12-3 무형자산 증감액 12-4 투자활동 관련 유동·비유동자산 증감액 13. 외부자금 조달 전 현금흐름액 (11+12)			
14. 총 외부자금 조달액			
14-1 단기차입금 증감액 14-2 장·단기 미지급금 증감액 14-3 장기차입금 증감액 14-4 자본금 증감액 14-5 자본조정 증감액 14-6 기타 조정 15. 외부자금 조달 후 현금흐름액 (13+14)			
16. 현금 증감액			
16-1 기초현금및현금성자산 잔액			
16-2 기말현금및현금성자산 잔액			

[표 6-2] 현금순환분석표

업체명 : (단위 : 백만 원)

항 목	년	년	년
1. 영업활동으로부터의 원천			
1-1 영업이익 1-2 가산:비현금비용 감가상각비 무형자산상각비 퇴직급여			
2. 영업활동에의 운용			
2-1 순운전자본 투자액 매출채권 증감액(선수금 증감액 포함) 재고자산 증감액 매입채무 증감액(선급금 증감액 포함) 2-2 기타운용 영업 관련 기타 유동자산 증감액 영업 관련 기타 유동부채 증감액 영업 관련 기타 비유동부채 증감액 영업외수익 선급비용(미지급비용) 증감액 미수수익(선수수익) 증감액 영업외비용 법인세 납부액 외화환산손익 등			
3. 영업활동 후의 현금흐름액 (1+2)			
4. 이자비용과 배당금 지급액			
5. 이자지급 후의 현금흐름액 (3+4)			
6. 유동성장기차입금 상환액			
7. 유동성장기차입금 상환 후 현금흐름액 (5+6)			
8. 투자활동 현금흐름액			
8-1 유형자산 증감액 8-2 투자자산 증감액 8-3 무형자산 증감액 8-4 투자활동 관련 유동·비유동자산 증감액			
9. 외부자금 조달 전 현금흐름액 (7+8)			
10. 총 외부자금 조달액			
10-1 단기차입금 증감액 10-2 장·단기 미지급금 증감액 10-3 장기차입금 증감액 10-4 자본금 증감액			

항 목	년	년	년
10-5 자본조정 증감액 10-6 기타 조정			
11. 외부자금 조달 후 현금흐름액 (9+10)			
12. 현금 증감액			
12-1 기초현금및현금성자산 잔액 12-2 기말현금및현금성자산 잔액			

2 현금수지분석표의 작성

제4장과 제5장에서 소개되었던 여의도상사의 재무자료를 토대로 현금수지분석표를 작성하면 다음과 같다.

현금수지분석표

여의도상사 (단위 : 백만 원)

항 목	당 기
1. 매출을 통한 현금유입액	29,088
1-1 순 매출액	32,271
1-2 매출채권 증감액	(3,258)
1-3 선수금 증감액	75
2. 현금지출 매출원가	(26,251)
2-1 매출원가	(25,232)
2-2 재고자산 증감액	(1,998)
2-3 매입채무 증감액	134
2-4 선급금 증감액	(5)
2-5 감가상각비(제조원가)	528
2-6 무형자산상각비(제조원가)	-
2-7 퇴직급여(제조원가)	322
3. 현금매출총이익 (1+2)	2,837
4. 현금 판매비 및 관리비	(4,453)
4-1 판매비 및 관리비	(5,114)
4-2 선급비용 증감액	(1)
4-3 미지급비용 증감액	20
4-4 감가상각비(판관비)	252

항 목	당 기
4-5 무형자산상각비(판관비)	270
4-6 퇴직급여(판관비)	120
5. 현금영업이익 (3+4)	(1,616)
6. 기타 영업활동에 의한 현금흐름액	60
6-1 영업외수익	750
6-2 미수수익 및 선수수익 증감액	0
6-3 영업외비용	(127)
6-4 법인세 납부액	(273)
6-5 영업 관련 기타 유동자산 증감액	0
6-6 영업 관련 기타 유동부채 증감액	26
6-7 영업 관련 기타 비유동부채 증감액	(326)
6-8 외화환산손익 등	10
7. 영업활동 후의 현금흐름액 (5+6)	(1,556)
8. 이자비용과 배당금 지급액	(1,480)
8-1 이자비용 지급액	(1,253)
8-2 배당금 지급액	(227)
9. 이자지급 후의 현금흐름액 (7+8)	(3,036)
10. 유동성장기차입금 상환액	(1,300)
11. 유동성장기차입금 상환 후 현금흐름액 (9+10)	(4,336)
12. 투자활동 현금흐름액	(2,377)
12-1 유형자산 증감액	(2,215)
12-2 투자자산 증감액	425
12-3 무형자산 증감액	(600)
12-4 투자활동 관련 유동·비유동자산 증감액	13
13. 외부자금 조달 전 현금흐름액 (11+12)	(6,713)
14. 총 외부자금 조달액	6,958
14-1 단기차입금 증감액	2,100
14-2 장·단기 미지급금 증감액	100
14-3 장기차입금(사채 포함) 증감액	1,488
14-4 자본금 증감액	3,250
14-5 자본조정 증감액	20
15. 외부자금 조달 후 현금흐름액 (13+14)	245
16. 기타 조정	-
17. 현금 증감액	245
17-1 기초현금및현금성자산 잔액	930
17-2 기말현금및현금성자산 잔액	1,175

상기 현금수지분석표의 작성 요령과 함께 분석표상의 금액에 대한 계산 근거를 밝혀보면 다음과 같다. (단위 : 백만 원)

2-1. 공통사항

위의 현금수지분석표를 작성함에 있어서 공통적으로 적용되는 사항은 다음과 같다.

① 위 표 작성 과정에서 +부호는 현금의 유입을, -부호는 현금의 유출을 의미한다.

② 자산 항목 기본 산식 : 기초잔액-기말잔액
앞 장의 현금흐름표 작성 시 익힌 바와 같이 자산 항목의 증가는 현금을 감소시키며 자산 항목의 감소는 현금을 증가시킨다. 따라서 자산이 증가하는 경우 그 잔액이 -부호로 현금수지분석표에 기재되어 현금의 유출을 의미하게 되고, 반대로 자산이 감소하는 경우 +부호로 현금수지분석표에 기재되어 현금의 유입을 의미하도록 하기 위한 조치이다.

③ 부채 및 자본 항목 기본 산식 : 기말잔액-기초잔액
앞 장의 현금흐름표 작성 시 익힌 바와 같이 부채 및 자본 항목의 증가는 현금을 증가시키며 동 항목의 감소는 현금을 감소시킨다. 따라서 부채 및 자본이 증가하는 경우 그 잔액이 +부호로 현금수지분석표에 기재되어 현금의 유입을 의미하게 되고, 반대로 부채 및 자본이 감소하는 경우 -부호로 현금수지분석표에 기재되어 현금의 유출을 의미하도록 하기 위한 조치이다.

④ 손익계정에서 조정된 항목은 반드시 관련 재무상태표 계정에서도 조정한다.
예를 들어 감가상각비를 손익계산서 매출원가나 일반관리비에서 제외시켰다면, 재무상태표 유형자산의 증감액을 계산할 때에도 감가상각비를 그 계산에서 제외하여 그 증감액을 계산하여야 함을 의미한다. 이에 해당되는 과목으로는 감가상각비 외에도 무형자산상각비, 퇴직급여 등과 같이 제3장 제3절 '영업활동 현금흐름'의 '2. 간접법'에서 열거하였던 비현금비용과 비현금수익 및 투자·재무활동 관련 손익이 모두 해당된다.

⑤ 수익은 현금유입 항목으로 분류하되, 단 비현금수익은 현금유출 항목으로 분류한다.

⑥ 비용은 현금유출 항목으로 분류하되, 단 비현금비용은 현금유입 항목으로 분류한다.

⑦ 외화환산손익과 외환차손익 및 파생상품 관련 손익은 관련 자산·부채에서 조정하지 않고 그 금액을 합계하여 '기타 영업활동 현금흐름'란에 기재한다. 외화환산손익과 외환차손익 등은 여러 자산·부채 계정과 관련되어 있기 때문에 특정자산이나 특정부채에서 조정하기가 곤란하기 때문이다.

⑧ '6-1 영업외수익'란에 기재되는 금액은 비현금수익 항목과 투자·재무활동 관련 수익 항목을 제외한 금액을 기재한다.
'6-1 영업외수익'란에 기재되는 금액은 영업활동으로 인해서 수령한 영업외수익 금액을 기

재하여야 한다.

일반적으로 기업의 영업외수익에 기재되는 금액에는 비현금수익이나 투자·재무활동 관련 수익이 많이 기재되는데, 예를 들면 외화환산이익, 단기투자자산평가이익, 투자자산평가이익, 채무조정이익, 자산수증이익, 파생상품평가이익, 단기투자자산처분이익, 투자자산처분이익, 유형자산처분이익, 사채상환이익, 보험차익, 파생상품거래이익 등을 들 수 있다. 이러한 수익 항목들은 회사 재무제표상 영업외수익 금액에서 모두 제거하여 나머지 금액만을 현금수지분석표에 기재한다. (이 나머지 금액에서 가장 큰 부분을 차지하는 과목은 이자수익일 것으로 추정된다.) 또한 외환차익도 기업의 외환 관련 손익을 별도로 표시하는 '6-8'란에 기재하기 위하여 '6-1'란에 기재되는 금액에서는 제외한다. 이러한 비현금수익과 투자·재무활동 관련 수익 항목들은 각각 관련된 자산·부채의 증감액을 계산 시 역시 고려되어야 한다. 예를 들어 유형자산처분이익은 '6-1 영업외수익'란에서 차감됨(-부호)과 동시에 '12-1 유형자산 증감액' 계산 시 가산되어야 한다(+부호). '12-1 유형자산 증감액'란에 가산하는 이유는 그렇게 함으로써 유형자산처분으로 인한 실수령액을 기재하기 위함이다.

⑨ '6-3 영업외비용'란에 기재되는 금액은 이자비용과 비현금비용 항목 및 투자·재무활동 관련 손실 항목을 제외한 금액이다.

'6-3 영업외비용'란에 기재되는 금액은 이자비용을 제외하고 영업활동으로 인해서 지출된 영업외비용 금액이다. 이자비용을 제외하는 이유는 회사가 영업활동에서 조달된 현금으로 이자지급이 가능한지 여부를 살펴보기 위하여 먼저 이자비용을 제외한 '영업활동 현금흐름'을 산출하기 위함이다.

일반적으로 기업의 영업외비용에 기재되는 금액에는 비현금비용이나 투자·재무활동 관련 손실이 많이 기재되는데, 예를 들면 외화환산손실, 단기투자자산평가손실, 투자자산평가손실, 재해손실, 파생상품평가손실, 단기투자자산처분손실, 투자자산처분손실, 유형자산처분손실, 사채상환손실, 보험차손, 파생상품거래손실 등을 들 수 있다. 이러한 비용 항목들은 회사 재무제표상 영업외비용 금액에서 모두 제거하여 나머지 금액만을 현금수지분석표에 기재한다. 외환차익을 영업외수익에 포함시키지 않는 것처럼, 외환차손도 영업외비용에 포함시키지 않고 별도 난('6-8')에 포함시킨다. 이러한 비현금비용과 투자·재무활동 관련 손실 항목들은 각각 관련된 자산·부채의 증감액을 계산 시 역시 고려되어야 한다. 예를 들어 사채상환손실은 '6-3 영업외비용'란에서 제거(현금수지분석표에서는 +부호가 됨)함과 동시에 '14-3 장기차입금 증감액' 계산 시 제거되어야 한다(-부호). 그 결과 '14-3 장기차입금 증감액'란에는 실제 현금으로 차입하거나 상환한 금액이 기재된다.

2-2. 현금수지분석표 구성 항목의 계산

현금수지분석표의 각 항목번호를 그대로 이용하여 설명하기로 한다. (단위 : 백만 원)

1) 매출을 통한 현금유입액

1-1 순매출액 : 손익계산서상 순매출액이다. 여의도상사의 경우 손익계산서상 순매출액이 32,271이므로 이 금액을 기재하였다.

1-2 매출채권 증감액 : 매출채권이란 외상매출금, 받을 어음 등 일반적 상거래에서 발생한 채권을 의미한다(건설업의 경우에는 공사미수금, 분양미수금 등). '1-2 매출채권 증감액'란에는 재무상태표 비유동자산에 기재되어 있는 장기매출채권의 증감액도 포함하여 기재한다. 그리고 본 양식에 있어서는 매출채권의 증감액을 계산함에 있어서 대손충당금을 차감한 잔액으로 계산함을 원칙으로 하고 있다. 그 이유는 '4. 현금판매비와 관리비'의 계산에 있어서 감가상각비와 무형자산상각비 및 퇴직급여만을 비현금비용으로 제시하고 대손상각비(대손충당금전입액)를 차감하는 난은 없기 때문이다. 그러나 만약 매출채권 증감액을 매출채권의 잔액만으로 기재하였을 경우에는 대손상각비(대손충당금 전입액)를 현금판매비와 관리비 계산 시 감안하여야 하며, 대손충당금 환입액 역시 기타 영업활동으로 인한 현금흐름액 계산 시 감안하여야 한다. 여의도상사의 순매출채권 증감액은 -3,258(=기초순매출채권 3,170-기말순매출채권 6,428)이다.

1-3 선수금 증감액 : 수주공사, 수주품 및 기타 일반적 상거래에서 발생한 선수금은 매출을 통한 현금유입액에 포함된다. 여의도상사의 선수금 증감액은 75(=기말선수금 97-기초선수금 22)이다. 따라서 매출을 통한 현금유입액은 29,088(=32,271-3,258+75)이다.

2) 현금지출 매출원가

2-1 매출원가 : 손익계산서상 매출원가를 기입한다. 여의도상사의 경우 손익계산서상 매출원가는 25,232인데 비용 항목이므로 -부호를 붙인다.

2-2 재고자산 증감액 : 기초재고자산잔액에서 기말재고자산잔액을 차감한다. 여의도상사의 재고자산 증감액은 −1,998(=기초재고자산 3,100-기말재고자산 5,098)이다.

2-3 매입채무 증감액 : 매입채무는 외상매입금 지급어음 등 일반적 상거래에서 발생한 채무를 의미한다. 매입채무는 부채이므로 기말잔액에서 기초잔액을 차감한 수치를 기입한다. 여의도상사의 매입채무 증감액은 134(=기말매입채무 2,635-기초매입채무 2,501)이다.

2-4 선급금 증감액 : 선급금은 상품, 원재료 등을 매입하기 위하여 선급한 금액이므로 현금지출 매출원가에 포함되어야 한다. 거액의 선급금이 계상되어 있는 경우 동 계정을 검토하여 재고자산을 매입하기 위한 선급금이 아니고 유형자산 등을 구입하기 위한 선급금이라면

그 금액은 유형자산 계정으로 분류하여야 할 것이다. 여의도상사의 선급금 증감액은 −5(=기초선급금 30−기말선급금 35)이다.

2−5 감가상각비(제조원가) : 제조원가명세서상 제조경비 중 감가상각비를 의미한다. 여의도상사의 제조원가명세서상 감가상각비는 528인데, 비현금비용이므로 +부호를 붙인다. (기업에서 작성한 현금흐름표는 있는데 제조원가명세서가 없는 경우에는 현금흐름표상 감가상각비 총액에서 손익계산서 판매비·관리비에 기재된 감가상각비를 차감하면 제조원가에 해당되는 감가상각비를 구할 수 있다.)

2−6 무형자산상각비(제조원가) : 제조원가명세서상 제조경비 중 무형자산상각비를 의미한다. 주로 제조활동과 관련된 개발비상각금액이 여기에 기재되는데 여의도상사의 경우에는 제조원가에 무형자산상각비가 없다.

2−7 퇴직급여(제조원가) : 제조원가명세서상 노무비 중 퇴직급여를 의미한다. 여의도상사의 제조원가명세서상 퇴직급여는 322인데, 이 역시 비현금비용이므로 +부호를 붙인다. (기업에서 작성한 현금흐름표는 있는데 제조원가명세서가 없는 경우에는 현금흐름표상 퇴직급여 총액에서 손익계산서 판매비·관리비에 기재된 퇴직급여를 차감하면 제조원가에 해당되는 퇴직급여를 구할 수 있다.) 따라서 여의도상사의 현금지출 매출원가는 −26,251(=-25,232-1,998+134-5+528+322)이다.

3) 현금매출총이익

현금매출총이익은 1)에서 계산된 매출을 통한 현금유입액과 2)에서 계산된 현금지출 매출원가를 차감한 금액이다. 여의도상사의 현금매출총이익은 2,837(=29,088-26,251)이다. 현금매출총이익은 반드시 플러스(+) 상태를 보여야 한다. 만약 마이너스(-)를 보이고 있는 기업이 있다면 부실기업으로 보아야 한다.

4) 현금판매비와 관리비

4−1 판매비와 관리비 : 손익계산서상 판매비와 관리비를 기입한다. 역시 비용이므로 -부호를 붙인다. 여의도상사의 경우 손익계산서상 판매비와 관리비는 5,114인데 비용이므로 -부호를 붙인다.

4−2 선급비용 증감액 : 선급비용의 기초잔액에서 기말잔액을 차감한 금액을 기입한다. 여의도상사의 선급비용 증감액은 -1(=11-12)이다. 선급비용이 모두 판매비와 관리비에 관련되어 있다고 할 수는 없지만 앞에서 언급하였듯이 현금수지분석표는 재무상태표와 손익계산서만을 가지고 작성하므로 그 자세한 내용을 알 수 없다. 따라서 작성의 편의상 전액 판매비와 관리비에서 감안한다.

4-3 미지급비용 증감액 : 미지급비용의 기말잔액에서 기초잔액을 차감한 금액을 기입한다. 여의도상사의 경우 미지급비용의 증감액은 20(=72-52)이다.

4-4 감가상각비 : 손익계산서의 판매비와 관리비에 계상된 감가상각비를 의미한다. 감가상각비는 비현금비용이므로 +부호를 붙인다. 여의도상사의 손익계산서상 감가상각비는 252이다.

4-5 무형자산상각비 : 손익계산서의 판매비와 관리비에 계상된 무형자산상각비를 의미한다. 무형자산상각비 역시 비현금비용이므로 +부호를 붙인다. 여의도상사의 손익계산서상 무형자산상각비는 270이다.

4-6 퇴직급여 : 손익계산서 판매비와 관리비에 계상된 퇴직급여를 의미한다. 이 역시 비현금비용이므로 +부호를 붙인다. 여의도상사의 손익계산서상 퇴직급여는 120이다. 따라서 현금 판매비 및 일반관리비는 -4,453(=-5,114-1+20+522+120)이다.

5) 현금영업이익

현금영업이익은 3)에서 계산된 현금매출총이익 값과 4)에서 계산된 현금판매비 및 관리비 값을 더한 금액이다. 여의도상사의 현금영업이익은 -1,616(=2,837-4,453)이다. **이는 기업의 핵심적인 영업활동에서 발생한 현금영업이익으로서 기업의 전체적인 현금흐름 및 수익성의 추세를 나타낸다. 이는 장기적인 현금 창출능력을 판단하는 기준이 된다. 따라서 현금영업이익도 반드시 플러스(+) 상태를 보여야 한다. 만약 마이너스(-)를 보이고 있는 기업이 있다면 이는 현금매출총이익으로 판매비와 관리비를 충당하지 못함을 의미하며, 이미 상당히 부실이 진행되었다고 볼 수 있다.**

6) 기타 영업활동으로 인한 현금흐름액

6-1 영업외수익 : 손익계산서상 영업외수익에서 법인세 환수액과 비현금수익 및 투자·재무활동 수익을 차감하여 계산한다. 2007년부터는 기업회계기준서의 제정으로 손익계산서에서 특별이익란이 없어졌는데, 만약 과거(2006년 이전)의 재무제표를 토대로 현금수지분석표를 작성할 경우에는 '6-1 영업외수익'란에 특별이익 금액도 포함시켜야 한다. 여기서 비현금수익이란 영업외수익에 포함된 비현금수익을 의미하는데, 예를 들면 외화환산이익, 단기투자자산평가이익, 투자자산평가이익(지분법이익, 매도가능증권손상차손환입 포함), 자산수증이익, 채무조정이익, 파생상품평가이익 등이 있다. 또한 투자·재무활동수익의 예를 들면 유형자산처분이익, 투자자산처분이익, 보험차익, 외환차익, 파생상품거래이익 등이 있다. 여의도상사의 경우 영업외수익이 1,064인데 그 금액에서 외화환산이익 20과 단기 투자자산평가이익 15, 유형자산처분이익 150, 투자자산평가이익 108, 사채상환이익 21을 차감하여 750을 '6-1'란에 +부호로 기재하였다(수익 항목이므로).

6-2 미수수익 및 선수수익 증감액 : 미수수익은 기초잔액에서 기말잔액을 차감하여 기재하고 선수수익은 기말잔액에서 기초잔액을 차감하여 기재한다. 여의도상사의 경우 미수수익의 증감액은 -2(=5-7)이고 선수수익의 증감액은 2(=17-15)이므로 그 순액은 0이다.

6-3 영업외비용 : 손익계산서상 영업외비용에서 이자비용과 법인세 추납액, 비현금비용 및 투자·재무활동손실을 차감한 금액을 기재한다. 2007년부터는 기업회계기준서의 제정으로 손익계산서에서 특별손실란이 없어졌는데, 만약 과거(2006년 이전)의 재무제표를 토대로 현금수지분석표를 작성할 경우에는 '6-3 영업외비용'란에 특별손실 금액도 포함시켜야 한다. 여기서 비현금비용이란 현금의 유출이 없는 영업외비용을 말하는데, 예를 들면 외화환산손실, 기타의 대손상각비, 운휴자산감가상각비, 단기투자자산평가손실, 유형자산손상차손, 투자자산평가손실(지분법손실, 지분법적용투자주식손상차손, 장기투자증권손상차손 포함), 파생상품평가손실, 재해손실 등이 있다. 또한 투자·재무활동손실에는 단기투자자산처분손실, 유형자산처분손실, 투자자산처분손실(매도가능증권처분손실, 만기보유증권처분손실 등 포함), 사채상환손실, 외환차손, 파생상품거래손실, 보험차손 등이 있다. 이자비용은 분석의 목적상 별도의 난에 기재하여야 하기 때문에 영업외비용에서 제외하며, 법인세 추납액은 법인세 납부액 계산 시 감안되어야 하기 때문에 영업외비용에서 제외한다. 여의도상사의 경우 손익계산서상 영업외비용은 2,098인데 이자비용 1,253과 외환차손 10, 단기투자자산처분손실 7, 유형자산처분손실 11, 투자자산처분손실 40, 투자자산평가손실 550, 재해손실 100을 차감하여 127을 '6-3'란에 −부호로 기재하였다(비용 항목이므로).

6-4 법인세 납부액 : 법인세 납부액은 다음과 같은 네 가지 요소를 감안한다.

① 손익계산서상 법인세비용

② 당기법인세부채(미지급법인세) 증감액

③ 이연법인세자산 또는 이연법인세부채 증감액

④ 영업외수익이나 비용에 포함되어 있는 전기분 법인세 추납액 또는 환급액. 여의도상사의 법인세 납부액은 -273(=손익계산서 법인세비용 -265+기말당기법인세부채 43-기초당기법인세부채 51)이다.

6-5 영업 관련 기타 유동자산 증감액 : 당좌자산 항목 중 현금및현금성자산, 매출채권, 미수수익, 선급금, 선급비용, 단기이연법인세자산 계정, 그리고 투자활동 관련 유동자산 계정인 단기금융상품, 단기투자자산(단기매매증권, 단기매도가능증권), 미수금, 단기대여금을 제외한 여타 계정의 기초잔액 합계액에서 기말잔액 합계액을 차감한 금액을 기재한다. 여의도상사의 경우 영업 관련 기타 유동자산 계정은 없으므로 그 증감액도 없다.

6-6 영업 관련 기타 유동부채 증감액 : 유동부채 항목 중에서 매입채무, 선수금, 단기차입금, 미지급금, 미지급비용, 미지급법인세, 단기이연법인세부채, 유동성장기부채 계정을 제외한

여타 계정의 기말잔액 합계액에서 기초잔액 합계액을 차감한 금액을 기재한다. 여의도상사의 경우 기타 유동부채의 증감액 계산은 다음과 같다. 예수금 : 기말잔액 120-기초잔액 94=26

6-7 영업 관련 기타 비유동부채 증감액 : 비유동부채 중에서 재무활동과 관련된 사채(전환사채, 신주인수권부사채 포함)를 비롯한 장기차입금, 외화장기차입금, 금융리스부채 등 금융기관 차입금과 장기미지급금, 그리고 법인세비용과 관련된 비유동이연법인세부채를 제외한 기타의 비유동부채의 기말잔액에서 기초잔액을 차감하고, 또한 퇴직급여 등 비현금비용을 차감하여 기재한다. 퇴직급여 등 비현금비용은 매출원가나 판매비·관리비 현금지출액 계산 시 현금유입 항목으로 분류하여 +부호를 붙여서 기입한 바 있으므로 기타의 비유동부채 증감액에서 차감하지 않으면 퇴직급여금액이 이중으로 가산된다. 여의도상사의 영업 관련 기타 비유동부채 증감액 계산은 다음과 같다.

퇴직급여충당부채 : 기말잔액 724-기초잔액 608=116

퇴직급여 (-322-120)=-442

퇴직금 지급액=-326

6-8 외화환산손익 등 : 외화환산이익과 동 손실, 외환차익과 동 차손, 파생상품 관련 이익과 손실, 그리고 해외사업환산차·대의 증감액을 모두 가감하여 여기에 기재한다. 여기에 합치는 이유는 이러한 외화 관련 손익은 어느 한 과목과 관련되어 있지 않고 여러 자산과 부채에 관련되어 있는데, 현금수지분석표의 작성 전제가 회사의 재무상태표와 손익계산서, 자본변동표 및 제조원가명세서만을 가지고 작성되기 때문에 어느 자산 및 부채에서 발생하였는지 알 수 없으므로 한곳에 모은 것이다. 일반기준이나 K-IFRS에 의한 현금흐름표에서는 회사의 장부를 보고 작성하기 때문에 각각의 환산이익 등이 어느 자산과 부채에서 발생했는지 알 수 있어서 그러한 자산부채의 증감액에 반영되기 때문에 별도의 항목으로 나타나지 않는다. 이렇게 외화환산 관련 손익을 한곳에 집계함으로써 좋은 점도 있다. 즉, 기업이 환율의 변동위험에 얼마나 노출되었는지를 판단할 수 있는 장점이 있다. 여의도상사의 외화환산손익 등의 계산은 다음과 같다.

외화환산이익 20-외환차손 10=10

따라서 기타 영업활동으로 인한 현금흐름액은 60(=750+0-127-273+0+26-326+10)이다.

7) 영업활동 후의 현금흐름액

영업활동 후의 현금흐름액은 5)에서 계산된 현금영업이익 값과 6)에서 계산된 기타 영업활동으로 인한 현금흐름액을 더하여 기재한다. 여의도상사의 경우 영업활동 후의 현금흐름액은 -1,556 (=-1,616+60)이다.

영업활동 후의 현금흐름액은 현금영업이익에서 영업외손익, 기타 자산 및 부채의 변동, 법인세 납부액을 차감한 현금흐름액으로서 이자비용이나 배당금을 지급하기 이전의 자금상태를 판단하기 위한 지표이다. 영업활동 후 현금흐름도 반드시 플러스(+) 상태를 보여야 한다. 만약 마이너스(-)를 보이고 있는 기업이 있다면 역시 부실기업으로 보아야 한다.

8) 이자비용과 배당금 지급액

8-1 이자비용 지급액 : 당기손익계산서상 이자비용을 -부호로 기재한다(비용이므로). 여의도상사의 손익계산서상 이자비용은 1,253이므로 이 금액에 -부호를 붙여서 현금수지분석표에 기재한다.

8-2 배당금 지급액 : 전기 이익잉여금 처분계산서상 현금배당액과 당기 중간배당액을 합하여 -부호로 기재한다(자본의 감소). 또는 자본변동표에서 당기중 배당금 지급액을 -부호로 붙여서 기재하여도 된다.

전기 이익잉여금 처분계산서상 현금배당액과 당기 중간배당액을 합하여 -부호로 기재한다(자본의 감소). 또는 자본변동표에서 당기중 배당금 지급액을 -부호로 붙여서 기재하여도 된다.

따라서 이자비용과 배당금 지급액 합계는 -1,480(=-1,253-227)이다.

참고로 1997년부터 2002년까지의 기업회계기준은 당기 이익잉여금 처분계산서상 현금배당액을 재무상태표 미지급배당금 계정에 계상해놓도록 규정하고 있었기 때문에 이러한 기준에 의하여 작성된 재무제표를 기준으로 현금수지분석표를 작성할 경우에 배당금 지급액은 미지급배당금 기초잔액을 -부호를 붙여 기재하거나, 또는 미지급배당금 기말잔액에서 미지급배당금 기초잔액과 당기 이익잉여금 처분계산서상 현금배당액을 차감하여 계산한다.

9) 이자비용과 배당금 지급 후의 현금흐름액

이자비용과 배당금 지급 후의 현금흐름액은 '7) 영업활동 후의 현금흐름액'과 '8) 이자비용과 배당금 지급액'의 산출 값을 더한 금액이다. 여의도상사의 이자비용과 배당금 지급 후의 현금흐름액은 -3,036(=-1,556-1,480)이다.

이자비용과 배당금 지급 후의 현금흐름액은 이자비용 및 배당금 지급 후의 현금이익으로서 기업의 현금 창출능력 및 지급능력을 나타낸다. 이자비용과 배당금 지급 후의 현금흐름액도 반드시 플러스(+) 상태를 보여야 한다. 만약 마이너스(-)를 보이고 있거나 마이너스(-) 금액이 크면 클수록 부실징후기업으로 보아야 한다. 이는 영업활동에서 조달한 현금으로 금융비용마저도 충당할 수 없는 매우 불량한 현금수지 상태이기 때문이다.

10) 유동성장기차입금 상환액

일반적으로 재무상태표상 유동성장기차입금의 기초잔액은 당기에 모두 상환되는 것이 통례이므로 이 금액을 당기 유동성장기차입금 상환액란에 기재한다. 그러나 기업에 따라서는 유동성장기차입금의 상환액이 반드시 기초잔액이 아닌 경우가 있는데, 그 경우라도 기초잔액을 이 난에 기재한다. 그것은 당초 장기차입금 차입 시 상환하여야 할 약정금액이기 때문에 그러한 약정의 이행 여부를 점검하는 목적이 있는 것이다. 유동성장기차입금 상환액은 기초잔액이므로 부호가 -이다.

여의도상사의 경우 유동성장기차입금 상환액은 -1,300이다.

11) 유동성장기차입금 상환 후 현금흐름액

유동성장기차입금 상환 후 현금흐름액은 '9) 이자비용과 배당금 지급 후의 현금흐름액'과 '10) 유동성장기차입금 상환액'의 값을 더하여 기재한다.

여의도상사의 경우 유동성장기차입금 상환 후 현금흐름액은 -4,336(=-3,036-1,300)이다.

유동성장기차입금 상환 후 현금흐름액은 기일이 도래된 유동성장기차입금을 상환한 후의 현금흐름액으로서 유형 및 무형자산 등 장기 자산에 투자할 수 있는 여유자금 규모를 파악할 수 있는 항목이다. 유동성장기차입금 상환 후 현금흐름액이 플러스(+)인 기업은 현금수지 상태가 양호한 기업이라고 판단한다. 그러나 마이너스(-)를 보이고 있거나 마이너스(-) 금액이 크면 영업활동에서 조달한 현금으로 금융비용은 충당이 가능하지만 기일이 도래한 차입금 상환은 어려운 기업이다.

12) 투자활동 현금흐름액

12-1 유형자산 증감액 : 유형자산 증감액의 산식은 다음과 같다.

기초장부금액 - 기말장부금액 - 감가상각비 - 재해손실과 손상차손 + 유형자산처분이익
- 유형자산처분손실 + 기말자산재평가이익 - 기초자산재평가이익

위의 산식에서 '장부금액'이란 유형자산의 취득원가에서 감가상각누계액을 차감 한 잔액을 의미한다. 감가상각비를 차감하는 이유는 기말장부금액에 현금의 유출이 없는 당기 감가상각비가 이미 반영되어 있기 때문에(즉, 장부금액이 감소되어 있기 때문에) 그 효과를 상쇄시키기 위하여 차감한 것이다. 기말장부금액과 같이 -부호를 사용함으로써 실제 현금유출액(또는 현금유입액)을 산정하기 위함이다. 감가상각비는 제조원가에 계상된 감가상각비와 판매비·관리비에 계상된 감가상각비 및 영업외비용에 계상된 운휴자산 감가상각비를 모두 합하여 기재한다. 재해손실과 손상차손 역시 현금의 유출이 없이 기말장

부금액이 감소되었는 바, 그 효과를 상쇄해주어야 올바른 현금흐름이 산출된다. -부호를 붙이는 이유는 감가상각비에 -부호를 붙이는 이유와 같다. 유형자산처분이익은 기초장부금액 이상으로 현금이 유입되었으며, 유형자산처분손실은 기초장부금액 이하로 현금이 유출되었기 때문에 각각 부호가 +와 -인 것이다. 자본 항목에 기재된 자산재평가이익은 주로 토지의 재평가이익으로서 이 재평가이익이 증가된 것은 비현금교환거래이기 때문에 이를 제거하기 위하여 위의 산식이 필요하다.

여의도상사의 경우 유형자산 증감액의 계산은 다음과 같다.

기초장부금액(7,194) - 기말장부금액(8,668) - 감가상각비(528 + 252) - 재해손실(100) + 유형자산처분이익(150) - 유형자산처분손실(11) = -2,215

12-2 투자자산 증감액 : 투자자산 증감액의 산식은 다음과 같다.

기초장부잔액 - 기말장부잔액 + 매도가능증권평가이익(자본조정) 증가액 + 지분법이익 + 장기투자증권손상차손환입 - 지분법손실 - 장기투자증권손상차손 + 투자자산처분이익 - 투자자산처분손실

재무상태표 기타 포괄손익누계액에 계상되는 매도가능증권평가이익의 계상은 비현금교환거래이다. 따라서 기말잔액이 평가이익 증가액(기말잔액-기초잔액)만큼 증가되어 있을 것이므로 기말잔액과 반대 부호를 사용하여야 한다. 만약 매도가능증권평가손실이 계상되어 있을 경우에는 그 증가액은 -부호를 사용하여야 한다. 지분법이익에 +부호를 붙이는 이유도 위와 동일한 이유이며 만약 지분법손실이 발생했을 경우에는 -부호를 사용하여야 한다. 때로는 지분법이익이나 손실이 손익계산서에 기재되지 않고 자본변동표의 이익잉여금이나 자본조정에 직접 영향을 미칠 경우도 있다. 이 경우에도 지분법이익으로 인한 잉여금 증가액은 +부호를 붙이고 지분법손실은 -부호를 붙인다.장기투자증권손상차손 역시 현금흐름 없이 기말잔액을 감소시켰으므로, 기말잔액을 증가시키기 위하여 기말잔액과 동일한 -부호를 붙이며, 동 환입액은 +부호를 붙인다. 투자자산처분이익에 +부호를 붙이고 동 손실에 -부호를 붙이는 이유는 유형자산처분손익에 동일한 부호를 붙이는 이유와 동일하다.

여의도상사의 투자자산 증감액 계산은 다음과 같다.

기초잔액(8,074) - 기말잔액(7,209) + 매도가능증권평가이익 증가액(30) + 지분법이익(108) + 지분법이익(이익잉여금 증가액 12) - 장기투자증권손상차손(550) - 투자자산처분손실(매도가능증권처분손실 40) = 425

12-3 무형자산 증감액

무형자산 기초잔액 - 무형자산 기말잔액 - 무형자산상각비 - 무형자산손상차손

유형자산과 마찬가지로 기초잔액에서 기말잔액을 차감한 다음 무형자산상각비를 차감하여 기재한다. 무형자산상각비는 제조원가에 기재된 무형자산상각비와 판매비·관리비에 기재된 무형자산상각비를 합하여 기재한다.
무형자산상각비나 무형자산손상차손에 -부호를 붙이는 이유는 유형자산감가상각비와 손상차손에 -부호를 붙이는 이유와 같다. 여의도상사의 경우 무형자산 증감액은 다음과 같이 산출된다.
무형자산 기초잔액(2,770) - 무형자산 기말잔액(3,100) - 무형자산상각비(270) = -600

12-4 투자활동 관련 유동·비유동자산 증감액

기초잔액 - 기말잔액 + 단기투자자산평가이익 - 단기투자자산평가손실
+ 단기투자자산처분이익 - 단기투자자산처분손실 - 기타의 대손상각비

투자활동 관련 유동자산에 속하는 과목으로는 단기투자자산(단기예금, 단기매매 증권, 단기매도가능증권, 단기대여금)과 미수금을 들 수 있다. 또한 투자활동 관련 비유동자산에 속하는 과목으로는 임차보증금, 장기미수금 등을 들 수 있다. 이러한 과목들의 기초잔액에서 기말잔액을 차감하고 이들 과목과 관련된 비현금손익 및 처분손익에 부호를 붙이는 이유는 위의 투자자산 증감액에서 설명한 바와 같다. 여의도상사의 경우 투자활동 관련 유동·비유동자산 증감액은 다음과 같이 산출된다.

	기초잔액	기말 잔액	평가이익	처분이익	평가손실	처분손실	증감액
단기예금	300	-250					= 50
단기매매증권	580	-620	15			-7	= -32
단기대여금	265	-340					= -75
미수금	190	-20					= 170
보증금	200	-300					= -100
계							= 13

따라서 여의도상사의 투자활동 현금흐름액은 -2,377(=-2,215 + 425 - 600 + 13)이다.

13) 외부자금 조달 전 현금흐름액

외부자금 조달 전 현금흐름액은 '11) 유동성장기차입금 상환 후 현금흐름액'에 '12) 투자활동 현금흐름액'의 산출 값을 더하여 기재한다.

여의도상사의 경우 외부자금 조달전 현금흐름액은 −6,713(=-4,336 - 2,377)이다.

외부자금 조달 전 현금흐름액이란 유형자산과 같은 비유동자산에 투자를 한 다음에 기업의 현금수지 상태가 어떠한가를 보여주는 부분이다. 외부자금 조달 전 현금흐름이 플러스(+)인 기업은 영업활동에 의한 현금흐름으로 이자비용과 배당금을 지급하고 유동성장기부채를 상환한 후 유형 및 무형자산 등 투자에 따른 소요자금을 충당할 수 있다는 것이다. 기업은 현금수지 상태가 매우 양호한 기업이라고 판단되는데, 이는 현실적으로 매우 드물다. 외부자금 조달 전 현금흐름이 마이너스(-)인 기업은 외부자금 조달의 필요성이 있다.

14) 총외부자금 조달액

총외부자금 조달액은 기업이 부족한 자금을 어떤 방법으로 조달하였는지와 조달한 자금 규모를 나타내는 항목이다. 필요자금의 일부는 증자를 통해 조달하여야 하며 단기차입금보다는 장기차입금으로 조달함이 바람직하다.

14-1 단기차입금 증감액 : 단기차입금의 기말잔액에서 기초잔액을 차감하여 기재한다. 여의도상사의 경우 단기차입금의 증감액은 2,100(=3,200 - 1,100)이다.

14-2 장·단기 미지급금 증감액 : 미지급금과 장기미지급금의 기말잔액에서 기초잔액을 차감하여 기재한다.

여의도상사의 경우 장·단기 미지급금의 증감액은 100(=100-0)이다.

14-3 장기차입금(사채 포함) 증감액 : 산식은 다음과 같다.

기말잔액 + 전환사채전환분 + 유동성장기부채 기말잔액 - 기초잔액 + 사채상환이익

전환사채전환금액(자본변동표에 기재됨)과 유동성장기부채 기말잔액(이와 같은 거래는 비현금거래이다)을 장기차입금의 기말잔액에 가산해주는 이유는 동 금액이 기초장기부채 금액에 포함되어 있고 기말잔액에는 포함되어 있지 않기 때문에 전환사채전환금액 등을 기말잔액에 가산하지 않은 상태에서 기초장기부채금액을 차감하면 장기차입금의 증감으로 인한 현금흐름액이 잘못 계산되기 때문이다. 사채상환손익도 마찬가지로 영업외수익 현금흐름 계산 시 제거하였으므로 장기차입금 증감액 계산 시에도 그 효과를 상쇄해주어야 한다. 외화환산이익이나 외화환산손실이 장기차입금의 환산에서 발생하였다면, 외화

환산손익을 '6-8'란에 기재하기보다는 '14-3'란의 계산에 포함시키는 것이 정확한 장기차입금 증감(현금흐름액)을 표시하게 되는 것이지만, 손익계산서에 기재된 외화환산손익이 반드시 장기차입금과 관련된 것이라고 할 수 없기 때문에 장기차입금 증감액 계산에서 제외한 것이다.

회사가 전환사채나 신주인수권부사채를 발행한 경우, 일반적으로 기타 자본잉여금에 전환권대가나 신주인수권부대가 계정이 나타난다(자본변동표에서 확인할 수 있음). 이때는 사채의 기말잔액에서 기초잔액을 차감한 금액에 전환권대가나 신주인수권부대가의 증가액을 가산하여 현금흐름을 계산한다. 왜냐하면 사채의 기초잔액이나 기말잔액에는 이러한 '대가' 금액에 상응하는 전환권 조정이나 신주인수권부 조정 계정 금액이 차감되어 있기 때문이다.

회사의 장기차입금 중 일부가 채무 조정 과정에서 출자전환채무로 변경된 경우, 회사의 자본변동표에 출자전환채무 증가액이 표시될 것이다. 동 증가액은 위의 장기차입금 증감액 계산 시 기말잔액에 가산하여야 한다(비현금교환거래의 제거). 여의도상사의 경우 장기차입금 증감액의 계산은 다음과 같다.

	기말 잔액	기초잔액	유동성 대체	전환	상환이익	
사 채	2,972	−2,485			+21	= 508
전환사채	2,500	−3,000		+500		= 0
장기차입금	2,330	−3,800	+2,450			= 980
						1,488

14-4 자본금 증감액 : 산식은 다음과 같다.

자본금 기말잔액 + 자본잉여금 기말잔액 − 자본금 기초잔액 − 자본잉여금 기초잔액
− 무상증자 + 자본조정 중 자본금과 관련 있는 과목의 증감

위에서 무상증자라 함은 자본잉여금의 자본전입을 제외한 이익잉여금의 자본전입과 전환사채의 전환 및 주식배당을 가리킨다. 주식배당액은 전기분 이익잉여금 처분계산서나 자본변동표를 보면 알 수 있다. (단, 1997년부터 2002년까지의 재무제표를 토대로 할 경우에는 미교부주식배당액의 기초잔액을 의미한다.)

자본조정 중 자본금과 관련이 있는 과목에는 주식할인발행차금, 감자차손이 있다. 이러한 계정들은 자본 항목이기 때문에 기말잔액에서 기초잔액을 차감하여야 한다. 자본잉여금의 자본전입은 별도로 감안하지 않더라도 자본금과 자본잉여금의 기말잔액 합계에서 기초잔액 합계를 차감하면 그 효과가 자동적으로 상쇄된다. 여의도상사의 경우 자본금 증감액은 다음과 같이 계산된다.

	기말 잔액	기초잔액	무상증자	주식배당	전환	
보통주자본금	9,530	-5,100	-2,230	-200	-500	= 1,500
주식발행초과금	3,740	-2,000				= 1,740
기타 자본잉여금	510	-500				= 10
						3,250

14-5 자본조정 증감액 : 산식은 다음과 같다.

자기주식과 주식매입선택권 기말 잔액 - 자기주식과 주식매입선택권 기초잔액

자본조정에는 자기주식과 주식매입선택권 외에도 여러 계정이 있다. 예를 들면 주식할인발행차금, 출자전환채무, 감자차손 등이 있는데, 이중 주식할인발행차금과 감자차손, 출자전환채무는 모두 자본금의 증감과 관련이 있기 때문에'14-4 자본금 증감액' 계산에 산입된다(출자전환채무의 경우, 증가액은 장기차입금 기말잔액에도 가산하여야 함).

주식매입선택권도 자본금의 증감과 관련이 있다. 정확한 현금흐름을 나타내려면, 현금지출 매출원가나 현금지출 판매비·관리비 계산 시 주식보상비용을 현금지출 없는 비용으로서 각각의 항목을 제거하고, 주식매입선택권의 증감에서도 제거하여 남은 증감액을 자본금 증감액 계산에 합산하여야 한다. 그러나 주식매입선택권의 증가 항목인 주식보상비용을 현금지출 매출원가나 현금지출 판매비·관리비에서 조정하지 않았기 때문에 단순히 주식매수선택권의 증감액만을 자본금 증감액에 포함시키는 것보다는 자본조정 증감액에 포함시키는 것이 분석 목적상 더 유용할 것으로 판단하였다.

그러므로 자본조정 증감액에는 자기주식과 주식매입선택권의 증감액이 기재되는데, 만약 위에 열거하지 않은 자본조정 계정이 나타나고, 또한 그 거래가 현금의 유출·입을 수반한다면, 이 난에 그 증감액을 기재하여야 할 것이다.

자본조정 증감액 계산 시 유의하여야 할 점 또 하나는 자기주식처럼 -항목은 -부호를 그대로 기말잔액과 기초잔액 앞에 붙여 사용하여야 한다는 것이다. 여의도상사의 자본조정 증감액은 20={-170 - (-190)}이다.

따라서 여의도상사의 총외부자금 조달액은 6,958(= 2,100 + 100 + 1,488 + 3,250 + 20)이다.

15) 외부자금 조달 후 현금흐름액

외부자금 조달 후 현금흐름액은 '13) 외부자금 조달 전 현금흐름액'에 '14) 총외부자금 조달액' 산출 값을 더하여 기재한다. 여의도상사의 경우 외부자금 조달 후 현금흐름액은 245(=-6,713 + 6,958)이다.

외부자금 조달 후 현금흐름액은 외부자금 조달 전 현금흐름액에서 외부자금 조달액을 합한 금액으로서 보유현금의 변동금액을 표시하는 지표이며, 재무상태표의 현금 증감액과 일치하게 된다.

16) 기타 조정

위의 총외부자금 조달액까지 계산하면 분석 대상 기업의 재무상태표 모든 계정의 증감과 손익계산서의 모든 발생액이 현금수지분석표에 반영되었기 때문에 '15) 외부자금 조달 후 현금흐름액'은 '17) 현금 증감액'과 일치하여야 한다. 그러나 현금수지분석표는 회사의 장부를 보고 작성하는 것이 아니기 때문에 해외사업환산손익과 같이 재무제표의 특정 과목과 대응시키기 어려운 과목은 부득이 현금수지분석표에서 차액으로 남을 수밖에 없다. 이 외에도 회계기준의 변화와 함께, 기업에 따라 재무상태표나 손익계산서에 새로운 과목이 생길 경우에도 일치하지 않는 경우가 생길 수 있다. 이 경우 그 차액을 '16) 기타 조정'란에 기재하게 되는데, 그 금액이 중요할 경우에는 그 발생 원인을 파악하여 현금흐름분석에 참고하여야 할 것이다.

17) 현금 증감액

재무상태표상 기말현금및현금성자산잔액에서 기초현금및현금성자산잔액을 차감하여 기재한다. 이 금액은 '15) 외부자금 조달 후 현금흐름액'과 일치하여야 한다. 여의도상사의 경우 기말현금및현금성자산잔액 1,175에서 기초현금및현금성자산잔액 930을 차감하면 245로서 외부자금 조달 후 현금흐름액 245와 일치한다. 이상에서 작성한 현금수지분석표의 작성 공식을 표로 정리하면 [표 6-3]과 같다.

이상에서 작성한 현금수지분석표의 작성공식을 표로 정리하면 [표 6-3]과 같다.

[표 6-3] 현금수지분석표 작성공식

항 목	작성공식
1. 매출을 통한 현금유입액	1-1부터 1-3까지의 합계
1-1 순매출액	순매출액(I/S)
1-2 매출채권 증감액	기초매출채권1[*1](B/S) - 기말매출채권[*1](B/S)
1-3 선수금 증감액	기말선수금(B/S) - 기초선수금(B/S)
2. 현금지출 매출원가	2-1부터 2-6까지의 합계
2-1 매출원가	- 매출원가(I/S)
2-2 재고자산 증감액	기초재고자산(B/S) - 기말재고자산(B/S)
2-3 매입채무 증감액	기말매입채무(B/S) - 기초매입채무(B/S)
2-4 선급금 증감액	기초선급금(B/S) - 기말선급금(B/S)
2-5 감가상각비(제조원가)	감가상각비(제조원가명세서)
2-6 무형자산상각비(제조원가)	무형자산상각비(제조원가명세서)
2-7 퇴직급여(제조원가)	퇴직급여(제조원가명세서)

항 목	작성공식
3. 현금매출 총이익	(1+2)
4. 현금 판매비와 관리비	4-1부터 4-5까지의 합계액
4-1 판매비와 관리비	- 판매비와 관리비(I/S)
4-2 선급비용 증감액	기초선급비용(B/S) - 기말선급비용(B/S)
4-3 미지급비용 증감액	기말미지급비용(B/S) - 기초미지급비용(B/S)
4-4 감가상각비(판관비)	감가상각비(I/S)
4-5 무형자산상각비(판관비)	무형자산상각비(I/S)
4-6 퇴직급여(판관비)	퇴직급여(I/S)
5. 현금영업이익	(3+4)
6. 기타 영업활동에 의한 현금흐름액	6-1부터 6-8까지의 합계액
6-1 영업외수익	영업외수익(I/S) - 법인세 환급액 - 비현금수익(I/S)*2
6-2 미수수익 및 선수수익 증감액	기초미수수익 - 기말미수수익 + 기말선수수익 - 기초선수수익
6-3 영업외비용	- 영업외비용(I/S) + 이자비용(I/S) + 법인세 추납액 + 비현금비용(I/S)*3
6-4 법인세 납부액	- 법인세비용 + 기말당기법인세부채 - 기초당기법인세부채 + 기초선급법인세 - 기말선급법인세 + 기초이연법인세자산 - 기말이연법인세자산*4 + 법인세 환급액 - 법인세 추납액
6-5 영업 관련 기타 유동자산 증감	기초기타 유동자산*5 - 기말기타 유동자산
6-6 기타 유동부채 증감액	기말기타 유동부채*6 - 기초기타 유동부채
6-7 기타 비유동부채 증감액	기말기타 비유동부채*7 - 기초비유동부채 - 퇴직급여(제조원가, I/S)
6-8 외화환산손익등	외화환산이익 +외환차익 - 외화환산손실 - 외환차손 + 파생상품거래(평가)이익 - 파생상품거래(평가)손실 - 해외사업환산차의 증가(+해외사업환산대의 증가)
7. 영업활동 후의 현금흐름액	(5+6)
8. 이자비용과 배당금 지급액	- 이자비용(I/S) - 현금배당액*8
9. 이자지급 후의 현금흐름액	(7+8)
10. 유동성장기차입금 상환액	- 기초유동성장기부채
11. 유동성장기차입금 상환 후 현금흐름액	(9+10)
12. 투자활동 현금흐름액	12-1부터 12-4까지의 합계액
12-1 유형자산 증감액	기초유형자산 - 기말유형자산 - 감가상각비(제조원가, I/S) - 운휴자산상각비(I/S) - 유형자산손상차손 + 유형자산처분이익 - 유형자산처분손실 + 기말자산재평가이익 - 기초자산재평가이익
12-2 투자자산 증감액	기초투자자산 - 기말투자자산 + 투자자산평가이익*9 - 투자자산평가손실*10 + 투자자산처분이익 - 투자자산처분손실
12-3 무형자산 증감액	기초무형자산 - 기말무형자산 - 무형자산상각비(제조원가, I/S)
12-4 투자활동 관련 유동·비유동자산 증감액	투자활동 관련 기초유동자산*11합계 - 투자활동 관련 기말유동자산 증감액 합계 + 기초기타 비유동자산 합계 - 기말기타 비유동자산 합계
13. 외부자금 조달 전 현금흐름액	(11+12)

항 목	작성공식
14. 총 외부자금 조달액	14-1부터 14-5까지의 합계액
14-1 단기차입금 증감액	기말단기차입금 - 기초단기차입금
14-2 장·단기 미집급금 증감액	기말 장·단기 미지급금 - 기초 장·단기 미지급금
14-3 장기차입금 증감액	기말장기차입금*12 - 기초장기차입금 + 사채상환이익 - 사채상환손실 + 기말유동성장기부채 + 전환사채보통주전환액 + 전환권대가·신주인수권대가 증가액 + 출자전환채무증가액
14-4 자본금 증감액	기말자본금 및 자본잉여금 - 기초자본금 및 자본잉여금 - 이익준비금 자본전입액 - 주식배당액*13 - 전환사채보통주전환액 + 기타조정액*14
14-5 자본조정 증감액	기말자기주식과 주식매입선택권 - 기초자기주식과 주식매입선택권
15. 외부자금 조달 후 현금흐름액	(13+14)
16. 기타 조정액	15와 17의 차액
17. 현금 증감액	(17-1에서 17-2를 차감한 금액) = (15+16)
17-1 기초 현금 잔액	기초현금및현금성자산
17-2 기말 현금 잔액	기말현금및현금성자산

*1 : 매출채권에는 기타 비유동자산에 계상된 장기매출채권이 포함되며, 대손충당금을 차감한 순액으로 계산함

*2 : 비현금수익은 현금유입이 없는 수익{외화환산이익, 단기투자자산평가이익, 투자자산평가이익(지분법이익, 장기투자증권손상차손환입 등), 자산수증이익, 채무조정이익, 파생상품평가이익 등}과 투자 및 재무활동으로 인한 수익(단기투자자산처분이익, 유형자산처분이익, 투자자산처분이익, 사채상환이익, 보험차익, 파생상품거래이익 등)을 의미함

*3 : 비현금비용은 현금유출이 없는 비용{외화환산손실, 기타의 대손상각비, 운휴자산감가상각비, 단기투자자산평가손실, 투자자산평가손실(지분법손실, 장기투자증권손상차손 등), 유형자산손상차손, 재해손실, 파생상품평가손실 등}과 투자 및 재무활동으로 인한 손실(단기투자자산처분손실, 유형자산처분손실, 투자자산처분손실, 사채상환손실, 보험차손, 파생상품거래손실 등)을 의미함

*4 : 이연법인세부채인 경우에는 기말이연법인세 부채에서 기초이연법인세 부채를 차감함

*5 : 기타의 유동자산 = 당좌자산합계 - 현금 - 매출채권 - 선급금 - 선급비용 - 미수수익 - 선급법인세 - 단기이연법인세자산 - 단기예금 - 단기매매증권 - 미수금 - 단기대여금

*6 : 기타의 유동부채 = 유동부채합계 - 단기차입금 - 매입채무 - 선수금 - 미지급비용 - 선수수익 - 유동성장기부채 - 미지급금 - 단기이연법인세부채 - 미지급법인세

*7 : 기타 비유동부채 = 비유동부채합계 - 사채 - 장기차입금 - 장기미지급금 - 비유동이연법인세 부채

*8 : 당기초에 처분된 전기의 이익잉여금처분액 중 현금배당액과 당기중간배당액을 합친 금액

*9 : 투자자산평가이익 = 지분법이익 + 장기투자증권손상차손환입 + 만기보유증권현재가치할인차금상각액 + 기말매도가능증권평가이익(B/S) - 기초매도가능증권평가이익(B/S)

*10 : 투자자산평가손실 = 지분법손실 + 장기투자증권손상차손 + 기초매도가능증권평가손실(B/S) - 기말매도가능증권평가손실(B/S)

*11 : 투자활동 관련 유동자산 = 단기금융상품, 단기투자자산(단기매매증권, 단기매도가능증권), 단기대여금, 미수금

*12 : 장기차입금에는 각종 사채가 포함됨

*13 : 당기초에 처분된 전기의 이익잉여금처분액 중 주식배당액을 의미함

*14 : 자기주식과 주식매입선택권을 제외한 자본조정항목들의 증감액을 여기에 가감한다. 이에 해당되는 과목은 다음과 같다.
주식할인발행차금 기말잔액 - 기초잔액(기말잔액과 기초잔액은 모두 -부호임) 감자차손 기말잔액 - 기초잔액 (기말잔액과 기초잔액은 모두 -부호임)
출자전환채무 기말 잔액 - 기초잔액 - 당기중 장기차입금에서 출자전환채무로 전환된 금액

2-3. 현금수지분석표 작성과 관련된 추가 고려사항

모든 금융기관에서는 현금수지분석표가 전산에 의하여 자동으로 출력되고 있다. 즉, 재무상태표와 손익계산서 등 재무정보를 입력하면, 현금수지분석표는 전산 프로그램에 의하여 출력되고 있다. 그러나 다음과 같은 점은 분석 대상 기업의 출력된 현금수지분석표를 분석함에 있어서 추가로 고려되어야 할 사항이며, 가능하다면 기존의 현금수지분석표 작성 프로그램의 보완이 필요한 부분이다.

첫째로, 매출채권처분손실 금액이 중요할 경우, 이 금액은 '6-3 영업외비용' 계산에 포함하지 말고 '1. 매출을 통한 현금유입액' 계산에 포함시켜주는 것이 적절하다. 결과적으로 영업외비용 지출금액은 더 작아질 것이며, 매출을 통한 현금유입액도 더 작아질 것이다. 매출채권처분손실은 받을어음이나 D/A 어음할인료 등으로서 금융비용의 성격도 있는 것은 사실이지만, 본질적으로 매출채권의 조기 회수에 따르는 비용이므로 '매출을 통한 현금유입액' 계산에 포함시키는 것이 적절하다.

둘째로, '8-1 이자비용' 기록 시 손익계산서상 이자비용뿐만 아니라 분석 대상 기업의 재무제표에 대한 주석을 검토하여 당기 중 재고자산이나 유형자산 등에 이자비용을 자본화 시킨 금액을 찾아서 여기에 포함시켜야 한다. 현금수지분석표의 중요한 작성 목적 중의 하나가 영업활동에서 조달한 현금으로 이자비용을 지급할 수 있을지 여부를 점검하는 것인데, 실제 이자를 지급해놓고 일부를 자본화시켰다면, 손익계산서에 기재된 이자는 실제 지급한 이자와 거리가 있기 때문이다.[33]

33) Charles W. Mulford 외, 전게서, p.311

3 현금순환분석표의 작성

현금순환분석표는 기업에서 작성하는 현금흐름표(간접법) 양식과 유사하다. 여의도상사의 현금순환분석표는 다음과 같다.

현금순환분석표

여의도상사 (단위 : 백만 원)

항 목	당 기
1. 영업활동으로부터의 원천	3,417
1-1 영업이익	1,925
1-2 비현금비용	
감가상각비	780
무형자산상각비	270
퇴직급여	442
2. 영업활동에의 운용	(4,973)
2-1 순운전자본 투자액	(5,052)
매출채권 증감액(선수금 증감액 포함)	(3,183)
재고자산 증감액	(1,998)
매입채무 증감액(선급금 증감액 포함)	129
2-2 기타 운용	79
영업 관련 기타 유동자산 증감액	-
영업 관련 기타 유동부채 증감액	26
기타 비유동부채 증감액	(326)
영업외수익	750
선급비용 및 미지급비용 증감액	19
미수수익(선수수익) 증감액	-
영업외비용	(127)
법인세 납부액	(273)
외화환산손익 등	10
3. 영업활동 후의 현금흐름액 (1+2)	(1,556)
8. 이자비용과 배당금 지급액	(1,480)
8-1 이자비용 지급액	(1,253)
8-2 배당금 지급액	(227)
9. 이자지급 후의 현금흐름액 (7+8)	(3,036)
10. 유동성장기차입금 상환액	(1,300)
11. 유동성장기차입금 상환 후 현금흐름액 (9+10)	(4,336)

항 목	당 기
12. 투자활동 현금흐름액	(2,377)
12-1 유형자산 증감액	(2,215)
12-2 투자자산 증감액	425
12-3 무형자산 증감액	(600)
12-4 투자활동 관련 유동·비유동자산 증감액	13
13. 외부자금 조달 전 현금흐름액 (11+12)	(6,713)
14. 총 외부자금 조달액	6,978
14-1 단기차입금 증감액	2,100
14-2 장·단기 미지급금 증감액	100
14-3 장기차입금(사채 포함) 증감액	1,488
14-4 자본금 증감액	3,250
14-5 자본조정 증감액	20
15. 외부자금 조달 후 현금흐름액 (13+14)	245
16. 기타 조정	-
17. 현금 증감액	245
17-1 기초현금및현금성자산 잔액	930
17-2 기말현금및현금성자산 잔액	1,175

현금순환분석표의 작성 요령 역시 현금수지분석표의 작성 요령과 근본적으로 같다. 다만, 영업활동으로 인한 현금흐름 내용을 기재함에 있어서 현금수지분석표의 경우에는 손익계산서 각각의 손익 항목에 비현금손익 항목과 영업활동 관련 자산·부채의 증감액을 가감한 반면, 현금순환분석표의 경우에는 영업이익에 비현금손익 항목과 영업활동 관련 자산·부채의 증감액을 가감한 점에서 차이가 있다. 여기서는 현금순환분석표의 작성 내용 중 영업활동으로 인한 현금흐름의 각각의 항목에 대한 계산 근거만을 밝히기로 한다. (단위 : 백만 원)

1) 영업활동으로부터의 원천

1-1 영업이익 : 손익계산서상 영업이익을 기재한다. 여의도상사의 경우 손익계산서상 영업이익은 3,436이다.

1-2 비현금비용 등 가산 : 비현금비용은 현금의 지출이 없는 비용으로서 영업이익 계산에 포함된 것을 말한다. 영업이익이란 매출액에서 매출원가와 판매비와 관리비를 차감한 금액이기 때문에 영업이익을 산출하기까지 감안된 비현금비용이라면 매출원가와 판매비·관리비에 포함된 감가상각비, 무형자산상각비, 퇴직급여, 대손상각비, 주식보상비용 및 부채성충당부채 전입액(판매보증충당 전입액, 하자보수충당부채 전입액 등)을 말한다. 대손상각비와 주식보상비용 및 부채성충당부채 전입액의 경우 일반적으로 그 금액이 크지 않으므로

분석의 편의상 제외하였기 때문에 양식에는 감가상각비와 무형자산상각비, 퇴직급여의 세 가지 항목만 제시되어 있다. 이러한 비현금비용들은 중요한 금액일 경우 현금의 지출이 없이 영업이익을 감소시켰으므로 현금흐름 계산 시에는 가산해주어야 한다. 여의도상사의 영업이익에 가산하여야 할 비현금비용은 다음과 같다.

• 감가상각비 : 780(제조원가명세서상 감가상각비 528과 손익계산서상 감가상각비 252를 합한 금액임)

• 무형자산상각비 : 270(제조원가명세서상 무형자산상각비와 손익계산서상 무형자산상각비를 합한 금액, 여의도상사의 경우에는 손익계산서에만 기재되어 있음)

• 퇴직급여 : 442(제조원가에 포함되어 있는 322와 판매비·관리비에 포함되어 있는 120)

따라서 영업활동으로부터의 원천금액은 3,417(=1,925+780+270+442)이다.

이하의 현금순환분석표 각 항목의 계산 근거는 현금수지분석표 항목 계산 근거와 동일하므로 설명을 생략한다.

4 현금수지분석표와 현금순환분석표의 장점 및 현금흐름표와의 비교

일반기준이나 K-IFRS에 의한 현금흐름표를 작성하고자 할 때는 재무제표 외에도 재무제표 부속명세서에서 각 계정의 증가와 감소에 관한 자세한 추가자료가 필요하며 작성에 장시간이 소요되지만, 현금수지분석표나 현금순환분석표는 재무제표와 비현금거래에 대한 몇 가지 중요한 추가자료로서 비교적 단시간 내에 작성할 수 있으며, 개인용 컴퓨터로 프로그램이 가능하기 때문에 비교적 쉽게 작성할 수 있다. 무엇보다도 현금수지분석표나 현금순환분석표는 현금흐름표에 비해 그 내용이 요약되어 있기 때문에 기업의 현금흐름을 한눈에 알아볼 수 있다는 장점이 있다.

또한 **현금순환분석표는 이 표를 통하여 분석자가 기업의 영업활동 현금흐름이 영업이익과 순운전자본 변동, 그리고 기타 요인 중 어디에서 영향을 가장 많이 받았는지 얼른 눈에 띄게 해주는 장점이 있다.** 영업활동 현금흐름에 영향을 미치는 주요 항목에 대한 설명은 제2절의 [그림 6-2]를 참조하기 바란다.

본서에서 제시하는 신용분석 목적의 현금수지분석표(또는 현금순환분석표)가 일반기준이나 K-IFRS에 의한 현금흐름표에 비해 다른 점 및 현금수지분석표 이용 시 유의할 점은 다음과 같다.

(1) **현금수지분석표**는 기업의 차입원리금 상환능력 여부를 검토할 수 있도록, 영업활동으로 인한 현금흐름란을 이자지급 전 현금흐름과 이자지급 후 현금흐름으로 구분하여 **영업활동에**

서 조달된 현금으로 이자와 배당금을 지급할 수 있는지 판단할 수 있도록 구성되어 있고, 또한 현금수지분석표는 유동성장기부채 상환 전 현금흐름과 동 부채 상환 후 현금흐름란을 별도로 구분하여 **이자지급 후 현금흐름으로 기일이 도래하는 부채의 원금을 상환할 수 있는지 여부를 판단하는 데 중점을 두도록 구성되어 있다.**

(2) **활동 구분에 있어서 과목별로 차이가 있을 수 있다.** 1994년에 처음 마련되었던 현금수지분석표 양식에서는 유동자산과 유동부채의 증감(차입금 항목은 제외)은 모두 영업활동으로 구분하였으나, 최근 각 은행들의 양식을 점검한 바, 그동안의 회계기준 변동에 맞추어서 은행별로 그러한 구분에도 변화가 있음을 알 수 있었다. 따라서 본서에서는 비교적 공통적인 양식을 마련함과 아울러 유동자산과 유동부채라 하더라도 일반기준에 의한 활동 구분에 맞추어서 현금수지분석표 양식을 제시하였으나, 여전히 일반기준에 의한 현금흐름표와는 차이가 있을 수 있다. 그것은 기업의 회계실무자들이 현행 회계기준을 해석함에 있어서 기업별로 차이가 나는 점에도 원인이 있다. 예를 들면 미수금이나 미지급금의 증감을 그 성격에 따라 어떤 회사는 투자활동과 재무활동으로 구분하는 반면, 어떤 회사는 모두 영업활동으로 구분하기도 있다. 본서에서는 미수금의 증감은 투자활동으로, 미지급금의 증감은 재무활동으로 구분하였다.

또한 지분법적용투자회사로부터 배당금을 수령한 경우, 어떤 회사는 영업활동으로 구분하는 반면, 다른 회사는 투자활동으로 구분하기도 있다. 기본적으로 현금수지분석표는 회사의 재무상태표와 손익계산서 및 자본변동표만을 가지고 작성하는 것이므로 현금수지분석표를 작성하는 입장에서 본다면, 지분법적용투자회사로부터 받은 배당금은 알 수가 없다. 단지 지분법적용투자주식 금액의 감소로 나타나기 때문에 본서의 양식에서는 투자활동에 표시되도록 하였다. 이러한 활동 구분의 차이는 앞으로 회계기준의 발전과 더불어 해소될 수 있으리라 본다.

(3) **현금수지분석표에서는 영업활동 현금흐름은 자세히 표시한 반면, 투자활동란과 재무활동란은 자세한 표시를 생략하고 유형자산 증감, 투자자산 증감, 단기차입금 증감, 장기차입금 증감 등 순액으로 요약하여 표시**하고 있다.

(4) **손익계산서** 이자비용 속에 포함되어 있는 할인차금상각액이나, 이자수익 속에 포함되어 있는 할인차금상각액, 그리고 매출원가 속에 포함되어 있는 재고자산평가손실 등 **별도의 손익과목으로 기재되지 않는 비현금손익 항목은 현금수지분석표에서 감안되지 않는다.** 현금수지분석표 작성은 기본적으로 재무상태표와 손익계산서 및 자본변동표만을 토대로 작성되기 때문에 손익계산서에 별도의 과목으로 표시되지 않는 비현금손익의 내역을 알 수가 없기 때문이다. 또한 대손상각비나 주식보상비용, 대손충당금 환입액은 손익계산서에 표시되기는 하지만, 대부분의 현금수지표 양식에서 별도의 비현금손익 항목으로 구분하지 않고 있으므

로 본서에서도 별도 구분하지 않았다.

건설업의 경우, 공사원가에 포함되어 있는 공사손실충당부채 전입액이나 판매비와 관리비에 포함되어 있는 하자보수충당부채 전입액도 본서의 현금수지분석표 양식에서는 고려하지 않았다. 만약 건설업의 현금수지분석표를 작성함에 있어서 그와 같은 비현금비용 금액이 중요하다면, 본서의 양식에 동 비현금비용 항목을 추가하여 분석 목적에 활용이 가능할 것이다.

(5) **재무상태표상 특정 자산·부채의 증감이 손익계산서상 특정 수익·비용 과목과 1대1로 대응되지 않을 때 현금수지분석표에서는 그 자세한 내용을 알 수 없기 때문에 임의적으로 대응시켜 작성한다.**

선급비용이나 미지급비용의 증감은 그 상대 과목이 선급보험료나 미지급급료일 수도 있고 선급이자나 미지급잡비일 수도 있다. 그러나 현금수지분석표에서는 선급비용이나 미지급비용의 증감은 모두 판매비·관리비와 관련이 있는 것으로 가정하여 판매비·관리비 현금지출액 계산에 반영하였다.

(6) **외화환산손익과 외환차손익 및 파생상품 관련 손익을 한데 묶어서 '기타 영업활동 현금흐름'란에 별도의 과목으로 기재하였다.** 외화환산손익과 파생상품 관련 손익은 여러 자산이나 부채에 관련되어 있어서 회사의 장부를 보지 않고서는 특정 과목과 대응시킬 수 없기 때문에 별도의 과목으로 표시하였다. 이렇게 표를 작성할 경우, 해당 기업이 환율의 변동과 파생상품거래로 손익에 어떠한 영향을 입는지 파악할 수 있는 장점도 있다. 일반기준이나 K-IFRS에 의한 현금흐름표에서는 외화환산손익과 파생상품평가손익은 모두 비현금거래로서 제거되겠지만, 현금수지분석표에서는 그렇지 못하기 때문에 그만큼 차이가 발생할 수밖에 없다.

(7) **현금수지분석표의 작성에 있어서 일부 비현금교환거래가 현금수지분석표에는 현금거래로 표시될 수 있다.** 예를 들면 금융리스로 유형자산을 취득한 경우, 이러한 비현금교환거래를 현금수지분석표 작성 시에는 대부분 감안하지 않기 때문에 장기차입금을 조달하여 유형자산을 취득한 것으로 표시될 것인데, 이러한 사항은 현금수지분석표 해석 시 추가적으로 감안하여야 할 것이다.

(8) **현금수지분석표 금액란의 +부호는 현금의 증가를, -부호는 현금의 감소를 의미한다.** 따라서 재고자산을 비롯한 제자산의 증감란의 금액에 -부호를 붙였다면, 이는 자산의 증가로 인한 현금의 감소를 의미하는 것이지 자산이 감소했다는 뜻이 아니다.

(9) **현금순환분석표**에 국한된 사항으로서, 현금순환분석표는 일반기준에 의한 현금흐름표 간접법 양식과 유사한데, 영업활동 현금흐름의 계산 당기순이익에서 출발하지 않고 **영업이익에서 출발하고 있다.** 이것은 현금순환분석표 양식이 이자비용과 법인세비용의 지급을 별도 난으로 구분하였기 때문에 영업외비용이나 영업외수익을 감안하기 이전의 이익, 즉 영업이익에서 출발하는 것이 합리적이고 분석표의 작성을 간단하게 하는 이점이 있기 때문이다. 만

약 당기순이익에서 출발할 경우에는 K-IFRS에 의한 현금흐름표처럼 이자비용과 법인세비용을 당기순이익에 가산하여, 일단 이자와 법인세 납부 전 이익을 계산한 다음, 다시 법인세비용과 이자비용을 납부한 것으로 표시하여야 하기 때문에 그 내용이 복잡해지는 단점이 있다. **현금순환분석표에서는 영업활동을 두 가지로 구분해서 그 원천과 운용을 분리한 점이 특색**인데, 영업활동을 두 가지로 구분해봄으로써 총영업활동에 의하여 조성된 현금으로 순운전자본에 투하된 현금의 규모와 기타 영업활동에 지출된 현금의 규모를 파악하기 위함이다. 순운전자본의 운용은 기업의 가장 핵심적인 활동이기 때문에 이는 현금흐름분석의 주요 목적 중의 하나이다.

(10) 만약 회계연도 중에 대상 기업이 사업 부문 중 일부를 중단하게 됨에 따라 **회사의 손익계산서에 중단사업손익이 기재되었고 그 금액이 중요하다면, 주어진 손익계산서와 재무상태표만으로는 현금수지분석표의 작성과 분석이 상당 부문 의미를 상실할 수 있다**. 왜냐하면 재무상태표의 자산과 부채에는 계속사업과 중단사업이 구분되어 있지 않은 반면, 손익계산서에는 계속사업과 중단사업이 구분 기재되어 재무상태표의 자산과 부채 중 어떤 부문을 계속사업 또는 중단사업과 대응시켜야 할지 알 수가 없기 때문이다. 따라서 이러한 경우에는 일차적으로 회사에서 작성한 현금흐름표와 현금흐름표에 대한 주석(영업활동 현금흐름 중 중단사업 부문에서 창출된 현금흐름이 기재됨)을 분석 대상으로 하고 굳이 현금수지분석표를 작성하고자 한다면, 회사에 요청하여 재무상태표와 손익계산서를 계속사업 부문과 중단사업 부문으로 각각 구분하여 제출하도록 요구하여야 할 것이다. 그러나 중단사업손익이 중요하지 않은 금액이라면, '6-9'란에 중단사업손익란을 추가하여 현금수지분석표를 작성하는 방법을 택할 수 있다.

(11) **만약 회계연도 중에 대상 기업이 다른 기업을 합병한 경우, 현금수지분석표 작성에 있어서 매우 신중한 접근이 필요하다.** 현금수지분석표는 전기말 재무상태표와 당기말 재무상태표 및 당기손익계산서를 토대로 작성되는데 전기말 재무상태표는 합병하기 전의 재무상태표이고 당기말의 재무상태표는 합병 후의 재무상태표이기 때문에 일차적으로 그 차액만으로 현금수지분석표를 작성한 다음 합병 관련 비현금교환거래를 제거하여야 한다. 경우에 따라서는 갑 회사가 합병회사이고 을 회사가 피합병회사임에도 불구하고 합병 후의 재무제표가 피합병회사인 을 회사의 재무제표 위주로 작성되는 경우도 있다.[34]

---

34) 예를 들어 2005년도 중에 (주)스카이텔레텍을 흡수 합병한 (주)팬택의 재무제표 주석에는 합병재무제표와 관련하여 다음과 같은 주석이 기재되어 있다. '~ 한편, 동 합병은 법률적으로 (주)팬택이 (주)스카이텔레텍을 흡수 합병하였으나, '기업 인수 합병 등에 관한 회계처리준칙 4-1'에 의거, 합병 신주 발행으로 (주)스카이텔레텍의 주주가 법률적 합병법인인 (주)팬택의 합병 후 지배주주가 됨에 따라 법률적 실체와는 달리 (주)스카이텔레텍이 합병 주체로서 (주)팬택을 흡수 합병하는 것으로 경제적 실질에 따라 회계처리하였으며, 이로 인하여 당기 손익계산서는 (주)스카이텔레텍의 1월부터 합병기준일까지의 손익과 (주)팬택(합병 후 존속법인)의 합병기준일 이후부터 2005년 12월 31일까지의 손익으로 구성되어 있으며, 비교 표시된 2004년 12월 31일로 종료되는 회계연도의 재무제표는 (주)스카이텔레텍의 재무제표입니다.'

제 02 절

현금수지분석표 및 현금순환분석표의 심층적 분석

현금순환분석표는 일반기준이나 K-IFRS에 의한 현금흐름표를 채권자 위주로 일부 수정한 형태이기 때문에 기본적으로 일반기준이나 K-IFRS에 의한 현금흐름표와 동일한 내용을 담고 있다. 현금수지분석표는 직접법에 의한 현금흐름표와 유사한 형태이며, 현금순환분석표는 간접법에 의한 현금흐름표와 유사한 형태이다. 그러므로 제5장에서 설명하고 있는 현금흐름표의 분석 내용은 현금수지분석표의 분석에도 그대로 적용되는데, 본 절에서는 신용분석자의 입장에서 제5장의 내용에 추가하여 고려할 사항에 대해 언급하고자 한다.

1 현금흐름분석의 기본 절차

금융기관의 입장에서 현금흐름분석을 실시하는 목적은 크게 두 가지로 구분된다고 볼 수 있다. 하나는 대출금의 상환능력을 평가하기 위한 것이고, 또 하나는 대출금의 사후관리 및 기업 경영진단의 목적이 있다. 본서에서는 대출금의 상환능력 평가를 주목적으로 하고 대출금의 사후관리 및 기업 경영진단을 부수적인 목적으로 전제하기로 한다.

신용분석자는 분석 대상 기업에 대한 신용 제공 여부를 결정하기 위해서 그 기업의 과거 현금수지분석표를 분석하고, 이어서 미래의 현금흐름을 추정하게 된다. 그리고 그 현금흐름 추정의 핵심은 영업활동 현금흐름 추정이며, 그 결과에 따라 신용 제공 여부를 결정하게 된다.

따라서 **현금수지분석표를 분석할 때 가장 중요한 분석 대상은 '영업활동 현금흐름'이며, 분석 대상 기업의 영업활동 현금흐름이 양호 또는 불량한 이유가 무슨 원인 때문인지 파악하는 것이 중요하다. 분석 결과 그 원인이 파악되면, 그러한 원인이 향후에 어떻게 변동될 것인지를 판단하여 그 기업의 미래 현금흐름 추정에 반영하여야 한다.**

현금흐름표 또는 현금수지분석표의 작성 과정에서 알 수 있듯이 영업활동 현금흐름에 영향을 미치는 과목은 기본적으로 영업이익과 순운전자본 변동, 그리고 기타 영업 관련 자산·부채의 변동 등 세 가지 분야이며, 이 세 가지 분야는 다음과 같이 일곱 가지 과목으로 구성되어 있음을 알 수 있다. 매출액, 매출원가, 판매비·관리비, 매출채권, 재고자산, 매입채무, 기타 영업활동 관련 자산·부채의 변동 등이다.

그러므로 **현금흐름분석자는 먼저 현금순환분석표를 통하여 기업의 영업활동 현금흐름에 영업이익과 순운전자본의 변동 및 기타 영업활동 관련 자산·부채의 변동 등 세 가지 중 어느 부분에서 해당 기업의 영업활동 현금흐름이 양호 또는 불량한지를 먼저 파악하고, 이어서 이 세 가지 분야를 구성하는 위의 일곱 가지 과목 중 회사의 영업활동에 가장 중요한 영향을 미치는 과목을 찾아낸다. 그다음 그 과목의 변화를 주도하는 주요 변수 등을 찾아내어 그러한 변수가 향후 기업의 현금흐름에 어떠한 영향을 미칠 것인지 예측해보는 것이 현금흐름분석의 핵심이다.**

영업이익이 문제라면 매출액이나 매출원가, 판매비·관리비를 분석하여 그러한 수익과 비용을 발생시키는 주요 변수를 찾아내는 것이며, 순운전자본의 변동이 문제라면 매출채권과 재고자산을 비롯한 순운전자본에 대한 투자액에 대하여는 구성내역의 건전성과 회사의 관리상태를 점검하는 것이 현금흐름분석의 중요 과제이다. 만약 기타 영업활동 관련 자산·부채의 변동 등 숫자가 중요하다면 어떠한 자산과 부채의 변동인지, 아니면 우발적인 손실인지 여부를 분석하여야 한다.

분석에 앞서 명심해야 할 점은 적어도 어느 기업의 현금흐름분석을 행하고자 할 때에는 동 기업의 3년 내지 5년 이상 현금흐름표를 작성 또는 수집하여 분석을 행해야 한다는 점과, 아울러 해당 기업의 다른 재무분석 비율과 동 업계의 재무분석 비율과도 관련하여 분석하여야 한다는 점이다. 특정 연도의 현금흐름표만을 대상으로 분석을 행하는 것은 분석 결과에 오류가 발생하기 쉽고, 기타 재무분석비율과 동 업종의 재무분석비율 결과도 감안되어야 종합적인 결론을 내릴 수 있기 때문이다.

상기의 내용을 그림으로 나타내 보면 [그림 6-1] 및 [그림 6-2]와 같다.

그림 6-1 **현금흐름분석의 기본 절차**

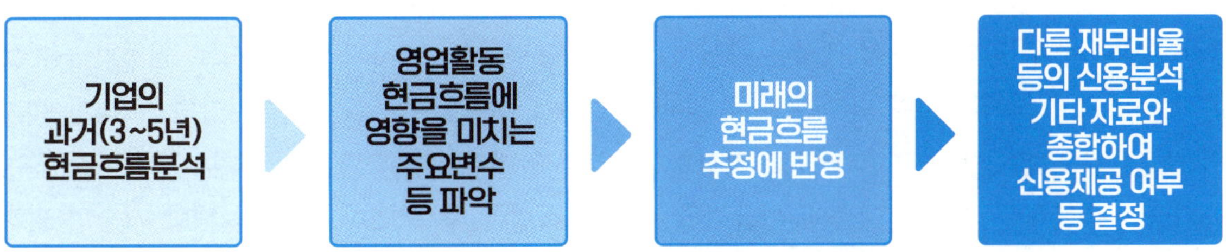

그림 6-2 **영업활동 현금흐름에 영향을 미치는 주요 항목**

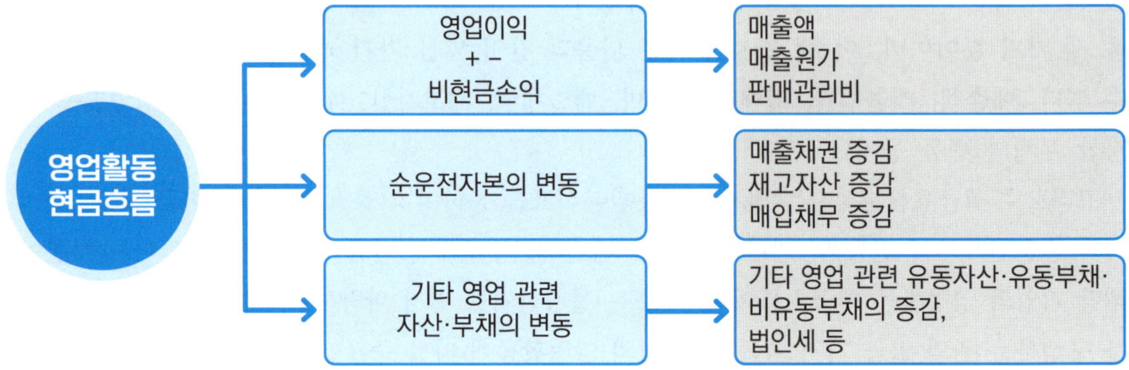

2 영업활동 현금흐름에 미치는 요인별 분석

2-1. 매출액

매출액 분석에 있어서 가장 선행되어야 할 것은 성장성, 즉 **매출액 증감 추세분석**이다. 만약 매출액이 증가하지 못하고 감소하는 추세라면, 회사의 영업활동이 축소됨을 의미하기 때문에 회사의 향후 손익이나 현금흐름의 방향에 매우 중대한 영향을 미치게 된다.

만약 매출액이 감소하고 있다면 그 원인으로는 다음과 같은 것을 들 수 있다.

- 전반적인 경기둔화로 인한 불경기
- 심한 경쟁으로 인한 시장점유율의 감소
- 주력제품의 진부화 또는 신제품개발의 저조
- 노사분규, 재해 발생 등의 원인으로 인한 생산의 감소

매출액에서 **두 번째의 분석 대상은 해당 기업의 기술력**이다. 회사가 자체적으로 원천기술을 보유하고 있고 그러한 기술이 단기간 내에 경쟁 기업에서 개발할 수 없는 기술이라면, 그러한 회사의 매출액은 당분간 현재의 추세대로 성장할 수 있을 것이다. 자체적인 원천기술 없이 단순한 가공기술에 의존하는 기업의 매출액은 급격한 변화에 직면할 수도 있다. 아울러 해당 기술의 발전 속도와 수명 주기에 대하여도 고찰이 필요하다.

세 번째 분석 대상은 회사의 고객과 제품의 구성비이다. 특정 고객이나 특정 제품에의 의존도가 심할 경우, 그 특정 고객의 상실이나 특정 제품의 매출 부진이 회사의 향후 매출액에 중요한 영향을 미칠 수 있기 때문이다.

그 외에도 다음과 같은 사항을 추가 분석하여 향후 매출액 추정에 가장 중요한 영향을 미치는 주요 변수를 찾아내도록 한다.

- 제품의 시장점유율과 경쟁 상대
- 매출액의 수출과 내수 비중
- 손익분기점 매출액
- 회사의 생산능력
- 회사의 매출 목표

[사례 기업 연구 1] 삼성전자와 노키아의 매출액 추이와 영업활동 현금흐름

다음은 우리나라 대표적 기업인 삼성전자와 경쟁사인 노키아의 현금수지분석표 및 손익계산서 주요 항목 수치이다. (연결 현금흐름표를 바탕으로 재구성함)

회사명 : 삼성전자(주) (단위 : 십억 원)

과 목	2009	2010	2011
영업활동 후 현금흐름액	19,068	24,409	23,559
이자비용과 배당금 지급액	(1,370)	(2,500)	(1,516)
이자와 배당금 지급 후 현금흐름액	17,699	21,909	22,043
유동성장기차입금 상환 후 현금흐름액	17,298	21,605	20,898
투자활동 현금흐름액	(14,177)	(23,985)	(21,113)
외부자금 조달액	(139)	2,069	5,130
기타 조정	264	(48)	(15)
현금 증감액	3,246	(359)	4,900
참조사항 : 손익계산서 요약			
매출액	136,324 (100%)	154,630 (100%)	165,002 (100%)
매출원가	94,595 (69%)	102,667 (66%)	112,145 (68%)
판매비와 관리비	23,362 (17%)	26,243 (17%)	27,422 (17%)
연구개발비(%)	7,387 (6%)	9,099 (6%)	9,980 (6%)

회사명 : 노키아 (단위 : 백만유로)

과 목	2009	2010	2011
영업활동 후 현금흐름액	3,503	5,009	1,420
이자비용과 배당금 지급액	(1,802)	(1,754)	(1,819)
이자와 배당금 지급 후 현금흐름액	1,701	3,255	(399)
유동성장기차입금 상환 후 현금흐름액	1,492	3,249	(450)
투자활동 현금흐름액	(2,148)	(2,421)	1,499
외부자금 조달액	1,059	614	488
기타 조정	(25)	224	107
현금 증감액	378	1,666	1,644
참조사항 : 손익계산서 요약			
매출액	40,984 (100%)	42,446 (100%)	36.659 (100%)
매출원가	27,720 (68%)	29,629 (70%)	27.340 (71%)
판매비와 관리비	5,078 (12%)	4,992 (12%)	4,912 (13%)
연구개발비(%)	5,909 (14%)	5,863 (14%)	5,612 (15%)

노키아의 경우 2011년도에 매출액이 전년 대비 9% 감소하면서 영업활동 후 현금흐름도 72% 감소함에 따라 영업활동 현금흐름으로 이자와 배당금을 지급하지 못하는 상황에 이르게 되었다. 신제품(스마트폰) 시장에 적응하지 못함으로 인하여 영업활동 현금흐름이 직접적인 영향을 받은 경우이다.

2-2. 매출원가

매출원가는 **현금의 유출 항목 중 가장 큰 비중을 차지**한다. 매출원가 분석에서 **가장 먼저 파악하여야 할 것은 매출원가의 구성비**이다. 제조업의 경우에는 매출원가가 재료비와 노무비 및 제조경비로 구성되는데, 일반적으로 재료비의 구성비가 가장 크겠지만 기업에 따라 그 구성이 다를 수도 있다. 재료비는 다시 원재료비와 부재료비로, 제조경비는 외주가공비나 전력비, 가스수도비, 기타 고정비 등으로 구분하여 어떠한 항목이 제조원가에서 가장 큰 비중을 차지하고 있는지를 파악하고, 아울러 그 구성비의 증감 추세에 대하여도 파악하여야 한다.

제조원가에서 큰 비중을 차지하는 원가 항목을 파악한 다음에 **두 번째로 파악하여야 할 것은 그 원가를 발생시키는 주요 변수를 찾아내는 일이다.** 그러한 주요 변수의 예로는 환율, 유가를 비롯한 국제 원자재 가격, 국내 소비자물가지수 등을 들 수 있는데, 이러한 주요 변수는 분석 대상 기업에 따라 다양하게 존재할 것이다. 이러한 핵심 변수를 파악하지 않고서는 향후 현금흐름의 추정 시 반드시 하게 될 민감도분석을 하기가 곤란하다. 미래의 추정이라는 것은 불확실한 상황을 전제하기 때문에 예측을 하는 과정에서는 반드시 여러 가지 경우를 가정한 민감도분석을 행하여야 되기 때문이다.

일반적으로 매출원가율이 높은 기업은 판매비·관리비율이 낮고, 반대로 매출원가율은 낮지만 판매비·관리비율은 높은 기업이 있다. 유사한 식품업계 회사라 하더라도 다음에 보는 SY식품과 OT라면처럼 판매비·관리비율과 매출원가율이 서로 상이한 것을 볼 수 있다.

[사례 기업 연구 2] 판매비·관리비율과 매출원가율의 비교

회사명 : SY식품 (단위 : 백만 원)

과 목	2009	2010	2011
영업활동 후 현금흐름액	23,946	21,544	26,225
이자비용과 배당금 지급액	(6,292)	(5,476)	(4,282)
이자와 배당금 지급 후 현금흐름액	17,654	16,068	21,943
유동성장기차입금 상환 후 현금흐름액	(64,565)	11,058	21,932
투자활동 현금흐름액	(11,161)	(1,143)	(27,084)
외부자금 조달액	70,799	(2,800)	7,944
현금 증감액	(4,927)	7,116	2,793

회사명 : OT라면 (단위 : 백만 원)

과 목	2009	2010	2011
영업활동 후 현금흐름액	42,764	(12,400)	(11,344)
이자비용과 배당금 지급액	(1,665)	(3,192)	(3,107)
이자와 배당금 지급 후 현금흐름액	41,099	(15,593)	(14,451)
유동성장기차입금 상환 후 현금흐름액	41,099	(20,593)	(19,451)
투자활동 현금흐름액	(2,178)	(8,963)	(2,874)
외부자금 조달액	(24,394)	26,965	56,204
현금 증감액	14,527	(2,591)	33,878

OT라면의 경우 영업활동에서 조달된 현금으로 2010년, 2011년의 2년 동안에는 이자와 배당금을 지급할 능력이 없는데, 매출원가와 판매비·관리비를 합치면 매출액의 97% 및 99%에 육박하기 때문에 영업이익이 너무 적어서 영업활동 현금흐름이 저조한 것을 볼 수 있다. 역시 원가에 대한 자세한 분석이 필요한 기업이다.

요즈음은 일반적으로 회사의 제조원가명세서는 일반에게 공시되지는 않는다. 상기와 같이 원가 비중이 높은 기업을 분석하고자 할 경우에는 분석 목적으로 제조원가명세서를 별도 제출받아 원가의 구성비와 그 추이를 점검하고 향후 매출원가율이 낮아질 수 있는지 여부를 판단하여 미래의 현금흐름 추정에 반영하여야 한다.

2-3. 판매비와 관리비

판매비와 관리비는 제품과 용역의 판매활동 또는 기업의 유지 및 관리에서 발생하는 비용으로서 현금지출의 요인 중 두 번째로 큰 비중을 차지하는 항목이다. 일반적으로 장치산업과 같이 매출원가가 높은 업종은 판매비와 관리비의 비중이 낮고, 반대로 매출원가가 낮은 업종은 판매비와 관리비의 비중이 높다. 또한 판매비와 관리비란 판매비는 판매량의 증감에 비례하는 경향이 있으며, 관리비는 판매량의 증감과는 관계없이 일정하게 지출되는 고정비적인 성격이 있다.

판매비와 관리비 분석 요령은 기본적으로 매출원가의 분석방법과 같다. 따라서 가장 먼저 파악하여야 할 것은 판매비와 관리비의 구성비이고, 둘째로 가장 큰 지출 항목의 주요 변수를 찾아내야 한다. 제조원가를 재료비와 노무비 경비로 구분하듯이 판매비와 관리비도 **인건비와 관리비, 판매비, 그리고 연구개발비 등으로 구분하여 분석하는 것이 편리하다.** 인건비에는 급여, 퇴직급여, 복리후생비 등이 포함되고, 관리비에는 여비교통비, 통신비, 수도광열비, 세금과 공과금, 임차료, 보험료 등이 포함된다. 판매비에는 광고선전비, 접대비, 견본비, 운반비, 판매보증비 등이 포함되며, 연구개발비 등에는 경상연구개발비, 경상기술료(Royalty) 등이 포함된다. 만약 판매비와 관리비가 증가하고 있다면, 그 원인은 인건비 증가, 광고비 증가, 수출 제비용 증가 등 업종에 따라 다양하게 분석될 수 있다.

[사례 기업 연구 3] 판매비·관리비율이 높은 기업의 영업활동 현금흐름

다음은 휴대폰 제조업체인 국내 P사의 현금수지분석표와 손익계산서 주요 항목의 수치이다.

회사명 : P 사 (단위 : 십억 원)

과 목	2003	2004	2005
영업활동 후 현금흐름액	2	41	-1
이자비용과 배당금 지급액	-14	-3	-5
이자와 배당금 지급 후 현금흐름액	-12	38	-6
유동성장기차입금 상환 후 현금흐름액	-29	38	-6
투자활동 현금흐름액	-74	-49	-66
외부자금 조달액	104	-30	25
외부자금 조달 후 현금흐름액	1	-41	-47
매출액	615	652	655
매출원가	-530	-446	-444
매출원가율	86%	68%	68%
판매비와 관리비	-67	-173	-254
판매비와 관리비율	11%	27%	39%

과 목	2003	2004	2005
영업이익	19	34	-42
순운전자본 투자액(-부호가 투자액임)	-41	-68	25

P사의 매출원가와 판매비·관리비는 변동이 심하고, 특히 최근 연도의 판매비·관리비가 급격히 증가하였음을 알 수 있다. 그리고 이러한 판매비·관리비 증가가 회사의 손익과 현금흐름에 매우 악영향을 끼쳤음을 알 수 있다.

최근 연도 P사의 판매비와 관리비 구성 내용을 정리해보면 다음과 같다.

구분	P사	
	금액 (십억 원)	매출액 비율 (%)
인건비	29	4
판매비	65	10
관리비	23	4
연구개발비 등	136	21
합계	253	39

위에서 알 수 있듯이 P사는 최근 연도에 연구개발비 등에 매우 많은 지출을 하였음을 알 수 있다. 위의 표에는 제시되지 않았지만 이 회사는 2005년도에 무형자산인 개발비에도 120억 원의 투자를 실시하였다. 기술개발이 필수적인 업종의 경우에 나타날 수 있는 예로서, P사의 경우에는 앞으로 이러한 기술개발 투자에 대한 효과가 어떻게 나타날 것인지, 그리고 이러한 기술개발 환경에 어떻게 적응해나갈 것인지 판단해보는 것이 동사의 현금흐름분석과 추정에 가장 중요한 과제라고 볼 수 있을 것이다.

2-4. 매출채권

매출채권이 과다하거나 급증하고 있는 기업에 대하여는 먼저 그 **증가의 원인**을 파악하고 **매출채권의 구성내역의 건전성과 매출채권의 관리에 대한 회사의 정책을 분석**하여야 한다. 매출채권은 매출이 증가함에 따라 늘어나는 것이 일반적인 경향이나, 매출채권 증가의 원인을 파악하기 위하여 매출채권보유비율(매출채권/매출액)을 산출하여 연도별 추이를 살펴볼 필요가 있다.

통상적으로 매출액의 증가율과 매출채권의 증가율이 동일한 상태에서 매출채권이 증가하는 경우라면 이 비율이 일정하겠지만, 매출액 증가율보다 매출채권 증가율이 더욱 증가하는 상황이라면 이 비율이 점차 증가할 것이며, 이는 매출채권의 현금 회수가 저조하다는 것을 의미하며 동 업종의 평균 매출채권 비율과도 비교할 필요가 있다. 이러한 경우 일반적으로 다음과 같은 원인이 있을 수 있다.

① 매출신용정책의 변동 (외상 기간의 확대)
② 불량채권의 발생
③ 분식결산 (가공 매출채권의 계상)

매출채권 구성내역의 건전성을 파악하기 위해서는 다음과 같은 절차가 필요하다.

① 매출채권명세서를 입수하고 매출채권 연령분석을 실시하여 향후 회수 예상액을 추정하고, 필요한 경우 회사의 채권담당부서장의 의견을 청취한다.
② 주요 거래처와 특수관계자에 대한 채권금액의 크기를 파악하고 그 회수 가능성을 검토한다.

상장기업의 경우에는 공시되는 사업보고서를 통하여 '경과 기간별 매출채권 잔액 현황'을 공시하고 있으므로 이를 참고할 필요가 있다. 그 양식은 다음과 같다.

[경과 기간별 매출채권 잔액 현황]

구 분		6월 이하	6월~1년	1년~3년	3년 초과	계
금액	금액					
	일반					
	특수관계자					
	계					
구성 비율						

매출채권의 관리에 대한 회사의 정책을 파악하기 위해서는 다음과 같은 절차가 필요하다.

① 회사가 거래처에 대한 신용등급을 수시로 점검하고 있는가?
② 매출채권에 대한 담보는 확보하고 있는가?
③ 회사의 매출처에 대한 평균 신용 제공 기간은 얼마인가?
④ 거래처에 대하여 일정 기간마다 채권잔액에 대한 조회를 실시하고 있는가?
⑤ 불량채권에 대한 회수대책이 적절한가?

매출채권이 과다한 기업의 경우에는 위와 같이 매출채권의 증가 원인 분석과 구성내역의 건전성 및 관리에 대한 회사의 정책을 파악하여 그 결과를 토대로 향후 매출액의 증가에 따른 매출채권 증가를 추정하여야 회사의 현금흐름에 대하여 올바른 판단을 내릴 수 있다.

[사례 기업 연구 4] 매출채권의 보유비율이 높은 업종의 영업활동 현금흐름

다음은 일반적으로 매출채권의 보유비율이 높은 업종인 제약업종에 종사하고 있는 H약품과 Y약품의 현금수지분석표와 손익계산서 주요 항목의 수치이다.

회사명 : H약품

(단위 : 백만 원)

과　　목	2003	2004	2005
영업활동 후의 현금흐름액	23,659	22,331	39,801
이자비용과 배당금 지급액	-9,240	-7,255	-6,701
이자지급 후의 현금흐름액	14,419	15,076	33,100
유동성장기차입금 상환 후 현금흐름	-13,783	-2,924	26,100
투자활동 현금흐름액	-12,478	-10,785	-20,938
외부자금 조달 전 현금흐름액	-26,261	-13,709	5,162
총 외부자금 조달액	26,728	16,284	-1,170
외부자금 조달 후 현금액	467	2,575	3,992
매출액	243,457	317,011	376,540
매출원가	-112,122	-127,417	-142,602
판매비·관리비	-107,050	-154,698	-186,622
영업이익	24,285	34,896	47,316
순운전자본 투자액	-5,933	-24,873	-26,220

회사명 : Y약품

(단위 : 백만 원)

과　　목	2003	2004	2005
영업활동 후의 현금흐름액	10,177	-14,714	-6,005
이자비용과 배당금 지급액	-4,451	-2,676	-2,140
이자지급 후의 현금흐름액	5,726	-17,390	-8,145
유동성장기차입금 상환 후 현금흐름	4,174	-24,500	-8,145
투자활동 현금흐름액	-775	-3,770	-27,235
외부자금 조달 전 현금흐름액	3,399	-28,270	-35,380
총 외부자금 조달액	19,682	6,533	36,097
외부자금 조달 후 현금액	23,081	-21,737	717

과 목	2003	2004	2005
매출액	80,660	82,152	101,796
매출원가	-46,695	-45,369	-54,563
판매비·관리비	-30,099	-35,163	-45,883
영업이익	3,866	1,620	1,350
순운전자본 투자액	-3,776	-21,084	-16,834

H약품은 영업활동에서 조달한 현금으로 이자와 배당금 및 유동성장기차입금까지 상환할 능력이 있는 반면, Y약품은 영업활동에서 조달한 현금으로 이자조차 납부하기 어려운 상황이다. 두 회사의 순운전자본 투자액을 세분해보면 다음과 같다.

H약품의 순운전자본 투자액의 내용

구 분	2003	2004	2005
매출채권 증감액(선수금 증감액 포함)	701	-19,326	-26,451
재고자산 증감액	-10,685	-4,550	-3,402
매입채무 증감액(선급금 증감액 포함)	4,051	-997	3,633
합계	-5,933	-24,873	-26,220
매출액에 대비 순운전자본 투자액 비율	2.4%	7.8%	7.0%

Y약품의 순운전자본 투자액의 변동

구 분	2003	2004	2005
매출채권 증감액(선수금 증감액 포함)	-3,226	-16,199	-15,042
재고자산 증감액	248	-4,715	-3,459
매입채무 증감액(선급금 증감액 포함)	-798	-170	1,667
합계	-3,776	-21,084	-16,834
매출액에 대비 순운전자본 투자액 비율	4.7%	25.7%	16.5%

H약품의 2003년을 제외하고, 두 회사의 순운전자본 증가액은 대부분 매출채권 증가액이 그 원인임을 알 수 있다. H약품의 순운전자본 증가액이 매출액의 7% 정도인 반면, Y약품은 순운전자본 증가액이 최근 2년 동안 매출액의 16~25%에 달하고 있어서 Y약품의 영업활동 현금흐름에 결정적인 악영향을 미치고 있다. Y약품의 경우에는 매출채권 구성내역을 파악하여 그 건전성과 관리상태에 대한 점검 내용을 바탕으로 향후 추정에 임하여야 신뢰성 있는 현금흐름을 예측할 수 있을 것이다.

2-5. 재고자산

재고자산이 과다하거나 급증하고 있는 기업에 대하여는 먼저 그 **증가의 원인을 파악**하고 **재고자산 구성내역의 건전성과 재고자산의 관리에 대한 회사의 정책을 분석**하여야 한다. 재고자산의 증가 원인을 파악하기 위하여 재고자산보유비율(재고자산/매출액)을 산출하여 연도별 추이를 살펴볼 필요가 있다.

이 비율이 점차 증가할 경우 일반적으로 다음과 같은 원인이 있을 수 있다.

① 원재료 가격 상승을 예상한 재고자산의 다량 구입
② 진부화된 재고자산(불량 재고자산)의 누적
③ 신규 사업 진출로 인한 신제품 재고의 증가
④ 분식결산 (가공 재고자산의 계상)

이중 신규 사업 진출로 인한 재고자산의 증가는 향후 판매 가능성 여부를 추정해본 후 판단하여야 할 것이며, 매출채권과 마찬가지로 재고자산보유비율이 일정한 상태에서 재고자산이 증가한 상황이라면 크게 우려할 상황이 아니라고 할 수 있으나, 재고자산보유비율이 급격히 증가하는 상황이라면 부실재고의 증가를 우려하지 않을 수 없다.

회사의 업종이 급격한 기술 변화나 재고자산 가치 하락이 발생하는 업종에 있어서는 재고자산 구성내역의 건전성 여부를 파악하기 위하여 일정 기간(예를 들어 최근 3년) 재고자산명세서를 제출하도록 하여 매출채권에 대한 연령분석과 같은 절차를 실시하든지, 아니면 별도의 방법으로 보유 재고자산의 순실현가능가액에 대해 판단하여 향후 현금흐름 추정에 반영하여야 한다.

특히 **재고자산의 보유 내용 중 완제품의 비중이 높다면 진부화된 제품이 많을 가능성**이 높다. 회사가 단일의 공급처에 지나치게 의존하고 있는 경우에는 향후 공급처의 상실로 인한 비용 증가가 예상될 수 있는지 여부를 점검하여야 한다.

회사가 **적정 재고의 유지를 위하여 적절한 계획을 세우고 있는지, 그리고 재고자산 수불과 제품원가 계산에 대한 질문을 통하여 재고자산의 관리에 대한 회사의 정책을 점검한다.**

재고자산의 보유가 많은 기업의 경우에는 위와 같이 증감 원인 분석과 구성내역의 건전성 분석 및 관리에 대한 회사의 정책을 점검하여 그 결과를 미래 현금흐름에 반영하여야 할 것이다.

[사례 기업 연구 5] 재고자산의 보유비율이 높은 회사와 낮은 회사의 영업활동 현금흐름

다음은 재고자산의 보유비율이 높은 회사인 HR 모드와 동 비율이 낮은 G 모드의 현금 수지분석표 및 손익계산서 주요 항목의 수치이다.

HR 모드 (단위 : 백만 원)

과 목	2000	2001	2002
영업활동 후의 현금흐름액	-2,850	-820	-1,036
이자비용과 배당금 지급액	-430	-622	-799
이자지급 후의 현금흐름액	-3,280	-1,442	-1,835
유동성장기차입금 상환 후 현금흐름액	-3,280	-1,442	-1,835
투자활동 현금흐름액	-1,144	-911	-12,365
총 외부자금 조달액	5,363	1,762	14,194
외부자금 조달 후 현금액	939	-591	-6
매출액	29,322	33,923	36,293
매출원가	-15,656	-18,256	-19,008
판매비·관리비	-10,660	-12,366	-13,160
영업이익	3,006	3,301	4,125
순운전자본 투자액	-7,044	-4,496	-5,774

G 모드 (단위 : 백만 원)

과 목	2003	2004	2005
영업활동 후의 현금흐름액	6,673	7,810	12,530
이자비용과 배당금 지급액	-2,522	-1,504	-1,500
이자지급 후의 현금흐름액	4,151	6,306	11,030
유동성장기차입금 상환 후 현금흐름	4,151	6,306	11,030
투자활동 현금흐름액	8,908	-7,460	-17,383
총 외부자금 조달액	-296	69	-79
외부자금 조달 후 현금액	12,763	-1,085	-6,432
매출액	152,103	131,617	130,419
매출원가	-73,393	-60,614	-57,050
판매비·관리비	-73,860	-66,963	-67,763
영업이익	4,850	4,040	5,606
순운전자본 투자액(-부호가 투자액임)	6,328	1,419	1,880

G 모드의 경우에는 매출액이 감소하고 있음에도 불구하고 영업활동 현금흐름은 더욱 개선되어 가고 있음을 알 수 있다. 이 회사는 영업활동에서 조달한 현금으로 이자와 배당금 지급은 물론 투자활동에 필요한 대부분의 자금을 조달하고 있는 양호한 기업인 데 반하여, HR 모드의 경우에는 이자와 배당금을 지급하기도 전에 이미 영업활동에서 현금이 부족함을 나타내주고 있다. 이렇게 두 기업의 영업활동이 차이가 있는 것은 특히 순운전자본의 증감액에 그 원인이 있다. G 모드의 경우에는 순운전자본의 운용으로부터 오히려 현금을 조달하고 있는 반면, HR 모드의 경우에는 순운전자본에 많은 자금이 묶여 있음을 볼 수 있다. 양사의 순운전자본 증감 내용을 자세히 살펴보면 다음과 같다.

HR 모드 (단위 : 백만 원)

구 분	2000	2001	2002
매출채권 증감액(선수금 증감액 포함)	-5,220	-3,764	-3,013
재고자산 증감액	-3,297	-1,659	-4,606
매입채무 증감액(선급금 증감액 포함)	1,473	927	1,845

G 모드 (단위 : 백만 원)

구 분	2003	2004	2005
매출채권 증감액(선수금 증감액 포함)	6,573	2,042	184
재고자산 증감액	328	-884	1,166
매입채무 증감액(선급금 증감액 포함)	-573	261	530

G 모드의 경우 2004년을 제외하고는 재고자산과 매출채권을 꾸준히 감소시켜서 영업활동 현금흐름을 원활하게 하고 있는 반면, HR 모드의 경우에는 재고자산과 매출채권이 매년 큰 금액으로 증가하여 영업활동 현금흐름을 계속 악화시킴을 볼 수 있다. HR 모드의 재고자산과 매출채권에는 상당 부분 부실재고와 부실채권이 존재할 것으로 추정되는 바, 동사의 재고자산과 매출채권 관리가 현 상태를 벗어나지 못한다면 기업의 실패로 귀착될 수밖에 없는 것이다.

2-6. 매입채무

매입채무에 대한 분석 역시 먼저 그 **증감 원인을 파악하고 매입채무 관리에 대한 회사의 정책을 파악**하여야 한다.

매입채무의 보유 상태가 감소되었다면 그 원인으로는 원재료 공급처의 신용정책 변경(신용 기간 단축) 등을 들 수 있다. 그러나 반대로 **매입채무가 급격히 증가한 경우에는 원재료 매입처의 신용정책 변경(신용 기간의 확대) 외에도 정상적인 영업상태에서 상환하여야 할 매입채무의 상환자금을 일시적으로 유형자산이나 투자자산 또는 단기투자자산이나 단기대여금에 이용하고 있을 수도 있으므로 차기 이후의 매입채무가 당기와 같은 추세처럼 증가할 것으로 예상해서는 안 되며**

오히려 감소할 수도 있음을 예상하여야 한다. 또한 매입채무의 증가는 채무의 지급을 연기하는 것이므로 현금지출을 줄이는 효과가 있으나, 매입채무의 급격한 증가로 현금흐름이 호전되는 경우에는 주의하여야 한다. 왜냐하면 매입채무란 머지않은 장래에 갚아야 하는 채무이므로 다음 연도에 자금 압박 요인으로 작용하기 때문이다.

최근 들어 어음 사용의 억제 등을 목적으로 금융기관을 이용한 구매자금대출제도를 활용하여 원재료 등의 매입채무를 지급하는 기업이 증가하고 있다. 다른 기업으로부터 원재료 등을 납품받는 기업이 이 제도를 최초로 채택한 연도에는 동 기말의 매입채무 잔액이 전기 말에 비하여 급격히 감소할 것이며,[35] 이로 인하여 그 기업의 영업활동 현금흐름에 불리한 영향을 미치게 될 것인데, 이러한 경우에는 전기에도 동 제도를 채택하였다고 가정하거나, 또는 당기말 차입금 중 일정 수준은 매입채무로 가정하여 영업활동 현금흐름을 재조정한 후 분석하여야 그 기업의 영업활동 현금흐름을 정확히 판단할 수 있다.

매입채무에 대한 증감 원인 파악과 아울러, 회사의 매입채무 지급기간이 동 업계에 비하여 특별한 차이가 없는지를 확인하는 등 회사의 매입채무 관리에 대한 정책을 확인한 후 이러한 내용을 종합하여 향후 현금흐름 추정을 위한 매입채무 추정에 반영하여야 한다.

[사례 기업 연구 6] 매입채무 보유비율이 높은 업종의 영업활동 현금흐름

다음은 매입채무의 보유비율이 높은 업종인 유통업(대형 할인점 및 석유판매대리점)에 종사하고 있는 ST 할인점과 D 석유판매대리점의 현금수지분석표 및 손익계산서 주요 항목의 수치이다.

ST 할인점 (단위 : 십억 원)

과 목	2003	2004	2005
영업활동 후의 현금흐름액	218	231	316
이자비용과 배당금 지급액	-46	-55	-60
이자지급 후의 현금흐름액	172	176	256
유동성장기차입금 상환 후 현금흐름	172	176	-544
투자활동 현금흐름액	-409	-362	-711
총 외부자금 조달액	418	4	1,208
외부자금 조달 후 현금액	181	-182	-47

35) 기업구매자금대출 및 기업구매전용카드 이용 시 회계처리에 대한 한국회계기준원의 질의 회신(GKQA 02-017, 2002.1.16.)
기업구매자금대출제도의 경우 구매기업은 판매기업으로부터 물품 구매 후 판매기업이 발행한 환어음을 결제하기 전까지는 매입채무로 회계처리하고, 거래은행의 구매자금대출을 이용하여 환어음을 결제한 시점부터는 거래은행으로부터의 단기차입금으로 회계처리함. 또한 기업구매전용카드제도의 경우 판매기업의 입장에서는 기업구매전용카드에 의해 물품 대금이 결제된 때에는 매출채권을 매각한 것으로 회계처리하고, 구매기업의 입장에서는 상품 및 제품을 인도받는 시점에 물품 대금을 매입채무로 계상하고 결제일의 대금 지급은 매입채무의 이행으로 회계처리함.

과 목	2003	2004	2005
매출액	2,575	3,036	3,568
매출원가	-1,994	-2,309	-2,676
판매비·관리비	-485	-614	-780
영업이익	96	113	112
순운전자본 투자액	41	-38	-1
매출채권 증감액(선수금 증감액 포함)	6	-3	-19
재고자산 증감액	-23	-20	-33
매입채무 증감액(선급금 증감액 포함)	58	-15	51

D 석유판매대리점 (단위 : 백만 원)

과 목	2003	2004	2005
영업활동 후의 현금흐름액	3,285	23,333	-18,034
이자비용과 배당금 지급액	-2,261	-2,952	-3,284
이자지급 후의 현금흐름액	1,024	20,381	-21,318
유동성장기차입금 상환 후 현금흐름	-1,693	17,155	-25,147
투자활동 현금흐름액	-8,198	-2,860	-10,586
총 외부자금 조달액	11,731	11,590	10,615
외부자금 조달 후 현금액	1,840	25,885	-25,118
매출액	175,191	169,501	133,197
매출원가	-157,933	-150,721	-118,723
판매비·관리비	-15,957	-16,924	-14,650
영업이익	1,301	1,856	-176
순운전자본 투자액	-748	19,278	-21,747
매출채권 증감액(선수금 증감액 포함)	-168	626	-35
재고자산 증감액	-231	1,594	-12
매입채무 증감액(선급금 증감액 포함)	-349	17,058	-21,700

ST 할인점은 영업활동에서 조달한 현금으로 이자비용을 지급하고 유동성장기차입금의 상당 부분을 상환할 수 있음에 반하여, D 석유판매대리점의 경우에는 영업활동에서 조달한 현금으로 이자와 배당금을 지급할 수 있는 정도의 현금흐름을 보여주고 있다. 상기 두 회사는 모두 매입채무의 증감이 영업활동 현금흐름에 중요한 영향을 미치고 있음을 알 수 있는데, 이러한 회사들의 현금흐름 추정에는 매입채무 추정에 각별한 관심을 가져야 한다.

2-7. 기타 영업 관련 자산·부채의 변동 등

위에 열거한 여섯 가지 주요 항목 외에도 영업활동 현금흐름에 영향을 미치는 요인은 영업외수익, 이자비용을 제외한 영업외비용, 법인세, 영업 관련 기타 유동자산·유동부채·비유동부채의 증감 및 외화환산손익 등의 항목이다.

일반적으로 법인세 납부액을 제외하고는 위의 항목들이 영업활동 현금흐름에 큰 영향을 미치지 않겠지만, 다음과 같은 경우에는 영업활동 현금흐름에 중요한 영향을 미칠 수 있다.

① 영업외수익이나 영업외비용에서 우발적인 손익이 발생하는 경우
② 기타 비유동부채에 속하는 퇴직급여충당부채나 판매보증충당부채 등의 감소액, 즉 퇴직금 지급액이나 판매보증비의 지출이 큰 경우
③ 외화거래의 비중이 큰 회사의 경우, 외환차손익이나 파생상품거래에서 거액의 손익이 발생한 경우

손익계산서 법인세비용 금액과 현금수지분석표상 법인세 납부액이 큰 차이를 보일 경우, 그 차이가 무엇에 기인한 것인지를 점검해보고, 세법과 기업회계의 일시적 차이에 의한 것이라면, 이연법인세자산 또는 부채 계정의 법인세 이연 효과가 언제까지 지속될 것인지를 파악하여 향후 법인세 납부액 추정에 대한 판단의 기초로 삼아야 할 것이다. 경우에 따라 법인세 추납액이나 법인세 환급액이 큰 기간이 있는데, 그러한 상황이 일시적인 것인지의 여부를 판단하여 향후 현금흐름 추정에 반영할 필요가 있다.

외환차손익이나 파생상품 거래에서 거액의 손익이 발생한 경우에는 기업에서 외화거래와 관련한 위험관리를 어떻게 하고 있는지 검토하여야 할 것이다. 특히 파생상품거래에 관하여는 투기적 거래의 위험성이 없는지, 기업 내부에서 내부통제가 되지 않고 특정인의 판단에 의하여 파생상품 거래가 이루어지고 있는지 여부를 검토하여 향후 현금흐름 추정에 반영하여야 할 것이다.

종전 현금수지표 양식에서는 단기투자자산(단기매매증권이나 단기예금, 단기대여금) 및 미수금 등을 기타 영업활동 현금흐름으로 분류하였지만, 본서의 양식에서는 가능한 한 일반기준에 의한 현금흐름표 양식에 맞추기 위하여 단기투자자산 등의 과목을 투자활동으로 구분하였다. 또한 미지급금의 변동도 영업활동에 포함시키지 않고 재무활동으로 구분하였다. 금융기관에 따라서 이러한 분류가 다른 경우가 있다. 예를 들어 일부 은행은 단기예금을 현금으로 간주하여 현금수지분석표를 작성하기도 한다.

3 영업활동 후의 현금흐름액

현금수지분석표에서 '영업활동 후의 현금흐름액'은 앞에서 언급한 영업활동 현금흐름에 영향을 미치는 일곱 가지 주요 과목이 모두 반영된 결과이다. **'영업활동 후의 현금흐름액'은 신용분석자에게 가장 중요한 수치이다.** 왜냐하면 '영업활동 후의 현금흐름액'은 차입금에 대한 이자비용과 주주에 대한 배당금, 그리고 상환하여야 할 부채의 원금을 상환하는 원천이기 때문이다. 신용분석자는 앞에서 제시된 각 과목의 검토를 통하여 해당 기업의 **과거 영업활동 후 현금흐름액에서 비경상적인 성격을 가지는 요소들을 제거하여 향후에도 지속 가능한(sustainable) 영업활동 후 현금흐름액을 산출해보는 것이 중요하다.** 지속 가능한 영업활동 후 현금흐름액만이 향후 차입원리금에 대한 상환 재원이 될 것이기 때문이다.36)

신설 법인이나 급성장하고 있는 기업의 경우에는 단기간 '영업활동 후의 현금흐름액'이 음(-)의 수치일 수 있겠지만, 일반적인 기업에서 이 금액이 양(+)의 수치가 아니라 음(-)의 수치이면서 그 상황이 장기간 회복되지 않는다면 그 기업은 큰 위험에 처할 가능성이 대단히 높다고 판단할 수 있다.

'영업활동 후의 현금흐름액'으로 기업의 적정 차입금 규모를 산정해볼 수 있는데, 이 내용은 이미 제5장 제7절 '3. 적정 차입금 규모의 추정'에서 언급하였으므로 여기서는 생략하기로 한다.

영업활동 현금흐름을 구성하는 각 과목에 대한 분석 후 분석 대상 기업이 앞으로 매출액이 증가함에 따라 영업활동 현금흐름이 어느 정도 증가할 것인지 예측해볼 수 있다. 먼저 앞의 [그림 6-2]에서 정리하였던 내용을 다시 상기해보자. 즉, 기업의 영업활동 현금흐름을 구성하는 큰 항목은 세 가지로서 기업의 영업이익과 순운전자본의 변동 및 기타 영업 관련 자산과 부채의 변동이나 법인세 등이다. 이 내용은 현금순환분석표에 그대로 예시되어 있다. 그러므로 우리는 어느 기업의 영업활동 현금흐름을 식으로 나타내본다면 다음과 같이 정리할 수 있다.

영업활동 현금흐름(이자지급 전) = 영업이익 + 비현금비용 – 순운전자본 증가 ±
기타 영업 관련 자산·부채 증감액 등 – 법인세 식 (6-1)

제1절 현금순환분석표 양식에서 비현금비용은 감가상각비와 무형자산상각비, 퇴직급여(퇴직충당부채 전입액)만 소개하였으나, 심층적으로 분석할 경우 금액이 중요하다면, 주식보상비용이나 각종 부채성충당부채(판매보증충당부채, 손해배상충당부채, 하자보수충당부채, 공사손실충당부채)의 전입액도 여기에 가산하여야 한다. 또한 현금순환분석표 양식에서 알 수 있듯이 위 식(6-1)

36) Charles W. Mulford 외, 전게서, p.9

에서 '기타 영업 관련 자산·부채 증감액 등'에는 '현금의 유출·입을 수반하는 영업외손익'도 포함되어 있다.

그러므로 분석 대상 기업의 영업활동이 과거와 유사한 패턴을 지속한다고 가정할 경우, 그 기업의 매출액이 향후에 일정 부분 증가할 때 그 기업이 영업활동 현금흐름은 얼마만큼 증가할 것인지 다음 식(6-2)으로 정리해볼 수 있다.

매출액 증가에 따른 영업활동 현금흐름(이자지급 전) 증가액
= 매출액 증가액 × (감가상각비 등 차감 전 영업이익률 - 순운전자본 증가액 비율 -
기타 영업 관련 자산·부채 증가액 비율 - 매출액에 대한 법인세 비율) 식 (6-2)

위에서 '감가상각비 등 차감 전 영업이익률'이란 감가상각비와 부채성충당금 전입액 차감 전 영업이익을 매출액으로 나눈 비율이고, 순운전자본 증가액 비율이란 순운전자본 증가액을 매출액으로 나눈 비율이며, 기타 영업 관련 자산·부채 증가액 비율이란 기타 영업 관련 자산·부채 증가액을 매출액으로 나눈 비율을 의미한다. 기타 영업 관련 자산·부채가 감소하였을 경우에는 감소액을 매출액으로 나눈 비율을 적용하여야 할 것이며 이 경우에는 부호가 +로 바뀔 것이다.

예를 들어 어느 기업의 분석 결과 '감가상각비 등 차감 전 영업이익률'이 25%이고 '순운전자본 증가액 비율'이 10%이며, '기타 영업 관련 자산·부채 증가액 비율'이 5%, 그리고 '매출액에 대한 법인세 비율'이 2%라는 판단이 나왔다면, 이 기업의 향후 매출액이 100백만 원 증가할 때 이 기업의 영업활동 현금흐름(이자지급 전)은 8백만 원[=100,000×(25%-10%-5%-2%)]이 증가할 것으로 추정할 수 있다.

필자가 국내 상장기업 중 업종별로 대표적인 기업 10개사의 현금흐름표를 현금순환분석표로 변환하여 위의 식(6-2)에 제시된 각 비율(2017년부터 2019년까지 평균 비율)을 산출해본 결과는 다음과 같다.

[표 6-4] 업종별 특정 기업들의 영업활동 현금흐름 구성요소가 매출액에서 차지하는 비율

회사명	감가상각비등 차감 전 영업이익 (A)	순운전자본 증가 (B)	법인세 (C)	기타 영업 관련 자산·부채 변동 등 (D)	이자지급 전 영업활동 현금흐름 E=(A-B-C-D)
A 반도체	53.7%	3.1%	8.4%	2.8%	39.4%
B 식품	13.5%	1.3%	2.6%	0.9%	8.7%
C 석유화학	14.2%	1.3%	1.3%	1.0%	10.6%
D 건설	5.7%	-1.5%	0.9%	4.6%	1.7%
E 기성복	4.1%	0.3%	0.8%	0.9%	2.1%
F 자동차	10.3%	-0.4%	0.6%	1.0%	9.1%

회사명	감가상각비등 차감 전 영업이익 (A)	순운전자본 증가 (B)	법인세 (C)	기타 영업 관련 자산·부채 변동 등 (D)	이자지급 전 영업활동 현금흐름 E=(A-B-C-D)
G 약품	59.2%	8.2%	9.2%	-8.8%	50.6%
H 시멘트	14.7%	0.0%	2.1%	-0.3%	12.9%
I 제지	11.2%	0.7%	1.4%	2.2%	6.9%
J 소프트웨어	32.7%	2.9%	5.3%	-0.9%	25.4%

위의 (식 6-2)에서 주의하여야 할 것은 '매출액에 대한 법인세 납부율'은 기업의 '이자비용'에 의하여 영향을 받기 때문에 매출액 증가에 따른 영업활동 현금흐름(이자지급 전)을 추정하고자 할 때는 반드시 예상되는 이자비용을 감안한 법인세 납부비율을 적용하여야 한다.

위의 식을 통하여 우리는 추가로 다음과 같은 내용도 점검할 수 있다. 어느 기업의 영업활동 현금흐름이 동일 업종의 경쟁 회사보다 양호하거나 불량한 경우 '감가상각비 등을 포함한 영업이익률'과 '순운전자본보유비율' 및 '법인세 납부비율'을 그 기업과 비교하여 어떤 점이 강하고 어떤 점이 약한지 분석해볼 수 있는 것이다.

4 이자와 배당금 지급 후의 현금흐름액

현금수지분석표에서 '이자지급 후 현금흐름액'은 기업이 영업활동에서 조달한 현금에서 차입금에 대한 이자비용과 주주에 대한 배당금을 차감한 후의 금액으로서 '순영업활동 조달현금'이라고 할 수 있다. **이자지급 후의 현금흐름액은 추가적인 외부자금의 유입 없이 영업활동을 수행할 수 있는 능력을 나타내는 수치**로서, 이 금액으로 당기에 상환하여야 할 유동성장기부채를 비롯한 차입금을 어느 정도 상환할 수 있는지 나타내기 때문에 현금흐름분석에 있어서 중요한 의미를 지닌다.

이 금액이 양(+)의 수치를 나타내지 아니하고 음(-)의 수치를 계속 나타낸다면 영업활동에서 이자와 배당금을 지급할 수 있는 현금을 창출하지 못하고 있음을 의미하기 때문에 그 문제점을 조속히 파악하여 해결하지 않으면, 조만간 그 기업이 위험에 처할 가능성이 있다.

참고로, 현금수지분석표에 기재된 이자비용과 배당금 지급액에 대하여 점검하거나 참고하여야 할 사항이 있다. 먼저, 현금수지분석표에 기재된 이자비용은 손익계산서에 기재된 이자비용을 기록하는 것이 일반적이다. 그러므로 이 이자비용은 실제 현금으로 지급한 이자와 차이가 있을 수 있는데, 그 이유는 다음의 세 가지이다.

(1) 손익계산서 이자비용에는 선급이자와 미지급이자가 감안된 수치이다.
(2) 손익계산서 이자비용에는 사채할인발행차금상각과 같은 비현금비용이 포함되어 있다.
(3) 손익계산서 이자비용에는 당기에 지출된 총이자비용에서 자본화된 이자비용이 차감되어 있다.

위의 세 가지 사항 중 앞의 두 가지는 중요하지 않을 경우가 대부분이므로 분석자의 입장에서 무시하여도 좋겠지만, 세 번째 사항은 해당 기업의 재무제표에 대한 주석을 검토하여 이 금액이 중요할 경우에는 이 금액을 이자비용에 포함시키고 관련 자산(재고자산 또는 유형자산 등)의 기말잔액에서는 제거하는 수정을 하여야 해당 회사의 이자 지급능력을 올바로 판단할 수 있다.

둘째로, 배당금과 관련하여 참고할 사항은 다음과 같다.

(1) 이자비용은 반드시 '당기'에 지급하여야 할 금액이 현금수지분석표에 기재되지만, 배당금은 통상적으로 전기분이 당기에 지급된다. (2012년 이후에는 중간배당을 허용하고 있기 때문에 배당금 지급액의 일부분은 당기분이 당기에 지급될 수도 있다.)
(2) 영업활동 후 현금흐름이 음수(-)이더라도 상법상 배당가능이익이 있으면 배당할 수 있다. 상법은 배당가능이익을 다음과 같이 규정[37]하고 있는데, 간단히 말하면 당기순이익의 누적치인 이익잉여금 합계에서 이익준비금을 제외한 금액은 대부분 배당할 수 있다는 것이다.

> 상법 제462조(이익의 배당)
> 회사는 대차대조표의 순자산액으로부터 다음의 금액을 공제한 액을 한도로 하여 이익배당을 할 수 있다.
> 1. 자본금의 액
> 2. 그 결산기까지 적립된 자본준비금과 이익준비금의 합계액
> 3. 그 결산기에 적립하여야 할 이익준비금의 액
> 4. 대통령령으로 정하는 미실현이익[38]

소규모 회사일수록 배당금의 지급은 불규칙적일 수 있다. 그러나 배당금도 자본비용의 일부이기 때문에 분석자는 영업활동에서 조달한 현금으로 일정률의 배당을 계속 실시할 수 있는지의 여부에 대하여도 검토할 필요가 있으며, 영업활동 후 현금흐름액에 비하여 무리한 배당을 실시하지 않는지 점검하고, 필요한 경우 배당률의 적정선을 제시하여야 한다.

37) 상법 제462조
38) 상법 시행령 제19조(미실현이익의 범위) ①법 제462조제1항제4호에서 "대통령령으로 정하는 미실현이익"이란 법 제446조의2의 회계원칙에 따른 자산 및 부채에 대한 평가로 인하여 증가한 대차대조표상의 순자산액으로서, 미실현손실과 상계(相計)하지 아니한 금액을 말한다. [개정 2014.2.24]

5 유동성장기차입금 상환 후의 현금흐름액

유동성장기차입금 상환 후 현금흐름액이 양(+)의 수치를 나타낸다면, 영업활동에서 조달된 현금으로 이자와 배당금 및 장기차입금 중 만기가 도래한 부분까지 상환할 수 있는 능력이 있음을 나타낸다. 또한 나머지 현금으로 이후에 설명할 유형자산이나 투자자산에 대한 투자를 충당할 여력이 있다는 의미이며, 투자금액을 초과할 경우에는 외부차입금을 상환할 여력도 있다는 의미이다.

이자지급 후 현금흐름은 양(+)의 수치인데, 유동성장기차입금 상환 후 현금흐름액은 음(-)의 수치인 경우 분석자는 해당 기업의 총차입금 상환 일정을 재검토하여 상환 일정을 재조정할 필요가 있는지 여부를 점검하여야 한다. 이 현금흐름액이 음(-)의 수치를 1~2년 이상 계속되는 경우라면 분석자는 해당 기업의 영업활동 현금흐름을 분석하여 유동성장기차입금 상환 후 현금흐름이 양(+)의 수치로 될 가능성이 있는지 검토해보고, 그러할 가능성이 현재의 기업 상황으로서 어렵다면 불필요한 자산의 매각을 권유하거나 증자 등을 통하여 재무구조의 개선을 유도할 필요가 있다.

6 투자활동 현금흐름분석

투자활동 현금흐름분석에서는 기업이 미래의 성장을 위하여 현재 어떠한 투자를 하였는가를 이해하고 매출액 증가와 비교하여 투자 효율성을 분석하는 것이 핵심이다.

기업이 설비투자를 통하여 성장하려고 하는지, 타 법인 주식취득을 통하여 성장하려고 하는지에 대한 정보, 즉 성장전략을 파악하여야 하고 이로 인하여 미래에 기대되는 효과를 분석하여야 한다. 또한 무형자산, 특히 개발비에 대한 투자로 인하여 역시 미래에 기대되는 효과를 분석하는 것이 투자활동 현금흐름분석의 초점이다.

6-1. 유형자산 증감액 분석

유형자산 증감액에는 당기 유형자산 구입액에서 당기 유형자산 처분액을 차감한 순액이 기재된다. 자산 항목이기 때문에 증가한 경우에는 음(-)의 부호가 붙는다. 이미 설비투자가 이루어진 기업의 경우 현금수지분석표상에는 해당 기업의 설비투자에 대한 지출이 표시되어 있을 것이다.

유형자산 증감액, 즉 설비투자의 분석에 있어서는 설비투자의 향후 기대효과와 헷징에 의한 자금조달 여부를 파악하여야 한다.

분석자는 설비투자에 대한 지출이 증대된 경우 그에 따른 기대효과, 즉 매출액이 기업의 예상대로 증대되고 있는지, 또는 신제품의 재고가 증대되고 있는 것은 아닌지 검토하여야 한다. 감가상각비를 초과하는 거액의 설비투자가 이루어진 후 수년이 지나도 영업활동으로 인한 현금흐름이 증대되지 않는다면, 기업의 장래에 심각한 영향을 미치기 때문이며, 무리한 시설투자로 도산한 사례가 많으므로 투자의 적정성 및 성공 여부를 집중 검토하여야 한다.

시설투자가 효과적으로 이루어진 것을 점검하는 한 가지 방법으로서 유형자산 회전율과 총자산 회전율을 활용해볼 수 있다. 신규 시설투자 시점에서는 유형자산 회전율과 총자산 회전율이 일반적으로 하락하게 되나 시설투자가 가시화되는 시점(투자 후 1~2년)에서는 매출액 증가에 따라 유형자산 회전율과 총자산 회전율이 회복되어야 한다. 만약 하락했던 총자산 회전율이 당초 수준으로 회복되지 않고 계속 저조한 수준을 유지할 경우에는 일단 유형자산 투자 실패에 따른 자금 부담이 가중될 것을 예상할 수 있다.

아래 기업의 현금흐름표에서 유형자산에 대한 투자를 살펴보도록 하자.

[사례 기업 연구 7] 유형자산에 대한 투자의 효과

버들제약㈜ (단위 : 십억 원)

과 목	2005	2006	2007	2008	2009	2010
영업활동으로 인한 현금흐름	74	51	101	116	124	141
당기순이익	63	67	92	126	121	128
감가상각비	8	15	18	18	21	18
기타 비현금비용 수익 가감	-24	-29	-32	-43	-43	-29
순운전자본의 증감	-53	26	12	-8	-9	-7
기타 영업 관련 자산부채 증감	80	-27	11	23	34	31
투자활동으로 인한 현금흐름	-120	-21	-47	-25	-12	-211
장단기투자자산의 처분(취득)	-45	34	-32	-5	-5	-203
유형자산의 처분(취득)	-73	-24	-13	-18	-7	-6
무형자산 기타자산의 처분(취득)	-2	-31	-2	-2	-0	-2
재무활동으로 인한 현금흐름	32	-8	-38	-53	-16	-23
단기차입금 차입(상환)	0	5	-10	-10	0	0
장기차입금 차입(상환)	30	-20	-20	-30	0	0
유상증자	11	5	3	2	1	0
배당금 지급	-8	-8	-9	-9	-10	-10
자기주식 처분(취득)	-1	10	-2	-5	-7	-13
현금의 증가	-14	21	16	38	95	-93
기초의 현금	70	56	77	93	131	227
기말의 현금	56	77	93	131	227	133

버들제약(주)은 2005년에 730억 원, 2006년에 240억 원의 설비투자를 실시하였다. 회사의 감가상각비와 비교해볼 때 신설비에 대규모의 투자가 이루어진 것을 추정할 수 있는데, 이러한 투자의 효과가 그 기업의 매출액과 영업활동 현금흐름에 효과를 가져왔는지를 점검하기 위해서 동사의 유형자산 회전율과 총자산 회전율을 산출해보면 다음과 같다.

(단위 : 십억 원)

비 율	2005	2006	2007	2008	2009	2010
매출액	392	412	482	596	630	649
유형자산	292	302	297	297	283	271
총자산	885	918	973	1,021	1,116	1,243
유형자산 회전율	1.57	1.39	1.61	2.01	2.17	2.34
총자산 회전율 (회)	0.48	0.46	0.51	0.60	0.59	0.55

위에서 볼 수 있듯이 버들제약(주)의 유형자산 회전율은 대규모 설비투자가 이루어진 2005년과 2006년에는 감소하였다가 2007년부터 점차 상승하기 시작하여 2008년 이후 지속적으로 상승하는 것을 볼 수 있다. 이 회사의 경우처럼 설비투자로 인한 효과는 통상적으로 투자 이후 1~2년에 나타나기 시작한다.

분석자는 설비투자의 규모가 동 업계의 규모와 비교하여 적정한 규모인지도 점검해볼 필요가 있다. 경우에 따라 수선비 등 수익적 지출로 처리하여야 할 금액이 거액인 경우, 순손실이 발생할 것을 우려하여 유형자산의 취득으로 분식할 가능성에 대해서도 고려할 필요가 있다.

분석자는 설비투자자금이 장기자금으로 조달되었는지도 파악하여야 한다. 즉, 헷징에 의한 자금 조달과 사용을 점검하여야 한다. 헷징에 의한 자금 조달과 사용이란 [그림 6-3]에서 보는 것처럼 운전자금 조달은 단기금융에 의존하고 설비투자자금 조달은 장기자금(내부조성자금, 장기부채, 증자 등)에 의존해야 한다는 이론이다. 왜냐하면 단기자금으로 설비투자를 감행할 경우에 유형자산으로부터 수익을 얻으려면 일반적으로 장기간이 필요하기 때문에 단시일 내에 자금 압박의 악순환을 겪게 되기 때문이다.

헷징에 의한 자금 조달, 즉 유형자산에 대한 투자와 장기차입금 조달의 균형을 기준으로 하여 현금수지분석표상 투자의 건전성 여부를 평가한다면 다음과 같은 몇 가지 사항을 고려해볼 수 있다.

첫째, 유형자산 투자액이 부의 수치[39]를 보일 경우, 그 기업의 성장성을 기대하기 어려우며, 기업의 투자 속성으로 미루어 타 활동에서 현금 부족 현상이 있는 것으로 짐작할 수 있다.

둘째, 유형자산 투자액이 양의 수치를 보일 경우 일단 기업의 성장 가능성은 있는 것으로 판단할 수 있다.

39) 유형자산 투자액이 부의 수치를 보인다는 것은 유형자산의 처분이 취득보다 많다는 의미로서, 이 경우 현금수지분석표 '유형자산 증감액'란에는 +의 수치가 기록될 것이다.

그림 6-3 헷징에 의한 자금의 조달과 사용 및 관련 재무비율

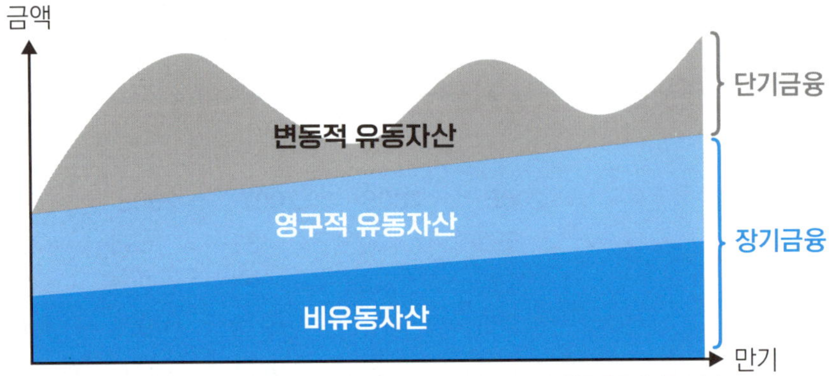

$$\text{비유동장기적합률} = \frac{\text{비유동자산(또는 당기투자액)}}{\text{자기자본(또는 당기조달액)} + \text{비유동부채(또는 당기조달액)}}$$

$$\text{비유동비율} = \frac{\text{비유동자산(또는 당기투자액)}}{\text{자기자본(또는 당기조달액)}}$$

셋째, 유형자산 투자액이 양의 수치를 보이면서 장기차입금 증가액이 유형자산 투자액을 초과할 경우 투자에 있어서 재무의 안정성은 확보된 것으로 평가할 수 있다.

넷째, 유형자산 투자액이 양의 수치를 보이면서 장기차입금 조달액이 유형자산 투자액에 못 미칠 경우에는 다른 요인으로 인한 현금흐름과 연관하여 분석평가하여야 한다. 예를 들어 단기차입금 조달액이 유형자산 투자액으로 운용되고 있다면 투자로 인한 위험을 감지할 수 있을 것이며, 이자지급 후 현금흐름액이나 자본금 증가로 인한 현금유입액이 장기차입금 증가액의 부족분을 충당하고 있다면 재무의 안정성은 물론 미래의 수익 증대도 예상할 수 있다.

최근에는 [그림 6-3]에서와 같이 유형자산뿐만 아니라 순운전자본 중에서 안전재고가 필요한 항목(예를 들어 안전재고자산, 안전현금)에 대한 투자도 장기자금으로 헷징해야 한다는 이론이 우세하다. 헷징에 의하여 자금 조달이 잘 이루어지고 있는가의 평가는 비유동장기적합률과 비유동비율 등의 변형에 의하여 평가할 수 있다.

만약 장기차입금의 조달 시기를 기다리지 못하고 단기차입금이나 재고자산의 구입 억제 또는 매입채무의 상환 연기 등의 방법으로 설비투자를 실시하는 기업이 발견된다면, 당초의 장기자금 조달계획에 따라 자금을 조달하도록 유도하여야 한다.

또한 증가된 비유동자산의 내역을 세밀히 분석하여 금융기관에서 조달된 자금으로 업무용이 아닌 비업무용 부동산을 취득하였는지도 점검할 필요가 있다. 이러한 경우가 발견된다면, 즉시 처분하여 차입금 상환을 요구하여야 할 것이다.

최근 들어 리스방식에 의한 설비투자가 일반화되고 있다. 금융리스의 경우에는 재무상태표상 자산과 부채에 계상되고 있으므로 현금수지분석표에 당연히 반영되겠으나, 운용리스의 경우에는 재무상태표상 유형자산과 리스부채에 계상되지 않으므로 현금수지분석표에도 나타나지 않는다. 운용리스에 의한 투자도 실질적으로 부외금융을 통한 설비투자이므로 현금수지분석을 행할 때에는 해당 기업의 재무제표에 대한 주석사항을 검토하여 운용리스료 지급예상액을 현재가치로 평가하여 동 금액을 유형자산과 장기차입금에 각각 추가하여 분석하는 것도 고려해보아야 한다.

설비투자를 지원하기 위하여 추정 현금수지분석표를 분석할 경우에는 그 투자 내용의 적정성을 파악한 후 자금 지원 조건과 자금 조달내역을 검토하여야 한다. 설비투자에 대한 자금 지원을 할 때에는 증자나 회사채 발행, 리스 등 타 금융기관으로부터의 자금 조달과 부채비율의 적정선 유지 등 자금 지원 조건이 제시되어야 하며, 이의 이행 여부를 계속 주시하여야 한다.

[사례 기업 연구 8] 헷징에 의한 자금 조달을 하지 않은 기업의 예

다음은 지방 소재 백화점을 경영하고 있는 TW쇼핑의 현금수지분석표와 손익계산서 주요 항목의 수치이다. 동사는 1997년에 지급 불능 사태에 이르게 되었다.

TW 쇼핑 (단위 : 백만 원)

과 목	1994	1995	1996
영업활동 후의 현금흐름액	18,704	15,394	26,621
이자비용과 배당금 지급액	-13,460	-15,427	-20,310
이자지급 후의 현금흐름액	5,244	-33	6,310
유동성장기차입금 상환 후 현금흐름	3,911	-20,153	-24,160
투자활동 현금흐름액	-29,716	-43,588	-53,492
유형자산 증감액	-33,577	-43,549	-51,125
외부자금 조달액	29,348	62,363	78,067
단기차입금 증감액	10,076	32,468	-26,766
장기차입금 증감액	9,812	22,744	95,567
자본금 증감액	9,460	7,150	9,266
매출액	172,910	180,510	144,918
매출원가	-128,771	-134,754	-110,779
판매비·관리비	-26,902	-29,481	-34,773
영업이익	17,237	16,275	-634
순운전자본 투자액 (-부호가 투자액임)	4,763	-1,047	3,698

상기 회사는 1994년과 1995년에 총 77,126백만 원의 시설투자를 실시하였는데, 이 2년 동안 장기자금으로 조달된 금액은 49,166백만 원(장기차입금과 자본금 증가액을 합친 금액임)이다. 그러므로 이 2년 동안 설비투자자금 중 27,960백만 원은 단기차입금으로 조달한 셈이다. 1996년에 장기자금을 104,833백만 원 조달하여 과거 2년간의 설비투자 중 단기차입금 조달 부분을 상환하고 당기의 설비투자자금도 조달하였는데, 설비투자에도 불구하고 1996년의 매출액은 오히려 감소하고 있다. 설비투자의 효과가 나타나지 않은 상태에서 과거 2년간의 단기자금 조달로 인한 금융비용 부담을 이겨내지 못하고 회사는 결국 1997년에 지급불능상태에 도달하였다.

6-2. 투자자산 증감액 분석

투자자산 증감액에는 투자자산의 구입액에서 동 자산의 처분가액을 차감한 금액이 기재된다. 자산이기 때문에 증가액은 음(-)의 부호로 기재된다.

투자자산의 증감 분석에 있어서는 **증가된 투자자산의 구성 내용과 투자로 인한 향후 기대효과 및 자금의 원천에 대하여 분석해보아야 한다.**

투자자산에 포함되는 과목은 투자부동산, 장기투자증권(매도가능증권과 만기보유증권), 지분법적용투자주식, 장기대여금, 장기예금 등이다. 과거 기업회계기준에서 투자자산에 계상되었던 임차보증금이나 이연법인세자산, 장기매출채권 및 장기미수금 등은 기타 비유동자산에 표시하도록 개정되었는데, 현금수지분석표를 작성할 때에는 투자자산과 기타 비유동자산 중 이연법인세자산과 장기매출채권을 제외하고는 모두 투자자산 증감액의 계산에 포함하여야 한다. 앞서 현금흐름표의 분석에서도 언급하였듯이 투자활동에 지출된 내역의 분석을 통하여 분석자는 기업의 성장전략을 가늠할 수 있다. 회사가 설비확장을 통하여 성장을 꾀하고 있는지, 아니면 타 법인 주식의 취득을 통한 방법으로 성장을 꾀하고 있는지 판단할 수 있다.

지분법적용피투자회사로부터 배당금을 수령하는 경우, 일반기준은 손익계산서에 배당금의 수령으로 기재하지 않고 투자에 대한 회수로 회계처리한다. 그것은 피투자회사가 이익이 났을 때 이미 투자 계정에 계상하였기 때문에 배당금을 받은 경우에는 그만큼 감소시켜주기 위해서다. 본서에 제시된 현금수지분석표 작성 공식에서도 지분법적용피투자회사로부터 배당금을 수령하는 경우, 별도의 고려를 하지 않았으므로 기업의 회계처리처럼 투자자산의 회수로 표시될 것이다. 그러나 분석 대상 회사가 지분법적용투자주식에 대한 투자가 거액이고, 또한 그로부터 중요한 금액의 배당금을 수령할 경우에는 영업활동으로 구분하는 것이 적절하다. 투자주식에 가산하였던 지분법이익을 비현금수익으로 차감하기 때문에 배당금을 수령한 부분은 일반적인 투자주식에 대한 배당금 수입처럼 영업활동으로 구분해주는 것이 논리상 타당하다.

투자자산 증감액 분석에 있어서도 투자자산의 투자로 인한 효과가 앞으로 어떻게 나타날지에 대해 판단해보아야 한다.

투자자산에 대한 투자는 영업활동으로 인한 현금이나 증자 등의 자금으로 이루어질 경우에는 대부분 문제가 발생하지 않는다. 그러나 관계회사에 대한 투자가 기업이 산업을 지배할 목적으로 문어발식으로 사업을 확장하는 데 금융자금이 사용될 경우에는 공공성에 문제가 있다. 뿐만 아니라 은행 입장에서도 자금을 지원해준 계열기업 중에서 하나가 도산될 경우 여타 업체가 연쇄적으로 도산될 위험이 높아져 자금 지원을 해준 금융기관의 부실채권이 누적될 수가 있다. 이 경우 연결 현금흐름표를 입수하여 검토할 필요가 있으며, 분석자는 차입금으로서 투자자산에 자금이 투입되는지를 주시하여야 한다.

장기예금 중 사용이 제한된 예금은 기업이 금융기관에 차입금의 담보로 제공되는 자산인 만큼 엄밀한 의미에서는 투자자산 증감액란에 기입할 것이 아니라 외부조달자금에서 차감되어야 할 성격을 지니고 있음을 참고하여야 할 것이다.

[사례 기업 연구 9] 외부조달자금으로 계열사에 거액의 투자를 한 기업의 예

다음은 편조업을 영위하는 TRY 섬유의 현금수지분석표와 손익계산서 주요 항목의 수치이다. 동사는 1997년에 지급불능상태에 이르게 되었다.

TRY 섬유 (단위 : 백만 원)

과 목	1994	1995	1996
영업활동 후의 현금흐름액	49,701	8,853	26,936
이자비용과 배당금 지급액	-19,779	-17,267	-22,724
이자지급 후의 현금흐름액	29,922	-8,414	4,212
유동성장기차입금 상환 후 현금흐름	-12,794	-22,351	-30,145
투자활동 현금흐름액	870	-49,367	-41,732
투자자산 증감액	8,825	-33,399	-30,837
외부자금 조달액	-2,213	65,820	59,561
단기차입금 증감액	8,865	34,785	18,046
장기차입금 증감액	-11,078	28,555	42,699
자본금 증감액	-	22	-
매출액	317,940	329,786	340,667
매출원가	-226,939	-233,109	-238,073
판매비·관리비	-64,138	-69,214	-74,647
영업이익	26,863	27,463	27,947
순운전자본 투자액 (-부호가 투자액임)	57	-1,341	-17,364

상기 회사는 영업활동에서 조달된 현금으로 이자비용과 배당금의 지급은 가능하지만, 차입 원금의 상환은 힘든 회사이다. 그런데 1995년과 1996년에 걸쳐 이 회사는 64,236백만 원의 투자자산 증가가 있음을 보여주고 있는데, 영업활동에서 조달한 자금은 이자와 배당금 지급에 충당되었으므로 동 투자액은 내부금융이 아닌 외부 차입금 조달로 이루어졌다.

투자자산 투자가 거액이라면, 대부분 특수관계자에 대한 투자라고 볼 수 있다. 이 회사도 64,236백만 원 중 대부분을 자회사에 투자하였는데, 자회사의 영업 부진 결과 모회사도 지급불능에 빠지게 되었으며, 관련 금융기관들 역시 이로 인해 손실을 감수하게 되었다.

6-3. 무형자산 증감액 분석

무형자산 증감액은 당기 무형자산 투자액을 의미한다. 자산의 증가액이기 때문에 -부호로 표시된다. 무형자산 증감액 분석에 있어서도 **무형자산의 구성 내용 분석과 투자로 인한 향후 기대효과에 대하여 분석하여야 한다.**

무형자산의 구성은 영업권, 산업재산권, 개발비 및 기타 무형자산으로 이루어진다. 이러한 무형자산 중 특히 증가한 무형자산에 대하여 그 무형자산에 대한 투자로 인하여 향후 기대되는 효과에 대하여 분석해보아야 한다. 거액의 개발비가 계상된 경우 그러한 개발비의 지출이 언제쯤 매출액에 효과를 가져올지에 대하여 검토하여야 한다. 개발비를 경상연구개발비로 하여 비용으로 처리하지 않고 무형자산에 계상하였다는 것은 향후 매출액에 확실히 영향을 미치게 됨을 의미하기 때문이다. 만약 거액의 개발비가 지출되었음에도 기대되는 효과가 미미할 경우 미래에 양호한 현금흐름을 기대할 수 없다.

[사례 기업 연구 10] 개발비에 대한 집중투자가 성공적이지 않았던 기업의 예

아래의 기업은 휴대폰 제조업체로서 신제품 개발과 관련한 개발비를 많이 지출하였던 기업의 예이다. 최근 3년간 설비투자에 대한 지출과 함께 신제품 개발을 위한 개발비를 집중적으로 지출하였으나, 그로 인한 효과를 보지 못하고 2006년에 지급불능상태에 이르게 되었다.

B텔레콤 (단위 : 백만 원)

과 목	1994	1995	1996
영업활동 현금흐름 원천	26,018	42,377	16,409
영업이익	12,439	22,998	(5,762)
감가상각비 등 가산	13,579	19,379	22,172
영업활동 현금흐름 운용	(35,013)	(24,346)	8,650
법인세의 납부	(461)	(2,562)	788

과 목	1994	1995	1996
순운전자본 투자액	(31,073)	(30,743)	(7,269)
기타 영업 관련 자산·부채 증감액	(4,128)	10,076	13,954
영업외수익 비용 (비현금수익 비용 제외)	649	(1,117)	1,177
이자지급 전 영업활동 현금흐름	(8,995)	18,031	25,059
이자 지급액	(3,246)	(4,207)	(5,900)
배당금 지급액	(436)	0	0
이자와 배당금 지급 후 현금흐름	(12,677)	13,824	19,159
유동성장기차입금 상환액	(2,918)	(9,433)	(581)
유동성장기차입금 상환 후 현금흐름	(15,595)	4,392	18,579
투자활동 현금흐름	(19,245)	(33,785)	(55,112)
장·단기 투자자산의 증감	(5,090)	790	(15,290)
유형자산의 증감	(7,120)	(22,561)	(12,832)
무형자산의 증감	(7,062)	(11,940)	(27,336)
기타비유동자산의 증감	27	(73)	346
외부자금 조달 전 현금흐름	(34,840)	(29,393)	(36,534)
외부자금의 조달	23,778	26,302	35,975
단기차입금의 증감	24,006	3,182	21,585
장기차입금의 증감	(228)	14,794	6,775
임대보증금의 증감	0	238	(188)
자본금의 증감	0	8,089	7,803
현금의 증감	(11,062)	(3,091)	(558)

6-4. 투자활동 관련 유동·비유동자산의 증감액 분석

유동자산 중 단기예금, 단기매매증권, 단기매도가능증권, 단기대여금, 미수금 계정의 증감액과 기타 비유동자산 중 장기미수금 계정의 증감액을 여기에 표시한다.

만약 단기대여금이나 단기매매증권 등에 중요한 금액이 투자되어 있고(-부호) 그러한 금액의 조달 원천이 차입금이라면, 금융기관에서 지원해준 자금이 기업의 주된 영업활동 자산인 순운전자본에 투자되지 않아 자금흐름이 왜곡되고 있으므로 자금 지원 여부를 심사하고자 할 때에는 이러한 왜곡이 시정됨을 전제로 하여야 할 것이다.

[사례 기업 연구 11] 외부조달자금으로 계열사에 거액의 단기대여를 한 기업의 예

다음은 주류 제조업을 영위하는 JR 소주의 현금수지분석표와 손익계산서 주요 항목의 수치이다. 동사는 1997년에 지급불능상태에 이르게 되었다.

JR 소주 (단위 : 십억 원)

과 목	1994	1995	1996
영업활동 후의 현금흐름액	82	45	154
이자비용과 배당금 지급액	-62	-81	-100
이자지급 후의 현금흐름액	20	-36	54
유동성장기차입금 상환 후 현금흐름	20	-36	-21
투자활동 현금흐름액	-89	-153	-235
유형자산 증감액	-85	18	-98
투자자산 증감액	28	-30	-12
무형자산 증감액	-1	-1	-1
투자활동 관련 유동자산 증감액	-31	-140	-124
외부자금 조달 전 현금흐름액	-69	-189	-256
총 외부자금 조달액	123	188	251
외부자금 조달 후 현금액	54	-1	-5
매출액	302	412	437
매출원가	-195	-276	-280
판매비·관리비	-63	-94	-118
영업이익	44	42	39
운전자산투자액	-35	-46	-17

상기 회사는 영업활동에서 조달한 현금으로 이자와 배당금은 지급할 수 있지만 유동성장기차입금의 상환은 힘든 상황을 보여주고 있다. 그런데 투자활동 현금흐름에서 가장 큰 금액은 투자활동 관련 유동자산 증감액인데, 이 금액의 대부분은 단기대여금이다. 즉, 계열사와 대주주에 대한 단기대여금인데, 계열사들의 부실로 인하여 결국 대손처리되었다.

위에 표시된 최근 3년 동안 지출된 금액만 2,950억 원인데, 그 이전에도 매년 거액의 금액이 지원되었기 때문에 회사는 결국 5,000억 원 이상의 단기대여금이 모두 손실처리되었고 회사도 지급불능상태에 빠지게 되었다. 중소기업의 경우에도 종종 대주주에 대한 단기대여금(가지급금)이 나타날 경우가 있는데, 이와 같은 경우에는 비록 투자활동에 그 내용이 기재되었다 하더라도 엄밀한 의미에서 투자가 아니므로 가능한 한 빨리 단기대여금이 회수되어 회사의 현금흐름이 정상적인 방향으로 흐르도록 권유하여야 할 것이다.

7 외부자금 조달활동 분석

외부자금 조달 전 현금흐름액은 대부분의 기업에 있어서 음(-)의 수치를 나타내게 되는데, 동 금액만큼 외부자금의 조달이 필요함을 나타낸다. 만약 이 금액이 양(+)의 수치를 나타낸다면, 그 회사는 영업활동에서 벌어들인 현금으로 이자와 유동성장기차입금 지급은 물론 투자활동에 소요된 현금까지 모두 해결한 셈이므로 현금흐름이 대단히 양호한 회사라고 볼 수 있다.

외부자금 조달액의 분석에 있어서는 유형자산 투자 분석 시 고려하였던 **헷징에 의한 자금 조달을 다시 한번 상기할 필요가 있다.** 즉, 단기운영자금은 단기차입금으로, 설비투자자금은 장기차입금이나 증자자금으로 조달되어야 한다.

단기운영자금의 조달 내용은 앞서 순운전자본 투자액 분석에서도 언급한 바 있듯이 순운전자본 투자액의 증감과 비교하여 그 적정성을 판단하여야 한다.

단기차입금의 금액이 과다하거나 급격하게 증가되는 추세에 있는 때에는 그 사유를 면밀히 검토하고 상환능력 범위 내에서 차입이 이루어지고 있는지를 분석하여야 한다.

추정 현금수지분석표를 작성한 후 외부자금 조달 방안을 검토함에 있어서도 단기차입금과 장기차입금 및 증자자금의 적절한 조화가 이루어져야 하는데, 예를 들어 고정시설투자나 추가사업에 거액의 소요자금이 필요함에도 증자는 하지 않고 차입금으로만 소요자금을 조달할 계획이라면, 그 사업에 대한 전망을 밝게 기대할 수는 없다. 왜냐하면 신규 투자에 대한 위험과 전망을 잘 아는 사업주는 전혀 위험을 부담하지 않고 사업 위험을 금융기관에 모두 전가시키려 하고 있기 때문이다.

특히 여신심사할 때 유의하여야 할 점은 기업의 자금흐름을 대출 건별로 또는 단면적으로 파악하지 말고 기간별로 총체적으로 파악해야 한다는 것이다. 대출 신청 건별로 부분적인 기업의 자금을 분석하게 되면, 해당 기업에 대한 전체적인 평가를 하지 못할 위험이 있는 것이다.

외부자금 조달 실적은 빈약하나 순운전자본에 대한 투자가 과다한 경우, 부외부채에 의존하고 있는지도 검토하여야 한다. 기업이 부외부채에 의존하게 되면, 동 부채의 이자지급을 장부에 계상할 수 없기 때문에 그 금액만큼 현금이 부족하게 되며, 이 경우 대표이사에 대한 가지급금(단기대여금)이 증가하게 되는데, 단기대여금으로 재무상태표에 표시하게 되면, 세법 등 관계법규에 의해 불리한 조치를 당할 가능성이 높다. 따라서 이러한 현금 부족액을 매출채권이나 재고자산 등의 단기순운전자본으로 위장하여 분식할 가능성이 높다는 것이다.

외부자금 조달액이 지속적으로 증가하면 금융비용 증가로 수익성이 악화되어 현금흐름 상태가 급격히 저하될 가능성이 많으므로 매출액 대비 금융비용부담률 또는 매출액 대비 차입금 규모의 추이를 검토하는 등 차입금 규모가 적정선을 초과하지 않도록 유의하여야 한다.

레버리지 효과(차입금으로 인하여 기업의 매출액 증감에 따른 손익이 확대되는 효과를 말함)가 큰 업종의 경우 차입금 증가의 적정성 여부를 판단할 때 동 업계 및 당해 기업의 업황과 연계하여 분석하여야 한다. 레버리지 효과가 크다는 것은 매출액 증감에 따른 손익의 증감 폭이 매출액 증감보다 더 큰 폭으로 확대될 수 있다는 것을 의미하므로 경기 불황으로 인하여 매출액이 감소되는 상황에서는 차입금이 증가하면 적자 폭이 더욱 확대되어 결국 자금 부담만 더 가중되는 결과를 초래하기 때문이다.

8 현금의 보유상태

현금 보유액의 적정성을 평가하기 위해서는 기업의 규모, 업종, 재무상황 등을 종합적으로 고려할 필요가 있다. 즉, 자금 동원력이 취약한 중소기업의 경우 일시적인 자금 압박 상황에 대비하여 현금을 충분히 확보하는 것이 바람직하며, 자금 동원력이 우수한 대기업의 경우는 상대적으로 적은 규모의 현금을 보유해도 무방한 것으로 간주된다.

또한 운전자금의 수요가 많은 업종 및 단기차입금, 매입채무 등 유동부채에 대한 의존도가 높은 기업은 현금을 풍부하게 확보하는 것이 유리하고, 운전자금의 수요가 적은 업종 및 장기부채의 비중이 높은 기업은 상대적으로 유동성에 대한 중요성이 낮은 것으로 분석된다.

현금수지분석표상에서 현금의 일시적 증가 현상이 많이 나타나는 기업의 예를 들면, 장·단기 차입금의 상환 만기일이 도래하고 있거나 추가 시설투자를 목전에 두고 있는 경우를 들 수 있다. 반대로 현금의 일시적 감소 현상이 나타나는 기업의 예를 들면, 향후 단기적 자금 지출이 거의 없을 것으로 예상되는 기업이나 단기적인 자금 압박 상황에 처해 있는 기업을 들 수 있다.

유동성을 풍부하게 유지하기 위하여 현금을 필요 이상으로 보유하게 되면 기업의 미래 수익성을 스스로 포기하게 되는 것이며, 반대로 현금을 너무 적게 보유하고 있으면 정상적인 현금흐름이 여의치 못할 때 비정상적인 차입을 위하여 정상비용 이상의 금융비용을 지출하지 않을 수 없기 때문에 기업은 기업 내외의 여러 가지 요인들을 수시로 분석하여 적정 수준의 현금을 보유하고 있어야 한다.

적정한 수준의 현금 규모를 결정하는 기법 중 하나의 예를 들면, 1회전 소요운전자금을 이용하는 방법이 있다. 예를 들어 [예제 5-1]의 한별기업의 경우에는 1회전 소요운전자금 20백만 원을 적정 현금보유 수준으로 간주하는 것이다. 그러나 기업에 따라서는 계절적인 현금수요와 미래 영업활동의 불확실성이 각각 다르기 때문에 계절적인 요소와 불확실성 등을 추가로 감안하여야 한다.

또한 다음과 같이 현금보유비율을 계산하여 산업 평균과 비교하는 방법도 있다.

$$\text{현금보유비율} = \frac{\text{현금및현금성자산}}{\text{총자산}} \quad \text{또는} \quad \frac{\text{현금및현금성자산}}{\text{매출액}}$$

위의 방법 외에도 적정수준의 현금예금 규모를 파악하기 위하여 그동안 여러 가지 기법과 모형40)이 개발되어 왔으나, 현실적으로 어느 기업의 최적 현금 수준을 결정하기란 쉽지 않다. 따라서 1회전 소요운전자금을 비롯한 몇 가지 기법과 모형에 의해서 산출된 금액과 기타 요인을 고려하여 상·하한의 범위, 즉 최저 현금보유액과 최대 현금보유액을 사전에 결정하여 그 범위 내에서 자금을 운용하도록 권고하는 것이 바람직하다.

참고로 우리나라 제조업의 대기업과 중소기업의 총자산 대비 평균 현금보유비율 추세를 보면 다음 [표 6-5]와 같다. (자료원: 한국은행 기업경영분석)

[표 6-5] 우리나라 제조업의 총자산 대비 평균 현금보유비율

(단위 : %)

연도별	2017	2018	2019	2010	2020	2021	2022
대기업	4.50	4.52	4.07	4.11	4.73	4.99	5.35
중소기업	7.66	7.73	7.73	8.22	9.78	9.75	8.70

---

40) 적정현금 보유수준에 관한 모형의 예를 들면 다음과 같은 것이 있다.

① W. Baumofs model

$$Q=\sqrt{\frac{2\times P\times C}{i}}$$ Q: 1회 현금예금조달액, P: 연간 현금지급액
C: 1회 현금예금조달비용, i : 이자율(예, 국공채이자율)

위의 식을 정리하면 적정 현금보유액 = Q / 2

② Miller-Orr model

(a) 상한선과 하한선의 범위(Spread)

$$S=3\left\{\frac{3}{4}\times\frac{TC\times\delta^2}{i}\right\}^{\frac{1}{3}}$$ TC : 유가증권 매매비용
δ^2 : 현금흐름의 분산
i : 이자율

(b) 회귀선(Return Point)

R= 하한선 + S / 3

• 현금잔액

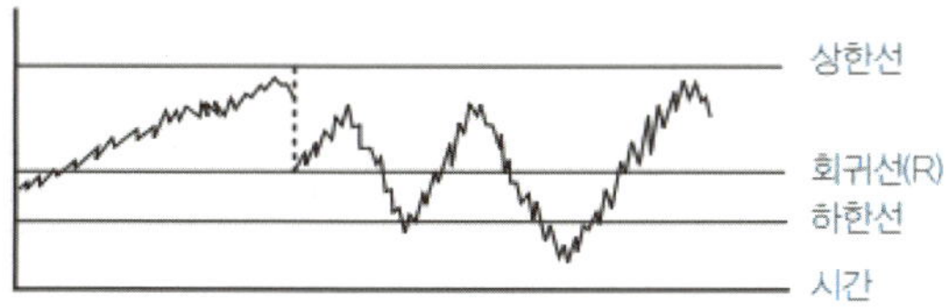

9 현금수지분석표 분석 사례

위에서 설명한 분석 내용을 다음의 사례를 통해 익혀보자. [표 6-6]에는 A 기업의 3개년도 현금수지분석표가 제시되어 있다.

[표 6-6] A 기업의 현금수지분석표

(단위 : 백만 원)

구 분	2××1	2××2	2××3
1. 매출을 통한 현금유입액	**2,762**	**2,846**	**2,126**
1-1 순매출액	2,872	2,612	2,479
1-2 매출채권 증감액	-110	234	-353
2. 현금지출 매출원가	**-1,773**	**-1,355**	-1,024
2-1 매출원가	-1,824	-1,567	-1108
2-2 재고자산 증감액	-139	111	-2
2-3 매입채무 증감액	35	-59	-62
2-4 감가상각비(제조원가)	129	134	124
2-5 퇴직급여충당금 전입액(제조원가)	25	26	24
3. 현금매출총이익 (1+2)	**989**	**1,491**	**1,102**
4. 현금판매비 및 일반관리비	**-539**	**-590**	**-722**
4-1 판매비 및 일반관리비	-601	-626	-717
4-2 선급비용 증감액	11	-9	7
4-3 미지급비용 증감액	7	3	-47
4-4 감가상각비(판관비)	32	21	14
4-5 퇴직급여충당금 전입액(판관비)	12	20	20
5. 현금영업이익 (3+4)	**450**	**901**	**380**
6. 기타 영업활동에 의한 현금흐름액	**-157**	**-212**	**91**
6-1 영업외수익	144	97	45
6-2 영업외비용	-36	-44	-207
6-3 기타 유동자산 증감액	-54	-86	285
6-4 기타 유동·비유동부채 증감액	10	-46	60
6-5 법인세 납부액	-120	-72	-40
6-6 외화 관련 손익	-16	24	-1
7. 영업활동 후의 현금흐름액 (5+6)	**293**	**689**	**471**
8. 지급이자와 배당금 지급액	**-329**	**-296**	**-180**
9. 이자지급 후의 현금흐름액 (7+8)	**-36**	**393**	**290**
10. 유동성장기차입금 상환액	**-441**	**-773**	**-793**

구 분	2××1	2××2	2××3
11. 유동성장기차입금 상환 후 현금흐름액 (9+10)	**-477**	**-381**	**-502**
12. 비유동자산 투자소요액	**-133**	**631**	**168**
12-1 유형자산 증감액	-72	524	-40
12-2 투자와 기타 자산 증감액	-27	126	135
12-3 무형·이연자산 증감액	-34	-18	73
13. 외부자금 조달 전 현금흐름액 (11+12)	**-610**	**250**	**-334**
14. 총 외부자금 조달액	**615**	**-289**	**330**
14-1 단기차입금 증감액	-123	363	198
14-2 장기차입금 증감액	14	-33	14
14-3 회사채 증감액	773	-71	138
14-4 자본금 증감액	0	0	0
14-5 기타자본 증감액	-50	-549	-20
15. 외부자금 조달 후 현금흐름액 (13+14)	**5**	**-39**	**-4**
16. 현금 증감액	**5**	**-39**	**-4**
16-1 기초현금및현금성자산 잔액	60	65	26
16-2 기말현금및현금성자산 잔액	65	26	22

위의 현금수지분석표를 통해 A 기업의 지급능력을 단계별로 구분하여 파악한다. (단위 : 백만 원) 먼저, 현금매출총이익은 현금으로 판매한 매출액에서 현금으로 지출한 매출원가를 차감한 것이다. A 기업의 3년간 현금매출총이익은 아래와 같이 플러스(+) 상태를 유지하고 있다. 만약 마이너스(-)를 보이고 있는 기업이 있다면 부실기업으로 보아야 한다. A 기업의 현금매출총이익은 2××2년에는 증가했으나 2××3년에는 크게 감소했다. 이는 매출액이 감소했음에도 불구하고 매출채권이 오히려 증가한 것이 주된 원인이다.

현금매출총이익 (3년간 추이) : 989 → 1,491 → 1,102

한편 A 기업의 현금영업이익은 아래와 같이 플러스(+) 상태를 유지하고 있다. 만약 마이너스(-)를 보이고 있는 기업이 있다면 역시 부실기업으로 보아야 한다. A 기업의 현금영업이익은 2××2년에는 증가하였지만 2××3년에는 큰 폭으로 감소하였다. 그 주된 이유는 판매관리비가 증가한 원인도 있지만 근본적으로 현금매출총이익이 감소하였기 때문이다.

현금영업이익 (3년간 추이) : 450 → 901 → 380

또한 A 기업의 영업활동 후 현금흐름은 아래와 같이 플러스(+) 상태를 유지하고 있다. 만약 마이너스(-)를 보이고 있는 기업이 있다면 역시 부실기업으로 보아야 한다. A 기업의 영업활동 후 현금흐름은 2××2년에는 증가하였지만 2××3년에는 크게 감소하였다.

영업활동 후 현금흐름 (3년간 추이) : 293 → 689 → 471

A 기업의 이자지급 후 현금흐름은 2××1년에는 마이너스(-)를 보여 금융비용을 영업활동에서 조달한 자금으로 충당하기 어려운 상황이었다. 이는 영업활동에서 조달한 현금으로는 금융비용마저도 충당할 수 없는 매우 불량한 현금수지 상태이기 때문이다. 만약 마이너스(-)를 보이거나 그 상태가 지속된다면 부실징후기업으로 보아야 한다. 2××2년과 2××3년에는 많이 호전되어 금융비용을 지급하고도 자금 여유가 각각 393백만 원, 290백만 원 생겼다.

이자지급 후 현금흐름 (3년간 추세) : -36 → 393 → 290

A 기업의 유동성장기차입금 상환 후 현금흐름은 아래와 같이 마이너스(-) 상태를 유지하고 있다. 유동성장기차입금 상환 후 현금흐름이 플러스(+)인 기업을 현금수지 상태가 양호한 기업이라고 판단하는데, 만약에 마이너스(-)를 보이고 있거나 마이너스(-) 금액이 크면 클수록 요주의 기업으로 보아야 한다. 이는 영업활동에서 조달한 현금으로 금융비용은 충당이 가능하지만 기일이 도래한 차입금 상환은 어려운 기업이기 때문이다.

유동성장기차입금 상환 후 현금흐름 (3년간 추세) : -477 → -381 → -502

A 기업의 외부자금 조달 전 현금흐름은 아래와 같이 마이너스(-) 상태를 유지하고 있다. 이는 유형자산과 같은 비유동자산에 투자를 한 기업의 현금수지를 보여주는 부분이므로 외부자금 조달 전 현금흐름이 플러스(+)인 기업은 현금수지 상태가 매우 양호한 기업으로 판단된다. 그러나 이러한 경우는 매우 드물다. 특히 중소기업의 경우 대부분 투자를 한 다음의 외부자금 조달 전 현금흐름은 마이너스(-)를 보인다고 보아야 한다. A 기업의 외부자금 조달 전 현금흐름은 2××1년에는 610백만 원 마이너스(-)를 보였지만 2××2년에는 플러스(+) 상태를 보였다. 그 이유는 유형자산 등을 처분함으로써 현금이 유입되었기 때문이다. 그러나 2××3년에는 투자자산 등을 일부 처분하기는 하였지만 그 금액이 크지 않아 마이너스(-)를 보였다.

외부자금 조달 전 현금흐름액 (3년간 추세) : -610 → 250 → -334

제 03 절

현금수지분석표 및 현금순환분석표의 비율분석 등

기업의 차입금 상환능력의 분석에 있어서 전통적으로 신용분석자들은 재무상태표와 손익계산서를 이용한 재무비율을 중심으로 기업의 차입금 상환능력을 분석해왔다. 특히 단기차입금의 상환능력은 기업의 유동성에 있다고 보고 유동비율을 중요시해왔으며, 장기차입금 상환능력은 각종 수익성지표(매출액이익률, 자기자본이익률 등)와 레버리지 분석에 중점을 두어왔다. 이러한 비율들은 지금도 유용하게 사용되고 있는데, 유동비율이 아무리 높다 하더라도 유동자산을 구성하고 있는 매출채권과 재고자산이 현금화되기 어려운 상황이라면 기업은 큰 위험에 처할 수 있으며, 각종 수익성지표가 아무리 높다 하더라도 그 순이익은 발생주의 순이익이기 때문에 현금의 흐름과는 일치하지 않는 경우도 있다. 재무상태표와 손익계산서를 토대로 산출되는 비율들과 달리 현금흐름표(현금수지분석표, 현금순환분석표 포함)를 토대로 산출되는 비율은 분석기관마다 조금씩 다르기 때문에 본 절에 소개되는 비율을 분석에 이용할 때에는 그러한 비율이 절대적이 아니라는 점을 인식하여야 한다.

제5장 제5절과 제7절에서는 기업에서 작성한 현금흐름표를 토대로 유용한 재무비율에 대하여 기술하였으며, 일부 내용은 반복되지만 여기에서는 현금수지분석표나 현금순환분석표상의 수치를 이용하여 여러 가지 비율 등을 산출해보고 또한 차입금 상환능력 평가표를 작성해보기로 하자.

1 현금흐름 관련 비율의 산출

1) 단기 신용위험분석에 관한 비율

가. 수정된 현금흐름보상비율 (차입원리금 보상비율)

$$\text{수정된 현금흐름보상비율} = \frac{\text{영업활동 후 현금흐름액}}{\text{기초단기차입금} \times 0.2 + \text{유동성장기부채 상환액} + \text{이자비용}} \times 100$$

이 식은 제5장 7절에서 이미 소개한 산식으로서, 영업활동에서 생긴 자금으로 차입원리금 상환부담(단기차입금 내입비율을 20%로 가정)을 어느 정도 충당할 수 있는가를 측정하는 데 사용하는 비율로서 표준비율은 100%로 본다.

이 비율과 유사한 것으로서 일부 신용평가기관에서는 다음과 같은 '부채상환계수'를 산출하여 제시하기도 한다.

$$\text{부채 상환계수} = \frac{\text{총영업활동 조달 현금} + \text{이자비용}}{\text{단기차입금} + \text{유동성장기부채} + \text{이자비용}} \times 100$$

위에서 총영업활동 조달 현금이란 손익계산서상 당기순이익에 비현금비용과 비현금수익을 가감한 수치로서 '총영업활동 조달 현금+금융비용'은 현금순환분석표상 '영업활동으로부터의 현금 원천' 금액과 유사하다. 이 비율은 총영업활동 조달 현금 등으로 이자비용과 상환 대상 차입금을 부담할 수 있는 원리금 상환능력을 측정하는 지표이다. 정상기업인 경우 단기차입금은 만기 시 연장 또는 차환 발행이 가능하기 때문에 원금 상환 부담이 크지 않아 이자보상비율에 의해 채무 상환능력 측정이 가능할 수 있지만, 신용도가 낮은 기업인 경우 채무 만기 도래 시 원금 상환 의무가 발생될 가능성이 높기 때문에 부채상환계수에 의하여 채무 상환능력을 평가하는 것이 바람직하다. 최소 100% 이상 지속되어야 1차 상환 재원인 총영업활동 조달 현금에 의한 차입원리금 상환능력이 있음을 의미한다.

나. 단기차입금 상환능력비율

$$\text{단기차입금 상환능력비율} = \frac{\text{현금 과부족} + \text{이자지급 후 현금흐름액} - \text{비유동자산 투자} + \text{유상증자} + \text{장기차입금 증가}}{\text{기초단기차입금} \times 0.2 + \text{유동성장기부채 상환액}} \times 100$$

단기차입금 상환능력을 검토하는 또 다른 산식으로서, 영업활동에서 조달된 현금흐름뿐만 아니라 장기자금 조달액 중에서 비유동자산 투자액을 차감한 잔액까지 단기차입금 상환 재원에 포함시킨 산식이다. 위 식에서 현금 과부족이란 적정 현금및현금성자산을 초과하는 현금및현금성자산과 채무상환 목적으로 보유한 시장성유가증권이나 단기대여금도 가산할 수 있다.

다. 유동성장기부채 상환능력비율

$$\text{유동성장기부채 상환능력비율} = \frac{\text{이자지급 후 현금흐름액}}{\text{유동성장기차입금 상환액}} \times 100$$

이 비율은 당기에 상환이 도래된 장기부채에 대하여 영업활동으로부터 기본적으로 어느 정도 상환할 수 있는지 여부를 분석하기 위한 것이다.

2) 장기 신용위험분석에 관한 비율

가. 장기차입금 상환능력비율

$$\text{장기차입금 상환능력비율} = \frac{\text{영업활동으로부터의 원천}}{\text{기말장기차입금잔액}} \times 100$$

이 비율은 장기적으로 볼 때 차입금 규모를 얼마나 축소시킬 수 있는 가능성이 있는지의 여부를 점검해볼 수 있는 비율이다. 장기적으로 볼 때 차입금의 상환능력은 결국 영업활동으로부터의 현금 조달능력이 좌우하므로 현금순환분석표상의 '영업활동으로부터의 원천'을 기준으로 삼는 것이다. 이 비율을 산출하여 그 추세를 점검하여야 한다.

나. 총차입금 상환능력비율

$$\text{총차입금 상환능력비율} = \frac{\text{영업활동으로부터의 원천}}{\text{총차입금}} \times 100$$

이 식 역시 장기적 관점에서 기업의 차입금 상환능력을 살펴보는 데 사용된다. 이 비율 역시 그 추세를 점검하여야 한다.

제5장 제7절에서 재구성된 현금흐름표를 토대로 총차입금 상환 가능 기간을 분석한 바 있는데, 이를 식으로 나타내면 다음과 같다.

$$\text{상환 가능 기간} = \frac{\text{총차입금}}{\text{차입금 상환 가능 현금흐름}} \times 100$$

* 여기서'차입금 상환 가능 현금흐름'이란 혐금수지분석표 '이자지급 후 현금흐름액'에서 '유형자산 증감액'을 차감한 수치이다.

이 식을 비율로 나타내면 다음과 같이 다시 쓸 수 있다.

$$\text{총차입금 상환능력비율} = \frac{\text{총차입금}}{\text{차입금 상환 가능 현금흐름}} \times 100$$

3) 현금수지 분기점

$$\text{현금수지 분기점} = \frac{[(\text{당기고정비}) - \text{비현금비용(감가상각비 등)} - (\text{기초매출채권} + \text{기초재고자산} - \text{기초매입채무})]}{[(1 - \text{변동비/매출액}) - (\text{기말매출채권보유비율} + \text{기말재고자산보유비율} - \text{기말매입채무보유비율})]}$$

이 공식은 수익성에 대한 유동성의 제약 요인을 검토할 수 있는 장점이 있다.[41] 위의 산식을 이용하여 차입금 상환에 필요한 분기점 매출액을 다음과 같이 구한다.

$$\text{산식} = \frac{[(\text{고정비} - \text{비현금비용}) - (\text{기초매출채권} + \text{기초재고자산} - \text{기초매입채무})] + (\text{법인세} + \text{배당금} + \text{차입금 상환액} + \text{특정목표액})]}{[(1 - \text{변동비/매출액}) - (\text{기말매출채권} + \text{기말재고자산} - \text{기말매입채무}) / \text{매출액}]}$$

여기서 특정목표액이란 사업확장적립금 등 기업이 차입금 상환 이외에도 그 지출이 확정되어 있는 금액을 말한다. 이 공식에 의하여 산출된 매출액이 추정 매출액보다 적으면 차입금 상환을 위한 자금의 여유가 있을 것으로 추정한다.

41) 浦野平三, '運轉資本論', 1980

2 차입금 상환능력평가표의 작성

1994년 12월에 은행연합회에서 구성한 여신전문위원회에서 마련하였던 여신심사평가기준에 의하면 은행의 기업체에 대한 여신심사 시 현금흐름분석 결과를 여신심사에 적극적으로 반영하기 위하여 여신심사표를 작성하도록 하고 차입금 상환능력 평가에 20점을 부여하면서 다음과 같이 현금수지분석 결과를 반영하였다. 그러나 현재에는 이러한 평가표가 하나의 모델로서 제시될 뿐 반드시 적용되는 것은 아니다. 그럼에도 현금수지분석표에 근거한 차입금 상환능력을 점검하는 데 있어서는 참고할 필요가 있다.

[표 6-7] 현금수지분석표에 의한 차입금 상환능력평가표

평가등급	평가기준	평가내용	배점
A	외부자금 조달 전 현금액이 지속적으로 플러스인 경우	현금흐름이 매우 양호한 기업으로서 적극적 신용공여 대상기업	20
B	유동성장기차입금 상환 후 현금은 플러스이 나 외부자금 조달 전 현금액이 마이너스인 경우	영업활동에서 창출된 현금흐름만으로 원리금 상환 가능하나 장기 자산 투자를 위하여 일부 외부자금 필요한 우량 기업	16
C	이자지급 후 현금액은 플러스이나 유동성장기차입금 상환 후 현금이 마이너스인 경우	영업활동에서 창출된 현금흐름에 의하여 이자 및 배당금 지급은 가능하나 차입금 상환이 어려운 기업	12
D	영업활동 후의 현금액은 플러스이나 이자지급 후 현금액이 마이너스인 경우	영업활동 후의 순현금으로 이자 및 배당금 지급이 곤란한 기업	8
E	현금영업이익은 플러스이나 영업활동 후의 현금액이 마이너스인 경우	현금흐름이 불량한 경우로서 우량 담보 외에는 여신 공여가 곤란한 기업	4
F	현금영업이익이 마이너스인 경우	현금흐름이 지극히 불량한 경우로서 기업의 영속성마저도 의심스러운 기업	0

위의 각 현금흐름 수치는 최근 3개 연도의 평균치로 하는 것이 원칙이다. 그러나 각각의 결과치(예: 영업활동 후의 현금흐름액)가 증가 추세인지 감소 추세인지 판단하는 것도 중요한 것이므로 그러한 추세를 점검하여 위의 배점에 반영하여 응용할 수 있을 것이다.

위에서 설명한 분석 내용을 다음의 사례를 통해 익혀보자. [표 6-8]에는 D사의 3개년도 현금수지분석표를 제시되어 있다.

[표 6-8] 현금수지분석표

D사 (단위 : 백만 원)

구 분	20×1년도	20×2년도	20×3년도
1. 매출을 통한 현금유입액	**19,920**	**21,286**	**22,390**
1-1 순매출액	22,080	25,286	29,566
1-2 매출채권 증감액	(1,528)	(4,571)	(8,212)
1-3 선수금 증감액	(632)	571	1,036
2. 현금지출 매출원가	**(18,566)**	**(21,429)**	**(27,943)**
3. 현금매출총이익(1+2)	**1,354**	**-143**	**-5,553**
4. 현금판매비 및 일반관리비	**(2,140)**	**(777)**	**(1,522)**
5. 현금영업이익 (3+4)	**(786)**	**(920)**	**(7,075)**
6. 기타 영업활동에 의한 현금흐름액	**(1,819)**	**1,497**	**179**
7. 영업활동 후의 현금흐름액 (5+6)	**(2,605)**	**577**	**(6,896)**
8. 이자비용과 배당금 지급액	**(1,869)**	**(2,381)**	**(3,241)**
9. 이자지급 후의 현금흐름액 (7+8)	**(4,474)**	**(1,804)**	**(10,137)**
10. 유동성장기차입금 상환액	**(1,986)**	**(1,792)**	**(3,528)**
11. 유동성장기차입금 상환 후 현금흐름액	**(6,460)**	**(3,596)**	**(13,665)**
12. 투자활동 현금흐름액	**(1,360)**	**(4,529)**	**(2,120)**
13. 외부자금 조달 전 현금흐름액 (11+12)	**(7,820)**	**(8,125)**	**(15,785)**
14. 총 외부자금 조달액	**7,729**	**8,306**	**15,757**
15. 외부자금 조달 후 현금흐름액 (13+14)	**(91)**	**181**	**(28)**
16. 현금 증감액	**(91)**	**181**	**(28)**
16-1 기초현금및현금성자산 잔액	790	699	880
16-2 기말현금및현금성자산 잔액	699	880	852

D사는 매출액이 3년간 지속적으로 증가 추세를 보여왔으나, 현금매출액보다 현금매출원가가 훨씬 더 커 현금매출총이익부터 마이너스(-)를 보이고 있다. 2××1년에는 비록 현금매출총이익이 플러스(+)를 보였으나, 판매활동에 소요된 판매비와 관리비조차도 충당할 수 없는 규모의 현금 창출능력을 보였다. 20×2년과 20×3년에는 현금 부족의 정도가 더욱 확대되는 모습을 보이고 있다. 현금수지분석표의 단계별 평가방법을 적용해볼 때 D사는 현금매출총이익이 지속적으로 마이너스(-)를 기록하고 있으며 그 규모도 점점 확대되고 있다. 이는 정상적인 영업활동이 어려워 기업의 계속성이 의문스러운 상태이므로 현금흐름상 도산 직전에 있다고 보아야 한다. 실제로 D사는 2××4년에 자금난을 견디지 못하고 법정관리를 신청하였다.

3 현금흐름분석 그래프의 활용

현금수지분석표나 현금순환분석표는 그 자체로서도 기업의 현금흐름을 분석하는 데 유용한 도구임에 틀림이 없으나, 동 표에서 주요 수치를 발췌하여 그래프에 옮겨보면 해당 기업의 현금흐름 방향을 한눈에 볼 수 있는 장점이 있다.

다음에 예시된 세 기업의 현금흐름 그래프를 살펴보면 공통점이 있는데, 우선 당기순이익은 매년 약간의 흑자를 시현하고 있지만 이자지급 후 현금흐름은 지속적으로 음(-)의 수치를 나타내면서 그 크기가 확대되고 있다. 따라서 총 외부자금 조달액 역시 급격히 증대될 수밖에 없는 양상을 보이고 있는데, 이와 같은 모습을 나타내는 기업들은 조만간 도산의 위험성이 대단히 높은 기업으로서 여신 취급에 있어서 주의를 요한다. 이런 기업은 실질적으로는 당기순손실임에도 불구하고 은행 여신에 제한이 가해질 것을 우려하여 당기순이익으로 재무제표를 분식했을 가능성이 대단히 높으며, 영업활동에서 현금의 창출이 급격히 감소하는 것은 차입금 상환능력의 급격한 저하를 의미하기 때문이다.

그림 6-4 K물산의 현금흐름 그래프

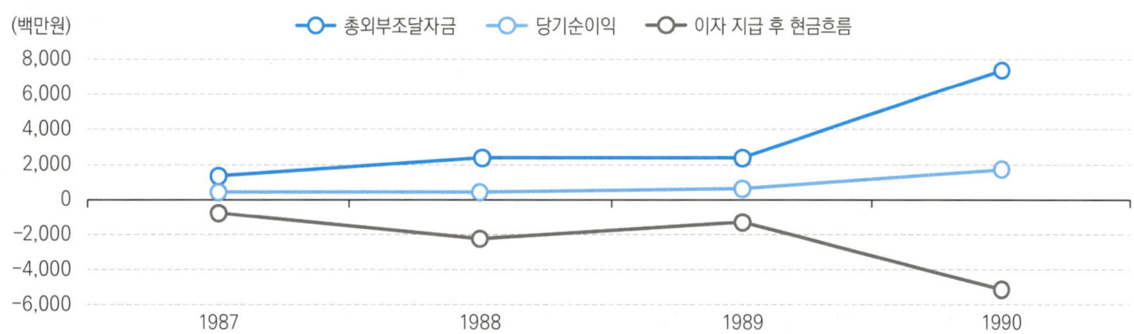

그림 6-5 M상사의 현금흐름 그래프

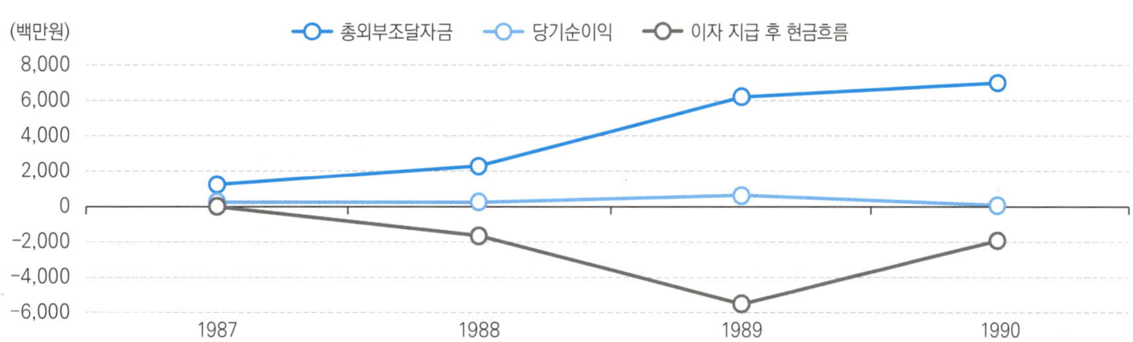

그림 6-6 **H전자의 현금흐름 그래프**

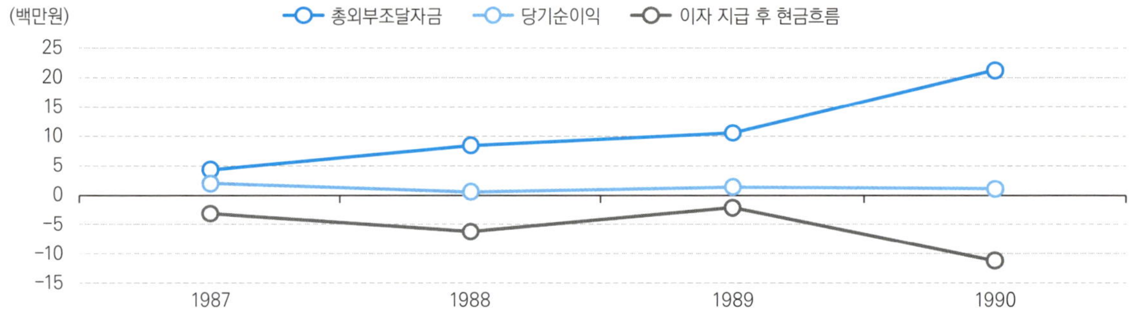

또한 1년 또는 몇 년 동안의 현금흐름표를 요약하여 주요 현금유입액과 현금유출액을 도표로 나타내는 방법 중 현금흐름폭포(cash waterfall) 그래프[42]가 있다. 제5장 제3절 '현금흐름표의 수평적 분석과 수직적 분석'에 소개되었던 ㈜들소의 2001년부터 2003년까지 요약 현금흐름표 [표 5-9]의 내용을 현금흐름폭포 그래프로 그려보면 다음 [그림 6-7]과 같다.

현금흐름폭포 그래프를 통하여 우리는 분석 대상 회사의 주요 현금유입과 현금유출을 개관할 수 있는데, ㈜들소는 2001년부터 2003년까지 주로 영업활동과 장기차입금 차입 및 유형자산 처분으로 현금을 조달하여 유동성장기부채와 단기차입금 상환, 자기주식 취득 및 배당금 지급에 현금을 사용한 것을 볼 수 있다. 장기차입금의 차입보다 유동성장기부채 및 단기차입금 상환금액이 더 많기 때문에 결과적으로 ㈜들소는 위의 기간 동안 영업활동과 유형자산 처분으로 현금을 조달하여 차입금 상환과 자기주식 취득에 주로 현금을 사용한 것을 알 수 있다. 이러한 현금흐름 유형은 제4장 제2절 '현금흐름의 유형에 따른 현금흐름분석의 방향'에서 언급하였던 제3유형(부채축소형, 일부 사업 구조조정형)의 현금흐름으로 분류할 수 있다.

그림 6-7 **㈜들소의 2001년부터 2003년까지 현금흐름폭포 그래프**

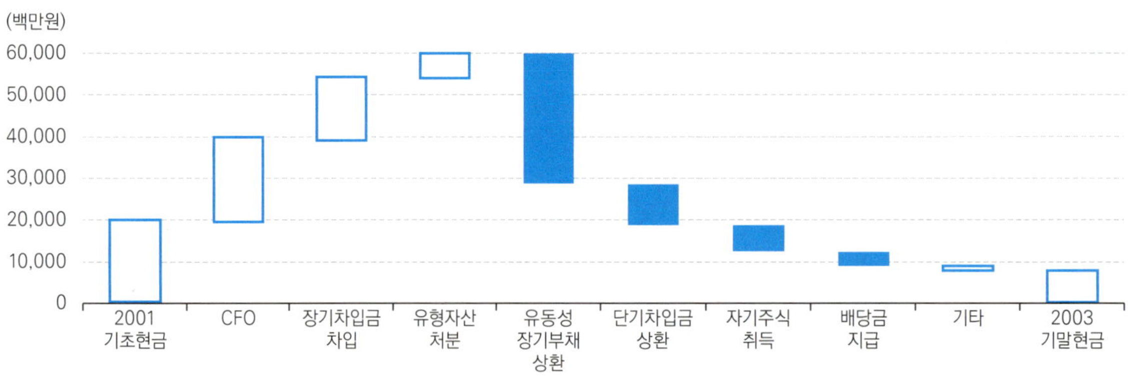

42) Pamela Peterson Drake 외 전게서, p.202

4 기업부실 예측에의 이용

1966년 비버(W. H. Beaver)는 79개 부실기업과 79개 정상기업의 재무비율 평균의 차이를 분석한 바 있다. 이 연구43)에서 비버는 도산하기 수년 전부터 어떤 특정 재무비율이 부실의 신호를 보이고 있는지를 관찰하기 위하여 재무비율의 평균 차이의 변화를 비교하는 소위 프로파일분석(profile analysis) 결과 30개 재무비율 중 특히 현금흐름 대 총부채비율과 총자산순이익률이 부실 5년 전부터 가장 눈에 띄는 차이를 보여주었다고 발표하였다. 또한 부실기업과 정상기업 두 집단으로 분류하여 이원분류법(dichotomous classification technique)에 의해 검토한 결과 현금흐름 대 총부채비율과 총자산순이익률이 부실 1년 전에 각각 13%의 오차를, 5년 전에 각각 22%, 28%의 오차를 보이고 있어 비교적 높은 예측능력을 보여주었다는 연구 결과를 제시하였다. 이 당시 비버가 사용한 현금흐름 수치는 전통적인 현금흐름인 '당기순이익+감가상각비'이다.

이후 기업부실예측에 대한 다양한 연구와 모형이 발표되었으며, 국내 각 금융기관과 신용평가회사들도 각각의 기업부실예측 모형을 개발하여 이용하고 있다. 중요한 것은 과거 알트만(E. I. Altman) 모형이나 한국은행 판별 모형 등에서는 현금흐름 관련 비율이 이용되지 않았으나, 현재 기업부실예측 모형에는 현금수지분석표나 영업활동으로 인한 현금흐름 관련 지표가 반드시 이용되고 있다는 점이다.

국내에서 그동안 기업의 도산예측과 관련하여 현금흐름정보의 유용성에 대한 논문이 다수 발표되었는데, 그중에서 주목할 만한 몇 가지 내용을 보면 다음과 같다.

- 현금흐름비율정보를 전통적 재무비율정보와 통합해서 구축한 기업도산예측 모형을 사용하여 현금흐름정보의 증분예측력을 검증해본 결과 도산 1년 전과 2년 전 모두에서 유의적인 증분 예측력이 존재하고 있음을 밝혀냈다.(윤주석, 1991)
- 부실예측을 위한 재무비율 중 매출액 현금흐름비율은 부실이 가까워질수록 점차적으로 유의적인 변수로 나타났다.(이정주, 1997)
- 재무상태가 부실한 기업일수록 현금흐름의 상대적 정보가치가 증가하는 것을 보여주며, 기업이 도산하기 2~4년 전에 기업도산예측에 현금흐름이 매우 중요한 정보가 되고 있다.(송인만, 백원선, 이정주, 1999)
- 부도 기업은 부도 3년 전에 집중적인 시설투자가 이루어진다는 사실을 확인하였다. (영업활동 현금흐름이 악화된 상태에서 무리하게 차입금에 의존하여 시설투자를 감행할 경우 부도 확률이 높다는 것을 의미)(이광재, 2005)

43) W. H. Beaver, 'Financial Ratios as Predictors of Failure', Journal of Accounting Research(1966), pp.71~111

제6장 연습문제 | Exercise

가. 본문 내용의 복습

01 일반기업회계기준에 의한 현금흐름표에 비하여 금융기관에서 작성하는 현금수지분석표의 장·단점은 무엇인가?

02 신용분석 목적의 현금수지분석표가 일반기업회계기준에 의한 현금흐름표에 비해 다른 점은 어떤 것인가?

03 제4장 제3절의 대청상사 재무자료를 토대로 현금수지분석표를 실제로 작성해 보시오.

04 일반기업회계기준에 의한 현금흐름표를 간접법으로 작성할 경우 당기순이익에 비현 금비용을 가산하고 비현금수익을 차감한다. 그러나 본 장에서 제시된 현금순환분석 표에서는 영업이익부터 현금흐름을 나타내고 있다. 그 이유는 무엇인가?

05 제1절에 소개된 여의도상사의 현금수지분석표상 '7) 영업활동 후 현금흐름액'과 제4장에서 작성해본 동사의 현금흐름표상 '영업활동으로 인한 현금흐름'은 어떠한 차이가 있는가?

06 현금수지분석에 있어서 매출채권이 대폭 증가하였다면, 그 원인으로는 어떠한 것이 있을 수 있는가?

07 현금수지분석에 있어서 재고자산이 대폭 증가하였다면, 그 원인으로는 어떠한 것이 있을 수 있는가?

08 현금수지분석에 있어서 최근 연도에 매입채무가 급격히 증가한 경우, 그 원인으로는 어떠한 것이 있을 수 있는가 ?

09 기업의 영업활동 현금흐름을 좌우하는 세 가지 분야와, 이 세 가지 분야를 구성하는 일곱 가지 요인을 든다면, 어떠한 것을 들 수 있는가?

10 현금흐름분석에 있어서 투자활동 관련 유동자산(단기예금, 단기매매증권, 단기대여금, 미수금)이 급격히 증가하였다면, 그 원인으로는 어떠한 것이 있을 수 있는가?

11 현금순환분석표에서 '영업활동으로부터의 원천'이 의미하는 바는 무엇인가?

12 헷징에 의한 자금 조달이란 무엇을 말하는가?

13 기업의 재무제표에 대한 주석 내용에 운용리스에 대한 내용이 표시되어 있다면, 신용분석자는 이를 어떻게 활용하여야 하는가?

14 현금순환분석표에서는 장기예금에 대한 투자는 '투자활동'으로 구분되어 있다. 특히 사용이 제한된 장기예금이 투자활동으로 분류되는 것에 대한 의견을 제시하시오.

15 회사가 부외부채에 의존하고 있는 경우, 현금흐름수지분석표에는 어떻게 영향을 미치리라고 예상되는가?

16 적정 현금보유액을 산정하고자 할 때 고려하여야 할 점에는 어떠한 것이 있는가?

17 현금수지분석표(또는 현금순환분석표)를 이용하여 산출될 수 있는 비율에는 어떠한 것이 있으며, 각각 어떠한 경우에 유용한가?

18 영업활동으로 인한 현금흐름이 악화되는 기업의 현금흐름분석 그래프를 그려 보면 일반적으로 어떠한 모습이 나타나는가?

나. 진위형

01 현금수지분석표의 '7) 영업활동 후의 현금흐름액'은 회사가 차입금에 대한 이자를 납부한 후의 현금흐름액을 의미한다. (　　　)

02 현금수지분석표에서 '기타 유동부채 증감액'란에는 퇴직금 지급액이 포함된다. (　　　)

다. 선다형

01 현금수지분석표에서 투자자산 증감액란에 '-8,500'원이 기재되어 있다면 이 수치가 의미하는 바에 가장 가까운 것은? ( )

① 투자자산을 당기에 8,500원을 받고 처분하였다.
② 당기중에 투자자산의 취득도 있었고 처분도 있었겠지만, 처분으로 인한 현금유입액보다 취득으로 인한 현금유출액이 8,500원만큼 많았다.
③ 당기중에 투자자산의 취득도 있었고 처분도 있었겠지만, 취득으로 인한 현금유출액보다 처분으로 인한 현금유입액이 8,500원만큼 많았다.
④ 투자자산을 당기에 8,500원을 지불하고 취득하였다.

02 손익계산서와 현금수지분석표를 비교 검토할 경우 어떤 중요한 점을 발견할 수 있는가? ( )

① 손익계산서에서 영업에서 번 돈으로 이자를 상환하였고, 전통적인 현금흐름으로 유동성장기부채도 상환할 수 있다고 판단했던 내용이 현금수지분석표에는 모두 다 그렇지 않을 수도 있다는 점을 발견할 수 있다.
② 현금수지분석표에서는 영업활동에서 조달한 현금으로 이자를 상환할 수 있는 회사가 손익계산서에는 그렇지 않다는 점을 발견할 수 있다.
③ 손익계산서에 기재된 당기순이익이 현금수지분석표에 기재된 '이자지급 후 현금 흐름액'보다 유용하다는 사실을 발견할 수 있다.
④ 현금수지분석표는 재무상태표와 손익계산서만을 토대로 작성되었다는 사실을 발견할 수 있다.

03 회사가 영업활동에서 조달한 현금이 아닌 금융기관 차입금으로 계열회사에 투자하였다면, 자금의 흐름이 왜곡되고 있으므로 이의 시정을 요구하여야 할 것이다. 이때 금융기관 차입금으로 투자하였는지 여부를 어떻게 판단하는가? ( )

① 회사의 예금통장을 확인하여 매출대금수입을 관리하는 통장에서 계열회사투자로 자금이 인출되었다면, 이는 회사가 영업활동에서 조달된 현금으로 계열회사에 투자한 것이라고 판단한다.
② 회사의 차입금 신청서를 검토하여 자금의 사용 목적에 계열회사 투자 목적이라고 기재되어 있는지 여부를 검토하여 판단한다.
③ 회사의 손익계산서상 '당기순이익'이 계열회사에 대한 투자액을 초과하고 있다면, 회사는 영업활동에서 조달한 현금으로 계열회사에 투자하였다고 판단한다.
④ 현금수지분석표에서 '유동성장기차입금 상환 후 현금흐름'이 마이너스이거나 그 금액이 계열회사 투자액에 현저히 부족한 상태에서 유상증자 없이 차입금 조달이 있는 경우에는 금융기관 차입금으로 계열회사에 투자하였다고 간주한다.

04 영업활동 현금흐름이 좋지 않은 회사의 경우에 나타나는 현상으로서 다음 중 가장 우려되는 경우는? ( )

① 재고자산 중 제품의 증가가 크다.
② 재고자산 중 원재료의 증가가 크다.
③ 재고자산 중 미착상품의 증가가 크다.
④ 재고자산 중 재공품의 증가가 크다.

05 다음 설명 중 틀린 것은 ? ( )

① 매출채권회전율과 재고자산회전율 둘 중 어느 하나라도 2회에 미달하게 되면 영업활동 현금흐름은 마이너스(-)의 수치를 나타내게 된다.
② 일반적으로 매출액 증가율을 상회하는 순운전자본 증가 추세보다 매출액 증가율을 하회하는 순운전자본 증가 추세가 바람직하다.
③ 유동비율의 문제점은 재고자산의 현금화 속도와 현금화 확실성이 기업마다 매우 다르기 때문에 일률적으로 이용하기에 한계가 있다는 점이다.
④ 당좌비율의 문제점은 매출채권의 현금화 속도와 현금화 확실성이 기업마다 매우 다르기 때문에 일률적으로 이용하기에 한계가 있다는 점이다.

06 다음 설명 중 틀린 것은? ( )

① 재고자산보유비율이 높거나 급격히 증가하는 기업에 대하여는 재고자산의 순실현가능가액에 대해 판단해보아야 한다.
② 매입채무가 급격히 증가하는 경우에는 매입채무의 상환자금을 일시적으로 유형자산이나 단기투자자산에 이용하고 있을 수도 있다.
③ 유형자산 증가가 큰 경우 그 내역을 세밀히 분석하여 금융기관에서 조달된 자금으로 업무용이 아닌 비업무용 부동산을 취득하였는지도 점검할 필요가 있다.
④ 일반기업회계기준에 의한 '현금흐름표'와 금융기관 양식인 '현금수지분석표'에서는 모두 단기매매증권이나 단기대여금의 증가를 영업활동으로 분류하고 있다.

07 현금수지분석표 작성 시 기타 비유동자산에 계상된 장기성매출채권의 증감액은 다음 중 어느 난에 산입되는 것이 타당한가? ( )

① 1-2 매출채권 증감액
② 2-2 재고자산 증감액
③ 12-4 투자활동 관련 유동·비유동자산 증감액
④ 2-3 매입채무 증감액

08 다음의 기술된 내용 중 일반적으로 옳다고 볼 수 없는 것은? (　　　)

① 외부자금 조달 실적은 빈약하나 단기순운전자본에 대한 투자가 과다한 경우, 부외부채에 의존하고 있는지도 검토하여야 한다.

② 고정시설투자나 추가사업에 거액의 소요자금이 필요함에도 증자는 하지 않고 차입금으로만 소요자금을 조달하고 있다면, 그 사업에 대한 밝은 전망을 기대할 수 없다.

③ 현금흐름분석 시 동 기업의 3년 내지 5년 이상의 현금흐름표를 작성 또는 수집하여 분석을 행해야 한다.

④ 기업이 오로지 내부로부터 조성된 여유자금으로만 투자자산에 투자하거나 경영 합리화를 위하여 관계회사에 출자할 경우 문제의 소지가 있다.

09 다음은 신용분석 목적의 '현금수지분석표'와 일반기준에 의한 '현금흐름표'를 비교한 것이다. 이 내용 중 가장 틀린 것은? (　　　)

① 현금수지분석표에서는 영업활동 현금흐름을 자세히 표시하는 반면, 투자활동란과 재무활동란은 자세한 표시를 생략하고 유형자산 투자(증감), 투자자산 투자(증감), 단기차입금 증감, 장기차입금 증감 등 순액으로 요약하여 표시하고 있다.

② 현금수지분석표의 작성에 있어서도 고정부채와 자본 계정 간의 중요한 대체거래 또는 자본계정 상호 간의 중요한 대체거래 등의 비현금거래에 대한 추가정보는 필요하다.

③ 손익계산서에 별도의 과목으로 표시되지 않는 비현금손익 항목은 현금수지분석표에서 일반적으로 감안되지 않는다.

④ 단기대여금이나 미수금의 회수를 현금수지분석표에서는 재무활동으로 구분한다.

10 견지상사주식회사는 당기 중에 은행으로부터 장기차입금 부채를 300억 원 탕감받아서 이를 손익계산서 영업외수익에 채무조정이익의 과목으로 계상하였다. 그렇다면 동사의 당기 현금수지분석표 작성 시 이 채무조정이익을 어떻게 처리하는 것이 적절한 방법인가? (　　　)

① '6-1 영업외수익'란에 채무조정이익을 포함한 금액을 기재한다.

② '6-1 영업외수익'란에는 채무조정이익을 포함하지 말고, '14-2 장기차입금 증감액' 계산 시 300억 원을 가산한다.

③ '6-1 영업외수익'란에 채무조정이익을 포함한 금액을 기재한 다음 '14-2 장기차입금 증감액' 계산 시 300억 원을 가산한다.

④ '6-1 영업외수익'란에는 채무조정이익을 포함하지 말고, '14-2 장기차입금 증감액' 계산 시 300억 원을 차감한다.

11 현금수지분석표 작성 시 '4. 현금판매비와 관리비'를 계산함에 있어서 '4-4 감가상각비'나 '4-5 퇴직급여' 외에 '4-6'번으로 '대손상각비'를 추가 기재하고 동란에 손익계산서상 대손상각비를 기재하였다. 이 경우 동 대손상각비 금액을 '1-2 매출채권 증감액'란에서 어떻게 감안(처리)하는 것이 적절한가? (당기중 대손처리된 매출채권은 없음) (　　　　)

① 재무상태표상 대손충당금을 차감하지 않은 매출채권의 증감액(기초잔액-기말잔액)을 산출한 다음 그 금액에 대손상각비를 가산한다.

② 재무상태표상 대손충당금을 차감하지 않은 매출채권의 증감액(기초잔액-기말잔액)을 산출한 다음 그 금액에서 대손상각비를 차감한다.

③ 재무상태표상 대손충당금을 차감한 매출채권의 증감액(기초잔액-기말 잔액)을 산출한 다음 그 금액에 대손상각비를 가산한다.

④ 재무상태표상 대손충당금을 차감한 매출채권의 증감액(기초잔액-기말 잔액)을 산출한 다음 그 금액에서 대손상각비를 차감한다.

12 다음은 종로상사의 현금수지분석표 중 일부분이다. 이와 관련된 다음의 설명 중 맞는 것은 ? (　　　　)

현금수지분석표

(단위 : 백만 원)

항　　목	1991	1992	1993
1. 매출을 통한 현금유입액	64,755	89,886	122,597
1-1 순매출액	73,177	97,276	138,969
1-2 매출채권 증감액	-8,422	-7,390	-16,372
2. 현금지출 매출원가	-44,385	-70,528	-102,184
2-1 매출원가	-47,246	-56,365	-82,502
2-2 재고자산 증감액	-11,132	-26,574	-21,556
2-3 매입채무 증감액	13,657	11,919	1,305
2-4 감가상각비	185	251	289
2-5 퇴직급여	151	241	280
3. 현금매출총이익	20,370	19,358	20,413

① 최근 3년 동안 매출채권잔액이 증가한 금액의 누계는 16,372백만 원이다.

② 최근 3년 동안 재고자산이 감소한 금액의 누계는 59,262백만 원이다.

③ 최근 3년 동안 매입채무가 증가한 금액의 누계는 26,881백만 원이다.

④ 2-4와 2-5에 기재된 감가상각비와 퇴직급여는 기업에서 작성한 손익계산서를 보면 알 수 있다.

13 다음은 북경주식회사('회사') 현금수지분석표의 일부분을 나타낸 것이다. 동사의 현금흐름에 대해 설명한 다음 내용 중 틀린 것은? ( )

현금수지분석표

(단위 : 백만 원)

항 목	1994	1995	1996
1. 매출을 통한 현금유입액	41,550	52,093	53,447
1-1 순매출액	43,718	54,593	54,787
1-2 매출채권 증감액	-2,168	-2,500	-1,340
2. 현금지출 매출원가	-41,857	-48,329	-46,843
2-1 매출원가	-37,527	-46,857	-47,935
2-2 재고자산 증감액	-5,632	-5,340	-2,216
2-3 매입채무 증감액	34	1,317	1,349
2-4 감가상각비(제조원가)	1,100	2,284	1,570
2-5 퇴직급여(제조원가)	168	266	390

① 회사는 영업활동에서 조달한 현금으로 유동성장기차입금은 물론, 이자와 배당금도 지급할 능력이 없다.

② 회사의 영업활동 현금흐름에 '매출채권의 증가'보다 '재고자산의 증가'가 더 좋지 않은 영향을 미치고 있다.

③ 회사의 판매비와 관리비의 현금지출액이 계속 증가하고 있다.

④ 회사의 영업활동 현금흐름이 좋지 않은 원인 중의 하나는 동사의 매입채무가 매년 감소하고 있다는 점이다.

14 부산상사가 일반기업회계기준에 의하여 작성한 현금흐름표상 '영업활동으로 인한 현금흐름'은 2,150백만 원으로 계상되어 있는데, 은행에서 작성된 현금수지분석표상 '영업활동 후의 현금흐름'은 3,780백만 원으로 나타나 있다. 두 가지 표가 정확히 작성되었다고 전제할 경우, 이와 같은 차이점의 원인으로 다음 중 해당되지 않는 것은? ( )

① 현금흐름표상 '영업활동으로 인한 현금'은 이자비용을 지급한 후의 수치이지만, 현금수지분석표상 '영업활동 후의 현금흐름'은 이자지급 전 수치이다.

② 사채할인발행차금상각액이 현금흐름표상 '영업활동으로 인한 현금'에는 반영되어 있지만, 현금수지분석표상 '영업활동 후의 현금흐름'에는 반영되어 있지 않다.

③ 장기매출채권에 대한 현재가치할인차금상각액이 현금흐름표상 '영업활동으로 인한 현금'에는 반영되어 있지만, 현금수지분석표상 '영업활동 후의 현금흐름'에는 반영되어 있지 않다.

④ 판매직 사원에 대한 퇴직급여충당부채 전입액이 현금흐름표에는 반영되어 있지만, 현금수지분석표에는 반영되어 있지 않다.

15 명보주식회사의 현금수지분석표를 분석한 결과 최근 2년 동안 유형자산에 대하여 거액의 투자가 실시된 것이 확인되었다. 이 경우 검토하여야 할 사항으로서 적절치 않은 것은? (　　　　)

① 설비투자로 인한 효율성, 즉 매출액이 기업의 예상대로 증대되고 있는지 검토하여야 한다.
② 설비투자자금이 장기자금으로 조달되었는지 파악하여야 한다.
③ 업무용 자산에 대한 투자가 아니고 비업무용 자산에 대한 투자인지 여부도 검토하여야 한다.
④ 증가한 유형자산이 만약 금융리스로 인하여 취득한 자산이라면, 그 부분은 운용리스로 가정하여 현금수지분석표를 재작성한 후 분석하여야 한다.
⑤ 동 업종의 투자 동향을 참조하여 동 업계 타사와 유사한 규모의 투자를 실시하였음에도 그 금액이 비정상적으로 큰 경우에는 분식회계의 가능성에 대하여도 고려하여야 한다.

16 현금순환분석표와 현금수지분석표의 분석과 관련된 다음 설명 중 가장 적절치 않는 것은? (　　　　)

① 감가상각비를 초과하는 거액의 설비투자가 이루어진 경우 그에 따른 기대효과, 즉 매출액이 기업의 예상대로 증대되고 있는지 여부를 점검하여야 한다.
② 영업활동에 필요한 현금은 물론 설비투자에 필요한 현금도 단기차입금으로 조달하는 모습을 보이는 기업의 현금흐름이 양호한 현금흐름으로 판단된다.
③ 제조업의 매출원가 분석에서는 제조원가에서 큰 비중을 차지하는 원가 항목을 파악한 다음 그 원가를 발생시키는 주요 변수를 찾아내야 한다.
④ 분석자는 먼저 현금순환분석표를 통하여 기업의 영업활동 현금흐름을 구성하는 세 가지 부분(영업이익, 순운전자본의 변동, 기타 영업 관련 자산·부채의 변동 등) 중 어느 부분에서 양호 또는 불량한지를 먼저 파악하여야 한다.

17 현금수지분석표에서 어느 기업의 '영업활동 후의 현금흐름'이 양호하지 않을 경우, 신용분석자는 그 원인에 대하여 심층 분석해보아야 한다. 이때 검토해보아야 할 재무비율 중에서 다음 중 가장 거리가 먼 것은? (　　　　)

① 부채비율　　② 재고자산회전기간
③ 매출채권회전기간　　④ 매출액총이익률

18 산정기업의 감가상각비 등 차감 전 영업이익률[=(영업이익+감가상각비 등 비현금비용)/매출액]이 27%이고, 순운전자본증가비율[=순운전자본 증가액/매출액]이 17%이며, 매출액에 대한 법인세 비율은 2%이다. 이 기업의 당기매출액은 3,000백만 원이었다. 만약 이 기업의 매출액이 10% 증가한다면, 이 기업의 이자 납부 전 영업활동 현금흐름은 얼마만큼 증가할 것인가? (영업활동과 관련된 기타 요인은 고려하지 말 것.) (　　　)

① 36백만 원　② 51백만 원　③ 24백만 원　④ 48백만 원

19 현금수지분석표를 분석함에 있어서 해석 또는 점검하여야 할 사항을 나열한 것이다. 적절한 설명은 다음 중 어느 것인가? (　　　)

① 최근 연도 매입채무가 전년 대비 100% 증가하였다면, 차기 이후에도 매입채무는 급증할 것으로 예상된다.

② 분석 대상 회사의 재무제표에 대한 주석사항을 검토하여 당기에 지급한 이자비용 중 건설중인자산에 자본화시킨 금액이 있다면, 이 금액을 현금수지분석표의 이자비용 지급액에 포함시켜서 이자 지급능력을 검토하여야 한다.

③ 영업활동 후 현금흐름이 음수(-)일 경우, 회사는 상법상 배당금을 지급할 수 없다.

④ 유동성장기차입금 상환 후 현금흐름이 양(+)의 수치일 경우, 분석자는 해당 기업의 총차입금 상환 일정을 재검토하여 상환 일정을 재조정하여야 한다.

20 어느 기업에서 매출로부터의 현금유입액(현금매출액)이 증가하고 있는 경우, 이에 대한 원인으로 올바른 것은? (　　　)

① 판매량 감소　② 매출에누리 증가
③ 매출채권회전율의 상승　④ 매출채권 할인액의 감소
⑤ 전기 이월된 선수금의 당기매출액 대체

21 현금흐름표와 현금수지분석표를 비교한 다음 설명 중 틀린 것은? (　　　)

① 현금수지분석표는 신용분석 목적을 위해 현금흐름표 항목을 재배열한 것이다.

② 현금수지분석표에서 영업활동 후 현금흐름을 구하는 과정은 현금흐름표를 직접법으로 작성하는 과정과 유사하다.

③ 현금흐름표의 영업활동으로 인한 현금흐름은 현금수지분석표의 영업활동 후 현금흐름과 일치한다.

④ 현금수지분석표는 영업활동에 의한 현금창출액으로 이자비용을 충분히 보상할 수 있는지에 관해 현금흐름표보다 더 직관적인 자료를 제공한다.

22 다음은 최근 2년간 도소매업을 영위하는 어느 기업의 매출원가 및 현금매출원가에 대한 정보이다. 이러한 상황에 대한 설명으로 가장 적합한 것은? (   )

구 분	2007년	2008년
매출원가	20,000천 원	32,000천 원
현금매출원가	35,000천 원	27,000천 원

① 2007년의 경우 매입채무가 크게 증가했을 가능성이 높다.
② 2007년의 경우 재고자산이 크게 감소했을 가능성이 높다.
③ 2007년의 경우 선수금이 크게 감소했을 가능성이 높다.
④ 2008년의 경우 매입채무가 크게 감소했을 가능성이 있다.
⑤ 2008년의 경우 재고자산에 대한 거액의 평가손실이 발생했을 가능성이 높다.

23 귀하는 주식회사 한라의 재무상태표와 손익계산서를 토대로 현금수지분석표를 작성하고자 한다. 만약 동사의 손익계산서에서 다음과 같은 비현금손익 과목이나 투자·재무활동 관련 손익 과목들이 발견되면, 이러한 손익 과목들은 영업활동 현금흐름 계산에서 제외하여야 할 것이다. 동시에 이러한 손익 과목들은 관련 자산·부채·자본 항목들의 증감에도 고려하여야 현금수지분석표가 올바로 작성된다. 오른쪽 보기에서 이러한 과목들의 처리방법에 대한 것 중 가장 적절한 번호를 골라 그 번호를 각각의 괄호 안에 기재하시오. (참고사항으로서, 번호가 중복될 수도 있으며 당기 중 홍수로 인하여 공장 건물과 기계장치에 거액의 손실이 발생하였다.)

(1) 주식보상비용 (   )
(2) 기타의 대손상각비 (   )
(3) 투자자산처분손실 (   )
(4) 자산수증이익 (   )
(5) 퇴직급여 (   )
(6) 감가상각비 (   )
(7) 대손충당금환입액 (   )
(8) 대손상각비 (   )
(9) 채무조정이익 (   )
(10) 매도가능증권 손상차손 (   )
(11) 사채상환손실 (   )
(12) 지분법평가이익 (   )
(13) 유형자산처분이익 (   )
(14) 무형자산상각비 (   )
(15) 재해손실 (   )

보 기
① (기초투자자산-기말투자자산)에 가산한다.
② (기초유형자산-기말유형자산)에서 차감한다.
③ (기초기타 유동자산-기말기타 유동자산)에서 차감한다.
④ (기말장기차입금-기초장기차입금)에 가산한다.
⑤ (기초무형자산-기말무형자산)에서 차감한다.
⑥ (기초매출채권-기말매출채권)에 가산한다.
⑦ (기초투자자산-기말투자자산)에서 차감한다.
⑧ (기말퇴직급여충당부채-기초퇴직급여충당부채)에서 차감한다.
⑨ (기말장기차입금-기초장기차입금)에서 차감한다.
⑩ (기초매출채권-기말매출채권)에서 차감한다.
⑪ (기말자본조정-기초자본조정)에서 차감한다.
⑫ (기초유형자산-기말유형자산)에 가산한다.
⑬ (기초자본조정-기말자본조정)에 가산한다.
⑭ (기말투자자산-기초투자자산)에서 차감한다.
⑮ (기말유형자산-기초유형자산)에 가산한다.

라. 단답형 (계산문제)

다음은 (주)동해의 20×2 회계연도 재무상태표 일부 자료와 손익계산서이다. 이 자료를 토대로 아래에 제시된 현금수지분석표상 해당란에 기입하여야 할 금액을 계산하시오.

자료 1 재무상태표 일부 자료

(단위 : 원)

과 목	기초잔액	기말 잔액
현금및현금성자산	300	400
매출채권	1,250	1,290
재고자산	230	2,450
선급비용	150	180
기타 유동자산	800	830
투자자산	3,000	3,270
유형자산	7,500	8,450
매입채무	1,630	1,710
단기차입금	2,700	2,380
미지급비용	130	160

과　　목	기초잔액	기말 잔액
당기법인세부채	200	280
유동성장기부채	240	300
사채	3,030	3,270
장기차입금	1,120	1,950
퇴직급여충당부채	860	930
기타 비유동부채	220	120
자본금	2,600	2,600
자본잉여금	1,270	1,270
이익잉여금	1,300	1,880

자료 2 손익계산서

(단위 : 원)

과　　목	금　　액	
매출액		15,820
매출원가		12,650
감가상각비	215	
퇴직급여	110	
기타 매출원가	12,325	
판매비와 관리비		1,100
감가상각비	85	
퇴직급여	50	
기타 판매비와 관리비	965	
영업외수익		335
사채상환이익	12	
유형자산처분이익	20	
기타 영업외수익	203	
영업외비용		1,295
이자비용	720	
투자자산손상차손	30	
기타 영업외비용	545	
법인세차감전순이익		1,110
법인세비용		330
당기순이익		780

답 (주) 동해의 현금수지분석표 (일부)

과 목	금 액 (원)
6-4. 법인세 납부액	
6-7. 영업 관련 기타 비유동부채 증감액	
10. 유동성장기부채 상환액	
12-1. 유형자산 증감액	
12-2. 투자자산 증감액	
14-2. 장기차입금 증감액	

(주) 현금수지분석표 작성 요령에 의할 것이며, 현금지출액은 반드시 '-' 표시를 붙이거나 괄호를 씌울 것.

마. 사례 연구

다음에 제시된 KH제약(주)의 과거 3년 동안의 재무자료를 토대로 현금수지분석표를 작성하고, 이를 토대로 동사의 현금흐름에 대한 귀하의 의견을 제시하시오.

KH제약은 소염진통제와 신경계통약 등 전문의약품 시장에서 높은 시장점유율을 보이고 있는 중소제약사로서 1973년 상장된 기업이다. KH제약의 재무자료는 다음과 같다.

재무상태표

(단위 : 백만 원)

과 목	20×1	20×2	20×3	20×4
자산				
유동자산	14,988	20,002	25,778	32,140
현금	1,774	4,351	5,459	8,861
단기투자자산	23	1,053	1,060	1,042
매출채권	9,804	10,432	13,549	17,488
단기대여금	51	151	50	40
미수수익	29	34	60	81
선급비용	95	102	275	115
미수금	634	583	1,460	1,311
재고자산	2,578	3,296	3,865	3,202
비유동자산	6,466	9,492	20,281	20,583
투자자산	2,015	1,485	4,961	4,802
유형자산	4,199	7,713	15,041	15,504
무형자산	252	294	279	277
자산총계	21,454	29,494	46,059	52,723
부채				
유동부채	3,083	7,884	13,809	18,539
매입채무	467	548	490	550

과 목	20×1	20×2	20×3	20×4
단기차입금	1,464	3,662	5,175	12,650
미지급금	899	2,242	4,616	2,140
당기법인세부채	97	95	115	30
미지급비용	19	25	19	78
유동성장기부채	107	1,287	3,267	2,574
기타 유동부채	30	25	127	517
비유동부채	4,262	5,017	11,314	15,768
사채	3,200	2,000	2,000	6,921
장기차입금	100	1,075	5,241	5,850
충당부채	800	1,087	1,389	1,580
기타 비유동부채	162	855	2,684	1,417
부채총계	7,345	12,901	25,123	34,307
자본				
자본금	6,750	10,000	10,000	10,000
자본잉여금	6,026	5,064	5,064	5,064
이익잉여금	1,333	1,529	5,872	3,352
자본조정	0	0	0	0
자본총계	14,109	16,513	20,936	18,416
부채와 자본총계	21,454	29,494	46,059	52,723

손익계산서

(단위 : 백만 원)

과 목	20×1	20×2	20×3	20×4
매출액	13,289	14,692	17,920	21,964
매출원가	5,604	6,403	7,611	11,286
퇴직급여	60	70	92	104
감가상각비	157	129	335	1,629
기타 매출원가	5,387	6,204	7,184	9,553
매출총이익	7,685	8,289	10,309	10,678
판매비와 관리비	5,222	5,489	7,262	8,088
퇴직급여	306	272	362	379
감가상각비	51	51	78	227
무형자산상각비	102	122	167	164
기타 판매관리비	4,763	5,044	6,655	7,318
영업이익	2,463	2,800	3,047	2,590
영업외수익	722	475	7,670	2,445
외화환산이익	5	0	2	2
유형자산처분이익	2	59	6,701	1,336

과 목	20×1	20×2	20×3	20×4
투자자산처분이익	0	0	0	35
비유동부채상환이익	5	0	0	0
기타 영업외수익	710	416	967	1,072
영업외비용	2,354	2,422	4,619	6,390
이자비용	1,005	911	1,634	3,792
외화환산손실	0	2	7	3
유형자산처분손실	9	2	2	286
비유동부채상환손실	0	0	3	17
투자자산손상차손	0	1	14	43
기타 영업외비용	1,340	1,506	2,959	2,249
법인세비용차감전이익	831	852	6,098	-1,355
법인세비용	167	183	1,172	135
당기순이익	664	669	4,926	-1,490

이익잉여금 처분계산서

(단위 : 백만 원)

과 목	20×1	20×2	20×3	20×4
전기이월이익잉여금	45	69	46	130
당기순이익	664	669	4,926	-1,490
임의적립금이입액	45	78	88	0
계	754	816	5,060	-1,360
이익잉여금처분액	685	770	4,930	-82
이익준비금	50	60	200	0
기타적립금	162	127	3,700	-82
현금배당	473	583	1,030	0
주식배당	0	0	0	0
차기이월이익잉여금	69	46	130	-1,278

제6장 연습문제 해설

01 현금수지분석표의 장·단점 : 일반기업회계기준에 의한 현금흐름표를 작성하고자 할 때는 재무제표 외에도 재무제표 부속명세서에서 각 계정의 증가와 감소에 관한 자세한 추가자료가 필요하며 작성에 장시간이 소요되지만, 현금수지분석표는 재무제표와 비현금거래에 대한 몇 가지 중요한 추가 자료로서 비교적 단시간 내에 작성할 수 있으며, 현금수지분석표는 현금흐름표에 비하여 그 내용이 요약되어 있기 때문에 기업의 현금흐름을 한눈에 알아볼 수 있는 장점이 있다. 그러나 일반기업회계기준에 의하여 작성되는 현금흐름표와 비교해볼 때 현금수지분석표는 기업의 투자활동과 재무활동이 매우 단순히 표시되어 있기 때문에 기업의 투자활동과 재무활동에 대한 자세한 정보를 파악하기 곤란하다는 단점이 있다.

02 현금수지분석표가 현금흐름표에 비해 다른 점 : 제6장 제1절 내용 참조

03 대청상사 현금수지분석표

현금수지분석표

대청상사 (단위 : 원)

과 목	20×6
1. 매출을 통한 현금유입액	13,748
1-1 순매출액	13,840
1-2 매출채권 증감액 (선수금 증감 포함)	(92)
2. 현금지출매출원가	(13,278)
2-1 매출원가	(13,180)
2-2 재고자산 증감액	(498)
2-3 매입채무 증감액 (선급금 증감 포함)	400
2-4 감가상각비	0
2-5 퇴직급여	0
3. 현금매출총이익	470
4. 현금판매비와 관리비	(248)
4-1 판매비와 관리비	(329)
4-2 선급비용 증감액	(4)
4-3 미지급비용 증감액	0
4-4 감가상각비(무형자산상각포함)	27
4-5 퇴직급여	58
5. 현금영업이익	222

과 목	20×6
6. 기타 영업활동에 의한 현금흐름	(8)
6-1 영업외수익	170
6-2 미수수익 증감액(선수수익 증감 포함)	0
6-3 영업외비용	0
6-4 기타 유동자산 증감액	0
6-5 기타 유동부채 증감액	0
6-6 기타 비유동부채 증감액	(13)
6-7 법인세 납부액	(165)
7. 영업활동 후의 현금흐름액	214
8. 이자비용과 배당금 지급액	(115)
9. 이자지급 후의 현금흐름액	99
10. 유동성장기차입금 상환액	(151)
11. 유동성장기차입금 상환 후 현금흐름	(52)
12. 투자활동 현금흐름액	(107)
12-1 유형자산 증감액	(48)
12-2 투자자산 증감액	(15)
12-3 무형자산 증감액	(16)
12-4 투자활동 관련 유동·비유동 자산 증감액	(28)
13. 외부자금 조달 전 현금흐름액	(159)
14. 총 외부자금 조달액	635
14-1 단기차입금 증감액	303
14-2 장기차입금 증감액	132
14-3 자본금 증감액	200
15. 외부자금 조달 후 현금액	476
16. 현금 증감액	476
16-1 기초현금및현금성자산	859
16-2 기말현금및현금성자산	1,335

04 현금순환분석표에서는 '영업이익'부터 현금흐름을 나타내는 이유 : 일반기업회계기준에 의한 현금흐름표에서 '영업활동으로 인한 현금흐름'은 이자비용과 법인세비용을 모두 차감한 후의 수치이기 때문에 '당기순이익'으로부터 출발하지만, 현금순환분석표에서 '영업활동으로부터의 원천' 금액은 '법인세'와 '이자비용' 및 기타 영업외수익 및 비용을 지급하기 이전의 수치이기 때문에 만약 '당기순이익'부터 계산을 출발하게 되면 당기순이익에 법인세비용과 이자비용을 가산하여야 하고 기타 영업외수익 및 비용을 차감 또는 가산하여야 한다. 그렇게 되면 현금순환분석표의 양식이 매우 복잡해지기 때문에 이자비용이나 법인세비용 및 기타 영업외손익 항목을 감안하기 이전의 이익인 '영업이익'부터 출발하는 것이 현금순환분석표의 양식을 훨씬 간단하게 하는 이점이 있다.

05 제1절에 소개된 여의도상사의 현금수지분석표상 '7. 영업활동 후 현금흐름액'은 -1,556백만 원이며, 제3장에서 작성해본 동사의 현금흐름표상 '영업활동으로 인한 현금'은 -2,884백만 원이다. 이 두 금액의 차이 원인은 다음과 같다.

현금흐름표상 영업활동으로 인한 현금흐름	(2,884)
조정:	
(1) 이자비용	1,253
(2) 현금흐름표에서는 비현금손익항목으로 취급하였으나,	
현금수지분석표에서는 비현금손익항목으로 취급하지 않은 항목	
사채할인발행차금상각	(5)
기타의 대손상각비	(5)
외환차손	(10)
만기보유증권평가이익	65
대손충당금환입	10
외화환산이익	20
현금수지분석표상'7. 영업활동 후 현금흐름'	(1,556)

06 현금수지분석에 있어서 매출채권이 대폭 증가한 경우 그 원인 :

- 매출신용정책의 변동 (외상 기간의 확대)
- 불량채권의 발생
- 분식결산 (가공 매출채권의 계상)

07 현금수지분석에 있어서 재고자산이 대폭 증가한 경우 그 원인 :

- 원재료 가격 상승을 예상한 재고자산의 다량 구입
- 진부화된 재고자산의 누적
- 신규 사업 진출로 인한 신제품 재고의 증가
- 분식결산 (가공 재고자산의 계상)

08 현금수지분석에 있어서 매입채무가 급격히 증가한 경우 그 원인 :

- 원재료 공급처의 신용정책 변경 (신용 기간의 확대)
- 정상적인 영업상태에서 상환하여야 할 매입채무의 상환자금을 일시적으로 유형자산이나 투자자산 또는 단기투자자산에 이용하고 있을 수도 있음
- 현금으로 원재료 등의 매입대금을 결제하다가 어음을 발행하여 결제하는 방법으로 변경한 경우

09 기업의 영업활동 현금흐름을 좌우하는 세가지 분야 :

- 영업이익
- 순운전자본의 변동
- 기타 영업 관련 자산·부채의 변동 등

위의 세가지 분야를 구성하는 일곱 가지 요인 :

- 매출액의 증감
- 매출원가율
- 판매비관리비율
- 매출채권회전기간
- 재고자산회전기간
- 매입채무지급기간
- 기타 영업 관련 자산·부채 변동 등

10 투자활동 관련 유동자산(단기예금, 단기매매증권, 단기대여금, 미수금)이 급격히 증가한 경우 그 원인 : 단기예금이나 단기매매증권, 단기대여금 등의 투자활동 관련 유동자산에 현금을 운용하고 있는 경우로 추정할 수 있다. 영업활동으로 인한 현금흐름이 양호한 결과 잉여현금을 단기예금에 투자한 경우라면 문제없지만, 금융기관에서 지원해준 자금이 기업의 주된 영업활동자산인 순운전자본에 투자되지 않고 단기대여금 등과 같은 단기유동자산에 운영되는 경우에는 자금흐름이 왜곡되고 있으므로 자금 지원 여부를 심사하고자 할 때에는 이러한 왜곡이 시정됨을 전제로 하여야 할 것이다.

11 현금순환분석표에서 '영업활동으로부터의 원천'의 의미 : 이 금액은 순운전자본 투자액이 변동이 없다고 가정했을 경우 영업활동으로부터 조달되는 총현금을 의미한다. 이 금액이 매기 계속적으로 증가하고 있는지, 아니면 감소하고 있는지에 따라 그 기업의 자금 사정이 호전될 것인가, 아니면 악화될 것인가를 예상할 수 있다. 즉, 기업의 전체적인 현금흐름의 방향을 가늠하는 '지표'로서 '총 영업활동 현금'이라고도 한다.

12 헷징에 의한 자금 조달의 의미 : 운전자금의 조달은 단기금융에 의존하고 설비투자자금 조달은 장기자금(내부조성자금, 장기부채, 증자 등)에 의존해야 한다는 것. 왜냐하면 단기자금으로 설비투자를 감행할 경우에 유형자산으로부터 수익을 얻으려면 일반적으로 장기간이 필요하기 때문에 단시일 내에 자금 압박의 악순환을 겪게 되기 때문이다.

13 운용리스에 대한 내용이 재무제표에 대한 주석 내용에 표시된 경우 신용분석자가 고려하여야 할 사항 : 그 운용리스의 내용이 실질적인 금융리스라고 판단이 된다면, 운용리스료 지급예상액을 현재가치로 평가하고 동 금액을 유형자산과 장기차입금에 각각 추가하여 재무상태표와 현금수지분석표를 수정한 다음, 현금수지를 분석하는 것이 타당하다.

14 사용이 제한된 장기예금이 투자활동으로 분류되는 것에 대한 의견 : 장기예금 중 사용이 제한된 예금은 기업이 금융기관에 차입금의 담보로 제공되는 자산인 만큼 엄밀한 의미에서는 현금수지분석표의 투자자산 증감액란에 기입할 것이 아니라 외부조달자금에서 차감되어야 할 성격을 지니고 있다.

15 회사가 부외부채에 의존하고 있는 경우 현금수지분석표에 미치는 영향 : 기업이 부외부채에 의존하게 되면 동 부채의 이자지급을 장부에 계상할 수 없기 때문에 그 금액만큼 현금이 부족하게 되며, 이 경우 대표이사에 대한 가지급금(단기대여금)이 증가하게 되는데, 단기대여금으로 재무상태표에 표시하게 되면 세법 등 관계법규에 의해 불리한 조치를 당할 가능성이 높다. 따라서 이러한 현금 부족액을 매출채권이나 재고자산 등의 단기 순운전자본으로 위장하여 분식할 가능성이 높다.

16 적정 현금보유액을 산정하고자 할 때 고려하여야 할 요소 : 기업의 규모, 업종, 재무상황 등을 종합적으로 고려하여야 한다. 자금 동원력이 취약한 중소기업의 경우 일시적인 자금 압박 상황에 대비하여 현금을 충분히 확보하는 것이 바람직하다. 또한 운전자금의 회전율이 높은 업종 및 단기차입금, 매입채무 등 유동부채에 대한 의존도가 높은 기업은 현금을 풍부하게 확보하는 것이 유리하고 운전자금의 회전율이 낮은 업종 및 장기부채의 비중이 높은 기업은 상대적으로 유동성에 대한 중요성이 낮은 것으로 분석된다. 1회전 소요운전자금, 계절적인 현금수요, 미래 영업활동의 불확실성 등도 감안하여야 한다.

17 현금수지분석표나 현금순환분석표를 이용하여 산출할 수 있는 재무비율:

(1) 차입원리금 보상비율 (수정된 현금흐름보상비율)
(2) 단기차입금 상환능력비율
(3) 유동성장기부채 상환능력비율
(4) 장기차입금 상환능력비율
(5) 총차입금 상환능력비율

* 위의 각 비율에 대한 산식은 제3절 참조

18 영업활동으로 인한 현금흐름이 악화되는 기업의 현금흐름분석 그래프의 특징 : 당기순이익은 매년 약간의 흑자를 시현하고 있지만, 이자지급 후 현금흐름은 지속적으로 음(-)의 수치를 나타내면서 그 크기가 확대되고 있다. 따라서 총 외부자금 조달액 역시 급격히 증대될 수밖에 없는 양상을 보인다.

나. 진위형

01 × 02 ×

다. 선다형

01 ② 02 ① 03 ④ 04 ① 05 ① 06 ④ 07 ① 08 ④ 09 ④ 10 ②
11 ② 12 ③ 13 ④ 14 ④ 15 ④ 16 ② 17 ① 18 ③ 19 ②

20 ⑤ 현금매출액은 매출액 또는 매출채권 보유상태의 증가에 영향을 받는 바, 선수금의 당기매출액 대체는 매출액은 증가시키나 현금흐름에는 영향이 없다.

21 ③ 현금흐름표의 영업활동으로 인한 현금흐름은 현금수지분석표의 영업활동 후 현금흐름과 일치하지 않는다.

22 ⑤ 현금매출원가가 매출원가보다 적은 것은 매입채무의 증가, 재고자산의 감소가 원인이고, 재고자산평가손실은 매출원가에는 가산되지만 현금흐름에는 아무런 영향이 없다. 또한 선수금은 매출원가와 관련이 없다.

23 (1) ⑪ (2) ③ (3) ⑦ (4) ⑫ (5) ⑧ (6) ② (7) ⑥ (8) ⑩ (9) ④ (10) ⑦ (11) ⑨ (12) ① (13) ⑫ (14) ⑤ (15) ②

라. 단답형 (계산 문제)

6-4 법인세 납부액 : -250

계산 근거 : -330 + 280 - 200 = -250

6-7 기타 영업활동 관련 비유동부채 증감액 : -190

계산 근거 : 930 + 120 - 860 - 220 - 110 - 50 = -190

10 유동성장기부채 상환액 : -240
기초잔액에 -부호를 붙임

12-1 유형자산 증감액 : -1,230
계산 근거 : 7,500 - 8,450 - 215 - 85 + 20 = -1,230

12-2 투자자산 증감액 : -300
계산 근거 : 3,000 - 3,270 - 30 = -300

14-2 장기차입금 증감액 : 1,382
계산 근거 : 3,270 + 1,950 - 3,030 - 1,120 + 12 + 300 = 1,382

마. 사례 연구 : KH제약

(본 사례는 토론 참가자들이 각자의 견해를 피력하기 위한 자료로 제공한 것임. 풀이 없음)

제 7 장

재무제표의 분석과 현금흐름의 관계를 파악하자

제 01 절 분식회계의 개념 및 유형

제 02 절 영업활동 현금흐름이 과대표시되지 않는 재무제표 분석

제 03 절 영업활동 현금흐름이 과대표시되는 재무제표 분석

제 04 절 회계원칙 범위 내에서 일시적인 영업활동 현금흐름의 과대표시

제 05 절 재무제표 분석의 추정

연습문제

제 01 절

분식회계의 개념 및 유형

1 분식회계의 개념

분식회계란 "기업이 부당한 방법으로 그 재무제표의 내용을 실제보다는 지나치게 좋게 회계처리(결산)하여 보고하는 것"으로 정의할 수 있다. 즉 분식회계란 기업이 의도적으로 재무제표를 만들어 이해관계자를 속이는 고의적인 행위를 말한다. 경우에 따라서는 세금을 덜 내거나 임금인상 요구를 회피하기 위해 실제보다 더 나쁘게 회계처리하는 경우가 있는데 이것을 역분식이라고 표현하기도 하지만 대부분 분식회계라 함은 앞의 경우를 말한다. 이를 요약하면 다음과 같다.

이익의 과대계상 목적	이는 결산서상의 이익을 과대계상하여 입찰 및 경영평가에 유리하게 하는 행위, 기업의 신용도를 높여 주가를 상승하기 위한 행위, 또는 금융기관으로부터의 차입능력평가와 거래처의 고객 등 대외 신용도를 상승시켜 자금(차입금) 조달 및 신용거래를 손쉽게 하기 위한 행위이다. (원가 누락, 비용 과소계상, 수익적 지출을 자본적 지출로 회계처리 등)
이익의 과소계상 목적 (역분식)	이는 결산서상의 이익을 과소계상하여 공표이익을 조작하여 세 부담을 면탈하기 위한 비합리적인 행위이다. (세 부담 회피, 노무비 감소, 배당 축소, 비용 과대계상 등)

이와 같이 기업이 분식회계로 진실보다 훨씬 좋게 보이도록 부풀리거나 사실이 감추어진 재무제표를 통해서 투자자, 채권자, 정부기관, 국민들이 잘못된 판단(투자, 대출, 국가정책 결정)을 하도록 하는 것은 해당 기업과 관련된 사람들뿐만 아니라, 나아가 국민경제에 매우 좋지 않은 영향을 미치게 되는 것이다.

단기간에 엄청난 경제 성장을 이룩했던 과정에서, 우리나라 기업들은 알게 모르게, 빨리 빨리로 표현되는 '조급성'과 '적당주의' 또는 모로 가도 서울만 가면 된다는 목적 달성 지상주의에 보다 치중해왔다고 할 수 있다.

또한 많은 경영자가 재무제표를 정확하고 진실하게 작성하기보다는 세무서에 세금을 적당하게 내기 위하여, 비자금을 만들기 위하여, 또는 금융권의 대출을 받아내기 위하여, 그리고 적정 주가를 유지하기 위하여 재무제표를 자기 의도대로 분식시켜왔던 반면, 이로 인한 불이익은 그렇게 크지 않았었던 것이 분식회계의 원인이었다고 추정된다. 이하에서는 먼저 분식회계의 유형에 대하여 알아본 다음, 그러한 분식이 현금흐름표의 영업활동 현금흐름에 어떻게 영향을 미치는지 알아보기로 한다.

재무제표를 분식하는 수법은 매우 다양하며 시간이 흐를수록 교묘해지고 있지만, 기본적으로는 다음에 제시하는 두 가지 형태에서 출발한다.

2 비용의 과소계상과 자산의 과대계상 (또는 부채의 과소계상)

기업이 당기순이익을 실제보다 많게 계상하기 위해 **비용으로 처리하여야 할 금액을 고의로 누락시키거나 축소하여 계상하는 방법이다. 회계의 원리상 비용을 누락시키거나 축소하여 계상하게 되면 자산이 과대계상되거나 부채가 과소계상된다.** 이에 대한 예를 들면 다음과 같다.

(1) 제품을 판매하고 판매수익을 정상적으로 기록하였으나, 판매된 재고자산을 보유하고 있는 것처럼 분식하는 경우에 매출원가는 과소계상되고 재고자산은 과대계상된다.

(2) 감가상각비나 대손상각비를 비롯하여 자산에 대한 평가손실을 적게 계상하는 경우 비용이 과소계상되며 관련 자산은 과대계상된다.

(3) 당기비용으로 인식하여야 할 금액을 선급비용(자산)으로 기록하거나(비용 과소계상, 자산 과대계상), 당기에 미지급비용으로 인식하여야 할 금액을 인식하지 않는 경우(비용 과소계상, 부채 과소계상)에도 순이익을 과대계상하게 된다.

(4) 추정비용(손실)과 추정부채 또는 충당부채를 재무제표에 나타내지 않는 경우. 예를 들면 머지않아 거액의 법인세 추징액을 납부하여야 할 경우이거나 손해배상을 이행해야 할 상황에 놓여 있다면, 그러한 금액은 회사가 부채로 계상하고 그 금액만큼 손실(비용)도 기록하여야 하는데, 이와 같은 내용을 장부에 기록하지 않는 경우 비용이 과소계상되고 부채도 과소계상된다. 퇴직급여충당부채를 과소계상하는 경우도 마찬가지다.

(5) 인건비나 임차료, 이자 등의 지급액을 비용으로 기록하는 대신 이를 설비자산의 구입원가로 기록하거나 경상연구개발비를 무형자산의 개발비로 기록하는 경우 비용이 과소계상되며 관련 자산은 과대계상된다.

(6) 비자금 등으로 경비를 지출하거나 횡령하고 이를 대표이사에 대한 단기대여금이나 기타 자산으로 기록하거나 현금시재를 과대표시하는 경우 비용이 과소계상되며 관련 자산은 과대계상된다.

3 수익의 과대계상과 자산의 과대계상 (또는 부채의 과소계상)

기업이 당기순이익을 실제보다 많게 계상하기 위해서 **수익을 실제보다 많이 계상하는 방법이다. 회계의 원리상 수익을 과대계상하게 되면 자산이 과대계상되거나 부채가 과소계상된다.** 이에 대한 예를 들면 다음과 같다.

(1) 가공의 매출액을 계상하고 가공의 거래처에 대하여 받을 돈이 있는 것처럼 기록하는 경우 매출액(수익)과 매출채권(자산)이 모두 과대계상된다.

(2) 선수금 수령을 매출액으로 계상하는 경우, 수익이 과대계상되고 부채는 과소계상된다.

(3) 차기의 매출액을 당기의 매출액으로 계상하거나, 건설회사의 경우 공사 진척도를 실제보다 더 높게 잡는 경우에도 매출액과 매출채권이 모두 과대계상된다.

(4) 임대해준 자산을 판매한 것처럼 기록하는 경우, 임대수익을 초과하는 가공 매출액만큼 수익이 과대계상되며 관련 자산(매출채권)도 과대계상된다.

(5) 설비자산을 재매입 조건으로 고가로 양도하고 다음 연도에 이를 재매입하는 경우, 실질적인 양도가 아니기 때문에 처분이익을 기록하지 않아야 하는데, 처분한 것처럼 나타내기 때문에 가공의 처분이익을 손익계산서에 표시하게 되고, 다음 연도에 재매입한 자산을 취득원가로 기록하게 되면, 결국 자산을 과대계상하게 된다.

이러한 분식은 반드시 재무상태표와 손익계산서상의 쌍방의 계수를 연계하여 조작되어진다. 따라서 재무상태표나 손익계산서의 그 어느 한쪽 부분만을 조작하여 분식을 한다는 것은 불가능하다. 수익을 과대계상하거나 비용을 축소하여 이익을 부풀렸다고 가정할 경우, 결국 손익계산서상 조작된 이익은 재무상태표의 대변에 있는 이익잉여금으로 대체되고, 이 부풀린 이익만큼 차변에는 부실한 자산이 계상될 수밖에 없거나 대변에서 부채가 과소계상될 수밖에 없다. 이러한 분식과 재무제표의 연계성을 표시하면 [그림 7-1]과 같다.

그림 7-1 분식과 재무제표의 연계성

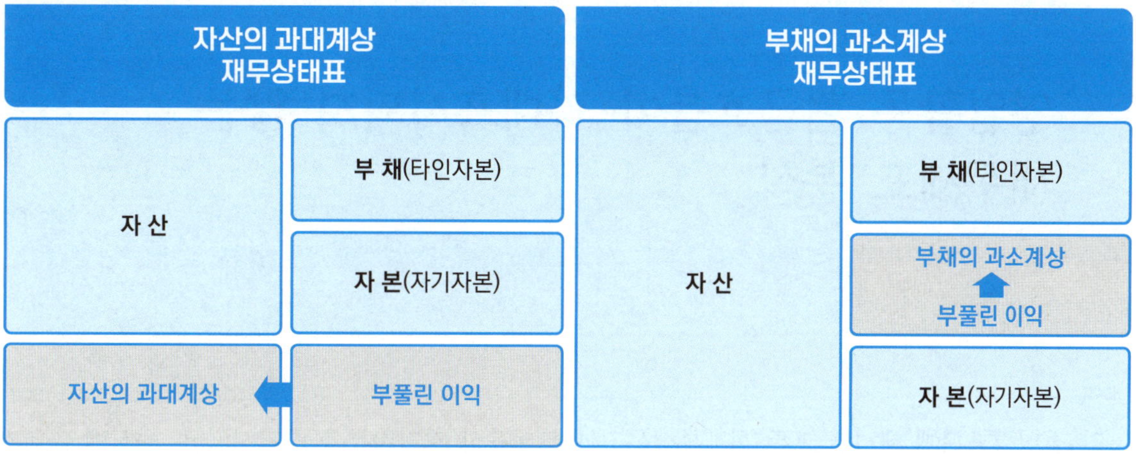

제 02 절

영업활동 현금흐름이 과대표시되지 않는 재무제표 분식

앞 절의 2과 3에 제시된 모든 회계분식은 재무상태표상 자기자본을 증가시키고, 동시에 손익계산서상의 당기순이익을 증가시켜 해당 기업의 실제 재무상태와 경영성과를 과대표시하게 된다. 그렇다면 위에서 제시된 모든 방법이 현금흐름표상 '영업활동 현금흐름'도 과대표시하게 될까? 결론부터 제시하면 분식회계로 인하여 영향을 받는 거래요소(자산, 부채, 수익, 비용)가 모두 영업활동에 속하는 것이라면, 분식 후 영업활동 현금흐름은 과대하게 표시되지 않는다. 이에 대한 대표적인 거래로서 앞 절의 2의 (1)에 제시된 재고자산을 과대계상하는 방법이 현금흐름표에는 어떻게 영향을 미치는지 살펴보자.

1 재고자산의 과대계상

재고자산이 재무제표의 분식에 가장 잘 이용되는 이유는 다음과 같다.

당기의 경영성과를 양호한 것처럼 보이기 위해서는 무엇보다도 손익계산서상 당기순이익을 의도된 수준으로 높여야 할 것이다. 당기순이익을 과대계상하기 위해서는 수익을 과대계상하거나 비용을 과소계상하는 방법 중 하나를 택하여야 하는데, 이 경우 비용 중에서도 금액이 가장 큰 매출원가를 과소계상하려고 하기가 쉽다. 다른 비용을 과소계상할 경우 금액의 변동이 크게 나타나 쉽게 발견될 수 있기 때문이다.

매출원가는 기초재고자산금액에 당기의 재고자산 매입액 또는 당기제품제조원가를 가산한 합계액에서 기말재고자산금액을 차감하여 계산한다. 기초재고자산은 이미 전년도말에 확정되어 이월된 금액이고, 당기매입액은 매입계산서 등의 증빙을 조작하기가 쉽지 않으며 매입처와 공모해야 하는 등의 불편이 따르므로 기말재고자산을 과대계상하는 것이 가장 손쉬운 방법이다. 특히 재고자산의 종류가 복잡하고 수량의 점검이 힘든 업종의 경우 외부감사 기능에도 한계가 있다고 볼 수 있다.

[사례 1]	재고자산의 과대계상

어느 기업의 분식 전 요약 손익계산서와 요약 현금흐름표는 다음과 같다.

요약 손익계산서 - 분식 전

(단위 : 억 원)

과 목	금 액	
매출액		4,500
매출원가		(3,530)
기초제품재고액	600	
당기제품제조원가	3,600	
기말제품재고액	670	
판매비와 관리비		(900)
기타수익		100
기타비용		(150)
법인세비용차감전이익		20
법인세비용(30%)		(6)
당기순이익		14

요약 현금흐름표 - 분식 전

(단위 : 억 원)

과 목	금 액	
당기순이익	14	
감가상각비	50	
퇴직급여	20	
재고자산 증가	(70)	
당기법인세부채 증가	3	
기타 영업 관련 자산 증가	(22)	
기타 영업 관련 부채 증가	5	
영업활동으로 인한 현금흐름		0
투자활동으로 인한 현금흐름		(30)
재무활동으로 인한 현금흐름		40
현금의 증가		10

위의 기업 경영자가 자사의 순이익이 목표액에 훨씬 못 미치자, 기말 재고자산을 100억 원만큼 과대계상하기로 하였다. 이와 같이 분식하는 경우 분식 후 요약 손익계산서와 요약 현금흐름표는 다음과 같다.

요약 손익계산서 – 분식 후

(단위 : 억 원)

과　　목	금　　액	
매출액		4,500
매출원가		(3,430)
기초제품재고액	600	
당기제품제조원가	3,600	
기말제품재고액	770	
판매비와 관리비		(900)
기타수익		100
기타비용		(150)
법인세비용차감전이익		120
법인세비용(30%)		(36)
당기순이익		84

요약 현금흐름표 – 분식 후

(단위 : 억 원)

과　　목	금　　액	
당기순이익	84	
감가상각비	50	
퇴직급여	20	
재고자산 증가	(170)	
당기법인세부채 증가	33	
기타 영업 관련 자산 증가	(22)	
기타 영업 관련 부채 증가	5	
영업활동으로 인한 현금흐름		0
투자활동으로 인한 현금흐름		(30)
재무활동으로 인한 현금흐름		40
현금의 증가		10

손익계산서와 현금흐름표의 분식 전후를 비교해보면 재고자산의 과대계상으로 당기순이익을 과대계상할 수 있지만, 그 결과 기업의 영업활동 현금흐름은 변동이 없는 것을 볼 수 있다. 그러나 이 상황은 기말 현재의 상황이며, 이익의 과대계상으로 인한 법인세 상당액 30억 원(100억 원 ×30%)은 다음 기초에 현금 유출될 것이므로 실제로 이 회사의 영업활동 현금흐름은 30억 원만큼 나빠지게 된다. 이 분식으로 인하여 영향을 받는 거래요소는 재고자산과 매출원가인데, 재고자산도 영업활동 항목이며 매출원가도 영업활동 항목이기 때문에 분식의 결과는 영업활동 안에서 영향을 주고받게 되므로 이로 인하여 영업활동 현금흐름이 과대표시되지는 않는다. 분식으로 인하여 과대계상된 법인세 효과만큼 영업활동 현금흐름이 나빠지는 결과를 가져온다. 제1절 2의 (1)번부터 (4)번까지와 3의 (1)번부터 (4)번까지가 여기에 해당된다. 또한 분식회계로 인하여 영향을 받는 거래요소가 모두 영업활동에 속하지 않는 경우에도 분식 후 영업활동 현금흐름에는 영향을 미치지 않는다. 제1절 3의 (5)번 거래가 여기에 해당된다.

제 03 절

영업활동 현금흐름이 과대표시되는 재무제표 분식

1 비유동자산의 과대계상

분식회계로 인하여 영향을 받는 거래요소(자산, 부채, 수익, 비용) 중 하나는 영업활동에 속하고 나머지는 영업활동에 속하지 아니할 때, 분식 후 영업활동 현금흐름은 증가한 것처럼 과대표시된다. 제1절 2의 (5)번에 해당하는 경우를 살펴보자.

[사례 2]	비유동자산의 과대계상

[사례 1] 기업이 건물(내용연수 10년)에 대한 수선비(수익적 지출)를 비용으로 계상하지 않고 마치 자산을 취득한 것(자본적 지출)처럼 분식하였다면 분식 후 손익계산서와 현금흐름표는 다음과 같을 것이다.

요약 손익계산서 - 분식 후

(단위 : 억 원)

과 목	금 액	
매출액		4,500
매출원가		(3,530)
기초제품재고액	600	
당기제품제조원가	3,600	
기말제품재고액	670	
판매비와 관리비		(810)
기타수익		100
기타비용		(150)
법인세비용차감전이익		110
법인세비용(30%)		(33)
당기순이익		77

요약 현금흐름표 - 분식 후

(단위 : 억 원)

과 목	금 액	
당기순이익	77	
감가상각비	60	
퇴직급여	20	
재고자산 증가	(70)	
당기법인세부채 증가	30	
기타 영업 관련 자산 증가	(22)	
기타 영업 관련 부채 증가	5	
영업활동으로 인한 현금흐름		100
투자활동으로 인한 현금흐름		(130)
재무활동으로 인한 현금흐름		40
현금의 증가		10

분식 전 손익계산서와 분식 후 손익계산서를 비교해보면 수익적 지출을 자본적 지출로 분식한 금액 100억 원의 90%(당기 감가상각비 제외)에 해당하는 90억 원 중 법인세 효과(30%)를 제외한 나머지 금액(63억 원=90억 원×0.7)만큼 당기순이익을 과대표시하게 되었다. 현금흐름표상 영업활동 현금흐름도 분식 전에 비하여 100억 원이 증가하는 것처럼 과대표시되었고 그 금액만큼 투자활동 현금흐름에 유출로 표시되었다. 이는 마치 영업활동에서 현금 100억 원을 조달하여 투자활동에 사용한 것처럼 분식된 것이다. 이 경우에도 과대계상된 순이익(63억 원)에 대한 법인세(30%) 18.9억 원은 다음 기초에 현금 유출될 것이므로, 이 금액만큼은 영업활동 현금흐름이 나빠질 것이다. 그러나 전체적으로는 이 기업의 영업활동현금이 과대표시될 것임은 분명하다. 이 분식회계로 인하여 영향을 받는 거래요소를 살펴보면 수선비와 건물인데, 수선비는 영업활동과 관련된 요소이고, 건물은 투자활동과 관련된 요소이다. 따라서 분식회계의 일방은 영업활동에 영향을 미치지만(증가하는 쪽으로), 다른 쪽은 투자활동에 영향을 미치기 때문에 영업활동 현금흐름이 과대표시되었다. 경상적인 연구개발비를 무형자산으로 계상할 경우에도 자산의 상각내용연수의 차이만 있을 뿐 유사한 결과를 초래하며, 제1절 2의 (6)번 방법에 의한 분식회계처리도 같은 결과를 초래한다.

2 비현금거래를 현금거래로 분식

제2절에 제시된 분식회계처리는 모두 재무상태표와 손익계산서를 실제보다는 양호하게 표시하는 방법이었다. 그러나 **재무상태표와 손익계산서에 대한 분식은 하지 않았지만, 현금흐름표의 영업활동 현금흐름만을 양호하게 표시하는 분식회계도 있다.**

기업이 유형자산을 취득하고 그 대금을 미지급한 경우, 이는 비현금거래로서 재무제표 주석사항에 기재하여야 할 사항이다. 그런데 유형자산이 증가(취득)한 내용을 투자활동에 현금을 유출한 것처럼 기록하고 미지급금이 증가한 내용을 영업활동에 기록하게 되면, 영업활동이 과대하게 표시된다.44) 아래 Y해운의 현금흐름표는 이러한 방법을 통하여 2011 회계연도에 영업활동 현금흐름을 13,415백만 원만큼 과대계상하고 동일한 금액만큼 재무활동 현금흐름을 과대계상한 사례이다.

현금흐름표

Y 해운 (단위 : 백만 원)

연도별	2011	2010
Ⅰ. 영업활동으로 인한 현금흐름	13,381	121
1. 당기순이익(손실)	(195)	120
2. 현금의 유출이 없는 비용 등의 가산	1,583	745
3. 현금의 유입이 없는 수익 등의 차감	(1,925)	(923)
4. 영업활동으로 인한 자산·부채의 변동	13,918	179
미지급금의 증가	14,079	3
기타자산·부채의 변동	(161)	176
Ⅱ. 투자활동으로 인한 현금흐름	(29,758)	(17,278)
단기금융상품의 증가	(506)	-
선박의 취득	(31,137)	-
보증금의 감소(증가)	1,885	970
건설중인자산의 증가	-	16,308
Ⅲ. 재무활동으로 인한 현금흐름	18,900	17,985
보통주 발행	-	1,195
장기차입금의 증가	18,900	16,790
Ⅳ. 현금의 증가(감소) (Ⅰ+Ⅱ+Ⅲ)	2,523	828

44) 한국공인회계사회에서는 회원들에게 아래와 같은 취지의 서한을 발송한 바 있다. "사실상 영업활동(매출)이 미미함에도 영업활동으로 인한 현금흐름이 비정상적으로 높은 경우, 당기 유형자산 또는 투자자산 등이 크게 증가하거나 감소한 경우에는 미지급금 또는 미수금 등의 내용을 면밀히 검토하여 비현금거래가 영업활동으로 인한 현금거래에 포함되지 않도록 현금흐름표 감사 절차에 만전을 기해주시기 바랍니다."(2013.3.15)

3 재무활동을 이용한 영업활동 현금흐름 과대표시

실질적으로는 재무활동인데 위장거래를 통하여 영업활동 현금흐름을 양호하게 표시하는 분식회계도 있다. 이와 관련된 국내의 사례는 아직 소개된 바가 없지만, 외국의 사례는 다수가 보고되고 있다. 아래에서는 미국의 다이너지(Dynergy, Inc.)와 엔론의 사례를 소개하고자 한다.[45]

2001년 12월 31일로 종료되는 회계연도에 다이너지사는 영업활동 현금흐름에서 811백만 달러를 조달한 것으로 보고하였다. 이 회사가 1999년과 2000년에 각각 9백만 달러와 438백만 달러를 영업활동 현금흐름에서 조달한 것으로 보고한 것에 비하면 2001년은 영업활동 현금흐름이 매우 양호한 것으로 보고된 것이다. 그러나 이 회사는 다음과 같은 방법으로 영업활동 현금흐름을 과대표시하였다.

2001년 4월에 다이너지사는 비연결 특수목적회사인 ABG Gas Supply사(이하 'ABG사')로부터 천연가스를 구입하는 5년 계약을 체결하였다. 이 계약에 의하면 처음 9개월 동안은 다이너지사가 ABG사로부터 시가보다 천연가스를 싸게 구입해서 자기의 고객사에게는 시가로 판매할 수 있으나, 그 이후 51개월 동안은 반대로 다이너지사가 ABG사로부터 시가보다 비싸게 구입하기로 약정되었다. 결국 다이너지사가 5년 동안 입게 될 이익과 손실을 합하면 0인 계약이다.

이 계약에 따라 2001년 9개월 동안 다이너지사는 약 300백만 달러의 이익을 실현했고, 반대로 ABG사는 그만큼 손해를 보았다. ABG사는 손해액만큼 2002년 초에 시티그룹에서 융자를 받아 자금 부족을 해결하였다. 그 이후 51개월 동안은 다이너지사가 약 300백만 달러의 손해를 보고, 반대로 ABG사는 이익을 실현하여 차입금을 상환하였다.

다이너지사는 위 거래를 통하여 2001년도의 손익계산서의 당기순이익을 증가시키지는 않았다. (미래에 발생할 손실에 대한 충당부채를 인식하였으므로) 그렇지만 다이너지사는 이 거래를 통하여 2001년도 현금흐름표의 영업활동 현금흐름을 증가시킬 수 있었다. (미래에 대한 손실의 충당부채 계상은 비현금거래이므로 현금흐름표에서는 제거됨) 그후 미국 증권거래위원회(SEC)는 이 거래를 실질적인 자금 조달 거래로 판단하였다. 즉, 다이너지사가 300백만 달러를 시티그룹에서 조달한 것이나 다름없으며, ABG사는 중간 다리 역할만 하였다는 것이다. SEC는 이 거래를 포함한 몇 가지의 거래를 수정하게 하고 현금흐름표를 재작성하게 하였으며, 그 결과 영업활동 현금흐름이 811백만 달러에서 535백만 달러로 감소하였다.

엔론(Enron)은 특수목적법인(SPE: Special Purpose Entity)을 설립하고 지급보증을 한 후, 시티그룹(Citigroup) 및 제이피모건(J.P.Morgan Chase & Co.)으로 하여금 특수목적법인(비연결

45) Charles W. Mulford 외, 전게서 p.4

특수목적법인[46])에 수억 달러를 대출하게 하였다.[47]) 이 돈으로 특수목적법인은 엔론으로부터 미래에 인도하기로 약정된 석유에 대한 구입자금을 선지급하였다. 엔론은 일단 이 금액을 선수금 계정에 계상한 후, 시티그룹 등과 동일한 석유선물계약을 체결하고 그 금액을 시티그룹 등에게 지급하였으며, 시티그룹 등은 역시 동일한 석유선물계약을 특수목적법인과 체결하고 동일 금액을 특수목적법인에 선지급하였다. 최종적으로 특수목적법인은 받은 돈으로 차입금을 시티그룹 등에게 상환하였다. 이 거래 과정에서 석유는 실제로 인도된 적이 없다. 단지 수억 달러의 자금이 시티그룹 등에서 특수목적법인을 거쳐 엔론으로, 그리고 다시 시티그룹 등으로 이동한 것뿐이다. 엔론 입장에서 이 거래를 회계연도 중에 시작하고 종료하였다면, 석유선물거래로 인한 선수금 수령과 선급금 지급이 모두 영업활동현금으로 보고되기 때문에 영업활동 현금흐름에 영향을 주지 않는다. 그런데 엔론은 이 거래를 회계연도 말에 시작하여 다음 회계연도 초에 종료하였다. 따라서 선수금 수령은 당기 영업활동 현금흐름에, 선급금의 지급은 차기 영업활동 현금흐름에 반영하였다.

2000년에 엔론은 계속사업에서 974백만 달러의 순이익을 보고하였는데, 동일 연도에 영업활동 현금흐름은 48억 달러로 보고하였다. 그중 20억 달러는 위의 위장거래로 인한 것으로 추정되었다.

---

46) 만약 이 특수목적법인이 연결재무제표에 포함되는 대상이었더라면, 엔론의 연결재무제표에 포함되기 때문에 이 회사를 이용한 거래는 연결재무제표에서 모두 제거된다. 그렇기 때문에 연결재무제표에 포함되지 않는 방법을 이용하여 마치 제3자와 거래한 것처럼 표시한 것이다.

47) Charles W. Mulford 외, 전게서 p.122

4 투자활동을 이용한 영업활동 현금흐름 과대표시

엔론(Enron)사는 1998년 시티그룹에서 500백만 달러를 차입하여 재정증권(Treasury bill)을 취득하여 이를 매각하고 차입금을 갚았다. 이렇게 단순한 거래에서 엔론사는 재정증권을 매각하고 현금이 입금된 거래를 투자활동으로 기록하여야 함에도 영업활동 현금흐름으로 분류하여 영업활동 현금흐름을 과대계상하였다.[48]

베스트웨이(Bestway, Inc)사는 여러 가지 장비를 소비자에게 임대로 빌려주는 사업을 하고 있으며, 임대조건에는 임대 기간 종료 후 잔존가액으로 소비자가 구입할 수도 있게 약정하고 있다.[49] 2002년도와 2003년도에 이 회사는 영업활동 현금흐름을 각각 10백만 달러와 12백만 달러로 보고하였다. 그렇지만 이 회사의 투자활동 현금흐름란 '임대장비의 취득으로 인한 현금유출'에는 각각 9.6백만 달러와 11백만 달러가 보고되어 있다. 임대 기간 종료 후 잔존가액으로 소비자가 그 장비를 취득할 수 있는 계약이라면, 금융리스와 동일한 성격으로 보아 이 장비는 유형자산이 아닌 재고자산의 성격을 가지고 있는 것이다. 그러므로 이 임대장비의 취득은 재고자산의 취득으로 보아 영업활동에 기록됨이 타당하다. 만약 임대장비의 취득을 모두 영업활동에 기록하였다면, 이 회사는 영업활동에서 조달된 현금이 거의 없는 것이나 다름없게 변동되었을 것이다.

---

48) Charles W. Mulford 외, 전게서 p.24
49) Charles W. Mulford 외, 전게서 p.88

제 04 절

회계원칙 범위 내에서 일시적인 영업활동 현금흐름의 과대표시

회계원칙에 위반되는 회계처리를 하지는 않았으나, 재무제표이용자 입장에서 볼 때, 그 회사의 영업활동 현금흐름이 실제보다는 과대하게 표시될 수 있는 경우가 있다. 따라서 이 방법은 엄밀한 의미에서 회계분식은 아니다. 그러나 재무제표이용자 입장에서는 현재의 영업활동 현금흐름이 양호한 경우, 미래에도 해당 기업이 영업활동에서 동일한 현금 창출능력이 있으리라고 판단될 수가 있기 때문에 주의하여야 할 필요가 있다.

1 합병과 사업부 처분을 통한 현금흐름의 조정

재무제표의 분식은 아니지만, 특정 기업이나 사업의 취득 또는 처분을 통하여 경영자가 기업의 영업활동 현금흐름을 취득 이전에 비하여 양호하게 표시하는 경우도 있다.[50]

기업의 경영자는 다양한 경우에 해당 기업의 영업활동 현금흐름을 적정하게 표시하고자 하는 의도를 갖게 되는데, 예를 들면 대출약정에 기재된 영업활동 현금흐름 수준에 미달할 상황이거나, 외부 재무분석가의 해당 기업에 대한 미래 현금흐름 예측에 걸맞는 영업활동 현금흐름 수준을 맞춰주기 위한 경우, 회사의 주가를 높이기 위한 경우, 또는 경영자에 대한 보상(incentive)이 영업 현금흐름 수준에 연동되어 있는 경우 등이다.

50) Hugo Nurnberg, 'The distorting effects of acquisitions and dispositions on net operating cash flow', Accounting Forum 30(2006), pp.209-226

이러한 경우에 그 기업의 경영자는 영업활동 관련 자산(예를 들면 매출채권이나 재고자산)이 영업활동 관련 부채(예를 들면 매입채무나 미지급비용)보다 많은 기업 또는 사업을 회계연도 중에 취득하게 되면 취득 시점 이후 기말까지 영업활동 현금흐름을 양호하게 만들 수 있다. 취득 시점에 피합병기업 또는 사업매도자에게 지불하는 현금은 투자활동으로 인한 현금유출란에 기록되겠지만, 그 이후에 취득하였던 매출채권이나 재고자산이 현금화되는 금액이 매입채무나 미지급비용의 현금지출액을 초과할 것이기 때문에 취득 이후 기간의 영업활동 현금흐름이 좋아질 것이기 때문이다.

반대로, 경영자는 영업활동 관련 자산보다 영업활동 관련 부채가 많은 사업부를 처분함으로써 동 사업부를 처분하지 않았을 경우에 비하여 처분 이후의 영업활동 현금흐름을 양호하게 표시할 수도 있다.

분석자의 입장에서는 경영자의 매수·합병·매각의 의사결정이 장기적으로 기업의 성장과 발전을 위한 것인지, 아니면 일시적으로 그 기업의 영업활동 현금흐름을 양호하게 표시하기 위한 것인지 판단해볼 필요가 있다.

제 05 절

재무제표 분식의 추정

재무제표의 분식이 의심된다 하더라도 재무제표 작성의 근거가 되는 장부와 증빙서류를 직접 열람하거나 감사하지 않고서는 그 재무제표가 분명히 분식되었다고 결론을 내리기는 힘들다. 그러므로 여기서는 공시된 재무제표만을 토대로 그 재무제표가 분식되었을 가능성이 있는지 여부를 추정하는 방법에 대하여 간략히 제시하고자 한다.

1 분식의 징후

미국 인디아나주립대 베네쉬(Messod Daniel Beneish) 교수는 이익조작의 가능성이 있는 기업을 분별해내는 모델을 개발하였는데, 그는 통계적인 분석 결과 다음에 제시되는 다섯 가지 요인 중 하나 이상이 어느 기업의 재무제표에서 발견된다면, 이익조작의 가능성을 높여준다는 점을 발견하였다.51)

여기서 이익조작(earnings manipulation)이란 회계분식은 물론 회계기준 범위 내에서 여러 가지 방법을 동원하여 이익을 과대하게 표시하려는 것도 포함하는 개념이다.

(1) 매출채권회수기간의 증가
(2) 매출총이익률의 감소
(3) 감가상각률의 감소
(4) 자산의 질 저하 (총자산 중에서 유형자산이 차지하는 비율보다 유형자산을 제외한 비유동자산이 차지하는 비율이 증가하는 것을 말한다.)
(5) 매출액의 증가

51) Martin Fridson 외, 전게서, p.200

위의 내용 중 '(4) 자산의 질 저하'란 기업이 비용으로 처리하여야 할 금액이나 횡령 등으로 사외에 유출된 금액을 유형자산이 아닌 투자자산이나 무형자산 또는 기타 비유동자산에 기록함으로써 나타나는 결과라고 볼 수 있다. 현재 영위하고 있는 사업에서 수익창출이 어려운 경우 다른 기업에 대한 투자에 관심을 기울일 수도 있고, 유형자산에 비하여 투자자산이나 무형자산 등에 대한 회계처리가 일반 재무제표이용자들이 이해하기 어려운 면이 있기 때문에 나타나는 현상이라고 볼 수 있다.

2 순운전자본 관련 회전율분석

재무분석에 이용되는 각종 재무비율은 기업의 안전성과 수익성 및 활동성을 평가하는 데도 유용하지만, 한편으로 그러한 비율들의 추세를 검토함으로써 해당 재무제표가 분식되었을 가능성이 있는지 여부도 판단할 수 있다. 특히 기업의 활동성을 나타내는 순운전자본 관련 회전율은 매출액을 주요 자산·부채로 나눈 값인데, 이 회전율에 급격한 변화가 생긴 경우, 그에 합당한 이유가 없다면 매출액 또는 관련 자산이 분식회계에 이용되었다는 판단을 할 수 있다. 만약 매출채권회전율이 중요하게 감소되었다면, 가공의 매출액과 매출채권을 계상하였거나 차기의 매출액을 당기에 미리 인식하였을 수 있다. 또한 재고자산회전율이 중요하게 감소하였다면, 가공의 재고자산을 계상하였거나 시장성이 없는 재고자산이 중요하게 증가하였을 가능성이 있다. 그리고 매입채무회전율이 중요하게 감소하였다면 매입채무를 실제보다 과소하게 계상하였을 가능성이 있다. 그러나 대개의 경우 매입채무잔액은 매출채권이나 재고자산에 비하여 적기 때문에 매입채무회전율의 변동이 심하여 회전율분석만으로는 매입채무의 분식을 발견하기가 쉽지 않다.

[사례]

다음 사례는 2012년도에 매출액과 매출채권을 각각 23,822백만 원, 14,930백만 원 허위 계상한 DG기업[52]의 요약 재무상태표와 요약 손익계산서 및 순운전자본 관련 회전율 추이이다.

DG기업의 요약 재무상태표

(단위 : 백만 원)

과 목	2009	2010	2011	2012
유동자산	62,503	77,703	111,213	192,088
현금및현금성자산	20,371	18,666	7,390	26,275
매출채권	12,780	14,733	19,470	80,276
재고자산	12,715	29,322	44,562	50,421
비유동자산	50,980	64,706	71,528	82,457
유형자산	39,312	52,250	60,438	74,827
기타비유동자산	11,668	12,455	11,090	7,630
자산총계	113,483	142,408	182,741	274,545
유동부채	24,041	36,635	38,266	132,748
매입채무	10,669	20,089	15,343	51,125
기타 유동부채	13,372	16,545	22,923	81,623
부채총계	24,384	37,798	68,361	140,599
자본총계	89,100	104,610	114,380	133,946
부채및자본총계	113,483	142,408	182,741	274,545

DG기업의 요약 손익계산서

(단위 : 백만 원)

과 목	2009	2010	2011	2012
매출액	115,938	136,312	138,562	236,825
매출원가	86,866	110,450	124,809	209,233
판매비와 관리비	7,257	7,249	9,441	13,271
영업이익	21,815	18,613	4,312	14,320
영업외수익	4,173	2,918	4,477	5,991
영업외비용	1,215	1,800	25,685	18,457
법인세비용	303	3,074	2,388	1,779
당기순이익	24,470	16,657	4,948	10,188

52) 금융감독원 보도자료, 2014.2.12

DG기업의 순운전자본 관련 회전율 추이

(단위 : 회)

구 분	동 업계*	2010	2011	2012
매출채권회전율	6.11	9.72	8.04	4.75
재고자산회전율	9.81	6.49	3.75	4.99
매입채무회전율	10.33	8.86	7.82	7.13

* 동 업계 비율은 2012년도 '전자부품, 컴퓨터, 영상, 음향 및 통신장비업'의 2012년 중소기업 비율임 (한국은행, 기업경영분석)

DG기업의 회전율 추이를 보면 회사는 2011년까지는 동 업계보다 높은 회전율을 보이고 있으나, 분식을 실시한 2012년도 회전율이 동 업계는 물론 회사의 과거 회전율보다 급격히 하락한 것을 알 수 있다.

[사례]

다음 사례는 2008년과 2009년 및 2010년에 각각 750백만 원, 2,918백만 원 및 4,276백만 원의 재고자산을 과대계상한 YS산업[53]의 요약 재무상태표, 요약 손익계산서 및 순운전자본 관련 회전율 추이이다.

요약 재무상태표

YS산업

(단위 : 백만 원)

과 목	2007	2008	2009	2010
유동자산	7,920	7,752	9,397	9,656
매출채권	3,963	2,569	2,460	3,197
재고자산	2,828	3,781	5,067	5,409
기타 유동자산	1,129	1,401	1,870	1,051
비유동자산	7,684	8,510	8,276	12,524
유형자산	5,972	8,093	8,063	12,162
기타비유동자산	1,712	417	213	362
자산총계	15,603	16,262	17,673	22,180
유동부채	11,089	10,615	10,979	15,175
매입채무	226	421	745	1,785
단기차입금	6,939	9,607	9,244	10,624
기타 유동부채	3,923	587	990	2,765
비유동부채	620	583	1,225	1,298
부채총계	11,708	11,198	12,203	16,473
자본총계	3,895	5,064	5,470	5,707
부채와 자본총계	15,603	16,262	17,673	22,180

53) 금융감독원 보도자료, 2014.2.12

요약 손익계산서

YS산업 (단위 : 백만 원)

과 목	2007	2008	2009	2010
매출액	16,166	24,262	12,025	12,140
매출원가	13,938	21,815	9,554	10,096
판매비와 관리비	1,136	1,199	1,387	1,205
영업이익(손실)	1,092	1,248	1,084	839
영업외수익	328	276	802	386
영업외비용	678	2,782	1,481	946
법인세 등	167	-	-	42
당기순이익(손실)	575	(1,257)	405	238

YS산업의 순운전자본 관련 회전율 추이

(단위 : 회)

구 분	동 업계*	2007	2008	2009	2010
매출채권회전율	5.36	5.0	7.43	4.78	3.54
재고자산회전율	8.79	8.3	7.34	2.72	2.32
매입채무회전율	11.23	27.3	75.05	20.64	9.60

* 동 업계 비율은 2010년도 '금속가공제품제조업(중소기업)'의 2010년도 중소기업 비율임 (한국은행, 기업경영분석)

YS산업의 회전율 추이를 보면 재고자산을 소액으로 과대계상한 2008년에는 회전율이 약간 하락하였지만, 비교적 큰 금액을 과대계상한 2009년도와 2010년도에는 재고자산회전율이 대폭 감소하였음을 볼 수 있다. 매입채무회전율 변동이 심한 것에 대하여는 별도의 검토가 필요하다.

3 현금흐름비율분석과 현금흐름표의 검토

앞의 2와 3에서 서술한 바와 같이 기업이 회계분식을 실시하여 재무상태표와 손익계산서를 임의대로 분식하였다 하더라도, 많은 경우 현금흐름표는 분식하기가 어렵다. 이 점에 착안하여 우리는 현금흐름표의 영업활동 현금흐름 수치를 이용한 현금흐름비율을 검토함으로써 회계분식 유무를 추정할 수 있다.

아래는 2008년 이후 약 2조 7천억 원의 매출채권과 매출액을 과대계상한 후 이를 근거로 사기대출을 받았고 결국 파산선고를 받은 ㈜모뉴엘[54]의 요약 재무상태표와 요약 손익계산서, 순운전자본 관련 회전율 및 현금흐름 관련 비율의 추이다.

요약 재무상태표

㈜모뉴엘 (단위 : 백만 원)

과　　목	2010	2011	2012	2013
유동자산	57,619	118,260	168,004	247,692
매출채권	12,889	15,222	29,245	37,333
재고자산	26,633	51,208	84,691	145,785
기타 유동자산	18,097	51,830	54,068	64,575
비유동자산	12,366	32,032	61,476	97,847
유형자산	10,656	16,260	25,324	48,500
기타비유동자산	1,709	15,772	36,152	49,347
자산총계	69,984	150,292	229,480	345,539
유동부채	25,190	77,783	120,387	149,828
매입채무	6,933	21,755	13,168	19,630
단기차입금	12,667	48,463	81,883	101,947
기타 유동부채	5,590	7,565	25,336	28,251
비유동부채	7,150	8,784	19,048	55,900
부채총계	32,340	86,567	139,435	205,728
자본총계	37,644	63,725	90,045	139,811
부채와 자본총계	69,984	150,292	229,480	345,539

요약 손익계산서

㈜모뉴엘 (단위 : 백만 원)

과　　목	2010	2011	2012	2013
매출액	295,260	460,539	825,132	1,140,985
매출원가	250,805	390,477	695,005	975,018
판매비와 관리비	19,589	31,263	44,155	60,902
영업이익	24,866	38,799	85,972	105,065
영업외수익	3,035	4,561	4,652	10,413
영업외비용	10,210	15,837	23,680	31,952
이자비용	2,344	3,187	3,455	5,161
매출채권처분손실	3,593	5,677	10,599	13,279
기타 영업외비용	4,274	6,973	9,626	13,511
법인세비용	1,515	3,456	31,140	23,560
당기순이익	16,175	24,067	35,804	59,966

54) 매일경제, 2014.12.9 기사 참조

모뉴엘의 순운전자본 관련 회전율 추이

(단위 : 회)

구　　분	동 업계(2013)	2010	2011	2012	2013
매출채권회전율	6.23	35.7	32.77	37.11	34.28
재고자산회전율	10.34	11.1	11.83	12.14	9.90
매입채무회전율	10.87	42.6	32.11	47.25	69.58

모뉴엘의 현금흐름 관련 비율 추이

(단위 : %)

구　　분	동 업계(2013)	2010	2011	2012	2013
현금흐름보상비율	209.9	-6.0	47.6	25.9	6.9
영업활동 현금흐름 대 매출액	14.8	-1.1	2.8	1.7	0.1
당기순이익 대 영업활동 현금흐름	44.1	-499	187.0	250.2	3,893.9

* 동 업계 비율은 전자부품, 컴퓨터, 영상, 음향 및 통신장비업의 비율임 (한국은행, 기업경영분석)

회사가 매출액과 매출채권을 과대계상하였지만, 매출채권회전율은 동 업계에 비하여 현저하게 높은 비율을 보이고 있다. 이 비율과 그 추세만으로는 매출채권이 과대계상되었다고 추정하기는 힘들다. 이 회사는 과대계상된 외화매출채권을 즉시 은행을 통하여 할인하였기 때문에 매출채권잔액이 큰 폭으로 증가하지 않아서 회전율에는 큰 변화가 없으며, 회전율이 동 업계보다 높은 것은 일단 긍정적으로 평가되기 때문이다.

그러나 현금흐름 관련 비율을 살펴보면 회사가 분식회계를 하고 있다는 점을 강하게 추정할 수 있다. 현금흐름보상비율이 급격히 하락하고 있으며, 매출액으로부터 창출되는 영업활동 현금흐름이 동 업계에 비하여 지나치게 낮고 2013년도에 0.1%까지 하락하고 있다(동 업계 비율은 14.8%). 또한 당기순이익과 영업활동 현금흐름의 격차가 엄청나게 확대된 것을 볼 수 있다. 동 업계 비율이 44.1%인 것은 적어도 당기순이익이 영업활동 현금흐름에서 차지하는 비율이 44.1% 정도 되는데, 이 회사는 당기순이익이 영업활동 현금흐름의 39배에 달하고 있다. 이 비율은 높을수록 양호하지 않은 수치이다. 당기순이익은 순운전자본이 모두 현금이라고 가정할 때의 이익이며, 영업활동 현금흐름은 순운전자본이 아직 현금이 아니라는 계산 하의 이익이다. 순운전자본이 정상적인 것이라면 당기순이익과 영업활동 현금흐름의 차이가 일시적으로 확대되더라도 그 간격이 유지되거나 다시 좁혀지는 것이 정상이다. 그러므로 당기순이익과 영업활동 현금흐름의 차이가 좁혀지지 않고 엄청나게 확대된다는 것은 회사가 가공의 매출채권과 재고자산을 계속 계상하고 있다는 것을 나타내준다고 볼 수 있다. 이런 점에서 현금흐름 관련 비율은 재무제표의 분식 추정에 유용한 도구로 사용된다.

현금흐름 관련 비율이 양호하지 않은 경우, 회사의 현금흐름표를 검토해보면 분식과 관련하여 추가적인 몇 가지의 정보를 확인할 수 있다. 이 회사의 현금흐름표를 신용분석 목적으로 요약하면 다음과 같다.

요약 현금흐름표

㈜모뉴엘 (단위 : 백만 원)

과 목	2010	2011	2012	2013
영업활동 원천	25,600	39,957	87,441	106,328
영업이익	24,866	38,799	85,972	105,065
감가상각비	734	1,157	1,468	1,263
영업활동 운용	(28,839)	(27,088)	(73,132)	(104,788)
순운전자본 투자	(23,344)	(20,858)	(67,923)	(91,079)
매출채권 증감	(13,345)	(10,585)	(25,868)	(32,431)
재고자산 증감	(15,559)	(25,053)	(33,565)	(65,124)
매입채무 증감	5,561	14,780	(8,491)	6,476
이자지급	(2,344)	(3,187)	(3,455)	(5,161)
법인세 납부	(1,306)	(1,698)	(12,644)	(21,477)
기타 영업활동	(1,845)	(1,345)	10,891	12,930
영업활동 순현금흐름	**(3,238)**	**12,869**	**14,309**	**1,540**
단기투자자산 증감	(464)	(2,250)	(1,106)	(1,304)
장기투자자산 증감	(953)	(12,603)	(27,628)	(23,231)
유형자산 증감	(7,492)	(6,121)	(8,667)	(24,105)
기타자산 증감	(685)	(1,188)	(277)	877
투자활동 순현금흐름	**(9,594)**	**(22,162)**	**(37,678)**	**(47,763)**
단기차입금 증감	6,429	35,219	34,347	20,640
장기차입금 차입	5,300	2,287	140	38,139
유동성장기부채 상환	(37)	(695)	(1,404)	(3,064)
중간배당금 지급				(7,030)
재무활동 순현금흐름	**11,692**	**36,811**	**33,083**	**48,685**
현금의 증감	(1,141)	27,518	9,713	2,461

위의 현금흐름표에서 우리는 다음과 같은 사항을 추정할 수 있다.

첫째로, 영업활동 운용에 나타난 재고자산의 증가가 매출채권보다 더 거액인 것으로 보아, 이 회사는 매출채권뿐만 아니라 재고자산의 과대계상도 하였을 것으로 추정된다. 앞서 재고자산회전율에 큰 변화를 나타내지 않았던 것은 매출액의 과대계상에 따른 것으로 판단된다.

둘째로, 2013년도 영업활동 순현금흐름이 1,540백만 원으로서 양(+)의 수치를 나타내고 있지만, 이 수치는 회사의 동년도 매출액 1,140,985백만 원에 비하면 거의 0에 가까운 수치라고 볼 수 있다. 이것은 영업활동 현금흐름을 양수로 나타내기 위하여 비용의 일부를 비유동자산(장기투자자산 또는 유형자산)에 계상하였을 가능성이 대단히 높다.

셋째로, 회사는 장기투자자산이나 유형자산에 필요한 자금을 전액 장기자금에 의존하지 않고 상당 부분을 단기차입금에 의존함으로써 헷징에 의한 자금 조달을 하지 않았다. 이로 인한 기업의 지급 불능 위험은 매우 높아질 수밖에 없다. 따라서 이러한 상황으로 인해 재무제표에 대한 분식이 존재할 가능성 역시 높아질 수밖에 없다고 판단된다.

이처럼 우리는 현금흐름 관련 비율을 비롯한 재무비율분석뿐만 아니라 현금흐름표 자체를 검토함으로써 회계분식의 가능성을 점검해볼 수 있는 것이다.

4 회계분식기업의 기타 특징

금융감독원에서는 관련 규정에 따라 상장법인의 감사보고서에 대한 회계감리를 실시하고 있는데, 회계감리 결과 회계분식으로 판명된 경우 관련 기업과 감사인에 대하여 제재조치를 취하고 있다. 그동안 금융감독원이 배포한 보도자료 중 회계분식으로 제재조치를 받은 우리나라 상장법인(86개사)의 주요 특징[55])과 상장폐지기업의 주요 특징[56] 중 주목할 만한 내용 몇 가지를 소개하면 다음과 같다. 아래의 내용은 비록 특정 기간에 대한 언급이기는 하지만, 회계분식기업의 기타 특징으로서 충분히 참고할 만한 내용이다.

(1) 취약한 재무구조 및 손실 발생 : 회계분식기업 중 82.6%가 당기순손실을 시현하였으며, 적정 수익모델 없이 지속적인 적자 시현 등으로 40.7%는 자본잠식상태를 보임.

(2) 부의 영업현금흐름 및 유상증자 등을 통한 자금 조달 : 현금흐름표 분석 결과, 회계분식기업 중 80.2%가 영업활동(69사, 80.2%) 및 투자활동(66사, 76.7%)에서 부(-)의 현금흐름을, 재무활동(73사, 84.9%)에서는 정(+)의 현금흐름을 시현한 것으로 나타남. 이는 영업실적이 저조[영업현금흐름(-)]함에도 유상증자 또는 사채 발행 등으로 조달[재무현금흐름(+)]된 자금을 영업과 무관한 타 법인 주식 취득 및 자금 대여[투자활동 현금흐름(-)] 등에 주로 사용한 것에 기인함.

55) 회계분식기업의 특징 및 투자자 유의사항, 금융감독원 보도자료, 2012.10.26

56) 최근 상장폐지기업의 주요 특징 및 유의사항, 금융감독원 보도자료, 2012.7.26

(3) 경영권 변동이 잦고, 이로 인한 횡령 등 내부통제 미흡 : 최대 주주 또는 대표이사의 변동이 잦고, 이러한 기업의 대부분에서 횡령·배임의 혐의가 발생되어 내부통제가 미흡함을 보여줌.
(4) 목적사업의 수시 변경 : 일반적으로 고유 수익모델 기반이 미흡한 상태에서 신규 사업을 통한 재무 및 영업실적 개선 효과는 기대하기 어려운 것으로 분석됨.
(5) 타 법인 출자 및 손실처리 : 상장폐지기업 47사 중 23사가 자기자본의 평균 61%를 타 법인에 출자하였으며, 출자 후 조기 손실처리 등으로 부실화를 초래하였음. 이러한 기업은 분식회계를 시도할 가능성이 대단히 높음.
(6) 공급계약 공시가 빈번하고 추후 정정공시 경향 : 상장폐지기업 47사 중 26사가 거래처와 단일판매계약 또는 공급계약 체결을 공시하였는데(계약 체결액 합계는 매출액의 103.5% 해당), 추후에 계약 규모 축소·해지 등 정정공시로 계약 규모가 평균 22%p 줄어듦.

5 발생액의 분석을 통한 이익조정의 검증

학자들은 1985년 이후 경영자들이 여러 가지 동기를 가지고 기업의 이익을 조정하는 것에 대하여 관심을 가져왔다. 여기서 이익조정(Earnings management)이란 '사적이익(Private gain)을 얻을 목적으로 경영자가 외부 재무보고 과정에 의도적으로 개입하는 것'으로 정의된다.[57] 이익조정은 일반적으로 인정되는 회계원칙과 일치하는 행위를 포함하기 때문에 부당한 이익조정, 즉 회계분식보다는 더욱 넓은 의미로 해석된다.

기업이 이익을 조정하였는지 여부에 대한 검증을 위하여 학자들은 그동안 여러 가지 통계 모형을 사용해왔는데, 그중 널리 사용되는 모형이 '수정된 Jones 모형'[58]이다. 영업활동 현금흐름과 당기순이익의 차이, 즉 발생액을 재량적 발생액(Discretionary Accruals)과 비재량적 발생액(Non-Discretionary Accruals)으로 분리한 다음, 재량적 발생액을 분석하여 이익조정 여부를 판단하는 이 모형을 간단히 소개하면 다음과 같다.

먼저 재량적 발생액을 포함한 총발생액은 당기순이익과 영업활동으로 인한 현금흐름의 차이로 계산한다.

총발생액(TACC) = 당기순이익 - 영업활동으로 인한 현금흐름 (1)

57) Shipper, K., 1989, 'Commentary on Earnings Management', Accounting Horizons(December), pp.91- 102
58) Dechow, P. R. Sloan, and A. Sweeney, 1995, 'Detecting Earnings Management', The Accounting Review 70(April), pp.193-225

이러한 발생액은 경영자가 임의로 조정 가능한 재량적 발생액(DACC)과 경제적 요인으로 인하여 발생하는 비재량적 발생액(NDACC)으로 구성된다.

$$DACC = TACC - NDACC \qquad (2)$$

그러나 DACC와 NDACC는 재무제표에 공시되는 것이 아니므로 추정에 의존할 수밖에 없다. Dechow 등(1995)은 비재량적 발생액(NDACC), 즉 경영자가 임의대로 조정한 것이 아닌 발생액이란 현금주의 매출액과 유형자산(감가상각대상자산)에 비례하여 발생한 금액으로 정의하였다. 식 (3).

$$NDACC = a_0 \frac{1}{A_{i,t-1}} + a_1 \frac{\Delta REV_{i,t} - \Delta AR_{i,t}}{A_{i,t-1}} + a_2 \frac{PPEi_{i,t}}{A_{i,t-1}} \qquad (3)$$

$\Delta REV_{i,t}$: i 기업의 t기 매출액에서 t-1기 매출액을 차감한 금액
$\Delta AR_{i,t}$: i 기업의 t기 매출채권에서 t-1기 매출채권을 차감한 금액
$PPE_{i,t}$: i 기업의 t기 기말 유형자산 (토지, 건설중인 자산 제외)
$A_{i,t-1}$: i 기업의 t기 기초 총자산 금액 (t-1 기말 총자산 금액)

위 식에서 α_0, α_1, α_2는 회귀식으로부터 추정된 계수이며, 기초 총자산 금액을 분모에 기재한 것은 기업의 규모 등에 따른 이분산성(heteroscedasticity)을 줄이기 위한 것이다. 매출액에서 매출채권의 증가액을 차감한 것은 많은 기업들이 매출채권을 이익조정에 이용하고 있는 점을 감안하여 매출액에서 매출채권을 차감한 현금주의 매출액만을 식에 사용한 것이다.

이 모형에서 총발생액은 위의 비재량적 발생액과 재량적 발생액을 포함한 것으로 다음의 식 (4)로 다시 정리할 수 있다.

$$\frac{TACC_{i,t}}{A_{i,t-1}} = a_0 \frac{1}{A_{i,t-1}} + a_1 \frac{\Delta Rev_{i,t} - \Delta AR_{i,t}}{A_{i,t-1}} + a_2 \frac{PPE}{A_{i,t-1}} + \epsilon_{i,t} \qquad (4)$$

$TACC_{i,t}$: i 기업의 t기 총발생액
$\epsilon_{i,t}$: 잔차항

결국 재량적 발생액은 식 (4)에 나타난 잔차항을 의미하며, 따라서 이익조정 행위를 적게 한다는 것은 재량적 발생액이 0에 수렴한다는 것을 의미한다.[59)]

59) Becker, C. L., M. L. Defond, J. Jiambalvo, and K.R. Subramanyam, 1998, 'The Effect of Audit Quality on Earnings Management', Contemporary Accounting Research 15(Spring), pp.1-24

회계분식과 관련된 연구[60]를 비롯하여 수많은 연구에서 이익조정의 대용치인 재량적 발생액의 절대값을 이익조정의 대용치로 사용하여 연구를 진행해왔는데, 신용분석자의 입장에서는 분석 대상 기업의 발생액이 과다할 경우, 그 기업과 동일한 업종의 기업들의 자료를 토대로 위와 같은 통계적 분석을 실시해본다면 의미 있는 결과를 얻을 수가 있다.

다만, 위의 수정된 Jones 모형도 다음과 같은 한계점[61]이 있기 때문에 이러한 점을 충분히 감안하여야 한다.

첫째로, 매출채권 이외에 발생액에서 가장 큰 비중을 차지하는 재고자산 또는 매입채무 관련 발생액의 경우 매출액 변동과 비례적으로 변화하지 않는 부분은 모두 재량적 발생액으로 분류된다.

둘째로, 매출액 변동과 비례적으로 변화하지 않는 판매관리비 또는 영업외손익 등은 모두 재량적 발생액으로 분류된다.

셋째로, 회계 과정상 발생액은 시간의 경과에 따라 반전(reverting)하는 경향이 있다. 경영자가 전기의 보고이익을 높이기 위해 재량권을 행사한 경우 전기의 발생액에 영향을 미친 과다계상액이 당기에 반전되는 경우, 이러한 부분이 당기의 재량적 요소로 취급된다.

앞에서 언급한 바와 같이 이익조정이 이루어졌다고 해서 반드시 분식회계를 한 것은 아닐 수도 있기 때문에 그 결과의 해석에 신중을 기할 필요가 있으며, 이와 관련된 새로운 연구에 분석자는 꾸준히 관심을 가질 필요가 있다.

60) 최관·백원선, 1998, 감리지적기업의 이익조작에 관한 실증적 연구, 회계학연구, 제23권 제2호, pp.133-161
61) 백원선, 2000, 이익조정 수단으로서의 재량적 발생액 추정치의 성과 비교: 재수정 Jones 모형, 회계학연구, 제25권 제3호, pp.29-56

제7장 연습문제 | Exercise

가. 본문 내용의 복습

01 분식회계의 유형을 크게 두 가지로 구분한다면 어떻게 구분할 수 있는가?

02 영업활동 현금흐름이 과대표시되지 않는 재무제표 분식방법에는 어떤 것들이 있는가?

03 영업활동 현금흐름이 과대표시되는 재무제표 분식방법에는 어떤 것들이 있는가?

04 회계원칙의 범위 내에서 일시적으로 영업활동 현금흐름을 과대표시하는 방법에는 어떤 것이 있는가?

05 재무제표가 분식되었을 가능성이 있는지 여부를 추정하는 방법에는 어떤 것들이 있는가?

나. 진위형

01 법인세 효과가 없다고 가정할 경우, 동일한 금액만큼 재고자산과 매출원가를 분식하여 재무상태표와 손익계산서를 분식하였더라도 현금흐름표상 영업활동으로 인한 현금흐름은 변함이 없다. (　　　　)

02 어느 회사가 손익계산서에 수선비로 계상하여야 할 금액을 유형자산으로 계상하여 재무제표를 분식한 경우, 동사의 현금흐름표상 영업활동으로 인한 현금흐름은 분식 전에 비하여 양호하게 표시된다. (　　　　)

03 기업이 유형자산을 취득하고 그 대금을 미지급한 경우, 유형자산 취득 내용을 투자활동으로 인한 현금유출란에 기재하고 미지급금이 증가한 내용을 영업활동으로 인한 현금유입란에 기재하여야 한다. (　　　　)

04 전년도에 비하여 매출채권회전율이 중요하게 감소하였다면 가공의 매출액과 매출채권을 계상하였을 가능성을 의심해보아야 한다. (　　　　)

다. 선다형

01 다음에 열거한 재무제표 분식방법 중 영업활동으로 인한 현금흐름이 과대표시 되지 않는 방법은? (　　　)

① 현금을 횡령하고 이를 대표이사에 대한 단기대여금으로 기록하는 방법

② 수익적 지출을 자본적 지출로 계상하는 방법

③ 선수금 수령액을 즉시 매출액으로 계상하는 방법

④ 해외여행 경비로 지출한 금액을 자회사에 대한 투자자산으로 계상하는 방법

02 지난상사는 2003년도에 경상연구개발비가 1억 원 발생하였다. 지난상사는 이 비용을 손익계산서상 판매비와 관리비에 계상하여야 함에도 불구하고 이를 재무상태표상 무형자산에 개발비의 과목으로 계상하여 재무제표를 분식하였다. 정상적으로 회계처리 하였을 경우에 비하여, 지난상사의 2003년도 손익계산서상'당기순이익'과 2003년도 현금흐름표상'영업활동으로 인한 현금흐름'은 어떠한 영향을 받게 되는가? (　　　)

① 당기순이익은 증가하지만, 영업활동으로 인한 현금흐름은 영향을 거의 받지 않는다.

② 당기순이익도 증가하고, 영업활동으로 인한 현금흐름도 더 양호하게 표시된다.

③ 당기순이익은 증가하지만, 영업활동으로 인한 현금흐름은 더 불량하게 표시된다.

④ 당기순이익도 감소하고, 영업활동으로 인한 현금흐름도 더 불량하게 표시된다.

03 두보철강주식회사는 당기중 공장을 건설하면서 건설중인자산계정에 노무비 50억 원을 과대계상하여 비자금을 조성하였다. 이러한 행위가 동사의 현금수지분석표상 '7. 영업활동 후 현금흐름'에 어떠한 영향을 미친다고 생각되는가? (기말현재 공장은 완성되지 않았다.) (　　　)

① 노무비의 과대계상은 결국 재고자산의 과대계상이므로 상기 행위는 '7. 영업활동 후 현금흐름'에는 영향을 미치지는 아니한다.

② 노무비의 과대계상은 결국 재고자산의 과대계상이므로 상기 행위는 '7. 영업활동 후 현금흐름'에는 영향을 미치지는 아니하나, 과대계상금액에 상당하는 법인세 효과만큼 현금흐름이 감소한다.

③ 노무비의 과대계상액만큼 '7. 영업활동 후 현금흐름'은 양호하게 나타나고, 동 과대계상액이 투자활동에 지출된 것처럼 나타난다.

④ 노무비의 과대계상액만큼 '7. 영업활동 후 현금흐름'은 불량하게 나타나고, 동 과 대계상액이 투자활동에 지출된 것처럼 나타난다.

04 회사가 당기순이익을 과대계상하기 위하여 설비자산을 재매입하는 조건으로 당기말에 타사에 장부금액보다 더 큰 금액으로 양도하고 다음 연도 초에 이를 재매입하는 방식의 회계처리를 하였다. 이는 실질적인 자산의 처분이 아니기 때문에 유형자산처분이익을 기록하지 않아야 하는데, 처분한 것처럼 당기 재무제표에 나타낸 것이다. 이로 인하여 해당 기업의 당기 현금흐름표에 미치는 영향을 설명한 것 중 맞는 것은? ( )

① 당기 영업활동 현금흐름이 실제보다 처분이익에서 법인세효과를 차감한 금액만큼 과대표시된다.

② 당기 영업활동 현금흐름이 실제보다 처분이익만큼 과소표시된다.

③ 당기 영업활동 현금흐름이 실제보다 과대표시되지 않는다.

④ 당기 영업활동 현금흐름이 처분이익만큼 과대표시된다.

05 재무제표의 분식과 관련된 다음 설명 중 가장 적절치 않은 것은? ( )

① 매출채권과 재고자산의 합계액이 매입채무보다 많은 기업을 합병하는 기업은 합병하는 연도의 영업활동 현금흐름을 양호하게 만들 가능성이 높다.

② 회계분식 기업의 특징 중 하나는 부(-)의 영업활동 현금흐름을 나타낼 가능성이 높다.

③ 기업의 재무제표가 분식되었을 가능성을 밝혀내는 방법 중의 하나로 현금흐름 관련 비율을 사용할 수 있다.

④ 건설회사에서 공사 진척도를 실제보다 과다하게 적용하여 매출액을 과대계상한 경우 동일 기간 그 회사의 영업활동 현금흐름은 과대계상된다.

06 다음은 재무제표의 분식이 현금흐름에 미치는 영향을 기술한 것이다. 법인세 효과가 없다고 가정할 경우 옳은 설명은? ( )

① 재고자산을 과대계상하여 당기순이익을 증가시켰다면 현금흐름표상 영업활동으로 인한 현금흐름을 증가시킨다.

② 수선비로 계상하여야 할 비용을 유형자산으로 계상하였다면 현금흐름표상 영업활동으로 인한 현금유입액을 감소시킨다.

③ 개발비를 경상연구비로 비용에 계상하는 분식을 하였다면 현금흐름표상 투자활동으로 인한 현금유출액은 감소한다.

④ 차입금을 과소계상하였다면 현금흐름표상 재무활동으로 인한 현금유입액이 증가한다.

⑤ 매출채권을 과대계상하였다면 현금흐름표상 영업활동으로 인한 현금유입액이 감소한다.

07 어느 회사가 이익을 분식할 목적으로 기말재고자산을 과대계상하고, 수선유지비로 계상해야 할 지출을 유형자산 취득원가로 계상하였다. 법인세 효과를 고려하지 않는다면 이러한 사실이 현금흐름표의 각 활동별 현금흐름(순유입액)에 미치는 영향은? ( )

	영업활동 현금흐름	투자활동 현금흐름	재무활동 현금흐름
①	과대	과소	영향 없음
②	과소	과대	영향 없음
③	과소	과소	과대
④	과대	과대	과소
⑤	과대	영향 없음	과소

라. 사례 연구

다음은 주식회사 CHG의 2010년부터 2013년까지의 현금흐름표와 기타 재무자료이다. 이 내용을 검토하고 이를 통하여 이 회사가 2013년도 중에 재무제표에 대한 분식을 했다면, 어떤 분식을 했겠는지 추정하시오. 참고로 이 회사는 선박 블록(선박의 일부분) 생산 및 조선플랜트사업을 주 목적으로 하고 있으며, 2005년에 설립된 회사이다.

(1) 주식회사 CHG의 현금흐름표

현금흐름표

주식회사 CHG (단위 : 백만 원)

과 목	2010	2011	2012	2013
I. 영업활동으로 인한 현금흐름	(15,382)	16,316	3,610	(13,068)
1. 당기순이익	(3,880)	2,477	1,251	1,010
2. 현금의 유출이 없는 비용 등의 가산	9,241	5,503	5,582	6,099
감가상각비	5,224	4,328	4,671	4,149
무형자산상각비	3,323	20	13	28
퇴직급여	404	743	592	882
매도가능증권손상차손	283	53		
유형자산처분손실	4	12	6	298
유형자산손상차손	0	309		
지분법손실			0	683
기타 가산 항목	5	37	299	57
3. 현금의 유입이 없는 수익 등의 차감	(1,670)	(40)	(781)	(433)
매도가능증권처분이익	(90)		(11)	
지분법이익	(219)		(644)	(407)
유형자산처분이익	(2)	(20)	(63)	(17)

과 목	2010	2011	2012	2013
전기오류수정이익	(1,341)			
기타 차감 항목	(18)	(19)	(63)	(9)
4. 영업활동으로 인한 자산·부채의 변동	(19,073)	8,376	(2,442)	(19,744)
매출채권의 감소(증가)	1,772	2,177	(672)	368
선수금의 증가(감소)	(4,877)	(4,290)	88	1,616
재고자산의 감소 (증가)	(3,389)	3,099	(246)	175
매입채무의 증가(감소)	(2,797)	503	(1,502)	(1,688)
선급금의 감소(증가)	(5,913)	5,428	151	(18,040)
기타 영업활동 관련 자산·부채의 증감	(2,138)	1,584	282	(2,071)
법인세 관련 자산·부채의 증감	(1,229)	472	(150)	282
퇴직금 지급 및 퇴직연금자산 증감	(503)	(596)	(394)	(386)
Ⅱ. 투자활동으로 인한 현금흐름	(1,215)	(20,010)	(9,603)	1,495
단기대여금의 증감	0	(57)	(500)	279
단기금융상품의 증감	2,980	(2,105)	(1,145)	1,091
장기금융상품의 증감	(445)	(250)	(339)	(999)
주임종단기대여금의 증감	(160)	160	(153)	138
매도가능증권의 증감	(500)	(158)	(956)	0
유형자산의 순증감	(3,070)	(17,573)	(5,052)	1,175
기타 자산의 순증감	(19)	(27)	(65)	(188)
지분법적용투자주식의 증가			(1,394)	
Ⅲ. 재무활동으로 인한 현금흐름	16,898	3,869	5,429	13,713
단기차입금 증감	8,968	8,973	10,657	(9,625)
장기차입금 증감	10,000	(700)	2,300	16,453
유동성장기부채의 상환	(2,100)	(4,050)	(7,100)	(6,600)
배당금의 지급	0	(359)	(428)	(200)
유상증자	0	0	0	13,575
기타	30	5	0	110
Ⅳ. 현금의 증가 (Ⅰ+Ⅱ+Ⅲ)	301	175	(564)	2,140
Ⅴ. 기초의 현금	392	693	869	305
Ⅵ. 기말의 현금	693	869	305	2,445

(2) 주식회사 CHG의 손익계산서 주요 항목

(단위 : 백만 원)

과 목	2010	2011	2012	2013
유동자산	24,112	15,078	16,868	48,449
매출채권	8,451	6,534	7,206	6,839
선급금	6,647	1,220	1,069	19,897
재고자산*	4,632	1,533	1,779	14,205
비유동자산	115,359	128,626	132,274	129,945

과 목	2010	2011	2012	2013
투자자산	2,984	3,327	6,368	5,954
유형자산	111,651	124,626	81,748	82,927
기타비유동자산	695	638	820	967
자산총계	139,471	143,703	149,142	178,394
유동부채	52,453	62,228	71,202	69,960
매입채무	8,650	9,152	7,651	5,963
선수금	4,290	-	88	3,892
단기차입금	25,505	40,478	43,572	48,686
유동성사채	6,000	-	7,500	-
유동성장기부채	4,050	7,100	6,600	7,886
비유동부채	19,974	12,326	18,142	27,708
장기차입금	19,270	11,470	7,170	15,736
부채총계	72,427	74,554	89,344	97,668
자본금	7,985	7,985	7,985	13,082
자본잉여금				13,313
자본조정				1,675
기타 포괄손익누계액	47,533	47,521	37,076	37,109
이익잉여금	11,526	13,643	14,737	15,548
자본총계	67,044	69,149	59,798	80,727
부채와 자본총계	139,471	143,703	149,142	178,394

* 2013 재고자산 증가는 업종이 다른 계열사를 합병함에 따른 상품 재고의 증가임.

(3) 주식회사 CHG의 손익계산서 주요 항목

(단위 : 백만 원)

과 목	2010	2011	2012	2013
Ⅰ. 매출액	98,011	117,214	107,948	105,841
Ⅱ. 매출원가	88,835	104,080	97,725	93,944
Ⅲ. 매출총이익	9,176	13,134	10,223	11,897
Ⅳ. 판매비와 관리비	9,341	6,055	5,819	6,468
Ⅴ. 영업이익(손실)	(164)	7,079	4,404	5,430
Ⅵ. 영업외수익	2,025	524	1,186	1,009
Ⅶ. 영업외비용	3,434	5,095	3,962	4,824
이자비용	2,713	3,984	3,504	3,587
Ⅷ. 법인세차감전순이익(손실)	(1,573)	2,507	1,627	1,614
Ⅸ. 법인세비용	2,307	31	376	604
Ⅹ. 당기순이익(손실)	(3,880)	2,477	1,251	1,010

제7장 연습문제 해설

가. 본문 내용의 복습

01 분식회계의 유형 : 제1절 참조

02 영업활동 현금흐름이 과대표시되지 않는 재무제표분석 : 제2절 참조

03 영업활동 현금흐름이 과대표시되는 재무제표분석 : 제3절 참조

04 회계원칙 범위 내에서 일시적으로 영업활동 현금흐름을 과대표시하는 방법 : 제4절 참조

05 재무제표의 분식 가능성 추정 : 제5절 참조

나. 진위형

01 ○ 02 ○ 03 × 04 ○

다. 선다형

01 ③ 02 ② 03 ③ 04 ③ 05 ④

06 ③ 재고자산과 매출채권을 과대계상하여 당기순이익을 증가시켰더라도 현금흐름표상 영업활동에는 영향이 없으며, 수선비를 유형자산으로 계상하였다면 영업활동으로 인한 현금흐름은 증가되며 부외부채는 장부에 계상되지 않은 부채이므로 현금흐름표에 나타나지 않는다.

07 ①

구 분	영업활동 현금흐름	투자활동 현금흐름	재무활동 현금흐름
재고자산 과대계상	당기순이익(+) 재고자산 증가(-) =〉 영향 없음	N/A	N/A
수선비를 취득원가로 계상	당기순이익(+) =〉 과대	취득 유출(+) =〉 과소	N/A
종 합	과대	과소	영향 없음

라. 사례 연구

(본 사례는 토론 참가자들이 각자의 견해를 피력하기 위한 자료이며, 풀이 없음)

제 8 장

미래 현금흐름을 추정하자

제 01 절

현금흐름의 추정 절차

현금흐름을 추정하는 목적과 방법은 추정 주체에 따라 각각 다를 것이다. 기업의 경영자는 회사의 경영목표 달성을 위한 자금 조달 등을 위하여 기업 내부에서 준비한 예산에 의하여 현금흐름을 추정할 것이고, 기업을 매수하려고 하는 사람은 기업평가의 목적하에 수집된 정보를 바탕으로 해당 기업의 미래 현금흐름을 추정할 것이다. 또한 **채권자는 대상 기업의 원리금 상환능력을 파악하기 위하여 미래 현금을 추정할 것이다. 따라서** 현금흐름을 추정하는 목적은 **분석 대상 기업의 미래 상환 재원인 영업활동에서 창출되는 현금흐름의 크기를 예측하고자 함에 있다. 본서에서는 채권자 입장에서 기업의 미래 현금흐름을 추정하기로 한다.**

현금흐름의 추정은 현금흐름표를 추정하는 것과 동일한 의미인데, 현금흐름표는 앞에서 이미 이해하였듯이 재무상태표와 손익계산서를 토대로 작성되기 때문에 현금흐름을 추정한다는 것은 재무상태표와 손익계산서, 즉 재무제표를 추정한다는 것과 동일한 의미가 된다.

채권자 입장이라고 해서 기업의 경영자나 투자자들이 하는 추정방법과 근본적으로 차이가 있는 것은 아니다. 다만 자료의 원천과 추정작업의 복잡성에 있어서 차이가 있다고 볼 수 있다. 기업의 경영자는 기업의 각 부서에서 마련된 세부적인 예산정보에 기대치를 더하여 재무제표를 추정할 것이고, 기업을 매수하려고 하는 사람도 경영자에 버금가는 자세한 정보에 접근이 가능하다. 정보가 자세할수록 추정작업도 그에 비례해서 많은 시간이 걸린다. 하지만 채권자의 입장에서는 경영자나 매수자처럼 추정에 필요한 정보가 많은 것은 아니며, 제한적이라고 보아야 한다.

제6장과 제7장의 현금흐름분석 내용에서도 언급하였듯이 기업의 차입금 상환능력을 파악하기 위한 현금흐름의 분석은 현재의 현금흐름표나 현금수지분석표를 분석하여 회사의 현금흐름, 특히 영업활동 현금흐름에 중요한 영향을 미치는 변수를 파악한 다음 이를 토대로 미래의 현금흐름을 추정하고, 그 미래 현금흐름표에 입각하여 최종적인 판단을 내리게 된다.

현금흐름표의 추정 절차는 일반적으로 매출액 추정부터 시작된다. 매출액을 추정한 다음 매출원가와 판매비·관리비를 추정하면 손익계산서의 주요 부분을 추정하게 된다. 그러나 금융비용과 금융수익을 추정하기 위해서는 앞에서 추정한 매출액과 매출원가 및 판매비·관리비에 수반되는 소요 자산과 부채 및 자본에 대한 추정이 선행되어야 한다. 이어서 금융비용과 금융수익 및 법인세를 추정하게 되면 유보이익(잉여금)까지 추정하게 되는데, 여기까지 추정 후 재무상태표를 작성하게 되면, 반드시 자금의 과부족 현상이 생길 수밖에 없다. 마지막으로 현금이나 단기차입금으로 자금의 과부족을 보충하게 되는데, 이러한 의미에서 현금이나 단기차입금을 **'플러그(plug)' 수치**라고 한다.

현금흐름표의 추정 절차를 그림으로 나타내보면 다음 [그림 8-1]과 같다.

그림 8-1 **현금흐름표의 추정 절차**

재무제표의 추정은 매출액 추정으로부터 시작된다. 추정작업 중 가장 많은 시간을 투입하여야 할 부분이 바로 매출액 추정이다. **매출액을 어떻게 추정하느냐에 따라 기업의 예상되는 손익과 관련 자산 및 부채가 영향을 받기 때문에 매출액 추정은 재무제표 추정에서 가장 중요한 부분이다.**

매출액이 추정된 다음에는 이에 대응하는 매출원가의 추정을 하게 된다. 업종이 유통업인 경우에는 매출원가 추정이 비교적 수월하겠지만, 제조업인 경우에는 제조원가를 추정해야 하므로 재료비, 노무비, 경비 등을 별도로 추정하는 것을 고려하여야 한다.

이어서 판매비와 일반관리비를 추정한 다음 자산과 부채 항목에 대한 추정을 한다. 자산 항목 중 현금에 대해서는 회사의 기본적인 현금보유액을 예측하고, 이어서 매출액에 따른 운전자산의 추정과 유형자산, 투자자산, 무형자산과 기타 비영업자산에 대한 추정을 한다. 유동부채와 비유동부채를 추정하고, 이어서 증자 등을 감안하여 자본 항목을 추정한다.

4단계에서는 추정된 자산과 부채를 토대로 금융비용과 금융수익을 추정하며 또한 법인세를 추정한다. 그 결과 발생된 순이익을 재무상태표 이익잉여금에 가산한다.

위와 같이 4단계까지 마쳤을 경우, 재무상태표 자산총계와 부채와 자본총계는 일치하기 어렵다. 왜냐하면 당초 추정 시 예상하였던 자산과 부채의 증감으로 인한 자금의 과부족 금액이 1차적인 추정 결과와 정확하게 일치하지는 않기 때문이다.

이 경우 앞에서도 언급한 바와 같이 마지막으로 플러그 수치인 현금이나 단기차입금으로 자금의 과부족을 조정하게 되는데, 단기차입금을 조정하는 경우, 관련된 금융비용이나 법인세비용 및 이익잉여금의 수치가 동시에 변동되기 때문에 결국 맨 마지막은 현금이 플러그 수치가 된다.

제5단계에서는 손익계산서 항목과 재무상태표 항목의 추정치를 근거로 하여 현금흐름표를 추정한다.

재무제표의 추정은 제6장의 현금수지분석표를 심층적으로 분석한 이후에 하는 절차이다. 그러므로 현금수지분석표 분석 시 대상 회사의 영업활동에서 어떠한 항목의 어떠한 변수가 회사의 영업활동 현금흐름에 가장 큰 영향을 미쳤는지 상기할 필요가 있다. 가장 큰 영향을 미친 항목에 대해서 시간과 노력을 집중 투입하여야만 의사결정에 보다 유용한 추정 재무제표가 될 것이기 때문이다. 가령 어느 회사의 영업활동 현금흐름을 분석한 결과 재고자산의 증가 때문에 현금흐름이 가장 큰 영향을 받은 경우, 다른 항목의 추정 시에는 특별한 상황으로 인한 변동이 예상되지 않는 한, 과거의 추세를 그대로 반영하여 추정 재무제표를 작성하겠지만, 재고자산에 대하여는 많은 시간을 투입하여 집중적인 분석을 통해 추정을 하여야만 의미 있는 결과를 얻을 수 있을 것이다.

제 02 절

매출액의 추정

매출액 추정은 재무제표 모든 항목의 추정의 기초가 되므로 신중한 판단이 요구된다. 매출액 추정 시 기본적으로 분석하여야 할 내용은 다음과 같다.

- 과거의 판매량 및 성장률
- 과거의 잠재수요에 대한 미충족량
- 일반적인 경제상황 (예: GDP, 물가상승률, 유가, 환율, 실업률 등의 경제지표 동향)
- 산업의 경제상황
- 시장점유율
- 산업의 경쟁 정도
- 판매가격정책
- 판매량의 장기적 추세
- 판매량의 계절적 변화
- 회사의 사업계획
- 건설업 등 수주산업의 경우 수주잔량

위의 기본적 분석 내용 중 '산업의 경제상황'에 대하여는 해당 산업과 관련된 권위 있는 기관이나 단체의 조사보고서를 참조할 필요가 있다. 이에 대한 몇 가지 예를 들면 다음과 같다.

- IT기기, 반도체 제조업 - Gartner, Yano Research Institute, NICE신용평가 보고서
- 축산업 - 한국농촌경제연구원, 농림수산식품부 통계자료
- 정보보안산업 - 한국인터넷진흥원 예상성장률
- 시설유지관리서비스업 - 국토해양부 통계자료 (층수별 건축물 현황)
- 의약품 제조업 - IMS(International Medical Service) 자료; 국내 제약시장 규모 및 성장률

1 주관적 판단에 의한 추정

이렇게 매출액 추정에 대한 기본적 내용을 분석한 다음, 기업의 매출액을 추정할 때 사용하고 있는 보편적 방법은 다음과 같다.

이 방법은 주로 경제·산업·기업에 대한 일반화된 과거 경험에 근거하여 주관적으로 예측하는 것이다. 주관적 예측치로는 개인의 예측이나 집단의 일치된 의견이 이용될 수 있는데, 다음과 같은 방법이 있다.

① 유사한 상황을 기준으로 한 역사적 판단
② 시장조사
③ 델파이(Delphi)법
④ 개인의 추측

델파이법은 순차적인 질문서법을 사용하여 의견의 합일점을 찾아가는 방법이다. 주관적인 개인의 예측치를 가중평균함으로써 예측능력이 향상될 수 있다.

주관적 판단에 의한 예측치는 인위적이며 비과학적인 방법으로서, 제품과 시장에 대한 통찰력과 전문적인 지식에 좌우되는 면이 크다.

2 평균성장률을 이용한 추정

이는 과거 매출액의 평균증가율을 계산하여 금년의 매출액에 평균증가율을 곱하여 내년의 추정 매출액을 계산하는 방법이다.

추정 매출액 = 금년 매출액 × (1 + 평균증가율)

이 방법을 사용하는 경우에는 과거의 매출액 중에서 경상적으로 일어나지 않고 특수한 상황에서 일어난 매출액은 차감하여 평균증가율을 조정해야만 추정 매출액이 보다 합리적으로 계산된다는 점을 유의해야 한다. 만일 그렇지 않을 경우에는 평균증가율이 왜곡되어 추정 매출액이 의미를 잃게 될 위험이 있다.

평균성장률을 이용한 매출액 추정은 매우 간단한 방법으로서 외부의 분석가가 사용하기에 편리한 장점이 있지만 매출과 관련된 여러 변수를 고려하지 않으므로 추정 매출액이 실제와 많은 차이를 보일 수가 있기 때문에 가능하면 다른 방법과 함께 사용해서 살펴보는 것이 좋다.

평균성장률을 이용하는 경우, 매출액의 성장률 대신에 판매량의 성장률을 사용하고 가격의 상승률을 따로 고려하는 방법이 좀 더 현실에 근접할 수 있다.

추정 판매량 = 금년 판매량 × (1 + 평균증가율)
추정 단가 = 금년 단가 × (1 + 예상증가율)
추정 매출액 = 추정 판매량 × 추정 단가

서울회사의 과거 매출자료가 다음과 같다고 가정한 경우, 과거 3년간의 평균성장률법에 의하여 2××6년도 추정 매출액을 구해보기로 한다.

[예제 8-1] 성장률에 의한 추정

과거의 매출자료

연 도	2××1	2××2	2××3	2××4	2××5
매 출	46,468	74,363	84,299	80,123	102,179

- 이동평균 증가율 = 각 연도의 증가율의 합 / 증가년도 수
- 각 연도의 증가율

2××2	2××3	2××4	2××5
0.6	0.13	-0.05	0.28

- 평균증가율 = (0.6 + 0.13 - 0.05 + 0.28) / 4 = 0.24
- 추정 매출액 = 102,179 × (1 + 0.24) = 126,693

3 시장점유율에 의한 추정

당해 기업의 시장판매점유율이 안정적이고 상당히 높은 기업일 경우에는 해당 제품의 업계 전체 연간매출액을 추정하고, 추정된 업계 전체 매상액에 당해 기업의 점유율을 곱하여 매출액을 추정하는 방법이다. 예를 들어서 맥주회사의 경우 우리나라의 전체 맥주 소비량을 협회에서 예측하고 당해 기업의 시장점유율을 알 수 있으므로 내년의 맥주 판매량이 얼마나 될 것인지 쉽게 추정할 수 있다. 여기에 단가를 곱하면 추정 매출액이 되는 것이다.

추정 판매량 = 업계 전체 예상판매량 × 당해 기업의 점유율
추정 매출액 = 추정 판매량 × 예상판매단가

시장점유율을 이용하는 경우에는 당해 기업의 과거 시장점유율을 알 수 있어야 하는 전제 조건이 있다. 막연히 시장점유율을 예상한다든가 시장점유율이 매년 급격하게 변동되는 경우에는 추정치가 실제 금액과 많은 차이를 나타내기 때문에 주의해야 한다.

시장점유율은 과거의 점유율을 이용해도 되지만 시장 환경의 변화를 고려하여 조정해서 이용하는 것이 바람직하다.

[예제 8-2] 시장점유율에 의한 추정

A 회사 제품의 시장점유율은 과거 20% 선을 유지하고 있다. 내년의 시장점유율 역시 큰 변화가 없으면 그대로 유지될 것으로 예상된다. 동사가 속해 있는 협회에서는 내년 전체 수요량을 8,000천 톤으로 예상하고 있다. 톤당 가격은 1백만 원이 예상된다.

추정 판매량 = 8,000천 톤 × 20% = 1,600천 톤
추정 매출액 = 1,600천 톤 × 1백만 원 = 16억 원

4 회귀분석에 의한 추정

이는 당해 기업의 매출과 경제변수의 관련성을 중심으로 하는 회귀식을 이용하여 미래의 매출액을 추정하는 방법이다. 예를 들어서 기업의 매출액이 1인당 국민총생산(GNP)과 밀접한 관련이 있다는 과거의 자료가 있을 경우, 추정 매출액은 내년의 1인당 GNP가 얼마인가에 따라서 예측될 수 있는 것이다.

회귀분석은 다음과 같은 회귀식에 의해서 이루어진다.

추정 매출액 = a + b 경제변수(×)

위의 산식에서 경제변수를 독립변수라고 하며, 추정 매출액을 종속변수라 한다. a는 회귀선의 절편이며 b는 회귀선의 기울기가 된다.

회귀식을 그림으로 그리면 [그림 8-2]와 같다.

그림 8-2 회귀모형

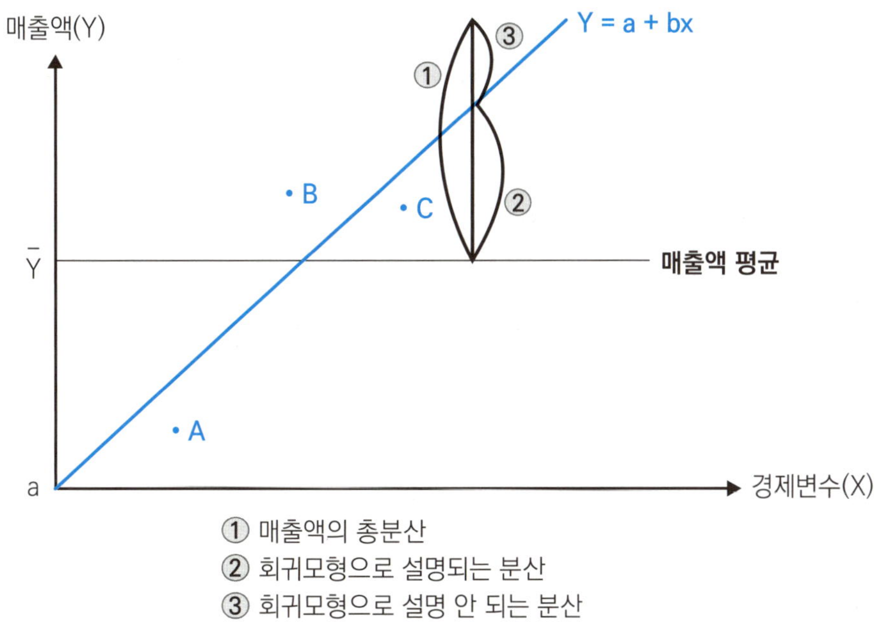

회귀식을 이용하는 경우에는 어떤 경제변수가 기업의 매출과 가장 밀접하게 관련을 맺고 있는지를 잘 판명해야 한다. 즉, 어떤 독립변수가 가장 논리적으로도 설득력이 있고 통계적으로도 합당한지를 찾아야 한다.

독립변수의 선정은 통계적으로는 상관분석이나 회귀분석을 통하여 상관계수가 높거나 회귀식의 결정계수(R^2)가 높은 것을 선정하게 되고, 경제적인 의미에 있어서의 기업의 매출이 어떤 경제변수에 가장 많은 영향을 받는지를 고려하여 동종업계가 어떤 경제지표를 많이 이용하는지를 참고하여 선정하는 것이 좋다.

회귀식의 결정계수(R^2)는 경제변수가 매출액의 변동을 얼마만큼 설명할 수 있느냐의 정도를 나타내는데 다음과 같이 계산한다.

$$R^2 = 1 - \frac{\text{회귀식으로 설명 안 되는 분산 합계}}{\text{매출액의 총분산 합계}}$$

또한 독립변수로 선정된 경제지표는 미래의 예상수치가 공표되어 현재 이용할 수 있어야 한다. 아무리 좋은 경제지표라도 예상치를 미리 알 수 없으면 매출액 추정에 이용할 수 없기 때문이다. 회귀분석을 이용하여 추정을 하는 경우는 과거의 자료로부터 회귀식을 계산해야 하므로 최소한 5년 정도의 과거자료를 준비해야 하는 것도 잊지 말아야 한다.

[예제 8-3] 회귀식에 의한 추정

종로회사의 2014년부터 2023년까지 10년간의 매출액(Y)과 매출액에 영향을 미치리라 예상되는 대리점 수(×)의 자료는 다음과 같다.

연 도	매출액	대리점 수	연 도	매출액	대리점 수
2014	400	0	2020	1,100	250
2015	500	80	2021	1,200	290
2016	650	100	2022	1,250	340
2017	870	120	2023	1,300	380
2018	890	160	2024(예상)		400
2019	1,000	200	2025(예상)		460

- Y절편(a) 384.2899
- Y추정값의 표준오차 108.7651
- R제곱(R^2) 0.894065
- 표본 수 10
- 자유도 8
- X계수(b) 2.671909
- X계수의 표준오차 0.325169

위의 결과를 이용하여 2024년과 2025년의 추정 매출액은 다음의 식과 같이 계산한다.

추정 매출액 = 384.29 + 2.67 × 대리점 수

위의 계산에 의해 2014년의 추정 매출액은 1,453이고, 2015년의 추정 매출액은 1,613으로 나타났다.

위 예제에서 보는 것처럼 회귀분석의 결과로 표시되는 값들을 이용하여 추정 매출액을 계산하는 데 있어서 회귀분석의 값이 무엇을 의미하는지는 통계학 서적을 참조해 알아볼 수도 있지만 이곳에서 몇 가지만 설명하기로 한다.

- Y절편(a) : 상수로서 큰 의미를 부여하지는 않는다.
- Y추정값의 표준오차 : 작을수록 좋다.
- R제곱(R^2) : 회귀식에 의해서 Y값의 변동(매출액의 변동)이 얼마만큼 나타나는지를 보이는 것으로 클수록 좋다. 예제에서는 97%의 설명력을 나타내고 있다.
- 표본 수 : 자료의 개수를 나타낸다. 예제에서는 자료 수가 10년간의 연간자료이므로 10이다.
- 자유도 : 표본 수에서 Y절편과 X계수를 공제한 값이다. 예제에서는 10-2=8이다.
- X계수(b) : 독립변수가 1단위 움직일 때 종속변수가 얼마만큼 움직이는지를 나타낸다. 예제에서는 대리점 수 1이 증가하면 매출이 80.37 증가하는 것을 나타내고 있다.
- X계수의 표준오차 : 독립변수의 표준오차로서 적을수록 좋다. 이 표준오차를 이용하여 X계수가 통계적으로 중요한지 여부를 t값으로 계산한다. 참고로 t값은 다음과 같이 계산하여 계산된 값을 t-분포도를 이용하여 중요 여부를 결정한다.

$$t값 = \frac{(X계수\ 집단\ 간\ 평균\ 차이 - X계수\ 집단의\ 모평균\ 차이)}{X계수\ 집단\ 간\ 평균\ 차이에\ 대한\ 표준오차}$$

위에서 매출액의 추정에 대한 몇 가지 방법을 제시하였는데, 방법의 적용에 앞서 추정하고자 하는 기업의 산업과 제품에 대하여 충분한 이해를 하는 것이 무엇보다도 중요하다. 해당 기업의 산업과 제품에 대한 이해를 충분히 하였다면 주관적 판단에 의한 추정이 오히려 현실적일 수 있다.

제 03 절

손익계산서 및 재무상태표 항목의 추정

1 추정 양식 및 모델

손익계산서와 재무상태표 항목의 추정을 위해서는 추정할 항목을 선정해 이를 표로 정리한 추정 양식을 만들고, 이렇게 선정한 추정 항목을 어떻게 예상하는가 하는 추정 모델을 결정해야 한다.

먼저 추정 손익계산서와 추정 재무상태표의 양식은 현행 재무제표 양식을 그대로 사용하는 방법도 있지만, 이는 항목이 너무 많고 별로 중요하지 않은 항목도 모두 추정에 포함시켜야 하므로 시간과 비용이 많이 소요되기 때문에 비효율적이다. 일반적으로 손익계산서와 재무상태표 항목 중 중요한 항목만을 선정해서 간략한 양식을 추정 양식으로 사용하게 된다. [표 8-1]과 [표 8-2]는 간략한 추정 손익계산서와 추정 재무상태표 양식의 예를 각각 보여준다.

[표 8-1] 추정 손익계산서 양식 - 손익계산서

회사명 : (단위 : 백만 원)

과 목	2××1. 12. 31	2××2. 12. 31
매출액		
매출원가		
매출총이익		
판매비와 관리비		
인건비(퇴직급여 제외)		
감가상각비		
퇴직급여		
기타 판매비와 관리비		
영업이익		
영업외수익		
이자수익		
기타영업외수익		

과 목	2××1. 12. 31	2××2. 12. 31
영업외비용		
이자비용		
기타영업외비용		
법인세비용차감전순이익		
법인세비용		
당기순이익		

[표 8-2] 추정 재무상태표 양식 - 재무상태표

회사명 :

(단위 : 백만 원)

과 목	2××1. 12. 31	2××2. 12. 31
자산		
Ⅰ. 유동자산		
(1) 당좌자산		
1. 현금및현금성자산		
2. 단기투자자산		
3. 매출채권		
4. 기타 당좌자산		
(2) 재고자산		
Ⅱ. 비유동자산		
(1) 투자자산		
(2) 유형자산		
1. 토지		
2. 건물등		
(감가상각누계액)		
(3) 무형자산		
(4) 기타비유동자산		
부채		
Ⅰ. 유동부채		
(1) 매입채무		
(2) 단기차입금		
(3) 당기법인세부채		
(4) 기타유동부채		
Ⅱ. 비유동부채		
(1) 사채		
(2) 장기차입금		
(3) 퇴직급여충당부채		
(4) 기타비유동부채		
자본		
Ⅰ. 자본금		

과 목	2××1. 12. 31	2××2. 12. 31
Ⅱ. 자본잉여금		
(1) 주식발행초과금		
(2) 기타자본잉여금		
Ⅲ. 자본조정		
Ⅳ. 기타포괄손익누계액		
Ⅴ. 이익잉여금(또는 결손금)		
(1) 법정준비금		
(2) 임의적립금		
(3) 미처분이익잉여금		

추정 양식이 선정된 다음에는 각 추정 항목들을 어떤 관계식으로 예측할 것인가 하는 추정 모델을 결정해야 한다. 예를 들어 앞에서 설명한 매출액의 추정처럼 여러 가지 방법 중 한 가지를 사용해서 과거의 성장률을 이용한다든가, 아니면 시장점유율을 이용해서 추정을 하는 식으로 추정 모델을 결정하는 것이다.

2 손익계산서 항목의 추정

손익계산서의 추정은 추정된 매출액을 근거로 하여 나머지 손익계산서 항목에 대한 추정을 하는 것이다.

먼저 매출원가에 대한 추정을 한다. 매출원가는 매출액과 직접 관계가 있다. 매출원가의 추정에는 매출원가율(매출원가/매출액)을 이용하는 방법이 일반적으로 많이 이용된다.

추정 매출원가 = 추정 매출액 × 평균 매출원가율

평균 매출원가율은 과거의 매출액과 매출원가 자료를 이용하여 계산하지만 미래에 변동될 요인을 고려하여 매출원가율을 산정해야 한다. 특히 제조업의 경우에는 제조원가가 어떻게 변동될 것인지를 예상하여 물가상승률에 따른 영향, 인건비 및 제조경비의 변동 상황을 고려하여 매출원가율을 조정하는 것이 좋다.

제조업의 경우 매출원가에 포함되는 감가상각비 등의 고정비와 퇴직급여는 별도의 추정이 필요하다. 감가상각비와 퇴직급여는 비현금비용이므로 향후 현금흐름표 추정 시 감안되어야 하기 때문이다.

매출원가의 추정 후에는 판매비와 관리비를 추정하게 된다. 판매비와 관리비에 포함되는 항목 중 대부분은 매출액과 상관관계가 높기 때문에 추정 매출액에 매출액에 대한 일정 비율을 곱하여 계산할 수 있다. 예를 들어 판매원의 인건비나 판촉비, 조세·공과금과 같은 항목은 과거의 매출액에 대한 일정 비율이 앞으로도 유지될 것으로 예상하고 추정하게 된다.

판매비와 관리비 = 추정 매출액 × 매출액에 대한 비율

그러나 판매비와 관리비 중에는 매출액과 직접적인 관련성이 적은 항목도 있다. 과거의 자료를 검토하여 매출액과의 관련성이 별로 없는 비용 항목에 대해서는 별도의 산식을 이용하거나 전년도의 수치 또는 전년도의 수치에 평균증가율을 곱하여 계산할 수 있다.

예를 들어 감가상각비의 경우는 기계설비투자에 대한 계획을 참조하여 유형자산의 기말잔액을 추정한 후 과거의 평균상각률을 곱하여 계산한다.

추정감가상각비 = 유형자산의 잔액 × 평균상각률

경상개발비의 경우는 경영자의 연구개발계획에 따라 달라질 수 있으므로 연구개발계획안에 따른 금액으로 하거나 과거의 매출액 대비 일정 비율, 또는 과거의 증가율을 곱하여 예측하게 된다.

판매비와 관리비를 더욱 간단하게 추정하는 경우에는 매출액에 대한 판매비와 관리비 추세를 점검하여 회귀분석을 통해 추정하는 방법도 있다.

영업외수익과 영업외비용 항목의 추정 역시 매출액과 상관관계가 높은 항목에 대해서는 추정 매출액에 일정 비율을 곱하여 계산할 수 있다. 그러나 매출액보다는 다른 항목과 관련이 있는 수익이나 비용, 예를 들어 이자수익이나 배당금수익, 이자비용과 같은 항목은 재무상태표의 대여금과 투자자산의 잔액, 그리고 차입금의 잔액에 이자율을 곱하여 추정하게 된다.

이자수익(이자비용) 추정 = 추정예금(차입금) 잔액 × 이자율

유형자산처분손익의 추정은 회사의 유형자산처분계획 등을 참고하여 장부가액과 예상판매가의 차액을 추정하는 것이다.

영업외수익이나 영업외비용 중 다른 항목과 관련해서 추정하기 곤란한 경우는 전년도 금액에 일정 증가율을 곱하여 추정한다.

마지막으로 추정 법인세는 세 차감 전 순이익에 법인세율을 곱하여 계산한다.

법인세 = 추정 세 차감 전 순이익 × 법인세율

여기서 법인세율은 세법에 정해진 법인세율과 법인세에 부가되는 세율(예 : 주민세율)을 기본으로 하고, 회사의 과거 법인세부담률을 감안하여 정한다. 기업회계와 세무회계의 영구적 차이가 많은 기업이나 세액공제 등이 있는 기업의 경우에는 세법에 정해진 법인세율과 법인세부담률이 서로 다르기 때문이다.

지금까지 설명한 매출액부터 법인세까지의 추정 모델을 요약하면 [표 8-3]과 같다.

[표 8-3] 손익계산서의 추정 모델

추정항목	추정 모델
1. 매출액	평균증가율법, 시장점유율법, 또는 회귀분석
2. 매출원가	추정매출액 × 평균매출원가율(단, 감가상각비와 퇴직급여는 별도 고려)
3. 판매비와 관리비	
• 매출액과 관련 깊은 항목	추정매출액 × 매출액에 대한 일정비율
• 감가상각비	고정설비보유액 × 평균상각율
• 기타항목	전년도 금액 × 증가율 (단, 간단히 추정하는 경우에는 매출액에 대한 판매비 관리비를 회귀분석하여 추정)
4. 영업외수익(비용)	
• 이자수익(이자비용)	대여금 또는 투자자산(차입금)잔액 × 이자율
• 유형자산처분손(익)	유형자산처분계획 참조 예상판매가 − 장부가액
• 기타항목	전년도금액 × 증가율
5. 법인세	추정세차감전순이익 × 법인세율

3 재무상태표 항목의 추정

재무상태표 항목의 추정은 영업활동과 관련된 유동자산 및 유동부채 항목의 추정으로 시작한다. 영업활동의 중심인 매출과 관련된 유동자산은 매출채권과 재고자산이 있고 유동부채로는 매입채무와 미지급비용이 있다.

매출채권의 추정은 일반적으로 추정 매출액에 과거 매출채권회전율의 역수로 취한 값을 곱하여 계산한다.

$$\text{추정 매출채권} = \text{추정 매출액} \times \frac{\text{매출채권}}{\text{매출액}}$$

재고자산은 매출액보다 매출원가와의 상관관계가 높기 때문에 매출원가와 대비한 과거의 재고자산회전율의 역수를 추정 매출원가에 곱하여 추정한다.

$$추정\ 재고자산 = 추정\ 매출원가 \times \frac{재고자산}{매출원가}$$

매입채무는 매출원가와 상관관계가 높기 때문에 추정 매출원가에 매입채무회전율의 역수를 곱하여 추정한다.

$$추정\ 매입채무 = 추정\ 매출원가 \times \frac{매입채무}{매출원가}$$

미지급비용은 매출원가 또는 판매비 및 관리비와 상관관계가 높은 것이 일반적이다. 따라서 매출원가에 대한 일정 비율 또는 판매비 및 관리비에 대한 일정 비율을 추정 매출원가나 추정 판매비 및 관리비와 곱하여 추정한다.

$$추정\ 미지급비용 = 추정\ 매출원가(판매비와\ 관리비) \times \frac{미지급비용}{매출원가(판매비와\ 관리비)}$$

당기법인세부채는 법인세의 일정 비율만큼이 기말에 미지급되는 것이므로 과거의 미지급 비율을 추정 법인세에 곱해서 추정한다.

$$추정\ 당기법인세부채 = 추정\ 법인세 \times \frac{당기법인세부채}{법인세}$$

현금및현금성자산 역시 매출액에 대한 일정 비율만큼을 보유하는 것으로 가정하고 일단 추정 매출액에 일정 비율을 곱해서 추정하는 것이 일반적이다.

그리고 재무상태표 추정 맨 마지막에 현금 과부족 금액을 가감한다.

$$추정\ 현금및현금성자산 = 추정\ 매출액 \times 현금및현금성자산 / 매출액$$

영업활동과 관련된 운전자본 항목의 추정 후에는 단기투자자산, 대여금, 기타 당좌자산, 기타 유동자산과 차입금을 제외한 기타 유동부채의 추정을 하게 된다. 일반적으로 단기투자자산이나 대여금의 경우는 자금의 운용계획을 참조해서 추정하며, 나머지 항목은 전년도와 동일한 수준을 유지하든지, 아니면 재무상태표 항목의 평균증가율만큼 증가하는 것으로 추정하게 된다.

기타 유동자산, 기타 부채 항목 = 전년도금액 또는 조정액

유동자산과 기타 유동부채의 추정 후에는 투자자산 및 유형자산에 대한 추정을 한다. 투자자산의 추정은 기업의 투자계획을 참고하여 이루어진다. 기존의 투자자산 처분이나 신규투자자산의 취득에 대한 회사의 계획은 영업보고서 또는 기업의 장기 발전전략보고서 등을 통하여 얻을 수 있다. 만일 기업의 투자계획을 알 수 없는 경우에는 전년도 수준의 투자자산이 유지되는 것으로 추정하든지, 아니면 자산총액의 전년도 구성비율을 적용하여 추정하게 된다.

이 경우는 자산총액이 매출액 증가율만큼 증가되는 것으로 예상된다면, 결국 매출액 증가율만큼 투자자산이 증가하는 것으로 계산한다.

추정 투자자산 = 투자자산 잔액 × (1 + 매출액 증가율)

유형자산의 추정은 기업의 시설투자계획, 유형자산처분계획을 참고하여 이루어진다. 시설투자계획은 기업의 추정 매출액과 관련해서 검토해야 한다. 추정 매출액이 현재의 시설로 이루어질 수 있는지, 아니면 새로운 시설투자가 있어야 가능한지 여부를 살펴보고 시설투자계획의 적정성을 확인한다. 이 경우 과거의 설비자산 분석을 해야 하는데 기계설비의 내용연수, 가동률, 설비회전율, 설비이용도, 감가상각비율 등을 계산하여 분석한다. 이렇게 분석한 후의 추정 유형자산가액은 시설투자액을 가산하고 처분액을 차감하여 계산한다.

추정유형 자산 = 전년도 잔액 + 추가 투자액 − 처분액 − 감가상각액

자산 항목의 추정이 끝나면 부채 및 자본 항목의 추정을 하게 된다. 부채 및 자본 항목의 추정은 크게 세 가지로 나누어서 하는 것이 효과적이다. 첫째는 영업활동과 관련된 매입채무, 미지급비용 등의 추정이고, 둘째는 퇴직급여충당부채와 같은 충당부채의 추정이며, 마지막으로 차입금, 사채, 자본 항목의 추정으로 자금조달계획에 근거한 것이다.

영업활동과 관련한 매입채무 등의 추정은 매출채권 등의 추정과 함께 하는 것을 설명하였다. 퇴직급여충당부채와 같은 충당부채는 과거 인건비의 얼마만큼이 충당부채로 전입되고 또 퇴직금으로 지급되는지에 대한 자료를 근거로 하여 추정한다.

추정 충당부채 = 전년도 잔액 + 예상추가전입액 − 지급액

차입금과 사채, 자본 항목의 추정은 자금조달계획을 참고하여 추정하게 된다. 전체적인 추가자금 소요액은 추정된 총자산에서 매입채무 및 충당부채의 추정액을 차감하고 전년도의 차입금 및

자본 잔액, 차입금 및 사채의 상환액, 배당금 지급액을 차감하여 계산한다.

추가자금 소요액(자금 과부족 조정)
〈총자산 추정액〉
(차감) 매입채무 등 영업 관련 추정부 채
(차감) 충당부채 추정액
(차감) 차입금, 사채, 자본의 전년도 잔액
(가산) 차입금, 사채 등의 금기 상환액
= 추정 추가자금 소요액

자금소요액이 추정되면 이 중에서 내부조달액과 외부조달액을 구분하여 추정한다. 우선 내부조달액은 손익계산서 항목의 추정에서 계산된 당기순이익에서 비현금 항목을 가산한 영업활동 현금조달액과 유상증자금액을 예상하여 추정한다.

내부자금 조달액
① 당기순이익 + 비현금조정 항목
② 유상증자

내부자금 조달액의 검토가 끝나면 자본 항목의 추정액을 다음과 같이 계산한다.

추정 자본 = 전년도 잔액 + 유상증자액
추정 이익잉여금 = 전년도 잔액 + 순이익 - 배당금

총자금 소요액에서 내부자금 조달액을 차감하면 차입금 및 사채로 조달해야 할 외부자금 규모를 추정할 수 있다.

차입금 및 사채의 추정은 상환해야 할 금액, 상환 시기, 신규 차입해야 할 금액과 차입할 수 있는 여건 등을 고려하여 자금조달계획의 적정성 여부를 판단해서 추정해야 한다. 만일 외부자금 조달계획이 현실성이 없으면 내부자금 조달이 가능한지 여부를 확인하고, 내부자금 조달 역시 곤란한 경우는 투자자산이나 고정설비투자 액수의 조정이나 처분 등을 통하여 자금 조달이 되도록 한다.

이같이 추가자금 소요액의 조달 검토가 끝나면 차입금 및 사채의 추정액은 다음의 공식으로 계산된다.

추정 차입금 및 사채 = 전년도 잔액 + 신규 차입액 - 상환액

이어 앞서 추정하였던 이자비용을 수정하고 관련 순이익과 이익잉여금 및 현금계정을 수정함으로써 추정 절차를 완료한다.

재무상태표 항목의 추정 모델을 요약하면 [표 8-4]와 같다.

[표 8-4] 재무상태표의 추정 모델

추정항목	추정 모델
1. 매출채권	추정 매출액 × 매출채권 / 매출액
2. 재고자산	추정 매출원가 × 재고자산 / 매출원가
3. 매입채무	추정 매출원가 × 매입채무 / 매출원가
4. 미지급비용	추정 매출원가(또는 판매비와 관리비) × 미지급비용 / 매출원가(또는 판매비와 관리비)
5. 당기법인세부채	추정 법인세 × 당기법인세부채 / 법인세
6. 현금및현금성자산	(추정 매출액 × 현금및현금성자산 / 매출액) + 조정액
7. 기타 유동자산(부채)	전년도 금액 + 조정액
8. 투자자산	투자자산 잔액 × (1 + 매출액증가율)
9. 유형자산	전년도 잔액 + 추가투 자액 - 처분액 - 감가상각액
10. 충당부채	전년도 잔액 + 추가 전입액 - 지급액
11. 자본	전년도 잔액 + 유상증자액
12. 이익잉여금	전년도 잔액 + 순이익 - 배당금
13. 차입금 및 사채	전년도 잔액 + 신규 차입액 - 상환액

4 추정 사례

을지회사의 재무상태표와 손익계산서가 [표 8-5], [표 8-6]과 같다고 할 때 2××3년도의 추정 재무제표를 작성하는 방법을 살펴보기로 한다.

[표 8-5] 을지회사의 재무상태표

(단위 : 백만 원)

과 목	2××1	2××2
자산	82,112	104,376
Ⅰ. 유동자산	33,677	43,451
(1) 당좌자산	24,437	35,408
1. 현금및현금성자산	2,538	5,281
2. 단기투자자산	143	128
3. 매출채권	20,974	28,842
4. 미수수익	782	1,158
(2) 재고자산	9,239	8,043

과　　　목	2××1	2××2
Ⅱ. 비유동자산	48,435	60,925
(1) 투자자산	15,180	19,292
(2) 유형자산	33,135	41,506
1. 토지	3,415	5,051
2. 건물 등	72,764	82,357
(감가상각누계액)	(43,043)	(45,902)
(3) 무형자산	121	127
(4) 기타비유동자산	31,237	49,798
부채		
Ⅰ. 유동부채	24,997	30,710
1. 매입채무	7,160	8,196
2. 단기차입금	14,275	17,691
3. 당기법인세부채	598	679
4. 기타 유동부채	2,965	4,144
Ⅱ. 비유동부채	6,240	19,089
1. 사채	0	8,000
2. 장기차입금	5,000	9,833
3. 퇴직급여충당부채	1,240	970
4. 기타 비유동부채	0	285
자본		
Ⅰ. 자본금	50,875	54,578
Ⅱ. 자본잉여금	21,000	21,000
1. 주식발행초과금	12,102	12,394
2. 기타 자본잉여금	11,715	11,715
Ⅲ. 자본조정	388(5,767)	679(4,527)
Ⅳ. 기타 포괄손익누계액	99	45
Ⅴ. 이익잉여금(또는 결손금)	23,440	25,666
1. 법정적립금	696	846
2. 임의적립금	19,323	20,993
3. 미처분이익잉여금	3,422	3,828
(당기순이익)	(3,326)	(3,726)
부채와 자본총계	82,112	104,376

[표 8-6] 을지회사의 손익계산서

(단위 : 백만 원)

과　　　목	2××1	2××2
Ⅰ. 매출액	79,736	97,063
Ⅱ. 매출원가	65,678	80,491
Ⅲ. 매출총이익	14,058	16,572

과 목	2××1	2××2
Ⅳ. 판매비와 관리비	11,146	12,424
1. 인건비	4,347	4,735
2. 감가상각비	466	491
3. 기타 판관비	6,334	7,198
Ⅴ. 영업이익	2,911	4,149
Ⅵ. 영업외수익	2,299	2,110
1. 이자수익	734	867
2. 기타 영업외수익	1,565	1,244
Ⅶ. 영업외비용	1,125	1,562
1. 이자비용	771	1,419
2. 기타 영업외비용	354	143
Ⅷ. 법인세비용차감전순이익	4,086	4,696
Ⅸ. 법인세비용	760	970
Ⅹ. 당기순이익	3,326	3,726

4-1. 손익계산서 항목의 추정

♣ 추정 매출액

2××3년의 추정 매출액은 2××2년의 매출액에 과거 평균증가율을 곱하여 계산하기로 한다. 과거 3년간의 평균증가율이 22%라고 가정할 때 2××3년의 매출액은 다음과 같다.

2××3년 매출액 = 2××2년 매출액 × (1 + 증가율)
= 97,063 × (1.22) = 118,417

♣ 추정 매출원가

매출원가의 추정 모델은 추정 매출액에 과거의 매출원가율을 적용하는 것으로 하며, 과거의 평균 매출원가율은 83%로 계산되었다. 2××3년의 추정 매출원가는 다음과 같다.

2××3년 매출원가 = 2××2년 매출액 × 매출원가율
= 118,417 × 0.83 = 98,286

♣ 추정 인건비

2××2년도의 인건비가 매출 증가율만큼 증가하는 것으로 가정하였다. 이는 인건비가 영업활동 증가와 밀접한 관련이 있다는 근거에 따른 것이다.

2××3년 인건비 = 2××2년 인건비 × (1 + 매출증가율)
= 4,735 × (1.22) = 5,777

♣ 추정 감가상각비

2××3년의 감가상각 대상 자산의 추정액에 과거 평균 감가상각률(일반관리비 항목)을 곱하여 계산하기로 한다. 일반관리비 항목에 대한 평균 감가상각률은 0.6%이며 2××3년의 감가상각 대상 자산의 추정액은 87,357이라고 가정한다.

2××3년 감가상각비 = 2××2년 감가상각 대상 자산 추정액 × 평균상각률
= 87,357 × 0.006 = 524

♣ 추정 기타 판매비와 관리비

전년도의 금액이 일정 증가율만큼 증가하는 것으로 가정한다. 증가율은 10%로 예상한다.

2××3년 기타 판매비와 관리비 = 2××2년 기타 판매비와 관리비 × (1 + 증가율)
= 7,198 × (1.1) = 7,918

♣ 추정 이자수익

추정 투자자산 가액에 과거의 평균 이자수익률을 곱하여 추정하기로 한다. 2××3년 투자자산 추정액은 20,257이며 평균 이자수익률은 4.5%로 계산되었다.

2××3년 이자수익 = 2××3년 투자자산 × 평균 이자수익률
= 20,257 × 0.045 = 912

♣ 추정 기타 영업외수익

전년의 금액이 일정 증가율만큼 증가하는 것으로 가정하였다. 증가율은 10%로 예상한다.

2××3년 기타 영업외수익 = 2××2년 기타 영업외수익 × (1 + 증가율)
= 1,244 × 1.1 = 1,368

♣ 추정 이자비용

추정 차입금액에 과거 이자비용률을 곱하여 추정하기로 한다. 2××3년의 차입금액은 단기차입금 21,937, 사채 13,000, 장기차입금 11,997, 계 46,933으로 예상되었으며 2××3년 이자비용률은 5.5%로 예상되었다.

2××3년 이자비용 = 2××3년 차입금잔액 × 평균이자비용률
= 46,933×0.055 = 2,581

♣ 추정 기타 영업외비용

전년 금액이 일정률만큼 증가하는 것으로 가정한다. 증가율은 10%로 예상한다.

2××3년 기타 영업외비용 = 2××2년 기타 영업외비용 × (1 + 증가율)
= 143 × 1.1 = 158

♣ 추정 법인세비용

추정 법인세 차감 전 순이익에 과거 평균법인세율을 곱하여 추정하기로 한다. 과거 법인 세율은 21%로 계산되었다.

2××3년 법인세비용 = 2××3년 세차감전 순이익 × 과거 평균법인세율
= 5,453 × 0.21 = 1,145

위의 추정이 완료된 후의 추정 손익계산서를 작성하면 [표 8-7]과 같다.

[표 8-7] 완성된 추정 손익계산서

을지회사 (단위 : 백만 원)

과 목	2××1	2××2	2××3(추정)
Ⅰ. 매출액	79,736	97,063	118,417
Ⅱ. 매출원가	65,678	80,491	98,286
Ⅲ. 매출총이익	14,058	16,572	20,131
Ⅳ. 판매비와 관리비	11,146	12,424	14,219
1. 인건비	4,347	4,735	5,777
2. 감가상각비	466	491	524
3. 기타 판관비	6,334	7,198	7,918
Ⅴ. 영업이익	2,911	4,149	2,280
Ⅵ. 영업외수익	2,299	2,110	2,236
1. 이자수익	734	867	912
2. 기타 영업외수익	1,565	1,244	1,368
Ⅶ. 영업외비용	1,125	1,562	2,739
1. 이자비용	771	1,419	2,581
2. 기타 영업외비용	354	143	158
Ⅷ. 법인세비용차감전순이익	4,086	4,696	5,453
Ⅸ. 법인세비용	760	970	1,145
Ⅹ. 당기순이익	3,326	3,726	4,308

4-2. 재무상태표 항목의 추정

♣ 추정 현금및현금성자산

현금및현금성자산은 추정 매출액의 일정 비율이 보유되는 것으로 추정한다. 과거 현금및현금성자산의 매출액에 대한 비율은 5.4%로 나타났다.

2××3년 현금및현금성자산 = 2××3년 매출액 × 현금및현금성자산 비율
= 118,417 × 0.054 = 6,395

♣ 추정 단기투자자산

단기투자자산은 전년도 금액에 일정 증가율만큼 증가하는 금액을 합하는 것으로 추정한다. 예상 증가율은 5%이다.

2××3년 단기투자자산 = 2××2년 단기투자자산 × (1 + 증가율)
= 128 × (1.05) = 134

♣ 추정 매출채권

매출채권은 2××3년 추정 매출액에 과거 매출채권회전율의 역수(매출채권의 매출액 비율)를 곱하여 추정한다. 매출채권의 매출액 비율은 평균 30%로 나타났다.

2××3년 매출채권 = 2××3년 매출액 × 매출채권 비율
= 118,417 × 0.3 = 35,525

♣ 추정 미수수익

미수수익은 2××2년의 금액에 일정 증가율만큼 증가하는 것으로 추정한다. 증가율은 5%로 예상한다.

2××3년 미수수익 = 2××2년 미수수익 × (1 + 증가율)
= 1,158 × 1.05 = 1,215

♣ 추정 재고자산

재고자산은 2××3년의 추정 매출원가에 과거 평균 재고자산의 매출원가에 대한 비율을 곱하여 추정한다. 과거 평균 재고자산 비율은 10%로 계산되었다.

2××3년 재고자산 = 2××3년 추정 매출원가 × 평균재고자산비율
= 98,286 × 0.1 = 9,829

♣ 추정 투자자산

투자자산의 추정은 2××2년의 금액에 일정 증가율을 적용하여 계산하기로 한다. 증가율은 5%로 예상한다.

2××3년 투자자산 = 2××2년 투자자산 × (1 + 증가율)
= 19,292 × 1.05 = 20,257

♣ 추정 토지

토지는 2××2년의 금액이 2××3년에도 변동이 없는 것으로 추정한다.

2××3년 토지 = 2××2년 토지 = 5,051

♣ 추정 건물 등

건물 등의 감가 대상 자산은 전년 금액에서 일정 금액의 증가로 추정한다. 2××3년의 증가액은 5,000으로 예상한다.

2××3년 건물 등 = 2××2년 건물 등 + 증가예상액
= 82,357 + 5,000 = 87,357

♣ 추정 감가상각누계액

감가상각누계액은 건물 등의 2××3년 추정액에 평균 상각률을 곱하여 계산한 당기 상각액에 2××2년 잔액을 합하여 추정한다. 과거 평균 상각률은 5%로 계산되었다.

2××3년 감가상각누계액 = 2××2년 감가상각누계액 + (건물 등 2××3년 추정액 × 평균 상각률)
= 45,902 + (87,357 × 0.05) = 50,270

♣ 추정 무형자산

무형자산은 2××2년의 금액이 변동 없는 것으로 추정한다.

2××3년 무형자산 = 2××2년 무형자산 = 127

♣ 추정 매입채무

매입채무는 2××3년의 추정 재고자산 금액에 매입채무의 재고자산에 대한 비율을 곱하여 추정한다. 과거 매입채무의 평균비율은 102%로 계산되었다.

2××3년 매입채무 = 2××3년 추정 재고자산 × 매입채무 비율
= 9,829 × 1.02 = 10,025

♣ 추정 단기차입금

단기차입금은 2××2년의 금액에 일정 증가율을 적용하여 추정한다. 증가율은 24%로 예상한다.

2××3년 단기차입금 = 2××2년 단기차입금 × (1 + 증가율)
= 17,691 × 1.24 = 21,937

♣ 추정 당기법인세부채

당기법인세부채는 2××3년 추정 법인세액에 과거 당기법인세부채율을 곱하여 추정한다. 과거의 당기법인세부채율 평균은 70%로 계산된다.

2××3년 당기법인세부채 = 2××3년 추정 법인세 × 당기법인세부채율
= 1,145 × 0.7 = 802

♣ 추정 기타 유동부채

기타 유동부채는 2××2년의 금액에 일정 증가율을 적용하여 추정한다. 증가율은 10%로 예상한다.

2××3년 기타 유동부채 = 2××2년 기타 유동부채 × (1 + 증가율)
= 4,144 × 1.1 = 4,558

♣ 추정 사채

사채는 2××2년 금액에 일정액의 증가를 합하여 추정한다. 2××3년의 증가예상액은 5,000이라고 가정한다.

2××3년 사채 = 2××2년 사채 + 증가액
= 8,000 + 5,000 = 13,000

♣ 추정 장기차입금

장기차입금은 2××2년 금액에 일정 증가율을 적용하여 추정한다. 매출 증가율은 22%를 예상한다.

2××3년 장기차입금 = 2××2년 장기차입금 × (1 + 증가율)
= 9,833 × 1.22 = 11,997

♣ 추정 퇴직급여충당부채

퇴직급여충당부채는 2××2년 금액에 2××3년 인건비 증가율을 적용하여 추정한다. 인건비 증가율은 22%로 예상한다.

2××3년 퇴직급여충당금 = 2××2년 퇴직급여충당금 × (1 + 증가율)
= 970 × 1.22 = 1,183

♣ 추정 기타 비유동부채

기타 비유동부채는 2××2년 금액이 변동 없는 것으로 추정한다.

2××3년 기타 고정부채 = 2××2년 기타 고정부채
= 285

♣ 추정 자본금, 자본잉여금, 자본조정, 기타 포괄손익누계액

이 항목은 2××2년의 금액이 변동 없이 그대로 유지되는 것으로 추정한다.

2××3년 자본금 = 2××2년 자본금 = 21,000
2××3년 자본잉여금 = 2××2년 자본잉여금 = 12,394
2××3년 자본조정 = 2××2년 자본조정 = (4,527)
2××3년 기타 포괄손익누계액 = 2××2년 기타 포괄손익누계액 = 45

♣ 추정 법정적립금, 임의적립금

이 항목들 역시 2××2년 금액에 일정액의 증가액을 합하여 추정한다. 법정적립금의 2××3년 증가액은 150, 임의적립금의 증가액은 2,000으로 예상한다.

2××3년 법정적립금 = 2××2년 법정적립금 + 증가액
= 846 + 150 = 996
2××3년 임의적립금 = 2××2년 임의적립금 + 증가액
= 20,993 + 2,000 = 22,993

♣ 추정 미처분이익잉여금

미처분이익잉여금은 2××2년말 미처분이익잉여금에 2××3년 당기순이익을 가산하고 2××2년말 이익잉여금처분사항을 차감하여 계산한다. 2××2년의 배당금을 공제하고 법정적립금은 차감하고 임의적립금 증가액을 공제하여 추정한다.

2××3년 미처분이익잉여금 = 2××2년말 미처분이익잉여금 + 당기순이익
- 2××2년 배당금 - 법정적립금 증가액 - 임의적립금 증가액
= 3,828 + 4,308 - 1,500 - 150 - 2,000
= 4,485

♣ 현금및현금성자산(플러그) 조정

재무상태표의 각 항목의 추정이 끝나면 추정 재무상태표를 작성하여 차변 합계와 대변 합계를 계산하여 양자가 일치하는지를 확인해야 한다. 이 경우 두 금액에 차이가 생기기 마련인데, 이는 추정 모델이 현실적으로 발생한 거래에 근거한 것이 아니고 다양한 추정 모델에 의해서 계산되었기 때문이다.

두 금액의 차이를 최종적으로 현금및현금성자산 계정에서 조정한다. 본 사례에서는 2××3년 자산의 합계가 2××3년 부채 및 자본의 합계보다 5,552만큼 작기 때문에 현금및현금성자산에서 가산한다.

2××3년 현금및현금성자산 조정액 = 2××3년 자산 합계 - 2××3년 부채자본 합계
= 115,620 - 121,172 = 5,552
2××3년 현금및현금성자산 최종잔액 = 현금및현금성자산 추정액 + 조정액
= 6,395 + 5,552 = 12,566

만약 위의 현금및현금성자산금액이 회사의 평균 현금보유액보다 너무 과다하다고 생각되면, 차입금 조달예상액을 차감하여 관련 이자비용과 법인세비용 등의 손익항목과 재무상태표 자산, 부채 및 잉여금 항목 추정치를 수정하여 추정 재무상태표와 손익계산서를 재작성하여야 한다.

이렇게 하여 추정된 재무상태표 각 항목을 정리하여 추정 재무상태표를 작성하면 [표 8- 8]과 같다.

[표 8-8] 완성된 추정 재무상태표

을지회사 (단위 : 백만 원)

과 목	2××1	2××2	2××3(추정)
자산	82,112	104,376	121,172
Ⅰ. 유동자산	33,677	43,451	58,650
(1) 당좌자산	24,437	35,408	48,822
1. 현금및현금성자산	2,538	5,281	11,947
2. 단기투자자산	143	128	134
3. 매출채권	20,974	28,842	35,525
4. 미수수익	782	1,158	1,215
(2) 재고자산	9,239	8,043	9,829

과 목	2××1	2××2	2××3(추정)
Ⅱ. 비유동자산	48,435	60,925	62,522
(1) 투자자산	15,180	19,292	20,257
(2) 유형자산	33,135	41,506	42,138
1. 토지	3,415	5,051	5,051
2. 건물 등	72,764	82,357	87,357
(감가상각누계액)	(43,043)	(45,902)	(50,270)
(3) 무형자산	121	127	127
(4) 기타비유동자산	-	-	-
부채	31,237	49,798	63,787
Ⅰ. 유동부채	24,997	30,710	37,321
1. 매입채무	7,160	8,196	10,025
2. 단기차입금	14,275	17,691	21,937
3. 당기법인세부채	598	679	802
4. 기타 유동부채	2,965	4,144	4,558
Ⅱ. 비유동부채	6,240	19,089	26,465
1. 사채	0	8,000	13,000
2. 장기차입금	5,000	9,833	11,997
3. 퇴직급여충당부채	1,240	970	1,183
4. 기타 비유동부채	0	285	285
자본	50,875	54,578	57,386
Ⅰ. 자본금	21,000	21,000	21,000
Ⅱ. 자본잉여금	12,102	12,394	12,394
1. 주식발행초과금	11,715	11,715	11,715
2. 기타 자본잉여금	388	679	679
Ⅲ. 자본조정	(5,767)	(4,527)	(4,527)
Ⅳ. 기타 포괄손익누계액	99	45	45
Ⅴ. 이익잉여금(또는 결손금)	23,440	25,666	28,473
1. 법정적립금	696	846	996
2. 임의적립금	19,323	20,993	22,993
3. 미처분이익잉여금	3,422	3,828	4,485
(당기순이익)	(3,326)	(3,726)	(4,308)
부채와 자본총계	82,112	104,376	121,172

제 04 절

현금흐름의 추정

손익계산서와 재무상태표의 추정이 완료되면 추정 현금흐름표는 앞에서 배웠던 방법으로 작성된다. 신용분석자는 추정된 현금흐름표를 토대로 해당 기업의 차입원리금 상환능력 여부 등에 대하여 최종적으로 판단하게 된다. 추정 현금흐름표의 양식은 기존의 재무제표 양식을 그대로 사용하는 것보다는 간략히 표시하여 작성하거나 현금수지분석표 양식을 사용하는 것이 합리적이다. [표 8-9]는 추정 현금흐름표의 양식을 보여준다.

[표 8-9] 추정 현금흐름표의 양식(예)

(단위 : 백만 원)

과 목	2××1	2××2	2××3(추정)
Ⅰ. 영업활동 현금흐름			
1. 현금유입액			
가. 매출 등 현금유입 매출			
매출채권 증감			
나. 이자수익 및 배당금 유입 및			
미수수익 증감			
다. 기타 영업외수익			
2. 현금유출액			
가. 매입 및 인건비 유출 매출원가			
인건비			
감가상각비 및 비현금 항목			
재고자산 증감			
매입채무 증감			
나. 기타 판매비와 관리비 유출액			
다. 이자비용 유출액			
라, 법인세비용 유출액			
마. 기타 영업외비용 등			
Ⅱ. 투자활동 현금흐름			
가. 단기투자자산의 증감			
나. 투자자산의 증감			

과 목	2××1	2××2	2××3(추정)
다. 유형자산의 증감			
토지 증감			
건물 등 증감			
라. 무형자산의 증감			
Ⅲ. 재무활동 현금흐름			
가. 단기차입금의 증감			
나. 비유동부채의 증감			
사채 증감			
장기차입금 증감			
다. 자본의 증감 라. 배당금 지급			
Ⅳ. 현금 증가(감소)			
Ⅴ. 기초현금			
Ⅵ. 기말현금			

추정 현금흐름표의 작성은 손익계산서 및 재무상태표 항목의 추정 과정에서 계산된 자산, 부채, 자본의 변동사항 중 현금의 변동이 있는 부분만을 다시 정리하여 계산하게 된다.

추정 현금흐름표 항목의 작성 사례를 앞의 을지회사 2××3년 추정 재무상태표와 추정 손익계산서 사례를 이용하여 살펴보기로 한다.

♣ 매출

추정 손익계산서에 있는 2××3년 추정 매출액이다.

2××3년 매출액 = 118,417

♣ 매출채권 증감

2××2년 매출채권 잔액에서 2××3년 추정 매출채권 잔액을 차감한 금액이다. 만일 2××3년 추정 매출채권 잔액이 2××2년 매출채권 잔액보다 많다면 증가된 금액만큼은 현금으로 판매되지 않은 매출액을 나타내기 때문에 현금흐름에서는 감소로 나타난다.

2××3년 매출채권 증감 = 2××2년 잔액 − 2××3년 추정잔액
= 28,842 − 35,525 = (6,683)

♣ 이자수익 및 배당금 유입 및 미수수익 증감

이자수익 및 배당금 유입은 추정 손익계산서의 이자수익 금액에 미수수익의 변동액을 가감하여 계산한다.

2××3년 이자수익 및 배당금 유입 = 2××3년 이자수익 + (기초 미수수익 - 기말 미수수익)
= 912 + (1,158 - 1,215) = 854

♣ 기타 영업외수익

2××3년 추정 손익계산서의 기타 영업외수익이다.

2××3년 기타 영업외수익 수입(추정 현금흐름표) = 2××3년 추정손익계산서상의 기타 영업외수익 = 1,368

♣ 매출원가

2××3년 추정 손익계산서상의 추정 매출원가이다. 매출원가는 현금의 유출이므로 마이너스로 표시한다.

2××3년 매출원가 = -2××3년 추정 매출원가 = (98,286)

♣ 인건비

2××3년 추정 인건비에 퇴직급여충당부채의 변동액을 가감한 금액이다. 현금의 유출이므로 마이너스로 표시한다.

2××3년 인건비 = -(2××3년 추정 인건비) + (2××3년 퇴직급여충당부채
- 2××2년 퇴직급여충당부채)
= (5,777) + (1,183 - 970) = (5,564)

♣ 감가상각비 및 비현금 항목

이는 제조원가에 포함된 감가상각비를 계산한 것으로 감가상각누계액의 증가액에서 판매비와 관리비에 포함된 감가상각비를 가감하여 계산한다.

2××3년 감가상각비 및 비현금 항목 = (2××3년 감가상각누계액 - 2××2년 감가상각누계액)
- 2××3년 판매비와 관리비 중 감가상각비
= (50,270 - 45,902) - 524
= 3,844

♣ 재고자산 증감

2××3년 추정 재고자산에서 2××2년 재고자산을 차감한 금액이다. 재고자산의 증가는 현금의 유출이기 때문에 재고자산이 증가한 경우 마이너스로 표시한다.

재고자산 증감 = -(2××3년 추정 재고자산 - 2××2년 재고자산)
= -(9,829 - 8,043) = (1,786)

♣ 매입채무 증감

2××3년 추정 매입채무 금액에서 2××2년 매입채무 금액을 차감하여 계산한다. 매입채무의 증가는 현금유출을 적게 하기 때문에 플러스로 표시된다.

매입채무 변동 = 2××3년 추정 매입채무 - 2××2년 매입채무
= 10,025 - 8,196 = 1,829

♣ 기타 판매비와 관리비 유출액

2××3년 추정 손익계산서상의 추정 기타 판관비이다.

기타 판매비와 관리비 유출액 = -2××3년 추정 기타 판매비와 관리비 = (7,918)

♣ 이자비용 유출액

2××3년 추정 이자비용이다.

이자비용 유출액 = -2××3년 추정 이자비용 = (2,581)

♣ 법인세비용 유출액

2××3년 추정 법인세비용에서 2××3년 추정 당기법인세부채 변동액을 가감한 금액이다.

법인세비용 유출액
= -(2××3년 추정 법인세) + (2××3년 추정 당기법인세부채 - 2××2년 당기법인세부채)
= -1,145 + (802 - 679)
= (1,022)

♣ 기타 영업외비용 등

이는 2××3년 추정 기타 영업외비용에 기타 유동부채와 기타 비유동부채 변동액을 가감함 금액이다.

기타 비용 등
= - (2××3년 추정 기타 영업외비용) + (2××3년 추정 기타 유동부채 - 2××2년 기타 유동부채)
+ (2××3년 추정 기타 유동부채 - 2××2년 기타 유동부채)
= -158 + (4,558 - 4,144) + (285 - 285)
= 257

♣ 단기투자자산의 증감

2××3년 추정 단기투자자산에서 2××2년 단기투자자산 금액을 차감한 금액이다. 증가한 경우 현금유출로 표시된다.

단기투자자산의 증감 = –(2××3년 추정 단기투자자산 – 2××2년 단기투자자산)
= –(134 – 128) = (6)

♣ 투자자산의 증감

2××3년 추정 투자자산 금액에서 2××2년 투자자산 금액을 차감한 금액이다.

투자자산 증감 = –(2××3년 추정 투자자산 – 2××2년 투자자산)
= –(20,257 – 19,292) = (965)

♣ 토지 증감

2××3년 추정 토지 금액에서 2××2년 토지 금액을 차감한 금액이다.

토지 증감 = –(2××3년 추정 토지 – 2××2년 토지)
= –(5,051 – 5,051) = 0

♣ 건물 등 증감

2××3년 추정 건물 등 금액에서 2××2년 건물 등 금액을 차감한 금액이다.

건물 등 증감 = –(2××3년 추정 건물 등– 2××2년 건물 등)
= –(87,357 – 82,357) = 5,000

♣ 무형자산 증감

2××3년 추정 무형자산 금액에서 2××2년 무형자산 금액을 차감한 금액이다.

무형자산 = –(2××3년 추정 무형자산 – 2××2년 무형자산)
= –(127 – 127) = 0

♣ 단기차입금의 증감

2××3년 추정 단기차입금 금액에서 2××2년 단기차입금 금액을 차감한 금액이다.

단기차입금 = 2××3년 추징 딘기차입금 – 2××2년 단기차입금
= 21,937 – 17,691 = 4,246

♣ 사채, 장기차입금 증감

모두 2××3년 추정 잔액에서 2××2년 잔액을 차감하여 계산한다.

사채 증감 = 2××3년 추정 사채- 2××2년 사채
= 13,000 - 8,000 = 5,000
장기차입금 증감 = 2××3년 추정 장기차입금 - 2××2년 장기차입금
= 11,997 - 9,833 = 2,163

♣ 자본의 증감

2××3년 추정 자본금과 자본잉여금에서 2××2년의 잔액을 차감하여 계산한다.

자본 증감 = 2××3년 추정 자본금과 자본잉여금 - 2××2년 잔액
= (33,394 - 33,394) = 0

♣ 배당금 지급

2××2년 이익잉여금 처분계산서에 의한 배당금 지급액이다. 현금의 유출로 표시된다.

배당금 증감 = (1,500)

이렇게 계산된 모든 항목을 정리하여 현금흐름표 양식에 표시하면 [표 8-10]과 같다.

[표 8-10] 완성된 추정 현금흐름표

을지회사 (단위 : 백만 원)

과 목	2××3(추정)
Ⅰ. 영업활동 현금흐름	2,729
1. 현금유입액	113,956
가. 매출 등 현금유입	111,734
매출	118,417
매출채권 증감	(6,683)
나. 이자수익 및 배당금 유입	854
다. 기타 수익수입	1,368
2. 현금유출액	(111,227)
가. 매입 및 인건비 유출	(99,962)
매출원가	(98,286)
인건비	(5,564)
감가상각비 및 비현금 항목	3,844
재고자산 증감	(1,786)
매입채무 증감	1,829

과 목	2××3(추정)
나. 기타 판매비와 관리비 유출액	(7,918)
다. 이자비용 유출액	(2,581)
라, 법인세비용 유출액	(1,022)
마. 기타 영업외비용 등	257
Ⅱ. 투자활동 현금흐름	(5,971)
가. 단기투자자산의 증감	(6)
나. 투자자산의 증감	(965)
다. 유형자산의 증감	(5,000)
토지 증감	0
건물 등 증감	(5,000)
라. 무형자산의 증감	0
Ⅲ. 재무활동 현금흐름	9,909
가. 단기차입금의 증감	4,246
나. 비유동부채의 증감	7,163
사채 증감	5,000
장기차입금 증감	2,163
다. 자본의 증감	0
라. 배당금 지급	(1,500)
Ⅳ. 현금 증가(감소)	6.667
Ⅴ. 기초현금	5,281
Ⅵ. 기말현금	11,947

추정 현금흐름은 어디까지나 주관적이므로, 가능한 객관적인 자료를 많이 참고하여 이를 바탕으로 추정하는 것이 중요하다. 또한 미래의 추정은 항상 불확실성을 동반하기 때문에 해당 기업의 영업활동에 가장 중요하게 영향을 미치는 변수가 향후 기업의 영업활동에 낙관적으로 영향을 미칠 경우와 비관적으로 영향을 미칠 경우 및 중립적인 경우 등 몇 가지 경우를 가정하여 각각의 안에 따른 민감도 분석을 하여 종합적으로 판단하는 것이 중요하다. 따라서 현금흐름의 추정작업은 수작업 대신 PC를 이용하는 것이 일반적이다.

제8장 연습문제 | Exercise

가. 본문 내용의 복습

01 현금흐름표를 추정하기 위해서는 일반적으로 어떠한 절차를 밟는가?

02 매출액의 추정방법에는 어떠한 방법이 있는가?

03 매출액을 제외한 손익계산서 수익과 비용 항목의 추정방법에 대하여 설명하시오.

04 자산과 부채 각 항목의 추정방법에 대하여 설명하시오.

나. 진위형

01 매출액을 합리적으로 추정하기 위해서는 무엇보다도 대상 회사의 업황과 제품의 내용에 대하여 충분히 이해하여야 한다. (　　　)

02 손익계산서 법인세비용을 추정하기 위해서는 법인세비용차감전순이익에 세법에서 정해진 세율(27.5%)만을 적용하기보다는 과거 회사의 유효법인세부담률을 감안할 필요가 있다. (　　　)

다. 선다형

01 추정 재무제표의 작성과 관련된 다음 설명 중 가장 알맞지 않은 것은? (　　　)

① 회사 제품의 1단위당 매출액에 대한 재료비율을 알아보기 위해서는 당기 손익계산서상 매출액을 당기 제조원가명세서상 재료비로 나누면 된다.

② 추정 재무제표의 작성은 보통 추정 손익계산서를 먼저 완성하고 그 후에 추정 재무상태표를 작성하는 것이지만, 손익계산서 항목과 그에 관련되는 재무상태표 항목을 번갈아가며 추정할 수도 있다.

③ 법인세 지급액을 추정하기 위해서는 이자비용을 먼저 추정하여야 하며, 이자비용을 추정하기 위해서는 설비투자와 차입금 조달 규모를 사전에 추정하여야 한다.

④ 매출액 추정 시에는 해당 기업의 생산능력도 감안하여야 한다.

02 맨손주식회사의 매출액은 모두 수출로 이루어졌으며, 거래처의 구성은 유럽에 소재 하고 있다. 이 회사의 매출액을 추정함에 있어서 검토하여야 할 사항 중 가장 중요한 것은 다음 중 어느 것인가? (　　　　)

① 맨손주식회사의 과거 평균성장률
② 우리나라 GNP 증가율
③ Buyer로부터의 신용장(L/C) 내도액
④ 유럽 각국의 제조업 생산지수

라. 사례 연구

제6장 연습문제 '마. 사례 연구'에 제시된 KH제약의 재무자료를 토대로 동사의 미래 현금흐름표를 추정해 보시오.

제8장 연습문제 해설

가. 본문 내용의 복습

01 현금흐름표를 추정하기 위한 일반적인 절차 :

1단계 : 매출액 추정
2단계 : 매출원가 등 제비용과 기타 수익의 추정
3단계 : 자산·부채의 추정
4단계 : 자금 과부족의 조정
5단계 : 현금흐름표의 추정

02 매출액의 추정방법

(1) 주관적 판단에 의한 추정방법
(2) 평균성장률을 이용한 추정방법
(3) 시장점유율에 의한 추정방법
(4) 회귀분석에 의한 추정방법

03 매출액을 제외한 손익계산서 수익과 비용 항목의 추정방법

추 정 항 목	추 정 모 델
1. 매출원가	추정 매출액 × 평균 매출원가율(단, 감가상각비와 퇴직급여는 별도 고려)
2. 판매비와 관리비	추정 매출액 × 매출액에 대한 일정 비율
매출액과 관련 깊은 항목	고정설비보유액 × 평균상각률
감가상각비	전년도 금액 × 증가율
기타 항목	(단, 간단히 추정하는 경우에는 매출액에 대한 판매비 관리비를 회귀분석하여 추정)
3. 영업외수익(비용)	
이자수익(이자비용)	대여금 또는 투자자산(차입금) 잔액 × 이자율
유형자산처분손(익)	유형자산처분계획 참조
	예상판매가 − 장부가액
기타항목	전년도금액 × 증가율
4. 법인세	추정세차감전순이익 × 법인세율

04 자산과 부채 각 항목의 추정방법

추 정 항 목	추 정 모 델
1. 매출채권	추정 매출액 × 매출채권 / 매출액
2. 재고자산	추정 매출원가 × 재고자산 / 매출원가
3. 매입채무	추정 매출원가 × 매입채무 / 매출원가
4. 미지급비용	추정 매출원가(또는 판매비와 관리비) × 미지급비용 / 매출원가 (또는 판매비와 관리비)
5. 미지급법인세	추정 법인세 × 미지급법인세 / 법인세
6. 현금및현금성자산	(추정 매출액 × 현금및현금성자산 / 매출액) + 조정액
7. 기타 유동자산(부채)	전년도금액 + 조정액
8. 투자자산	투자자산 잔액 × (1 + 매출액 증가율)
9. 유형자산	전년도 잔액 + 추가 투자액 - 처분액 - 감가상각액
10. 충당부채	전년도 잔액 + 추가 전입액 - 지급액
11. 자본	전년도 잔액 + 유상증자액
12. 이익잉여금	전년도 잔액 + 순이익 - 배당금
13. 차입금 및 사채	전년도 잔액 + 신규 차입액 - 상환액

나. 진위형

01 ○ 02 ○

다. 선다형

01 ① 02 ③

라. 사례 연구

(본 사례는 토론 참가자들이 각자의 견해를 피력하기 위한 자료로 제공한 것임. 풀이 없음)

부 록

제 01 절 현금흐름표에 대한 일반기업회계기준(일반기업회계기준 제2장 중 현금흐름표)

제 02 절 현금흐름표에 대한 한국채택국제회계기준(제1007호 현금흐름표)

제 01 절

현금흐름표에 대한 일반기업회계기준

(일반기업회계기준 제2장 중 현금흐름표)

현금흐름표의 목적

2.58 현금흐름표는 기업의 현금흐름을 나타내는 표로서 현금의 변동 내용을 명확하게 보고하기 위하여 당해 회계 기간에 속하는 현금의 유입과 유출 내용을 적정하게 표시하여야 한다.

현금흐름표의 기본구조

2.59 현금흐름표는 영업활동으로 인한 현금흐름, 투자활동으로 인한 현금흐름, 재무활동으로 인한 현금흐름으로 구분하여 표시하고, 이에 기초의 현금을 가산하여 기말의 현금을 산출하는 형식으로 표시한다. 현금흐름표에서 현금이라 함은 문단 2.35에서 규정하는 현금및현금성자산을 말한다.

영업활동으로 인한 현금흐름

2.60 영업활동이라 함은 일반적으로 제품의 생산과 상품 및 용역의 구매·판매활동을 말하며, 투자활동과 재무활동에 속하지 아니하는 거래를 모두 포함한다.

2.61 영업활동으로 인한 현금의 유입에는 제품 등의 판매에 따른 현금유입(매출채권의 회수 포함), 이자수익과 배당금수익, 기타 투자활동과 재무활동에 속하지 아니하는 거래에서 발생된 현금유입이 포함된다.

2.62 영업활동으로 인한 현금의 유출에는 원재료·상품 등의 구입에 따른 현금유출(매입채무의 결제 포함), 기타 상품과 용역의 공급자와 종업원에 대한 현금지출, 법인세(토지 등 양도소득에 대한 법인세 제외)의 지급, 이자비용, 기타 투자활동과 재무활동에 속하지 아니하는 거래에서 발생된 현금유출이 포함된다.

영업활동으로 인한 현금흐름의 표시방법

2.63 영업활동으로 인한 현금흐름은 직접법 또는 간접법으로 표시한다.

2.64 직접법이라 함은 현금을 수반하여 발생한 수익 또는 비용 항목을 총액으로 표시하되, 현금유입액은 원천별로, 현금유출액은 용도별로 분류하여 표시하는 방법을 말한다. 이 경우 현금을 수반하여 발생하는 수익·비용 항목을 원천별로 구분하여 직접 계산하는 방법 또는 매출과 매출원가에 현금의 유출·유입이 없는 항목과 재고자산·매출채권·매입채무의 증감을 가감하여 계산하는 방법으로 한다.

2.65 간접법이라 함은 당기순이익(또는 당기순손실)에 현금의 유출이 없는 비용 등을 가산하고 현금의 유입이 없는 수익 등을 차감하며, 영업활동으로 인한 자산·부채의 변동을 가감하여 표시하는 방법을 말한다.

(1) 현금의 유출이 없는 비용 등은 현금의 유출이 없는 비용, 투자활동과 재무활동으로 인한 비용을 말한다.

(2) 현금의 유입이 없는 수익 등은 현금의 유입이 없는 수익, 투자활동과 재무활동으로 인한 수익을 말한다.

(3) 영업활동으로 인한 자산·부채의 변동은 영업활동과 관련하여 발생한 유동자산 및 유동부채의 증가 또는 감소를 말한다.

투자활동으로 인한 현금흐름

2.66 투자활동이라 함은 현금의 대여와 회수활동, 유가증권·투자자산·유형자산 및 무형자산의 취득과 처분활동 등을 말한다.

2.67 투자활동으로 인한 현금의 유입에는 대여금의 회수, 단기투자자산·유가증권·투자자산·유형자산·무형자산의 처분 등이 포함된다.

2.68 투자활동으로 인한 현금의 유출에는 현금의 대여, 단기투자자산·유가증권·투자자산·유형자산·무형자산의 취득에 따른 현금유출로서 취득 직전 또는 직후의 지급액 등이 포함된다.

재무활동으로 인한 현금흐름

2.69 재무활동이라 함은 현금의 차입 및 상환활동, 신주 발행이나 배당금의 지급활동 등과 같이 부채 및 자본 계정에 영향을 미치는 거래를 말한다.

2.70 재무활동으로 인한 현금의 유입에는 단기차입금·장기차입금의 차입, 어음·사채의 발행, 주식의 발행 등이 포함된다.

2.71 재무활동으로 인한 현금의 유출에는 배당금의 지급, 유상감자, 자기주식의 취득, 차입금의 상환, 자산의 취득에 따른 부채의 지급 등이 포함된다.

기타 표시방법

2.72 현금흐름표는 다음과 같이 표시한다.

(1) 현금의 유입과 유출 내용에 대하여는 기중 증가 또는 기중 감소를 상계하지 아니하고 각각 총액으로 표시한다. 다만, 거래가 빈번하여 총금액이 크고 단기간에 만기가 도래하는 현금의 유입과 유출 항목은 순증감액으로 표시할 수 있다.

(2) 사채 발행 또는 주식 발행으로 인한 현금유입 시에는 발행금액으로 표시한다.

2.73 다음 사항을 주석으로 기재한다.

(1) 다음과 같은 현금의 유입과 유출이 없는 거래
현물출자로 인한 유형자산의 취득, 유형자산의 연불구입, 무상증자, 무상감자, 주식배당, 전환사채의 전환 등 현금의 유입과 유출이 없는 거래 중 유의적인 거래

(2) 직접법으로 작성한 경우에는 당기순이익(당기순손실)과 당기순이익(당기순손실)에 가감할 항목에 관한 사항

제 02 절

현금흐름표에 대한 한국채택국제회계기준
(제1007호 현금흐름표)

목적

기업의 현금흐름정보는 재무제표이용자에게 현금및현금성자산의 창출능력과 현금흐름의 사용 용도를 평가하는 데 유용한 기초를 제공한다. 재무제표이용자는 경제적 의사결정을 하기 위하여 현금및현금성자산의 창출능력 및 현금흐름의 시기와 확실성을 평가해야 한다.

이 기준서의 목적은 회계 기간 동안 발생한 현금흐름을 영업활동, 투자활동 및 재무활동으로 분류하는 현금흐름표를 통하여 현금및현금성자산의 역사적 변동에 관한 정보를 제공하도록 요구하는 데 있다.

적용

한1.1 이 기준서는 '주식회사 등의 외부감사에 관한 법률'에서 정하는 한국채택국제회계기준 의무 적용 대상 주식회사의 회계처리에 적용한다. 또한 이 기준서는 재무제표의 작성과 표시를 위해 한국채택국제회계기준의 적용을 선택하거나 다른 법령 등에서 적용을 요구하는 기업의 회계처리에도 적용한다.

적용 범위

1. **기업은 이 기준서의 요구사항에 따라 현금흐름표를 작성하여야 하며, 재무제표를 보고하는 각 회계 기간에 재무제표의 일부로서 보고하여야 한다.**

2. [한국회계기준원 회계기준위원회가 삭제함]

3. 재무제표이용자는 기업이 현금및현금성자산을 어떻게 창출하고 사용하는지에 대하여 관심이 있다. 이것은 기업활동의 성격에 관계없이, 그리고 금융회사의 경우와 같이 현금이 그 기업의 상품으로 간주될 수 있는지의 여부와 관계없이 모든 기업에 적용된다. 기업은 주요 수익 창출활동이 서로 다르더라도 본질적으로 동일한 이유에서 현금을 필요로 한다. 기업은 영업활동을 수행하고, 채무를 상환하며, 투자자에게 투자수익을 분배하기 위하여 현금이 필요하다. 따라서 이 기준서는 모든 기업이 현금흐름표를 작성·공시할 것을 요구한다.

현금흐름정보의 효익

4. 현금흐름표는 다른 재무제표와 같이 사용되는 경우 순자산의 변화, 재무구조(유동성과 지급능력 포함), 그리고 변화하는 상황과 기회에 적응하기 위하여 현금흐름의 금액과 시기를 조절하는 능력을 평가하는 데 유용한 정보를 제공한다. 현금흐름정보는 현금및현금성자산의 창출능력을 평가하는 데 유용할 뿐만 아니라, 서로 다른 기업의 미래 현금흐름의 현재가치를 비교·평가하는 모형을 개발할 수 있도록 한다. 또한 현금흐름정보는 동일한 거래와 사건에 대하여 서로 다른 회계처리를 적용함에 따라 발생하는 영향을 제거하기 때문에 영업성과에 대한 기업 간의 비교 가능성을 제고한다.

5. 역사적 현금흐름정보는 미래 현금흐름의 금액, 시기 및 확실성에 대한 지표로 자주 사용된다. 또한 과거에 추정한 미래 현금흐름의 정확성을 검증하고, 수익성과 순현금흐름 간의 관계 및 물가 변동의 영향을 분석하는 데 유용하다.

용어의 정의

6. 이 기준서에서 사용하는 용어의 정의는 다음과 같다.

현금: 보유 현금과 요구불예금

현금성자산: 유동성이 매우 높은 단기 투자자산으로서 확정된 금액의 현금으로 전환이 용이하고 가치 변동의 위험이 경미한 자산

현금흐름: 현금및현금성자산의 유입과 유출

영업활동: 기업의 주요 수익 창출활동, 그리고 투자활동이나 재무활동이 아닌 기타의 활동

투자활동: 장기성 자산 및 현금성자산에 속하지 않는 기타 투자자산의 취득과 처분

재무활동: 기업의 납입자본과 차입금의 크기 및 구성 내용에 변동을 가져오는 활동

현금및현금성자산

7. 현금성자산은 투자나 다른 목적이 아닌 단기의 현금수요를 충족하기 위한 목적으로 보유한다. 투자자산이 현금성자산으로 분류되기 위해서는 확정된 금액의 현금으로 전환이 용이하고, 가치 변동의 위험이 경미해야 한다. 따라서 투자자산은 일반적으로 만기일이 단기에 도래하는 경우(예를 들어 취득일로부터 만기일이 3개월 이내인 경우)에만 현금성자산으로 분류된다. 지분상품은 현금성자산에서 제외한다. 다만, 상환일이 정해져 있고 취득일로부터 상환일까지의 기간이 단기인 우선주와 같이 실질적인 현금성자산인 경우에는 예외로 한다.

8. 은행 차입은 일반적으로 재무활동으로 간주된다. 그러나 일부 국가의 경우 금융회사의 요구에 따라 즉시 상환하여야 하는 당좌차월은 기업의 현금관리의 일부를 구성한다. 이 때 당좌차월은 현금및현금성자산의 구성요소에 포함된다. 그러한 은행거래약정이 있는 경우 은행잔고는 예금과 차월 사이에서 자주 변동하는 특성이 있다.

9. 현금및현금성자산을 구성하는 항목 간 이동은 영업활동, 투자활동 및 재무활동의 일부가 아닌 현금관리의 일부이므로 이러한 항목 간의 변동은 현금흐름에서 제외한다. 현금관리는 잉여현금을 현금성자산에 투자하는 것을 포함한다.

현금흐름표의 표시

10. 현금흐름표는 회계 기간 동안 발생한 현금흐름을 영업활동, 투자활동 및 재무활동으로 분류하여 보고한다.

11. 기업은 사업 특성을 고려하여 가장 적절한 방법으로 영업활동, 투자활동 및 재무활동에서 발생하는 현금흐름을 표시한다. 활동에 따른 분류는 이러한 활동이 기업의 재무상태와 현금및현금성자산의 금액에 미치는 영향을 재무제표이용자가 평가할 수 있도록 정보를 제공한다. 또한 이 정보는 각 활동 간의 관계를 평가하는 데 사용될 수 있다.

12. 하나의 거래에는 서로 다른 활동으로 분류되는 현금흐름이 포함될 수 있다. 예를 들어 이자와 차입금을 함께 상환하는 경우, 이자지급은 영업활동으로 분류될 수 있고 원금상환은 재무활동으로 분류된다.

영업활동

13. 영업활동에서 발생하는 현금흐름의 금액은 기업이 외부의 재무자원에 의존하지 않고 영업을 통하여 차입금 상환, 영업능력의 유지, 배당금 지급 및 신규 투자 등에 필요한 현금흐름을 창출하는 정도에 대한 중요한 지표가 된다. 역사적 영업현금흐름의 특정 구성요소에 대한 정보를 다른 정보와 함께 사용하면, 미래 영업현금흐름을 예측하는 데 유용하다.

14. 영업활동 현금흐름은 주로 기업의 주요 수익 창출활동에서 발생한다. 따라서 영업활동 현금흐름은 일반적으로 당기순손익의 결정에 영향을 미치는 거래나 그 밖의 사건의 결과로 발생한다. 영업활동 현금흐름의 예는 다음과 같다.
    (1) 재화의 판매와 용역 제공에 따른 현금유입
    (2) 로열티, 수수료, 중개료 및 기타 수익에 따른 현금유입
    (3) 재화와 용역의 구입에 따른 현금유출
    (4) 종업원과 관련하여 직·간접으로 발생하는 현금유출
    (5) [국제회계기준위원회에서 삭제함]
    (6) 법인세의 납부 또는 환급. 다만 재무활동과 투자활동에 명백히 관련되는 것은 제외한다.
    (7) 단기매매 목적으로 보유하는 계약에서 발생하는 현금유입과 현금유출
    설비 매각과 같은 일부 거래에서도 인식된 당기순손익의 결정에 포함되는 처분손익이 발생할 수 있다. 그러나 그러한 거래와 관련된 현금흐름은 투자활동 현금흐름이다. 그러나 기업

회계기준서 제1016호 문단 68A에서 기술된 것과 같이 타인에게 임대할 목적으로 보유하다가 후속적으로 판매 목적으로 보유하는 자산을 제조하거나 취득하기 위한 현금 지급액은 영업활동 현금흐름이다. 이러한 자산의 임대 및 후속적인 판매로 수취하는 현금도 영업활동 현금흐름이다.

15. 기업은 단기매매 목적으로 유가증권이나 대출채권을 보유할 수 있으며, 이때 유가증권이나 대출채권은 판매를 목적으로 취득한 재고자산과 유사하다. 따라서 단기매매 목적으로 보유하는 유가증권의 취득과 판매에 따른 현금흐름은 영업활동으로 분류한다. 마찬가지로 금융회사의 현금 선지급이나 대출채권은 주요 수익 창출활동과 관련되어 있으므로 일반적으로 영업활동으로 분류한다.

투자활동

16. 투자활동 현금흐름은 미래 수익과 미래 현금흐름을 창출할 자원의 확보를 위하여 지출된 정도를 나타내기 때문에 현금흐름을 별도로 구분 공시하는 것이 중요하다. 재무상태표에 자산으로 인식되는 지출만이 투자활동으로 분류하기에 적합하다. 투자활동 현금흐름의 예는 다음과 같다.
   (1) 유형자산, 무형자산 및 기타 장기성 자산의 취득에 따른 현금유출. 이 경우 현금유출에는 자본화된 개발원가와 자가건설 유형자산에 관련된 지출이 포함된다.
   (2) 유형자산, 무형자산 및 기타 장기성 자산의 처분에 따른 현금유입
   (3) 다른 기업의 지분상품이나 채무상품 및 공동기업 투자지분의 취득에 따른 현금유출(현금성자산으로 간주되는 상품이나 단기매매 목적으로 보유하는 상품의 취득에 따른 유출액은 제외)
   (4) 다른 기업의 지분상품이나 채무상품 및 공동기업 투자지분의 처분에 따른 현금유입(현금성자산으로 간주되는 상품이나 단기매매 목적으로 보유하는 상품의 처분에 따른 유입액은 제외)
   (5) 제3자에 대한 선급금 및 대여금(금융회사의 현금 선지급과 대출채권은 제외)
   (6) 제3자에 대한 선급금 및 대여금의 회수에 따른 현금유입(금융회사의 현금 선지급과 대출채권은 제외)
   (7) 선물계약, 선도계약, 옵션계약 및 스왑계약에 따른 현금유출. 단기매매 목적으로 계약을 보유하거나 현금유출이 재무활동으로 분류되는 경우는 제외한다.
   (8) 선물계약, 선도계약, 옵션계약 및 스왑계약에 따른 현금유입. 단기매매 목적으로 계약을 보유하거나 현금유입이 재무활동으로 분류되는 경우는 제외한다.

파생상품계약에서 식별 가능한 거래에 대하여 위험 회피 회계를 적용하는 경우, 그 계약과 관련된 현금흐름은 위험 회피 대상 거래의 현금흐름과 동일하게 분류한다.

재무활동

17. 재무활동 현금흐름은 미래 현금흐름에 대한 자본 제공자의 청구권을 예측하는 데 유용하기 때문에 현금흐름을 별도로 구분 공시하는 것이 중요하다. 재무활동 현금흐름의 예는 다음과 같다.
    (1) 주식이나 기타 지분상품의 발행에 따른 현금유입
    (2) 주식의 취득이나 상환에 따른 소유주에 대한 현금유출
    (3) 담보·무담보부사채 및 어음의 발행과 기타 장·단기 차입에 따른 현금유입
    (4) 차입금의 상환에 따른 현금유출
    (5) 리스이용자의 리스부채 상환에 따른 현금유출

영업활동 현금흐름의 보고

18 영업활동 현금흐름은 다음 중 하나의 방법으로 보고한다.
    (1) 총현금유입과 총현금유출을 주요 항목별로 구분하여 표시하는 방법(이하 '직접법'이라 한다)
    (2) 당기순손익에 현금을 수반하지 않는 거래, 과거 또는 미래의 영업활동 현금유입이나 현금유출의 이연 또는 발생, 투자활동 현금흐름이나 재무활동 현금흐름과 관련된 손익 항목의 영향을 조정하여 표시하는 방법(이하 '간접법'이라 한다)

19. 영업활동 현금흐름을 보고하는 경우에는 직접법을 사용할 것을 권장한다. 직접법을 적용하여 표시한 현금흐름은 간접법에 의한 현금흐름에서는 파악할 수 없는 정보를 제공하며, 미래 현금흐름을 추정하는 데 보다 유용한 정보를 제공한다. 직접법을 적용하는 경우 총현금유입과 총현금유출의 주요 항목별 정보는 다음의 (1) 또는 (2)를 통하여 얻을 수 있다.
    (1) 회계기록
    (2) 매출, 매출원가(금융회사의 경우에는 이자수익과 기타 유사한 수익 및 이자비용과 기타 유사한 비용) 및 그 밖의 포괄손익계산서 항목에 다음 항목을 조정
        (가) 회계 기간 동안 발생한 재고자산과 영업활동에 관련된 채권·채무의 변동
        (나) 기타 비현금 항목
        (다) 투자활동 현금흐름이나 재무활동 현금흐름으로 분류되는 기타 항목

20. 간접법을 적용하는 경우, 영업활동 순현금흐름은 당기순손익에 다음 항목들의 영향을 조정하여 결정한다.
   (1) 회계 기간 동안 발생한 재고자산과 영업활동에 관련된 채권·채무의 변동
   (2) 감가상각비, 충당부채, 이연법인세, 외화환산손익, 미배분 관계기업 이익 및 미배분 비지배지분과 같은 비현금 항목
   (3) 투자활동 현금흐름이나 재무활동 현금흐름으로 분류되는 기타 모든 항목

   대체적인 방법으로, 영업활동 순현금흐름은 포괄손익계산서에 공시된 수익과 비용, 그리고 회계 기간 동안 발생한 재고자산과 영업활동에 관련된 채권·채무의 변동을 보여줌으로써 간접법으로 표시할 수 있다.

투자활동 현금흐름과 재무활동 현금흐름의 보고

21. 문단 22와 24에 따라 순증감액으로 현금흐름을 보고하는 경우를 제외하고는, 투자활동과 재무활동에서 발생하는 총현금유입과 총현금유출은 주요 항목별로 구분하여 총액으로 표시한다.

순증감액에 의한 현금흐름의 보고

22. 다음의 영업활동, 투자활동 또는 재무활동에서 발생하는 현금흐름은 순증감액으로 보고할 수 있다.
   (1) 현금흐름이 기업의 활동이 아닌 고객의 활동을 반영하는 경우로서 고객을 대리함에 따라 발생하는 현금유입과 현금유출
   (2) 회전율이 높고 금액이 크며 만기가 짧은 항목과 관련된 현금유입과 현금유출

23. 문단 22(1)과 관련된 현금유입과 현금유출의 예는 다음과 같다.
   (1) 은행의 요구불예금 수신 및 인출
   (2) 투자기업이 보유하고 있는 고객예탁금
   (3) 부동산 소유주를 대신하여 회수한 임대료와 소유주에게 지급한 임대료

23A. 문단 22(2)와 관련된 현금유입과 현금유출의 예는 다음과 같다.
   (1) 신용카드 고객에 대한 대출과 회수
   (2) 투자자산의 구입과 처분
   (3) 기타 단기차입금(예를 들어, 차입 당시 만기일이 3개월 이내인 경우)

24. 금융회사의 경우 다음 활동에서 발생하는 현금흐름은 순증감액으로 표시할 수 있다.
    (1) 확정만기조건 예수금의 수신과 인출에 따른 현금유입과 현금유출
    (2) 금융회사 간의 예금이체 및 예금인출
    (3) 고객에 대한 현금 선지급과 대출 및 이의 회수

외화현금흐름

25. 외화거래에서 발생하는 현금흐름은 현금흐름 발생일의 기능통화와 외화 사이의 환율을 외화 금액에 적용하여 환산한 기능통화 금액으로 기록한다.

26. 해외 종속기업의 현금흐름은 현금흐름 발생일의 기능통화와 외화 사이의 환율로 환산한다.

27. 외외화로 표시된 현금흐름은 기업회계기준서 제1021호 '환율 변동 효과'와 일관된 방법으로 보고한다. 이 기준서에서는 실제 환율에 근접한 환율의 적용을 허용하고 있다. 예를 들어 외화거래를 기록하거나 해외 종속기업의 현금흐름을 환산할 때 일정 기간 동안의 가중평균환율을 적용할 수 있다. 그러나 기업회계기준서 제1021호는 해외 종속기업의 현금흐름을 환산할 때 보고 기간 말의 환율을 적용하는 것은 허용하지 않는다.

28. 환율 변동으로 인한 미실현손익은 현금흐름이 아니다. 그러나 외화로 표시된 현금및현금성자산의 환율 변동 효과는 기초와 기말의 현금및현금성자산을 조정하기 위해 현금흐름표에 보고한다. 이 금액은 영업활동, 투자활동 및 재무활동 현금흐름과 구분하여 별도로 표시하며, 그러한 현금흐름을 기말 환율로 보고하였다면 발생하게 될 차이를 포함한다.

29. [국제회계기준위원회에 의하여 삭제됨]

30. [국제회계기준위원회에 의하여 삭제됨]

이자와 배당금

31. 이자와 배당금의 수취 및 지급에 따른 현금흐름은 각각 별도로 공시한다. 각 현금흐름은 매 기간 일관성 있게 영업활동, 투자활동 또는 재무활동으로 분류한다.

32. 기업회계기준서 제1023호 '차입원가'에 따라 회계 기간 동안 지급한 이자금액은 당기손익의 비용 항목으로 인식하는지 또는 자본화하는지에 관계없이 현금흐름표에 총지급액을 공시한다.

33. 금융회사의 경우 이자지급, 이자수입 및 배당금수입은 일반적으로 영업활동 현금흐름으로 분류한다. 그러나 다른 업종의 경우 이러한 현금흐름의 분류방법에 대하여 합의가 이루어지지 않았다. 이자지급, 이자수입 및 배당금수입은 당기순손익의 결정에 영향을 미치므로 영업활동 현금흐름으로 분류할 수 있다. 대체적인 방법으로 이자지급, 이자수입 및 배당금수입은 재무자원을 획득하는 원가나 투자자산에 대한 수익이므로 각각 재무활동 현금흐름과 투자활동 현금흐름으로 분류할 수도 있다.

34. 배당금의 지급은 재무자원을 획득하는 원가이므로 재무활동 현금흐름으로 분류할 수 있다. 대체적인 방법으로, 재무제표이용자가 영업활동 현금흐름에서 배당금을 지급할 수 있는 기업의 능력을 판단하는 데 도움을 주기 위하여 영업활동 현금흐름의 구성요소로 분류할 수도 있다.

법인세

35. 법인세로 인한 현금흐름은 별도로 공시하며, 재무활동과 투자활동에 명백히 관련되지 않는 한 영업활동 현금흐름으로 분류한다.

36. 법인세는 현금흐름표에서 영업활동, 투자활동 또는 재무활동으로 분류되는 현금흐름을 유발하는 거래에서 발생한다. 법인세비용이 투자활동이나 재무활동으로 쉽게 식별 가능한 경우에도 관련된 법인세 현금흐름은 실무적으로 식별할 수 없는 경우가 많으며, 당해 거래의 현금흐름과 다른 기간에 발생하기도 한다. 따라서 법인세의 지급은 일반적으로 영업활동 현금흐름으로 분류한다. 그러나 투자활동이나 재무활동으로 분류한 현금흐름을 유발하는 개별 거래와 관련된 법인세 현금흐름을 실무적으로 식별할 수 있다면, 그 법인세 현금흐름은 투자활동이나 재무활동으로 적절히 분류한다. 법인세 현금흐름이 둘 이상의 활동에 배분되는 경우에는 법인세의 총지급액을 공시한다.

종속기업, 관계기업 및 공동기업에 대한 투자

37. 관계기업, 공동기업 또는 종속기업에 대한 투자를 지분법 또는 원가법을 적용하여 회계처리하는 경우, 투자자는 배당금이나 선급금과 같이 투자자와 피투자자 사이에 발생한 현금흐름만을 현금흐름표에 보고한다.

38. 지분법을 사용하여 관계기업 또는 공동기업 투자지분을 보고하는 기업은 관계기업 또는 공동기업에 대한 투자, 분배, 그리고 그 밖의 당해 기업과 관계기업 또는 공동기업 사이의 지급액이나 수취액과 관련된 현금흐름을 현금흐름표에 포함한다.

종속기업과 기타 사업에 대한 소유지분의 변동

39. 종속기업과 기타 사업에 대한 지배력의 획득 또는 상실에 따른 총현금흐름은 별도로 표시하고 투자활동으로 분류한다.

40. 회계 기간 중 종속기업이나 기타 사업에 대한 지배력을 획득 또는 상실한 경우에는 다음 사항을 총액으로 공시한다.
    (1) 총취득대가 또는 총처분대가
    (2) 매수대가 또는 처분대가 중 현금및현금성자산으로 지급하거나 수취한 부분
    (3) 지배력을 획득하거나 상실한 종속기업 또는 기타 사업이 보유한 현금및현금성자산의 금액
    (4) 지배력을 획득하거나 상실한 종속기업 또는 기타 사업이 보유한 현금및현금성자산 이외의 자산·부채 금액에 대한 주요 항목별 요약정보

40A. 기업회계기준서 제1110호 '연결재무제표'에서 정의된 투자기업은 공정가치로 측정하여 당기손익에 반영하도록 요구되는 종속기업에 대한 투자자산에 문단 40(3) 또는 40(4)를 적용할 필요가 없다.

41. 종속기업 또는 기타 사업에 대한 지배력 획득 또는 상실에 따른 현금흐름 효과를 한 항목으로 구분 표시하고 취득하거나 처분한 자산·부채 금액을 주석에 별도로 공시하면, 다른 영업활동, 투자활동 및 재무활동으로 인한 현금흐름과 쉽게 구별할 수 있다. 지배력 상실의 현금흐름 효과는 지배력 획득의 현금흐름 효과에서 차감하지 않는다.

42. 종속기업 또는 기타 사업에 대한 지배력 획득 또는 상실의 대가로 현금을 지급하거나 수취한 경우에는 그러한 거래, 사건 또는 상황 변화의 일부로서 취득이나 처분 당시 종속기업 또는 기타 사업이 보유한 현금및현금성자산을 가감한 순액으로 현금흐름표에 보고한다.

42A. 기업회계기준서 제1110호에서 정의된 것처럼 투자기업에서 보유한 종속기업이 공정가치로 측정되어 당기손익에 반영되도록 요구되지 않는다면, 지배력을 상실하지 않는 종속기업에 대한 소유지분의 변동으로 발생한 현금흐름은 재무활동 현금흐름으로 분류한다.

42B. 지배력을 상실하지 않는 종속기업에 대한 소유지분의 변동(예: 지배기업이 종속기업의 지분상품을 후속적으로 매입하거나 처분하는 경우)은 종속기업이 그 투자기업에 의해 보유되어 공정가치로 측정하여 당기손익에 반영되도록 요구되지 않는 한, 자본거래로 회계처리한다(기업회계기준서 제1110호 참조). 따라서 그러한 현금흐름은 문단 17에서 기술하는 소유주와의 그 밖의 거래와 동일한 방법으로 분류한다.

비현금거래

43. 현금및현금성자산의 사용을 수반하지 않는 투자활동과 재무활동 거래는 현금흐름표에서 제외한다. 그러한 거래는 투자활동과 재무활동에 대하여 모든 목적적합한 정보를 제공할 수 있도록 재무제표의 다른 부분에 공시한다.

44. 많은 투자활동과 재무활동은 자본과 자산 구조에 영향을 미치지만, 당기의 현금흐름에는 직접적인 영향을 미치지 않는다. 비현금거래의 경우 당기에 현금흐름을 수반하지 않으므로 그 항목을 현금흐름표에서 제외하는 것은 현금흐름표의 목적에 부합한다. 비현금거래의 예를 들면 다음과 같다.
   (1) 자산 취득 시 직접 관련된 부채를 인수하거나 리스로 자산을 취득하는 경우
   (2) 주식 발행을 통한 기업의 인수
   (3) 채무의 지분 전환

재무활동에서 생기는 부채의 변동

44A. 재무제표이용자들이 재무활동에서 생기는 부채의 변동(현금흐름에서 생기는 변동과 비현금 변동을 모두 포함)을 평가할 수 있도록 공시한다.

44B. 문단 44A의 요구사항을 충족하기 위해 필요하다면, 재무활동에서 생기는 다음의 부채 변동을 공시한다.

(1) 재무현금흐름에서 생기는 변동
(2) 종속기업이나 그 밖의 사업에 대한 지배력 획득 또는 상실에서 생기는 변동
(3) 환율변동효과
(4) 공정가치 변동
(5) 그 밖의 변동

44C. 재무활동에서 생기는 부채란 현금흐름표에 재무활동으로 분류되었거나 미래에 재무활동으로 분류될 현금흐름과 관련된 부채를 말한다. 금융자산(예: 재무활동에서 생기는 부채의 위험을 회피하기 위한 자산)에서 생기는 현금흐름이 재무활동 현금흐름에 포함되었거나 미래에 포함될 경우, 문단 44A의 공시 요구사항은 해당 금융자산의 변동에도 적용한다.

44D. 문단 44A의 공시 요구사항을 이행하기 위한 한 가지 방법은 재무활동에서 생기는 부채에 대해 문단 44B에서 식별하는 변동사항을 포함하여 재무상태표 기초금액과 기말금액 사이의 조정 내용을 제공하는 것이다. 이러한 조정 내용을 공시할 때 재무제표이용자들이 그 조정 내용에 포함된 항목들을 재무상태표 및 현금흐름표와 연계할 수 있는 충분한 정보를 제공한다.

44E. 문단 44A에서 요구하는 공시를 다른 자산 및 부채의 변동 공시와 함께 제공하는 경우, 재무활동에서 생기는 부채의 변동은 다른 자산 및 부채의 변동과 별도로 공시한다.

공급자금융약정

44F. 재무제표이용자가 공급자금융약정이 기업의 부채와 현금흐름, 그리고 유동성 위험 익스포저에 미치는 영향을 평가할 수 있도록 공급자금융약정(문단 44G에서 기술함)에 대한 정보를 공시한다.

44G. 공급자금융약정은 하나 이상의 금융제공자가 기업이 공급자에게 갚아야 할 금액을 지급하겠다고 제안하고, 기업은 공급자가 지급받는 날과 같거나 이후에 약정 조건에 따라 금융제공자에게 지급하기로 합의하는 특성이 있다. 이러한 약정은 관련되는 청구서의 지급기일과 비교하여 기업에 연장지급 조건을 주거나 기업의 공급자에게 조기지급 조건을 준다. 공급자금융약정은 흔히 공급망금융, 매입채무금융 또는 역팩토링 약정으로 불린다. 단순 신용보강을 위한 약정(예: 보증으로 사용되는 신용장을 포함한 금융보증) 또는 갚아야 하는 금액을 공급자에게 직접 결제하는 데 사용하는 상품(예: 신용카드)은 공급자금융약정이 아니다.

44H. 문단 44F의 목적을 이루기 위하여 공급자금융약정에 대한 다음 내용을 통합하여 공시한다.

⑴ 약정의 조건(예: 연장지급 조건과 제공된 담보나 보증). 그러나 약정 간 조건이 상이한 경우 그 조건은 별도로 공시한다.

⑵ 보고 기간의 시작일과 종료일에 다음 내용을 공시한다.

㈎ 공급자금융약정에 해당하는 금융부채의 장부금액 및 그 금융부채와 관련하여 재무상태표에 표시되는 항목

㈏ 문단 44H⑵㈎에 따라 공시하는 금융부채 중 공급자가 금융제공자에게서 이미 금액을 받은 부분에 해당하는 장부금액 및 그 금융부채와 관련하여 재무상태표에 표시되는 항목

㈐ 문단 44H⑵㈎에 따라 공시하는 금융부채의 지급기일 범위와 공급자금융약정에 해당하지 않는 비교 가능한 매입채무의 지급기일 범위(예: 청구서 발행일 후 30~40일). 비교 가능한 매입채무는 예를 들어 문단 44H⑵㈎에 따라 공시하는 금융부채와 동일한 사업계열 또는 동일한 국가 내에 있는 매입채무이다. 매입채무의 지급기일 범위가 넓은 경우, 그 범위에 대한 설명을 공시하거나 추가 범위(예: 계층화된 범위)를 공시한다.

⑶ 문단 44H⑵㈎에 따라 공시한 금융부채 장부금액의 비현금 변동 유형과 영향. 비현금 변동의 예로는 사업 결합, 외환차이 또는 현금및현금성자산의 사용을 수반하지 않는 그 밖의 거래들로 인한 영향이 있다.(문단 43 참조)

현금및현금성자산의 구성요소

45. 현금및현금성자산의 구성요소를 공시하고, 현금흐름표상의 금액과 재무상태표에 보고된 해당 항목의 조정 내용을 공시한다.

46. 국제적으로 다양한 현금관리실무와 은행거래약정을 고려하고 기업회계기준서 제1001호 '재무제표 표시'를 준수하기 위하여 현금및현금성자산의 구성요소를 결정함에 있어 채택한 정책을 공시한다.

47. 현금및현금성자산의 구성요소를 결정하는 정책의 변경(예를 들어 투자자산의 일부로 간주되었던 금융상품의 분류 변경)에 따른 효과는 기업회계기준서 제1008호 '회계정책, 회계추정치 변경과 오류'에 따라 보고한다.

기타 공시

48. 기업이 보유한 현금및현금성자산 중 유의적인 금액을 연결 실체가 사용할 수 없는 경우, 경영진의 설명과 함께 그 금액을 공시한다.

49. 기업이 보유한 현금및현금성자산을 연결실체가 사용할 수 없는 여러 가지 상황들이 있다. 예를 들면 외환관리나 다른 법적 규제를 하고 있는 국가에서 영업활동을 영위하는 종속기업의 현금및현금성자산을 지배기업이나 다른 종속기업이 일반 목적으로 사용할 수 없는 경우가 이에 해당한다.

50. 추가적인 정보는 재무제표이용자가 기업의 재무상태와 유동성을 이해하는 데 적절할 수 있다. 이러한 정보에 대하여 경영진의 설명과 함께 공시하는 것을 권장하며 다음과 같은 정보는 그 예가 될 수 있다.
    (1) 미래 영업활동과 자본약정의 결제에 사용할 수 있는 차입한도 중 미사용금액과 이러한 차입한도의 사용에 제한이 있다면 그 내용
    (2) [국제회계기준위원회에 의하여 삭제됨]
    (3) 영업능력의 유지를 위하여 필요한 현금흐름과는 별도로 영업능력의 증대를 나타내는 현금흐름의 총액
    (4) 각 보고 부문의 영업, 투자 및 재무활동에서 발생한 현금흐름의 금액(기업회계기준서 제1108호 '영업 부문' 참조)

51. 영업능력의 증대를 나타내는 현금흐름과 영업능력의 유지를 위하여 필요한 현금흐름을 구분하여 공시하면, 재무제표이용자가 기업이 영업능력의 유지를 위하여 적절히 투자하고 있는지를 판단하는 데 유용하다. 영업능력의 유지를 위하여 적절히 투자하지 않는 기업은 현재의 유동성과 소유주에 대한 분배를 중시하여 미래 수익성을 손상시킬 수도 있다.

52. 부문별 현금흐름의 공시는 재무제표이용자가 전체 사업의 현금흐름과 구성요소별 현금흐름 간의 관계 및 부문별 현금흐름의 이용가능성과 변동 가능성을 보다 잘 이해할 수 있도록 한다.

색 인

ㄱ

ㄴ

ㄷ

ㄹ

ㅁ

ㅂ

ㅅ

ㅇ

ㅈ

ㅊ

ㅌ

ㅍ

ㅎ

기타

지은이

김명철 ❙ 공인회계사	조익철 ❙ 공인회계사
• 성균관대학교 경상대학(경영학 학사) • 서울대학교 대학원(경영학 석사) • 가천대학교 대학원(경영학 박사) • 한국외환은행, 대신증권 근무 • 한국공인회계사회 이사 • (現) 삼덕회계법인 대표, 한국금융연수원 강사 • E-mail : cpamck@kicpa.or.kr	• 연세대학교 상경대학(경영학 학사) • 단국대학교 대학원(경영학 석사, 박사 수료 중) • 안진회계법인, 앤더슨(Anderson)컨설팅, (주)KCC정보통신 근무 • (現) 한국금융연수원 겸임교수, 브릭스코리아 이사 • E-mail : my100sun@hanmail.net

제17판 **현금흐름분석**

초판인쇄	1995년 3월 20일
제17판1쇄	2025년 12월 1일
지은이	김명철·조익철
펴낸이	이준수
펴낸곳	한국금융연수원 출판미디어사업부 〈03053〉 서울특별시 종로구 삼청로 118
전화	02-3700-1500
팩스	02-3700-1530
홈페이지	www.kbi.or.kr
등록	1990년 4월 20일(제1-1040호)
값	27,000원
ISBN	**978-89-287-8286-4 13320**

한국금융연수원 자격검정시험 안내

•「국가공인자격」은 자격기본법에서 정한 기준과 절차에 따라 국가가 공인한 자격으로 신용분석사, 여신심사역, 국제금융역, 자산관리사(FP), 신용위험분석사(CRA), 외환전문역 I종, 외환전문역 II종 등 7개의 자격이 있습니다.

•「자체인증자격」은 우리 원이 인정, 수여하는 자격으로 공개시험형 자체자격인 프라이빗 뱅커(CPB), 은행텔러, 영업점 컴플라이언스 오피서(은행)(보험)(증권), KBI 금융DT 테스트, 자금세탁방지 업무능력 검정시험 등 7개 자격이 있습니다.

구분	자 격 명 (공인/등록번호)	응시료	자격소개
국가공인자격	신용분석사 (제2024-1호) (2008-0438)	전과목 : 66,000원 1부 : 28,000원 2부 : 39,000원	금융회사의 여신관련 부서에서 기업에 대한 회계 및 비회계자료 분석을 통하여 종합적인 신용상황을 판단하고 신용등급을 결정하는 등 기업신용 평가업무를 담당하는 금융전문가
	여신심사역 (제2024-2호) (2008-0439)	전과목 : 66,000원 1부 : 28,000원 2부 : 39,000원	금융회사의 여신심사 담당자로서 경제상황과 기업의 재무, 비재무상태 등을 분석, 파악하여 적정한 대출심사 의견서 작성, 대출이율 및 대출기간 결정 등 대출실행 여부를 판단하고 자금의 효율적 운용, 대손 방지를 위한 제반조치, 여신의 법률적 검토, 사후관리업무 등 여신업무와 관련한 종합적인 업무를 수행하는 금융전문가
	국제금융역 (제2021-1호) (2008-0440)	전과목 : 66,000원 1부 : 33,000원 2부 : 33,000원	금융회사의 국제금융 관련 부서에서 국제금융시장의 동향파악, 분석 및 예측 등을 통하여 외화자금의 효율적 조달과 운용업무를 담당하고 이에 따른 리스크관리 등 국제금융 관련 업무를 수행하는 금융전문가
	신용위험분석사(CRA) (제2023-2호) (2008-0442)	1차 : 77,000원 2차 : 88,000원	금융회사 및 기업신용평가기관 등에서 개인과 기업에 대한 신용상태를 조사평가하고 신용위험을 측정 · 관리하는 여신전문가
	자산관리사(FP) (제2020-1호) (2008-0441)	전과목 : 55,000원 1부 : 28,000원 2부 : 28,000원	금융회사 영업부서의 PB(Private Banking) 팀에서 고객의 수입과 지출, 자산 및 부채현황, 가족상황 등 고객에 대한 각종 자료를 수집, 분석하여 고객이 원하는 Life Plan 상의 재무목표를 달성할 수 있도록 종합적인 자산설계에 대한 상담과 실행을 지원하는 금융전문가
	외환전문역 I종 (제2020-1호) (2008-0436)	전과목 : 55,000원	금융회사의 외환업무 중 외국환 거래 법규 및 외환거래실무를 이해하고 고객의 외화 자산에 노출되는 각종 외환 리스크를 최소화시키는 등 주로 개인 외환과 관련된 직무를 담당
	외환전문역II종 (제2020-1호) (2008-0436)	전과목 : 55,000원	금융회사의 외환업무 중 수출입업무 및 이와 관련된 국제무역규칙을 이해하고 외환과 관련된 여신 업무를 수행하는 등 주로 기업 외환과 관련된 직무를 담당
자체인증자격	은행텔러 (2008-0437)	전과목 : 55,000원	창구에서 일어나는 제반업무에 대해 신속하고 친절한 업무수행과 정확한 업무처리로 고객에게 도움을 주고 상담을 통해 문제해결을 하도록 도와주는 금융전문가
	영업점 컴플라이언스 오피서(은행) (2010-0118) (보험, 증권) (2013-0702,0703)	전과목 : 각 44,000원	금융회사의 영업점에서 준법관련 법규와 감독기관의 감독규정이 정한 내용과 취지를 충분히 이해하고 업무 수행과정에서 이를 준수하며, 영업점에서 발생 가능한 금융사고 및 민원사항이 발생하지 않도록 사전적 예방 차원에서 그 준수사항의 이행을 점검하는 금융전문가(은행, 보험, 증권 분야별로 자격이 구분됨)
	프라이빗뱅커 (CPB) (2018-004091)	1차 : 110,000원 2차 : 342,000원 (실무교육)	개인고액자산가의 자산 및 수익증대를 실현하기 위해 금융분야 전반에 걸쳐 종합적인 금융상담과 실행을 지원할 수 있는 최고급 수준의 금융자산설계전문가
	KBI 금융DT 테스트 (2021-001872)	전과목 : 44,000원	금융인 및 예비금융인을 대상으로 디지털금융 전반에 대한 기본지식과 업무활용능력 등 금융DT 관련 기본역량 평가
	자금세탁방지 업무능력 검정시험 (2023-004792)	전과목 : 66,000원	금융시스템을 이용한 자금세탁행위와 공중협박자금조달행위를 적발 및 예방할 수 있는 전문적인 업무역량 평가

소비자 알림사항

•상기 "프라이빗뱅커(CPB)", "영업점컴플라이언스 오피서(은행)(보험)(증권)", "KBI 금융DT 테스트", "은행텔러", "자금세탁방지 업무능력 검정시험 자격은 자격기본법 규정에 따라 등록한 민간자격으로, 국가로부터 인정받은 공인자격이 아닙니다.

•민간자격 등록 및 공인 제도에 대한 상세내용은 민간자격정보서비스 (www.pqi.or.kr)의 '민간자격 소개'란을 참고하여 주십시오.

기타

•응시료 환불 규정 : 접수기간 중 100%, 접수기간 종료 후 시험일 5일전 18시까지 50% 환불/이후 환불 불가

•자격 공인번호는 재공인시점에 따라 변경될 수 있으며, 응시료, 환불규정 등은 응시 시점에 따라 변경될 수 있으니 자격시험 응시 전 반드시 한국금융연수원 홈페이지에서 응시하고자 하는 자격시험에 관한 최신 정보를 확인하시기 바랍니다. 자격시험에 관한 자세한 사항은 한국금융연수원 홈페이지를 참조하시기 바랍니다.

•주소 : 서울특별시 종로구 삼청로 118 / TEL : 02-3700-1500 / 홈페이지 : www.kbi.or.kr